新編 釜山大觀

사진으로 보는 부산변천사

신편 부산대관

한국해양대학교 국제해양문제연구소 문화교섭학연구단 편
김승 · 양미숙 편역 / 김한근 사진

선인
도서출판

사진으로 보는 부산변천사

신편 부산대관

초판 1쇄 발행 2010년 2월

저자_김승 • 양미숙 편역 / 김한근 사진 ▌ 펴낸이_윤관백 ▌ 편집_이경남 · 김민희 · 하초롱 ▌ 표지_김현진
펴낸곳_도서출판 선인 ▌ 인쇄_대덕문화사 ▌ 제본_바다제책
등   록_제5-77호(1998. 11. 4)
주   소_서울시 마포구 마포동 324-1 곳마루B/D 1층
전   화_02)718-6252/6257 ▌ 팩   스_02)718-6253 ▌ E-mail_sunin72@chol.com
정가_100,000원

ISBN 978-89-5933-378-3 93900

新編 釜山大觀

사진으로 보는 부산변천사

신편

부산대관

한국해양대학교 국제해양문제연구소 문화교섭학연구단 편

김승 · 양미숙 편역 / 김한근 사진

1. 본책은 1934년 간행된 『新釜山大觀』을 저본으로 하였다.

2. 『新釜山大觀』과 1926년 발간된 『釜山大觀』의 내용을 대조하여 『新釜山大觀』에서 생략되었거나 『釜山大觀』의 내용이 더 상세한 경우, 녹색 글씨로 『釜山大觀』의 내용을 삽입하였다. 단, 『新釜山大觀』과 『釜山大觀』의 내용상 차이가 있는 부분이나 어법상 부득이한 경우 그 내용을 [ ] 안에 넣어 구분하였다.

3. 『新釜山大觀』책자 권두에 수록되어 있는 하서(賀書) 4개는 생략하였다.

4. 관공서, 단체, 사업체 등의 임원 및 중역의 인명은 1926년과 1934년 사이의 변화상을 보여주기 위해 『釜山大觀』과 『新釜山大觀』의 내용을 모두 기재하였다.

5. 『新釜山大觀』과 『釜山大觀』의 원문 속 ( )는 [ ]로 통일하였다.

6. 『新釜山大觀』과 『釜山大觀』의 원문에서 강조 표시로 사용된 『 』 또는 「 」는 모두 ' '로 통일하였다.

7. 일본인 인명(人名)은 일본음(한자)로 표기하였다. 예를 들어 迫間房太郎은 하자마 후사타로(迫間房太郎)와 같이 표기하였다.

8. 일본인 인명(人名) 뒤에 오는 씨(氏) 또는 공(公)은 생략하였다.

9. 일본 지명(地名)의 경우 현(縣)과 시(市)까지는 일본음(한자)로, 군(郡)을 비롯한 그 이하 행정단위인 촌(村)과 정(町)은 한글(한자)로 표기하였다. 예를 들면 야마구치현(山口縣) 웅모군(熊毛郡) 이보장촌(伊保庄村) 또는 히로시마시(廣島市) 인보정(仁保町) 등과 같이 표기하였다. 단, 군(郡) 이하의 행정단위라고 하더라도 지명(地名)에 히라가나(ひらがな)와 가타카나(かたかな)가 들어가는 경우, 예를 들어 丸の内 또는 三田ケ谷과 같은 일본 지명은 마루노우치(丸の内), 미타가야(三田ケ谷)처럼 현지 발음대로 표기하였다.

10. 『新釜山大觀』과 『釜山大觀』에서 일본 연호(年號), 예를 들어 明治十年과 같이 기록되어 있는 것은 1877년과 같이 서기(西紀)로 표기하는 것을 원칙으로 하였다.

11. 본책의 각주(脚註) 내용은 국사편찬위원회의 한국사데이터베이스를 비롯해 한국과 일본의 각종 관련 사이트 등을 적극 활용한 내용들이다. 그 외 국내의 연구성과들은 개별 출처를 밝히지 않고 참고문헌으로 대신하였다.

1920~30년대 부산의 사진에서 해항도시의 흔적을 찾다

부산은 우리나라 제일의 항만물류도시인가 아니면 아시아 제일의 영상영화도시인가? 대한항공의 국내선 부산안내는 언제부터인지 전자에서 후자로 바뀌었다. 대한항공은 부산의 브랜드를 영상영화도시로 보는 모양이다.

그러나 부산의 역사성과 정체성을 고려할 때, 부산은 해항도시(seaport city)이다. 또 21세기 해양에 대한 재평가와 새로운 비전을 감안하면, 부산의 공적 이미지는 '해항도시'로 삼는 것이 바람직해 보인다. 왜 그럴까?

역사적으로 보면, 근대 국민국가 형성 이전에 개방된 네트워크, 즉 해역(海域)의 결절점인 해항도시는 외부 세계로 열린 개방된 공간이었다. 이곳으로 다양한 사람들이 모여들고 서로 만나면서 다층적이고 다원적인 문화를 만들어 내었다. 또한 해항도시는 역내 각 지역을 연결시킬 뿐만 아니라 먼 곳에 있는 역외의 거점과도 연결되어 광범한 네트워크를 형성하였다. 말하자면 집결과 확산의 기능이 동시에 작동하는 공간이었다.

그런데 근대 국민국가의 성립은 정도의 차이는 있지만, 수도 내지 중앙으로의 기능 집중을 통해 여타 도시들, 특히 해항도시들의 결절점으로서의 기능을 제한하였다. 해역 내에서 주연의 자리를 국가에 내어준 해항도시는 글로컬라이제이션의 진전에 따라 조연에서 다시 주연으로 부상하고 있다. 다시 말하면 국가보다 더 큰 단위의 형성과 국가보다 더 작은 단위의 활성화를 염두에 두고 보면 해항도시의 역할이 중요하기 때문이다.

해항도시는 교류의 역사성, 초국가적인 영역성, 문화의 잡종성을 그 특징으로 한다. 뿐만 아니라 해항도시들이 구성하는 해역은 관계성을 그 특징으로 한다. 이 관계성은 상대에 대한 독점적이고 배타적인 관계가 아니라 '관계'를 공유하고 상호 이용하는 것이었다. 따라서 어떤 해항도시가 독점적인 세력을 형성할 수 없었다.

2008년부터 교과부와 한국연구재단의 지원을 받아 국제해양문제연구소는 '해항도시의 문화교섭' 연구를 발신하기 위해 주력하고 있다. 이런 시도 중의 하나는 부산을 필드로 하는 것이다. 부산은 역사와 문화를 보더라도 해항도시이며 미래에도 '21세기 동아시아 해항도시네트워크의 결절점'의 역할을 주도할 해항도시이다.

부산의 인적 · 물적 교류성에 주목하면, 지금까지 부산은 지나치게 물류 중심의 항만도시로서의 정체성이 부각되고 있다. 오랜 역사성을 가진 인적 교류와 사상적 교류의 특징도 주목되어야 한다. 동삼동 패총, 두모포와 초량에 있었던 왜관, 영가대, 조선통신사는 부산과 일본 해항도시들간의 교류성을 말해준다.

해항도시의 초국가적 영역성과 개방성에 주목하면, 부산은 21세기 새로운 '지역' 형성의 비전을 제공하는 발신지다. 부산진 전투와 정공단, 다대진 전투와 윤공단, 자성대, 좌수영, 구포, 가락, 죽도에 남아있는 왜성, 외양포와 포대시설 등과 같은 외침에 맞선 흔적뿐만 아니라, 부산은 세관, 잔교, 관부연락선, 일제 침략의 교두보, 국제시장과 같은 상품과 다문화 공간의 경험을 축적시켜왔으며, 부산–후쿠오카 초광역권 시도에서 보듯이 아시아의 새 역사를 창조할 해항도시간 네트워크 발신지 가능성을 보여주고 있다.

해항도시의 인종적 · 종교적 · 사상적 잡종성에 주목하면, 해항도시는 세계주의의 조숙한 거점이었고 다원적이고 다문화적인 공간이다. 부산은 이러한 원형이 풍부하다. 일제 패망 후 돌아가지 못한 채 잔류한 재부(在釜) 일본인 사회, 텍사스촌, 러시아거리, 상해거리, 바다신앙인 마조신앙을 모시는 사원, 최근 들어 많아진 외국인 노동자, 흑맥주, 가라오케의 소재가 이를 웅변해 주고 있다.

『신편 부산대관』은 일제강점기 부산에 살았던 우리 밖의 타자이면서 동시에 우리 안의 타자였던 재부 일본인들 삶과 흔적을 사진을 통해 보여준다. 뿐만 아니라 이 책은 해항도시 부산의 과거와 현재의 모습을 비교하고 설명하고 있다. 이러한 문헌상의 고증과 현지 필드를 통한 고증은 많은 발품과 인내력을 요구하였을 것이다. 대표 역자인 김 승 선생님과 두 분의 공역 선생님들께 감사드린다.

『신편 부산대관』의 사진은 국제해양문제연구소의 홈페이지를 통해 학계와 시민들이 공유할 수 있도록 제공될 것이다. 이를 통해 해항도시, 부산의 역사성과 정체성을 함께 공유하고 부산의 공적 이미지 제고를 함께 고민하는 계기가 되었으면 한다.

2010년 1월 20일
정문수(한국해양대학교 국제해양문제연구소 소장)

20세기는 전쟁과 억압의 시대였으며 동시에 냉전의 시대였다. 이것은 인간의 삶을 규정하는 근대의 규범에 의해서 발생했다고 해도 과언이 아닐 것이다. 그러나 탈냉전 이후 21세기의 시작과 함께 우리의 삶을 옭아매었던 근대의 규범들 또한 조금씩 해체되고 있는 것을 실감할 수 있다. 이런 변화에도 불구하고 근대 국민국가가 부여한 규범들은 자기변신을 통해 그 생명력을 연장하고 있는 것 또한 사실이다.

동아시아 각 국민의 인적, 물적, 문화적 교류가 활발하게 진행되면서 민족주의의 빗장이 약화되고는 있지만 막상 중국의 동북동정, 일본의 역사왜곡과 독도문제 등과 같은 국가 대 국가간의 현안 문제가 발생하면 각국의 수평적 시민연대는 힘을 발휘하지 못하고 수직적 국민국가의 구성원으로 우리 모두가 귀속되어 버리는 현실을 지켜보면서 근대 국민국가의 규범을 절감케 된다.

향후 동아시아의 진정한 평화와 공존공영을 위해서는 좀 더 적극적으로 근대 국민국가가 형성한 규범에 균열을 낼 수 있는 방법을 모색해야 할 것이다. 물론 그 작업이 단숨에 성취될 수 있는 것은 결코 아니다. 특히 근대의 길목에서 식민지 지배를 경험한 한국의 입장에서는 올바른 한일관계를 재정립한다는 것이 말처럼 쉽지 않음을 누구나 공감하고 있는 바이다.

그러나 장구한 역사의 흐름 속에서 본다면 동북아의 한중일 삼국은 단절과 고립보다는 끊임없이 문화적 교류와 교섭을 실현하면서 선린우호의 관계를 유지해 왔던 시간들이 더 많았다. 그리고 이러한 교류와 교섭을 가능케 했던 것 중에는 바다를 매개로 한 해항도시들간의 네트워크성이 있었다. 단편적 사실들이기는 하지만 장보고의 청해진, 처용설화의 울산, 고려시대 아라비아 상인들이 출입했던 벽란도 등의 역사적 사례만 보더라도 해항도시들이 가졌던 국제성과 개방성, 혼종성, 크로스보더성 등을 상상해 볼 수 있을 것이다. 개방성과 혼종성, 크로스보더성과 네트워크성이 갖는 다원성이야말로 동일성의 원리를 강요하는 근대사회의 한계를 극복할 수 있도록 하는 핵심적 키워드라고 하겠다. 바로 이점이 편역자가 다원성이 살아 숨쉬는 해항도시에 주목하는 이유이다.

다원성은 21세기에 세계사를 새롭게 해석하고 디자인하는데 중요한 필수 덕목 중의 하나이다. 한국의 역사를 통해 보면 고려시대까지 지속된 해항도시들의 다원성은 조선시대 해금정책(海禁政策)에 의해 축소되고 약화되었다. 하지만 부산은 오히려 조선시대에 왜관(倭館)이 설치되면서 대일교역의 중심지로 그 중요성이 더욱 부각되었다. 부산은 이런 특성의 연장선에서 한국 최초의 개항장으로서 근대와 만나게 되었다. 그리고 해방 이후 귀환동포와 한국전쟁기 피난민들의 부산정착, 산업화시대 이농민들의 부산이주와 대외수출의 견인차 역할을 담당했던 무역항으로서 부산항, 이런 여러 가지 모습들이 고스란히 응축되어서 오늘날의 부산이 형성될 수 있었다. 부산은 이러한 근현대의 역사 과정을 거치면서 다른 도시와 비교 되지 않을 정도로 교류와 교섭의 창구로서 해항도시가 갖는 특성을 보여주었다.

현재 부산은 21세기 글로컬리즘시대를 맞이해서 동북아의 중심 해항도시로 새롭게 도약해야 할 상황에 직면해 있다. 그 일환으로 부산시는 일본의 후쿠오카시(福岡市)와 초광역경제권을 형성해 공존공영을 위한 실질적 노력들을 진행하고 있다. 변화된 이러한 상황 속에서 일제강점기 부산의 위상을 단지 일본이 대륙진출을 하기 위해 마련한 교두보 혹은 수탈의 창구 정도로 파악해 버린다는 것은 다층적 의미를 갖는 식민지시기 부산의 본모습을 너무나 단순화시켜버리는 잘못을 범하는 일이 될 것이다. 식민지시기 부산의 역사상을 올바르게 복원하고 재해석하는 것은 해항도시 부산의 미래는 물론이고 한일관계를 위해서도 필요한 작업이다. 본서는 바로 이러한 문제의식에서 출발하였다.

부산은 일제강점기 도시민의 인구 구성 비율을 놓고 보았을 때 일본인들이 가장 많이 거주한 곳이었다. 사회문화적인 측면에서 보더라도 재부산(在釜山)일본인들은 부산에 대해서 각별한 애정을 갖고 있었다. 그 결과 재부산(在釜山)일본인들은 전국적 명성을 지녔던 신문들을 간행하고 다수의 부산 관련 기록물들을 출간하였다. 그 중에서 대표적인 것으로 1926년 간행한 『釜山大觀』과 1934년 출간한 『新釜山大觀』을 꼽을 수 있다.

『釜山大觀』은 부산개항 50주년기념의 성격을 갖는 특집출판물로서, 부산의 정치, 경제, 사회, 문화, 교육 등 다방면에 걸친 방대한 분량의 사진과 그 내용들을 수록한 책이다. 『新釜山大觀』은 『釜山大觀』에서 누락된 내용이나 시간의 경과에 따른 새로운 추가 내용들을 첨부하여 발간한 서적이다. 8년의 시차를 두고 간행된 두 권의 책자는 해항도시 부산의 근대 모습을 이해하는데 매우 중요한 자료이다. 그러나 두 권의 책자는 일반인은 물론이고 전문 연구자조차 구입하기에 고가일 뿐만 아니라 내용이 고투의 일본어로 되어 있어 일반인들이 보기에는 어려움이 있었다.

이에 편역자는 두 권의 책을 번역해서 합치고 해당 항목의 사진과 현재 사진을 첨부하였다. 여기에 본문의 이해를 돕기 위해 각주를 덧붙여 부산의 근대와 현대의 변화상을 한눈에 파악할 수 있도록 하였다.

최근 들어서 일제강점기 부산에 대한 연구들이 축적되고 있는데 이는 참으로 반가운 일이다. 그러나 식민지시기 그림이나 사진, 엽서 형태의 책자 발간은 아직까지 턱없이 부족한 실정이다. 사진과 그림으로 된 자료들은 글로 전달할 수 없는 당시의 여러 가지 정보들을 생생하게 제공해 준다. 따라서 본서는 21세기 동북아 문화교섭의 중심지로 발돋움하는 해항도시 부산에 관한 연구는 물론이고 여타의 도시사, 사회사, 건축사 등의 관련분야의 연구에 큰 자극이 될 것으로 본다.

본서는 준비되지 못한 연구자들이 편역 작업에 착수함으로써 예상과 달리 많은 시간이 소요되었다. 본서가 그나마 세상의 빛을 볼 수 있게 된 데는 전적으로 박이정 선생님의 숨은 노고가 있었기 때문에 가능했다. 윤문작업과 교열, 교정작업을 도맡아 오랜 기간 동안 작업에 매달렸던 노고에 다시 한번 감사의 말씀을 드린다.

그럼에도 불구하고 본서에 나타난 여러 가지 부족함들은 모두 제1편역자의 몫임은 두말할 나위가 없을 것이다. 끝으로 출판을 위해 여러 가지를 배려해 주신 한국해양대학교 국제해양문제연구소와 선인출판사 윤관백 사장님, 늦은 시간까지 귀가하지 못하고 편집에 고생한 김지학 팀장님께도 감사의 말씀을 전한다. 해항도시 부산의 다원성을 논의하는데 본서가 하나의 소재거리가 될 수 있다면 작업에 참가한 편역자는 조금의 위안을 찾을 수 있을 것이다. 이제 독자들의 애정어린 질정과 비판이 있기를 바란다.

2010년 1월

제1공동편역자 김 승

　1926년 유지(有志)들의 권유에 따라『부산대관(釜山大觀)』을 간행하고 벌써 10년, 그 사이 부산은 변했다. 사람도 나서 자라고 기운(機運)도 변하였다. '남아(男兒)가 삼일(三日) 동안 서로 보지 않으면 놀랄 정도가 되어 다시 보자라는 말이 있지 않는가? 하물며 부산의 세상살이와 사람들의 일에 있어 10년 세월이면 더 뭘 말하겠냐. 마땅히 크게 괄목해서『부산대관(釜山大觀)』을 이야기 하라' 는 유지(有志)의 권유를 받은 일이 한 두 번이 아니었다.

　편자 또한 깊이 생각하니 부산은 과거 10년간 공적 시설, 경제적 윤곽, 인적 요소 등에서 확실히 놀랄만한 진전을 이루었다. 확실히 면목을 일신하였다. 그리고 지금 역사상 하나의 시기를 마치고 다음의 새로운 시기로 이행해야 할 단계에 있는 것 같다. 이 시기를 전환점으로 그 역사성과 현실상을 담아 한 책의 기념장부(記念帳)로 남겨 두는 것이 후년(後年)의 입장에서 보더라도 의의있는 일이 아닐까라고 생각했다. 이리하여『신부산대관(新釜山大觀)』의 간행을 발의하고 준비에 착수한 것이 10월, 가을이 절정일 때였다. 그런데 편자 또한 요즈음 세상일로 여전히 신변를 둘러싼 여러 가지 일을 완수하기가 쉽지 않았다. 다행히 여러 편자들이 도와서 노고를 서로 나누고 이런저런 논의를 거치니 세월이 벌써 세경쟁영(歲景崢嶸)의 계절에 이르렀고 이제야 겨우 본서의 인쇄를 보게 되었다. 관련 자료를 조사하였으나 전거(典據)나 출처(出處)가 확실하지 못한 점이 있지만, 그래도 본래 취지의 절반이나마 할 수 있었던 것에 부족하지만 위안으로 삼고자 한다.

　본서의 권두(卷頭)에 있는 부산의 역사를 이야기하는 여러 장의 엽서 사진, 그림 등을 얻을 수 있었던 것은 조선사편집회[경성(京城)], 타니무라 이치타로(谷村市太郎)[경성(京城)], 카와타미 지로(川民次郎)[부산(釜山)], 시바타 토요조(柴田豊三)[동래(東萊)], 모리야마 마쯔노스케(森山松之助)[도쿄(東京)] 등의 여러분을 선두로 부산의 후쿠다(福田), 타바타(田烟), 나카무라(中村), 나카노(中野), 테지마(手島) 등이 진귀한 소장물을 특별히 대여해 주었기 때문이다. 또 자료수집은 마쯔오 코우헤이(松尾孝平), 토요다 하치로(豊田八郎) 두 분에게 힘입은 바 크다. 사진촬영에는 도히 에이이치(土肥英一), 편집사무는 사시카타 쿠니타(指方邦太), 인쇄에는 카와이 료키치(川井亮吉) 등이 헌신적 노력을 아끼지 않았다. 이점 기록으로 밝혀 이들의 노고를 대신하고자 한다.

　더군다나 편자의 요청에 응하여 휘호와 서문을 기증해 주신 여러 명사(名士)와 본 기획에 대해 좋은 취지를 이해하고 도움과 지지를 준 강호(江湖)의 여러분에게 깊은 감사의 뜻을 표하고자 한다.

1934년 12월
편 자

III. 부산의 현세(現勢) / 109

contents

IV. 부산부(釜山府)의 여러 학교 / 219

V. 부산부(釜山府)의 금융과 언론 / 253

VI. 사업(事業)과 인물(人物) / 303

contents

contents

외우(畏友) 카와지마 키시케(川島喜彙)[1] 군(君)이 이전에 부산출판협회의 사업으로 『부산대관(釜山大觀)』을 간행하여 강호(江湖)의 절찬을 받았는데, 10년이 지난 오늘 부산의 약진적(躍進的) 발전을 기념할 계획으로 새롭게 『신부산대관(新釜山大觀)』을 발간하였다. 참으로 시의(時宜) 적절한 쾌거라고 해야 할 것이다.

근년에 우리[2] 부산의 발전은 몹시 현저한 것으로 특히 최근 10년 사이 문화, 경제, 산업 각 방면에서 획시대적(劃時代的) 시설들이 근본에서부터 완전히 면목을 일신하고 있다. 더군다나 이런 발전을 초래한 연원과 연혁은 매우 오래되었다. 이것은 실로 선인(先人)의 경영이 아주 적절하고 부민(府民)의 노력이 그 하나로 귀결된 결과라고 해야 할 것이다.

『신부산대관(新釜山大觀)』에 실린 내용들을 보니 그 자료를 내외고금(內外古今)으로부터 구하고 가능한 한 그것들을 종합적으로 배열하여 복잡다기한 내용을 빠짐없이 취급하는 한편, 선배들이 심혈을 기울여 개척한 진전(進展)의 자취를 더듬어 마치 손바닥 보듯이 다루었다. 심히 편찬의 노고를 높이 사면서 경의를 표하는 바이다. 따라서 이 책은 온고지신(溫故知新)의 자료로 삼아야 할 것이며 또한 장래 발전의 초석으로 삼아야 할 것이다. 감히 말하건대 초(草)를 잡아 발간의 기쁨을 나누고자 한다.

1934년 12월

부산부윤(釜山府尹) 쯔치야 덴사쿠(土屋傳作)

---

1) 카와지마 키시케(川島喜彙)는 1880년 8월 일본 이바라키현(茨城縣) 히가시이바라키군(東茨城郡) 천근촌(川根村) 자하토사(字下土師)에서 출생하여 1894년 도쿄(東京)로 가서 공사립학교(公私立學校)에서 수학하였다. 학교 졸업 후 호치신문사(報知新聞社)와 고쿠민신문사(國民新聞社), 요코하마신보사(橫濱新報社)에서 근무하였다. 1907년 10월 한국으로 건너와 인천에서 『조선신보(朝鮮新報)』 편집장을 맡았으며 1909년부터 1915년 12월까지 경성신보사(京城新報社)의 편집장, 지배인, 영업국장 등을 역임하였다. 경성신보사를 나온 뒤에는 서울에서 조선제약소(朝鮮製藥所)를 경영하였다. 이후 1921년 부산에서 간행되고 있던 『조선시보(朝鮮時報)』의 대주주로서 사장을 지냈다. 그는 언론활동 이외 1923년과 1926년의 부산부협의회선거에서 각각 당선되어 6년간 협의회의원으로 활동하였다. 1929년 협의회선거에서 낙선한 후 1934년 『신부산대관(新釜山大觀)』을 간행할 당시에는 부산출판협회의 회원으로 활동하였다.
2) '우리' 또는 '우리나라(我國)'는 일본인 혹은 일본제국(日本帝國)을 가리킨다. 원문에서는 간혹 '재부산(在釜山)일본인'을 지칭하는 의미로서 '우리'라는 표현을 사용하기도 했다. 이하 본책에서는 원문에 있는 그대로 번역하였다.

이번에 카와지마(川島) 군(君)의 손으로 출판하게 된 『신부산대관(新釜山大觀)』을 한번 보니, 노생(老生)은 다소(多少)의 감격을 주체할 수가 없다. 세상에 '상전벽해(桑田碧海)의 변화'라고 하지만 우리 부산이 벽촌(僻村)과 같은 하나의 어촌에서 출발하여 오늘의 성대하고 훌륭한 경관을 낳게 된 과거 반 백년의 역사를 살펴볼 때, 지난 일들이 오래되고 아득한 것이 진실로 꿈만 같다. 오늘날까지 남아서 현재의 부산을 아는 사람은 본서(本書)를 손에 넣고서 '시대(時)'의 힘이 위대함에 놀라고 강개(慷慨)하여 오늘날과 옛날의 감동을 느끼지 않을 수 없을 것이다.

이처럼 놀라고 두려워할 정도의 대진보, 대발전이야 말로 어떤 원인으로 이루어졌던가? 말할 나위도 없이 근세 일본팽창의 소산이며 반영이지만, 이것을 반대의 측면에서 보면 부산지역이 대륙의 문호(門戶)로 반도(半島)개발의 최초의 거점이 되는 지리적 조건과 이곳을 왕래하며 여러 가지 공적 업무를 맡은 관민유지들의 노력이 있었음을 빼놓을 수 없을 것이다. 곧 천시(天時), 지리(地理), 인화(人和)의 3대 요소가 남김없이 갖추어져 오늘의 대부산을 보게 된 것에서 역사가 가리키는 바는 머지않아 또 금후의 부산을 계승하는 사람들을 고무하는 힘이 될 것이다. 50년 후 부산은 또다시 과거의 역사를 척도로 하는 것 이상의 대발전을 이룰 것으로 확신한다.

본서가 부산의 현세(現勢)를 기록하고 시설, 인물을 알기 편하도록 한 것 외에 귀중한 옛날의 역사적 사진을 수집하여 권두(卷頭)를 장식한 노고는 다대(多大)하며, 우리에게 좋은 기념물을 선사한 것에 고맙게 생각하는 사람은 단지 이 늙은이만이 아닐 것으로 확신한다.

1934년 12월

부산상공회의소(釜山商工會議所) 회두(會頭)
정6위(正六位) 훈5등(勳五等) 카시이 겐타로(香椎源太郎)

역대(歷代) 통감(統監)과 총독(總督)

이토통감(伊藤統監)[3] 야마구치현(山口縣) 사람이다. 1905년 11월 22일 칙령에 따라 한국(韓國)에[4] 통감을 두게 되자 그해 12월 1일 추밀원의장(樞密院議長)에 의해 제1대 통감에 임명되었다. 이듬해 1906년 3월 2일 조선으로 건너와 백정(百政)을 바로잡고 일한병합(日韓倂合)의[5] 토대를 마련하였다. 1909년 6월 통감(統監)을 사임하고 귀국하여 추밀원의장이 되었으나 10월 26일 러시아로 들어가는 도중 하얼빈정거장에서 조선인 안중근(安重根)에게 암살되었다. 11월 4일 국장(國葬)으로 장례를 치렀다. 내각총리대신에 임명되길 4회, 국가의 주석(柱石)으로 상하의 신뢰가 특히 두터웠다.

소네통감(曾根統監) 이토통감(伊藤統監)이 사임하고 귀국하자 1909년 6월 14일 부통감(副統監)이었던 소네 아라스케(曾根荒助) 자작(子爵)이 제2대 통감에 임명되었는데, 병 때문에 1910년 5월 사임하고 도쿄(東京)에서 병사(病死)하였다. 야마구치현(山口縣) 사람이다.

데라우치통감(寺內統監)[총독(總督)][6] 야마구치현(山口縣) 사람이다. 1910년 5월 소네통감(曾根統監)의 뒤를 이어서 통감으로 7월 23일 경성(京城)에 들어왔다. 당시 일한병합(日韓倂合)의 기운이 무르익은 가운데 8월 15일 한국(韓國) 총리대신 이완용(李完用)과 구체적 교섭을 시작한 지 얼마 되지 않아 조약안은 양국 황제의 재가(裁可)를 거쳐[7] 마침내 1910년 8월 29일 병합의 큰 일이 완전히 이루어졌다. 그리하여 통감을 폐지하고 총독을 두게 되자 초대총독으로 임명되어 조선통치에 진력(盡力)을 다하길 6년, 1916년 10월 내각총리대신의 대명(大命)을 받들어 일본으로 돌아갔다. 1919년 오이소(大磯)에서[8] 병사(病死)하였다.

하세가와총독(長谷川總督)[9] 야마구치현(山口縣) 사람이다. 군적(軍籍)에 몸을 담아 원수(元帥) 육군대장이 되었다. 1916년 10월 데라우치총독(寺內總督)의 후임으로 조선총독에 임명되어 1919년 8월까지 그 직책에 있었다. 1924년 병사(病死)하였다.

사이토총독(齋藤總督)[10] 이와테현(岩手縣) 사람이다. 해군에 들어가 승진하여 해군대장에 올랐다. 그 사이 해군대신(海軍大臣)을 역임하였다. 1919년 8월 조선총독에 오르게 되어 9월 2일 경성(京城)으로 올 때, 한 명의 조선인으로부터 폭탄투척을[11] 받았으나 경미한 부상도 없이 유유히 관저(官邸)로 들어 왔다. 이후 통치의 대임(大任)을 맡고 문화정치의 치적을 쌓아 내외의 신망을 한 몸에 받았다. 1927년 제네바에서 개최된 군축회의에 전권대사(全權大使)로 출석하기 위해 조선 땅을 떠났다. 조선으로 돌아온 이후 추밀원고문관이 되었다. 1929년 다시 조선총독으로 임명되어 시종 힘을 다해 조선의 개발을 위해 노력하였고 1931년 6월 총독직에서 물러났다. 1932년 소위 5·15사건[12] 이후 조각(組閣)의 대명(大命)을 받들고 거국일치내각을 조직하여 온 힘으로 비상시국을 담당하다가 1934년 7월 사퇴하였다.

야마니시총독(山梨總督)[13] 시나가와현(神奈川縣) 사람이다. 육군에 들어가 1921년 육군대장으로 승진하였다. 육군대신(陸軍大臣), 군사참의관(軍事參議官)을 역임하고 1927년 조선총독에 임명되어 업무를 보다가 1929년 총독을 사퇴하였다.

3) 이토 히로부미(伊藤博文, 1841~1909)를 말한다.
4) 일제는 대한제국(大韓帝國, 1897~1910) 시기에는 주로 한국(韓國)이라고 불렀고, 대한제국이 패망한 이후에는 구한국(舊韓國)이라고 불렀다. 여기에 반해 조선(朝鮮)은 대한제국 이전의 왕조를 지칭하거나 혹은 지리적 의미로 일본과 대비해서 한반도를 가리킬 때 사용했다.
5) 일한병합(日韓倂合)이라는 표현은 일본이 대한제국을 강제 병합한 것에 대해 마치 한국과 일본이 평화적으로 양국의 합의에 의해 통합된 듯한 인상을 주기 위해 사용한 표현이다. 역사적 사실에 입각한다면 한국병탄(韓國倂呑)이 정확한 표현일 것이다. 본책에서는 당대 일본인들의 인식을 그대로 보여준다는 취지에서 일단 원문대로 표기하였다. 이하 본책에서 서술한 일한(日韓)의 표현 역시 원문 그대로 기술한 것이다.
6) 데라우치 마사다케(寺內正毅, 1852~1919)를 지칭한다.
7) 주지하듯이 이 부분 또한 역사적 사실과 다르다. 대한제국이 조약을 체결할 때는 최종문건에 어새(御璽) 또는 국새(國璽)를 사용하고 황제가 직접 서명하도록 되어 있었다. 그러나 1910년 8월 한국과 일본 사이에 체결된 문건에는 황제의 친필서명이 없다. 통감부가 대한제국의 내각회의를 거치지 않고 병탄조약안 처리를 강행했으며 조약 관련 주요 문서들 또한 날조된 것임을 입증하는 자료들이 여러 곳에서 확인할 수 있다.
8) 오이소(大磯)는 시나가와현(神奈縣) 남부에 있는 지역으로 피서지(避暑地)와 피한지(避寒地)로 유명하여 메이지(明治) 중기부터 쇼와(昭和) 초기에 걸쳐 정계와 재계의 유명인사들의 별장이 많았다. 예를 들어 1907년 무렵에는 150개의 별장이 있었다고 한다.
9) 하세가와 요시미치(長谷川好道, 1850~1924)를 말한다.
10) 사이토 마코토(齋藤實, 1858~1936)를 지칭한다.
11) 사이토(齋藤)의 내한(來韓) 당일 현재의 서울역인 남대문역에서 신임 총독 사이토를 향해 폭탄을 던진 강우규(姜宇奎, 1859~1920)의사의 폭탄투척사건을 말한다.
12) 일본은 1920년대 안정적인 경제성장을 이루고 정치적으로도 흔히 다이쇼(大正)데모크라시라고 할 정도로 상당히 발전하였다. 그러나 1929년 세계대공황의 여파로 일본 국민들의 생활이 어려워지고, 또 1930년 런던군축회의에서 하마구치(浜口)내각이 합의한 것에 대해 군부와 우익단체, 반의회주의세력이 불만을 품게 된다. 일련의 이런 움직임 속에서 1932년 5월 15일 극단적 우익단체인 혈맹단이 중심이 되어 정당과 재벌타파를 목적으로 쿠데타를 기도하였다. 해군장교 10명, 육군사관 후보생 11명, 민간 농본주의자들로 구성된 이들은 수상관저, 정우회(政友會)본부, 경시청(警視廳), 일본은행을 습격하고 당시 호헌운동의 중진 인물이었던 수상 이누카이 쓰요시(犬養毅)를 살해하였다. 이로써 정당정치는 사실상의 종말을 고하고 군부가 정치에 나서게 되는데, 그 계기를 마련한 것이 바로 5·15사건이다. 이후 일본은 1936년 2·26사건을 한 번 더 겪으면서 군부내 온건파들이 실각하게 되고 전면적인 파시즘의 길로 나아가게 된다.
13) 야마니시 한조(山梨半造, 1864~1944)를 말한다.

● 역대(歷代) 통감(統監)과 조선총독(朝鮮總督)   新篇 釜山大觀

역대 통감(統監)과 총독(總督)

① ② ③
④
⑤ ⑥ ⑦

① 소네통감(曾根統監)_ [신부산대관]
② 이토통감(伊藤統監)_ [신부산대관]
③ 데라우치통감(寺内統監)_ [신부산대관]
④ 통감부(統監府)_ [신부산대관]
⑤ 야마니시총독(山梨總督)_ [신부산대관]
⑥ 사이토총독(齋藤總督)_ [신부산대관]
⑦ 하세가와총독(長谷川總督)_ [신부산대관]

현재의 조선총독부(朝鮮總督府)

우가키총독(宇垣總督)[14] 오카야마현(岡山縣) 사람으로 육군대장 출신이다. 1924년 천황으로부터 키요우라내각(淸浦內閣)의[15] 육군대신으로 임명을 받았다. 그 후 가토(加藤), 카와즈키(若槻), 하마구치(濱口) 내각에 육군대신으로 입각하였다. 1927년 사이토(齋藤)총독이 군축회의 제국전권(帝國全權)으로 제네바에 부임할 때는 임시대리(臨時代理)를 맡았다. 조선에 머문 것은 반년이지만 우리나라와 조선관민에게 강한 인상을 주었다. 1931년 6월 조선총독으로 전조선(全朝鮮) 인사(人士)들의 기대 속에서 반도의 땅에 부임하였다. 첫 성명(聲明)에서 하늘이 내려 준 은혜를 베풀고 부족함을 보충해서 개선방침을 단행하여 물심(物心)양면으로 생활의 안정을 도모하는 것을 첫 번째 의무라고 분명히 하였는데, 그것을 제대로 실현하기 위해 노력하고 있다. 곧 북조선개척, 산금정책(山金政策), 면양장려(緬羊獎勵), 면화장려, 농산어촌(農山漁村)진흥, 북만주이민 등은 모두 독특한 신방침의 구체화로서 지금이야말로 조선통치는 완성기에 들어섰다.

이마이다정무총감(今井田政務總監)[16] 오카야마현(岡山縣) 사람이다. 1931년 천황으로부터 체신차관에서 정무총감으로 임명을 받았다. 우가키총독(宇垣總督)을 도와 조선의 개발과 민복(民福)의 증진에 전력을 경주하고 있다.

각 국장(局長) 우가키총독(宇垣總督), 이마이다정무총감(今井田政務總監)을 돕는 조선총독부 각 국장은 다음과 같다.

직 책	성 명
내무국장(內務局長)	한도 쇼조(半島省三)
재무국장(財務局長)	하야시 시게조(林繁藏)
식산국장(殖産局長)	호즈미 신로쿠로(穗積眞六郎)
농림국장(農林局長)	와다나베 시노부(渡邊忍)
법무국장(法務局長)	마스나가 쇼이치 (增永正一)
학무국장(學務局長)	와다나베 토요히꼬(渡邊豊日子)
경무국장(警務局長)	이게다 키요시(池田淸)
체신국장(遞信局長)	이노우에 키요시(井上淸)
철도국장(鐵道局長)	요시다 히로시(吉田浩)
전매국장(專賣局長)	야스이 세이이치로(安井誠一郎)

---

14) 우가키 가즈시게(宇垣一成, 1868~1856)를 말한다. 1931년 6월 17일부터 1936년 8월 4일까지 조선총독으로 재임하였다.

15) 1924년 5개월로 단명한 키요우라 게이코(淸浦奎吾, 1850~1942)의 내각을 말한다. 전(全) 각료를 귀족원 출신으로 구성했기 때문에 호헌3파(立憲政友會, 憲政會, 革新俱樂部)로부터 격렬한 비난을 받기도 하였다. 키요우라 수상시대는 다이쇼(大正)데모크라시가 가장 고양됐던 시대이기도 하다.

16) 이마이다 기요노리(今井田淸德)는 1931년 6월 19일부터 1936년 8월 5일까지 정무총감으로 재임하였다.

조선총독부(朝鮮總督府)와 총독(總督), 정무총감(政務總監)

① 조선총독부(朝鮮總督府)_ [신부산대관]
② 우가키총독(宇垣總督)_ [신부산대관]
③ 이마이다정무총감(今井田政務總監)_ [신부산대관]

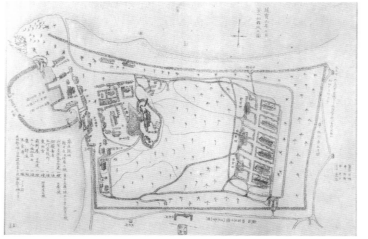

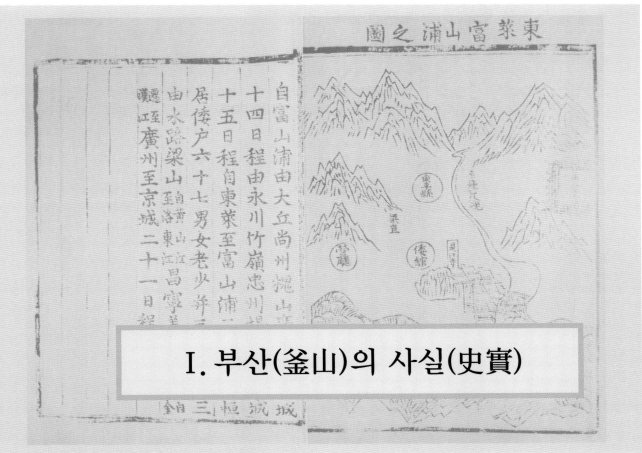

東萊富山浦之圖

I. 부산(釜山)의 사실(史實)

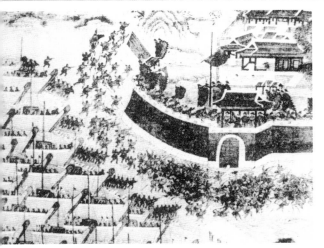

일본과 조선 통교(通交)의 당면(當面) 인물

　　일본과 조선의 통교는 그 연원이 오래되었는데 고대에 속하는 옛날 책에 여기저기 눈에 띄는 바가 적지 않다. 그 교통로인 잇키(壹岐), 쓰시마(對馬) 및 조선의 남부지역 연안 지방에는 사적(史蹟)으로 전하는 흔적이 매우 많다. 이것을 역사상에서 보면 임나일본부(任那日本府)의[17] 설치, 진구황후(神功皇后)의 한반도 정벌, 신라 백제 고구려 등의 조공(朝貢), 소위 왜구의 관계 등 그 교섭은 매우 긴밀한 것이었다. 특히 조선은 대륙문화의 중계지로서 우리 문화의 진전에 공헌한 바가 크다고 할 것이다. 그리고 중세 이래 주로 일본과 조선통교의 균형을 맡은 쓰시마번주(對馬藩主) 소오씨(宗氏)가 1367년[지금으로부터 566년 전] 형부소보(刑部少輔) 소오 츠네시게(宗經茂)를 사신으로 고려 공민왕에게 보내어 처음으로 공식 교통을 시작한 이후 항상 서로 왕래하였다. 간혹 삼포(三浦)의 난(亂)[18], 혹은 분로쿠게이초노에키(文祿慶長の役)[19] 등과 같이 일시적 단절을 불러왔던 부득이 한 경우도 있었으나 소오씨(宗氏)는 이를 극복하고 그 임무를 완수하였다. 메이지(明治)정부의 외교가 시작되기까지 조선과 일본은 친선을 지속해 왔고 그 공적은 역사상 사라지지 않을 것이다. 이에 통교에 공헌한 당면의 인물 사적(事績)을 약술한다.

　　소오 츠네시게(宗經茂) 치쿠젠(築前)[20], 푸젠(豊前)[21], 히젠(肥前)[22] 등의 7군(郡)과 쓰시마(對馬)의 슈고(守護)로서 치쿠젠(築前)의 무나카타죠(宗像城)에 살았다. 노년에 소오 케이(宗慶)로 불렸다. 1368년 7월 고려 공민왕에게 사절을 파견하여 수호(修好)로서 교역을 약속했다. 이에 최초로 제포(薺浦), 염포(鹽浦), 부산포(釜山浦)를 거관거민(居館居民)의 지역으로 정하게 되었다.[23] 당시 우리나라의 통상장은 쓰시마(對馬)의 고후나코시(小船越)였다.[24]

　　소오 요리시게(宗賴茂) 츠네시게(經茂)의 장자(長子)로 노년에 머리털을 깎고 영감(靈鑑)으로 불렸다. 1392년 이성계(李成桂)의 조선이 건국되자 사선(使船)을 보내어 수호(修好)를 하였다.

　　소오 사타시게(宗貞茂) 요리시게(賴茂)의 장자(長子)이다. 형부소보후찬기수(刑部少輔後讚岐守)로 칭하였다. 조선과 통상무역을 하였으며 1408년 사서(使書)를 태종(太宗)에게 보내어 진도(珍島), 남해(南海) 등의 도서(島嶼) 분할을 요구한 적이 있다.

　　소오 사타모리(宗貞盛) 일시 중단되었던 통교를 회복하고 1443년 조약을 체결하여 세견선(歲遣船), 세사미(歲賜米) 등을 정했다. 이것을 계해조약(癸亥條約)이라 칭한다. 조선으로부터 도서(圖書) 곧 감합인(勘合印)을[25] 증여받았다.

---

17) 임나일본부설(任那日本府說)은 4~6세기 왜국(倭國)이 한반도 남부 임나(任那)에 설치한 일본부를 중심기관으로 200여 년간 한반도 남부를 지배했다는 학설이다. 임나일본부설의 근거로는 광개토대왕비의 신묘년(辛卯年, 391년) 기사, 『일본서기(日本書紀)』의 진구황후(神功皇后) 관련 기사 중 진구황후가 한반도를 정벌하고 조공을 받았다는 기사, 백제의 칠지도 명문 등을 들고 있다. 대개는 임나일본부설이 일본제국주의 침략기에 만들어진 왜곡된 내용으로 파악하고 있다. 그러나 아직까지 일본의 일부 극우학자와 극우파 정치인들은 임나일본부설이 역사적 사실임을 주장하고 있다.

18) 1510년(중종 5년) 부산포(釜山浦), 제포(薺浦), 염포(鹽浦) 등 삼포에 거주하던 왜인들이 일으킨 삼포왜란을 뜻한다. 삼포왜란은 중종반정 이후 엄격하게 시행된 삼포지역에 대한 통제정책으로 경제활동이 위축된 왜인들이 쓰시마도주의 지원을 받아 일으킨 왜란이다. 이 난으로 조선인 272명이 피살되고 민가 796호가 불탔다. 왜인측은 선박 5척이 격침되고 295명이 죽거나 사로잡혔다. 조선은 삼포왜란을 평정한 이후 삼포의 왜관을 폐쇄하였으나 1512년 임신조약(壬申條約)으로 제포 한 곳만 열게 되었다.

19) 1592년(선조 25)부터 1598년(선조 31)까지 7년간 전개된 임진왜란(壬辰倭亂)을 의미한다.

20) 일본 큐슈(九州) 후쿠오카현(福岡縣)의 옛 명칭이다.

21) 일본 큐슈(九州) 후쿠오카현(福岡縣)의 동부와 오이타현(大分縣)의 북부에 해당하는 지역이다.

22) 일본 큐슈(九州)) 서북의 옛 지명으로 현재 나가사키현(長崎縣)과 사가현(佐賀縣) 지역에 해당한다.

23) 삼포의 왜관 중 부산포와 내이포(제포)는 태종 7년(1407), 염포는 세종 8년(1426)에 각각 설치되었다. 모두가 조선전기에 설치된 것이다. 본문의 내용은 편자가 역사적 사실을 잘못 이해한 부분이다.

24) 현재 쓰시마(對馬島)는 남북으로 긴 두 개의 섬이 다리로 연결되어 있다. 원래 연결 부분은 대한해협 쪽의 아소만(淺茅灣)과 일본 내해 쪽의 미우라만(三浦灣)이 병목 모양의 지형으로 마주하고 있었다. 병목인 이곳에서 반대편으로 가기 위해서는 남쪽 대마도(下對馬)를 80Km 정도 돌아서 가야 했다. 이런 번거로움을 피하기 위해 옛날 쓰시마인들은 작은 배의 경우 고후나코시(小船越), 큰 배는 오후나코시(大船越)를 이용해서 배 밑에 통나무를 깔고 언덕을 넘어 반대편 바다로 배를 나르는 방법을 택했다. 1900년 일본은 러일전쟁을 대비해서 일본 전함이 오후나코시(大船越)를 빨리 통과할 수 있도록 오후나코시(大船越)를 동서로 뚫어 아소만과 미우라만이 서로 통하게 하였다. 그 결과 하나의 섬이었던 쓰시마는 두 개의 섬으로 나뉘게 되었는데 북쪽 쓰시마(上對馬)와 남쪽 쓰시마(下對馬)를 연결하는 다리가 만제키바시(万關橋)이다. 현재 이곳은 1905년 5월 대한해협해전에서 러시아 발틱함대를 격파한 일본의 승전이야기와 함께 쓰시마를 대표하는 관광명소로 활용되고 있다.

25) 원래 감합인은 무역을 허가하는 증명서에 찍는 도장을 의미한다. 감합은 조선시대 외교 또는 무역 관계로 입국한 왜인들이 가지고 온 입국허가서(圖書)를 원부와 대조하고 확인하던 일 또는 도서(圖書) 그 자체를 말한다. 다시 말해 대마도주(對馬島主)는 조선정부에서 내려준 도장을 사용하여 왜인이나 왜선박의 조선입국허가서를 발부하였는데 그것이 도서(圖書)이다. 조선정부는 왜측에 도장을 내주기에 앞서 그 도장을 찍은 장부 2부를 만들어 1부는 예조에, 1부는 삼포(三浦)에 보관하였다가 왜인들이 입국할 때 가지고 오는 도서와 대조하여 진위여부를 가렸는데 이를 감합이라 하였다. 그래서 감합, 곧 도서를 갖고 들어오는 무역선이 감합선이다. 조선전기에는 왜인들뿐만 아니라 함경도 국경지역의 일부 여진족에게도 도장을 주어 감합을 통한 입국을 허락하였다. 이를 소지한 여진인은 서울까지 내왕할 수 있었다.

일본과 조선 통교(通交)의 당면 인물

① 소오 츠네시게(宗經茂)_ [신부산대관]
② 소오 요리시게(宗賴茂)_ [신부산대관]
③ 소오 사타시게(宗貞茂)_ [신부산대관]
④ 즈에 효고노스게(津江兵庫之介)의 비(碑)_ [신부산대관]

소오 요시모리(宗義盛) 조선이 사선(使船)을 접대하지 않는 것에 분노하여 1510년 이를 토벌하고 부산, 동래, 제포, 웅천의 4성(城)을 함락시켰다. 소위 삼포(三浦)의 난(亂)이다. 이후 장군 아시카가 요시타네(足利義植)의 알선에 의해 1512년 다시 국교를 회복하였다. 이것을 임신조약(壬申條約)이라고 칭한다.

소오 하루모리(宗晴盛) 1541년 제포(薺浦)에 있던 쓰시마인(對馬人)이 조선인과 항쟁하여 조선인을 내쫓았다. 하루야스(晴康)가[26] 삼포(三浦)의 왜호(倭戶)를 부활하려고 노력하였으나 1542년 조선에서 끝내 제포(薺浦)의 바닷길을 금지하고 관(館)을 부산으로 옮겼다. 이것으로 부산에 관소(館所)가 처음으로 생겨나게 되었다.

소오 시게마사(宗重正) 소우가(宗家)의 제36대 번주(藩主)로 1861년~1868년 우리 외교가 가장 복잡한 시기에 번주의 자리에 있었다. 1876년 2월 26일 일한수호조약(日韓修好條約)의[27] 성립까지 오로지 한국과 절충의 임무를 맡았다. 우리는 대한7책(對韓七策)의 강경론을 막부에 건의하였다. 우리는 왕정복고[28] 후에 한국의 태도에 분개하여 처음부터 끝까지 강경외교를 주장하고 수호(修好)담판의 촉진을 도모했다. 1868년 쓰시마번지사(對馬藩知事)가 되었다. 1872년 외무대극(外務大丞)에 임명되어 일한수호(日韓修好)의 임무가 주어졌으나 1873년 7월 관(官)에서 물러났다.

즈에 효고노스게(津江兵庫之介)[즈에 효고노스게시게이로(津江兵庫之介成太)] 의친공(義親公)에[29] 의해 쓰시마번사(對馬藩士)로 중용되어 1671년[지금으로부터 263년 전] 화관(和館) 이전(移轉)의 제5회 사절로 부사(副使) 테라다 안우에몬(寺田案右衛門)과 함께 조선[부산]으로 건너와서 당시 고관(古館)의[30] 땅에서 협상을 위해 크게 노력하였다. [동래부사와 회견은 허락받지는 못했다. 약정(約定)을 무시하고 동래부에 이르러 부사(府使)와 회견을 하고 교섭을 성사시키기 위해 노력했다. 마침내 기이한 병이 발병하여 하룻밤에 사망하였다[31]] 이관(移管)과[32] 관련해서 동래부사를 독촉하였는데 병을 얻어 마침내 죽었다. 이관을 위한 효고(兵庫)의 공이 크다. 1879년 부산관민이 서로 도모하여 비(碑)를 고관(古館)에 세우고 그의 영혼을 위로하였다.

---

26) 소오씨(宗氏) 집안의 16대 인물인 소오 하루야스(宗晴康, 1457~1563)를 지칭한다. 그는 원래 승려였는데 환속해서 1539년 소오 마사모리(宗將盛)의 상속자가 되었다. 당시 쓰시마는 소오씨(宗氏)의 분가(分家)가 38가(家)로 영지 또한 세분화되어 있었다. 그는 소오씨(宗氏)의 통일을 위해 1546년 본가(本家) 이외에 소오성(宗姓)을 자칭하는 것을 금지하였다.

27) 1876년 조선과 일본이 맺은 병자수호조약(丙子修護條約) 일명 강화도조약을 의미한다.

28) 1868년 막부(幕府)체제의 붕괴와 메이지유신(明治維新)을 통한 천황제의 복고를 뜻한다.

29) 쓰시마 3대 번주(藩主) 소오 요시자네(宗義眞, 1639~1702)를 지칭한다.

30) 고관(古館)은 현재 부산광역시 동구청 자리를 중심으로 대략 1만 평 규모로 존재했던 두모포왜관(豆毛浦倭館, 1607~1678)을 뜻한다. 왜관이 두모포왜관에서 초량왜관(草梁倭館, 1678~1876)으로 옮겨간 뒤 일본인들은 두모포왜관을 '옛(古) 왜관(館)'이란 뜻에서 고관(古館)이라고 불렀다. 현재도 사용하는 '고관입구'란 지명은 여기서 유래한다.

31) 즈에 효고노스게(津江兵庫之介)의 동래부사 면담과 죽음에 대한 서술에서 『釜山大觀』과 『新釜山大觀』은 미묘한 차이를 나타낸다. 『釜山大觀』에서는 즈에 효고노스게(津江兵庫之介)가 마치 동래부사와 대면한 것처럼 서술해 놓았다. 그러나 사실은 동래부사와 대면하길 원했으나 결국 허락받지는 못했다. 그런 가운데 즈에 효고노스게(津江兵庫之介)가 1671년 12월 2일 밤 10시경 동래부(東萊府)에서 중풍으로 반신불수가 되자 동래부(東萊府)의 조선 의관(醫官)이 침을 놓고 처방을 해 주었다. 이 소식을 듣고 달려온 두모포왜관(豆毛浦倭館)의 일본인 의사 또한 약을 처방하였으나 이튿날 오전 8시경 사망하였다. 개항 이후 재부(在釜)일본인들은 자신들이 부산에 있게 된 것은 과거 초량왜관이 존재했었기 때문이며, 그 중요한 초량왜관의 설치를 즈에 효고노스게(津江兵庫之介)의 노력 덕택에 가능했던 것으로 보았다. 그렇기 때문에 재부(在釜)일본인들은 일찍부터 즈에 효고노스게(津江兵庫之介)를 현창(顯彰)하는 사업에 앞장섰다. 그 결과 1879년 고관(古館)과 1909년 용두산에 그를 기리는 비를 각각 건립하였다.

32) 두모포왜관(豆毛浦倭館, 1607~1678)에서 초량왜관(草梁倭館, 1678~1876)으로 이전을 뜻한다.

일본과 조선 통교(通交)의 당면 인물

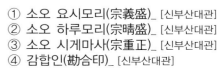

① 소오 요시모리(宗義盛)_ [신부산대관]
② 소오 하루모리(宗晴盛)_ [신부산대관]
③ 소오 시게마사(宗重正)_ [신부산대관]
④ 감합인(勘合印)_ [신부산대관]

부산포지도(富山浦之圖)

　　지도는 『해동제국기(海東諸國紀)』에[33) 수록된 부산(釜山) 즉 당시 부산포(富山浦)의[34) 지도이다. 『해동제국기(海東諸國紀)』는 성종(成宗) 2년[35) 신묘(辛卯)[우리의 분메이(文明) 3년, 지금으로부터 463년 전]에 영의정 신숙주(申叔舟)가 왕명에 따라 임금께 글을 지어 바친 것이다. 그리고 성종 5년[36) 3월 예조좌랑(禮曹佐郞) 남제(南悌)가 삼포왜호(三浦倭戶)의 실화(失火)를 진휼(賑恤)할 때 왕의 명을 받들어 비밀리에 삼포[웅천 제포(薺浦), 동래 부산포(富山浦), 울산 염포(鹽浦)]의 지도를 그리고 거기에 항거왜인(恒居倭人)의 호구(戶口) 조사 결과를 추가한 것이다. 지도는 그 중의 하나로 당시 부산재류민(釜山在留民)의 상황을 보여주는 것이다.

33) 1471년(성종 2년) 신숙주(申叔舟)가 왕명에 따라 일본에 다녀 온 경험을 바탕으로 저술한 책이다. 해동제국이란 일본의 혼슈(本州), 큐슈(九州), 이키(壹岐), 쓰시마(對馬), 류큐(琉球) 따위를 일컫는데, 이들 지역의 지세 · 국정 · 국교 등에 대해 자세히 기록하였다. 책머리에는 해동제국총도(海東諸國總圖), 일본본국도(日本本國圖), 일본국서해구주도(日本國西海九州圖), 일본국일기도(日本國一岐島圖), 일본국대마도도(日本國對馬島圖), 유구국도(琉球國圖) 등 6장의 지도가 첨부되어 있다. 이후 1474년(성종 5) 예조좌랑 남제(南悌)가 삼포(부산포, 제포, 염포)의 지도를 추가하였다. 현존하는 『해동제국기(海東諸國紀)』의 이들 지도와 본문의 내용들은 조선전기 한일관계사는 물론이고 일본 및 류큐(琉球)의 역사와 지리를 이해하는데 매우 중요한 자료이다.

34) 부유할 부(富)자를 사용한 부산(富山)의 지명은 1402년(태종 2) 1월 28일자 『태종실록(太宗實錄)』에서 처음 보이며, 이후 『경상도지리지(慶尙道地理誌)』(1425), 『세종실록지리지(世宗實錄地理志)』(1454), 『경상도속찬지리지(慶尙道續撰地理誌)』(1469) 등에서도 '동래부산포(東萊富山浦)'로 기록되어 있다. 신숙주(申叔舟) 편찬의 『해동제국기』에 남제(南悌)가 추가로 수록한 삼포왜관도(三浦倭館圖)에서도 '동래현부산포(東萊縣富山浦)'라고 기록해 놓았다. 현재 사용하는 가마 부(釜)자의 부산(釜山) 지명은 1470년(성종 1년) 12월 15일자 『성종실록(成宗實錄)』에 처음 나타난다. 그러나 1474년 4월 남제(南悌)가 그린 부산포지도(富山浦之圖)에서는 여전히 부산(富山)으로 쓰고 있다. 이런 점을 감안하면 이 시기까지는 부산(富山)과 부산(釜山)을 혼용하였음을 알 수 있다. 그러나 『동국여지승람(東國輿地勝覽)』(1481)이 완성된 시기부터는 부산(釜山)이라는 지명이 일반화되었다. 『동국여지승람』 산천조(山川條)에 보면 "부산(釜山)은 동평현(東平縣, 오늘날 당감동지역)에 있으며, 산이 가마(釜) 모양과 같으므로 이같이 일렀는데 그 밑이 곧 부산포(釜山浦)이다. 항거왜호(恒居倭戶)가 있는데 북쪽 현(縣)에서 거리가 21리(里)이다"라고 하여 산 모양이 가마솥 모양과 같아 부산(釜山)이라고 하였음을 알 수 있다. 부산(釜山)이란 지명이 있게 한 가마(釜) 모양의 산은 현재 증산(甑山)공원이 있는 증산(甑山)이다. 그러나 현존하는 증산(甑山)은 임진왜란 당시 왜성(倭城)이 그곳에 축조되면서 성주(城主)가 머물렀던 천수각(天守閣)으로 인해 산꼭대기 정상 부분이 깎여버려 최정상부가 완전한 시루 모양인 증산(甑山)의 모습은 볼 수가 없게 되었다.

35) 성종 2년은 1471년에 해당한다.

36) 성종 5년은 1474년에 해당한다.

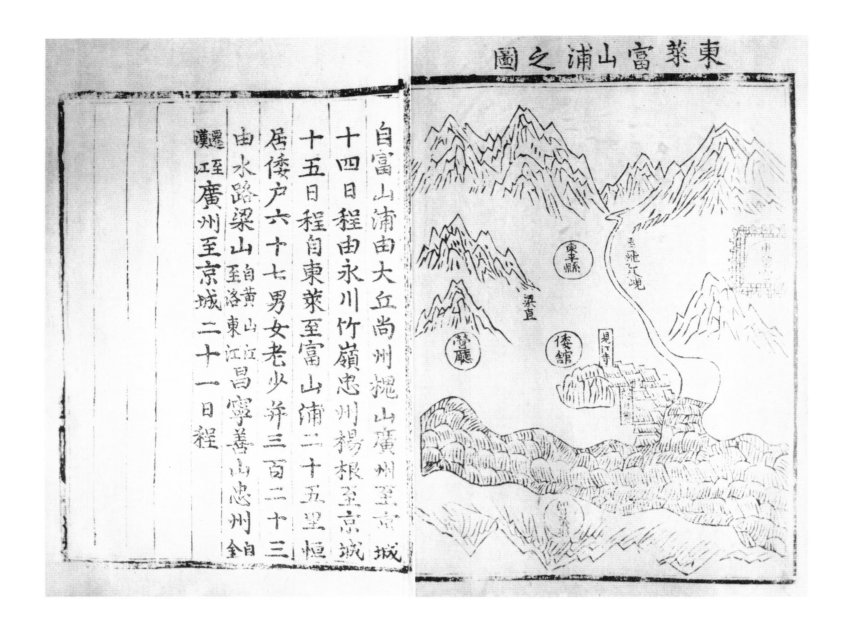

自富山浦由大丘尚州槐山廣州至京城
十四日程由永川竹嶺忠州楊根至京城
十五日程自東萊至富山浦二十五里恒
居倭戶六十七男女老少幷三百二十三
由水路梁山至洛東江昌寧善山忠州自
還至漢江廣州至京城二十一日程

부산포지도(富山浦之圖) | 동래부산포지도(東萊富山浦之圖)_ [신부산대관]

임진왜란고화(文祿役古畵)

　　그림은 영조(英祖) 6년[204년 전][37] 동래읍 변박(卞撲)이 그린 고화모사(古畵模寫)로서 현재 동래(東萊) 안락서원(安樂書院)에 소장되어[38] 있는 것이다. 임진왜란 전투상황의 상상도(想像圖)로, 하나는 동래성(東萊城)이고 다른 하나는 증산성지(甑山城址)의 아래쪽에 있는 부산포진성(釜山浦鎭城)을 나타낸 것이다. 일본군을 전부 쌍칼을 잡은 무리로 그 모습을 그린 것이 매우 흥미롭다. 보는 이로 하여금 미소를 금치 못하게 한다. 부산포진성(釜山浦鎭城)의 남문루(南門樓) 위에 검은 옷을 입은 무장은 흑의장군(黑衣將軍)으로 불렸던 부산진성의 성장(城將) 정발(鄭撥)의 분전(奮戰)하는 모습을 보여주는 것이다. 공격하는 것은 고니시 유키나가(小西行長)의 군대로 시기는 1594년 4월 13일이다. 고니시 유키나가는 본성(本城)을 함락하고 1박을 한 뒤 북상하였다.

---

37) 영조 6년은 1729년에 해당한다.

38) 부산광역시 동래구 안락동에 위치한 현재의 충렬사는 원래 안락서원이 있었던 곳이다. 1970년대 정화작업에 의해 공간배치는 물론 명칭 또한 충렬사로 바뀌었다. 1760년 변박이 그린 보물 제391호 부산진순절도(釜山鎭殉節圖)와 보물 제392호 동래부순절도(東萊府殉節圖)는 오랫동안 안락서원에서 소장하였던 것으로 봄, 가을의 제례 때 사용하였다. 그러나 1963년 안락서원 유생(儒生)들의 반대에도 불구하고 육군사관학교 육군박물관으로 옮겨졌다. 2008년 이후 충렬사의 유생들과 관련단체들이 반환을 촉구하고 있으나 아직까지 실현되고 있지 않은 상태이다.

임진왜란고화(文祿役古畵)　①②　① 부산진순절도(釜山鎭殉節圖)_ [신부산대관]
　　　　　　　　　　　　　　　　② 동래부순절도(東萊府殉節圖)_ [신부산대관]

화관(和館)

화관(和館)의[39] 시작은 혹 스진덴노(崇神天皇)의[40] 통치기간에 설치된 임나일본부(任那日本府)로부터 헤아린다고 하더라도 당시의 상황은 상세하지 않다. 부산포(釜山浦), 염포(鹽浦), 제포(薺浦)의 삼포 화관(和館)의 창시는[41] 그 연대가 명확하지 않지만 1368년 소오 츠네시게(宗經茂)가 고려와 통교를 시작한 전후이어야 할 것이다. 1394년~1428년 사이의 기록에서는 삼포의 존재를 확인할 수 있다. 1443년 계해조약(癸亥條約)에서 삼포의 개시(開市)를 정하였는데 사신의 접대소가 있은 곳은 제포인 듯하다. [역사상 분명한 것으로 기록되어 있는 것은 1368년[지금으로부터 558년 전] 부산포로부터 쌀 1,000석(石)을 소오 츠네시게(宗經茂)에게 선물한 기록이 있다. 또 카기쯔(嘉吉)[42] 이전에 제포(薺浦)에 어호(漁戸) 60여 호가 있었던 기록이 있다. 삼포(三浦)의 화관(和館)은 쇼헤이(正平)[43] 때 설치된 것으로 보아야 할 것이다. 오에이(應永)의 난(亂)[44] 이후 1443년 소오 사타모리(宗貞盛)는 조선과 약속을 논하였는데 이후 그 기복소장(起伏消長)이 다소 명확하다. 카기쯔(嘉吉) 때 처음 조선은 웅천군(熊川郡)의 제포, 동래군의 부산포, 울산군의 염포(鹽浦)에 화관(和館)을 설치해 여러 사신을 접대하기로 하였다. 그런데 부산포, 염포에는 왜호(倭戸)만 있고 제포에만 화관(和館)을 설치해 사신의 접대소로 정했다] 삼포의 난 이후 부산포, 염포는 철폐되고 제포만이 부활하였지만 1541년 제포에서 난이 있었음으로 제포를 폐쇄하고 관소(館所)를 부산으로 옮겼다. 임진왜란에 의해 일시 통교가 두절되었으나 1609년 기유조약(己酉條約)에 따라 부산의 화관(和館)은 부활하게 되었다. 부산화관의 위치는 옛 부산진(釜山鎭)에 있었다.[45] 기유조약(己酉條約)으로 국교가 부활한 이후 절영도(絕影島)에[46] 화관을 두었다가 그 뒤 다시 고관(古館)으로 이관하였다.[부산진 정류소 부근에 있었다가 1618년 새롭게 현재의 고관(古館) 땅에 부산관(釜山館)을 지었다.[47] 그리고 화관(和館)에 거주하는 것에 대해 특별히 제한하지 않았으나 왜구(倭寇) 관리감독의 필요상 1667년[지금으로부터 257년 전] 상호간에 협정하여 쓰시마인(對馬人) 이외의 사람이 머무는 것을 허가하지 않았다] 이후 또다시 초량항(草梁項)으로[48] 이전하였다. 이때의 초량항이야 말로 현재 부산의 중심을 이루는 곳으로 메이지유신(明治維新)에 이르기까지 외교통상이 이루어졌던 곳이다.

화관(和館)의 이전 고관의 자리로부터 초량항[草梁項=부산]으로 화관의 이전 과정을 보면 임진왜란 이후 환산(丸山)에[49] 있는 절영도에 설치했다가 개운포(開雲浦)[古館]로[50] 이전하고 그 뒤 초량항으로 옮겼다.

---

39) 일본인들은 자신들의 왜관(倭館)을 지칭할 때 '야마토(大和)의 관(館)'이란 의미로서 와칸(和館)이라고도 불렀으며 조선시대 조정의 신료들도 왜관을 지칭할 때 화관(和館)이란 표현을 사용했다.
40) 일본의 10번째 천황으로 생몰연대가 불확실하다.
41) 왜관(倭館)의 설치시기에 대해서는 국내외 학자들마다 논란이 있다. 교역장(交易場)으로서 각 지역의 포구(내이포, 부산포, 염포)가 열린 시기와 왜관의 설치시기를 일치시켜 이해할 것인지 구별해서 파악할 것인지에 따라 왜관의 설치시기는 1407년, 1409년, 1418년 이전, 1418년, 1423년 등 다섯 가지 견해로 나뉘어 있다. 조선전기 왜관의 설치 시기에 대한 논란은 차치하고라도 최소한 개설된 장소(본책 주(註) 147에 인용한 각종 부산관련자료)와 관련해서는 임진왜란 이후 개설되는 두모포왜관(豆毛浦倭館), 초량왜관(草梁倭館) 등과 대비해서 조선전기 부산에 설치된 왜관이 개운포(開雲浦)에 설치된 만큼 개운포왜관(開雲浦倭館)으로 부르는 것이 합당하다고 본다. 어쨌든 『釜山大觀』과 『新釜山大觀』에서는 당위론적 입장에서 고려말에 왜관이 개설된 것으로 기술하고 있다.
42) 무로마치(室町) 중기 제102대 고하나조덴노(後花園天皇) 시기(1441~1444)에 사용한 연호이다.
43) 남북조시대 고무라카미덴노(後村上天皇)와 쵸우케이덴노(長慶天皇) 시기(1346~1370)에 사용한 연호이다.
44) 오에이(應永)의 난(亂)은 1399년 오에이(應永) 6년에 일어났다. 무로마치(室町)시기 3대 쇼군(將軍) 아시카가 요시미쓰(足利義滿)가 남북조를 통일함으로써 바쿠후(幕府)의 세력은 강해졌다. 요시미쓰는 1394년 당시 9세였던 요시모치(義持)에게 쇼군(將軍)의 자리를 물려주고 자신은 바쿠후의 수장뿐 아니라 조정의 신하로서도 최고의 지위인 다이조다이신(太政大臣)에 올랐다. 그는 1년 후에 그 직위를 사임하지만 바쿠후와 조정(朝廷)을 통합한 최고의 지배자가 되고자 하였다. 이에 오우치 요시히로(大內義弘)가 1399년 10월 거병하여 이듬해 1월까지 요시미쓰 군대와 싸웠으나 요시히로의 죽음으로 거병은 실패로 끝났다.
45) 여기서 말한 "옛 부산진"의 위치는 현재 지하철 1호선 좌천동역을 중심으로 존재했던 포구, 즉 개운포(開雲浦)가 있었던 곳을 뜻한다. 신숙주의 『해동제국기(海東諸國紀)』 수록 부산포지도(富山浦之圖)에서도 알 수 있듯이 조선전기 부산에 있었던 왜관은 증산(甑山, 현재 증산공원) 아래 개운포(開雲浦)를 끼고 위치해 있었다.
46) 본문에서는 절영도왜관(絕影島倭館) 설치시기를 1609년 체결된 기유조약 이후로 잘못 기술하고 있다. 절영도(絕影島, 명칭 유래에 대해서는 본책 주(註) 165 참조)는 현재 영도를 지칭한다. 임진왜란 이후 설치된 절영도왜관의 설치시기와 그 위치에 대해서는 여러 가지 주장들이 있다. 설치시기는 대략 1601년~1607년 사이로 보고 있다. 위치 또한 현재 한진중공업 일대로 보는 견해와 주갑(洲甲, 현 대교동) 일대로 보는 두 견해가 있다. 참고로 주갑은 현재 영도구 대교동 대동대교아파트 앞쪽에서 남부민동과 마주보고 있는 동아조선소까지 모래톱과 같이 생긴 긴 지형이 쭉 뻗어져 나와 있었다. 이런 지형에 대해 일본인들은 '모래톱(洲)이 뻗어나온 곳(岬)'과 같다고 해서 이곳을 주갑(洲岬)이라고 불렀다.
47) 현재의 부산광역시 동구청 자리를 중심으로 있었던 두모포왜관(豆毛浦倭館, 1607~1678)을 의미한다.
48) 용두산공원을 중심으로 10만 평 규모로 자리 잡았던 초량왜관(草梁倭館)을 뜻한다.
49) 현재 영도의 주산(主山)인 봉래산(蓬萊山)를 지칭한 것이 아닌가 싶다.
50) 본문에서는 개운포로 기술되어 있으나 이는 두모포(豆毛浦)의 오기(誤記)이다. 절영도에 있었던 왜관(倭館)이 육지로 나와 설치된 곳은 현재 부산광역시 동구 좌천동 473번지의 정공단(鄭公壇) 아래쪽에 있었던 개운포(開雲浦)가 아니라 현재 동구청을 중심으로 한 포구(浦口), 곧 두모포(豆毛浦)였다.

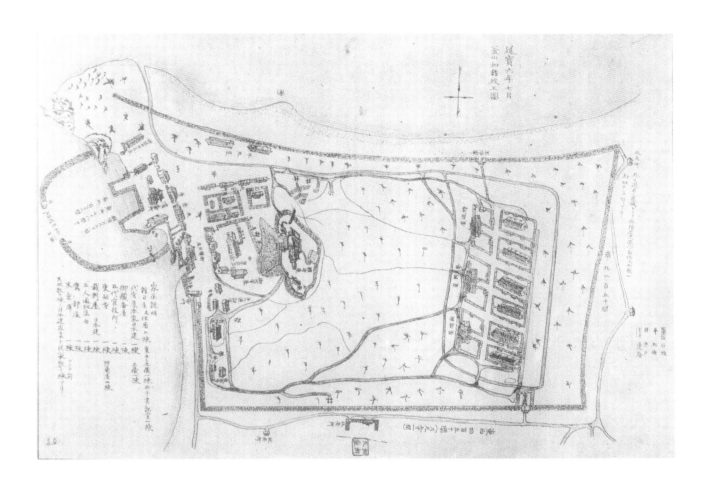

초량왜관 준공도(草梁倭館 竣工圖) | 1678년의 초량왜관 준공도(草梁倭館 竣工圖)_ [신부산대관]

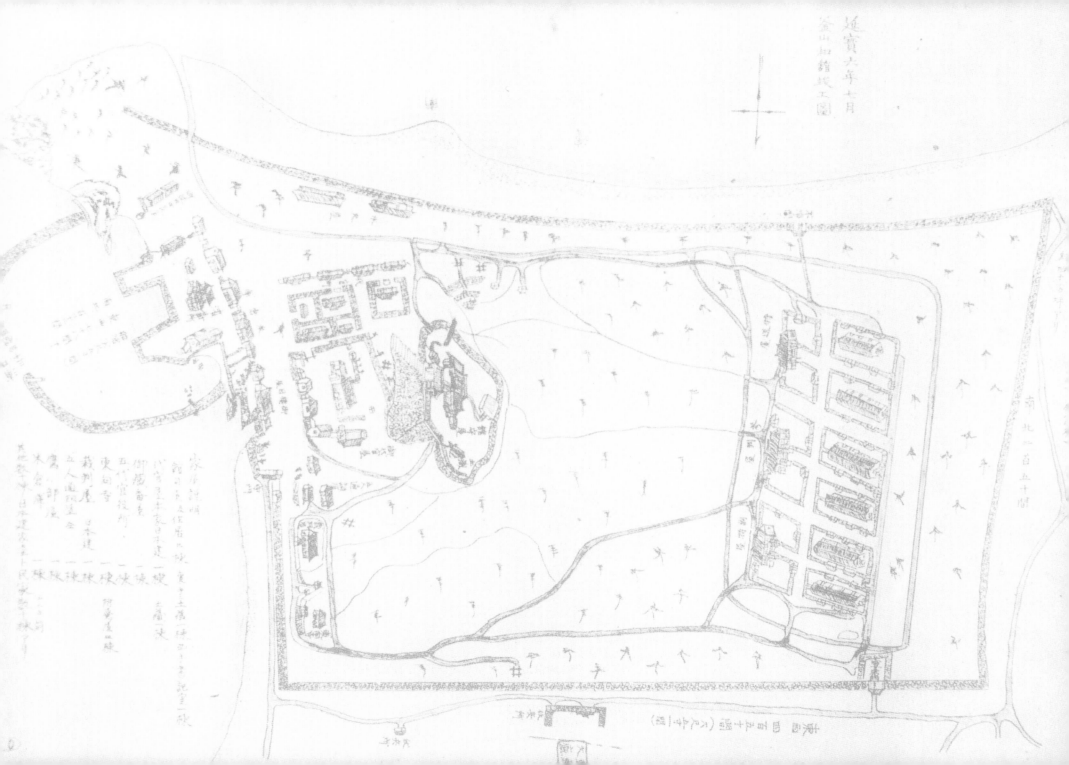

초량왜관으로 이전한 이유 조선으로부터 쓰시마(對馬島)에 보내는 세미(歲米)가 수년 정체되어 일한(日韓)의 통상이 막히는 불편함이 있고, 또 당시 관소(館所)의 연안이 얕고 풍랑의 내습을 받는 일들이 여러 번 있었기 때문이다. 그리고 이관(移館)을 실현하기 위한 20여 년에 걸친 외교절충의 결과가 있었다. 지금 이관을 위한 당시의 협상 개요를 약기(略記)하면 다음과 같다.

제1회 1658년[276년 전] 소오가(宗家) 제24대 요시자네(義眞)는 정사(正使) 도우보 사에몬(唐坊左衛門) 일행을 조선에 파견하여 왜관을 부산진(釜山鎭)으로 옮기는 문제에 대해 교섭하였다. 조선이 이를 거절하였다.

제2회 1661년[273년 전] 7월 요시자네(義眞)는 다시 정관(正官) 헤라타 준노마코도(平田準之允) 일행을 조선에 파견하였는데 교섭조차 할 수 없었다. 1664년 일행은 귀국하였다.

제3회 1668년 12월 정관(正官) 킷카와 지로효에(吉川次郎兵衛) 등을 파견하였다. 조선은 협상을 허락하지 않았다. 일행이 체류하길 수개월, 이듬해 9월 귀국하였다.

제4회 1670년 2월 정관(正官) 카죠 로쿠노스케(加城六之進) 등을 파견하여 교섭을 담당케 하였다. 일행은 헛되이 귀국하였다.

제5회 1671년 5월 정관(正官) 즈에 효고노스게시게이로(津江兵庫之介成太), 부관(副官) 죠 세이도(常西堂), 도선주(都船主) 테라다 안우에몬(寺田案右衛門) 등을 파견하여 교섭하도록 하였다. 효고(兵庫)가 일을 성사시키지 못하면 죽을지언정 귀국하지 않겠다는 의기로 일에 매달렸으나 조선은 승낙하지 않았다. 효고(兵庫)는 마침내 규칙을 깨트리고 동래(東萊)에 이르러 부사(府使)와 직접 교섭해야 한다는 강경한 태도를 보였다. 그러나 12월 3일 밤 중에 급사하였다. 안우에몬(案右衛門) 등이 동래에 몰래 머물면서 돌아가지 않고 칼을 뽑아서 접위관(接慰官)에 맞섰다. 조선측은 대책을 세우는 것 없이 서울과 쓰시마(對馬)에 그 불법을 통지하였다. 그리고 그해 10월 9일 또 니이 마우에몬(仁位孫右衛門) 일행이 화관 이관을 재촉하려고 부산에 왔는데 조선은 어떤 허가도 해주지 않았다. 화관(和館)에 불이 나서 소실되었다. 이듬해 1672년 6월 요시자네(義眞)는 안우에몬(案右衛門) 등을 소환하였다.

제6회 1672년 9월 스기무라 우네메노(杉村采女) 등을 파견하였다. 이듬해 1673년 8월에 이르러 화관 이관의 속뜻을 조선측에서 흘렸다. 9월 19일 신관(新館) 후보지로 웅천(熊川), 다대포(多大浦), 초량항(草梁項) 등을 살펴보았다. 11월 15일 초량항을 다시 검사한 뒤 그달 일행은 사명을 완수하고 돌아왔다. 이것이 실로 261년 전의 일이다.

신관지결정(新館地決定) 1674년 10월 요시자네(義眞)는 정관(正官) 스기무라 사부로사에몬(杉村三郎左衛門)을 파견하여 이관 승낙에 대한 사의(謝意)를 표하고 이듬해 1675년 3월 새로운 땅을 답사하고 5월 귀국하였다.

공사개시 1675년 3월 소오씨(宗氏)의 보청봉행(普請奉行)[경영사(經營使)] 스케하루 키사에몬(佐治圭左衛門) 등이 목수(大工), 일꾼 150명을 인솔하고 부산으로 와서 현재의 부산에[51] 신관조영을 시작하였다. 이때 건물을 짓는데 사용된 경비는 쓰시마측 목수와 일꾼 150명, 조선측 일꾼 연 120만 명, 그리고 쌀 9,000여 석[조선승(朝鮮枡)], 은(銀) 6,000여 냥이었다.

준 공 1678년 4월 낙성하였다. 넓이와 길이는 동서 450칸(間), 남북 250칸 [6척(尺) 5촌(寸) 1칸(間)]으로 성의 바깥둘레에 해자(外堀)가 있었다. [지금으로부터 256년 전] 관내는 약 10만 평이고 서관(西館)의 서쪽[사쓰토하라(佐須薫原)]은[52] 왜관에 거주하는 재류민의 유보(游步)구역으로 30만 평이었다.

---

51) 초량왜관 구역을 뜻한다.

52) 사쓰토하라(佐須薫原)는 후대 사쓰토하라(佐須土原)로 표기되기도 했다. 현재 보수천을 기준으로 부평동, 부민동, 토성동 일대의 넓은 평원을 지칭하는 것으로 언제부터 이 지역에 대해서 그렇게 불렸는지 명확하지 않다. 신숙주의 『해동제국기(海東諸國紀)』를 통해 당시 쓰시마(對馬島)에는 8군(郡) 82포(浦)가 있었음을 알 수 있다. 이들 지역에서 조선으로 건너온 자 중에는 사수포(沙愁浦, 현재 佐須)와 사수나포(沙愁那浦, 현재 佐須那) 출신들이 있었다. 왜인들이 초량왜관의 서쪽 지명으로 불렀던 사쓰토하라(佐須薫原) 혹은 사쓰토하라(佐須土原)는 쓰시마의 이들 지명과 관련이 있는 것으로 판단된다. 쓰시마에는 시모쓰시마(下對馬) 중앙부를 횡단하여 대한해협 쪽으로 흘러들어가는 사쓰카와(佐須川)라는 2급수의 하천이 있다. 이 하천의 유역(流域)에는 많은 취락이 있는데 이들 취락을 총칭해서 사쓰(佐須)라고 한다. 짐작컨대 쓰시마의 이들 지역 출신들이 초량왜관에 머물면서 보수천(寶水川)을 보고 사쓰카와(佐須川)를 연상해 보수천 주변을 그렇게 부른 것이 아닌가 싶다.

약조제찰(約條制札)

부산화관(釜山和館)이 초량항(草梁項)으로 이전(移轉)한지 얼마 되지 않던 1683년 계해년(癸亥年)[251년 전] 수문(守門) 옆에 세운 돌 표지석으로[53] 무역상(貿易上) 금지조항이 새겨져 있다. 현재 부산부청(釜山府廳) 앞 정원 동남쪽 모서리에 있다. 그림은 그 사진과 탁본을 나타낸 것이다. 각문(刻文)은 아래와 같다. [일죄(一罪)는 제1등 죄로서 사형을 의미한다]

약조제찰(約條制札)

一. 크고 작은 일을 막론하고 경계 밖으로 나온 자는 사형에 처한다(禁標定界外毋論大小事闌出犯越者論以一罪事)

一. 노부세를[54] 주거나 받거나 하는 것을 현장에서 잡으면 모두 사형에 처한다(路浮稅現捉之後與者受者同施一罪事)

一. 장이 설 때 몰래 방에 들어가 서로 거래할 경우에는 쌍방 모두 사형에 처한다(開市時潛入各房密相賣買者彼此各施一罪事)

一. 5일마다 왜관에 잡물을 지급할 때 담당아전, 창고지기, 하급통역관 등은 일본인을 때려서는 안된다(五日雜物入給之時色吏庫子通事等和人切勿扶曳毆打事)

一. 조선인과 일본인 범죄자는 모두 왜관 밖에서 형을 집행한다(彼此犯罪之人俱於館門外施刑事)

一. 관내에 있는 사람으로 만약 일이 생겨 관외로 나가야 할 때는 왜관의 관리에게 보고하고 통행증을 가지고 조선 측의 훈도와 별차에게 보임으로써 왕래할 수 있다(在館諸人若辨諸用告事館司直持通札以於訓導別差處可爲往來者也)

각조 제찰을 글로 써서 관중(館中)에 세워 이를 귀감으로 삼고자 한다(各條制札書立館中以此爲明鑑者也)

계해 8월 일(癸亥 八月 日)

현 부산시립박물관 마당에 있는 약조제찰비

53) 약조제찰비(約條制札碑)는 1683년(숙종 9년) 조선통신사(朝鮮通信使)로 일본에 갔던 동래부사 윤지완(尹趾完, 1635~1718)이 쓰시마도주(對馬島主)와 함께 왜관(倭館)에서 발생하는 문제에 대해 금지조항 다섯 가지를 제정하고 이를 널리 알리기 위하여 초량왜관(草梁倭館)의 수문(守門) 옆에 세운 비(碑)이다. 약조제찰비는 1972년 6월 26일 부산광역시기념물 제17호로 지정되었다. 비석의 높이 140cm, 폭 68cm로 머리는 반달모양이고 재료는 화강석으로 되어 있다. 용두산공원 동쪽에 있던 것을 1978년 5월 부산시립박물관으로 옮겨 놓았다.

54) 『증정교린지(增正交隣志)』 권4 약조(約條)조에 "노부세(路浮稅)를 현장에서 잡았을 때 준 자와 받은 자 모두 일죄로 다스린다. 소위 노부세라는 것은 왜채(倭債)이다(路浮稅現捉之後 與者受者同施一罪 所謂路浮稅卽倭債)"라고 되어 있다. 결국 노부세(路浮稅)는 왜관의 일본인이 금지된 물품을 구입하기 위해 조선인에게 준 일종의 선금과 같은 것이었다.

약조제찰비(約條制札碑)와 탁본(拓本)

① 약조제찰비(約條制札碑)_ [신부산대관]
② 약조제찰비문 탁본(約條制札碑文 拓本)_ [신부산대관]

부산진성(釜山鎭城)

  부산진성의 조성 연대는 자세하지 않다. 삼포왜란과 임진왜란 때 우리군이 함락한 곳은 증산(甑山) 산록의 일신여학교 부근에 있었던 듯하다. [부산진성은 차라리 부산포진성(釜山浦鎭城)으로 불러야 할 것이다] 부산진성은 황폐화되었는데, 1678년 숙종(肅宗)은 우리 군(軍)이 임진(壬辰) 연간에 축성한 자성대(子城臺)에 첨절제사(僉節制使)를 두어 동래좌수군절도영(東萊左水軍節度營)의 변방을 지키는 요새로 삼았다.

  다음의 그림은 조선인이 묘사한 것으로 그 시대가 명확하지 않으나, 조선시대의 것은 거의 분명하고 약 130여 년 전으로 추정된다.

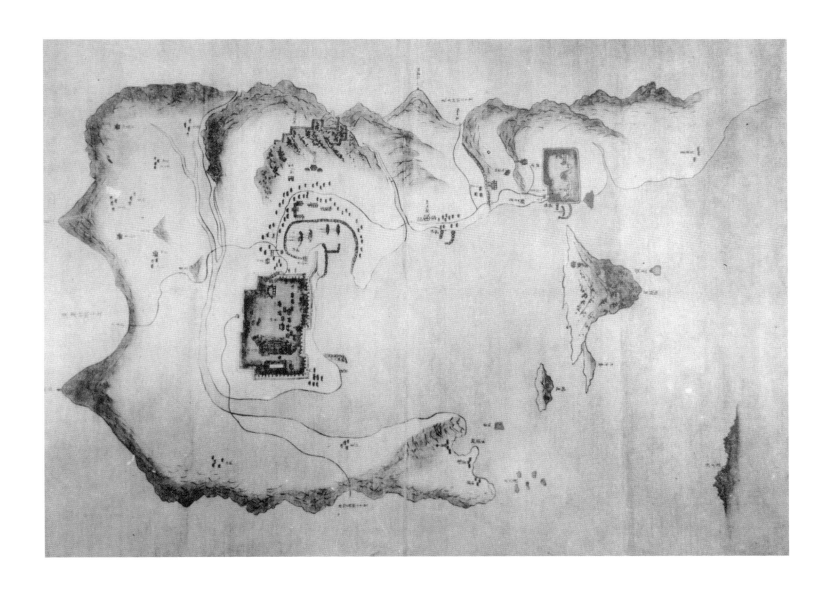

1872년 부산진지도(釜山鎭地圖) ┃ 부산진지도(釜山鎭地圖)_ [신부산대관]

사절향응(使節饗應)[연대청(宴大廳)]

그림은 조선의 대화가 정겸재(鄭謙齋)[55] 화백이 그린 것이다. 현재 총독부박물관에 소장되어 있는 두루마리그림(繪卷)으로 동래부사가 연대청(宴大廳)에서 일본사절을 향응하기 위해 동래부(東萊府)를 출발하여 부산에 이르는 행렬과 향응의 실황을 그린 것이다. 그림은 동래부(東萊府), 부산진성(釜山鎭城), 그 밖에 당시 상황을 연상케 한다. 행렬 중 기마(騎馬)의 여자는 모두 동래관기(東萊官妓)로 향응 중에는 이들 관기들이 춤과 악기를 연주하였다. 이는 옛날부터 내려오는 전례이다. 향응 중 춤과 악기를 사용하는 것은 일본국사(日本國使) 또는 쓰시마번주(對馬藩主)의 대리사절에 한정된다. 보통 때의 사절에 대해서는 단지 향연(饗宴)만 있고 춤과 악기는 사용하지 않는 것이 관례이다.

연대청은 현재 대청정(大廳町) 제1심상소학교(尋常小學校)[56] 부근의 후쿠다별장(福田別莊)[57] 아래에 있는 것으로 현재 같은 자리에 남아 있는 붉은 문(赤門)은 그 건축물의 일부이다. 1673년~1681년 사이 화관(和館)을 새롭게 조성할 때는 동대청(東大廳), 곧 현재의 부산보통학교[58] 장소에 있었던 성심당(誠心堂)과 보월관(寶月館)을 사용했는데 이후 대청정(大廳町)의 땅에 신축하였다. 1876년 일한수호조약(日韓修好條約)이 이루어지면서 화관(和館)의 외랑(外廊)도 함께 파괴되었다.

---

55) 조선후기 대표적 화가인 겸재(謙齋) 정선(鄭敾, 1676~1759)을 지칭한다. 그러나 그림의 작가에 대해서는 논란이 있다. 현재 이 그림은 국립중앙박물관에서 소장하고 있으며 동래부사접왜사도(東萊府使接倭使圖)로 불린다.
56) 부산광역시 중구 대청동 현재 광일초등학교의 전신에 해당하는 학교였다. 본책 부산공립제1심상소학교 항목 참조.
57) 후쿠다 마스효에(福田增兵衛)의 별장 향양원(向陽園)을 뜻한다. 향양원의 명칭은 후쿠다(福田)와 교분이 깊었던 이토 히로부미(伊藤博文)가 지어준 것이다. 이토(伊藤)는 부산에 올 때면 자주 향양원을 찾았다고 한다. 그 위치는 부산광역시 중구 대청동 가돌릭센터(부산평화방송) 일대였다.
58) 부산광역시 중구 영주동에 위치한 봉래초등학교의 전신인 학교이다. 본책 부산공립보통학교 항목 참조.

부산대회권(釜山大繪卷)

　본 두루마리그림(繪卷)은 화관(和館)시대 부산(釜山) 부근을 묘사한 큰 그림(大繪卷)으로 옛날 일본인 화가가 그린 것으로 추측된다. 원래 그림은 교토시(京都市)의 타니무라 이치타로(谷村市太郎)가 소장한 것이다. 조선사편수회(朝鮮史編修會)에서 촬영한 것을 특별히 본 대관(大觀)을 위해 게재를 허가해 준 것으로 옛날의 부산 상황을 이해하는데 귀중한 문헌이다. 두루마리그림(繪卷)에 있는 중산(中山)[현재의 용두산(龍頭山)]의 호랑이 사냥에 관한 기록을 『일선통교사(日鮮通交史)』에서[59] 옮겨 적으면 다음과 같다.

　1875년 3월 23일 관수(館守)가[60] 타지마 사곤우에몬나가야스(田島左近右衛門長泰)일 때, 상인(商人) 하시모토 카우에몬(橋本嘉右衛門)이 사역(使役)인 팔지극(八之皷)이란 조선의 어린 아동을 데리고 초량왜관(草梁和館)의 중산(中山)에서 땔감을 캐다가중산 언덕 큰 바위 옆에서 맹호(猛虎)를 발견하고 급히 관수에게 보고하였다. 관수는 곧바로 여러 명의 최하급 무사를 모아 호랑이 사냥을 명했다. 관수의 명을 받은 젊은 사냥꾼 중에는 코지로(小次郎), 코헤이타(小平太), 오리다이라(折平) 등으로 불리는 자들이 있었다. 코헤이타(小平太)는 날이 긴 큰 창을 가지고, 코지로(小次郎)는 여러 소총을, 오리다이라(折平)는 구멍이 세 개 있는 권총을 갖고 용감하게 중산에서 사냥에 나섰다. 다완조(茶碗窯)[61] 가까운 곳, 지금의 수곡(守谷) 아래로부터 세 마리의 큰 호랑이가 별안간 튀어나오니 세 사람이 그 중 두 마리를 잡았다. 한 마리는 환염(丸鹽)해서 쓰시마에 보내고 나머지 한 마리는 칼에 베인 상처가 있어 관수옥(館守屋) 마당에서 사냥꾼과 여러 사람이 모여 그 고기를 함께 먹었다. 그 맛이 닭고기와 비슷했다고 한다. 코헤이타(小平太), 오리다이라(折平), 코지로(小次郎) 세 사람은 그 용기를 칭찬받아 사적(士籍)에 들어 고이데씨(小出氏), 사이토씨(齋藤氏), 오다씨(小田氏)로 되었다. 그 사적(事蹟)은 자호(刺虎)[미쯔야마 라이카(滿山雷夏) 저(著)] 획호실록(獲虎實錄)에 상세하다.

---

59) 부산갑인회(釜山甲寅會)에서 1916년 10월 발간한 책자이다.
60) 관수(館守)는 왜관(倭館)의 최고 수장(首長)을 지칭한다. 관수(館守)가 머물었던 관수가(館守家) 자리에는 개항 이후 일본영사관과 일본이사청, 그리고 부산부청이 차례로 들어섰다. 이곳에 있었던 부산부청은 옛 용미산(현재 롯데백화점 광복점 자리)자리를 착평하고 1936년 그곳에 부산부청을 신축해서 이전하게 된다. 이때부터 일제시기를 거쳐 1998년 동래구 연산동 거제리로 옮겨갈 때까지 63년간 부산시청은 줄곧 그 자리에 있었다.
61) 대략 1639년~1717년 사이 다기(茶器)를 제작하던 가마터가 초량왜관 안에 있었는데, 그 위치는 현재 폐업 중인 중구 광복동 로얄호텔 자리로 보고 있다.

동래부사접왜사도(東萊府使接倭使圖) 　　　　　　　동래부사가 일본사절을 맞아 연대청에서 향응하는 그림_ [신부산대관]

쿠로다(黑田) 전권(全權) 일행의 부산 입항(入港)

　　1875년[이태왕(李太王) 12년] 9월 우리 군함 운양호(雲揚號)가 조선 서해안에서 중국 우장(牛莊)까지의[62] 항로를 측량하다가 담수(淡水) 결핍으로 한강 입구에 정박해 보트를 내려 물을 긷는 중 강화도 동남쪽의 초지진포대(草芝鎭砲臺)로부터 포격을 받았다. 당시 함장 이노우에 요시카(井上良馨) 소좌[후에 원수(元帥)]는 이에 응전하여 영종성(永宗城)을 점령하고 이것을 정부에 보고하였다. 그때 마침 한국과 수호조약을 수년에 걸쳐 결정을 보지 못하고 고생을 하고 있었다. 그런 까닭에 정부는 문책의 사신을 겸해 육군 중장 참의개척사장관(參議開拓使長官) 쿠로다 키요다카(黑田淸隆)를 특명전권변리대신(特命全權辨理大臣)으로 하고 의관(議官) 이노우에 카오로(井上馨)를 부대신(副大臣)으로 해서 조선에 파견했다. 쿠로다(黑田) 전권(全權) 일행은 겐부마루(玄武丸)에 승선해 군함 닛신(日進), 모슌(孟春), 타카오(高雄), 쿄타츠(嬌龍) 등의 4척을 거느리고 1876년 1월 15일 부산에 입항하였다. 그때 우연히 다른 임무로 정박한 호쇼칸(鳳翔艦)과 만쥬마루(滿珠丸)가 있었다. 일시에 항내(港內)에 7척을 헤아리는 우리 함선의 형세가 왠지 위엄이 있었다. 그리고 그달 17일 부산항을 출발하여 강화부(江華府)로 향하였다. 사진은 당시 일행을 수행한 외무6등 서기생(書記生) 나가노 키타로(中野許多郎)[본정(本町) 3정목(丁目) 나가노 모토스케(中野元介)의 조부(祖父)]가 소장한 것이다.

　　지금 각 함선의 승조인원을 제시하면 다음과 같다.

△닛신칸(日進艦) 대장 해군 소좌 이노우에 스케유키(井上祐亨) 이하 162인 △모슌칸(孟春艦) 함장(艦長) 해군 소좌 카사마 히로타테(笠間廣盾) 이하 75인 △타카오마루(高雄丸) 해군 소좌 이노우에 요시카(井上良馨) 이하 415인 △겐부마루(玄武丸) 쿠로다(黑田) 전권(全權) 이하 수원(隨員), 좌승선장(座乘船長) G. 시미쯔트 △하코다테마루(函館丸) 선장 에비스 스에지로(蛭子末次郎) 이하 54인 △쿄타츠칸(嬌龍艦) 함독(艦督) 타케이 한노키(武井半之阪), 선장 C. 엘플윈 이하 42인.[63]

　　쿠로다 키요다카(黑田淸隆) 옛 가고시마번사(鹿兒島藩士). 초명(初名)은 료스케(了介). 메이지(明治) 원년 후시미토바(伏見鳥羽)전투에[64] 참가하였고 오우(奧羽)[65], 하코타테(函館)의 정토(征討)에는[66] 참모로서 전전(轉戰)하여 1874년 육군 중장이 되었다. 강화도사건 때는 참의개척사장관(參議開拓使長官)을 겸한 특명전권변리대신(特命全權辨理大臣)으로 조선에 왔으며 조약체결에 공(功)이 있다. 세이난(西南)전쟁에서는[67] 정토참군(征討參軍)으로 출정하였고 1884년 백작(伯爵)의 반열에 들었다. 제1차 이토(伊藤)내각에서 농상무대신이 되었고 뒤에 내각총리대신, 추밀원의장 등을 역임하였다. 1900년 9월 23일 병으로 사망하였다.

　　이노우에 카오로(井上馨) 죠슈(長州)[68] 출신으로 처음에는 몬타(聞多)로 불렸다. 유신(維新) 전후부터 나랏일에 분주하여 입헌제도의 확립에 공이 있었다. 강화도사건 때 부사(副使), 경성사변(京城事變)[69] 당시는 특명전권대사로 노력하였고 1885년 이토(伊藤)내각의 외무대신으로 조약개정을 맞았다. 1896년 한국주재공사로 임명되어 한국정부의 폐정(弊政)을 개혁했다. 또 여러 번 개각에 입각하였고 뒤에는 원로로서 국사(國事)에 관여했으며 후작(侯爵)으로 서임되었다. 1915년 9월 1일 사망했다.

---

62) 우장(牛莊)은 중국 랴오닝성(遼寧省) 남부 항구도시인 잉커우(營口)를 뜻한다. 잉커우(營口)는 랴오허강(遼河) 하구에서 약 20km 상류에 위치한 상항(商港)이다.

63) 이들 6척 중에서 실제 군함은 닛신칸(日進艦)과 모슌칸(孟春艦)뿐이고 나머지 타카오마루(高雄丸), 겐부마루(玄武丸), 하코다테마루(函館丸), 쿄타츠칸(嬌龍艦)은 모두 운반선을 잠시 군함으로 의장(艤裝)한 것이었다. 승선 인원에 대해서는 기록마다 조금씩 차이가 있다. 원문에는 빠져 있지만 겐부마루(玄武丸)의 경우 사관(士官) 8명, 수화부(水火夫) 이하 55명을 포함한 66명이 승선해 있었다. 결국 814명 이상이 승선한 여러 척의 군함이 부산항에 일시에 입항했을 때 그것이 주는 위력은 가히 짐작하고도 남음이 있다.

64) 1868년 1월 교토(京都)의 외곽인 후시미(伏見)와 토바(鳥羽)에서 메이지유신세력인 토막파(討幕派)와 반대세력인 막부파(幕府派) 사이에 일어난 전투이다. 막부파는 병력에서 3배나 우세했음에도 불구하고 토막파(討幕派)에 패배했다. 그 동안 상황을 관망하던 오사카상인들은 이 전투를 계기로 신정부를 지지하게 된다.

65) 현재 일본의 아오모리(靑森), 아키다(秋田), 이와테(岩手), 미야기(宮城), 야마가카(山形), 후쿠시마(福島) 등 6개 현(縣)이 있는 동북(東北)지역을 지칭한다.

66) 1868년 1월 후시미토바(伏見鳥羽)전투에서 신정부가 승리했음에도 불구하고 에도(江戶)로 달아난 15대 쇼군 도쿠카와 요시노부(德川慶喜)를 비롯해 동북지역의 여러 번(藩)들은 메이지정부를 반대하였다. 따라서 신정부와 친막부(親幕府)세력 사이의 전투가 1869년 5월 홋카이도(北海道) 남부 하코다테(函館)에서 전개되었다. 1868년 곧 무진년((戊辰年) 정초부터 시작된 후시미토바(伏見鳥羽)전투로부터 이듬해 5월 하코타테전투까지를 일본에서는 보신전쟁(戊辰戰爭)이라고 한다.

67) 일본 서남부 큐슈의 가고시마(鹿兒島) 사족(士族) 출신인 사이고 다카모리(西鄕隆盛)는 정한론(征韓論)의 대표자였다. 정한론을 두고 시기상조를 주장한 이와쿠라 도모미(岩倉具視)에 밀려 중앙권력에서 실각한 그는 몰락한 사족의 반정부적 분위기를 등에 업고 1877년 가고시마에서 난을 일으켰다. 정부군에 의해 난은 평정되고 이후 반정부운동은 자유민권운동으로 방향을 선회하게 된다. 참고로 톰크루즈 주연의 2003년 개봉작 '라스트사무라이(The Last Samurai)'는 세이난전쟁과 사이고 다카모리를 모티브로 제작한 영화이다.

68) 에도막부 죠슈한(長州藩)이 있던 곳으로 현재의 야마구치현(山口縣)에 해당한다. 큐슈의 사쓰마번(薩摩藩, 현 가고시마)과 견원지간이었으나 1866년 1월 21일 도사한(土佐藩, 현재 고치현(高知縣)) 출신의 사카모토 료마(坂本龍馬, 1836~1867)의 중재 아래 막부(幕府)토벌을 명분으로 사쵸동맹(薩長同盟)을 결성했다. 이를 통해 두 번(藩)의 젊은 사족들이 중심이 되어 결국 메이지정부(明治政府)를 수립하였다.

69) 1884년 12월 4일 발생한 갑신정변(甲申政變)을 뜻한다.

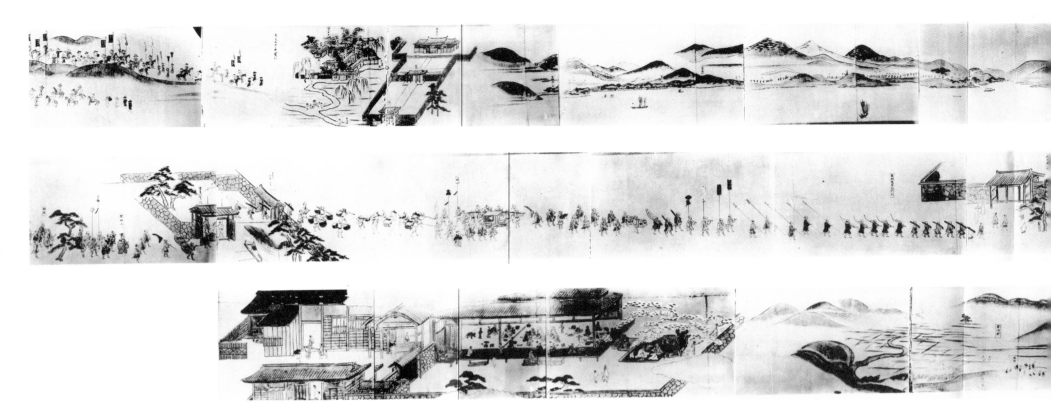

부산대회권(釜山大繪卷)　｜　부산대회권(釜山大繪卷), 조선사편수회 소장(所藏)_ [신부산대관]

쿠로다(黑田) 전권(全權) 일행의 부산 입항(入港)

① 특명전권변리대신(特命全權辨理大臣)
　쿠로다 키요다카(黑田淸隆)_ [신부산대관]
② 부사(副使) 이노우에 카오로(井上馨)_ [신부산대관]
③과 ④ 1876년 1월 15일 부산에 입항한 전권(全權) 일행_ [신부산대관]

강화도(江華島)에서 일한수호조약체결(日韓修好條約締結)
[일한수호조약(日韓修好條約)의 체결(締結) 장소(場所)와 당면(當面) 인물]

　　1875년 9월에 일어난 강화도사건을 처리하기 위해 전권변리대신(全權辨理大臣) 쿠로다 키요다카(黑田淸隆) 일행은 1876년 1월 일본을 출발하여 강화부(江華府)에 도착해 한국과 교섭을 시작했다. 유수아문(留守衙門)에 일본특명전권대신의 공관(公館)을 설치하고 협상의 절충에 노력한 결과, 마침내 일한(日韓)수호조약을 체결하고 쌍방이 전권대신 공관에서 조인을 완료하였다. 이것이 1876년 2월 26일이다. 조약에서는 먼저 부산의 개항을 결정하였다. 본 사진은 당시 전권 일행에 가담한 해군기사가 촬영한 것으로 당시 외무6등 서기생으로 참가하였다. 부산 본정(本町) 3정목(丁目) 나가노 모토스케(中野元介)의 조부(祖父) 나가노 키타로(中野許多郎)가 특별히 기념으로 하사받은 것을 복사한 것이다.

　　김기수(金綺秀)는 수호조약 체결 이후 강화도사건 해결을 위해 일한(日韓)수호조약 체결의 보빙수신사(報聘修信使)로 명령을 받아 예조참의[외무대신에 상응함]로서 일본에 파견되었다. 동(同) 수신사 일행은 1876년 4월 25일 일본기선을 타고 부산항을 출발했다. 본 사진도 역시 나가노(中野)가 소장한 것으로 당시 촬영한 것인데 사진 속 김기수(金綺秀) 옆에 있는 것은 공인(公印)을 받은 상자이다.

　　조병무(趙秉武)는 1876년 일한수교조약(日韓修交條約) 체결 당시 강화유수(江華留守)였다. 본 사진 역시 우리나라 해군기사가 촬영한 것으로 나가노(中野) 집안에서 소장한 것이다. 당시 한국의 전권(全權)은 우리 기사의 촬영을 거부했다고 한다.

병자수호조약(丙子修好條約)
체결(締結) 당시 강화도(江華島)

① 강화부부사영(江華府副師營) 외문(外門)_ [신부산대관]
② 양측 회담이 계속된 진무영(鎭武營)_ [신부산대관]
③ 강화부부사영(江華府副師營)_ [부산대관]
④ 조약체결을 강요하기 위해 열무당(閱武堂)에 배치한 일본 대포_ [신부산대관]
⑤ 1875년 12월 쿠로다 키요다카(黑田淸隆) 임명장_ [신부산대관]
⑥ 수신사(修信使) 김기수(金綺秀)_ [신부산대관]
⑦ 강화부유수(江華府留守) 조병무(趙秉武)_ [부산대관]

부산항(釜山港) 거류지(居留地)

1876년 9월 일한수호조약(日韓修好條約)이 체결되자 정부는 부산에 관리관청을 두고 오로지 통상사무를 다루게 하여 거류민의 보호를 맡겼다. 그리고 화관(和館)의 땅을 새롭게 거류지로 정하였다.

그림은 1877년 1월 조인된 부산항거류지차입약서(釜山港居留地借入約書)에 붙은 그림으로 당시의 상황을 상상해 볼 수 있다. 부산항거류지차입약서[부산구조계조약(釜山口租界條約)]의 전문은 다음과 같다.

부산항거류지차입약서(釜山港居留地借入約書)[70]
[메이지(明治) 10년 1월 30일 조선력(朝鮮曆) 병자년(丙子年) 12월 17일 부산에서 조인]

상고(相考)하건대 조선국 경상도 동래부 소관 초량항(草梁項)의 한 구역은 예부터 일본국 관민의 거류지였다. 그 지역의 넓이는 별도(別圖)와 같다. 그림 중간에 옛날 동관(東館)이라 불렸던 구내(區內)의 가옥 중 붉은색으로 선명히 나타낸 세 채의 집은 조선국 정부에서 구조(構造)한 것이다. 일본력(日本曆) 메이지(明治) 9년[71] 12월 12일 조선력(朝鮮曆) 병자년(丙子年) 10월 27일, 일본국 관리관 곤도 마스키(近藤眞鋤)와 조선국 동래부백(東萊府伯) 홍우창(洪祐昌)은 회동하여 양국위원이 이전에 논의해서 정한 바 있는 수호조규 부록 제3관(第三款)의 취지에[72] 따라 지금부터 지기조(地基租)를 납부하기로 하였다. 1년에 금액 50원으로 하고 매년 말에는 다음해에 납세할 조액(租額)을 완납할 것을 약정했다. 일본력 메이지 10년 1월 30일 조선력 병자년 12월 17일부터 다시 협의를 거쳐 옛날 재판가(裁判家)로 불렸던 것을 제외하고, 조선국 정부 소관의 두 채와 일본국 정부 소관으로 옛날 명칭인 개선소(改船所) 및 창고 등 여섯 채를 교환하여 양국 관민(官民)의 사용에 충당한다. 이후 바로 조선국 정부에 속하게 될 가옥 일곱 채는 황색으로 윤곽(輪廓)을 함으로써 그 차별을 명확히 한다. 지기(地基)도 역시 이와 같다. 단, 지기는 붉은색으로 이를 구별한다. 그 밖의 지기, 도로, 구거(溝渠)는 모두 일본국 정부의 보호와 수리(修理)에 귀속한다. 선창(船艙)은 조선국 정부가 이를 고치고 수리한다. 따라서 지도를 첨부하여 기록하고 서로 영인(鈐印)하여 다른 날의 분쟁을 방지한다.

대일본국명치(大日本國明治) 10년 1월 30일
관리관 곤도 마스키(近藤眞鋤) 인(印)
대조선국병자년(大朝鮮國丙子年) 12월 17일
동래부백(東萊府伯) 홍우창(洪祐昌) 인(印)

---

70) 부산항조계조약(釜山港租界條約)은 1877년 1월 30일 조선과 일본 사이에 맺어진 조약이다. 강화도조약 제4조와 5조에 근거하여 일본은 조선의 개항을 요구하였고 이로 인하여 부산항조계조약이 조인됨으로써 조선에 최초로 조계가 설치되었다.

71) 1876년에 해당한다.

72) 수호조규부록(修好條規附錄) 제3관은 수호조규(修好條規) 제4관에서 "2개 항구를 열어 日本國人民의 왕래 통상함을 허가한다. 이곳에 垈地를 賃借하고 家屋을 造營하며 혹 이곳에 거주하는 조선인민의 家屋을 賃借함에 있어서도 각기 그 편의에 맡긴다"는 내용에 근거한 것이었다.

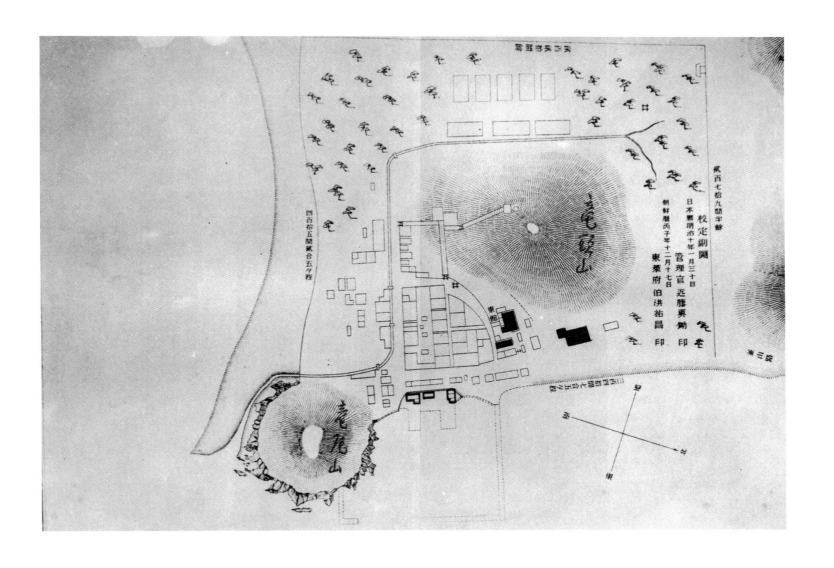

부산항(釜山港) 거류지(居留地) | □ 부산항(釜山港) 거류지(居留地)_ [신부산대관]

시베리아 횡단의 후쿠지마(福島) 소좌(少佐) 환영(歡迎)

1893년 독일공사관에서 근무했던 무관 후쿠지마 야스마사(福島安正)는 단기(單騎)로 베를린을 출발하여 우랄산맥을 넘고 시베리아를 거쳐 몽고에 들어갔다. 이후 다시 시베리아를 돌아 만주를 지나서 세 번째로 시베리아로 나아가 블라디보스톡에 도착하였다. 블라디보스톡에서 도쿄마루(東京丸)에 편승해 원산(元山)을 거쳐 6월 20일 부산에 입항하였다. 부산 관민은 단기(單騎)로 원정을 한 후쿠지마(福島) 소좌를 환호로서 맞이하였다. 당시 부산에서 유일한 요정(料亭) 경판정(京阪亭)에서[73] 대환영회를 개최하였다.

사진은 당시 촬영한 것이다. 장소는 경판정(京阪亭) 뒷마당으로 현재 도서관 아래 부근이다.

사진 중앙에 대검(大劍)을 가지고 있는 사람이 곧 후쿠지마(福島) 소좌로 그 정면의 왼쪽은 공사(公使) 오토리 게이스케(大鳥圭介)[74], 그로부터 세 번째가 통역생 카와카미 타쯔이치로(川上達一郎), 그 왼쪽이 영사관보(領事官補) 야마자 엔지로(山座圓次郎)이고, 소좌의 정면 오른쪽 두 번째는 영사(領事) 무로다 요시아야(室田義文)이다[75]. 그밖에 부산 거류주민 여러 사람의 모습을 기억할 수 있다. 소좌는 그날 밤 겐카이마루(玄海丸)로 도쿄(東京)을 향해 출범(出帆)하였다.

---

73) 현재 광복동에서 용두산공원으로 올라가는 에스컬레이트시설이 있는 계단 중간쯤에서 동광동 방향으로 빠지는 오른쪽 골목이 있다. 그 골목 안에 위치한 대중음식점 건물의 오른쪽 주차장 입구(광복동 1가 6번지)에 경판정(京阪亭)이 있었다. 들어가는 입구는 좁고 안쪽은 길게 늘어서 있는 전형적인 일본식 이자카야(居酒屋) 형태의 2층 목조건물이었다. 이곳이 유명하게 된 것은 1899년 7월 11일 오후 2시 러시아 해군사관 1명이 경판정에서 술을 마신 후 기생의 뺨을 때리고 이를 말리던 종업원을 폭행한 소위 경판정사건이 발생했기 때문이다. 이 사건은 당시 부동항(不凍港)을 찾아 남진정책을 펴고 있던 러시아와 이를 저지하려는 일본 사이에 팽팽한 긴장이 감도는 상황에서 발생한 사건이었기 때문에 양국간의 외교적 문제로까지 비화되었다.

74) 오토리 게이스케(大鳥圭介, 1833~1911)는 1889년 6월 3일 주청국특명전권공사(駐靑國特命全權公使)로 임명되었다. 1893년 7월 조선공사(朝鮮公使)를 겸임하였으며 1894년 6월 조선에 부임하여 대원군(大院君)에게 조선의 근대화를 건의하기도 했다. 그는 1894년 갑오농민전쟁의 와중에 7월 경복궁에 침입하여 5개조의 개혁안을 제시하고 김홍집내각을 출범시켰다. 1894년 10월 조선공사(朝鮮公使)를 퇴임하고 귀국한 후 추밀원고문관으로 활동하였다.

75) 무로다 요시아야(室田義文, 1847~1938)는 1872년 외무성에 들어가 부산영사와 초대 멕시코공사 등을 역임하였다. 1901년 귀족원의원이 되었으며 백십은행(百十銀行) 은행장, 홋카이도탄광기선(北海道炭礦汽船) 사장 등으로 근무하였다. 1909년 하얼빈에서 이토 히로부미(伊藤博文)가 저격될 당시 함께 있었다.

후쿠지마(福田) 소좌(少佐)의 시베리아 횡단 환영 │ 후쿠지마(福田) 소좌(少佐)의 시베리아 횡단 환영_ [신부산대관]

한국황제(韓國皇帝) 부산어순행(釜山御巡幸)

　　1909년 1월 한국황제폐하는 유사백관(有司百官)을 거느리고 경성을 출발하여 대구, 부산, 마산 등을 순행하면서 친히 민정(民情)을 시찰하게 되었다. 이토(伊藤)통감은 이때 황제를 모시고 부산에 왔다. 당시 우리나라(我國)는 특별히 군함 아주마마루(吾妻丸)를 부산에 파견하였다. 한국황제는 배에 임행(臨幸)하여 환대를 받았다. 이 일은 실로 일한 병합(日韓倂合) 전년(前年)의 일이었다.

　　오른쪽 위에 있는 사진은 황제가 머문 곳(行在所)인 이사청(理事廳)의 이사관실, 즉 현재의 부윤실(府尹室)이다. 가운데 사진은 이사청(理事廳)에서 출발하는 행렬이다. 사진 왼쪽 위는 장수통(長手通) 통과의 사진이다. [현재 사안교(思案橋)[76] 정류소 부근에서 촬영]

　　사진 오른쪽 아래는 역 앞에서의 환영 맞이. 사진 왼쪽 아래는 재류민(在留民)의 열성적 환영 맞이 제등(提灯)행렬이다.

1909년 1월 순종황제(純宗皇帝)의
부산순행(釜山巡行)

① 행재소(行在所)인 이사청(理事廳)에서 어가(御駕) 출발_ [부산대관]
② 장수통(長手通, 현재 광복로)을 지나는 어가행렬(御駕行列)_ [부산대관]
③ 행재소(行在所) 옥좌(玉座)_ [부산대관]
④ 행재소(行在所) 주변을 밝힌 환영 제등행렬(提燈行列)_ [신부산대관]
⑤ 환영식장(歡迎式場, 당시 草粱驛) 모습_ [신부산대관]

부산성지(釜山城址)와 영가대(永嘉臺)

부산성(釜山城)은 부산진(釜山鎭) 해안에 있다. 자성대(子城臺) 및 그 서쪽 산 증산성지(甑山城址), 속칭 고바야가와성지(小早川城址)[고니시성지(小西城址)라고 하는 것은 잘못이다]를[77] 병칭하는 것으로 당시 산쪽의 것을 본성이라고 부르고 해안의 것을 환산성(丸山城)이라고 불렀다. 도요토미 히데요시(豊臣秀吉)가 바다를 건너와 머물려고 했던 성(城)으로 1593년 2월부터 그해 9월에 이르는 사이 모리 데루모토(毛利輝元), 모리 히데모토(毛利秀元) 부자(父子)가 심혈을 기울여 구축한 곳이다. 동쪽 울산으로부터 서쪽 순천에 이르는 조선의 남부지역 연안에 쌓은 20여 성(城)의 본영이다. 그 규모의 광대함과 지형 이용의 교묘함, 구축의 견고함이 진실로 우리 축성술의 빼어남과 훌륭함을 나타내는 것이라고 할 수 있다. 그림은 현재 부산성에 남아 있는 성벽으로 당시의 장관을 생각하게 한다.

문헌에 비추어 보면 성곽 둘레 1,806척 높이 13척이라고 하지만, 현재는 당시를 생각나게 하는 것은 적다해도 언덕 위에 성벽을 남긴 부산근교 유일의 완전한 고적이라고 할 수 있다. 사진에 보이는 해안 누문(樓門)은 옛날 남문(南門)이다.

자성대(子城臺)

일본군 철퇴 후 조선수군첨절제사(朝鮮水軍僉節制使)의 진성(鎭城)으로 되었기 때문에 부산진성(釜山鎭城)으로도 불렸다. 사진의 석루(石樓) 등은 점차 멸실되고 지금은 언덕 위의 성벽만 남았을 뿐이다. 사진은 영가대 아래에서 성터를 바라본 것으로 1912년경에 촬영한 것이다.

영가대(永嘉臺)

자성대 남쪽에 있는 하나의 작은 구릉에 옛날 조선통신사가 일본으로 도일(渡日)할 때 해로(海路)의 평안을 기원하거나 혹은 양반계급이 달을 구경한 장소로 사용했던 건물이 존재하였다. 그러나 지금은 철도 및 전차궤도에 의해 끊기고 파괴되었다. 언덕 위의 건조물 일부는 부산진(釜山鎭)에 있는 오이케별장(大池別莊)[78] 정원 내에 옮겨져 완전한 옛 모습은 남아 있지 않다. 사진은 1912년경의 촬영으로 옛날을 생각게 한다.

현재 구릉 아래 작은 연못이 있는데 이것은 옛 선창(船滄)의 일부로 옛날을 생각게 하는 유적의 편영이다. 사진 속의 물가에 있는 돌은 배를 매달 때 사용된 돌기둥이다.[79]

자성대와 복원된 영가대

자성고가교에서 본 영가대_ 사진의 오른쪽 숲속 일대에 있었다.

77) 고바야가와(小早川)는 임진왜란 당시 제6군(1만 5,700명) 지휘관 고바야가와 다카카게(小早川隆景)를 지칭하고 고니시(小西)는 제1군(1만 8,700명) 지휘관이었던 고니시 유키나가(小西行長)를 말한다.

78) 오이케별장(大池別莊)은 오이케 츄스케(大池忠助, 1856~1930)의 별장 능풍장(陵風莊)을 말하는 것이다. 그의 별장은 현재 부산광역시 동구 좌천2동 수정초등학교 동쪽 언덕에 있었다. 광복 이후 도시화 과정에서 사라져 버렸지만 현재에도 이 일대 지명으로 '능풍장길'이 남아 있을 정도로 유명한 곳이었다. 별장의 주인이었던 오이케 츄스케(大池忠助)는 쓰시마(對馬島)의 이즈하라(嚴原)에서 태어났다. 1875년 조선으로 건너와 변천정(辨天町)에서 해산물 무역업을 하며 재산을 축적하기 시작해 부산상업회의소 회두(會頭)를 역임하고 1915년에는 나가사키현(長崎縣) 의원이 되었다. 하자마 후사타로(迫間房太郎), 카시이 겐타로(香椎原太郎) 등과 함께 부산일보사(釜山日報社) 대주주로 활동하였다. 이들 3인은 부산을 대표하는 전국적 인물이었다. 오이케에 대해서는 본책 오이케 츄스케(大池忠助) 항목 참조.

79) 오른쪽 ③번 사진 속의 돌기둥을 참조 바람.

부산성지(釜山城址), 자성대(子城臺), 영가대(永嘉臺)

①	②	① 부산성지(釜山城址)_ [신부산대관]
③	④	② 자성대(子城臺)_ [신부산대관]
		③ 영가대(永嘉臺)_ [부산대관]
		④ 영가대(永嘉臺)_ [신부산대관]

고고학(考古學)으로 본 부산(釜山)

부산의 변천을 보기에 앞서 먼저 생각을 멀리 역사시대 이전으로 소급해 보자. 당시 상황이 어떠하였는지 이것은 전적으로 기록이 없던 시대로 하나의 고고학적 연구 성과를 기다릴 수밖에 없다. 다행히 근래 부산고고회(釜山考古會) 등의 노력에 의해 각지 유적의 발견과 연구가 있어 점차 그 상황이 명료해지고 있는 것은 기쁜 일이다.

사진은 부내(府內) 동삼동패총(東三洞貝塚)에서[80] 나온 출토품으로 석기, 골각기, 토기 등은 당시의 문화를 상상하기에 족하다. 특히 토기의 양식 및 흑요석(黑曜石)의 반출(伴出) 등으로 북방문화와 일본문화의 접촉을 추단케 하는 것은 매우 주목할 만한 가치가 있는 것이다.

동삼동 패총_ 영도구 한국해양대학교 입구에 위치한 동삼동 패총은 한반도의 신석기문화 및 선사시대 한일교류를 이해하는데 매우 중요한 정보들을 제공해 준다.

80) 부산광역시 영도구 동삼동 한국해양대학교 입구의 오른쪽에 위치한 동삼동패총은 현재 사적 제266호로 지정되어 있다. 패총 바로 옆에는 동삼동패총전시관이 운영되고 있다. 유적지에서 출토된 일본식 죠몽토기(繩文土器)와 일본식 흑요석을 통해 이곳이 선사시대에 일본과 문화교류가 활발했던 장소였음을 알 수 있다.

부산 동삼동패총(東三洞貝塚) 출토품

① 토기파편(土器破片)_ [신부산대관]
② 석부(石斧)_ [신부산대관]
③ 토기(土器)_ [신부산대관]

II. 부산(釜山)의 변천(變遷)

용두산신사(龍頭山神社)와 용미산신사(龍尾山神社)

용두산신사(龍頭山神社)

1678년 3월 왜관을 현재의 부산으로[81] 옮기자 쓰시마의 영주(領主) 소오 요시자네(宗義眞) 공(公)은 용두산 위에 방(方) 4척의 석조로서 소사(小祠)를 설치하고 고토히라다이진(金刀比羅大神)을[82] 모셔 일한통상(日韓通商)의 안전을 기원하였다. 그 후 1765년 7월 스미요시오다이진(住吉大神)[83] 및 텐만텐진(天滿天神)을[84] 합사하고 1864년 2월 아마테라스메오카미(天照皇大神)[85], 1880년 8월 하치만다이진(八幡大神)[86], 1896년 4월 히로쿠니다이진(弘國大神)[87], 1899년 스사노 오노미코토(素盞嗚尊)[88], 진구황후(神功皇后)[89] 및 호고쿠다이진(豊國大神)을[90] 합사하여 봉행하였다. 용두산신사는 처음 고토히라진자(金刀比羅神社)로 불렸는데 1894년 거류지신사(居留地神社)로 명칭을 변경하고 1899년 규모 확장과 더불어 용두산신사로 개칭하였다. 1916년 용두산에 공원시설을 함으로써 사전(社殿)을 산 정상으로 옮기고 경내를 개조하였다. 1924년 참도(參道)를 개수하고 1927년 사무소를 개축하였으며 1934년경에 참도(參道)를 다시 개수하였다. 제일(祭日)은 매년 10월 15일, 16일, 17일로 정하였다. 사진은 1902년경 및 현재의 사진이다.

용미산신사(龍尾山神社)

용두산신사(龍頭山神社)의 섭사(攝社)로서[91] 1677년[92] 왜관 설치 당시 조성되어 다케우치 노스쿠네(武內宿彌)를[93] 제사지내며 타마타레진자(玉垂神社)로 불렸다. 그 뒤 1819년 3월 가토 기요마사(加藤淸正)를 합사하고 1868년에는 다시 아사히나 사부로요시히데(朝比奈三郎義秀)를[94] 합사하였다. 1894년 사명(社名)을 거류지신사(居留地神社)로 고쳤는데 1899년 다시 용미산신사로 명칭을 바꿨다. 그러다가 1932년 간선도로공사의 시공과 함께 용두산신사의 동측에[95] 새로이 사전(社殿)을 마련하고 1934년 3월 준공하여 그곳으로 옮겨 모셨다. 1921년경의 사진은 대략 옮겨 모시기 전의 상황에 가깝고 현재의 사진은 옮긴 후의 사전(社殿)을 보여준다.

용두산공원 전경_ 용두산신사의 위치는 현재 용두산미술관 일대였다.

용미산신사_ 중구 중앙동 롯데백화점 광복점 자리에 있었다.

81) 두모포왜관(豆毛浦倭館, 1607~1678)에서 초량왜관(草梁倭館, 1678~1876)으로 이전을 의미한다.
82) 고토히라다이진(金刀比羅大神)은 항해의 수호신이다.
83) 스미요시오다이진(住吉大神)은 진구황후(神功皇后)가 삼한을 정벌할 때 황후를 보살폈으며 죄와 부정, 재앙 등을 떨쳐버리는 계불(禊祓, 미소기하라) 의식과 해상교통의 안전을 비는 의식에 등장하는 신이다.
84) 어려서 신동(神童)으로 불릴 정도로 한시(漢詩)에 능통했으며 학자이면서 정치인으로 명성을 날린 학문의 신(神) 스가와라 미치자네(菅原道眞, 845~903)를 신격화한 호칭이다.
85) 일본에서 천황의 가계가 유래했다고 하는 천상의 태양 여신을 지칭한다.
86) 무도(武道)·무운(武運)의 신으로 예부터 널리 신앙되었다.
87) 쓰시마 3대 번주(藩主) 소오 요시자네(宗義眞, 1639~1702)를 신격화한 호칭이다.
88) 일본의 개국시조 아마테라스오오미카미(天照大神)의 동생이다. 『일본서기(日本書紀)』에는 그가 '자신의 아들 이타케루(五十猛)를 거느리고 신라국(新羅國)에 내리어 소시모리(曾尸茂梨)에 있었다'는 기록이 있다. 과거 일본의 일선동조론자(日鮮同祖論者)들은 이 내용을 가지고 '스사노 오노미코토가 조선인의 시조'라는 억지주장을 하였다.
89) 임나일본부설과 관련하여 한반도 남부지역을 점령했다는 황후이다.
90) 호고쿠다이진(豊國大神)은 도요토미 히데요시(豊臣秀吉)를 신격화한 호칭이다.
91) 섭사(攝社)는 본사와 말사 중간쯤의 지위에 해당한다. 본사 경내에 있는 경내섭사(境內攝社)와 경외에 있는 경외섭사(境外攝社)로 구분된다. 용미산신사는 경외섭사에 해당된다.
92) 원문에는 '연보(延寶) 5년' 곧 1677년으로 기술되어 있다. 이는 '연보(延寶) 6년' 즉 1678년의 오기(誤記)이다.
93) 일본의 8대 천황인 코겐(孝元)천황의 아들로 진구황후(神功皇后)와 함께 츄아이(仲哀)천황의 죽음을 숨기고 외정(外征)에 나섰던 인물이다. 그를 모신 신사가 타마타레진자(玉垂神社)이다.
94) 헤이안(平安)시대 말기와 가마쿠라(鎌倉)시대 초기의 무장(武將)인 화다 요시모리(和田義盛, 1147~1213)의 아들이다. 괴력을 지닌 수영(水泳)의 달인으로 1213년 화다(和田)전투에서 패한 뒤 행방이 불명확한 인물이다.
95) 용미산은 현재 중앙동의 롯데백화점 광복점 자리에 있었다. 1932년 영도다리공사와 함께 이곳이 착평되면서 용미산신사 또한 현재 용두산공원 부산타워로 올라가는 길목 오른쪽의 충혼비가 세워져 있는 주차장 자리로 옮겨졌다.

용두산신사(龍頭山神社)와 용미산신사(龍尾山神社)

① 1902년경의 용두산신사(龍頭山神社) 원경(遠景)_ [부산대관]
② 1934년의 용두산신사(龍頭山神社)_ [부산대관]
③ 1926년의 용미산신사(龍尾山神社)_ [부산대관]
④ 1875년의 용미산(龍尾山, 一名 呼崎山)_ [부산대관]
⑤ 1921년경의 용미산신사(龍尾山神社)_ [신부산대관]
⑥ 1934년의 용미산신사(龍尾山神社)_ [신부산대관]

개항(開港) 이래 부산의 일본인 호구(戶口統計表) 통계표

연 도	호 수	인구수	연 도	호 수	인구수
1876년	–	82	1905년	2,363	13,364
1877년	–	273	1906년	2,987	15,988
1878년	–	410	1907년	3,423	18,481
1879년	–	700	1908년	4,213	21,292
1880년	402	2,066	1909년	4,284	21,697
1881년	426	1,925	1910년	4,508	21,928
1882년	306	1,519	1911년	5,583	25,252
1883년	432	1,780	1912년	6,826	26,586
1884년	430	1,750	1913년	6,956	27,610
1885년	463	1,896	1914년	7,115	28,254
1886년	448	1,957	1915년	7,369	29,890
1887년	–	2,006	1916년	7,110	28,012
1888년	–	2,131	1917년	7,177	27,726
1889년	628	3,033	1918년	6,993	27,895
1890년	728	4,344	1919년	7,575	30,499
1891년	914	5.254	1920년	7,689	33,085
1892년	938	5,110	1921년	7,897	33,978
1893년	993	4,750	1922년	8,111	34,915
1894년	906	4,028	1923년	8,281	35,360
1895년	953	4,953	1924년	8,902	53,926
1896년	986	5,423	1925년	9,364	39,756
1897년	1,026	6,065	1926년	9,584	40,803
1898년	1,055	6,240	1927년	9,533	41,147
1899년	1,100	6,326	1928년	9,822	42,246
1900년	1,083	6,067	1929년	9,931	42,642
1901년	1,250	7,029	1930년	10,347	44,273
1902년	1,352	9,691	1931년	10,836	45,502
1903년	1,582	11,711	1932년	11,531	57,836
1904년	1,890	11,996	1933년	12,358	51,031

부산시가(釜山市街) I

① 1892년 부산 서부시가지 전경_ [신부산대관]
② 1903년 부산 전경_ [신부산대관]
③ 원문에 사진 설명이 없음(부산주둔 일본군수비대로 그 위치는 현 중앙동공영주차장 자리로 판단된다)_ [신부산대관]

부산부(釜山府) 재정(財政)의 추이(推移)

연 도	세출결산액	연 도	세출결산액
1890년	12,623,310	1912년	313,217,520
1891년	10,146,086	1913년	301,621,080
1892년	9,394,245	1914년	170,435,150
1893년	8,563,262	1915년	143,683,800
1894년	12,710,942	1916년	184,511,080
1895년	19,337,098	1917년	219,412,320
1896년	23,608,453	1918년	211,374,730
1897년	29,953,951	1919년	414,372,380
1898년	20,437,051	1920년	708,913,890
1899년	28,590,742	1921년	1,092,668,300
1900년	27,176,700	1922년	1,061,297,250
1901년	34,615,838	1923년	1,165,774,570
1902년	33,890,156	1924년	1,100,703,160
1903년	40,400,035	1925년	975,223,670
1904년	48,917,825	1926년	1,517,249,410
1905년	66,854,680	1927년	1,822,062,860
1906년	205,287,409	1928년	2,562,499,080
1907년	308,588,485	1929년	2,019,735,970
1908년	260,588,890	1930년	1,737,390,270
1909년	297,945,780	1931년	1,043,878,840
1910년	312,547,000	1932년	4,091,430,630
1911년	559,094,620	1933년	4,343,953,560

〈비고〉 1913년까지는 편의상 부산거류민단 분(分)을, 1914년 이후는 일반 합계 분(分)을 표시한 것이다.

아미산에서 본 서구시가지 모습

아미산에서 본 부산 전경

부산시가(釜山市街) II

① 1907년 부산시가(서부)_ [신부산대관]
② 1907년 부산시가(서부)_ [신부산대관]
③ 1926년 부산시가(서부)_ [신부산대관]

개항(開港) 이래의 부산수출입 무역액 통계표

(단위 : 원)

연 도	수 입	수 출	합 계	전조선 대비비율	
1876	–	–	–	–	1
1877	166,823	299,249	466,072	–	1
1878	205,280	241,597	446,877	–	1
1879	677,061	566,956	1,244,017	–	1
1880	1,237,790	636,806	1,874,596	–	1
1881	584,904	728,617	1,313,521	–	1
1882	1,078,147	879,581	1,957,728	–	1
1883	713,324	482,623	1,195,947	–	1
1884	268,567	346,073	614,640	–	1
1885	187,088	335,799	522,887	–	1
1886	205,729	434,154	639,883	2.70	1
1887	396,735	661,891	1,058,626	2.89	1
1888	386,333	642,239	1,028,572	2.59	1
1889	636,823	806,689	1,443,512	3.09	1
1890	1,914,373	1,439,424	3,353,797	4.02	19
1891	1,793,398	1,483,728	3,277,126	7.77	19
1892	1,291,437	1,028,744	2,320,181	3.27	19
1893	863,718	855,171	1,718,889	3.05	19
1894	701,088	1,089,300	1,790,388	2.15	19
1895	871,459	1,646,479	2,517,938	2.18	19
1896	2,614,956	1,923,290	4,538,246	3.93	19
1897	4,709,360	2,735,834	7,445,194	3.86	19
1898	2,819,339	2,515,331	5,334,670	3.01	19
1899	1,829,768	2,389,754	4,219,522	2.74	19

(단위 : 원)

도	수 입	수 출	합 계	전조선 대비비율
00	3,346,487	2,235,574	5,582,061	2.70
01	3,119,960	2,731,923	5,851,883	2.51
02	2,660,087	2,763,415	5,423,502	2.44
03	1,984,318	4,230,167	6,214,485	2.21
04	1,678,202	6,469,158	8,147,360	2.33
05	2,095,523	8,219,338	10,314,861	2.52
06	2,957,055	7,938,034	10,895,089	2.78
07	4,408,493	8,722,805	13,131,298	2.24
08	4,471,349	9,258,086	13,729,435	2.49
09	5,155,983	8,307,944	13,463,927	2.54
10	6,049,834	9,836,178	15,886,012	2.66
11	5,864,745	12,457,801	18,322,546	2.51
12	6,974,050	15,385,893	22,359,943	2.53
13	9,845,299	17,555,339	27,400,638	2.67
14	11,794,136	16,909,920	28,704,056	2.81
15	17,899,157	14,355,834	32,254,991	2.96
16	21,068,822	16,834,747	37,903,569	2.89
17	33,250,428	24,525,916	57,776,344	3.10
18	64,620,415	36,408,411	101,028,826	3.61
19	89,393,471	65,444,655	154,838,126	3.05
20	77,866,620	55,033,252	132,899,872	2.91
21	66,257,188	50,632,858	116,890,046	2.53
22	60,729,985	55,475,939	116,205,924	2.42
23	93,723,975	73,568,387	167,292,362	3.15

(단위 : 원)

년 도	수 입	수 출	합 계	전조선 대비비율
1924	118,105,646	95,856,177	213,961,823	3.35
1925	124,040,334	103,572,291	227,612,625	3.34
1926	124,731,419	115,201,322	239,932,741	3.26
1927	126,399,719	115,398,417	241,798,136	3.25
1928	118,945,191	125,049,564	243,994,755	3.13
1929	109,709,636	130,387,362	240,096,998	3.12
1930	82,255,228	108,441,964	190,697,192	3.01
1931	82,352,164	90,571,717	172,923,881	3.22
1932	82,897,107	102,164,407	185,061,514	2.92
1933	88,576,768	129,984,080	218,560,848	2.83

옛날의 무역 중심지

1875년의 본정(本町) 해안은 소위 화관(和館)의 선창 부근이다. 즉 부산의 중추지대로 산록에 보이는 큰집은 현재 부청(府廳)이 위치하고 있는 관수옥(館守屋) 부근이며, 개항 이후 관리청(官理廳)으로 되었다. 사진은 쿠로다(黑田) 전권(全權) 일행이 촬영하여 나가노 집(中野家)에서 소장한 것이다.

용미산은 호자키(呼崎)로 불렸다. 당시의 사진.

1897년경의 본정(本町) 해안 정면에 흰색으로 칠한 나무울타리 안의 건물이 세관이다. 왼쪽 용미산측의 양풍(洋風)건물은 일본우선(日本郵船)의 지점이다. 백색의 장대(竿)는 깃대이다. 해안의 작은 기선계류(汽船繫留)의 장소는 여객의 승선장이다.

영도 봉래산에서 본 부산항

옛 부산시가(釜山市街) 모습

①	① 1909년 부산 전경(釜山 全景)_ [부산대관]
②	② 1924년 부산 전경(釜山 全景)_ [부산대관]
③	③ 1934년 부산 전경(釜山 全景)_ [신부산대관]

옛날의 무역(貿易) 중심지(中心地)

① 1875년의 본정(本町) 해안(현, 중앙동 연안)_ [신부산대관]
② 1875년의 용미산(龍尾山, 당시 本町)_ [신부산대관]
③ 1879년의 본정(本町) 해안(현, 중앙동 연안)_ [신부산대관]

장수통(長手通)의 변천

연 혁

장수통에는 옛날 나와테(繩手) 중앙에 작은 하천(小川)[왜관시대(倭館時代)의 선창(船滄)]이 있었고[96] 그 양측에 상점이 있었다. 오래된 소나무와 벚나무가 그 방죽 위에 있어 풍치가 매우 아름다웠으나 점차 벌채되고 혹은 말라죽어 현재는 옛 모습이 전혀 남아 있지 않다. 작은 천은 속도랑(暗渠)으로 되어 있고 큰집과 높은 건물이 즐비하다. 평탄한 포장도로 위에는 수레와 말의 왕래가 끊이지 않는다. 이곳은 부내(府內)의 중심지로 되었다.

1890년의 사진은 시바타(柴田) 집안에서 소장한 것이다. 마침 그해 대화재가 있은 뒤 5, 6월의 촬영이며, 정면 2층 건물은 사안교(思案橋) 부근이다. 중앙의 우물은 현 부립병원(府立病院)[97] 아래에 해당한다. 그리고 이 우물은 부산수도의 기원이라 할 수 있는데 보수정(寶水町) 방면의 수원(水源)에서 나무통으로 이 우물에 물을 끌어 당겨 급수를 하였다. 당시의 총대(總代)가 거류민에게 통고한 통지 및 각가분수가규칙(各家分水假規則)은 별지와 같다. 1895년의 사진은 후쿠다(福田)[98] 집에서 소장한 것으로 청일전쟁 축하회에서 여흥을 위해 장식한 것이다.

1902년경의 사진은 사안교(思案橋) 부근에서 촬영한 것으로 소나무, 벚나무, 포프라 등의 수목을 볼 수 있다.

이들 사진을 보면 옛날을 생각하기에 족하다. 아래 왼쪽의 사진은 1895년 청일전쟁 승리 축하회에서 나미하나동지회(浪花同志會)가[99] 여흥을 위해 장식한 것을 찍은 것으로 후쿠다(福田) 집에서 소장한 것이다. 아래의 오른쪽은 현재의 장수통을 찍은 것이다.

장수통거리_ 중구 광복로 시티스폿 주변

96) 옛날 중구 광복로에는 소천(小川) 혹은 중천(中川)으로 불렸던 작은 하천이 있어 현재의 남포동어물시장 쪽의 바다로 흘러 들어갔다. 이 하천은 조수간만의 차이가 클 경우 바닷물이 하천을 거슬러 올라왔다고 한다. 하천이 끝나는 북쪽을 일본인들은 나와테(繩手)라고 하였는데 그 뜻은 논두렁길을 의미했다. 이후 나와테(繩手)가 와전되어 나가테(長手)가 되었기 때문에 일제 때 광복동 일대 거리를 나가테도리(長手通)라고 불렀다. 현재 부산광역시 중구 동광동 2가와 광복동 1가 사이의 경계를 이루는 길, 곧 동광동에서 광복동으로 빠지는 이면 도로를 '장수통(長手通)거리'라고 하여 최근까지만 해도 그 명칭이 남아 있었다.

97) 현재 폐업 상태인 부산광역시 중구 광복동 로얄호텔 자리에 있었다. 그 뒤 1936년 토성동의 현재 부산대학병원 자리에 신축건물을 지워 그곳으로 옮겨가게 된다. 본책 부산부립병원 항목 참조.

98) 후쿠다 마스에(福田增兵衛)를 지칭한다. 후쿠다(福田)에 대해서는 본책 주(註) 57 및 후쿠다양조장(福田醸造場) 항목 참조.

99) 나미하나(浪花)는 오사카(大阪)의 옛 명칭이다. 따라서 나미하나동지회(浪花同志會)는 오사카 출신인들의 향우회와 비슷한 성격의 단체였을 것으로 짐작된다.

장수통(長手通)의 변천(變遷)

① ② ④ ③

① 1902년 장수통(長手通)_ [신부산대관]
② 1890년경 장수통(長手通)_ [신부산대관]
③ 1926년 장수통(長手通)_ [부산대관]
④ 1895년경 장수통(長手通)_ [부산대관]

부산수도(釜山水道)의 기원(起源)[장수통(長手通)의 변천 (Ⅰ) 참조][100]

1959년 광복로

1967년 광복로

2006년 광복로

금번 거류지에서 수도(水道)사업을 시작하는 것에는 착수하는 쪽에서 시급을 요하는 사업입니다. 따라서 비용징수도 약간 서두르고 있고, 매월 5일부터 징수인을 파견하고 있음으로 믿고 맡겨서 보내(保內)에 통지하였기에 그렇게 아시기 바랍니다. 또 각가(各家) 분수(分水) 방법은 별책(別冊)과 같이 가규칙(假規則)을 인정해 주시고 오는 6일까지 청구를 정리해 주실 것을 이렇게 신청합니다. 아래는 분수호수(分水戶數)의 다소(多少)에 따라 통관(通管)공사 착수의 규모도 바뀌고 경비를 징수하는 사정도 있을 것이기에 여러 가지 주의해 주시기를 통지해 드리는 바입니다. 덧붙여 말씀드리면 분수(分水)에 대해서는 통수(樋水)의 분량도 있기 때문에 당분간은 50주(株)에 한정해서 신청처를 받는 것으로 하겠습니다. 정원(定員)이 마감된 이후에 도달한 신청은 받지 않겠습니다.

15년[101] 11월 1일 총대(總代) 아비루 모리스케(阿比留護助)
월번(月番) 시바다 토쿠조(柴田德三) 전(殿)

위와 같이 알려드리오니 조속히 소인(小子)에게 신청이 있기를 바랍니다.

월번(月番) 시바다 토쿠조(柴田德三)

요코야마 코사쿠(橫山廣作) 전(殿), 나가카와 쥬타로(中川重太郎) 전(殿), 사토 준지(佐藤峻治) 전(展), 시바다 토쿠조(柴田德三) 전(殿), 시라하마 젠키치(白濱善吉) 전(殿), 고쿠부 타쯔미(國分建見) 전(殿), 야마모토 신시치(山本新七) 전(殿), 쯔치다 헤이조(土田平造) 전(殿), 오쿠사 바이키치(大草楳吉) 전(殿), 마쯔모토 소고로(松本惣五郎) 전(殿), 하라다 긴타로(原田金太郎) 전(殿), 아라카와 미기지(荒川造酒治) 전(殿), 히라오카 센자에몬(平岡仙左衛門) 전(殿), 이케다 후쿠마쯔(池田福松) 전(殿), 아리타 쇼쥬(有田庄十) 전(殿), 오쯔카 쯔네사쿠(大束恒作) 전(殿), 미야마 후쿠지(三山福治) 전(殿), 아비루 유지로(阿比留祐次郎) 전(殿), 키무라 헤이지효에(木村平治兵衛) 전(殿), 시마즈 히로요시(鳥津廣治) 전(殿), 이외 각가(各家)에 있는 여러분 앞으로.

각가분수가규칙(各家分水假規則)

제1조 무릇 각가분수(各家分水)는 기한을 예정하지 않고 수도보존(水道保存) 원년(元年) 월(月)까지 일반과 흥폐(興廢)를 함께 해야 한다.

제2조 통상(通常) 1호(戶) 1주(株)의 수관(水管)은 촌적(寸積) 2분각(貳分角) 곡척(曲尺) 비율에 의거하지만 용수(用水)가 다량이기 때문에 2주(株) 혹은 3주(株)의 분수(分水)를 신청하는 자는 어느 사람이나 모두 그 비율로서 물의 양을 나눈다. 단, 실제 경험상 수세(水勢)가 충분하지 않고 실제 사용에서 모자람이 있다고 여겨지면 수관(水管)을 증식하는 것으로 한다.

제3조 분수주금(分水株金)은 1주 금액 12원으로 정하고 한꺼번에 수납해야 한다.

제4조 수도보존비(水道保存費)는 분수(分水)의 달(月)로부터 매월 금액 12전을 수납해야 한다.

제5조 분수 각가(各家)의 호주가 사고가 있어서 타인과 교대한다고 하더라도 갑(甲)과 을(乙)은 상호 협의해서 해결하고 마땅히 분수(分水)는 쌍방으로부터 이를 청구해야 한다.

제6조 전조(前條)의 경우에 그 집의 분수(分水)를 정지하고 다시 옮겨간 가옥에 청구하는 자는 그 장소에 따라 금 50전 보다 적게 해서는 안 되고 1원을 넘지 않는 비용금을 수납해야 한다.

제7조 분수청구자(分水請求者)가 귀국 혹은 사고 때문에 분수(分水) 정지를 요청하는 경우, 그것을 허락한다고 하더라도 주금(株金)은 그 후 다시 청구자의 이름에 의해 환부해야 한다. 단, 귀국하는 자는 대리인을 내세워 그 대리인에게 반환해야 한다.

이상은 그 개요를 제시했을 뿐 막상 실시하면 임시조목을 추가하는 경우도 있을 것이다.

---

100) 이 항목은 메이지(明治)시대의 전형적인 고투 문장에 서신의 왕복 내용이 축약되어 있어 본문을 이해하는데 어려움이 따른다. 본문의 이해를 돕기 위해 정리하면 수도(水道)사업과 관련하여 총대(總代) 아비루 모리스케(阿比留護助)와 월번(月番) 시바다 토쿠조(柴田德三) 사이에는 여러 번의 의견 교환이 있었던 것으로 짐작된다. 그 중에서 총대(總代)로부터 1882년 11월 1일자의 서신을 받았던 월번(月番) 시바다 토쿠조(柴田德三)가 자신이 수신했던 내용을 여러 관련자들에게 알려주기 위해 각가분수가규칙(各家分水假規則)을 첨부해서 여러 사람들에게 통지한 것이다. 제목으로 표기된 '부산수도(釜山水道)의 기원(起源)[장수통(長手通)의 변천 (Ⅰ) 참조]'에서 '장수통(長手通)의 변천 (Ⅰ) 참조]'는 앞 항목에서 보았던 '장수통(長手通)의 변천'의 오기(誤記)로 판단된다.

101) 메이지(明治) 15년은 1882년에 해당한다.

장수통(長手通)의 변천(變遷) Ⅱ | ① | ② | ① 1907년 장수통(長手通)_ [신부산대관]
② 1934년 장수통(長手通)_ [신부산대관]

대청정(大廳町)거리의 변천(變遷)

연보(延寶) 연간[102] 왜관이 현재의 부산으로 이관하자 조선은 일본측 사절의 향연장(饗宴場)으로서 현재의 제1소학교[103] 소재지에 연대청(宴大廳)을 설치하였다. 현재 후쿠다(福田)별장[104] 입구 왼쪽의 붉은 문(赤門)은 당시의 건물 일부이다. 대청정의 명칭은 연대청에서 유래한다. 대청정(大廳町) 길은 화관(和館)의 북측 경계를 따라서 형성된 것이다. 사진 중의 현재 요정 개화(開花) 부근에 있는 노송(老松)은 이관(移館)[105] 이후 관(館)의 안팎을 구분하는 담장의 안쪽에 심어진 것으로 일부 남아 있는 것이다. 최근까지 [1897년경의 사진 참조] 부평정(富平町)과 서정(西町)의 경계지점에도 하늘을 덮을 정도로 노송이 울창하였으나 사람사는 집의 증가와 함께 점점 채벌되거나 혹은 말라 죽어서 현재는 그 편영(片影)을 알기가 어렵다. 본정(本町) 거리로부터 부평정(富平町) 거리까지를 구분하여 옛날을 생각하면 개항 후 50년 동안의 발전이 현저한 것에 놀란다. 사진을 통해 당시를 생각할 수 있을 뿐이다.

1967년 대청로

1960년대 후반 대청로 확장공사

2009년 대청로 부산근대역사관 앞

102) 연보(延寶) 연간은 1673년~1680년이다.
103) 부산광역시 중구 대청동의 현재 광일초등학교 자리에 있었던 학교이다. 본책 부산제1공립심상소학교(釜山第一公立尋常小學校) 항목 참조.
104) 본책 주(註) 57 참조.
105) 1678년 두모포왜관(豆毛浦倭館)에서 초량왜관(草梁倭館)으로 이전한 것을 의미한다.

대청로(大廳路)의 변천(變遷)

①	②
③	④

① 1897년 대청로(大廳路)_ [신부산대관]
② 1912년 대청로(大廳路)_ [신부산대관]
③ 1926년 대청로(大廳路)_ [부산대관]
④ 1934년 대청로(大廳路)_ [신부산대관]

옛날 부산의 이곳저곳

　　본 항에 수록한 모든 사진은 1897년 전후에 촬영한 것으로 옛날의 상황을 알기에 족하다. 서정(西町) 방면은 후쿠다(福田)별장에서 남빈(南濱)을 내려다 본 것으로 정면 오른쪽 방향의 송림은 현재 토수통(土手通) 동쪽에 해당한다. 동쪽의 거리는 카지야쵸(鍛冶屋町)[106]이다. 다시 더 동쪽의 거리는 오케야쵸(桶屋町)로[107] 불렀다고 한다. 본정(本町) 부근은 아직 대창정(大倉町)을 매립하기 전으로 옛날의 무역중심가이다. 중앙의 백색 2층 건물은 제일은행지점이[108] 된다. 초량(草梁)부근은 매립전의 해안 및 현 영주정(瀛州町) 부근을 촬영한 것으로 정면 왼쪽의 조선식 건물은 감리아문(監理衙門)이다. 현재 부산공립보통학교가[109] 있는 곳이다. 부평동(富平洞)은 현재의 부평정(富坪町)이다. 옛날 조선인 가옥이 대단히 많이 흩어져 있는 상황을 알 수 있다.

　　지금 부산의 초대 영사(領事) 곤도 마스키(近藤眞鋤)의 부산잡영(釜山雜詠)을 부기(附記)하여 옛날의 부산을 알도록 하겠다.[눌헌유고(訥軒遺稿)에서]

　　　　　　부산잡영(釜山雜詠)

온 언덕의 푸른빛이 굽은 만을 다하고, 소나무 둥거리에 기대니 하루가 일 년 같다
(一堆翠滴曲灣邊　來倚松根日似年)
상인을 불러 고향에 서신을 전하려 하나, 안개와 물길이 석양녘의 배를 막아섰네[당시는 우편선이 없었다]
(欲喚賈人寄鄕信　烟派已隔夕陽船[時未有郵船])

주렴 앞의 천마봉[110] 그 기세 아득하고, 바람이 운무를 걷어가니 사방이 열리네
(簾前天馬勢崔嵬　風捲雲烟面面開)
십리 장강에 달빛이 가득하니, 밝은 빛이 영가대에 쏟아진다[영가대는 부산진(釜山鎭) 밖에 있다]
(十里長江痕月　淸光多在永嘉臺[臺在釜山鎭門外])

돛대가 항구에 가득하니 특별한 공(功)을 알겠으나, 늦가을 쓸쓸한 나무 고관(古館)의 풍경이라[111]
(帆檣滿港認奇功　暮樹秋悲古館風)
일엽편주 조수에 사람은 돌아가지 못하고, 깨어진 비석만 흰 구름 속에 묻혀 있네
(一葦海潮人不返　斷碑埋在白雲中)

106) 카지야(鍛冶屋)는 대장간 혹은 대장장이를 뜻한다.
107) 오케야(桶屋)는 술이나 간장을 넣어 두는 원통형의 나무통(樽)이나, 돌 혹은 나무로 우물 주위의 울타리를 만들거나 수리, 판매하는 집을 뜻하기도 하고 또 그것을 만드는 장인(匠人)을 지칭하기도 한다.
108) 부산광역시 중구 동광동 2가에 위치한 현재 하나은행 자리이다.
109) 현재 부산광역시 중구 영주1동에 위치한 봉래초등학교의 전신으로 위치 또한 그대로이다.
110) 부산광역시 서구 남부민동의 뒷산인 천마산을 지칭하는 것이 아닌가 싶다.
111) 부산 초대 영사(領事) 곤도 마스키(近藤眞鋤)가 과거 두모포왜관(豆毛浦倭館)이 있었던 고관(古館)을 둘러보고 두모포(豆毛浦)에서 초량(草梁)으로 왜관을 이전하기 위해 노력했던 즈에효고노스게(津江兵庫之介)의 공(功)과 쓸쓸한 고관(古館)의 풍경을 읊은 듯하다.

1897년경 부산(釜山)의 모습

①	②	③
	④	

① 부평동(富坪洞) 방면(方面)_ [신부산대관]
② 본정(本町, 현 중앙동 일대) 방면(方面)_ [신부산대관]
③ 서정(西町, 현 국제시장 일대) 방면(方面)_ [신부산대관]
④ 영주동(瀛州洞), 초량(草梁) 방면(方面)_ [신부산대관]

부산의 발전에 공헌한 역대(歷代) 관인(官人)

오늘날 부산 발전을 보게 된 것은 오로지 시대의 진운(進運)과 국위발양(國威發揚)에 의한 것이다. 그러나 과거 관민(官民) 여러분의 공적이 있었음을 또한 잊어서는 안 된다. 이에 부산에 직접적인 관계가 있었던 근대의 관계(官界) 인물을 기술해서 기억을 새롭게 하고자 한다. 메이지유신(明治維新) 이후 우리가 관헌(官憲)을 조선에 설치한 것은, 1872년 8월 외무대신 하나부사 요시모토(花房義質), 외무소기(外務少記) 모리야마 시게루(森山茂) 등을 파견한 것이 시초이다. 당시는 아직 수호조약이 체결되지 않아서 정식 외교 개시를 위해 각별히 모리야마 시게루(森山茂)가[112] 처음에는 외무소기로서, 뒤에는 이사관(理事官)으로 여러 번 일본과 조선 사이를 왕래하면서 중앙정부를 설득하거나 혹은 조선측과 절충을 거듭하는 등 수호(修好)를 위해 노력한 결과 마침내 강화도사건을 계기로 수호조약의 체결을 보게 되었다. 이에 정부는 관리청(管理廳)을 두게 되었으며 1880년에는 관리청을 폐지하고 영사관(領事館)을 설치하였다. 이후 다시 1902년 이사청관제(理事廳官制)의 발포와 함께 영사관을 폐지하였다. 그리고 1910년 8월 일한병합(日韓倂合)과 동시에 이사청을 폐지하고 부청(府廳)을 두었다. 현재의 부제(府制) 실시 이전의 역대관인을 보면 다음과 같다.

직 책	성 명	발 령
관리관(管理官)	곤도 신스케(近藤眞鋤)	1876년
	야마노조 스케나가(山之城祐長)	1878년
	소에다 세츠(副田節)	1878년
	마에다 켄키치(前田獻吉)	1879년
영사(領事)	곤도 신스케(近藤眞鋤)	1880년
	소에다 세츠(副田節)	1882년
	마에다 켄키치(前田獻吉)	1882년
	무로다 요시아야(室田義文)	1887년
	다츠다 카쿠(立田革)	1890년
	무로다 요시아야(室田義文)	1892년
	가토 마스오(加藤增雄)	1895년
	아키즈키 사츠오(秋月左都夫)	1896년
	이주인 히코키치(伊集院彦吉)	1896년
	노세 다츠고로(能勢辰五郎)	1899년
	시데하라 기주로(幣原喜重郎)	1901년
	아리요시 아키라(有吉明)	1905년 11월~12월
이사관(理事官)	아리요시 아키라(有吉明)	1905년
	마쓰이 시게루(松井茂)	1906년~1907년 9월
	카메야마 리헤이타(龜山理平太)	1907년 9월~1910년 8월

부윤(府尹) 와가마쯔 우사부로(若松兎三郎)는[113] 교토(京都) 상경구(上京區) 어행정(御幸町)에서 1869년 1월 17일 태어났다. 1886년 도지샤(同志社)대학을 졸업하고 1893년 7월 데이다이(帝大)[114] 법학(法學) 정치학과(政治學科)에 입학하였다. 1896년 2월 외교관과 영사관시험에 합격[법과대학 퇴학]한 후 1896년 3월 영사관보(領事官補)[경성, 뉴욕 근무], 1899년 10월 영사[항저우(杭州), 사스(沙市),[115] 목포 근무], 1906년 목포이사관[원산, 평양], 1910년 10월 조선총독부 부윤으로 취임[부산 근무]하였다. 1919년 5월 30일 사임하고 인천미두취인소(仁川米豆取引所)[116] 사장으로 취임하여 오늘에 이른다.

혼다 쯔네키치(本田常吉)는 시네마현(島根縣) 파천군(簸川郡) 오축촌(杵築村)에서 1874년 12월 6일 태어났다. 1896년 재판소서기 등용시험에 합격하고 1898년 사립도쿄(私立東京)법학원 방어과(邦語科)를 졸업하였다. 그해 12월 문관고등시험 및 변호사시험에 합격해 도쿄부속(東京府屬)을 거쳐 1902년 10월 청한(淸韓) 양국에 파견되었다. 1906년 11월 인천이사청 부이사관(副理事官)이 되고, 영변지청(寧邊支廳)을 거쳐 1907년 8월 평북 관찰도사무관, 1908년 학부서기관, 1910년 8월 조선총독부 부윤이 되었다. 진남포와 평양의 부윤을 지냈으며 1919년 6월 부산부윤(釜山府尹)으로 부임하였다. 1923년 3월까지 근무하다가 총독부 사무관이 되었으나 용퇴하고 향리로 돌아가 출운정(出雲町) 정장(町長)의 직책을 맡고 있다.

고니시 쿄스케(小西恭介)는 교토부(京都府) 여사군(與謝郡) 궁진정(宮津町) 자궁본(字宮本) 149에서 1885년 9월 10일 태어났다. 1910년 7월 도쿄제국(東京帝國)대학 독법과(獨法科)를 졸업하고 곧바로 타이완(臺灣)총독부 전매국서기가 되었다. 1910년 11월 고등문관시험에 합격하고 1913년 9월 구주(歐洲) 각국의 출장을 명령받았다. 1914년 10월 귀국하여 타이완(臺灣)총독부 세무사무관과 전매국사무관을 거쳐 1918년 7월 동(同) 토목부서무과장이 되었다. 1921년 10월 휴직하고 1923년 3월 조선총독부 부윤으로 부산 근무를 명령받았다. 재임 2년 6개월 뒤인 1925년 9월 조선총독부 도사무관으로 강원도 내무부장을 명령받아 현재 그 직책에 있다.

112) 원문에는 '森山英'으로 잘못 표기되어 있다.
113) 『釜山大觀』의 와가 우사부로(若兎三郎)의 오기(誤記)를 바로 잡았다.
114) 일본에서 데이고쿠(帝國)대학은 1886년 공포된 제국대학령(帝國大學令)에 의해서 설립된 대학을 말한다. 1872년 학제공포(學制公布)와 이듬해 1873년 학제시행에 따라 대학(大學)이 구분되고 도쿄(東京)대학이 1886년 설립되면서 제국대학은 곧 도쿄(東京)대학을 지칭하는 것이 되었다. 그러나 1897년 교토(京都)제국대학이 생기면서 제국대학은 대학군(大學群)의 총칭이 되었다. 일본이 패전하기 전까지 제국대학은 일본에 도쿄(東京)제국대학, 교토(京都)제국대학, 도후쿠(東北)제국대학, 큐슈(九州)제국대학, 홋카이도(北海道)제국대학, 오사카(大阪)제국대학, 나고야(名古屋)제국대학 등 7개교와 식민지 조선의 경성제국대학, 타이완(臺灣)의 타이베이(臺北)제국대학 등 2개교가 설립되었다. 따라서 본문의 데이다이(帝大)는 시기적으로 볼 때 도쿄(東京)제국대학을 지칭한다.
115) 사스(沙市)는 중국 후베이성(湖北省)에 있는 하항(河港)도시로 1949년 중화인민공화국 수립 이후 면사와 면직물의 생산지로 유명하다.
116) 취인(取引)은 '거래(去來)'를 의미하는 일본식 표기이다. 현재의 표현대로 한다면 '인천미두거래소'라고 해야 할 것이다. 그러나 고유명사로 사용되었기 때문에 본책에서는 원문 그대로 표기하였다. 이하 본책에서는 고유명사를 제외하고 거래를 뜻하는 일반명사로서 사용된 취인(取引)의 경우는 '거래'로 번역하였다.

옛 부산시가(釜山市街) 모습

① 1926년 부산 서부 전경(釜山 西部 全景)_ [부산대관]
② 1926년 수정동(水晶洞) 방면(方面)_ [부산대관]
③ 1926년 부산시가 전경(釜山市街 全景)_ [부산대관]
④ 1926년 대청로(大廳路)_ [부산대관]

부제(府制) 실시 이전의
역대(歷代) 관인(官人)

	②	③	④
①	⑤	⑥	⑦
	⑧ ⑨ ⑩ ⑪ ⑫ ⑬ ⑭		

① 부산영사관(釜山領事館)
② 외무대신 하나부사 요시모토(花房義質)
③ 외무소기(外務少記) 모리야마 시게루(森山茂)
④ 1대 관리관(管理官), 1대 영사(領事) 곤도 마스키(近藤眞鋤)
⑤ 4대 관리관(管理官), 3대 영사(領事) 마에다 켄키치(前田獻吉)
⑥ 4대, 6대 영사(領事) 무로다 요시아야(室田義文) ⑦ 7대 영사(領事) 가토 마스오(加藤增雄)
⑧ 11대 영사(領事) 시데하라 기주로(幣原喜重郎)
⑨ 12대 영사(領事), 1대 이사관(理事官) 아리요시 아키라(有吉明)
⑩ 2대 이사관(理事官) 마쯔이 시게루(松井茂)
⑪ 3대 이사관(理事官) 카메야마 리헤이타(龜山理平太)_[신부산대관]
⑫ 8대 영사(領事) 아키즈키 사즈오(秋月左都夫) ⑬ 9대 영사(領事) 이주인 히코키치(伊集院彦吉)
⑭ 10대 영사(領事) 노세 다츠고로(能勢辰五郎)

부산거류민단(釜山居留民團)

　　부산거류민단은 1873년 보장두취(保長頭取)를 두고서 관청과 인민 사이의 사무를 취급한 것이 그 시초이다. 1881년 거류지제도의 발포(發布)와 함께 거류지회의원(居留地會議員)을 두는 한편, 보장두취를 고쳐 거류지도대(居留地道代)로 하고 총대역소(總代役所)를 두어 단체사무를 관장하였다. 1902년 총대역소를 다시 거류지역소(居留地役所)로 바꾸고 총대를 민장(民長)으로 고쳤다. 1905년 거류지역소를 또다시 거류민역소(居留民役所)로 개칭하였다. 그 후 거류민단법이 시행되면서 1906년 8월 거류민단을 설치하고 그 구역을 확정해서 완전히 자치단체로 하였다.

　　1914년 1월 부제(府制)의 시행과 함께 그 사무를 부산부(釜山府)에서 계승하였다. 역대 간부는 다음과 같다.

용번(用番)[117]	재위 년도 [1873~1877]
훈노 부시치(豊武七)	1873년
아비루 히사하루(阿比留久治)	1873년
사쿠라이 카쿠베에(櫻井覺兵衛)	1873년
미쯔이 젠우에몬(三井善右衛門)	1873년
우라세토 사에몬(浦瀨佐兵衛)	1874년
사이토 지로사쿠(齋藤治郎作)	1874년
사쿠라이 카쿠베에(櫻井覺兵衛)	1874년
카케하시 요우스케(梯要助)	1874년
타케무라 젠쿠로(竹村善九郎)	1874년
다카키 마사타로(高木政太郎)	1874년
노다 세이사부로(野田淸三郎)	1874년
사이토 만지로(齋藤萬次郎)	1874년
보장두취(保長頭取)	**재위 년도**
아오야마 시케지로(靑山繁治郎)	1877년 [1877~1878]
킷부쿠 키하치로(吉副喜八郎)	1878년 [1878~1879]

총대(總代)	재위 년도
카와부치 마사모토(川淵正幹)[118]	1880년
아비루 모리스케(阿比留護助)	1880년 [1880~1893]
카나이 토시유키(金井俊行)	1894년 [1894~1896]
사하라 쥰이치(佐原純一)	1896년
오타 슈지로(太田秀次郎)	1899년
거류민장(居留民長)	**재위 년도**
오타 슈지로(太田秀次郎)	1901년
이시하라 한우에몬(石原半右衛門)	1901년 [1901~1906]
쿠리야 단이치(栗谷端一)	1906년
거류민단장(居留民團長)	**재위 년도**
시마다 키(島田歸)	1909년[119]
오이케 츄스케(大池忠助)	1913년

117) 요우반(用番)은 에도막부(江戶幕府)시대 노쥬(老中) 혹은 와카토시요리(若年寄)가 매월 한 사람씩 교대로 정무(政務)를 본 것을 말한다. 참고로 노쥬는 정이대장군(征夷大將軍)에 직속하여 전국의 국정을 통괄한 상설 직명이다. 여기에 반해 와카토시요리는 쇼군가(將軍家)의 가정(家政)을 담당한 직명이다.
118) 『釜山大觀』에는 카와부치 마사모토(川淵正幹)의 인명 자체가 빠져 있다.
119) 『釜山大觀』에서는 시마다 키(島田歸)의 재위연도가 빠져 있다.

부산거류민단
(釜山居留民團)

①②③ ① 거류인민총대(居留人民總代) 카나이 토시유키(金井俊行) ② 거류민장(居留民長) 오타 슈지로(太田秀次郎)
③ 거류민장(居留民長) 이시하라 한우에몬(石原半右衛門) ④ 거류민장(居留民長) 쿠리야 단이치(栗谷端一)
④⑤⑥ ⑤ 거류민단장(居留民團長) 시마다 키(島田歸) ⑥ 거류민단장(居留民團長) 오이케 츄스케(大池忠助)_ [신부산대관]

거류민회의원(居留民會議員)의[120] 사진은 타바타(田端)[121] 집안의 소장본이다. 1913년 2월 촬영한 것으로 민단 최후의 의원들이라고 하겠다. 전열(前列) 오른쪽부터 우에마쯔(植松), 야마나까(山中)[122], 사카모토(阪本), 쿠보다(窪田)[123], 이와자키(岩崎), 하자마(迫間)[124], 야스다케(安武)[125], 다나카(田中), 코치야마(河內山), 오카(岡)[126], 미야케(三輪), 타치바나(立花), 오이케(大池)[127], 타바다(田端). 후열(後列) 오른쪽부터 마쯔마에(松前), 고도(五島), 사카다(坂田)[128], 후쿠다(福田)[129], 하기노(萩野)[130], 이타니(井谷)[131], 미츠후지(光藤), 카시이(香椎)[132], 마쯔모토(松本)[133], 쯔쯔미(堤)[134], 시마다(島田)[135], 니시무라(西村)[136], 다나카(田中), 후나코시(舟越), 오노(小野).

120) 원문의 민류민회의원(民留民會議員)의 오기(誤記)를 바로 잡았다.
121) 부산신용조합장을 지낸 타바타 쇼헤이(田端正平)를 말한다. 본책 부산신용조합(釜山信用組合) 항목 참조.
122) 조선수산수출주식회사 사장을 지낸 야마나까 요시타로(山中芳太郎)를 지칭한다. 본책 조선수산수출주식회사(朝鮮水産輸出株式會社) 항목 참조.
123) 변호사 출신으로 부산거류민단장과 부산부협의회 의원을 지낸 쿠보다 고로(窪田梧樓)를 말한다. 본책 쿠보다 고로(窪田梧樓) 항목 참조.
124) 부산을 대표하는 재벌 하자마 후사타로(迫間房太郎)를 지칭한다. 본책 조선가스전기주식회사(朝鮮瓦斯電氣株式會社) 항목 등을 참조.
125) 부산변호사회 회장을 지낸 야스다케 치요키치(安武千代吉)이다. 본책 야스다케 치요키치(安武千代吉) 항목 참조.
126) 오카 카메타로(岡龜太郎)로 판단된다. 본책 마쯔야여관(松屋旅館) 항목 참조
127) 오이케 츄스케(大池忠助)는 본책 주(註) 78 참조.
128) 거류민단회 의원, 부산부협의회원, 부산곡물상조합 부조합장 등을 지낸 사카다 분키치(坂田文吉)를 지칭한다. 본책 사카다 분키치(坂田文吉) 항목 참조.
129) 후쿠다 마스효에(福田增兵衛)를 뜻한다. 본책 주(註) 57 및 후쿠다양조장(福田釀造場) 항목 참조.
130) 하기노 야자에몬(萩野彌左衛門)을 지칭한다. 본책 주식회사 부산상업은행(釜山商業銀行), 합자회사 하기노상점(萩野商店), 주식회사 부산상선조(釜山商船組) 항목 등을 참조.
131) 이타니 기사부로(井谷義三郎)는 본책 부산부회의원(釜山府會議員), 부산상공회의소(釜山商工會議所), 부산미곡취인소(釜山米穀取引所) 항목 등을 참조.
132) 카시이 겐타로(香椎源太郎)는 본책 카시이 겐타로(香椎源太郎) 항목 참조.
133) 마쯔모토 타메이치(松本爲市)로 판단된다. 본책 부산해산상조합(釜山海産商組合) 항목 참조
134) 쯔쯔미 사다유키(堤貞之)로 판단된다. 본책 부산상공회의소(釜山商工會議所), 부산상업회의소 평의원(評議員) 항목 참조.
135) 1909년 거류민단장을 역임한 시마다 키(島田歸)를 지칭한다. 본책 부산거류민단(釜山居留民團) 항목 참조
136) 범선(帆船) 도매상을 운영했던 니시무라 덴베에(西村傳兵衛)로 판단된다. 본책 시대별(時代別) 중심인물(中心人物)[1] 항목 참조.

부산거류민단
(釜山居留民團)

① ②

① 부산거류민단역소(釜山居留民團役所)
② 부산거류민회(釜山居留民會) 마지막 회의(會議)_ [신부산대관]

시대별(時代別) 중심인물(中心人物) [1]

1887년경의 민간유력자[사진은 후쿠다(福田) 집안 소장]

△ 전열(前列) 왼쪽부터 후쿠다 마스효에(福田增兵衛)[무역], 토키 타케시(土岐償)[제1은행 지점장], 이소야마 운페이(磯山運平)[수산회사 지배인], 카이에다 헤이스케(海江田平助)[옥양목도매업]

△ 중열(中列) 왼쪽부터 미야하라 츄고로(宮原忠五郎)[잡화상], 나카네 타케시(中根猛)[무역상], 하자마 후사타로(迫間房太郎)[잡화상], 우에노 에이치(上野永治)[오쿠라쿠미(大倉組) 지점장], 오하시 아와(大橋淡)[일본우선(日本郵船) 지점장, 상업회의소(商業會議所) 회두(會頭)], 다미야 산노스케(田宮三之助)[스미토모(住友) 지배인], 카메타니 아이스케(龜谷愛介)[곡물, 옥양목상], 불명(不明), 고쿠부 사토시(國分哲)[상업회의소 서기장]

△ 후열(後列) 왼쪽부터 단뽀 사키치(田浦佐吉)[면사포상], 시바타 쥬베에(柴田重兵衛)[해업(海業)도매상], 타카세 마사타로(高瀨政太郎)[면사포상], 씨명불상(氏名不詳)[18은행 지점장], 오이케 츄스케(大池忠助)[무역회조업(貿易回漕業)[137]], 마쯔오 모토노스케(松尾元之助)[무역상], 호케 사다하치(保家貞八)[무역상], 타케쯔루(竹鶴)[잡화상], 니시무라 덴베에(西村傳兵衛)[범선(帆船)도매상]

청일전쟁 무렵 민간유력자[사진은 테지마(手島) 집안 소장]

△ 전열(前列) 왼쪽부터 일곱 번째 가토 마스오(加藤增雄)[1등 영사], 열두 번째 카나이 토시유키(金井俊行)[거류민 총대]

△ 중열(中列) 왼쪽부터 사카다 요이치(坂田與市), 키타무라 카츠조(北村勝藏), 히노 야조(日野彌造), 사이토 코조(齋藤孝藏), 오이케 츄스케(大池忠助), 단뽀 사키치(田浦佐吉), 타카세 마사타로(高瀨政太郎), 토키 타케시(土岐償)[거류지회 부의장, 상업회의소 회두(會頭)], 하자마 후사타로(迫間房太郎), 미야모토 우스모노(宮本羅), 야마모토 쥰이치(山本純一), 오다 키지로(小田喜次郎)

△ 후열(後列) 왼쪽부터 코토 쇼이치로(古藤昇一郎), 요시오카 히코이치(吉岡彦一), 이시하라 시게키(石原重毅), 나카무라 세이시치(中村淸七), 미키 쿠메지(三木久米治), 도죠 사부로(東條三郎), 니시무라 덴베에(西村傳兵衛), 노지마 킨바치로(野島金八郎), 우에키 키사부로(植木義三郎), 카와카미 류이치로(川上立一郎), 타카시마 키치사부로(高島吉三郎), 후쿠다 마스효에(福田增兵衛), 테지마 리쿄(手島利魚), 호케 사다하치(保家貞八), 아비루 모리스케(阿比留護助), 나카오 칸이치로(中尾勘一郎), 야바시 칸이치로(矢橋寬一郎), 우에다 죠사쿠(上田定策), 마쯔마에 사이스케(松前才助), 니시카와 쯔네스케(西川恒助)

러일전쟁 무렵 민간유력자[사진은 상공회의소 소장]

△ 전열(前列) 오른쪽부터 두 번째 쿠노우 쥬키치(久納重吉)[회의소 서기장], 야마오카 키고로(山岡義五郎)[부산세관장], 야마타 신이치(山田信一)[18은행 지점장], 아리요시 메이(有吉明)[영사], 이시하라 한우에몬(石原半右衛門)[거류민장], 타케시타 카다카시(竹下佳隆), 쿠보다 고로(窪田梧樓), 후지이 아사타로(藤井淺太郎)[민단의원]

△ 중열(中列) 오른쪽부터 세 번째 하세가와 카메타로(長谷川龜太郎)[민단의원], 하야시 토라노스케(林虎之助)[민단의원], 카와무라 모하치로(川村茂八郎)[민단의원], 토쿠토미 센키치(德富仙吉)[가스전기(瓦斯電氣) 기사장(技師長)], 아홉 번째 미즈카미 하치로(水上八郎)[의사]

△ 후열(後列) 오른쪽부터 사카다 분키치(坂田文吉)[민단의원], 세 번째 키리하타 후쿠요시(桐烟復吉)[오사카아사히(大阪朝日) 신문기자], 정기두(鄭箕斗)[138], 이시카와 신페이(石川眞平)

---

137) 회조(回漕·廻漕)는 회선운조(回船運漕)의 준말로 일종의 조운업(漕運業)에 해당한다. 에도(江戸)시대부터 관용어로 해상에서 화물을 운송하거나 취급하는 업무에 대해 회조(回漕·廻漕)의 용어를 사용하였는데 현재 일본에서는 이 용어를 사용하지 않는다.

138) 정기두(鄭箕斗, 1868~1948)는 부산 초량(草梁)에서 출생하였다. 일찍부터 가업(家業)인 물산객주업에 종사하였다. 그러나 어떤 이유에서인지 가업을 뒤로 하고 관직에 나아가 1902년 충청남도 관찰부 주사, 1906년 함경남도 도지부(道支部) 북청세무관을 역임한 뒤 다시 귀향하여 1905년 대한매축회사(大韓埋築會社) 사원을 지냈으며 1909년 부산에서 상업무역을 했던 광신사(廣信社) 중역과 1925년 부산증권주식회사 중역 등을 역임하였다. 상재(商材)가 뛰어나 하자마 후사타로(迫間房太郎)의 지배인으로 일하고 남선(南鮮)창고주식회사 운영에 참여하였다. 1921년 부산부협의원 및 학교조합의원으로 활동하였다. 1932년 창립된 부산미곡취인소의 회원 14명 중 유일한 조선인으로 감사역을 맡았다. 1935년 어대성(魚大成)에 이어 두 번째로 부산상공회의소 특별의원으로 선출되었다. 1926년 동아일보 부산지국 고문을 맡았고 초량사립학교에 재정적 지원을 하였다.

시대별(時代別) 중심인물(中心人物) I

① 1887년경의 중심인물_ [신부산대관]
② 러일전쟁 무렵의 관민(官民)_ [신부산대관]
③ 청일전쟁 무렵의 관민(官民)_ [신부산대관]

시대별(時代別) 중심인물(中心人物) [2][139]

1907년경의 부산의 중심인물

당시 일본적십자사총회 모임으로 도쿄(東京)에 갔을 때 촬영한 것으로 전열(前列) 오른쪽으로부터 고(故) 모리미츠 사타로(森岡佐太郎), 하자마 후사타로(迫間房太郎), 고(故) 호케 사다하치(保家貞八), 고(故) 후쿠다 마스효에(福田增兵衛), 이시카와 신페이(石川眞平), 고도 진키치(五島甚吉). 후열(後列) 오른쪽 세 번째부터 하세가와 카메타로(長谷川龜太郎), 이시하라 한우에몬(石原半右衛門)[민장(民長)], 오가타 카메조(小方駒藏), 오이케 츄스케(大池忠助). 사진은 후쿠다(福田) 집안에서 소장한 것이다.

아래 사진은 1908년 10월 부산번영회원 여러 명이 시모노세키(下關)를 방문하여 적문궁(赤間宮) 앞에서 촬영한 것이다. 타바다(田端) 집안의 소장본 사진이다.

---

139) 『釜山大觀』에서는 '明治 40年傾의 中心人物과 婦人會의 活動'이라는 항목으로 중심인물과 부인회 부분이 합쳐져 있다. 본책에서는 『新釜山大觀』의 편제에 맞추어 시대별(時代別) 중심인물(中心人物) [2] 항목과 부인회(婦人會)의 활동(活動) 항목으로 각각 분리 서술하였다.

시대별(時代別) 중심인물(中心人物) II

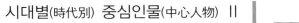

① 1907년경의 중심인물_ [신부산대관]
② 1907년경의 관민(官民)_ [신부산대관]

부인회(婦人會)의 활동(活動)

　　부산부인회(釜山婦人會)는 1893년 혹은 1894년경에 창립되어 1899년경에는 당시 영사 노세(能勢)[140] 부인 긴꼬(ぎん子) 여사를 회장으로 눈에 띄는 활약을 하였는데, 노세(能勢)가 물러난 뒤에는 중심인물이 없어 회의 활동을 보기가 어렵게 되었다. 그 후 하자마 후사타로(迫間房太郞)의 부인을 회장으로 도오(藤) 부인, 시마(島) 부인, 아사타니(淺谷) 부인, 키모토(木本) 부인 등이 위원이 되어 쇠퇴한 형세를 만회해서 옛날의 면목을 일신하고 북청사변(北淸事變)[141] 때를 비롯해 기타 각종 자선구휼사업에 의금(義金)을 모집하였다. 그리고 러일전쟁 때도 전사(戰死)군인 유족에게 조위금(弔慰金)을 보냈다.

　　1905년 애국부인회의 창설자 오쿠무라 이오코(奧村五百子)[142] 여사가 조선에 와서 부인들의 조직을 제창하였는데 그것이 애국부인회지부가 되었다. 이후 1904년 총회에서 여자교육사업을 계획하여 여학교를 창립하고 그해 10월 현재 보수정(寶水町) 직업학교[제2소학교] 뒤쪽의 땅을 빌려서 교사를 세우고 개교하였다. 그리고 이것을 성금회(成錦會)라고 하였다. 양잠과 다도(茶道), 재봉, 생화 등을 가르치고 특히 양잠에 뜻을 두어 주목할 만한 성적을 보였다. 1906년 부산고등여학교가[143] 개교하자 1907년 폐지되었는데 실로 부산에서 여자교육의 효시라고 하겠다. 양잠에 뜻을 쏟은 점은 당시 부인회의 취지와 목적을 엿보기에 충분하다. 이는 후진주부(後進主婦)의 자각을 환기시킨 하나의 자료가 될 것으로 믿는다.

　　윗 사진은 1901년 2월 동본원사별원(東本願寺別院)에서 개최된 부인회 모임의 기념촬영으로 시바타(柴田) 집안의 소장본이다. 전열(前列) 왼쪽으로부터 여섯 번째는 노세(能勢) 긴꼬(ぎん子) 부인이다.

　　아래 오른쪽 사진은 성금회(成錦會) 개교 당시의 촬영으로 부인회원 및 생도이다. 테지마(手島) 집안 소장의 사진이다. 아래 왼쪽은 1905년 자선음악회를 개최했을 때 부인회 간부가 촬영한 것으로 테지마(手島) 집안 소장본이다.

---

140) 1899년~1901년 영사를 지낸 노세 다츠고로(能勢辰五郞)를 말한다.
141) 1900년 중국에서 일어난 의화단(義和團)사건을 뜻한다.
142) 1877년 부산항에 들어와 포교활동을 했던 교토(京都)의 정토진종(淨土眞宗) 대곡파(大谷派) 동본원사(東本願寺) 승려 오쿠무라 엔신(奧村圓心)의 여동생이다.
143) 현재의 부산여자고등학교 전신이다. 본책 부산공립고등여학교(釜山公立高等女學校) 항목 참조.

부인회(婦人會)의 활동(活動)

| ① | |
| ② | ③ |

① 1901년 2월 동본원사별원(東本願寺別院)에서 개최된 부인회 모임_ [신부산대관]
② 1905년 자선음악회를 개최했을 때 부인회 간부_ [신부산대관]
③ 1904년 성금회(成錦會) 개교 당시 부인회원 및 생도_ [부산대관]

부산공립학교(釜山共立學校)

　　부산에서 일본인 교육의 시초는 1877년 5월 1일 거류민회의소[현 부청(府廳) 아래 부근]에서 1실을 교실로 충당하여 사무원 우에노 케이스케(上野敬介)를 주임으로 13명의 아동에게 독서, 산술, 습자 교육 등을 시작한 것이다. 그때는 학제 발포[144] 후 얼마 되지 않은 상황이었는데도 이국 땅에서 교육을 시작하였던 것이다. 이는 우리 거류민 선각자의 의기와 노력과 성실에 의한 것으로 탄복해 마지않는다.

　　그 후 학교의 위치는 내대청(內大廳)으로 옮기기도 하고 혹은 동본원사별원(東本願寺別院)을 빌리는 등 변천이 있었지만, 1880년 당시 영사(領事) 곤도 마스키(近藤眞鋤)의 진력에 의해 영사관사[현 서정(西町) 상공회의소의[145] 장소]를 불하받아 수제학교(修齊學校)라고 칭하고 내용을 충실히 하는 등 크게 정비함으로써 부산 교육시설의 확립을 보았다.

　　1888년 같은 장소에 교사신축의 논의를 환기시켜 그해 12월 준공을 보고, 종래의 수제학교와 1885년 동본원사부산별원에서 개교한 여아(女兒)학교를 합병해 조직을 새롭게 개편하고 부산공립(釜山共立)학교라고 불렀다.

　　사진은 부산공립학교 교사(校舍)이다. 그리고 본 교사는 1902년 현 대청정(大廳町) 제1소학교의 위치에 새롭게 교사를 건축할 때까지 사용되었다. 사진은 1895년 2월 우리나라 황군(皇軍)의 위하이(威海衛) 점령을 축하하기 위해 관민이 서로 모여 교정에서 축하식을 거행하였던 상황으로 시바타(柴田) 집안에서 소장한 것이다.

---

144) 1872년 8월 2일 메이지(明治)정부에서 행한 학제발포(學制發布)를 말한다. 일본은 학제발포를 통해 전국을 8개 대학구(大學區)로 나누고 각 구(區)에 대학을 두었다. 그리고 다시 각 대학구(大學區) 아래 32개 중학구(中學區)를 설치하고 중학구 아래 213개 소학구(小學區)를 두는 교육개혁을 단행하였다. 그 결과 1873년 소학교는 공립 8,000개, 사립 4,500개가 세워졌다. 그러나 학생수는 대부분 40~50명 정도로 사원(寺院)이나 민가를 전용하는 상황이었다.

145) 부산광역시 중구 신창동 1가 현재 THE PHO, THE PAN, THE CAFE 등의 상가가 들어서 있는 새부산타운 자리였다. 일제 때 부산상공회의소로 사용된 건물은 1980년대 초까지만 해도 부산의 예식장 중에서 제일 유명했던 새부산예식장의 건물로 사용되었으나 지금은 사라지고 없다.

부산공립학교(釜山共立學校)

부산공립학교(釜山共立學校)_ [신부산대관]

해륙연락(海陸連絡)의 변천(變遷)

    부산이 대륙교통상 매우 중요한 곳으로서 지위를 확보하게 된 것은 경부철도(京釜鐵道)의 모든 구간이 개통된 1905년 1월 이후이다. 당시 부산역은 현재의 초량역으로[146] 여객과 화물 등은 모두 초량역을 이용하였다. 일본에서 부산으로 온 여객이 배(船)에서 내려 초량역까지 가기 위해서는 본정(本町) 해안에 상륙하여 초량역까지 가야하는 불편이 있었다. 1904년 12월 부산잔교(釜山棧橋)주식회사가 설립되고 마침내 1906년 12월 잔교[소위 구잔교(舊棧橋)]가 준공되어 크고 작은 선박이 부산잔교에 계류함으로써 해륙연락상 하나의 진보를 낳았다. 그러나 일본과 조선을 왕래하는 연락객은 이전과 다름없이 초량역에서 승차해야만 했다. 그래서 여전히 불편을 감내하지 않을 수 없었다. 그런데 1906년 경부철도가 국유화되고 1908년 부산과 초량 사이의 철도공사가 완공되어 부산역의[147] 출범을 보게 되었다. 그렇지만 여전히 잔교와 철도 사이 거리상의 불편함은 사라지지 않았다. 1912년 6월 현재의 제1잔교[부산세관잔교]의 준공과 함께 그달 15일부터 관부연락선의 발착을 보게 되어 선박과 수레의 완전한 연락이 실현되면서 지나간 몇 해 동안의 불편이 비로소 사라지게 되었다.

초량역(草梁驛)
    1901년 6월 경부철도주식회사의 창립과 동시에 경성, 부산 사이의 철도부설공사가 착수되어 1904년 11월 준공을 보았다. 초량역은 당시의 출발역이다.

구잔교(舊棧橋)
    1904년 12월 부산잔교주식회사[자본금 10만 원]의 창립에 의해 설치되었다. 1905년 2월 기공, 1906년 12월 준공하였다. 길이 200미터 폭 16미터로, 준공 당시 관부연락선은 동(同) 잔교로부터 발착하였으며 그 밖의 선박도 역시 같은 형태로 일정의 요금을 지불하고 계류했다. 1916년에 이르러 철거되고 회사는 해산하였다.

착평공사(鑿平工事)
    부산 및 초량 방면의 연락, 시가지 조성의 목적 아래 1909년부터 1912년까지 4개년간의 부산거류민단 사업으로 계획되었다. 공사는 정부에 위탁하여 시행하였다. 즉 초량, 부산 사이에 우뚝 솟아 있던 영선산(營繕山)과 영사관산(領事館山)을[148] 착평(鑿平)하여 3만 490평을 매축하였다. 이로 인해 초량과 부산 사이의 철도부설 및 신잔교와 연락을 실현하게 되었다.

부산초량간(釜山草梁間) 철도연락(鐵道連絡)
    영선산(營繕山)과 영사관산(領事館山) 착평공사의 진보와 함께 부산역을 신축하고 부산과 초량 사이에 철도를 부설하여 경부선의 출발역으로 하였다. 이는 1910년 10월 31일의 일로 사진은 준공 후에 촬영한 것이다.

제1잔교(第一棧橋) 완성[신잔교(新棧橋)]
    제1잔교는 구한국(舊韓國)정부가 1906년부터 5년간 사업으로 공사비 151만여 원을 들여 세관의 이전 개축과 함께 해륙연락설비를 착공한 것이다. 1912년 6월 15일부터 만주와 조선 직통열차의 운행과 함께 신잔교(新棧橋)를 사용하기 시작하였고 연락선 역시 제1잔교에서 발착하게 되었다.

    거듭 부산축항(釜山築港) 제2기 확장공사를 통해 현재에 이른다. 제2잔교는 1911년도부터 1918년도에 이르는 부산 축항(築港) 제1기공사의 하나로 계획되어 주로 화물선의 계류에 사용하고 있다. 부산 축항 제2기공사를 통해 다수의 선박이 일시에 계류할 수 있도록 다시 확장하여 일을 하기에 매우 편리하다.

    사진은 쓰시마마루(對馬丸)가 처음 신잔교에 계류한 상황으로 1912년 6월 15일 촬영한 것이다

---

146) 현재 부산광역시 지하철 1호선의 초량역 5번 출구 정발(鄭撥)장군 동상이 있는 그 주위였다.

147) 1953년 12월 부산대화재 때 소실되어 버린 부산역을 말한다. 그 위치는 부산광역시 중구 중앙동 4가 현재의 무역협회빌딩 자리였다.

148) 영선산(營繕山)의 지명은 조선시대 초량왜관(草梁倭館)의 부속 건물들을 수리할 때, 곧 영선(營繕)할 때 이 산의 목재들을 이용했다고 하여 붙은 명칭이다. 지형상 작은 봉우리 두 개가 연결되어 있어 쌍산(雙山) 혹은 양산(兩山)이라고도 하였다. 1783년(정조 7년) 변박(卞璞)이 그린 「왜관도(倭館圖)」를 보면 그림의 동북쪽 방향에 봉우리가 두 개 붙어 있는 쌍산을 확인할 수 있다. 그런데 본문의 내용을 참고하면 원래부터 쌍산=영선산이라고 했는지 아니면 쌍산 중에서 앞의 산만 영선산이라고 했는지 확실치 않다. 어쨌든 쌍산 중에서 뒤쪽의 산은 현재 봉래초등학교에서 바다 방향으로 위치하였는데 이곳은 영국영사관이 들어설 예정지였다. 이런 연고로 앞의 산은 영선산, 뒤의 산은 영사관산(領事館山)이라고 불렀음을 알 수 있다. 결국 쌍산의 위치는 현재 중앙동 사거리에서 중부소방서를 지나 차이나타운에 못 미쳐 동구 초량동의 대한통운빌딩 부근까지의 해안선을 따라 위치해 있었다. 쌍산은 부산항에 정박한 선박과 경부선의 출발지인 초량역(현재 정발장군 동상이 있는 지하철 초량역 5번 출구 부근) 사이의 화물운송이 바로 연결되는 것을 가로막고 있었다. 이에 부산거류민단에서 영선산착평공사를 청원하여 1909년~1912년에 걸쳐 착평공사를 완성하고 4만 4,780평의 새로운 땅을 확보하였다. 이 공사를 통해 현재 중앙동 사거리 무역협회빌딩 자리에 있었던 부산역과 관부연락선이 정박했던 잔교(棧橋)시설들이 바로 연결되는 교통의 편의가 이루어졌다.

해륙연락(海陸連絡)의 변천(變遷)

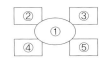

① 제1잔교(第一棧橋) 완성_ [신부산대관]
② 구잔교(舊棧橋)_ [신부산대관,]
③ 경부철도 개통 당시 초량역_ [신부산대관]
④ 부산 초량간 철도연락_ [신부산대관]
⑤ 영선산(營繕山) 착평공사_ [신부산대관]

관부연락선(關釜連絡船)의 변천(變遷)

일본항로의 연혁

1876년 일한(日韓)수호조약이 체결되자 미쓰비시(三菱)회사는 일본과 부산 사이에 기선 낭화호(浪花號)을 배치해 매월 1회 일본과 조선 사이의 우편선(郵便船) 운항을 시작하였다. 통상(通商)과 함께 발전한 일본우선(日本郵船)회사는 1885년 부산에 출장소를 두고 항로를 열었다. 한편 1890년 오사카상선(大阪商船) 역시 오사카부산선(大阪釜山線)을 개시하였다. 이후 가와자키(川崎), 키시모토(岸本), 아마가자키(尼ヶ崎), 쓰시마운수(對馬運輸), 조선우선(朝鮮郵船) 등이 일본과 조선 사이의 항로를 운항하기 시작함으로써 선박의 출입이 현저히 증가해 오늘의 성황을 보게 되었다. 현재 일본과 조선 사이의 선로(船路)에 종사하고 있는 조선우선(朝鮮郵船), 오사카(大阪)상선, 시마다니(島谷)기선, 키타큐슈(北九州)상선 등 여러 회사들은 철도성(鐵道省) 소관이다.

관부연락선(關釜連絡船)의 연혁

1905년 경부철도가 개통되자 산요(山陽)기선주식회사는 그해 9월 새로 만든 배 잇키마루(壹岐丸)[1,692톤]를 시모노세키와 부산 사이에 배치하였다. 그리고 다시 11월 6일부터 새로운 배 쓰시마마루(對馬丸)[1,691톤]를 취항시켜 일본과 조선에서 각각 출발하는 형태로 매일 운항하였다. 이것이 곧 관부연락선의 기원이다. 그런데 이듬해 1906년 11월 7일 산요(山陽)기선주식회사가 산요철도주식회사에[149] 매수됨으로 본 항로의 운영 역시 산요철도주식회사의 경영으로 넘어갔다. 한편 러일전쟁 후 철도국유화가 실시됨에 따라 1906년 12월 1일 산요철도주식회사는 철도원(鐵道院)에 매수되고 본 항로 또한 정부 경영으로 넘어갔다. 1908년 4월 1일 신의주와 부산 사이 직통열차의 개통과 더불어 그 연락의 편의를 도모하기 위해 사쓰마마루(薩摩丸)[1,939톤]를 차입해서 당일 낮 항로편을 시작으로 격일로 운항하였다.

1911년 1월에 이르러 의용함(義勇艦) 우메가카마루(梅花香丸)[3,273톤]를 차입하고 다시 사쓰마마루의 대선(代船)으로서 기선(汽船) 의용함 사쿠라마루(櫻丸)[3,204톤]를 차입하여 취항시켰다. 1911년 12월 1일부터 낮 항로를 매일 운항하는 것으로 확정해 사쓰마마루를 취항시켰다. 그리고 이듬해 조선과 만주 사이 직통열차가 개통되면서 시모노세키와 부산 사이의 연락시간을 9시 반으로 하여 화(火), 목(木), 토(土)의 3편을 급행편으로 배치하였다. 일본우선(日本郵船) 소속 고사이마루(弘濟丸)[2,625톤]를 차입해 취항시킴으로써 배의 수가 실로 6척이 되었다. 1912년 9월 23일 우메가카마루(梅花香丸)가 모지항(門司港)에서[150] 침몰함으로 1913년 1월 31일 새로운 배 코라이마루(高麗丸)[3,028톤]를 건조하여 취항시키고 사쓰마마루의 운항을 중단(解傭)하였다. 또한 그해 4월 14일 새로 만든 배 시라기마루(新羅丸)[3,032톤]가 취항함에 따라 사쿠라마루의 운항은 중단되었다. 그 뒤 사쿠라마루는 다시 1915년 5월 1일부터 취항을 하였다.

이후 1916년 6월 15일 조선철도급행열차 열차시각 개정과 함께 급행편을 폐지하고 1918년 3월 사쿠라마루의 운항을 중단하였다. 그해 4월 18일에는 하구아이마루(博愛丸)[2,630톤]를 일본우선(日本郵船)으로부터 차입해서 객선(客船)으로 취항시켰으나 1922년 3월 운항을 중단하였다. 그리고 1922년 5월 18일부터 새로운 배 게이후쿠마루(景福丸)[3,619톤]를 배치(配船)함과 동시에 잇키마루(壹岐丸)를 세이칸(靑函)연락항로로[151] 돌렸다. 그리고 1922년 10월 26일 제2 신조선(新造船) 도쿠쥬마루(德壽丸)의 준공을 보게 되어 11월 20일부터 도쿠쥬마루(德壽丸)를 취항시키고 쓰시마마루(對馬丸)의 취항을 중단하였다. 이듬해 1923년 3월에는 제3의 신조선(新造船) 쇼케이마루(昌慶丸)를 준공하고 그달 12일 쇼케이마루(昌慶丸)의 취항을 보게 되었다. 그해 4월 1일부터 운항시각을 개정하여 게이후쿠마루(景福丸), 도쿠쥬마루(德壽丸), 쇼케이마루(昌慶丸)를 각각 객선(客船)전용으로 하고 운항방법을 다음과 같이 변경하였다. 즉 총 6편으로 부산을 반환지점으로 하고 시모노세키는 아침도착 저녁출발과 저녁도착 아침출발로 하였다.[두 배의 운항 시간은 시모노세키와 부산 모두 반환지점으로 함] 코라이마루(高麗丸), 시라기마루(新羅丸) 두 배는 오로지 화물수송을 전담했기 때문에 항해시간이 현저히 단축되면서 일본과 조선, 만주의 운수교통상 일대 혁신을 보게 되었다. 그러나 여객(旅客)이 폭주하는 경우에는 2, 3등 손님을 승선시키는 것으로 정하고 다키마루(多喜丸)는 전용화물선으로 하였다. 운항은 다음과 같은 시각으로 발착(發着)하였다.

---

149) 1887년 주요 항만시설이 있는 고베(神戶)와 시모노세키(下關)를 육로로 연결할 목적에서 설립된 철도회사로 설립 이후 구간별 노선 운영과 철로의 확장을 통해 1901년 3월 애초의 목적을 달성하게 된다. 산요철도회사는 일본철도역사에서 여러 가지 철도서비스를 처음 시작한 사례들이 많다. 예를 들어 1894년 장거리 급행열차의 운행, 1898년 차내등(車內燈)의 전기화(電氣化)와 보이(Boy)의 탑승, 1899년 식당차 운영과 1900년 1등 침대차 운영, 그리고 1901년 우등열차의 운행을 비롯한 스테이션호텔 설치 등 참신한 서비스 제공에 앞장선 회사였다. 이 회사는 1906년 12월 철도국유법에 따라 국유화되면서 해산되었다.

150) 모지(門司)는 후쿠오카현(福岡縣) 키타큐슈시(北九州市) 북단에 있는 항구이다. 현재 모지(門司)와 혼슈(本州)의 시모노세키(下關)는 간몬해협을 사이에 두고 간몬바시(關門橋)로 연결되어 있다. 제2차 세계대전 이전에는 고베(神戶), 요코하마(橫浜), 오사카(大阪)에 이어 일본 4위의 무역항이었다.

151) 일본 혼슈(本州)의 아오모리(靑森)와 홋카이도(北海道)의 하코다테(函館)를 잇는 항로이다. 현재 이 구간에는 1964년 3월 착공 1985년 3월 준공한 53.85㎞(해저 23.3㎞)의 세이칸(靑函)터널이 이용되고 있다.

부산매축공사(釜山埋築工事)

① 부산매축공사(釜山埋築工事)_ [부산대관]
② 오쿠라 키하치로(大倉喜八郎)_ [부산대관]
③ 오쿠라 키하치로(大倉喜八郎) 필적(筆跡)_ [부산대관]

■ 객선(客船) 게이후쿠마루형(景福丸型)

시모노세키[下關] 출발: 오전 11시   부산(釜山) 도착: 오후 7시
                    오후 9시 30분   다음날 오전 6시 30분
부산(釜山) 출발: 오전 9시 40분   시모노세키[下關] 도착: 다음날 오후 5시 40분
                    오후 10시   다음날 오전 7시

■ 화물편(貨物便) 코라이마루형(高麗丸型)

시모노세키[下關] 출발: 오후 8시 20분   부산(釜山) 도착: 다음날 오전 9시 20분
부산(釜山) 출발: 오후 7시 30분   시모노세키[下關] 도착: 다음날 오전 8시 30분

■ 부정기(不定期) 화물선(貨物船)

이편(イ便) 시모노세키[下關] 출발: 오후 4시   부산(釜山) 도착: 다음날 오전 7시
로편(ロ便) 부산(釜山) 출발: 오후 10시 30분   시모노세키[下關] 도착: 다음날 오전 1시[152] 30분

그런데 시대는 다시 진전하여 만주국이 건국되고 우리나라와의 관계는 한층 가까워져 서로 분리될 수가 없게 됨에 따라 시모노세키와 부산 사이의 교통 등은 더욱더 증대하여 운수능력의 일대확장을 구하기에 이르렀다. 7,000톤급 연락선을[153] 새롭게 만드는 것에 대해 연구가 진행되어 그것의 실현이 멀지 않은 상황이다.

---

152) 10시의 오자(誤字)이다.

153) 1920년대 운항한 관부연락선은 대개 3,000톤급의 규모였다. 그러나 1930년대 물동량과 여객의 이동이 증가하면서 관부연락선의 규모 또한 커졌다. 그 결과 1936년 11월 '현해탄의 여왕'이라고 불렸던 7,082톤의 금강환(金剛丸)과 1937년 1월 7,080톤의 흥안환(興安丸) 등의 운항을 시작으로 1942년 7,900톤급의 천산환(天山丸), 1943년 9,700톤급의 곤륜환(崑崙丸) 등이 운행되었다. 1930년대 관부연락선의 이름들은 일본제국의 국운이 대륙으로 뻗어 나아감을 상징적으로 나타내기 위해서 중국 내륙에 위치한 흥안산맥, 천산산맥, 곤륜산맥에서 차용한 것이었다. 참고로 현재 부산과 시모노세키 사이를 운항하는 부관페리(釜關Ferry)는 1만 6,000톤급이다.

관부연락선(關釜連絡船)

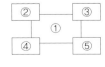

① 제1잔교(第一桟橋) 정박의 쇼케이마루(昌慶丸)_ [신부산대관]
② 옛 화물선(貨物船)_ [신부산대관]
③ 잇키마루(壹岐丸)_ [신부산대관]
④ 코라이마루(高麗丸)_ [신부산대관]
⑤ 게이후쿠마루(景福丸)_ [신부산대관]

폭풍우의 내습(來襲)

1915년 9월의 폭풍우

1915년 9월의 폭풍우는 9월 7일과 8일에 걸쳐 내습하였다. 최저기압은 731.1밀리미터(㎜)를 보였다. 풍속 초당 18.3미터(m)의 서북서풍으로 같은 시간에 폭우를 동반하여 전체 강우량 260밀리미터(㎜)를 보여 그 피해가 몹시 심하였다. 당시는 아직 동항(東港)입구의 방파제가 없었으며 시내 전 해안에 걸쳐 호안(護岸)의 파괴가 많았다. 또 남빈 연안(南濱沿岸)에서는 가옥의 붕괴와 침수 피해가 수백 채에 이르렀다.

사진은 당시 제1잔교 북쪽의 성난 파도이다.

1925년 9월의 폭풍우

1925년 9월의 폭풍우는 9월 6일부터 7일에 걸쳐 저기압이 내습하여 최저 시도(示度) 730밀리미터(㎜)를 보였고 같은 날 7일 오전 4시 최고풍속 초당 21.4미터(m)를 보였다. 1915년 9월의 폭풍에 비해 풍력이 훨씬 강해 전등이 끊기고 전화는 불통이 되었다. 연안의 전체 피해액은 심했다. 그 기록을 보면 죽은 자 1, 부상자 5, 죽은 가축 3, 상해(傷害) 가축 1, 주택 전파(全破) 가호 98호, 반파(半破) 가호 239호, 마루 위까지 침수된 가호 165호, 비주가(非住家) 전파(全破) 7호, 반파(半破) 2호, 선박 침몰 63척, 파손 54척, 도로 유실 405칸, 가옥 일부 파손 2,069호에 이르렀다. 손해 견적 금액이 30만 원에 달했다.

사진은 당시 남빈해안의 성난 파도로서 현재 요정인 방천각(芳千閣)을[154] 넘어 물방울이 장수통(長手通)까지 이르렀다. 그리고 부산측후소 개설(1904년) 이후 가장 큰 태풍은 다음과 같은 기록을 보이고 있다. 1904년 8월 20일 33미터 7(동풍), 1905년 5월 6일 28미터 02(남남서풍), 1915년 9월 8일 18미터 3(서남풍), 1925년 9월 7일 오전 4시 21미터 4(서북서풍)

---

154) 요정 방천각(芳千閣)에 대해서는 본책 요정(料亭) 미도파(美都巴) 및 방천각(芳千閣) 항목 참조.

폭풍우(暴風雨)의 내습(來襲)

①	②
	③

① 1915년 폭풍(暴風) 후의 노도(怒濤)_ [부산대관]
② 1915년 폭풍(暴風) 후의 노도(怒濤)_ [부산대관]
③ 1925년 7월 폭풍(暴風) 후의 노도(怒濤)_ [부산대관]

Ⅲ. 부산(釜山)의 현세(現勢)

부산부청(釜山府廳) I

　　소　재　부산부(釜山府) 상반정(常盤町)

　　연　혁　옛 막부(幕府)시대에 부산에 거주한 우리나라 사람의 보호에 관한 행정사무는 쓰시마번주(對馬藩主) 소오씨(宗氏)가 누대에 걸쳐 이를 맡아서 처리하였다. 그런데 1872년 8월 정부는 외무대신 하나부사 요시모토(花房義質)를 파견하여 소오씨(宗氏)의 사무를 대신하게 하였다. 이것이 우리 정부 최초의 행정이다. 이후 1874년 관리관청을 두고 관리관으로서 모리야마 시게루(森山茂)를 부산항에 주재시켜 행정사무를 보도록 하였다. 1876년 2월 일한수호조약(日韓修好條約)이[155] 성립되어 부산이 일한통상항(日韓通商港)으로 개항되자, 1880년 관리관청의 명칭을 영사관으로 하고 곤도 마스키(近藤眞鋤)를 영사로 주재케 하여 사법과 경찰의 두 가지 업무를 맡도록 하였다. 그러나 1905년 11월 일한협약(日韓協約)의[156] 성립으로 통감부를 경성에 두고 그해 12월 이사청(理事廳)관제를 정하면서 거류민에 관한 행정업무는 외무성을 떠나 통감부의 소관이 되었다. 이에 이사관에 카메야마 리헤이타(龜山理平太)가 임명되었다. 이후 1909년 10월 통감부 사법청관제(司法廳官制) 및 재판소령(裁判所令)이 정해지면서 이사청이 맡았던 사법사무가 독립되었다. 더구나 1910년 일한병합(日韓倂合)이 실시되고 그해 9월 칙령으로서 조선총독부 지방관관제를 발포함에 따라 각도에 부군(府郡)을 설치하고 부(府)에 부윤(府尹)을 두었으며 또 부산이사청(釜山理事廳)을 폐지하고 부산부(釜山府)를 설치하였다. 부윤은 구한국(舊韓國) 정부시대의 지방행정기관인 동래부(東萊府)의 사무를 계승하였다. 평양이사관인 와가마쯔 우사부로(若松兎三郞)가 새롭게 부산부(釜山府)의 부윤(府尹)으로 내임하였다. 이렇게 부산부는 경상남도에 속하면서 관리구역을 동래부 일원으로 하고 부산면(釜山面) 외 14면을 포괄하였다. 그러나 1914년 부군면(府郡面)의 폐합 및 부제(府制)의 실시와 함께 부산부(釜山府)가 동래군(東萊郡)의 일부를 관할하고 부산거류민단의 사무를 계승하였다. 부윤은 관청과 더불어 법인인 부(府)의 대표자로 되었다. 1926년도 부세입출예산(府歲入出豫算)은 임시경상부를 합쳐 226만 9,804원이다.

　　현재　부윤(府尹)　이즈미자키 사부로(泉崎三郞)는 홋카이도(北海道) 소준구(小樽區) 양덕정(量德町) 사람이다. 1881년 2월 16일 출생하였다. 1911년 7월 도교제국(東京帝國)대학 독법과(獨法科)를 졸업하고 이듬해 1912년 3월 회계검사원 서기에 임명되었으며 1914년 문관고등시험에 합격하여 1915년 8월 카가와현속(香川縣屬)이 되었다. 1917년 6월 구마모토현(熊本縣) 카미마시키군장(上益城郡長), 구마모토현 아마쿠사군장(天草郡長)을 거쳐 1923년 3월 조선총독부 도사무관(道事務官)에 임명되고 경기도 재무부장을 역임하였다. 이듬해 1924년 강원도 내무부장에 이어 1925년 9월 총독부로부터 부윤에 임명되자 부산부(釜山府)에서 근무하여 오늘에 이른다.[정6위(正六位)]

　　현재　이사관(理事官)　야마우치 츄이치(山內忠市)는 에히메현(愛媛縣) 동우화군(東宇和郡) 전지근촌(田之筋村) 사람이다. 1879년 11월 29일 출생하여 에히메현(愛媛縣)중학을 졸업하고 세무속(稅務屬)으로서 마루가메(丸龜), 히로시마(廣島)의 각 세무감독국에 근무하다가 1907년 6월 한국통감부 근무를 명령받았다. 이사청속(理事廳屬), 관찰도주사(觀察道主事), 학부주사을 거쳐 1910년 총독부속(總督府屬) 도서기(道書記), 1919년 8월 경기도 지방과장이 되었다. 1920년 도이사관(道理事官)에 임명되고 경기도 농무과장을 거쳐 1923년 3월 조선총독부로부터 군수로 임명되어 개성(開城)에서 근무하였다. 1925년 2월 총독부 부이사관(府理事官)이 되어 부산부(釜山府)에서 근무하며 오늘에 이른다.[종6위(從六位) 훈5등(勳五等)]

　　부윤은 별도로 교육단체인 부산학교조합 및 부산부학교비(釜山府學校費)를 관장하였다. 그런데 1931년 4월 부제(府制)가 개정됨에 따라 이를 특별경제(特別經濟)로 부(府)에서 계승하였다. 현재 내무, 재무, 서무의 3과를 두고 사무를 분장한다.

---

155) 본책 강화도(江華島)에서 일한수호조약체결(日韓修好條約締結) 항목 참조
156) 1905년 일본이 통감부를 설치하고 대한제국의 외교권을 박탈한 을사늑약(乙巳勒約)을 의미한다.

부산부청(釜山府廳) Ⅰ

① 부산부(釜山府) 부윤(府尹) 이즈미자키 사부로(泉崎三郎)_ [부산대관]
② 부산부(釜山府) 이사관(理事官) 야마우치 츄이치(山內忠市)_ [부산대관]
③ 1897년경 부산영사관(釜山領事館)_ [부산대관]
④ 부산부청(釜山府廳)_ [부산대관]

역대 부윤 및 현임 이사관은 다음과 같다.

제1대　와가마쯔 우사부로(若松兎三郞)[157]
　　　　　　1910년 10월 1일 취임, 1919년 5월 30일 퇴관(退官)

제2대　혼다 쯔네키치(本田常吉)
　　　　　　1919년 5월 30일 취임, 1923년 3월 5일 퇴관

제3대　고니시 쿄스게(小西恭介)
　　　　　　1923년 3월 5일 취임, 1925년 9월 10일 강원도 내무부장으로 전출

제4대　이즈미자키 사부로(泉崎三郞)
　　　　　　1925년 9월 10일 취임, 1928년 3월 30일 함경남도 내무부장으로 전출

제5대　쿠와라 이치로(桑原一郞)
　　　　　　1928년 3월 30일 취임, 1929년 11월 28일 대구부윤으로 전출

제6대　미야자키 마타지로(宮崎又治郞)
　　　　　　1929년 11월 28일 취임, 1931년 9월 23일 퇴관

제7대　오시마 요시오(大島良士)
　　　　　　1931년 9월 23일 취임, 1934년 5월 10일 경기도 내무부장으로 전출

제8대 [현임(現任)]　쯔치야 덴사쿠(土屋傳作)
　　　　　　　　　　1934년 5월 10일 취임

현임(現任) 이사관　스기야마 모이치(杉山茂一)
　　　　　　　　　　1931년 10월 30일 취임

옛 부산부청 입구_ 중구 동광동 2가 부촌갈비집이 부산부청 자리이다.

157) 원문에는 우사부로(菟三郞)의 한자(漢字)가 우사부로(菟三郞)로 잘못 기재되어 있다.

역대(歷代) 부산부윤(釜山府尹)

③	④	⑤	⑥	⑦
②				⑧
①		⑩		⑨

① 제1대 부윤 와가마쯔 우사부로(若松兎三郎)
② 제2대 부윤 혼다 쯔네키치(本田常吉)
③ 제3대 부윤 고니시 쿄스게(小西恭介)
④ 제4대 부윤 이즈미자키 사부로(泉崎三郎)
⑤ 제5대 부윤 쿠와라 이치로(桑原一郎)
⑥ 제6대 부윤 미야자키 마타지로(宮崎又治郎)
⑦ 제7대 부윤 오시마 요시오(大島良士)
⑧ 제8대 현임 부윤 쯔치야 덴사쿠(土屋傳作)
⑨ 현임 이사관 스기야마 모이치(杉山茂一)
⑩ 부산부청(釜山府廳)_ [신부산대관]

부산부회의원(釜山府會議員) - 사진의 오른쪽부터

제1열

부회의원　김준석(金準錫)[158]

부회의원　아쿠타가와 칸이치로(芥川完一郎)

부회의원　야마모토 에이키치(山本榮吉)

부회의원　사이죠 리하치(西條利八)

부　윤　　쯔치야 덴사쿠(土屋傳作)

부회의원　사카다 분키치(坂田文吉)

부회의원　야마카와 사다무(山川定)

부회의원　타케시타 류헤이(竹下隆平)

제2열

부회의원　이근용(李瑾鎔)[159]

부회의원　마쯔오카 겐타로(松岡源太郎)

부회의원　타케우치 토오루(竹內統)

부회의원　이영언(李榮彦)[160]

부회의원　오야 오토마쯔(大矢音松)

부회의원　권인수(權仁壽)[161]

부회의원　이시하라 카우(石原蕎)

제3열

부회의원　고지마 고로(五島伍郞)

이 사 관　스기야마 모이치(杉山茂一)

부회의원　타구치 아이지(田口愛治)

부회의원　신수갑(辛壽甲)[162]

부회의원　니시무라 코지로(西村浩次郞)

부회의원　나가야마 키이치(中山喜市)

제4열

서　기　　마쯔오 코헤이(松尾孝平)

부회의원　유키 키요지(由岐潔治)

부회의원　시라이시 우마타로(白石馬太郞)

부회의원　키리오카 쯔이오(桐岡槌雄)

제5열(상단)

부회의원　김장태(金璋泰)[163]

부회의원　카와지마 키시케(川島喜彙)

부회의원　나카무라 다카쯔구(中村高次)

부회의원　김영재(金永在)

부회의원　코노 레이조(河野禮藏)

부회의원　우에스기 고타로(上杉古太郞)

부회의원　야마타 소시치로(山田惣七郞)

부회의원　이타니 기사부로(井谷義三郞)

부회의원　나카지마 쯔루타로(中島鶴太郞)

부회의원　목순구(睦順九)[164]

158) 김준석(金準錫)은 1880년 부산 출생으로 1889년~1897년 부산육영학당(釜山育英學堂)과 1898년~1901년 부산항일본소학교, 그리고 1901년~1903년 도쿄세이소쿠(東京正則)중학교에서 각각 수학하였다. 1903년 4월 도쿄철도(東京鐵道)학교에 입학하고 그해 9월부터 1905년 9월까지 도쿄순천영합사(東京順天永合社) 한청어학교(韓淸語學校) 교사로 초빙(雇聘)되었다. 1906년 7월 내부(內部) 치도국(治道局) 기수(技手) 및 1909년 내부 토목국 마산출장소 기수로 활동하였다. 이 무렵 『대한흥학보(大韓興學報)』에 찬조금을 납입하기도 했다. 1910년~1915년 조선총독부 내무부 지방국 마산출장소 기수와 부산부(釜山府) 서기(書記) 등을 역임하였다. 1922년 동아일보 부산지국장과 1923년 부산실비요원(釜山實費療院)주식회사 이사로 있었으며 1924년 4월 부산학교조합 의원이 되었다. 1931년 야학교에 찬조금을 기부하고 1933년 부산부공립보통학교부형회연합회 위원을 지냈다.

159) 이근용(李瑾鎔 또는 李瑾瑢)은 1895년 서울 출생으로 경성의학전문학교를 졸업하고 1921년 부산부교육선전대회에서 연사로 강연을 하였다. 1934년 3월 부산부의원(釜山府議員) 보궐선거에 당선되고 해방 후 1954년 경남의사회(慶南醫師會) 회장과 1960년 5월 부산시장에 취임하였다.

160) 이영언(李榮彦)은 1899년 부산 출생으로 부산제2상업학교(현, 개성고등학교)를 졸업하였다. 1935년 부산체육회 부회장과 해방후 부산상공회의소 회장, 부산금융조합장, 경남석유연합회장, 대한석유협회장, 한국미유(韓國美油)주식회사 사장, 대한조선공사(현, 한진중공업) 이사 등을 역임하였다. 1950년대 자유당(自由黨) 중앙위원, 자유당 부산구(釜山區) 당위원장으로 제3대 국회의원(부산戊(釜山戊), 자유당), 상공위원회 위원장(1957.9~1958.5)과 군징발보상특별대책위원회 위원장을 지냈다. 제4대 국회의원선거(부산영도갑(釜山影島甲), 자유당)에서는 무투표로 당선되어 상공위원회 위원장(1958.6~1959.8)을 역임하였다. 1962년 자유당시절 부패선거과 관련하여 징역 3년을 선고받았으나 집행유예로 풀려났다.

161) 권인수(權仁壽)는 1892년 부산 출생으로 일제 때 동래중학교를 졸업하고 1933년 대동주조장(大同酒造場) 사장과 1935년 부산양조주식회사 감사 및 1939년 부산서부양조주식회사 사장 등을 지냈다. 해방 후 1946년~1949년 부산상공회의소 부회두와 특별의원을 역임하였다. 1949년 경남주조조합연합회 회장과 부산주조조합 이사장으로 활동하였다. 1959년 한국국자(韓國麴子)주식회사 구포분공장(龜浦分工場)과 충주분공장 및 인천분공장의 대표를 역임하였다.

162) 신수갑(辛壽甲)은 1900년 3월 경상남도 동래읍 원리(院里)에서 태어났다. 1933년 미곡매매 및 위탁업을 경영했던 합자회사 산희상회(山喜商會) 중역과 부산제3금융조합 평의원, 부산부(釜山府) 사업부(事業部) 방면(方面) 위원으로 활동하였다. 1942년 부산합동곡산(釜山合同穀産)주식회사 이사 및 1949년 조선신철(朝鮮伸鐵)공업주식회사 사장을 지냈다. 1950년 대한조선공사(현, 한진중공업) 상무이사 등을 역임하였다.

163) 김장태(金璋泰, 1886~1956)는 부산진 좌천동에서 태어나 1908년 니혼대학(日本大學) 전문부 법과를 수료하고 귀국 후 부산공립보통학교 훈도로 1년간 재직하였다. 1910년 일본 미에현(三重縣) 욧가이치시(四日市)상업학교 교원으로 전출되었다가 1913년 부산공립상업학교 교원으로 부산에 돌아왔다. 1917년~1919년 부산지방법원 마산지청 서기과 소속으로 통역을 맡았다. 1920년대 경남은행의 하동지점장, 마산지점장을 역임하였다. 1922년 5월 부산청년회에서 강연을 했으며 1929년 이후 부산부협의회 및 부산부회 의원, 1931년 조선메리야스(朝鮮メリヤス)합명회사 사장, 1933년 이후 좌천동의 부산양조와 1938년 부산양조주식회사 사장으로 활동하였다. 1935년 부산상공회의소 의원, 1941년 조선임전보국단(朝鮮臨戰報國團) 평의원, 1942년 부산부회(釜山府會) 부의장 등을 역임하였다.

164) 목순구(睦順九)는 1923년~1928년 부산지방법원 서기 및 통역생으로 활동하였으며 1932년 경남도의원선거에서 1표 차이로 낙마하였다. 1937년~1939년 대구보호감호소 촉탁보호사(囑託保護司)를 지냈고 1948년 7월 부산변호사회 초대회장을 거쳐 1952년 7월 대한변호사협회 창립 당시 부회장을 역임하였다.

부산부회의원(釜山府會議員)

부산부회의원(釜山府會議員)_ [신부산대관]

신축 부청사(府廳舍)

　　현재의 부청사(府廳舍)는 옛 영사관건물과 옛 경찰서청사, 그 밖에 산재한 건물들이 이용되고 있으나, 좁고 또 불편하여 부세(府勢)의 진운(進運)에 따르지 못하고 있다. 특히 각종 대사업들이 전개되는 상황에 비추어 볼 때 부청사(府廳舍)는 이미 견디기 어려운 상태이다. 이에 용미산 자리를 착평(鑿平)한 1,175평의 부지(敷地)에 건축비 20만 원[국비 6만 6,000원, 부비(府費) 13만 4,000원]으로 새로운 건축에 착수하게 되었다. 즉 일부 3층 건물로 철근콘크리트와 벽돌을 함께 사용한 근세 르네상스식(復興式) 건축이다. 총평수 1,017평, 지하실 23평, 1층 454평, 2층 454평, 3층 86평으로 1935년 가을 준공할 예정이다. 그림은 준공도이지만 실시설계(實施設計)의 결과 다소 변동이 있을 것이다.

신축 부립병원사(府立病院舍)

　　현재의 부립병원은 별항의 기재와 같이 1909년 무렵의 건물을 이용하고 있다. 설비가 불완전할 뿐만 아니라 상당히 노후(腐朽)한 상태이기 때문에 이것을 순치병원(順治病院)과 합병하여 신축하기로 하고 불일내 착공할 계획이다. 곡정(谷町) 1정목(丁目)에 7,190평의 부지를 구해 철근콘크리트로 조성한 목조 병원사(病院舍) 1,460평을 건축하려고 한다. 총비용은 실로 50만 원이다. 준공이 되면 각 과(科)의 설비를 완비할 뿐만 아니라 수용능력은 평상시 보통환자 100명, 전염병환자 70명으로 확장되어 부민(府民)의 보건에 도움을 주는 바 확실히 적지 않을 것이다.

부산부청사_ 1936년에서 1998년까지 사용된 부산부청사, 부산시청사 자리에는 롯데백화점 광복점이 들어서 있다.

부산부립병원_ 서구 아미동에 1936년 신축된 부산부립병원은 현재 부산대학병원 자리에 있었다.

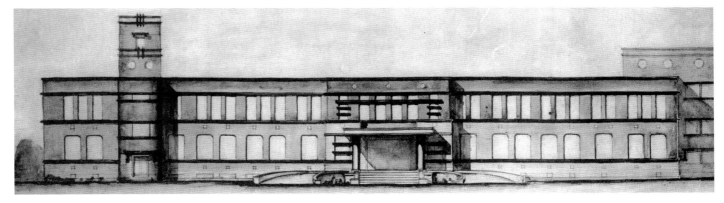

신축 부산부청사(釜山府廳舍)와
부산부립병원사(釜山府立病院舍)의 신축도(新築圖)

① 부산부청사(釜山府廳舍) 신축도(新築圖)_ [신부산대관]
② 부산부립병원(釜山府立病院) 신축도(新築圖)_ [신부산대관]

부산대교(釜山大橋)

부산본토와 목도(牧島)[165] 사이의 교통은 종래 오로지 도선(渡船)에 의존했으나, 부세(府勢)의 진전에 따라 교통의 불편을 통감하게 되어 이곳을 연결하는 교량의 가설은 오래 동안의 바람이었다. 마침내 궁민구제사업으로 교량의 실현을 보게 되었다. 공사비 70만 8,000원[도개교(跳開橋) 37만 3,513원, 고정교(固定橋) 33만 4,947원]을 투자하여 1932년 3월 기공하고 1934년 11월 준공을 보았다. 교량 전체 길이 214미터, 폭 18미터[보도(步道) 양측 각 2.7미터, 차도 12.6미터]의 탄탄대로에 차와 마차가 통과하는 장관을 드러낸다. 대교의 부산측은 도개교(跳開橋)로서 그 길이가 31.4미터이고 하루 여러 번 정해진 시간에 도개하여 선박이 통과한다. 도개의 각도는 80도이고 속도는 고속 1분 30초, 저속 4분으로 다리 이름의 글씨는 우가키(宇垣)[166] 조선총독의 휘호이다. 1934년 11월 23일 도초식(跳初式)을 거행하였는데 대교의 위용을 보기 위해 운집한 내외의 군중은 실로 6만을 초과하여 근년에 보기 드문 혼잡함을 보여주었다.

2007년 영도대교

2007년 영도대교 원경

2008년 영도대교

165) 현재의 영도(影島)를 뜻한다. 영도에는 삼국시대부터 말(馬)을 사육하는 목장이 있었다. 이곳에서 자란 말들은 한번 내달리면 말과 말의 그림자(影)가 서로 끊겨 따로 놀 정도로 빠른 속도로 달리는 명마(名馬)였다고 전한다. 여기서 절영도(絕影島)란 명칭이 유래했다. 현재 사용하고 있는 영도의 명칭은 해방 이후 생겨난 것이다. 개항 이후 일본인들은 절영도를 말을 키운 목장(牧場)이 있던 섬이란 뜻에서 마키노시마(牧島, 혹은 牧の島)로 불렀다. 지금도 영도구 동삼 중리에는 승마장이 있다. 본책에서는 마키노시마(牧島, 혹은 牧の島)를 목도(牧島)로 통일하였다.

166) 우가키 카즈시게(宇垣一成, 1868~1956)는 1927년 조선총독 임시대리를 맡은 적이 있으며, 그 뒤 제6대 조선총독으로 1931년에서 1936년까지 재임하였다. 전후(戰後) 1953년 일본 참의원을 역임하였다. 그가 쓴 '부산대교(釜山大橋)'의 글씨는 지금도 영도다리 입구 다리푯말에 새겨져 있다.

부산대교(釜山大橋)

①	②
③	④ ⑤

① 용두산(龍頭山)에서 바라 본 대교(大橋) 모습_ [신부산대관]
② 도개(跳開) 상황(狀況)_ [신부산대관]
③ 우가키(宇垣) 총독 휘호(揮毫) 교명(橋名)_ [신부산대관]
④ 개통직전(開通直前)의 부산대교(釜山大橋)_ [신부산대관]
⑤ 도개(跳開) 첫날의 성황(盛況)을 이룬 모습_ [신부산대관]

상수도(上水道)

　　부산은 원래 음용수(飮用水)가 부족했기 때문에 여러 가지 경영상 어려웠던 연혁(沿革)이 있다. 겨울에는 강우량이 적고 또 지하수의 이용이 충분치 않아 옛날 왜관시대에는 겨우 변천정(辨天町), 대청정(大廳町), 금평정(琴平町) 세 곳에 우물을 굴착하여 음용수(飮用水)로 사용해 왔다. 그러다가 개항 이후 인구의 증가에 따라 1880년 보수천(寶水川) 상류로부터 대통(竹筧)을 이용해 물을 끌어들이는 시설을 설치한 것이 수도의 기원(起源)이다고 말한다[별항 부산수도의 기원(起源) 참조]. 1886년에는 목통(木桶)을 사용하였으며 1894년 6월부터 이듬해 1895년 1월까지 공사비 2만 6,000원으로 보수천 상류에 저수지[집수제언(集水堤堰)]을 만들고 자연여과장치를 설치하였다. 그리고 대청정(大廳町) 높은 곳에 배수지를 설치해 6인치의 토관(土管)으로 송수(送水)하고 이것을 다시 거류지내 70개소 공용전(共用栓)에 철관(鐵管)으로 송수하였다. 이것이 상수설비의 시초이다. 1894년과 1895년 청일전쟁 이후 시내는 장족의 발전을 이루게 됨에 따라 상수의 부족은 크게 느껴졌다. 이에 1901년 고원견(高遠見)[167] 계곡 물에 방죽(堰)을 설치해 저수지를 만들고 배수지 및 여과지를 신설하였다. 이것이 고원견수원지(高遠見水源池)이며 제1기 확장이라고 한다.

　　고원견수원지(高遠見水源池)는 1901년 1월 기공해서 1902년 1월 준공하였다. 공사비 11만 6,000원에 저수량은 267만 2,600입방척(立方尺)이다[급수량은 인구 1만 명에 대한 90일 분][168]. 이후 다시 1923년부터 3년간 사업으로 공사비 16만 원을 들여 확장하였다. 저수량은 565만 입방척이다[인구 1만 6,600명에 대한 170일 분]

　　1904년과 1905년 러일전쟁 이후 인구가 다시 증가함에 따라 급수의 수요도 늘어나 고원견수원지를 보수하는 한편, 성지곡(聖知谷)수원지를 신설하여 1910년 9월 완성하였다. 이것을 제2기 확장이라고 한다.

성지곡수원지(聖知谷水源池)는 1908년 4월 기공해서 1910년 3월 준공하였다. 공사비 117만 원에 저수량은 1,940만 7,000입방척이다[인구 4만 5,000명에 대한 170일 분]

　　이후 제3기 확장의 필요성에 의해 1920년, 1921년, 1922년, 3년도에 걸쳐 고원견 및 성지곡수원지를 확장하였다. 그 뒤 여러 번 수량 부족을 논하게 되어 제4기 확장으로 1923년부터 1925년까지 고원견저수지의 제방을 높이고 구덕저수지를[169] 신설하였다. [현재의 상수도는 앞서 언급한 바와 같다. 부산의 인구는 현재 10만 3,000명을 헤아린다. 현재의 설비로는 공급이 부족함으로 새롭게 양산군 동래면 법리(法里)와 동래군 북면 청룡리(靑龍里)에 새로운 수원지를 확보해 1926년부터 1929년까지 3년간 사업으로 공사비 예산 250만 원을 투자하여 크게 확장할 것을 결정하고 가까운 시일에 기공할 것이다.]

　　그러나 도저히 물 수요를 만족시킬 수 없어서 마침내 제5기 확장공사로 공사비 250만 원을 들여 1926년부터 1931년까지 6년간 대확장공사를 통해 법기리(法基里)[170], 범어사(梵魚寺)[171] 및 수영강(水營江)의 각 수원지, 수정정(水晶町)배수지[172] 그 밖의 것을 완성하여 1일 25만 입방척으로 급수능력을 증가시켰다. 1942년, 1943년까지는 급수 부족의 우려가 없도록 할 예정이다. 현재 수도설비의 개요는 다음과 같다. 1933년의 급수 호수는 1만 3,318호이다.

---

167) 고원견산(高遠見山)은 '높아서 멀리 대마도까지 볼 수 있는 산'이란 의미로 일본인들이 엄광산(嚴光山)을 그렇게 불렀다.

168) 입방척은 한 자 길이의 변을 가진 입방체의 부피를 뜻한다.

169) 여기서 말하는 구덕저수지, 곧 구덕수원지는 오늘날의 구덕수원지가 아니다. 일제강점기 때 만든 구덕수원지는 현재 서구 동대신동의 동아대학교 의료원이 들어설 때 매립되어 버렸다.

170) 양산시 동면 법기리의 법기수원지로 현재도 부산의 중요 수원지로 사용하고 있다.

171) 부산광역시 금정구 청룡동의 경동아파트로 들어가는 도로 입구 왼쪽에 있는 범어사정수장과 그 위 범어사계곡에 있는 범어사수원지 조성공사를 뜻한다. 범어사정수장은 자연여과시설을 이용한 정수시설로서 현재도 사용하고 있다.

172) 부산광역시 동구 수정동 산복도로에 있는 배수지를 말한다. 2003년~2007년 사이에 완공한 수정산터널배수지와는 무관하다. 참고로 터널형태로 배수시설을 만든 수정산터널배수지의 완공으로 하루 6~12시간 밖에 물이 나오지 않던 중구, 서구, 동구, 부산진구, 사상구 등 수정산 고지대의 6만 가구 주민 17만 명이 24시간 수돗물을 사용할 수 있게 되었다.

상수도(上水道)

① 성지곡수원지(聖知谷水源池)_ [부산대관]
② 고원견수원지저수지(高遠見水源池貯水池)_ [부산대관]

수원지(水源池)	
고원견(高遠見)	부산부(釜山府) 대신정(大新町)
성지곡(聖知谷)	동래군(東萊郡) 서면(西面) 초읍리(草邑里)
법기리(法基里)	양산군(梁山郡) 동면(東面) 법기리(法基里)
범어사(梵魚寺)	동래군(東萊郡) 북면(北面) 청룡리(靑龍里)
수영강(水營江)	동래군(東萊郡) 북면(北面) 두구리(杜邱里)

침징지(沈澄池)	
성지곡(聖知谷)	1개
범어사(梵魚寺)	2개

여과지(濾過池)	
고원견(高遠見)	5개
성지곡(聖知谷)	4개
범어사(梵魚寺)	3개

정수지(淨水池)	
성지곡(聖知谷)	2개
범어사(梵魚寺)	1개

배수지(配水池)	
고원견(高遠見)	2개
복병산(伏兵山)	3개
수정정(水晶町)	2개

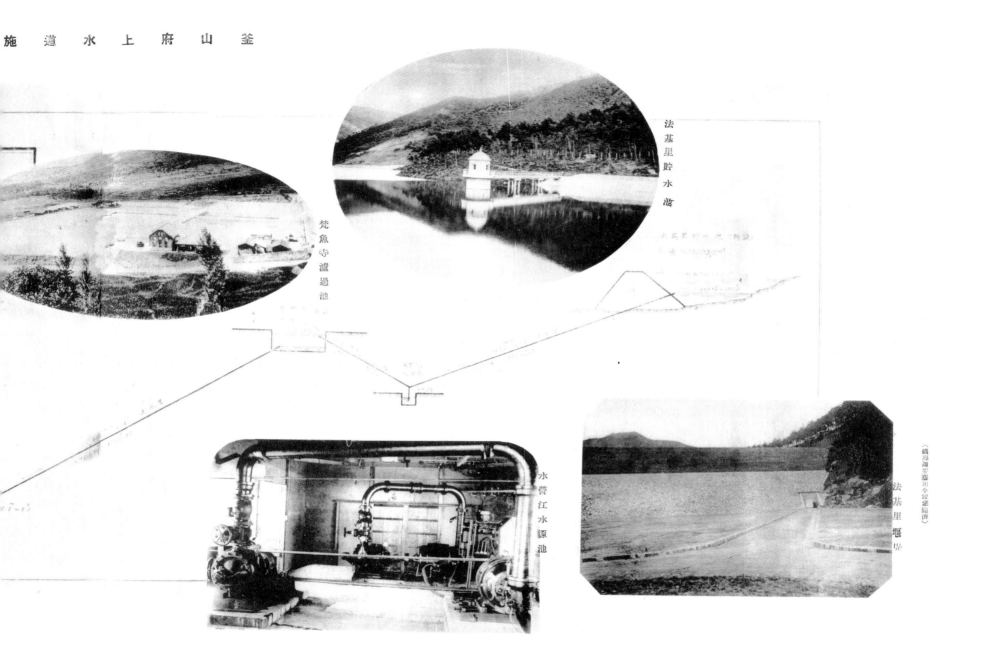

釜山府上水道施施

法基里貯水池

梵魚寺濾過池

水營江水源池

法基里堰堤

(鐵原要塞司令部認可濟)

부산부상수도시설일람(釜山府上水道施設一覽) 　 부산각수원지계통도(釜山各水源池系統圖)_ [신부산대관]

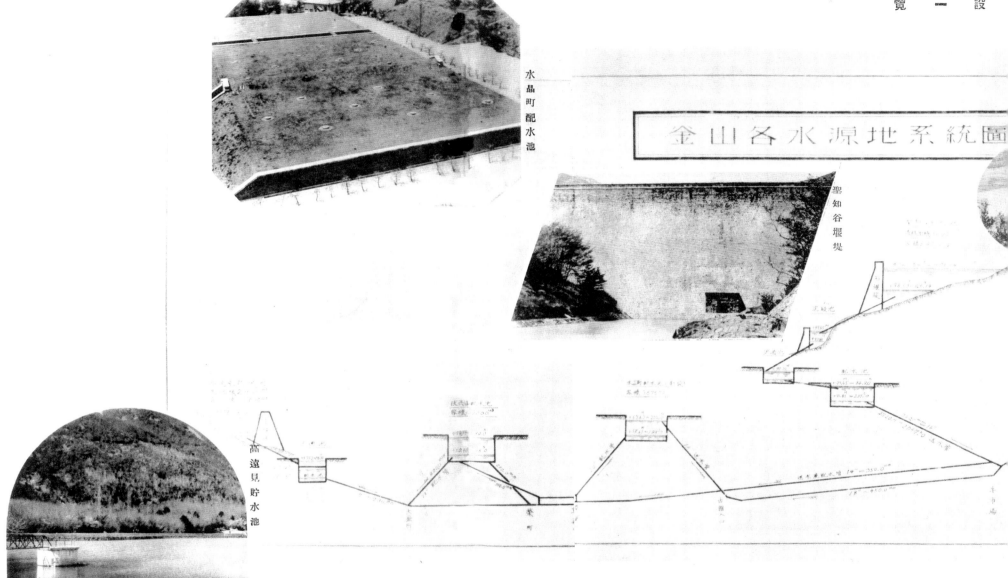

金山各水源地系統圖

水晶町配水池

聖知谷堰堤

高遠見貯水池

부산부(釜山府)의 여러 시설(諸施設)[1]

부영중앙도매시장(府營中央卸賣市場)[173]

　　부산은 큰 소비도시인 동시에 많은 화물의 집산지로서 각 화물 거래기관의 우열은 부세(府勢)의 진전에 영향을 받지 않을 수 없었다. 생어(生魚), 과일과 채소 등은 종래 사설시장에서 거래되어 여러 가지 폐해도 적지 않았다. 부(府)는 이에 도매시장을 공영화하여 긴밀한 통제 아래 산업적 혹은 사회적 효과의 증대를 도모하고 더불어 설비를 개선하여 위생적인 측면에서도 완벽을 기하게 되었다. 간선도로의 축조, 도진교(渡津橋)의 가설을 계기로 도매시장 건설에 착수하였다. 즉 옛 용미산 아래 새롭게 마련한 배 선착장에 매축지 1,900여 평을 확보하고 총공사비 13만 7,500원을 투자하여 건축에 착수하였다. 현재 공사가 진행 중이므로 올 봄에 서둘러 완공해서 시장을 사용할 예정이다.

　　도매시장 건물의 총연평은 1,853평 3합(合)이다. 본 건물은 철근콘크리트로 올렸는데 1층 603평, 2층 375평 3합(合)이며 상옥(上屋)의[174] 목조 단층집 건물이 4동(棟) 871평으로 되어 있다. 본 건물 1층은 주로 과일과 채소를, 상옥은 구분되어 주로 어류를 취급한다. 본 건물 2층은 사무소, 식당, 오락실 등으로 충당될 예정이다.

중앙도매시장_ 중구 중앙동 6가 부산대교 진입로 옆 식물검역소 자리에 있었다.

---

173) 『신부산대관』 원문에서는 '부산부(釜山府)의 여러 시설(諸施設)(其一)' 아래 별도의 항목 없이 바로 부영중앙도매시장(府營中央卸賣市場)에 대해 서술하고 있다. 본책에서는 독자의 이해를 돕기 위해 제목을 '부영중앙도매시장(府營中央卸賣市場)'으로 붙였다.

174) 우와야(上屋)는 기둥과 지붕만으로 구성된 간단한 건물로 보통 세 가지의 용도로 사용된다. 첫째 건축현장에 마련한 임시 가건물, 둘째 역(驛)이나 부두 등에서 여객 또는 화물을 비와 이슬로부터 보호하기 위해 마련한 건물, 셋째 화물을 임시로 보관하기 위해 세관 구내에 마련한 창고 등이다.

부영중앙도매시장(府營中央卸賣市場) | 부영중앙도매시장(府營中央卸賣市場)_ [신부산대관]

부산부(釜山府)의 여러 시설(諸施設)[2]

부산부(釜山府) 도로(道路)[175]

　부산부내의 주요 도로는 총길이가 거의 70리(里)에 달하고 종래에 그 대부분은 포장이 되지 않아서 나쁜 도로의 대명사로 오명(汚名)을 받았다. 부(府)는 제1기 하수공사의 완성을 계기로 총공사비 55만 원을 투입하여 1932년부터 1936년까지 5개년 사업으로 주요 도로 포장공사에 착수해 현재 공사가 계획대로 진행되고 있다. 그리고 다른 각 지선(支線)의 포장공사도 실시하고 있으므로 부내(府內) 도로의 오명(汚名)을 완전히 일소할 것이다.

　또 교통의 동맥이어야 할 간선(幹線)도로의 축조(築造)는 궁민구제사업 차원에서 공사비 29만 원을 투입해 1933년 7월 착공하였다. 즉 부산역전으로부터 북빈(北濱)해안을[176] 거쳐 남항매축지 신설도로에 이르는 도로와 거기서 분기(分岐)하여 부산대교를 끼고 목도(牧島)에 닿아 있는 간선(幹線)도로 폭 27미터, 길이 1,680미터[전부 포장] 외에 3,634미터의 지선(支線)도로에 대해서도 현재 공사가 진행 중이다. 이 공사가 1935년 3월까지 완전하게 준공되면 교통의 편익에 도움을 주는 바가 클 것이다.

중구 중앙동 한진빌딩에서 본 중앙대로

경남도청 앞 도로_ 서구 부민동 동아대 부민캠퍼스 앞

175) 원문에서는 '부산부(釜山府)의 여러 시설(諸施設)(其二)' 아래 별도의 항목 없이 바로 부산부의 도로사정에 대해서 서술하고 있다. 본책에서는 독자의 이해를 돕기 위해 제목을 '부산부(釜山府) 도로(道路)'로 붙였다.
176) 북빈(北濱)은 현재 연안부두터미널로부터 부산경남세관본부 사이의 해안을 지칭한다. 참고로 남빈(南濱)은 자갈치시장이 있는 해안가를 뜻한다.

부산부(釜山府)의 도로(道路)

① 신설(新設) 간선도로(幹線道路)_ [신부산대관]
② 도청(道廳) 앞 도로(道路)_ [신부산대관]

부산부립병원(釜山府立病院)

소　재 부산부(釜山府) 변천정(辨天町) 3정목(丁目)

1876년 해군성이 관립제생원(官立濟生院)을[177] 설치하여 일반거류민을 위한 진료를 시작하였다. 그 후 병원은 육군성의 소관으로 이관되었다. 1885년에는 병원을 거류민단[당시 거류지총대역소(居留地總代役所)]에 무상 대부하고 공립병원(共立病院)으로 불렸는데, 1914년 민단(民團)폐지와 함께 부산부(釜山府)가 이를 계승하여 오늘에 이른다. 그 사이 50여 년간 많은 변천을 거쳐 여러 차례의 증개축을 해 왔음에도 근래 건물이 낡고 오래되고, 또 매우 협소해짐에 따라 병원을 순치(順治)병원과 합병해서 새롭게 개축하게 되어 지금 공사가 진행 중이다.

현재 부지 3,097평, 건물 930평, 병실 55개, 수용력 87명으로 내과, 외과, 안과, 산부인과, 소아과, 이비인후과 등의 각 과를 두고 원장 마쯔우라(松浦) 박사 이하 각 과의 과장[전부 각 전문박사로 배치], 의원 8명, 약국장 1명, 약제원 2명, 서무과장 1명, 서기 2명, 간호부장 1명, 간호부 22명, 고원(雇員) 6명의 직원들이 원무(院務)에 종사하고 있다.

부산부립순치병원(釜山府立順治病院)

소　재 부산부(釜山府) 대신정(大新町)

1886년 콜레라가 유행할 당시 사쓰토하라(佐須土原)[현 대정(大正)공원의 위치]에[178] 피병사(避病舍)를 건설한 것이 시초이다. 1905년 다시 한번 공립병원(共立病院) 부속으로 개축되었다. 1918년 현 위치로 이전해서 개축과 더불어 현재의 명칭으로 바꾸고 오로지 전염병환자의 치료에 노력하였다. 여러 차례 병사(病舍)를 증개축하여 오늘에 이른다.

현재 부지 3,450평 8합(合), 건물 915평 7합, 병실 74개, 수용력 106명[비상시 212명]이다. 도고(東鄕) 병원장 이하 의원 1명, 서기 1명, 간호부 3명의 직원이 원무(院務)에 종사하고 있다. 이외 부립(府立)병원 각 과장에게 의무겸장(醫務兼掌)을 명하여 필요에 응하고 수시로 임상(臨床)하도록 하는 제도를 갖추었다.

부산부립병원_ 중구 광복로 로얄호텔 자리에 있었다.

177) 제생병원(濟生病院)의 정확한 설립 시기는 1877년 2월 11일이다. 개원할 당시 그 위치는 조선시대 초량왜관의 부속 건물 중 하나인 일대 관옥(一代官屋)에 자리잡았다. 현재 중구 동광동 2가 우리은행 건너편의 한일주차장 자리로 파악된다. 한국에 종두법을 보급한 지석영은 1879년 2개월 동안 제생병원에서 종두법을 실습하였다. 제생병원은 그 명칭이 공립병원(共立病院, 1885. 10)→공립병원(公立病院, 1893. 9)→부산민단립병원(釜山民團立病院, 1906. 12. 10)→부산부립병원(釜山府立病院, 1914~1945) 등으로 개칭되었다. 제생병원은 1880년 중구 광복동 2가 2번지, 현재의 로얄호텔 자리로 이전하여 1936년 현재의 서구 아미동 1가 10번지 부산대학교병원 위치로 재차 옮겨갈 때까지 56년 동안 광복동에 자리 잡고 있었다. 그리고 중구 동광동 2가에 처음 자리했던 제생병원 건물은 제생병원이 광복동 쪽으로 옮긴 뒤 일제시대 부산소방본부 건물로 사용되었다. 해방이 되고 난 뒤에는 부산소방서로 사용되었으며 1961년 5·16 직후에는 국가정보원의 전신인 중앙정보부 부속건물로 사용되기도 했다.

178) 사쓰토하라(佐須土原)와 대정(大正)공원은 본책 주(註) 52와 대정(大正)공원 항목 참조.

부산부립병원(釜山府立病院)과 부산부립순치병원(釜山府立順治病院)

① 부산부립병원(釜山府立病院)_ [부산대관]
② 부산부립병원(釜山府立病院)_ [신부산대관]
③ 부산부립순치병원(釜山府立順治病院)_ [부산대관]
④ 부산부립순치병원(釜山府立順治病院)_ [신부산대관]

부산철도병원(釜山鐵道病院)

소　재　부산부(釜山府) 초량(草梁) 역전(驛前)

　　구아(歐亞)대륙의 대현관(大玄關)인 부산 초량역 앞 높은 대(臺)에 우뚝 솟아 있는 아주 크고 훌륭한 건물이 바로 조선 남부지역 의료기관 중 최대의 권위를 자랑하는 부산철도병원이다. 본 병원의 연혁은 꽤 오래되었는데, 경부철도의 시작 때부터 있었던 의무실을 1913년부터 철도종사원 뿐만 아니라 지방의 일반 의료기관으로 사회에 봉사한다는 취지에서 병원조직으로 고치게 되었다. 이에 해마다 환자가 증가해 병원이 비좁게 느껴지게 되자 1924년 현재의 위치로 신축 이전하였다. 병원의 이상적인 설비는 조선 남부지역에서 제일이라고 평가받는다. 그리하여 내외 각 과(科)의 완전하고 조화로운 진료를 병원의 경영방침으로 하여 철도원 이외 시내와 지방의 사람 누구나가 쉽게 진료를 받을 수 있고 입원이 가능한 병원이 되었다. 야마타 신키치(山田信吉) 외에 원장 나가세(永瀨) 박사, 부원장 타마가와(玉川) 박사, 과장 후나야마(舟山) 학사(學士), 타카노(高野) 학사, 사에키(佐伯) 학사, 기타 수 명의 의학학사, 약제사 등이 열심히 제생(濟生)에 임하고 있으며 광선(光線)치료실, 수술실, 전염병실 등을 전부 갖추어 실로 정성을 다하고 있음을 엿볼 수 있다. 더구나 입원실에는 전등과 전화는 물론이고 여름에는 선풍기, 겨울에는 증기스팀이 있다. 채광과 통풍은 말할 나위도 없고 조망 또한 이상적이어서 환자의 마음을 보살피기에 충분하다. 게다가 외래 및 입원환자를 위로하기 위해 병원내 중앙의 대기소는 유리지붕으로 되어 있고, 또 사계절의 풀과 꽃, 진귀한 나무, 신문과 잡지 등을 비치해서 실내운동과 휴식에 편리하도록 하여 환자들이 단조로운 병원생활에 조금도 싫증나지 않도록 주의를 기울이고 있다. 그밖에 투서함을 갖추어 환자의 희망사항이나 불평 등을 수렴하고 입원과 퇴원 때는 자동차로 환자를 맞이하고 보내며, 병원내 매점, 약의 배달 등 다른 병원에서 따라할 수 없는 아이디어를 실행하여 환자들의 기분을 맞추는 일이 한 두 가지가 아니다. 외과와 부인과에서는 매일 환자를 개복(開腹)하는 등 대수술을 쉽게 하고 있으며 그 성적은 매우 양호하다. 따라서 이들 환자가 종래에는 많은 경비와 시일을 보내면서 후쿠오카(福岡)나 경성의 전문의를 찾았으나, 이제야말로 그럴 필요 없이 가까운 부산에서 충분히 완전한 치료를 받을 수 있게 되었다. 이것은 부산의 일대 명예이고 조선 남부지방의 사람들에게는 복음을 전하는 것과 같다.

부산철도병원_ 동구 초량동 부산보훈복지회관과 한국화장품 부산지점 자리에 있었다.

부산철도병원(釜山鐵道病院)

②③
①

① 부산철도병원(釜山鐵道病院)_ [부산대관]
② 부산철도병원(釜山鐵道病院) 휴식실_ [부산대관]
③ 원주(院主) 야마타 신키치(山田信吉)_ [부산대관]

용두산공원(龍頭山公園)

소 재 부산부(釜山府) 변천정(辨天町)

1673년 쓰시마영주(對馬領主) 소오 요시자네(宗義眞)가 용두산 위에 고토히라다이진(金比羅大神)을[179] 봉사(奉祀)한 것을 시작으로 마침내 용두산신사를 설립하게 되었다. 그런데 부민(府民)의 존경과 사모함이 점점 깊어져 참배자가 증가함에 따라 자연히 공원으로 이용되었다. 부(府)는 1916년 관(官)으로부터 공원용지 1만 1,978평을 무료로 대부받은 후 해마다 공원시설을 갖추었다. 특히 1924년에는 어성혼기념사업(御成婚記念事業)으로[180] 자동차도로를 개통하고 다수의 벚나무를 심었다. 1934년에는 황태자전하 강탄(降誕)기념사업으로 녹화계획을 실시하고 동참도(東參道)를 개수하였다. 공원을 둘러싸고 있는 도로는 동서남북 사방으로 통하고 온 산은 녹음으로 덮여 있어 전망이 매우 웅대하다.

고관공원(古館公園)

소 재 부산부(釜山府) 수정정(水晶町)

본 공원의 명칭은 화관(和館)이 초량항(草梁項)으로 이전하기 전까지 일본인의 거류지로서 화관(和館)이[181] 있었던 곳이라는 데서 유래한다. 원래 왜관이 있었던 고관(古館)에 168평의 토지를 매입하여 부산 개척의 공로자 즈에 효고(津江兵庫)[182]의 비(碑)를 세우고 매년 제전(祭典)을 지냈다. 1914년 부제(府制)시행과 함께 토지를 부(府)에 기부함으로써 부(府)는 그 인접 관유지 468평을 빌려 공원용지로 충당하였다. 1928년 부산의 원로 오이케 츄스케(大池忠助) 옹(翁)이 어대전(御大典) 및 조선이주 50주년 기념으로 사재 10만 원을 내놓았고 여기에 본래 우에스기(上杉)의[183] 정원이었던 3,463평을 또 기부를 받아, 부(府)는 공원으로서 내용을 충실히 하기 위해 오야 레이죠(大屋靈城) 박사의 설계에 기초하여 면모를 일신하고 있다.

대정공원(大正公園)

소 재 부산부(釜山府) 초장정(草場町)

다이쇼천황(大正天皇)[184] 즉위기념사업으로 운동장 겸용의 공원시설 논의가 있어 1918년 7월 이럭저럭 공원의 실현을 보게 되었다. 야구, 정구, 스모(相撲), 자동차경주, 그 밖의 각종 경기가 개최되어 체육 분야에 공헌한 바가 크다. 1927년 대신정(大新町)에 공설그라운드를[185] 설치하게 되자 대정공원의 일부를 매각하여 공원은 3,170평으로 축소되었다. 혼다(本田) 임학박사의 설계에 기초하여 기존의 크기보다 작은 아담한 공원으로 조성하고 나무를 심어 아동의 유원(遊園)을 함께 설치하였다.[186]

용두산공원 원경

고관공원 자리에 들어선 동구청 청사

대정공원 자리에 들어선 서구청 청사

179) 고토히라다이진(金刀比羅大神)을 뜻한다. 본책 주(註) 82 참조.
180) 쇼와천황(昭和天皇, 1901~1989)의 결혼기념사업을 뜻한다. 쇼와(昭和)는 일본 다이쇼천황(大正天皇)의 황태자였던 히로히토(裕仁) 124대 천황이 집권한 시기(1926.12. 25.~1989.1.7)에 사용한 연호(年號)이다. 히로히토(裕仁)는 과거 일본이 군국주의의 길로 나아가는데 제일 중요한 역할을 담당했던 인물이다. 그러나 제2차 세계대전 이후 동북아지역에서 급부상하는 공산권 중국과 소련을 견제하기 위한 미국의 전략적 판단에서 천황 히로히토(裕仁)는 전범자(戰犯者) 범주에서 제외되었다. 쇼와천황은 원래 1923년 결혼할 예정이었으나 그해 9월 관동대지진이 발생하면서 결혼은 1924년 1월로 연기되었다.
181) 본책 주(註) 30 참조.
182) 즈에 효고(津江兵庫)에 대해서는 본책 주(註) 31 참조.
183) 우에스기 고타로(上杉古太郎)를 말한다. 그에 대해서는 본책 우에스기 고타로(上杉古太郎) 항목 참조.
184) 다이쇼(大正)는 메이지천황(明治天皇)의 세째 아들인 요시히토(嘉仁)가 123대 천황으로 집권한 시기(1912.7.30~1926.12.25)에 사용한 연호이다. 메이지천황(明治天皇)과 달리 어려서부터 병약했기 때문에 집권기간 실질적인 정무(政務)를 담당하지는 못했다. 말년에는 정신착란을 일으켜 사후(死後) 쇼와천황(昭和天皇)이 되는 그의 아들 히로히토(裕仁) 황태자가 1921년부터 섭정을 하였다. 다이쇼천황(大正天皇) 시기는 대외적으로 영국과 미국에 협력하는 외교정책을 추진했으며 대내적으로는 의회정치가 활발해지고 선거권이 확대된 시기였다.
185) 부산광역시 서구 서대신동 3가 210번지에 위치한 현재의 구덕운동장을 말한다. 본책 운동장 항목 참조.
186) 대정공원은 일제시기를 거치면서 각종 체육대회와 시국관련대회 등이 열리는 공간으로 활용되었다. 한국전쟁 당시 부산이 임시수도가 되었을 때 시내와 가까운 지리적 이점 때문에 각종 반공궐기대회, 이승만의 시국강연회 등이 개최되었다. 이후 공원의 터에 충무초등학교가 들어섰으며 현재는 서구청이 자리하고 있다.

부산(釜山)의 공원(公園)

① 고관공원(古館公園)에 있었던 오이케 츄스케(大池忠助) 동상(銅像)_ [신부산대관]
② 고관공원(古館公園)_ [신부산대관]
③ 용두산공원(龍頭山公園)_ [신부산대관]
④ 대정공원(大正公園)_ [신부산대관]

공회당(公會堂)

소 재 부산부(釜山府) 대창정(大倉町) 4정목(丁目)

철도국의 원조와 하자마 후사타로(迫間房太郎) 외에 유지(有志)들의 기부로 1926년 8월 기공해서 1928년 3월 준공하였다. 벽돌철근콘크리트 4층 건물로 총건평은 584평 7합(合), 대집회실은 1,000명에서 1,500명을 수용할 수 있다.

송도해수욕장(松島海水浴場)

소 재 동래군(東萊郡) 사하면(沙下面) 암남리(岩南里)

송도(松島)는 부(府)의 남방 2킬로미터 떨어진 위치에 있다. 암남반도(岩南半島) 일부에 바다가 밀치고 들어가 있어 만내(灣內)는 흰 모래가 연이어 있고 파도가 조용하며 물 또한 얕지 않아[187] 수욕하기에 좋은 곳이다. [부산시가의 남방 암남반도의 일부에 바다가 밀치고 들어가 있는 해안을 흔히 송도(松島)라고 부른다. 만(灣) 입구에 하나의 작은 반도가 있는데 이곳은 옛날 야망대(夜望臺)로서 소나무가 울창하고 풍류와 운치가 있었다. 송도의 명칭은 여기서 기인한다] 만(灣) 입구에는 노송이 울창한 돌출지가 있어 일본 삼경(三景)의 하나인 송도(松島)를 방불케 한다. 송도의 명칭은 여기서 유래한다.[188] 부(府)는 시민의 보건에 도움을 주는 해수욕장을 마련하고 무료휴게소, 귀중품류 보관, 더운물과 차(茶) 공급, 구급시설, 다이빙시설, 구호선 등의 설비를 완전히 갖추고 있다. [1923년 부산의 민간 유지들이 서로 도모하여 부민(府民)의 행락지로서 일대 유락지를 건설하기 위해 송도유원지주식회사를 설립하고 동사(同社)의 경영에 합당한 요정, 여관, 조탕(潮湯) 등을 설치하였다. 그러나 재계의 불황 때문에 소기의 목적을 이루기 어려워 해산의 비운에 봉착하게 되었으나 이후 부민(府民)들의 송도 방문이 눈에 띄게 증가함으로 옛날의 면모를 일신하기에 이르렀다. 그리하여 부산부(釜山府)에서는 해수욕장에 휴게소, 탈의장 및 잔교(棧橋) 등 여러 설비를 갖추고 또 여름철 욕객(浴客)의 왕복에 편의를 제공하기 위해 매일 1시간마다 발동기선을 운항하고 있다] 부산에서 육지로는 자동차, 바다로는 순항선의 편의가 있어 한창 더운 여름철에는 부산 근교는 물론 조선의 남부 각지에서 해수욕을 하고자 찾는 사람이 20만 명을 헤아린다.

부산공회당_ 중구 중앙동 한국외환은행 부산지점 자리였다.

서구 암남동 송도해수욕장

187) 원문에는 "얕지 않고(淺からず)"로 되어 있으나 송도해수욕장의 실제 지형이나 문맥상으로 보아 "깊지 않고(深からず)"의 오기가 아닌가 싶다.

188) 이 대목은 바로 앞의 『釜山大觀』 내용과 중복되는 듯하지만 주의해서 봐야 할 대목이다. 최근 인천에서는 인천의 송도(松島) 지명이 일본 지명에서 유래한 것으로 보고 시민사회단체에서 논란이 일고 있다. 즉 인천의 송도 지명이 애초부터 일본의 3대 명소 중 하나인 마쯔시마(松島)에서 유래했다는 것이다. 인천의 경우는 차치하고라도 최소한 부산의 송도(松島) 지명은 『釜山大觀』에서 재부(在釜) 일본인들 스스로가 밝히고 있듯이 "야망대(夜望臺)로서 소나무가 울창하고 풍류와 운치가 있는" 데서 붙여진 명칭이었다. 부산의 송도 지명은 관찬기록인 『釜山府勢要覽』에서도 확인할 수 있듯이 최소한 1932년까지는 일본의 마쯔시마와 무관한 것이었다. 결국 부산의 송도 지명과 관련하여 『釜山大觀』과 『新釜山大觀』을 비교할 때 부산의 송도가 마쯔시마(松島)와 관련 있는 것처럼 견강부회식으로 해석되기 시작한 것은 빨라도 1933년 이후였다고 하겠다.

부산공회당(釜山公會堂), 송도해수욕장(松島海水浴場)

① 부산공회당(釜山公會堂)_ [신부산대관]
② 송도해수욕장(松島海水浴場)_ [부산대관]
③ 송도해수욕장(松島海水浴場)_ [신부산대관]

운동장(運動場)[189]

소 재 부산부(釜山府) 대신정(大新町)

운동장은 지금까지 대정공원(大正公園)이 그 기능을 담당하였으나 부(府)의 발전과 운동경기의 고조를 위해서는 대정공원만으로는 만족할 수가 없었다. 마침내 1926년 운동장의 신설에 착수하게 되었다. 대정공원의 북쪽 구덕산(九德山)을 등지고 남쪽으로 트여 있어 바다의 파도를 전망할 수 있으며 또 땅이 높고 풍경이 빼어나 운동장으로 좋은 곳이다. 현재 부지 2만 7,773평으로 그 내부의 각 부지는 야구장 5,400평, 육상경기장 6,600평, 정구장 2,000평, 기타 7,773평이다.

도서관(圖書館)[부립도서관(府立圖書館)]

소 재 부산부(釜山府) 본정(本町) 2정목(丁目)

1901년 10월 일본홍도회(日本弘道會)[190] 부산지부에서 부속으로 설립하여 경영하였다. 1911년 5월 부산교육회에서 이를 계승하여 용두산 중앙부의 현 위치에 회관[신관]을 건축하였는데 1919년 4월부터 부산부(釜山府)에서 업무를 승계하고 무료로 일반 열람을 제공하면서 사회교육의 자원으로 삼게 되었다. 특별히 1915년 11월 도서관내에 원래 학교조합에서 설립한 어대전기념문고(御大典記念文庫)를 두어 일반의 관람에 제공하고 있다. 현재 소장하는 장서는 일본과 중국 책 8,000권, 양서(洋書) 300권, 합계 8,300권으로 열람 인원은 1일 평균 70여 명으로 계산해서 연인원 1만 명에 이른다. 장서도 수년 동안 증가하고 도서관을 찾는 사람도 점차 늘어나 관내(館內)의 협소함을 호소하는 상태가 되었다. 그래서 1927년 오쿠라 기하치로(大倉喜八郎)[191] 옹(翁)으로부터 도서관 건설자금으로 1만 5,000원을 기부받았는데 부(府)는 이것을 기금으로 개축을 위한 계획 중에 있다.

부산운동장_ 서구 서대신동 구덕운동장 위치에 있었다.

부립도서관_ 용두산공원 중턱, 현재 체육시설이 있는 곳이다.

---

189) 부산광역시 서구 서대신동 3가 210번지에 위치한 현재의 구덕운동장을 말한다. 1982년 사직운동장이 건립되기 이전까지 부산에서 유일한 대규모 공설운동장이었다. 이곳 구덕운동장에서는 1940년 11월 23일 제2회 경상남도 학도전력증강 국방경기대회가 개최되었다. 당시 심판관이었던 육군 대좌 노다이(乃台)는 일본인 학교였던 부산중학교의 우승을 위해 편파적 운영과 불공정한 심판에 앞장섰다. 이에 분노한 동래중학교와 부산제2상업학교 학생들이 경기가 끝난 뒤 일명 노다이(乃台)사건, 즉 부산항일학생의거를 일으키게 되는데 바로 구덕운동장이 그 역사적 현장이었다.

190) 일본홍도회(日本弘道會)는 메이지(明治)시대 국가주의적 교화단체로 그 전신은 메이로쿠샤(明六社)에 참가했던 니시무라 시게키(西村茂樹, 1828~1902)가 설립한 도쿄수신학사(東京修身學社)이다. 이후 일본강도회(日本講道會)로 명칭 변경이 있었으며 1887년 다시 일본홍도회(日本弘道會)로 개칭하였다. 기관지「홍도(弘道)」를 간행하여 일본 국민의 수신(修身)도덕교육을 주장했다. 일본홍도회(日本弘道會)의 부산지부는 현재 부산광역시 중구 광복미화거리 198번지의 동주여자고등학교(전, 동주여자상업고등학교) 자리에 있었다.

191) 오쿠라 기하치로(大倉喜八郎, 1837~1928)는 니가타현(新潟縣) 시바타(新發田) 출신으로 메이지유신 직후 무기상으로 출발하여 이후 일본최초로 외국무역에 뛰어든 회사 가운데 하나인 오쿠라상회를 설립하였다. 제국주의시대 오쿠라재벌(大倉財閥)로 발전하였으나 패전 이후 재벌은 해체되었다. 그러나 현재까지 오쿠라(大倉)호텔로 그 명성이 이어지고 있다. 경복궁의 동궁에 있던 자선당(資善堂)을 일본으로 반출하고 서울의 선린상고(善隣商高. 현, 선린인테넷고등학교)를 설립한 당사자이기도 하다. 현재 사용하는 부산의 대창동(大昌洞)이란 지명은 그의 이름을 딴 지명 대창정(大倉町)에서 유래한 것으로 해방 이후 한자(漢字)만 한 글자 바뀌었을 뿐이다.

부산부립도서관(釜山府立圖書館), 부산운동장(釜山運動場)

① 부산부립도서관(釜山府立圖書館)_ [부산대관]
② 부산부립도서관(釜山府立圖書館)_ [신부산대관]
③ 부산운동장(釜山運動場)_ [신부산대관]

목도도선(牧島渡船)

연　혁 옛날 육지와 목도(牧島) 사이를 왕래한 도선(渡船)은 조선인 도선업자가 운영하는 작은 배 1척에 지나지 않았다. 그러나 청일전쟁 이후 일본인의 거주가 눈에 띄게 증가함으로 일본인 도선업자도 생겨나 도선수가 5척이 되면서 경쟁과 그 밖의 폐해를 낳았다. 이에 목도(牧島)에 있는 일본인단체의 경영 아래 도선을 통일하려고 하였으나 성사되지는 않았다. 시간이 흘러 1901년 11월 나가사키현(長崎縣) 출신의 오타 쯔지마쯔(太田辻松)와 세토 린타로(瀬戸林太郎) 등의 유지(有志)가 합동해서 당국의 인가를 얻어 경영해 왔는데, 여전히 일본선(和船)이었기 때문에 풍파를 만나면 교통이 두절되는 불편이 있었다. 그러자 관헌(官憲)이 1914년 영업자에게 명령하여 석유발동기선을 사용하도록 한 결과 조금씩 교통의 완화를 보이게 되었다. 그러나 겨우 3척의 발동기선으로 운영하다 보니 한계가 있어 1919년 11월 부산부(釜山府)는 도선운영을 부영(府營)으로 이관하여 오늘에 이른다.

현재 10톤에서 38톤까지 발동기선 5척[이 중 2척은 예비]이 남빈(南濱)과 목도(牧島) 사이 그리고 남빈(南濱)과 주갑(洲岬)[192] 사이를 끊이지 않고 운항하여 화물과 손님의 운수교통에 편의를 도모하고 있다. 하지만 아직까지 충분하지 않아서 현재 육지와 목도(牧島) 사이의 교통개선은 부산부(釜山府)의 정책상 하나의 과제로 되어 있다. 구미(歐米)의 여러 나라에서 볼 수 있는 것과 같이 완전한 가공교식(架空橋式)으로[193] 바꾸는 것을 연구 중이다.

영도 대평동 옛 대풍포 도선장_ 대평동 해안에서 남포동 자갈치 해안까지 운항했던 대풍포 도선장.

영도 봉래동 도선장에서 바라본 롯데백화점_ 롯데백화점 뒷편 해안에서 영도(목도)로 가는 또 다른 도선장이 있었다.

192) 주갑(洲岬)에 대해서는 본책 주(註) 46 참조. 육지와 영도 사이의 도선은 두 가지 노선으로 운항되었다. 현재 광복동 롯데백화점 뒤쪽에서 영도 봉래동의 부산대교가 시작되는 지점, 곧 봉래동 나룻터 사이를 운항하는 노선과 자갈치에서 영도 대교동 대동대교아파트 앞 선창 사이를 운항하는 두 노선이 있었다. 본문의 내용처럼 원래 도선은 조선인들이 육지와 봉래동 나루터 사이를 운항하였는데 도선업자였던 허치오와 김옥성 등은 1908년 나룻배의 수입을 영도초등학교의 전신에 해당하는 사립옥성학교 유지비에 충당하였다. 그러나 사립옥성학교가 1920년 목도공립보통학교로 되자 조선인 경영의 목도도선 또한 일본인에게 넘어갔다. 이후 1934년 영도다리가 개통되면서 육지와 봉래동 나루터 사이의 도선운항은 중지되고 자갈치와 대교동 사이의 도선운항만 남게 되었으나 이마저 최근 운항이 중단되었다.

193) 콘크리트 기둥 또는 철탑에 의해 다리를 공중에 매다는 로프웨이(ropeway)식을 뜻한다.

부산(釜山) 목도도선장(牧島渡船場) | 부산(釜山) 목도도선장(牧島渡船場)_ [부산대관]

부산부(釜山府)의 여러 시설(諸施設)[6]

부산부립직업소개소(釜山府立職業紹介所)[부산부직업소개인사상담소(釜山府職業紹介人事相談所)]

소　재 부산부(釜山府) 보수정(寶水町) 1정목(丁目)

　부산부직업소개인사상담소(釜山府職業紹介人事相談所)는 실업자 및 무직자에게 직업을 소개하고 또 일반 민중의 신상 상담에 응하는 것을 목적으로 1923년 8월 개설되었다. 도지방비(道地方費)의 보조를 받아 부산부영사업(釜山府營事業)으로 경영되고 있다. 1925년 구직자는 일본인과 조선인을 합쳐 940명, 구인수 204명, 소개수 664, 취직자 503명으로 본년도에는 구직수가 다시 증가할 것이지만 취직률은 낮을 것으로 예상된다.

　일본과 조선의 교통 요충지인 부산에서는 특히 직업소개사업의 필요를 통감하게 되었는데 1923년 8월부터 공동숙박소와 함께 공동식당도 동시에 본소(本所)에 개설하였다.[194] 현재 부지 180평 6합, 건물 82평 8합으로 모두 이용자가 많아 좋은 성적을 거두고 있다.

부산부영공동숙박소(釜山府營共同宿泊所)

　부산부영공동숙박소(釜山府營共同宿泊所)는 직업소개와 관련하여 공동숙박소 설치의 필요를 깨닫고 1924년 7월 동소(同所)[195] 구내(構內)에 2층 가옥을 건설하여 위층에 10개 다다미, 8개 다다미, 6개 다다미의 3실을 두고 있다. 숙박 정원은 37명이며 숙박료는 하루 5전(錢)으로 여인(旅人) 및 구직자 중 곤궁한 자를 숙박시키고 있다. 1925년 중 유료 숙박 연인원은 일본인 남자 1,962명, 여자 85명, 조선인 남자 1,445명, 여자 13명, 중국인 남자 272명, 여자 8명 등으로 합계 남자 3,680명, 여자 106명, 총계 3,768명에 이른다. 그리고 숙박료 면제 연인원은 일본인 남자 349명, 여자 48명, 조선인 남자 553명, 여자 9명, 합계 남자 902명, 여자 57명, 총계 959명을 헤아린다.

부산부영공동식당(釜山府營共同食堂)

　부산부영공동식당(釜山府營共同食堂)은 직업소개인사상담소 설치와 함께 간이공동식당으로 개설되어 아침식사 15전(錢), 낮과 저녁식사 각 17전으로 정하고, 다시 일반 민중의 희망에 따라 정식 이외 간이 일품요리를 준비하여 저렴하게 공급하고 있다. 1925년 중 공급한 식사는 총합계 2만 8,210회로 그 금액은 4,411원 11전이 된다. 일반의 수요가 점차 증가하는 경향을 보이고 있다.

부산부인사상담직업소개소_ 1926년 발행한 『釜山大觀』속의 사진을 살펴보면 보수정(寶水町) 1정목(丁目) 전차정류소 앞에 위치했던 것으로 파악된다. 현재 그 위치는 중구 보수동 책방골목 입구 단골서점이 있는 곳으로 추정된다.

194) 『新釜山大觀』에서는 공동숙박소와 공동식당도 1923년 8월 부산부직업소개인사상담소가 개설될 때 같이 설치된 것으로 서술하고 있다. 그러나 본 항목 아래의 『釜山大觀』 부산부영공동숙박소(釜山府營共同宿泊所) 항목을 보면 공동숙박소는 1924년 7월 개설된 것으로 밝히고 있다. 실제 부산부직업소개인사상담소와 부산부영공동식당은 1923년 8월 4일, 부산부영공동숙박소는 1924년 7월 15일 각각 설치되었다. 따라서 『新釜山大觀』에서 공동숙박소가 1923년 8월 개설된 것으로 기술한 것은 잘못이다.

195) 여기서 동소(同所)는 전후 내용을 볼 때 1923년 8월 개설된 부산부직업소개인사상담소(釜山府職業紹介人事相談所)를 지칭하는 것으로 보인다.

부산부인사상담직업소개소(釜山府人事相談職業紹介所)
부산부영(釜山府營) 공동식당(共同食堂)·공동숙박소(共同宿泊所)

① 부산부인사상담직업소개소, 공동식당(共同食堂),
　　공동숙박소(共同宿泊所)_ [부산대관]
② 부산부립직업소개소_ [신부산대관]

부산부동부공익전당포(釜山府東部公益質屋)

소 재 부산부(釜山府) 영주정(瀛州町)

부산부서부공익전당포(釜山府西部公益質屋)

소 재 부산부(釜山府) 대신정(大新町)

소액 소득자의 편리를 도모하기 위해 1930년 6월 동부공익전당포를 설치하였다. 이후 그 실적을 살펴보고 1934년 4월 서부공익전당포를 개설하였다. 건물은 동부 68평 4합(合), 서부 73평으로 무엇보다도 대부이율은 월 1푼 5리이며 대출제한은 1구(口) 금 10원 이내, 한 세대 금 50원 이내로 대출 담보기한은 4개월로 한다.

서부제1방면사무소(西部第一方面事務所)

소 재 부산부(釜山府) 대신정(大新町)

중부제1방면사무소(中部第一方面事務所)

소 재 부산부(釜山府) 영주정(瀛州町)

남부제1방면사무소(南部第一方面事務所)

소 재 부산부(釜山府) 영선정(瀛仙町)

도시의 발전에 따라 각종 사회시설의 확충과 더불어 방면위원제도(方面委員制度)를 요망하게 되어 1933년 2월 대신정(大新町)과 영주정(瀛州町) 두 방면에 이를 실시하고 다시 1934년 5월 영선정(瀛仙町)에 방면사무소를 하나 더 증설하였다. 이후 점차 도시 전체에 방면사무소를 보급할 계획 아래 진행하고 있다. 더구나 각 방면사무소에는 순회진료소(巡廻診療所)를 함께 설치하여 빈곤환자의 구료(救療)에 노력하고 있다.

부산부중부제1방면사무소(釜山府中部第一方面事務所)
부산부서부공익전당포(釜山府西部公益質屋)

① 부산부중부제1방면사무소(釜山府中部第一方面事務所)_ [신부산대관]
② 부산부서부공익전당포(釜山府西部公益質屋)_ [신부산대관]

부영주택(府營住宅)

　　소　재 대신정(大新町), 중도정(中島町) 2정목(丁目), 초량정(草梁町)

　　부세(府勢)의 진전에 따라 주택 부족이 현저히 야기되자 1925년 도청 이전을 계기로 부영주택 115호를 신축하였다. 가급적 저렴한 요금으로 대여하는 등 임차(貨借)조건의 개선에 노력한 결과, 단지 주택부족의 완화를 도모하는 데 그치지 않고 일반 집주인의 자각을 촉진시키기도 하였다.

　　부지(敷地) 총계 4,902평, 총건평 1,350평 3합(合)으로 모두 일본식 기와지붕 단층집을 세워 평균 9할 2푼의 이용 성적을 올리고 있다.

공동세탁소(共同洗濯所)

　　소　재 대신정(大新町), 초량정(草梁町)

　　조선의 하층계급 부인들이 세탁에 소비하는 많은 시간과 노력을 개선하기 위해 1932년 3월 부내(府內) 2개소에 세탁소를 설치해서 무료로 개방하였다. 이용 상황은 대체로 양호하다.

장례식장(齋場)과 화장장(火葬場)

　　소　재 곡정(谷町) 2정목(丁目)

　　종래의 장례식장과 화장터는 모두 사영(私營)이여서 설비가 불완전함에 따라 1929년 1월 부영(府營)으로 현 위치에[196] 신설을 하였다. 부지 969평 3합(合), 건물 136평 6합, 철근콘크리트 단층 건물을 세우고 장례식장의 정면에 신(神), 불(佛) 두 종류의 제단을 설치했다. 화장장은 연기가 나지 않고 냄새가 나지 않는 특허일본신식으로 화로 2기를 설비하여 한 시간 내외에 완전히 소각한다. 1933년도 화장장 사용수는 1,408명에 이른다.

서구 아미동의 옛 부영(府營) 화장장 자리_ 1957년 당감동으로 이전한 뒤 천주교아파트가 건립되었다.

196) 현재 부산광역시 서구 아미동 천주교아파트 자리이다. 부산부(釜山府)는 1929년 당시 영도, 아미산, 부산진, 대신동에 흩어져 있던 사설 화장장을 통합하여 아미동에 부영(府營) 화장장을 설치하였다. 아미동 일대(16동, 17동, 19동)는 화장 이후 납골을 하는 일본인들의 장례 풍습에 따라 일본인들의 공동묘지가 조성되었다. 그러나 세월이 흘러 한국전쟁 당시 이곳으로 피난 온 많은 실향민들이 삶을 위해 불가피하게 묘지 주위에 집을 짓고 살기 시작했다. 그 결과 묘지석을 비롯한 각종 상석들이 지금도 주택가 곳곳에 남아 있다. 흔히 까치고개라는 지명도 화장이나 제사를 지낸 후 남은 음식물을 보고 까치들이 모여든 데서 유래했다. 아미동화장터는 한국전쟁을 거치면서 부산시내 인구가 증가하고 또 지리적으로 시내에 가까이 위치한 탓에 미관상 문제가 되면서 당감동화장장(현, 개성고등학교 자리)으로 옮겨갈 때까지 사용되었다. 당감동화장장은 1957년 12월부터 하루 56구의 시신을 처리할 수 있는 시설을 갖추었다. 하지만 실제 사용은 1959년부터 1987년 11월 30일까지였다. 1987년 부산시가 새로운 화장장시설을 마련하지 않은 채 당감동화장장을 폐쇄했기 때문에 1995년 금정구의 영락공원화장장이 마련되기 전까지 부산시민들은 마산과 울산의 화장장시설을 이용하는 불편을 감수해야만 했다. 한편 영락공원 내에 화장장시설의 건립을 두고 금정구 주민들의 반대가 극심하였다. 이에 부산시는 금정도서관을 신설하고 화장장 진입을 금정중학교 옆쪽이 아닌 경부고속도로에서 들어갈 수 있도록 조치를 취하면서 현재의 영락공원화장장을 운영할 수 있게 되었다.

부영주택(府營住宅)
공동세탁소(共同洗濯場)
장례식장(齋場) 및 화장장(火葬場)

① 부영주택(府營住宅)_ [신부산대관]
② 공동세탁소(共同洗濯場)_ [신부산대관]
③ 장례식장(齋場) 및 화장장(火葬場)_ [신부산대관]

부평정시장(富平町市場)[부평정공설시장(富平町公設市場)]

소 재 부산부(釜山府) 부평정(富平町) 2정목(丁目)

1910년 6월 이토 스케요시(伊藤祐義)가 일한시장(日韓市場)이란 명칭 아래 처음 시장을 설립하여 독립적인 경영을 통해 한몫을 본 곳이다. 소매시장으로 개인이 개설한 것을 1915년 9월부터 부영(府營)으로 운영하였다. 시장설비 전체를 임차경영으로 하였는데, 사업이 특별히 진전함에 따라 1922년 설비전부를 매수하여 시장권역의 확장과 시장가게의 개축에 노력한 결과 면목을 크게 혁신하여 명실공이 전국에서 비교할 곳이 없을 정도가 되었다. [평수 535평과 시장 주위도로를 구역내에 편입해 총 1,176평으로 목조기와지붕 단층집 및 기타 457평에 점포수는 454개를 헤아린다. 판매품은 식량품과 일용잡화 거의 전부를 망라한다. 항상 시중(市中)의 물가를 조사하여 시장가격의 엄정을 기하고 또 일반 시장가격에 비해 평균 1할 내지 2할 정도 저렴한 관계로 매일매일의 출입 인원이 6,000명에서 7,000명 내외에 달한다. 실로 조선 전역에서 공설시장의 백미이다]. 현재 부지 1,283평, 건물 495평으로 그 밖에 햇볕가림 설비를 한 점포수가 시장점포 중 95개, 시장점포 외에 402개이다. 일상에 필요한 상품을 망라하여 저렴한 가격과 풍부한 내용으로 이용자가 매우 많아 평일조차 시장 출입자가 2만 명을 돌파하고 1일 매상고는 족히 6,000원을 넘는다. 그 밖의 부영(府營) 소매시장을 열거하면 다음과 같다.

부평정시장_ 중구 부평동 옛 부평정시장 건물이 있던 곳에는 부평맨션이 건립되었고 시장은 한국전쟁을 거치면서 부평맨션 뒤쪽 일대로 확장되었다.

목도시장_ 목도시장 건물이 있었던 영도구 봉래동에는 대화 아파트가 들어서 있고 시장은 봉래시장 일대로 확대되었다.

시장 명칭	소 재	개 설
남빈(南濱)시장	남빈정(南濱町) 매축지 (현재 가설비)	1924년 8월
부산진(釜山鎭)시장	범일정(凡一町)	1930년 12월 (옛날부터 있던 조선식 시장을 부직영(府直營)으로 함)
대신정(大新町)시장	대신정(大新町)	1933년 1월
목도(牧島)시장	영선정(瀛仙町)	1932년 6월
초량(草梁)시장	초량정(草梁町)	1932년 6월
수정정(水晶町)시장	수정정(水晶町)	1933년 4월

남빈공설시장(南濱公設市場)

소 재 남빈정(南濱町) 매축지

남빈공설시장(南濱公設市場)은 1924년 8월 본정(本町) 1정목(丁目)에 개설되었다. 지붕 2층 건물에 131평으로 점포수가 34개이다. 판매품은 식량품을 주로하며 가격은 시중가격에 비해 1~2할 정도 저렴하다. 하루 출입자가 500~600명을 헤아린다. 시장은 주위의 위치 관계상 부평정시장만큼 성황을 이루지는 못한다.

남빈공설시장_ 중구 중앙동 롯데백화점 광복점 오른쪽에 위치하였다.

부평정시장(富平町市場)
남빈시장(南濱市場), 목도시장(牧島市場)

①	②
③	④

① 부평정시장(富平町市場)_ [부산대관]
② 부평정시장(富平町市場) 내부(內部)_ [신부산대관]
③ 목도시장(牧島市場)_ [신부산대관]
④ 남빈시장(南濱市場)_ [부산대관]

부산진우시장(釜山鎭牛市場)

소 재 부산부(釜山府) 범일정(凡一町)

1908년 한국척식(韓國拓殖)주식회사에서 설치한 것이 시초이다. 1914년 축산조합의 설립과 더불어 시장운영권이 축산조합으로 옮겨갔으나 1916년 조합의 해산에 따라 부(府)의 직영(直營)이 되었다. 1925년 부(府)에서는 시장 사용에 따른 조건을 붙여 부산선우중매조합(釜山鮮牛仲買組合)에 시장설비의 이용을 승인하고 그 보상으로 사용료의 반액을 조합에 교부하여 만 10년 후에는 설비의 전부를 부(府)에 귀속시키는 것으로 하였다. 현재 설비부지 2,299평, 건물 419평이고 1933년도 매매 두수(頭數)는 3만 371두이다.

부산진가축시장(釜山鎭家畜市場)은 1916년 개설되어 주로 조선소(鮮牛)를 거래한다. 시장의 평수는 2,200평으로 종래 거래는 현재와 같이 활황을 보이지 않았으나 1926년 건물 전부를 신축하여 설비를 완비하는 것과 함께 개시일(開市日)을 매일[1일, 15일은 휴무]로 정하고 거래방법을 개선한 결과, 최성황의 계절에는 1일 거래고 1,000두(頭)에 이르는 성황을 보이고 있다. 1년간의 매매 두수는 3만 두에 이른다. 본 시장에서 매매하는 것은 주로 수출되는 소(牛)로 조선 반도 최대의 가축시장이다.

부산진 우시장_ 부산진구 범천동 범천교회 일대에 자리하고 있었다.

도축장(屠畜場)

소 재 부산부(釜山府) 수정정(水晶町)

한국정부(韓國政府)시대[197] 동(同) 정부의 허가를 받아 부산수축양도(釜山獸畜養屠)주식회사에서 설립해 경영하였다. 1919년 도장(屠場)규칙 발포에 따라 1921년 6월부터 운영권이 부영(府營)으로 옮겨졌다. 현재 설비부지 1,805평, 건물 186평 3합(合)이며 1933년도 도수(屠獸) 총수는 3,999두(頭)에 이른다.

시보사이렌(時報サイレン)

소 재 부산부(釜山府) 대청정(大廳町) 1정목(丁目)

부산의 시보(時報)설비는 1907년 거류민단에서 오포(午砲)를[198] 복병산(伏兵山) 위에 설치하였던 것이 그 시초로 1915년 이를 청학동(靑鶴洞)으로 옮겼다. 그런데 음향이 시가지 전체에 완전하게 들리지 않는 등 문제가 있어 대책을 강구한 결과, 시보(時報)사이렌을 복병산 정상에 설치하여 1932년 9월 1일부터 작동을 시작하였다.

부영도축장_ 동구 수정동 동구청 입구 오거리에서 산복도로 방향으로 가는 길 왼쪽의 청솔학원 일대에 도축장(屠畜場)이 있었다.

---

197) 대한제국(1897~1910) 시기를 뜻한다.

198) 근대사회는 짜여진 시간의 규율 속에서 사람들이 살아간다. 개항 이후 근대화의 물결이 이 땅에 들어오면서 자연히 '노동과 시간'의 그물망이 사회 곳곳에 확산되기 시작하였다. 그 결과 개항장을 중심으로 낮 12시 정각을 알리는 오포(午砲) 또한 시작되었다. 우리나라 오포(午砲)는 인천의 일본인거류민회에서 일본 육군성의 대포를 불하받아 1906년 2월 발포한 것이 최초이다. 인천에서는 1925년 사이렌으로 전환할 때까지 오포를 발사하였다. 이외에 부산, 대구, 마산, 영흥, 창원, 목포, 용산 등지에서 오포를 실시하였는데 목포의 경우 1909년 유달산에서 오포를 쏘기 시작하였다. 목포시에서는 유달산에 당시 오포를 발사했던 대포를 복원해 두었다. 통감부는 1908년 4월 1일 12시 서울에서 오포를 실시하였다. 그러나 이 시각은 실제 한국인들의 시간관념으로는 11시에 해당하는 것이었다. 이는 일제가 1910년 한국을 정치적으로 병탄하기 앞서 이미 '한국인들의 시간문화'를 자신들의 시간체계에 포섭하였음을 의미한다. 전근대와 근대를 막론하고 시간을 지배하는 자가 천하를 지배했다. 전근대의 경우 중국 중심의 질서체계 속에서 중국 황제의 연호를 사용한다든지 또 중국에 간 동지사(冬至使)가 받아 오는 것 중에 중요한 것이 황제가 하사하는 책력(冊曆)이었다는 데서 동아시아에서 중국의 시간 지배를 알 수 있다. 근대사회의 시작과 함께 세계를 제패한 국가는 영국이었다. 그 결과 지구촌의 밤낮을 구분하는 기준선은 당연히 영국의 그리니치 자오선(子午線)이 될 수 밖에 없었다.

복병산(伏兵山) 시보(時報)사이렌
도축장(屠畜場),
부영가축시장(府營家畜市場)

①	②
③	④

① 복병산(伏兵山) 시보(時報)사이렌_ [신부산대관]
② 도축장(屠畜場)_ [신부산대관]
③ 부산부영가축시장(釜山府營家畜市場)의 일부(一部)_ [부산대관]
④ 우시장(牛市場)_ [신부산대관]

부산소방조(釜山消防組)

　　1894년 청일전쟁 이후 거류민의 증가에 따라 일본식 건축가옥이 빠르게 들어서게 되자 유지(有志) 50여 명이 소방조(消防組)를 조직하여 야경(夜警)을 맡은 것을 시작으로 소방조의 창립을 본 것이 1897년이다. 1915년 총독부령으로 소방조규칙이 발포되어 조(組)의 지휘감독은 경찰서장이 맡고 비용은 부(府)에서 부담하였다. 현재 제1부[본부, 본정(本町) 2정목(丁目)], 제2부[부민정(富民町)], 제3부[초량정(草梁町)], 제4부[좌천정(佐川町)], 제5부[영선정(瀛仙町)]의 다섯 부(部)를 두고 코미야(小宮) 조두(組頭), 후쿠모토(福本) 부조두 아래 부장 5명, 소두(小頭) 5명, 상비소두 2명, 상비소방수 53명, 의용소방수 105명의 인원이 있다. 설비는 망루 및 경종대(警鐘臺) 7기(基), 소방자동차 10대, 손으로 끄는 수관차(水管車) 7대, 가스탐조등 1대를 갖추고 이외 소화설비를 가지고 있는 수상경찰서, 세관 및 부(府) 소유의 선박 5척을 보조(補助)기관으로 두었다.

　　조두(組頭) 코미야 만지로(小宮萬次郎)는 나가사키현(長崎縣) 사람이다. 1922년 11월 조두(組頭)로 임명되었다. 시대의 진운(進運)에 따라 소방기관의 확립을 위해 조원의 규율훈련에 노력하고 시설의 충실을 도모했기 때문에 뚜렷한 실적을 올려 구래(舊來)의 면목을 완전히 일신하게 되었다.

　　부조두(副組頭) 후쿠모토 료노스케(福本良之助)는 도쿄부(東京府) 사람이다. 1916년 5월 소방소두로 임명되고 1928년 3월 부조두로 승진하여 조두를 보좌하면서 시종일관 소방기관의 건전한 향상 발전을 위해 몸과 마음을 다하고 있다.

부산소방본부_ 중구 동광동 우리은행 건너편 한일주차장 일대가 1930년대 중반까지 부산소방본부가 자리한 곳이다.

부산소방본부(釜山消防本部)

① 부산소방본부(釜山消防本部)_ [신부산대관]
② 조두(組頭) 코미야 만지로(小宮萬次郎)_ [신부산대관]
③ 부조두(副組頭) 후쿠모토 료노스케(福本良之助)_ [신부산대관]

동본원사별원(東本願寺別院)

부산에서 일본불교의 전파는 멀리 삼포시대(三浦時代)에 있었던 『해동제국기(海東諸國紀)』[199] 수록의 부산포(富山浦) 지도에 나타난 견강사(見江寺)와[200] 형월암(馨月庵)의[201] 이름을 통해 당시 이미 상당한 정도의 포교가 있었음을 이해할 수 있다. 또 천정(天正)[202] 연간에 진종(眞宗) 승려 오쿠무라 죠신(奧村淨信)이[203] 부산에서 고덕사(高德寺)라는 하나의 사찰을 일으켜 포교에 종사하였는데 임진왜란으로 포교를 그만둘 수밖에 없었다고 전한다. 메이지(明治)시대에 들어와 당시 외무경 테라시마 무네노리(寺島宗則), 내무경 오쿠보 토시미치(大久保利通) 등의 권유에 의해 대곡파(大谷派) 본원사는 죠신(淨信)의 후예 오쿠무라 엔신(奧村圓心)을 파견하여 참판관사(參判官舍)의 건물을 빌려 포교에 종사하도록 하였다. 이것은 실로 1877년 11월의 일로 근대 우리 불교의 조선포교에 선구가 되는 것이다.

오쿠무라 엔신(奧村圓心) 본산(本山)의 명을 받아 부산에 와서 포교에 종사하는 한편, 소학교를 일으키고 혹은 부산자선교사(釜山慈善敎社)를 창립하여 사회사업에 손을 대고 혹은 한어(韓語)학교를 개설하여 어학생(語學生)을 양성하고 또 부산여인강(釜山女人講)을 조직하여 부덕(婦德) 함양에 노력하는 등 실로 부산문화의 은인이다.

부산자선교사(釜山慈善敎社) 1877년 12월 창립된 것으로 부산에서 사회시설의 효시이다. 조직은 동본원사 단도(檀徒)를 유지회원으로 하고 빈곤자, 행려병자 등에 금전을 지급하여 구제하는 일로 상당한 성적을 올리고 있다.

동본원사부산별원(東本願寺釜山別院) 옛 왜관(和館)의 참판관사(參判官舍)로서 1821년 소실된 것을 재건하여 1827년 5월 준공하였다. 아마도 부산에서 가장 오래된 목조건축물일 것이다.

동찰(棟札) 동사(同寺) 수리 때 발견된 것으로 문면(文面)은 다음과 같다. 당시 상황을 말해주는 좋은 자료이다.

문정(文政) 5년[204] 임오년(壬午年) 모월(某月) 소실됨에 문정 9년(1825년) 병술(丙戌) 9월 선례에 따라 공사를 시작하여 문정 11년(1827년) 술자(戊子) 5월 길일(吉日)에 집을 낙성하였다. 관원은 다음과 같다(書於上棟日維時文政五年壬午某月此第煙消矣 同九年丙戌九月有先例仍始役同十一年戊子五月吉辰館宇落成於玆官員記左云云)

동본원사 부산별원_ 현 중구 광복동 미화로에 있는 대각사 자리이다.

전관수(前館守)	오가와 게키(小川外記)	기계차지(器械次知)	1명
현관수(現館守)	미우라 쿠라노키(三捕內藏亟)	사환(使喚)	1명
보청봉행지어목부(譜請奉行支御目付)	쿠라카케 츄사부로(倉掛忠三郎)	상동(上棟)	슈교 세이조(修行淸藏)
수대역조선방어일장부 (手代役朝鮮方御日帳付)	센타 지우에몬(扇太次右衛門)	수공(首工)	미야마 요시우에몬(三山芳右衛門) 아오야키 젠사쿠(靑柳善作)
동어도사목부(同御徒士目付)	아오키 마키노키(靑木牧之亟)	소공(小工)	17명
공간전어관(公幹傳語官)	나카오 벤키치(中尾辨吉) 나가노 고헤에(中野五兵衛) 스미나가 쇼베에(住永正兵衛)	수인(首引)	쿄야 헤이지(鋸彌平治)
		인거(引鋸)	11명
장돌하목부(杖突下目付)	아비류 키치베에(阿比留吉兵衛)	감동관(監董官)	
서기(書記)	마루시마 히사지(丸島久治)	당상(堂上)	명원 최지사(明遠 崔知事)
이장(泥匠)	1명	당하(堂下)	심백 김주부(尋伯 金主簿)

문정(文政) 11년[205] 술자(戊子) 5월 길일(吉日) 집을 낙성하니 이에 이운(二韻)을 지어 고당(高堂)에 갖춘다(于時文政十一年戊子五月吉日館宇落成仍綴二韻備高堂焉)

명왈(銘日)

대관이 이미 건립되고 공간이 순조로이 위엄을 드러내니(大館已立 公幹順威) 사면이 찬란하고 안팎이 태평하도다(四面玲瓏 中外太平)

---

199) 본책 주(註) 33 참조.

200) 견강사(見江寺)는 부산광역시 부산진구 부암 3동 소재의 선암사(仙岩寺)와 관련이 있다. 선암사『중수기(重修記)』에 의하면 선암사의 처음 이름이 견강사(見江寺)였는데 동평현성(東平縣城, 현재 당감동 일대) 안에 있었다고 전한다. 그런데 견강사는 조선 정종(定宗) 2년 부산포의 자성대 동북쪽으로 옮겨 견강사라는 이름을 그대로 사용하였고 원래 견강사가 있었던 곳에는 새로운 사찰을 세워 선암사로 불렀다고 전한다. 애초 신라 문무왕 15년(675년) 원효대사가 백양산의 정상에서 낙동강이 바다로 유입되는 장관을 보고 창건했다고 하여 견강사(見江寺)라는 명칭이 붙여졌다고 한다. 이렇듯 견강사는 처음부터 강(江)과 밀접한 연관이 있었다. 자성대 동북쪽으로 옮기고 난 뒤 견강사(見江寺)의 강(江)은 당연히 지리적 조건을 감안하면 현재의 동천(東川)일 것이다. 『해동제국기(海東諸國紀)』 수록의 「동래부산포지도(東萊富山浦之圖)」에서 견강사(見江寺)는 지금의 증산(甑山)공원 아래 개운포(開雲浦) 지역에 위치한 왜관(倭館)의 오른쪽 가까이에 그려져 있다. 따라서 제법 평지에 위치한 상태에서 오른쪽의 동천(東川)을 바라보는 가람배치였을 것으로 짐작된다.

201) 형월암(馨月庵)은 「동래부산포지도(東萊富山浦之圖)」에서 왜관(倭館) 남쪽에 그려져 있다. 그러나 북항(北港) 바다에서 육지쪽을 바라본다면 증산 아래에 위치한 개운포왜관(開雲浦倭館, 본책 주(註) 41 참조)의 서쪽에 자리 잡고 있는 형상이다. 『해동제국기(海東諸國紀)』 수록의 「동래부산포지도(東萊富山浦之圖)」와 「광여도(廣輿圖)」 동래부(東萊府)지도(19세기 초), 「1872 군현지도(郡縣地圖)」 동래부지도(東萊府地圖), 「1872 군현지도(郡縣地圖)」 부산진지도(釜山鎭地圖), 「동래부산고지도(東萊釜山古地圖)」(19세기 후반) 등을 비교할 때 개운포(開雲浦)의 오른쪽 끝자락(현재 동구 좌천1동 봉생병원과 제일나라요양병원 주변)이 바닷가 쪽으로 곶(串)과 같이 돌출되어 있었다. 바로 그 일대에 위치한 것으로 판단된다.

202) 텐쇼(天正)는 106대 오오기마치천황(正親町天皇)과 107대 고요제이천황(後陽成天皇) 때의 연호로 1573년 7월 28일~1592년 12월 8일까지에 해당한다.

203) 1877년 부산항에 들어와 포교활동을 했던 교토(京都)의 정토진종(淨土眞宗) 대곡파(大谷派) 동본원사(東本願寺) 승려 오쿠무라 엔신(奧村圓心)의 13대 조상이다.

204) 분세이(文政)는 에도막부(江戶幕府) 후기 제120대 천황 닌코천황(仁孝天皇, 1800~1846) 집권기 사용했던 연호(1817~1846)로 분세이(文政) 5년은 1821년에 해당한다.

205) 1827년에 해당한다.

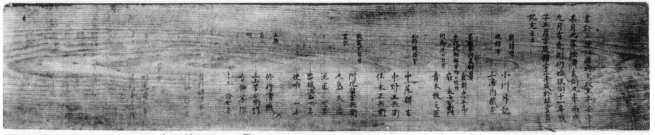

동본원사(東本願寺) 부산별원(釜山別院)

① 동본원사(東本願寺) 부산별원(釜山別院)_ [신부산대관]
② 상량문(上梁文)_ [신부산대관]
③ 오쿠무라 엔신(奧村圓心)_ [신부산대관]

재단법인 부산공생원(財團法人 釜山共生園)

소　재 부산부(釜山府) 수정정(水晶町) 1정목(丁目) 21번지(番地)

원　장 오타 슈잔(太田秀山)[206] 스님

연　혁 부산공생원은 부산 대청정(大廳町) 지은사(知恩寺) 주직(住職) 오타 슈잔(太田秀山) 스님의 발원에 기초하여 지은사(知恩寺)[207] 단신도(壇信徒)의 찬조로 '내선공생(內鮮共生)'의 염원 달성과 금상폐하(今上陛下)의 성혼기념(成婚記念) 및 정토종(淨土宗) 개종 750년을 기념하기 위해 1923년 4월 10일 지은사(知恩寺) 내에 만들어졌다. 교화(敎化), 학원(學園), 수산(授産), 유원(遊園)을 사업의 네 부문으로 해서 제일보를 내디뎠다. 1926년 본원의 관계자는 본 사업이 의미있는 것임을 알고 연액 6,000여 원을 경영비로 지원하는 후원회를 조직하여 영주정(瀛州町)에 관(館)을 빌려서 독립적인 경영을 하였다. 탁아부(托兒部) 및 건강상담부를 증설하고, 1928년 기원절(紀元節) 천황하사금과 수정정(水晶町)의 현 부지를 후쿠나가 세이지로(福永政治郎)로부터 무료대여 받고, 또 야마모토 에이요시(山本榮吉)의 기부금 1만 원으로 새로운 원사(園舍)를 신축하여 건강상담부를 실비진료하는 공생병원으로 바꿨다. 그리고 일본인과 조선인이 함께 배우는 유치원을 병치하였다. 사업을 더 확장할 여유가 없었으나 또 다시 야마모토 에이요시(山本榮吉)로부터 기부금 6,000원을 받아 의원과 학교용 원사(園舍)를 증축하였다. 1931년 전체 부지를 구입하고 현재의 이사(理事) 여러 명이 비용을 내어 재단법인 조직으로 되었다. 한편 학원부(學園部)는 부산공생여학교로 인가를 받았다. 또 그해 특별하사금 3,000원을 받아 은사기념관을 2만 1,000원으로 신축하고 각종 사업시설의 충실함을 갖추었다. 현재 교화부[불교강연, 공생교회, 공생청년단, 공생부인회, 공생수산부회(共生授産部會), 원아(園兒)부형회, 활동사진반], 교육부[부산공생여학교, 공생유치원, 공생일요학교(共生日曜學校)], 수산부(授産部)[수산전습소, 공생농장], 보호부[공생탁아소, 모유소개(母乳紹介), 아동유원(兒童遊園)], 보건부[공생의원, 실비진료, 무료이발], 사회부[인사상담, 구호] 등의 6개 부문을 경영하고 있으며 창립 21년에 이른다.

업　적 창립 이래 전체 보호(保護) 인부(人夫)는 2만 1,364명으로 전체 경비 17만 4,600여 원. 현금 1개년 경비 2만 5,000원이다. 항상 보호받는 사람은 평균 500명이며 보조금, 후원회비, 일반 기부금에 의해 경영되고 있다. 1928년 이래 기원절 천황하사금이 있었고, 경남도지사, 제국교육회, 교화단체로부터 표창을 받았다.

임　원 단장 겸 이사장 오타 슈잔(太田秀山). 이사(理事) 후쿠나가 세이지로(福永政治郎), 카시이 겐타로(香椎源太郎), 야마모토 에이요시(山本榮吉), 고도 세이스케(五島誠助), 야마모토 라이노스케(山本賴之助), 야마네 타키치(山根太吉), 다이고쿠 토리마쯔(大黑酉松), 아베 히코지(阿部彦治), 오케야 키치조(桶谷吉藏). 이외 평의원 27명, 직원 23명.

원　장 오타 슈잔(太田秀山) 스님은 1890년 시마네현(島根縣)에서 태어났으며 1912년 도쿄종교대학[현재 다이쇼(大正)대학] 연구과를 졸업하고 미국령 하와이에서 포교사로 7년을 보냈다. 1919년 귀국하여 도쿄시바(東京芝)중학교의 교유(敎諭)로 2년을 지내다가 1921년 말 지은사(知恩寺) 주직(住職)으로 부산에 와서 곧바로 공생원 창설에 착수하였다. 올해 45세이며 교계(敎界)의 신지식인으로 신앙이 열렬한 인물이다.

부산공생원_ 동구 수정동 부산일보사 자리에 있었다.

---

206) 원문에서는 '大田秀山'으로 되어 있으나 본문의 내용을 참조할 때 '太田秀山'이 맞는 듯하다. 어느쪽이든 일본음은 동일하다.
207) 부산광역시 중구 대청동 1가 지금의 중앙성당 자리에 있었다. 해방후 지은사는 적산(敵産)으로 분류되어 미군정에 의해 가톨릭 재단으로 귀속되면서 중앙성당이 세워졌다.

부산공생원(釜山共生園)

①	②
③	④

① 부산공생원(釜山共生園)_ [신부산대관]
② 부산공생원(釜山共生園) 원장(園長) 오타 슈잔(太田秀山) 스님_ [신부산대관]
③ 강당(講堂)_ [신부산대관]
④ 수산부(授産部)_ [신부산대관]

금강사(金剛寺)

소　재 부산부(釜山府) 대청정(大廳町)

연　혁 대청정 복병산록(伏兵山麓)에서 부산시가를 아래로 굽어보는 높은 지대의 청정(淸淨)한 곳에 오랜 나무들로 둘러 쌓인 아주 크고 훌륭한 가람(伽藍)이 있다. 불사(佛寺)의 발자취가 끊이지 않는 이곳의 금강사는 1898년, 현 주직(住職) 미타 마사테루(見田政照)가 고야산(高野山)으로부터 존귀한 불상을 경건한 마음으로 받들고 조선으로 와서 5월 7일 성대한 입불식(入佛式)을 거행한 것이 시초로서 조선 최초의 진언도량(眞言道場)이다. 당시 대청정, 서정(西町), 부평정(富平町) 일대는 초원이었고 금강사는 우편물조차 닿지 않는 위치의 산중이었다. 당(堂)과 탑(塔) 같은 것도 암자(庵寺) 정도에 지나지 않았으나 미타(見田) 주직은 스스로 깊히 학문을 닦아서 단신도(壇信徒)의 신뢰를 얻고, 거류민 사이에 동경과 존경을 한 몸에 받아 마침내 오늘과 같은 사문(寺門)의 흥륭을 이루었다. 조선 각지에 말사 포교소 42개소를 두고 있다. 미타(見田) 주직(住職)이 부처님의 가르침에 종사한 38년은 종교계에서 드문 일이다. 이미 환갑(還曆)을 맞이하였으나 여전히 기력이 정정하다. 당시는 진언종(眞言宗)도 단일종(單一宗)으로 각파에서 분리되어 있지 않았던 시기로 미타(見田) 주직(住職)은 진언종 장자(長子)로부터 인가(認可)의 사령(辭令)을 받았다.

대사의원(大師醫院) 대사의원(大師醫院)은 금강사의 돌계단 오른쪽에 설치된 금강사 부속의 무료진료소이다. 1933년 종조(宗祖) 홍법대사(弘法大師) 1,100년 기일(遠忌)에 축제의 소란스러움을 없애고 국가사회에 의미있는 공헌을 할 취지로 대사(大師)의 사적(事蹟)에 관계 깊은 빈민시료(貧民施療)기관 건설을 염두해서 그 뜻을 단신도(壇信徒)에게 널리 알리고 사재 1만 수천 원을 투자한 철근콘크리트 건물을 조성하였는데 건평이 30평이다. 위층을 대사(大師)회관으로 건설하고 여러 진료시설을 갖추어 그해 10월 1일부터 사업을 시작하였다. 무료진료기관으로는 대사의원이 민간에서 유일하다. 방면위원(方面委員)을 개입시켜 주로 조선인 세민(細民)의 병자를 시료할 목적이었으나 근래는 일본인도 병원에 있다. 시작 후 1년 사이 시료(施療)한 연인원은 1만 5,284명[1일 평균 약 51명]에 달하는 성황을 이루었다. 전임의(專任醫) 1명, 간호부 2명, 약사(藥師)[208] 1명, 청소부 1명으로 조직되어 있다. 종교적 애타심으로 환자에게 정성을 다하기 때문에 본원(本院)을 방문하는 환자 모두는 부처님의 은혜에 감사하고 있다.

금강사_ 중구 대청동 새들맨션 자리에 있었다.

---

208) 원문에는 '약국(藥局)'으로 되어 있다. 문맥상 '약사(藥師)'의 오기(誤記)로 보인다.

금강사(金剛寺)

① 금강사(金剛寺)_ [신부산대관]
② 금강사(金剛寺) 주직(住職) 미타 마사테루(見田政照)_ [신부산대관]
③ 금강사(金剛寺) 운영 대사의원(大師醫院)_ [신부산대관]

경상남도(慶尙南道) [경상남도의 간부(幹部)]²⁰⁹⁾

도청 소재지 부산부(釜山府) 중도정(中島町)

연　혁 본도(本道)는 삼한시대에 변한(弁韓), 진한(辰韓)의 땅이었고 삼국시대에는 신라의 땅이었다. 삼한시대의 사적(事蹟)은 아득하여 알기 어렵지만 진한은 본도의 동북부, 변한은 남서부로부터 전라도의 남단에 걸쳐 있었다. 그리고 신라의 국운이 아직 떨치지 못하였을 때 변한의 고지(故地)에 가락국이 흥하였고 가락국(駕洛國)은 또 금관국(金官國)으로 불렸다. 도성(都城)은 현재 김해읍의 땅으로 역세(歷世)는 이 지역을 차지하고 있었다. 번성했을 때 북동쪽은 가야산, 동쪽은 낙동강, 북서쪽은 전라남도 경계의 지리산에 이르렀고 서쪽으로 섬진강을 한계로 그 영토는 거의 본도(本道)의 태반에 걸쳐 있었다. 건국 이래 993년을 경과하여 마침내 고려 때문에 사라져버렸다.²¹⁰⁾ 고려가 전국을 통일하자마자 동남도부서리(東南道部署使)를 경주읍내에 두고 본도(本道)를 통할(統轄)하게 하였으나 뒤이어 조선이 흥하였다. 성종(成宗) 14년경²¹¹⁾ 전국을 10도(十道)로 정하였다. 본도의 땅은 영동(嶺東), 영남(嶺南), 산남(山南)의 3도(三道)로 분할하고 이후 1도(一道)로 하여 경상진주도(慶尙晉州道)로 칭하였다가 또 나누어서 경상도, 진협주도(晉陜州道)의 2도로 하였다. 그 뒤 다시 합쳐 상진안동도(尙晉安東道)로 하고 또다시 경상진안도(慶尙晉安道)로 고쳤다. 고종(高宗) 46년²¹²⁾ 몽고 침입 때 지금의 영덕과 청송, 그 이북 평해(平海)에 이르는 일대의 땅을 명주도(溟州道)에 이관하였으나 뒤에 복구하여 충숙왕(忠肅王) 원년에²¹³⁾ 이르러 경상도로 칭하고, 건양(建陽)의²¹⁴⁾ 개혁 때 남북 2도로²¹⁵⁾ 나누어 오늘에 이른다.

1914년 11월 경상북도 청도군의 일부를 본도 밀양군에 편입하였다. 더구나 1914년 3월 부군(府郡)의 관할구역을 변경하였는데 부산부(釜山府), 마산부(馬山府) 이외 19군으로 정하고 울릉도를 경상북도로 이관하였다. 1924년²¹⁶⁾ 4월에는 도청을 진주에서 부산부(釜山府)로 옮겼다. [도립병원의 예정 건물(豫定舍)인 현재의 청사(廳舍)에서 본도 행정을 맡는 한편, 서남의 땅에 신청사를 신축하여 이전할²¹⁷⁾ 것이다.] 본도는 조선반도의 최남단에 위치하여 동서 약 41리(里), 남북 약 25리, 면적 785제곱리(方里)이며²¹⁸⁾ 반도에서 두 번째인 낙동강이 중앙부를 흐르고 해안선이 연장 570리로 대소의 항만이 서로 연이어 있고 도서(島嶼) 사이에 산재한 인구가 190만을 헤아린다. 기후는 중화(中和)하여 농산물이 풍부하다. 인구 210만 여명으로 일본과 최단거리에 있어 일찍이 조선과 일본의 관계에서 가장 밀접한 지방이다.

---

209) 본 항목에서는 『釜山大觀』의 '경상남도(慶尙南道)' 항목과 '경상남도(慶尙南道)의 간부(幹部)' 항목을 편제상 합쳤다.

210) 이 내용은 역사적 고증이 미흡한 부분이다. 김해 중심의 금관가야는 주지하듯이 532년 신라 법흥왕 때 이미 멸망하였다.

211) 고려 성종(成宗, 981~997) 14년은 996년이다.

212) 고려 고종(高宗, 1214~1259) 46년은 1259년이다.

213) 충숙왕(忠肅王, 1294~1339)은 고려 제27대 왕이다. 1313년 왕위에 올랐다.

214) 1895년 8월(양력 10월) 을미사변으로 정권을 다시 잡은 김홍집(金弘集)내각은 태양력 사용과 함께 음력 1895년 11월 17일을 양력으로 환산해서 1896년 1월 1일로 정하였다. 이때부터 연호를 건양(建陽)이라 하고 1897년 8월 광무(光武)로 변경할 때까지 사용했다.

215) 고종은 아관파천의 상황에서 1896년 8월 14일 전국을 1부(府) 13도제(道制)의 지방제도로 개편하였다. 이로써 강원도와 경기도를 제외한 여타의 각 도(道)들이 남북의 도(道)로 나뉘어 전국이 13도 체제로 재편되었다.

216) 『釜山大觀』과 『新釜山大觀』 모두 "大正十三年" 곧 1924년으로 기술하고 있다. 그러나 실제 경남도청이 부산으로 이전하여 업무를 보게 되는 것은 1925년 4월 1일부터였다. 전후 사정을 보면 경남도청의 부산 이전은 1924년 12월 6일 밤에 조선총독부에서 최종 결정하고 이를 12월 8일 「총독부령 제76호」로 관보에 게재함으로써 확정되었다. 부산으로 옮겨 온 경남도청은 1925년 4월 17일 오전 10시 내내 600여 명이 참석한 가운데 이청식을 개최하였다.

217) 현재 동아대학교 부민동캠퍼스의 박물관인 옛 경남도청 건물은 원래 부립자혜병원(府立慈惠病院)으로 사용할 목적에서 1923년 초부터 건축한 것이다. 그러나 경남도청이 부산으로 옮겨 온다고 할 때 당장 직면한 문제가 도청건물을 어디에 마련할 것인가였다. 이에 부산부(釜山府)는 애초 부립자혜병원 용도로 짓고 있던 건물을 경남도청의 임시청사(假廳舍)로 사용하도록 총독부에 기부하였다. 따라서 경남도청이 부산으로 이전한 직후만 하더라도 경남도청의 새청사는 본문대로 "서남의 땅에 신청사를 신축하여 이전할" 계획이었다. 그러나 결국 이것은 실현되지 못하고 애초 "서남의 땅에 신청사를 신축"하려고 했던 곳에는 1936년 부산부립병원(釜山府立病院, 현재 아미동 부산대학교병원 자리)이 들어서게 된다. 결국 일제시대 부산부립병원과 경남도청은 원래의 계획과 달리 그 자리가 서로 바뀌었던 것이다.

218) 본문에서 리(里)는 일본이 1891년 미터조약(Convention du Metre) 가입 이후 사용한 1리(里)=4km(정확하게는 3.927km이다)의 의미로 사용된 단위이다.

경상남도청(慶尙南道廳)

③ ①
④ ①
⑤ ②

① 경상남도 청사(慶尙南道廳舍)_ [부산대관]
② 경상남도 청사(慶尙南道廳舍)_ [신부산대관]
③ 경상남도 도지사(道知事) 와다 쥰(和田純)_ [부산대관]
④ 경상남도 도지사(道知事) 세키미즈 타케시(關水武)_ [신부산대관]
⑤ 도지사(道知事) 관저(官邸)_ [부산대관]

행정구획 2부 19군으로 부산부(釜山府), 마산부(馬山府)와 울산, 동래, 창령, 사천, 하동, 거창, 고성, 통영, 함양, 합천, 의령, 함안, 산청, 창원, 진주, 김해, 밀양, 양산, 남해의 19군으로 나뉜다.

도사무분장 1. 지사관방, 2. 내무부[지방, 학무, 산업, 수산, 토목, 회계의 6과], 3. 재무부[세무, 이재의 2과], 4. 경찰부[경무, 고등경찰, 보안, 위생의 4과]로 나뉘어 관방에 주사(主事), 각 과에 과장을 두고 이사관, 경시(警視), 기사(技師), 속(屬) 또는 경부(警部)로서 과장이 된다. 1910년 10월 일한병합(日韓倂合)이 이루어지자 각도 장관을 일본인으로 임명하였는데 카가와 테루(香川輝)가 본도 장관으로 내임하였다. 이어서 사사키 후지타로(佐佐木藤太郎)가 장관으로 임명되었다. 1919년 8월 도장관을 도지사로 명칭을 바꿨는데 사사키(佐佐木)가 계속해서 그 일을 맡았으며 그 뒤 사와다 토요죠(澤田豊丈)가 본도 지사에 임명되었다. 1923년 2월 사와다 토요죠(澤田豊丈)는 경상북도로 옮겨 갔다. 현재 지사 와다 준(和田純)은 니카다현(新潟縣) 내무부장에서 본도 지사로 옮겨와 재직하고 있다.

현재 지사(知事) 와다 준(和田純)은 도쿄시(東京市) 마포구(麻布區) 본촌정(本村町) 사람으로 1876년 5월 2일 태어났다. 1902년 7월 도쿄(東京)전문학교 행정과를 졸업[와세다(早稻田)의 전신]하고 그해 11월 판검사 등용 제1회시험에 합격하여 사법관시보에 임명되었다. 1904년 육군법관부원이 되어 제3군 병참부 감독부 소속으로 다롄(大連), 랴오양(遼陽)에 갔다가 러일전쟁 승리 이후 만주수비부대로 톄링(鐵嶺)에 주재하여 1908년까지 육군법관부원으로서 재임하였다. 1908년 5월 한국정부에 초빙되어 판사로 임명되고 평양공소원(平壤控訴院) 판사(判事)가 되었다. 이후 다시금 1908년 6월 고지현(高知縣) 경찰부장, 1915년 12월 와카야마현(和歌山縣) 경찰부장, 1918년 3월 에히메현(愛媛縣) 내무부장, 1923년 2월 본도 지사가 되어 오늘에 이른다[종5위(從五位) 훈3등(勳三等)]

현재 지사(知事) 세키미즈 타케시(關水武)는 시나가와현(神奈川縣) 고자군(高座郡) 삽곡촌(澁谷村) 사람으로 1883년 1월 5일 태어났다. 1911년 도쿄제국대학 법과를 졸업하고 그해 이바라키현속(茨城縣屬)으로 나아가 이바라키현(茨城縣) 경부(警部)를 지냈다. 1911년 문관고등시험에 합격하여 이바라키현(茨城縣) 이사관, 이바라키군(茨城郡)과 나가군(那珂郡)의 군장(群長) 등을 거쳐 1919년 8월 20일 충청남도 제3부장으로 조선에 왔다. 1921년 충남 경찰부장, 1922년 본부 감찰관을 지냈으며, 1924년 3월부터 1년 동안 구미(歐美)에 출장하고 1926년 3월 평남 내무부장, 1928년 3월 경남 내무부장, 1929년 1월 경기도 내무부장, 그해 12월 경기부윤(京畿府尹), 1926년 11월 함남 지사를 역임하였다가 1929년 8월 경남 지사로 부임해 왔다. 고등관 1등으로 훈3등(勳三等) 서보장(瑞寶章)을 받았다.

내무부장(內務部長) 마쯔이 후사지로(松井房治郎)는 교토부(京都府) 애탕군(愛宕郡) 암창촌(岩倉村) 사람으로 1881년 7월 20일 태어났다. 1908년 도쿄제국(東京帝國)대학 법과를 졸업하고 1910년 조선총독부속(朝鮮總督府屬)으로 조선에 왔다. 이듬해 1911년 11월 문관고등시험에 합격하여 조선총독부 시보(試補)에 임명되었다. 그 뒤 1912년 1월 조선총독부 도사무관(道事務官)에 임명되어 함경남도 재무부장을 역임한 이후 전라북도 재무부장으로 자리를 옮겼다. 1917년 8월 세관장에 임명되어 원산세관에서 근무하고 1919년 5월 부산세관으로 자리를 옮겨 4년간 재임하였다. 1923년 3월 도사무관에 임명되어 전라남도 내무부장을 역임했다. 1926년 6월 경상남도 내무부장에 임명되어 오늘에 이른다.[종5위(從五位) 훈6등(勳六等)]

현재 내무부장 마쯔모토 이오리(松本伊織)는 1887년 9월 5일 에히메현(愛媛縣) 우마군(宇摩郡) 삼도정(三島町)에서 태어났다. 1915년 사립쥬오(私立中央)대학 본과 영법과(英法科)를 졸업하고 그해 문관고등시험에 합격하였다. 1916년 5월 에히메현속(愛媛縣屬)으로 명령받은 이래 1918년 10월 에히메현(愛媛縣) 경시(警視), 1920년 2월 에히메현(愛媛縣) 단우군장(丹羽郡長), 1921년 8월 에히메군장(愛媛郡長)을 거쳤다. 1923년 2월 조선으로 건너와 경기도 시학관(視學官), 본부(本府) 식산국 사무관, 내무국 사회과장사무취급, 식산국 수산과장에 이어 1929년 12월 전남 내무부장, 1931년 본부(本府) 사회과장, 1932년 중추원 서기관으로 재임하였다. 1934년 2월 구미(歐美)에 출장하고 1934년 11월 조선으로 돌아와서 경남 내무부장에 취임했다[고등관 3등, 훈5등(勳五等) 서보장(瑞寶章)을 받음]

경찰부장(現警察部長) 무라야마 쇼이치로(村山沼一郎)는 니가타현(新潟縣) 예우군(刈羽郡) 전고촌(田尻村) 대자자목(大字茨目) 사람으로 1882년 6월 16일 태어났다. 1903년 니가타현(新潟縣)사범학교를 거쳐 1907년 3월 도쿄고등사범 본과 수학물리화학과를 졸업하고 후쿠오카(福岡)여자사범, 니가타현립 카시와자키(柏崎)중학, 니가타현립 이토이가와(糸魚川)중학 등에서 근무하였다. 1913년 3월 중등학교 교원시험검정에 응시해 법제경제(法制經濟)에 합격하고 그해 11월 문관고등시험에 합격하였다. 그 뒤 도치키현(栃木縣) 시학(視學), 시나가와현(神奈川縣) 시학(視學), 시나가와현(神奈川縣) 고좌군장(高座郡長)을 거쳐 1922년 1월 후쿠이현(福井縣) 이사관에 임명되었다. 그리고 그해 9월 조선총독부 도사무관에 임명되고 경상남도 경찰부장으로 부임하여 오늘에 이른다.[정6위(正六位)]

현재 경찰부장 시라이시 코지로(白石光治郎)는 1897년 10월 6일 나고야시(名古屋市) 서구(西區) 옥옥정(玉屋町)에서 태어났다. 1922년 도쿄제국(東京帝國)대학 법학부 정치과를 졸업하고 곧바로 조선으로 건너와 총독부 내무부 및 경찰부에서 근무하던 중 그해 11월 문관고등시험에 합격하였다. 1923년 11월 경기도 이사관, 그해 12월 도경시(道警視), 1924년 12월 경기도 보안과장, 1927년 경기도 지방과장, 1928년 9월 강원도 재무부장, 1929년 5월 평북도 재무부장, 1930년 2월 본부(本府) 경무국 사무관, 1931년 1월 평북도 경찰부장을 역임하고 1933년 12월 경남도 경찰부장으로 내임하여 오늘에 이른다.[고등관 3등]

　　참여관(參與官) 심환진(沈晥鎭)은 경성부 사람이다. 1872년 태어났다. 1901년 1월 한국정부 탁지부 주사를 역임한 이래 지위가 올라 1908년 3월 재무관에 임명되었다. 1911년 6월 조선총독부 군수가 되어 경상북도 문경, 하양(河陽), 성주, 상주, 칠곡 등의 각 군에서 근무하였다. 1924년 3월 황해도 참여관이 되고 1926년 9월 경상남도 참여관으로 발령받아 오늘에 이른다[정6위(正六位) 훈5등(勳五等)]

　　재무부장(財務部長) 아베 센이치(阿部千一)는 이와테현(岩手縣) 패관군(稗貫郡) 탕구촌(湯口村) 중퇴자(中退子) 사람이다. 1893년 11월 23일 태어났다. 1919년 7월 도쿄제국(東京帝國)대학 법학부 정치학과를 졸업하고 이듬해 1920년 1월 조선총독부 고등토지조사위원 사무국서기 겸 총독부속(總督府屬)으로 내임하였다. 그해 10월 문관고등시험 행정과시험에 합격하였다. 1921년 2월 총독부 사무관으로 부임해 관방(官房)토목부 겸 비서과에서 근무하였다. 1923년 2월 도이사관(道理事官)으로 임명되어 평안남도 내무부 학무과장 겸 심사과장을 맡았다. 이듬해 1924년 12월 경기도에서 근무하고 학무과장 겸 도시학관(道視學官)을 거쳐 1925년 9월 조선총독부 도사무관으로 부임하였다. 경상남도 재무부장을 명령받아 오늘에 이른다 [종6위(從六位)]

경상남도(慶尙南道) 주요 간부(幹部)　

① 경상남도 내무부장(內務部長) 마쯔모토 이오리(松本伊織)_ [신부산대관]
② 경상남도 경찰부장(警察部長) 시라이시 코지로(百石光治郎)_ [신부산대관]
③ 경상남도 참여관(參與官) 심환진(沈晥鎭)_ [부산대관]
④ 경상남도 내무부장(內務部長) 마쯔이 후사지로(松井房治郎)_ [부산대관]
⑤ 경상남도 경찰부장(警察部長) 무라야마 쇼이치로(村山沼一郎)_ [부산대관]
⑥ 경상남도 재무부장(財務部長) 아베 센이치(阿部千一)_ [부산대관]

경상남도산업장려관(慶尚南道産業奬勵館) [경상남도물산진열관(慶尚南道物産陳列館)]

소 재 부산부(釜山府) 대창정(大倉町) [역전(驛前)]

경상남도산업장려관은 원래 경상남도물산진열관으로 불렸다. 1915년 9월, 당시 도청소재지인 진주에 설치되어 본도의 물산을 수집 전시하고 소개하는 데 노력하였다. 그러나 그 위치가 부적당했기 때문에 충분히 그 목적을 달성할 수 없었다. 본도 내 물산을 위주로 아주 소량의 참고품(參考品)을 진열하였고 그 규모 또한 몹시 작았다. 그러다가 진주가 물산진열관 소재지로서 장점을 상실하여 애초의 설립 목적에 적합하지 않게 되자 이에 부산으로 이전하려는 논의가 왕성하던 중, 1923년 부산에서 조선수산공진회의 개최를 맞이하여 이것을 기회로 부산역 앞에 공사비 5만 원으로 벽돌 2층 건물 1동 건평 125평을 건설하여 공진회 개최의 한 장소로 사용하였다. 이후 1924년[219] 4월 16일[15일] 처음 개관하였다. 이에 진열수집품의 범위를 넓히고 조선 전역 각도의 물산을 참고품(參考品)으로 하였다. 도내 각종 물산의 본보기 2,500점, 다른 도(道) 제품 본보기(見本) 300점을 진열함과 동시에 경상남도 및 다른 도(道)의 생산업자 60여 명으로부터 상품위탁을 받아 판매를 하고 있다. 현직원은 관장 가토 기야스지(加藤木保次)[경상남도 산업과장 겸임] 이외 직원 3명, 간수(看守) 4명, 사환(小使) 1명이다.

점차 사업의 확장에 따라 건물의 협애함을 느껴 1932년도에 3층을 증축함과 동시에 사무실 현관을 개축하였다. 그해 10월 1일부터 산업장려관으로 명칭을 고쳐 오늘에 이른다. 경상남도산업장려관이 목적하는 바는 도(道) 생산품(生産品)의 선전 소개 및 거래의 개선 발달에 있으며 항상 도내(道內) 생산품(生産品) 상품의 진열 위탁, 파는 물건의 진열, 상황(商況)의 조사, 거래의 알선, 전람회와 공진회의 개최 및 참가, 참고도서의 열람 등을 사업내용으로 하고 있다. 현재 관장[도산업이장(道産業理長)] 1명, 주사 1명, 서기 3명, 고용인 2명, 간수 7명이 근무하고 있다.

경상남도산업장려관_ 중구 중앙동 삼성증권이 입주한 흥우빌딩이 경상남도산업장려관이 있었던 곳이다.

경상남도산업장려관(慶尙南道産業奬勵館)

①	②

① 경상남도물산진열관(慶尙南道物産陳列館)_ [부산대관]
② 경상남도산업장려관(慶尙南道産業奬勵館)_ [신부산대관]

경상남도수산시험장(慶尙南道水産試驗場)

소　재 부산부(釜山府) 녹정(綠町) 아래

　수산업은 본도 산업 가운데 중요한 지위를 차지하는 것으로 구태여 부언을 요하지 않는 바이다. 하지만 다른 산업에 비하면 그 발전이 아직 뒤쳐져 있다. 최근 어업 발달에 따라 연안(沿岸)어업은 점점 충실해지고 있다고 하겠으나 넓은 바다는 어업경제의 확립과 함께 근해어업의[220] 진전을 기다리고 있다. 또 어획물의 '이용후생(利用厚生)'에 따라 점점 그 가치를 더 높이고 이것이 산액(産額)을 증진시킬 여지가 적지 않음으로 중요 어족의 이동, 증멸(增滅), 번식상황을 알아내고 또 어업의 소장(消長) 변천에 따라 어장 어구의 적부(適否), 어획물의 처리와 판매, 양식물(養殖物)의 적종(適種)과 적지(適地)의 선택 등에 관하여 시험조사를 수행하여 수산업 경제의 경정(更正) 발전을 도모하는 것을 급무로 인식하여 앞서 1926년에 관련 직원을 배치하였다. 그러나 시행상 필수적 설비가 결여되어 사업 본래의 사명을 달성하는데 유감이 적지 않았다. 이에 연구기관의 충실을 기하기 위해 1931년도에 시험선 지리산마루(智異山丸)을 건조하고 이어서 1932년 4월 1일 수산시험장을 설치하였다.

　현재장원(現在場員)으로는 장장기사(場長技師) 이외 기수(技手) 5명, 서기 1명, 고원 6명, 용인(傭人) 7명으로 소속시험선은 지리산마루(智異山丸) 이외 4척이 있다. 수산시험장의 사업은 1. 해양관측, 연안정치(沿岸定置) 관측, 해류조사, 어황조사, 중요어업표식방류 등의 기본조사, 2. 수조망(手繰網), 사류망(鰤流網), 오징어낚시(烏賊釣) 등의 각 어업 및 사료(飼料) 조사시험, 3. 염장(鹽藏), 조림정어리(煎鰮), 고등어장조림(鯖佃煮), 팽창기적용(膨脹機適用), 잡어란(雜魚卵)이용제조, 훈제품제조, 폐기물이용, 고등어토마토통조림, 바다장어요리통조림, 갈치유적(太刀魚油漬)통조림 제조시험, 4. 김, 굴, 기타 양식시험 등이다. 장장(場長) 산업기사 카세이 쯔기오(河西次男)는 약 20년간 본도(本道) 수산과에 근무하였으며 본 시험장설치와 함께 장장(場長)이 되어 오늘에 이른다.

　현재 산업부장(産業部長) [참여관] 손영목(孫永穆)은 1888년 11월 21일, 경남도 밀양군 밀양읍에서 태어났다. 1909년 밀양군 사립진성학교(私立進成學校)를 졸업하고 구한국(舊韓國) 내부(內部)의 제임관(制任官) 4등 군주사(郡主事)가 되었다. 1910년 10월 총독부지방관관제 실시와 동시에 도서기(道書記)로서 경남도 근무를 명령받았다. 1917년 12월 고성(固城)군수, 1921년 3월 동래군수, 1922년 3월 울산군수, 1928년 중추원 서기관, 1929년 11월 강원도 참여관을 역임하고 1931년 9월 경남도 참여관, 산업부장에 취임하여 오늘에 이른다[고등관 3등, 훈5등(勳五等) 서보장(瑞寶章)]

경상남도 수산시험장_ 서구 충무동 3가 충무쇼핑센터가 경상남도수산시험장이 있던 곳이다.

---

220) 원문에는 충합어업(沖合漁業)으로 되어 있다. 이는 연안(沿岸)어업과 원양(遠洋)어업의 중간에 해당하는 근해(近海)어업이라고 할 수 있다.

경상남도수산시험장(慶尙南道水産試驗場)

② ① 경상남도수산시험장(慶尙南道水産試驗場)_ [신부산대관]
① ② 경상남도 참여관(參與官) 산업부장(産業部長) 손영목(孫永穆)_ [신부산대관]

부산지방법원(釜山地方法院)

소　재 부산부(釜山府) 부민정(富民町) 2정목(丁目)

연　혁 본항(本港)에서 사법기관은 융희(隆熙)[221] 원년 구한국(舊韓國)정부에서 사법사무를 독립하여 처음으로 삼심재판제도(三審裁判制度)를 실시함에 따라 융희(隆熙) 2년 [1908년 8월] 진주지방재판소 소관으로 부산구재판소(釜山區裁判所)를 초량에 설치한 것이 시초이다. 그리고 이듬해 1909년 부산구재판소(釜山區裁判所)에 진주지방재판소 지부를 두고 1910년 2월부터 사무를 시작하였다. 그런데 당시는 오로지 조선인에 대한 재판만을 취급하고 일본인에 대한 재판사무는 옛 방식대로 부산이사청(釜山理事廳)의 소관이었다. 하지만 1909년 7월 구한국(舊韓國)의 사법 및 감옥사무를 우리나라 정부에 위임하는 협약을 체결하여 통감부재판소를 설치하면서 종래의 구재판소(區裁判所) 외에 대구공소원(大邱控訴院) 관하(管下)에 새롭게 부산지방재판소를 설치해, 그해 11월부터 개청(開廳)하였다. 이에 사법사무는 이사청의 소관을 떠나 일본인 및 조선인에 대한 고소사건을 균일하게 동일 재판소에서 취급하게 되었다. 1910년 8월 일한병합(日韓倂合)이 성립되자 재판소령을 개정하여 조선총독부재판소를 두었다. 1910년 9월 현재의 부민정(富民町) 위치에 청사를 신축하여 그해 연말 준공하고 이듬해 1911년 1월 신청사로 부산지방재판소가 이전하였다. 이후 1912년 4월 조선총독부재판소령의 개정과 함께 부산지방법원으로 개칭하여 오늘에 이른다. 관할구역인 진주, 마산, 울산, 밀양, 통영 및 거창에 6개의 지청을 설치하고 각 주요지에 출장소 13개를 두었다. 현 법원장은 하시모토 히로시(橋本寬)이고 검사정(檢事正)은 스기무라 이즈로(杉村逸樓)이다. 현재 법원장은 모리타 히데지로(森田秀治郎)이고 검사정(檢事正)은 히라야마 마사요시(平山正祥)이다.

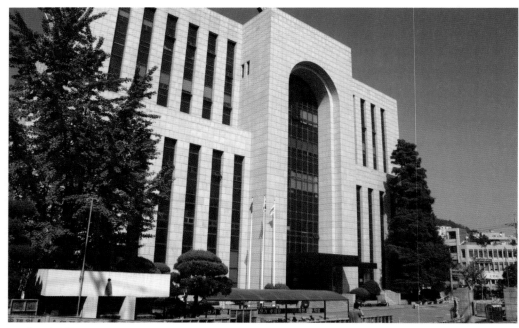

부산지방법원_ 서구 부민동 동아대 부민캠퍼스 법과대학 건물 자리에 있었다.

---

221) 1907년 헤이그밀사사건으로 고종이 강제 퇴위당하고 순종이 즉위하였다. 이에 내각에서 회의를 거쳐 1907년 8월 12일 융희(隆熙)를 연호로 공포하였다.

부산지방법원(釜山地方法院)

① 부산지방법원(釜山地方法院)_ [신부산대관]
② 법원장(法院長) 모리타 히데지로(森田秀治郎)_ [신부산대관]
③ 검사정(檢事正) 히라야마 마사요시(平山正祥)_ [신부산대관]
④ 부산지방법원(釜山地方法院)_ [부산대관]
⑤ 법원장(法院長) 하시모토 히로시(橋本寬)_ [부산대관]
⑥ 검사정(檢事正) 스기무라 이즈로(杉村逸樓)_ [부산대관]

조선총독부 수역혈청제조소(朝鮮總督府 獸疫血淸製造所)

소　재 동래군(東萊郡) 사하면(沙下面)[222] 암남동(岩南洞)

연　혁 우역(牛疫)[소페스트(牛ペスト)]은 법정 수역(獸疫) 중 가장 두려워해야 할 국외 침입병으로 하루 아침에 본병(本病)의 침입을 받게 되면 일촌일군(一村一郡)의 소 떼들이 갑자기 폐사하여 그 참해의 극심함은 다른 수역(獸疫)과 비교할 수가 없다. 우리나라에서는 메이지(明治) 초년 이래 여러 번 조선으로부터 침입을 받아 그때마다 국고(國庫) 및 부현(府縣), 개인 등의 손해가 막대하였다.

이에 정부는 1911년 4월 칙령으로서 농상무성우역혈청제조소관제(農商務省牛疫血淸製造所官制)를 발포하여 우역혈청제조소를 현 위치에 세우고 조선총독부와 협력하여 소페스트면역혈청의 제조량을 늘이는 것을 주로 하여 이것을 중국, 조선국경 연장(延長) 300리(里)[수 백리]에 걸친 지역의 축우에 주사하여 국경(國境)의 면역지대 구성에 노력하고 조선 내에 소페스트의 피해를 줄이는 동시에 직접 조선내에서 우역의 박멸을 도모하였다.

간접적으로는 우역의 박멸을 통해 병독의 일본 침입을 [절멸하려는 계획을 세워 현 소재지에 사무소 작업소를 건축하여 1911년 11월 준공하기에 이른다] 저지하려고 노력한 결과 획기적인 대책의 그 효과를 거두었다. 이후 현재까지 절대적으로 소페스트의 일본침입을 저지할 수 있게 되었다. 이어서 1918년 3월 다시 진보하여 제2기의 사명을 수행하기 위해 우역혈청제조소는 농상무성의 소관을 떠나 조선총독부로 이관되어 현재의 수역혈청제조소 명칭으로 개칭되었다. 수역혈청제조소는 반도내에서 항상 발생하는 각종 수역(獸疫)의 억제에 종사하는 한편 국외로부터의 수역 침입을 방지하였다.

특히 1926년도부터 종래의 단기면역법(短期免疫法) 방식을 변경하고 처음 동소(同所)의 기사였던 카키자키(蠣崎)[223] 박사가 독창적인 방법에 의해 개발한 우역백신으로 국경연도(國境沿道) 수 만 두(頭)의 축우에 대해 장기면역성을 부여하여 완전한 면역지대를 구성할 수 있게 되었다. 카키자키(蠣崎) 박사는 1926년 학사원상(學士院賞)을 수여 받았다. 이것은 실로 세계적으로 아직 유례를 찾을 수 없는 일대 발견이었다. 이와 동시에 기술자의 증원이 행해졌다. 또 이관 후 업무의 범위를 확장하여 각종 우역예방액과 혈청 및 두묘(痘苗)의 제조, 배부, 판매를 수행하고 일반가축 전염병에 대한 조사와 연구를 하였다. 1923년 이후는 완전히 하나의 분과로서 업무를 수행하였는데 그것의 주요 사업은 기종저(氣腫疽)[224] 예방액과 두묘이다. 기종저(氣腫疽)는 우역에 버금가는 경계대상 전염병으로 이것에 전염된 소의 폐사 손해는 조선에서만 해마다 30만 원에 이른다. 1929년도부터 종래에 비해 5배의 예방액 제조량이 생산되었고 두묘(痘苗)는 현재 100구(具) 즉 500만 인분을 제조하는 수준까지 도달했다. 또 1927년도부터는 조선의 5개 검역소에서 우폐역(牛肺疫)진단을 목적으로 진단역(診斷疫)을 제조하는 한편, 조선에서 가축전염병 억제를 위해 가축콜레라, 기타의 혈청진단액을 제조하고 있다.

수역혈청제조소_ 서구 암남동 동물검역소 자리에 있었다.

---

222) 현재 부산광역시 사하구(沙下區)에 해당한다.

223) 카키자키 치하루(蠣崎千春, 1870년 출생)를 지칭한다. 그가 부산에서 개발한 우역백신은 우역에 감염된 소의 비장(脾臟) 유제(乳劑)를 비활성화한 것으로 일본이 개발한 '우역백신1호'였다. 이 백신은 일본이 한국과 중국의 국경에 우역 면역지대를 구축하려고 했던 계획에 크게 공헌했다.

224) 기종저균으로 소나 양에 발생하는 급성 전염병이다. 이 병에 걸리면 근육의 공기증(空氣症)과 장액(漿液) 출혈성 부기(浮氣) 등을 나타내는데 보통 발병 후 12~15시간 만에 죽는다. 동물의 피부 및 점막 상처를 통하여 감염되는 질병이다.

조선총독부 수역혈청제조소
(朝鮮總督府 獸疫血淸製造所)

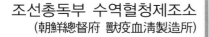

① ② ③ 조선총독부 수역혈청제조소(朝鮮總督府 獸疫血淸製造所)_ [부산대관]
④ 초대소장(初代所長) 모치즈키 타키조(望月瀧三)_ [부산대관]

업 무 동소(同所)가 농상무성 소관일 때는 그 업무가 오로지 소페스트의 연구, 면역혈청의 제조에 국한되어 있었지만 1918년 조선총독부로 이관됨에 따라 업무를 확장하고 조직을 변경하여 각종 수역예방액혈청의 제조, 배부, 판매를 하고 또 일반가축 전염병의 조사 및 연구를 하게 되었다. 현재 제조하고 있는 각종 제품은 다음과 같다.

제 품	배급구역	제 조 량
소페스트 예방액	조선전도(朝鮮全道), 중국	156만 병(瓶)
소페스트 혈청	조선전도, 일본, 대만, 중국, 간도	255만 병
기종저(氣腫疽) 예방액	조선전도	40만 병
기종저 혈청	조선전도	3만 병
탄저(炭疽) 예방액	조선전도	1만 9,000병
탄저 혈청	조선전도	6만 병
마이렌(マイレン)	조선전도	4,000병
저묘(疽苗)	조선전도	100만 구(具)
가축콜레라, 닭티부스 혈청	조선전도	10만 병

직원 및 조직 기사 6명, 기수 11명, 기타 대학교수촉탁 3명으로 조직을 다음의 6부로 구분한다.
1. 여과성병독부(濾過性病毒部) 2. 세균부 3. 병리부 4. 기생충병부 5. 생물화학부 6. 두묘부(痘苗部)로 그 예산은 1926년도 경우 약 26만 원에 이른다.
　현 소장 모치즈키 타키조(望月瀧三)는 우리나라에서 이 분야의 권위자로 그 아래 직원으로서 카키자키(蠣崎) 박사 등 세계적 연구자를 망라하고 있다.

조직 및 직원 제조부(製造部) 및 조사연구부로 크게 구분하여 제조부는 다시 3부로 나누고 조사연구부는 여과성병독(濾過性病毒), 병리(病理), 세균, 기생충, 생리화학의 각 부문으로 구분되어 있다. 직원은 소장 이하 기사 6명, 속기수(屬技手) 10명, 이외 도쿄(東京), 홋카이도(北海道), 아이치(愛知)의 각 의과대학으로부터 3명의 교수를 연구조사부 고문으로 촉탁하고 고원용인(雇員傭人) 약 90명이 있다.

현재 소장 곤노 츠네타로(昆野恒太郎) 박사(博士)는 1886년 8월 27일 원적지 이와테현(岩手縣) 하폐이군(下閉伊郡) 직원촌(織原村)에서 태어났다. 1925년 도쿄제국(東京帝國) 수의학과를 졸업하고 도쿄대(東京大) 조교수, 강사를 거쳐 1920년 기사(技師)로 부임하였다. 그는 1933년 7월, 초대 모치즈키 타키조(望月瀧三)와 2대 카키자키 치하루(蠣崎千晴)의 뒤를 이었다. 1927년 농학박사 학위를 받았으며 독학(篤學)과 훌륭한 인격은 암남동(岩南洞)의 일각에서 빛나고 있다.

조선총독부 수역혈청제조소(朝鮮總督府 獸疫血淸製造所)

③ ① ②

① ② 조선총독부 수역혈청제조소(朝鮮總督府 獸疫血淸製造所)_ [신부산대관]
③ 소장(所長) 곤노 츠네타로(昆野恒太郎)_ [신부산대관]

조선총독부 내무국 부산토목출장소(朝鮮總督府 內務局 釜山土木出張所)

소　재 부산부(釜山府) 영정(榮町) 5정목(丁目)

연　혁 조선총독부 내무국 부산토목출장소는 한국(韓國) 광무(光武) 10년[225] 한국정부에서 설치한 탁지부 임시세관공사부(臨時稅關工事部) 부산출장소로 출발하였는데 융희(隆熙) 2년[226] 8월 건축소 부산출장소로 개칭하였다. 그 뒤 1910년[227] 10월 1일 조선총독부 탁지부 세관공사과 부산출장소로 명칭을 변경하고 1912년 4월 1일 다시 조선총독부 토목국 부산출장소로 개칭하였다. 1919년 8월 2일 또다시 조선총독부 관방토목부 부산출장소로 변경되었다. 그러나 1924년 12월 관제개정의 결과 토목부가 폐지되고 토목부의 사무가 내무국으로 이관됨에 따라 그달 25일 내무국 부산토목출장소로 개칭되어 현재에 이른다. 동소(同所)에서 시행한 해관공사(海關工事)의 개요는 다음과 같다.

1. 한국정부시대의 시설[1906년 기공, 1912년 준공]

총공사비 151만여 원으로 세관부지 및 기타 급한 설비의 필요에 따라 1만 400여 평의 해면매축(海面埋築)을 하였다. 그 일부 공사로 철도[제1잔교]를 부설하고 기타 매축지 해변과 북빈하물장(北濱荷物場) 수축(修築) 및 세관 설비 등을 하였다.

2. 부산축항제1기공사[1911년 기공, 1918년 준공]

총공사비 397만 여원으로 제1잔교 북측 1만 6,262평의 매축과 제2잔교 가설 그리고 항내(港內) 33만 4,700여 평을 준설하고 부산진선류(釜山鎭船溜) 설비 및 세관의 여러 시설을 갖추었다.

3. 부산축항제2기공사[1919년 기공, 1928년 준공]

총공사비 예산 786만여 원으로 제1, 제2부두의 확장, 방파제 축조, 제2부두 기부(基部) 공사, 1만 4,800여 평의 매축 및 해면(海面) 20만 4,500평의 준설, 기타 상옥(上屋)[228], 도로 등, 육상의 여러 설비를 하였으며 1928년 3월까지 요구되는 동소(同所) 소관의 부산항만설비비는 실로 1,335만 원에 이른다.

현재 출장소장 마루야마 요시히데(丸山芳樹)는 가고시마시(鹿兒島市) 사람이다. 1883년 10월 태어났다. 1909년 교토(京都)제국대학 공과를 졸업하고 만주철도주식회사 다롄(大連)본사에 입사하였다. 1912년 만주철도주식회사 펑톈(奉天)기술출장소장을 거쳐 1914년부터 1916년까지 2년 반 동안 구미(歐美) 각국의 유학을 명령받았다. 조선으로 돌아온 이후 1919년 중화민국 교통부 고장철로(古長鐵路) 기사장으로 초빙되었다가 1922년 사임과 동시에 조선총독부 기사로 임명되어 1925년 현재의 출장소장직을 맡았다.

부산토목출장소_ 동구 초량동 부산역 건너편의 차이나타운 입구 왼쪽에 있는 기업은행 자리이다.

---

225) 광무(光武)는 1897년 대한제국 선포와 함께 사용한 연호로 광무 10년은 1906년이다.
226) 융희 2년은 1908년이다.
227) 원문에서는 '메이지(明治) 10년'으로 곧 1877년에 해당한다. 그러나 이는 '메이지(明治) 43년'의 오기로 판단된다.
228) 우와야(上屋)에 대해서는 본책 주(註) 174 참조.

부산토목출장소(釜山土木出張所)

② ① 조선총독부 내무국 부산토목출장소(朝鮮總督府 內務局 釜山土木出張所)_ [부산대관]
① ② 부산출장소장(釜山出張所長) 마루야마 요시히데(丸山芳樹)_ [부산대관]

조선총독부 내무국 초량토목출장소(朝鮮總督府 內務局 草梁土木出張所)

소　재 부산부(釜山府) 영정(榮町) 5정목(丁目)

연　혁 조선총독부 내무국 초량토목출장소는 조선산업개발의 근본적 조건인 큰 하천을 개수하여 가공할 대홍수를 방지할 목적으로 1926년 6월 17일 개소하였다. 6대 하천의 홍수방지 사업 중 하나로 계획된 낙동강 하천개수를 위해 동(同) 공사는 개소한 해로부터 10년 연속사업으로 1926년도 사업예산은 약 60만 원이었다. 현재 밀양에 직영공장을 설치하여 11월 1일부터 사업에 착수하였다. 직원은 소장 이하 기사 2명, 속(屬) 3명, 기수 5명이다. 현 출장소장 스기타니 시게루(杉谷茂)는 1882년 10월 16일 시마네현(島根縣) 승의군(乘義郡) 모리촌(母里村) 대자서모리(大字西母里)에서 태어났다. 1910년 7월 13일 교토제국(京都帝國)대학 토목공학부를 졸업하고 곧바로 내무성 토목국에 들어가 오사카(大阪)토목출장소, 나고야(名古屋)토목출장소, 센타이(仙臺)토목출장소 등에서 근무하였다. 오로지 하천개수의 실행에 진력하는 한편, 1919년 8월 7일 조선총독부 기사로 임명되어 그 즉시 현직에 나아가 오늘에 이른다.[종5위(從五位) 훈5등(勳五等)]

이후 현재까지 10개년 낙동강 하천개수에 힘을 쏟아 일천식(一川式)의 완성을 꾀하였다. 그러나 1934년 여름 대홍수에 의해 거의 완성단계에 있었던 낙동강 하천공사의 태반이 파괴되어 강화(强化)공사를 새롭게 다시 하게 되었다. 당초 이 공사는 10년간 연속사업이었지만 재원 부족으로 공사기간이 상당히 지연될 모양이다. 현재 소장은 토목기사 마치야마 요시오(待山義雄)이다.

초량토목출장소_ 동구 초량동 차이나타운 입구 모퉁이에 있는 기업은행 자리가 그곳이다. 부산토목출장소와 같은 건물에 있었다.

초량토목출장소(草梁土木出張所)

② ① 조선총독부 내무국 초량토목출장소(朝鮮總督府 內務局 草梁土木出張所)_ [신부산대관]
② 초량출장소장(草梁出張所長) 스기타니 시게루(杉谷茂)_ [부산대관]

조선총독부 수산시험장(朝鮮總督府 水産試驗場)[229]

소　재 부산부(釜山府) 목도(牧島)

연　혁 조선총독부 수산시험장은 조선에서 수산시험의 중추기관으로 반도(半島) 수산의 실상(實狀)을 보여주는 본보기이다. 여러 사항에 대해 조직적 시험을 적절히 하고 조선수산을 개발할 목적에서 창설되었다. 1920년도 예산 계획에 따라 부산 목도(牧島) 주갑(洲岬)에[230] 장소를 선정하고 건축을 시작해 1923년 6월 완성과 더불어 여러 가지 시설을 갖추고 오늘에 이른다.

관장사무(管掌事務) 및 설비의 개요는 다음과 같다.

△ 관장사무(管掌事務) 1. 수산에 관한 시험 및 조사 2. 수산에 관한 분석 및 감정 3. 양식용 종묘의 배포 4. 수산에 관한 강습 및 강화(講話)

△ 설비 1. 부지 9,306평(坪) 3합(合) 2. 건물 532평 1합(合) 6작(勺) ① 본관 ② 어로부(漁撈部) ③ 제조부 ④ 양식 및 해양조사부 3. 시험선(試驗船) 미사고마루(鶚丸); 기선, 총톤수 61톤 33, 오토리마루(鵬丸); 기선, 총톤수 33톤 12

△ 직원 및 경비 1. 직원: 기사 3명, 기수 12명, 속(屬) 2명, 계(計) 17명　2. 경비: 경상부(經常部) 인건비 3만 6,204원, 사업비 9만 7,229원 합계 13만 3,496원

현재의 장장(場長)은 농학박사 와키야 요지로(脇谷洋次郎)이다.

동(同) 시험장에는 현재 세 척의 시험선을 갖고서 늘 조선의 모든 해안에서 귀중한 시험을 하고 있다. 시험장의 소장(所長)은 총독부 기사 나가토모 히로시(長友寬)이다.

조선총독부 수산시험장_ 영도구 남항동 수산시험장 자리는 현재 국제선용품 유통센터 건립부지로 예정되어 있다.

229) 현재 부산광역시 기장군 기장읍 시랑리 480-1번지에 위치한 국립수산진흥원의 전신에 해당한다. 1921년 5월 7일 낙후된 수산업 각 분야의 효과적인 시험과 조사를 위해서 영도구 남항동에 설립된 우리나라 최초의 수산시험장이다. 해방 후 여러 차례의 직제개정을 거쳐 1949년 4월 26일 상공부 중앙수산시험장으로 되었다가 1963년 12월 16일 현재의 국립수산진흥원으로 명칭이 바뀌었다. 영도의 수산시험장은 1970년대까지만 하더라도 볼거리가 별로 없었던 영도 거주 초등학생들의 단체 견학장소였다. 1989년 현재의 기장군 위치로 이전하였다.
230) 주갑(洲岬)에 대해서는 본책 주(註) 46 참조.

조선총독부 수산시험장(朝鮮總督府 水産試驗場)

	①	
②	③	④

① 조선총독부 수산시험장(朝鮮總督府 水産試驗場)_ [신부산대관]
② 염수냉동장치(鹽水冷凍裝置)_ [부산대관]
③ 어류표본실(魚類標本室)_ [부산대관]
④ 해양조사(海洋調査)_ [부산대관]

부산세관(釜山稅關)

　　1883년 7월 일한(日韓) 양국 사이에 재조선국일본인민무역규칙(在朝鮮國日本人民貿易規則)이 체결되자 당시 개항이 된 부산, 원산, 인천에 해관(海關)을 설치하였다. 그해 11월 3일 처음으로 부산세관을 열고 영국인 로버트를 초빙하여 해관장에 임명하였다. 이것이 곧 부산세관의 기원이다. 그리고 해관사무의 창시와 함께 경성에 세무사청(稅務司廳)을 두어 해관사무를 총괄하고 독일인 묄렌돌프를 초빙하여 총세무사(總稅務司)로 삼았다. 당시 한국은 정치적으로 중국의 지배하에 해관(海關)행정과 같은 것도 청국정부의 지휘감독 아래에 있어 독립된 상태가 아니었다. 이후 총세무사는 여러 번 교체[구미인(歐美人)]되고 이와 더불어 부산세무관장 역시 로버트 후임으로 프랑스인 피리[재직 4년], 영국인 헌트[약 10년], 프랑스인 라보트[3년], 영국인 오스폰[약 3년], 이탈리아인 페로리[2년]를 거쳐 1906년 1월 야마오카 요시카즈로(山岡義五郎)가 취임하게 되었다. 1904년 8월 러일전쟁 중에 일한협약(日韓協約)이 체결되었다. 이에 고(故) 메가타 쇼타로(目賀田種太郎) 남작[대장성(大藏省) 세무사장(稅務司長)]이 한국재정고문으로 초빙되어 총세무사를 겸해 업무를 보게 되자, 적극적 방침으로 관세행정을 개혁하고 세관장 이하 직원을 일본정부로부터 초빙해 세무사무의 대쇄신을 도모했다. 1907년 각 해관을 세관으로 개칭함에 따라 부산해관도 부산세관이 되었다. 그리고 1910년 일한병합(日韓倂合)이 이루어지자 관제발포와 함께 조선총독부세관으로 되었다. 1912년 4월 새롭게 조선세관령, 조선세관정률령(朝鮮稅關定率令), 조선세관창고령, 조선세관톤세령(朝鮮稅關噸稅令) 및 그 시행규칙의 발포가 있었다. 그달 1일부터 법령이 실시되어 세관사무의 면목을 일신하였다. 1920년 8월 구한국(舊韓國) 당시 각 통상국(通商國)과 협정 맺은 세관답습(稅關踏襲)의 기한이 만료됨으로 이에 제국(帝國)과 공통의 관세법, 관세정률법, 보세창고법, 가치장법(假置場法) 등 모두가 조선에서 시행된 결과, 일본 및 제국(帝國)영토와 더불어 하나의 관세구역으로 되었다. 그러나 조선의 산업 민도(民度)가 곧바로 동일관세법 등의 실시를 허락하지 않았기 때문에 특례를 두고, 또 재정 관계상 수입세를 그대로 두는 것을 피할 수 없게 되어 주정함유음료(酒精含有飮料) 및 직물의 수입세를 존치(存置)하여 오늘에 이른다.

　　현재의 조직은 서무, 세무, 감시, 검사 4과(課)를 두고 세관장 아래 감사관(鑑査官), 사무관보(事務官補), 감사관보(鑑査官補), 감시(監視), 기수(技手), 감리(監吏)가 있다. 그리고 목포와 대구에 지서를 두고 [포항, 구룡포, 감포, 도동(道洞)[231], 방어진, 장생포, 진해, 마산, 장승포, 통영, 삼천포, 미조(彌助)[232], 여수, 거문(巨文), 성산포(城山浦)] 포항, 방어진, 도동(道洞), 울산비행장, 진해, 마산, 통영, 여수, 제주에 각 출장소를 두었다. 이와 더불어 [통영, 여수, 제주, 울릉도] 부산, 목포, 감포, 울릉도, 통영, 여수, 제주, 포항 [축산(丑山)[233], 완도(莞島)]에 각 수산제품검사소를 두어 이를 관할한다. [현재 세관장은 미야자키 토모지로(宮崎又治郎)이다] 현재 세관장 고이케 이즈미(小池泉)는 1932년 황해도 재무부장에서 내임하였는데 온후하고 좋은 신사이다.

부산세관_ 옛 세관건물은 1979년 부산대교 건설로 연안부두 삼거리와 세관삼거리 간의 연결도로가 생기면서 철거되었다.

231) 경상북도 울릉군 도동항을 말한다.
232) 경상남도 남해군 미조면 미조리에 위치한 미조항을 뜻한다.
233) 경상북도 영덕군 축산면 축산리에 위치한 축산항으로 영덕 대게로 유명한 곳이다.

부산세관(釜山稅關)

① 부산세관(釜山稅關)_ [신부산대관]
② 부산세관장 미야자키 토모지로(宮崎又治郎)_ [부산대관]
③ 부산세관장 고이케 이즈미(小池泉)_ [신부산대관]

부산우편국(釜山郵便局)

소　재 부산부(釜山府) 대창정(大倉町)

연　혁 제국정부가 조선에서 개시한 통신사업의 내력을 살펴보면 1876년 부산개항 직후인 그해 11월 부산의 제국영사관 안에 우편국을 신설한 것이 그 기원으로 올해가 때마침 49년째에[234] 해당한다. 1883년 서정(西町)에 건물을 새롭게 짓고 이전하여 영사관으로부터 분리되었다. 이듬해 1884년 2월 전신(電信)사업을 개시하여 분실(分室)을 설치하고 통신사업을 취급하였다. 이후 1887년 6월 1일 통신사업을 우편국에 합병하고 부산우편전신국으로 개칭해서 1902년 6월 1일부터 시내 전화교환 사무를 시작하였다. 1903년 4월 1일 부산우편국으로 명칭을 변경하고 1911년 현재의 대창정(大倉町)에 신축 이전하였다. 이와 동시에 행정(幸町)[옛 청사(舊廳舍)]에 분실(分室)을 설치해 집배(集配)사무만을 취급하였다. 그해 12월 10일 분실을 폐쇄하여 본국(本局)에 합병하고 1913년 3월 26일부터 1919년 8월 20일까지 부산 제1잔교에 분실을 두어 우표 등의 신속한 판매, 우편물의 인수, 유치(留置)우편물의 교부, 전보접수, 전화통화, 소액우편환 및 전신우편환의 지불사무를 취급하였다. 그 후 현재 청사의 사무 전반을 통일시키고 1929년 10월 1일 조선간이생명보험 사무를 시작하였다. 1930년 4월 1일에는 목도(牧島)에 전화분실을 설치하였다. 1931년 3월 1일 부산진우편소의 집배사무를 폐지하게 되자 부산우편국에서 집배사무를 계승하여 오늘에 이른다.

역대 국장(局長)은 개시 당시부터 1884년까지는 특별히 전임자를 두지 않고 제국 영사가 이를 겸무하였다. 다이쇼(大正) 초년(初年)부터 전임(專任)은 초대 시가 료사부로(志賀良三郎) 이래 간다 키사부로(神田喜三郎), 야기 타츠마(八木辰馬), 이케다 이사오(池田魁)를[235] 거쳐 1920년 10월 20일 취임한 고지마 겐조(小島源藏), 야마네 테이이치(山根貞一), 마쯔시마 준(松島惇)에 이어 1930년 5월 26일 현 국장 나가이 쥬타로(永井十太郎)가 부임하였다.

부산우편국_ 중구 중앙동 부산우체국 한 블럭 뒤에 있었다. 1953년 11월 27일 발생한 역전대화재로 소실되고 이후 현재의 위치로 신축 이전하였다.

---

234) 『新釜山大觀』이 1934년 간행된 만큼 햇수로 49년째가 아니라 58년째야 할 것이다.
235) 『新釜山大觀』 본문에서는 『釜山大觀』에서 언급한 이케다 이사오(池田魁)가 빠져 있다.

부산우편국(釜山郵便局)

① 부산우편국(釜山郵便局)_ [신부산대관]
② 부산무선전신국(釜山無線電信局)_ [신부산대관]
③ 부산우편국장(釜山郵便局長) 고지마 겐조(小島源藏)_ [부산대관]
④ 부산우편국장(釜山郵便局長) 나가이 쥬타로(永井十太郞)_ [신부산대관]

부산저금관리소(釜山貯金管理所)

　소　재　부산부(釜山府) 서정(西町) 1정목(丁目) 8번지

　연　혁　조선의 남부지역에서 대체저금(振替貯金) 사무가 많아진 결과 가입자의 편의를 꾀할 목적으로 1927년 12월 20일 개소하였다. 이후 점차 가입자가 증가하여 현재 가입자수는 7,800명이며 최근 1개년 분급금은 구수(口數)에 66만 4,717구(口), 금액은 1억 2,675만 184원의 거액에 이른다. 개소 이래의 소장은 하세가와 후토요조(長谷部豊三), 타무라 코타로(田村光太郎), 쿠라시마 이타루(倉島至), 나가이 쥬타로(永井十太郎), 다나베 소지(田邊宗次), 나가이 쥬타로(永井十太郎), 고바야시 쿠보지(小林窪次) 등이다. 현재 소장은 체신부사무관(遞信副事務官) 벳쇼 요시히데(別所義英)로 부산체신분장국 보험과장을 겸하고 있다.

체신국 부산해사출장소(遞信局 釜山海事出張所)

　소　재　부산부(釜山府) 대창정(大倉町) 4의 17번지 [행정(幸町)]

　연　혁　조선에서 해사(海事)사업은 종래 이사청(理事廳)에서 관장하였으나 그 후 조선총독부 탁지부에 이관되어 각지 모든 세관내에서 사무를 집행해 왔다. 그런데 점차 발전의 경향이 현저해짐에 따라 다시 총독부 체신국의 소관으로 옮겨졌다. 1912년 3월 체신국 부산출장소가 설치되고 그 후 1915년 6월 조선총독부 체신국 부산해사출장소로 이름이 바뀌어 주로 항로, 선박 및 해원(海員)의 감독, 항로표식사무 및 감독에 속하는 업무를 취급하며 경상남북도 일원을 관할구역으로 하고 있다. 소장기사 1명, 서기 1명, 기수 2명, 항로표식간수 2명을 둔다.

　소　장　시미즈 카츠미(淸水勝美)는 오사카시(大阪市) 동구(東區) 모리노미야니시쵸(森の宮西町) 22번지의 사람이다. 1884년 5월 13일 태어나 1903년 오사카고등공업학교 조선과를 졸업하고 그해부터 1917년까지 고베(神戶) 카와사키(川崎)조선소에서 근무하였다. 각종 선박의 설계 및 건조에 종사하였는데 1917년부터 1919년까지 고베 쇼쇼요코(松昌洋行) 선박부 및 조선부에서 근무하며 선박의 감독 및 조선 사무에 종사하였다. 1919년 조선총독부 체신기사에 임명되어 체신해사과에서의 근무를 명령받았다. 그해 부산해사출장소로 전근하였으며 1924년 소장에 임명되어 오늘에 이른다. 현재 소장은 체신기사(遞信技師) 쿠로다 카오루(黑田馨)이다.

부산저금관리소_ 중구 신창동 광복미화거리에 위치한 새부산타운 자리가 1927년부터 저금관리소가 있었던 곳이다.

체신국 부산해사출장소_ 중구 창선동 광복로에 위치한 옛 부산정보통신센터 자리에 있었다.

부산저금관리소(釜山貯金管理所)
부산해사출장소(釜山海事出張所)

① 부산저금관리소(釜山貯金管理所)_ [신부산대관]
② 부산저금관리소장(釜山貯金管理所長) 벳쇼 요시히데(別所義英)_ [신부산대관]
③ 체신국 부산해사출장소(釜山海事出張所)_ [부산대관]
④ 부산해사출장소장(釜山海事出張所長) 시미즈 카츠미(淸水勝美)_ [부산대관]
⑤ 체신국 부산해사출장소(釜山海事出張所)_ [신부산대관]
⑥ 체신국 부산해사출장소장(釜山海事出張所長) 쿠로다 카오루(黑田馨)_ [신부산대관]

부산측후소(釜山測候所)

소 재 부산부(釜山府) 대청정(大廳町) 1정목(丁目)[보수정(寶水町) 3정목(丁目) 61번지]

부산측후소는 러일전쟁 때 군사행동에 도움을 주기 위해 1904년 문부성이 육해군의 위탁을 받아서 설립한 관청으로 일본이 대륙에 세운 최초의 측후소이다. 1904년 1월 러일전쟁의 기운(風雲)을 빨리 알리고 또 전쟁에서 조선의 기상조사가 매우 중요한 급무로 대두되면서 중앙기상대 제1임시관측소로서 1904년 3월 7일 창립되었다. 그 후 통감부 통치하의 한국정부와 조선총독부 등에 경영권이 옮겨지고 사업의 방침 또한 시대의 변천에 따라 국방의 용도로부터 산업, 교통, 경제 방면으로 바뀌었다. 1925년 4월 측후소의 소관(所管)이 경상남도로 이관된 이래 약간의 국고보조를 받는다. 도(道)는 시대의 진전에 응하여 사무의 쇄신과 설비의 개선에 노력하였는데, 옛 청사는 그 위치가 기상관측 및 이용상 적당하지 않고 또 사옥이 협소함으로 현대식 측후소로 인정받기 어려운 상황이 되었다. 이에 1933년 관측상 사방 주변에 지장이 없고 전망이 넓으며 특히 항만을 한눈에 바라볼 수 있는 현 위치에 신축이전을 계획하여 그해 7월 기공하고 그해 말 준공하여 1934년 1월 1일 신청사로[236] 이전하였다. 더구나 현 청사는 시대에 순응하여 관측설비 가능한 면적을 갖춘 견고한 근세식(近世式) 사옥으로 부산항의 머리인 복병산 위에 솟아 부산항에서 하나의 큰 위엄을 나타내고 있다.

사 업 일반 기상관측 외에 상층기류 및 항공기상 관측을 통해 매일 이것을 일기예보, 폭풍경보의 자료로 삼고, 또 넓게는 안팎으로 관계되는 방면에 바로 보도함으로써 기상관측상 국내에서 중요한 위치를 차지한다. 관측 결과는 세밀한 통계로 처리되고 또 도내(道內) 보조 관측기관의 보고까지 더해 부산을 중심으로 한 본도(本道)의 기후를 조사한다. 폭풍, 호우, 한발 등 시급을 요하는 것은 곧바로 도(道)당국에 속보하여 당국에서 즉시 결정해서 조치를 취하도록 한다. 그 밖의 업무로 기상관련 내용들을 전국적으로

일괄 인쇄 간행하는 것 이외 부산측후소월보 및 임시 보고물을 간행하여 도내는 물론 전국 100여 개소의 관계 방면에 배포한다. 이외 수시로 신문 잡지 등에 기상 정보를 발표하여 교통, 토목, 위생, 해운, 항공, 국방, 경제 등 일반 사회사업의 기본조사 및 운용 자료로 기상정보를 제공함으로써 각종 사업의 발전을 조장한다. 또 관측소는 관측 이외의 자료를 광범위하게 내외에서 수집해 일기예보와 폭풍경보 발표에 활용한다. 신호게양 이외 관계 방면 50여 개소에는 전화로서 통보하고 신문에 기재하는 한편, 경성 및 큐슈(九州) 각지 방송국을 이용하여 널리 소식을 알리는 방법을 선택한다. 더구나 폭풍, 호우 등 기상 이변에 직면해서는 도내 50여 개소에 특별기상통보를 발하여 풍수해를 예고하고 재해피해의 경감에 노력해 인명재산의 손실을 최소화하고 있다. 이외 기상사업의 소개와 보급, 날씨의 증명, 기상기계의 비교 검정 그리고 조선 지진의 역사를 살펴 지진의 기계관측을 하며 응용기상에 가장 필요한 태양열의 관측, 기타 시대에 순응하는 특수관측도 시행한다. 최근 측후소 이용이 격증하고 측후소와 사회의 관계가 긴밀해져 날씨응답과 같은 것은 하루 700건을 넘는 경우가 있다.

구(舊) 부산측후소_ 1904년 중앙기상대 제1임시관측소로 출발하였던 옛 부산측후소는 보수종합상가 뒤편 보수동 3가 61번지에 있는 건영정기화물 주차장과 그 일대에 있었다.

---

236) 부산광역시 중구 대청동 1가 복병산(伏兵山)에 위치한 기상관측소 건물로 현재까지 사용되고 있다. 4층 건물로 외관은 항구도시 부산의 이미지를 살려 선박의 선수(船首) 모양으로 설계되었으며, 맨 위층과 지붕은 선장실 모양이다. 부산측후소는 1992년 부산기상청으로 승격되었으며 이후 청사는 2002년 1월 동래구 명륜1동으로 옮겨 갔다. 그러나 기상관측은 여전히 복병산 관측소에서 하고 있다.

부산측후소(釜山測候所)

① 부산측후소(釜山測候所)_ 신부산대관]
② 부산측후소장(釜山測候所長) 후쿠타 카쿠헤이(福田覺平)_ [부산대관]

초대 소장 후쿠타 카쿠헤이(福田覺平)는 1882년 7월 도치키현(栃木縣) 우부궁시(宇部宮市) 천정(泉町)에서 태어났다. 중학졸업 후 문부성 중앙기상대의 기상연구소에 입소해 깊이 있게 학문을 연구하길 수년, 1904년 뛰어난 성적으로 졸업하고 곧바로 중앙기상대원으로 임관하였다. 대장(臺長)을 따라 근무하던 중 우연히 러일전쟁의 전운(戰雲)을 알아차려 그 위급함을 알리고 이에 대륙의 기상조사가 몹시 긴급하게 되자, 기상학계의 권위자 고(故) 와다(和田)[237] 박사 등과 함께 선발되어 인천[현재 조선총독부관측소]에 부임하였다. 전쟁이 끝남과 동시에 공(功)에 따라서 훈(勳) 6등에 서훈되었다. 이후 대구, 웅기, 강릉, 전주 등의 각 측후소장을 역임하였다. 특히 강릉 외에는 모두 그가 창설한 것이다. 1920년 가을 부산측우소의 사업확장 때 소장에 취임하여 오늘에 이른다. 그가 조선에 머문 것은 실로 21년이 되는데 반도(半島)의 기상사업 개척자 중 한 사람으로 조선 전역의 측후소 직원의 수반(首班)이다.

　　현재 소장 시치다 히데타카(七田秀隆)[사가현(佐賀縣)]는 1918년 혹한의 땅 중강진, 1919년 혹서의 땅 대구에서 각각 측후소장으로 근무하였다. 조선에서 한서(寒暑) 양단의 기후조사에 임한 동안 재간을 인정받아 1921년 총독부에 발탁되었고 도후쿠제대(東北帝大)에 파견되어 이학부에 입학해 기상학을 전공하였다. 재학 중에는 휴가를 이용하여 각 기상대에서 실무를 배우고 또 전국 측후소를 돌아다니면서 학술과 사업경영의 실제를 닦았다. 졸업 후에는 인천의 본부(本府) 관측소로 돌아와 이후 수년간 동소(同所)의 간부로 응용기상의 조사연구에 종사하는 한편, 사업의 관리계획을 맡아서 조선기상사업의 진보발전을 위해 노력하였다. 1931년 7월 경상남도 측후기사로 옮겨와 부산측우소의 소장이 되었다. 시치다 히데타카(七田秀隆)는 조선의 해륙기상에 대해 다년간의 경험을 쌓았고 또 일본과 조선의 기상사업에 정통하여 취임 후에는 사업의 진보개선을 위해 노력하였다. 특히 산업기상 조사, 예보경보의 능률 향상을 위해 측후소와 사회의 접근을 계획하여 기상사업의 민중화에 노력하고 착실하게 그 효과를 거두어 최근 측후소의 기능을 더욱더 널리 알리고 있다. 또 설비개선에 뜻을 쏟아 청사의 이전과 신축 그리고 내용의 충실 등은 시치다(七田)의 노력에 힘입은 바 적지 않다.

부산측후소_ 부산지방기상청 대청동관측소로 운영되고 있다.

---

237) 초대 조선총독부 관측소장을 지낸 와다 유지(和田雄治, 1859~1918)를 지칭한다. 그는 「慶州瞻星臺の記」(1909년), 「朝鮮古今地震考」(1912년), 「朝鮮測候史略」(1917) 등을 비롯해 한국의 기상, 측후, 지진 등과 관련된 다수의 논문을 남겼다.

부산측후소(釜山測候所)

① 부산측후소(釜山測候所)_ [신부산대관]
② 부산측후소 지진계(釜山測候所 地震計)_ [신부산대관]
③ 부산측후소장(釜山測候所長) 시치다 히데타카(七田秀隆)_ [신부산대관]

부산세무서(釜山稅務署)

  소　재 부산부(釜山府) 변천정(辨天町) 1정목(丁目)

  연　혁 부산세무서는 종래 지방 행정청(行政廳)에서 취급했던 세무업무가 독립되어 1934년 4월 칙령 제111호에 따라 창립되었다. 부산세무서는 대구세무감독국 관할로 부산부(釜山府), 동래군(東萊郡), 양산군(梁山郡)을 구역으로 하여 내국세의 징세사무를 관장한다. 현 청사는 옛 유치원 자리로 좁기 때문에 서둘러 많은 비용을 투자해 신축을 계획하고 있다.

  현재 서장(署長)인 사세관(司稅官) 곤도 사쿠토시(近藤作利)는 출범과 동시에 부임한 인물이다.

대구전매지국 부산출장소(大邱專賣支局 釜山出張所)

  소　재 부산부(釜山府) 본정(本町) 1정목(丁目) 1

  연　혁 1921년 7월 전매령(專賣令)의 실시와 함께 개설되었다. 당시의 청사는 부산세관 구내(構內) 건물을 사용하였다. 공사비 약 4만 원을 투자하여 현재의 장소에 2층 건물로 신축해서 1924년 11월 낙성, 이전하였다. 동(同) 출장소의 소관구역은 경상남도 일원 및 강원도의 일부로 개소 이후 오늘에 이르고 있다.

  현재 소장 [소장은 미츠다 타케오(滿田武夫)이다] 부사무관 우치우미 토메자부로(內海留三郎)이다.

부산세무서_ 중구 광복동 1가 박용상비뇨기과 일대에 부산세무서가 자리하고 있었다.

대구전매지국 부산출장소_ 중구 동광동 1가 부산데파트 옆 KT&G 중부산지점이 대구전매지국 부산출장소가 있던 곳이다.

부산세무서(釜山稅務署)
전매국 대구지국 부산출장소(專賣局 大邱支局 釜山出張所)

① 부산세무서(釜山稅務署)_ [신부산대관]
② 부산세무서장(釜山稅務署長) 곤도 사쿠토시(近藤作利)_ [신부산대관]
③ 전매국 대구지국 부산출장소(專賣局 大邱支局 釜山出張所)_ [신부산대관]
④ 전매국 부산출장소장(專賣局 釜山出張所長) 우치우미 토메자부로(內海留三郎)_ [신부산대관]

농림성 경성미곡사무소 부산출장소(農林省 京城米穀事務所 釜山出張所)

소　재 부산부(釜山府) 대창정(大倉町) 2정목(丁目) 40번지

연　혁 농림성이 미곡통제법을[238] 실시함에 따라 조선쌀을 매매보관하기 위한 목적에서 1933년 2월 11일 경성에 농림성경성미곡사무소를 설치하고 그 출장소를 부산, 군산에 개설하여 그해 4월 1일부터 사무를 시작해 오늘에 이르고 있다. 부산출장소에서는 조선미곡창고주식회사 부산지점창고를 지정창고(指定倉庫)로 해서 조선 남부지역의 미곡을 매매보관하고 있다. 현재 소장은 개소 당시부터 부산에 머물었던 농림기사(農林技師) 타이라 마타이치(平又市)이다.

경성미곡사무소 부산출장소_ 중구 중앙동 3가 부산우체국 뒤 사거리 건널목에 위치한 측량기기 전문점 일광상사 자리에 있었다.

238) 일제는 1920년 11월부터 산미증식계획(産米增殖計劃)을 실시하였다. 그 결과 1920년대 후반 식민지 조선에서 쌀수확은 어느 정도 증가하였고 조선의 많은 미곡이 일본으로 수출되었다. 그러나 1929년 세계 대공황이 시작되면서 쌀값이 폭락하고 일본 농민들 사이에서 조선쌀 배척운동이 일어나면서 일제는 본국의 농민들을 보호하기 위해 1933년 3월 미곡통제법을 실시하여 조선쌀의 일본수출을 통제하였다. 따라서 1933년 조선쌀이 대풍년이었음에도 조선총독부는 미곡의 장기저장을 장려하는 정책을 시행할 수밖에 없었다. 상황이 이렇게 되자 일제는 1934년 산미증식계획을 중단하고 자력갱생의 구호아래 농촌진흥운동을 추진하게 된다. 이후 1937년 중일전쟁으로 일본농민들이 각종 노동력에 동원되면서 본국의 쌀생산량이 감소하자 일제는 1939년 다시 조선에서 산미증식계획을 수립하였다. 그러나 전선(戰線)이 확대됨에 따라 인적자원과 비료 등이 적절하게 농업부문에 투하되지 못하면서 애초 계획했던 산미증식은 실현되지 못했다.

농림성 경성미곡사무소 부산출장소
(農林省 京城米穀事務所 釜山出張所)

농림성 경성미곡사무소 부산출장소(農林省 京城米穀事務所 釜山出張所)_ [신부산대관]

곡물검사소 부산지소(穀物檢查所 釜山支所)[경상남도곡물검사소(慶尙南道穀物檢查所)]

소　재 (釜山府) 본정(本町) 5정목(丁目)

연　혁 본도(本道) 곡물검사는 1915년 조선총독부령 제4호 미곡검사규칙과 7월 도령(道令)에 의해 부산미곡개량조합에 위탁하여 실시한 것이 그 시작이다. 또 그해 11월 콩(大豆)검사도 함께 하였는데, 1917년 4월 검사규칙을 개정하면서 시설을 도(道) 운영으로 이관하고 부산에 검사소를 설치하였다. 소장, 주사, 검사원, 서기를 두었으며 도내 주요 집산지에 출장소를 배치하였다. 1917년 9월 부령(府令)으로 검사규칙을 개정하는 한편 검사지정지(檢查指定地)를 확대하고 1922년 8월 명칭을 경상남도곡물검사소로 개칭하였다. 1925년도부터는 종래 군농회에서 시행한 가마니(叺) 검사 또한 도(道) 운영으로 이관해서 곡물검사와 함께 실시하였다.

현재 출장소 37개소, 직원은 기사[소장] 1명, 기수 41명, 서기 2명, 기타 40명으로 본도 내에서 생산하고 집산하는 곡물을 검사하는데 종사한다. 1917년과 현재의 검사고를 비교하면 3배 정도의 증가를 보인다. 현미 220만 가마니, 백미 80만 가마니, 콩 16만 5,000가마니로 가마니의 검사고는 130만 장(杖)을 헤아린다.

현재 소장 이토 슌이치(伊東俊一)는 1878년 11월 6일 도치키현(栃木縣) 나수군(那須郡) 야기촌(野崎村) 대자택(大字澤)에서 태어났다. 현립농업학교를 졸업하고 토우토(東都)로[239] 가서 메이지대학(明治大學)에 입학하여 법률을 배웠다. 1904년 러일전쟁이 일어나자 육군 보병 소위로 제7사단[홋카이도(北海道)]에 소속되어 충원(充員)소집을 받았는데 그해 10월 28일 제3군에 속하여 둔영(屯營)을 출발해 뤼순(旅順), 펑텐(奉天) 등 각지를 전전(轉戰)하고 중위로 지위가 올라가서 종(從) 7위에 서훈되었다. 1906년 전공(戰功)에 의해 훈(勳) 6등에 서훈되고 광욱일장(光旭日章) 및 하사금, 종군기장(從軍記章)을 하사받았다. 그는 전쟁 중 203고지의[240] 전투에서 명예로운 큰 부상을 입고 개선한 이후 부상치료로 몇 개월을 보냈다. 그 뒤 3, 4년이 지나 칼에 입은 상처가 조금씩 회복되자 도치키현(栃木縣) 곡물검사감독에 취임하였다. 이후 나라현(奈良縣) 곡물검사소장기사(穀物檢查所長技師)로 임명되어 근무하길 2년 반, 1921년 11월 2일 조선산업기사에 임명되고 동시에 본도 곡물검사소장의 직책을 맡아 오늘에 이른다[종6위(從六位) 훈5등(勳五等)]

1932년 9월 검사의 통일을 기하기 위해 관제를 개정하여 종래의 도립(道立)을 국립으로 고치고 명칭을 조선총독부곡물검사소 부산지소로 하여 오늘에 이른다. 현재 소장은 기사(技師) 카와고에 타로(河越太郎)이다.

곡물검사소 부산지소_ 중구 동광동 주민센터와 40계단문화관이 있는 건물 자리에 있었다.

---

239) 토우토(東都)는 에도(江戸)시대 에도에 붙인 아칭(雅稱)이다. 지금도 도쿄(東京)를 '토우토(東都)'로 부르는 경우가 있다.
240) 뤼순항(旅順港)을 한눈에 내려다 볼 수 있는 203미터의 후석산을 말한다. 러일전쟁 당시 203미터의 후석산(猴石山) 고지를 두고 러시아와 일본은 1904년 9월부터 5개월간 혈전을 벌렸다. 쌍방이 사활을 건 전투를 치르는 동안 일본군은 1만 6,000명이 사망한 끝에 203고지를 탈환하였다. 이에 러시아는 1905년 1월 2일 203고지를 일본의 장군 노기 마레스케(乃木希典, 1849~1912)에게 내주었다.

조선총독부 곡물검사소 부산지소
(朝鮮總督府 穀物檢査所 釜山支所)

조선총독부 곡물검사소 부산지소(朝鮮總督府 穀物檢査所 釜山支所)_ [신부산대관]

부산헌병분대(釜山憲兵分隊)

소　재 부산부(釜山府) 대청정(大廳町) 2정목(丁目)

연　혁 1896년 1월 25일 한국에 임시헌병대가 편성되자 그해 9월 2일 임시헌병대 부산지부를 설치하였는데 이것이 부산헌병분대의 시작이다. 그리고 1898년 12월 구대(區隊)의 편성을 고쳐서 제3구 부산분견소로 명칭을 변경하였다. 그 후 여러 차례 명칭을 바꿨는데 1906년 10월 29일 제14헌병대 부산분대로 고치고 그해 12월 1일 관할구역을 경남북도 일원으로 하였다. 1908년 3월 12일 부산헌병분대를 대구로 옮기고 대구헌병분대 부산분견소로 명칭을 변경하였다. 이후 1910년 7월 13일 다시 진주헌병대 부산분대로 개칭하고 관할 아래에 동래 외에 7개소의 분견소를 설치하였다. 1911년 부내(府內) 대청정에 청사를 신축하여 그해 9월 이전하고 오늘에 이른다.

분대장 헌병 소좌 다카기 요시에다(高木義枝)는 후쿠오카현(福岡縣) 팔녀군(八女郡) 치야촌(置野村)에서 태어났다. 1908년 육군 보병 소위로 임관하고 이후 승진해 1925년 8월 헌병소좌에 임명되었다. 이 사이 타이완(臺灣) 제2수비대 부관(副官), 육군중앙유년학교 교관, 보병제20연대 부관, 지바(千葉)헌병분대장의 요직을 역임하고 현직에 이른다. 부산 부임이래 업무와 더불어 국민정신의 진작과 군사사상의 보급에 노력하고 부산승마교육회 및 국본사(國本社) 부산지부를 설립하였다. 나아가 부산지부 궁도장(弓道場) 건설에 힘을 쏟아 마침내 용두산신사(龍頭山神社)의 신역(神域)에 공사비 6,000여 원을 들여 일본과 조선에서 보기 드문 큰 궁도장을 완성하였다. 현재는 대구헌병대의 관할 아래 있다. 분대장은 헌병 소좌 카미야 요시히로(神谷能弘)이다.

부산헌병분대_ 중구 대청동 부산근대역사관 맞은편 인디안상설매장 건물 위치에 있었다.

육군운수부 부산출장소(陸軍運輸部 釜山出張所)[육군운수 부산지부(陸軍運輸 釜山支部)]

소　재 부산부(釜山府) 대청정(大廳町) 1정목(丁目)

연　혁 육군운수부 부산출장소는 육군 병마 먹이를 선박 및 철도로 조달하기 위한 계획과 그 실현을 담당했다. 1896년 6월 처음으로 부산항에 임시육군운수통신부 위하이(威海衛)지부출장소를 설치한 이래 여러 차례 명칭의 변경이 있었다. 1909년 4월 현재의 육군운수부 부산지부로[241] 명칭을 고쳤다. 이듬해 1910년 대청정(大廳町) 현재의 위치에 벽돌 건물 청사를 신축하고 그해 11월 이전하여 오늘에 이른다. 현재 지부장은 육군 보병 대위 쿠라나가 타츠지(倉永辰治)이다. 출장소장은 육군 보병 대위 미조부치 겐토(溝淵源登)이다.

육군축성본부 부산출장소(陸軍築城本部 釜山出張所)

소　재 부산부(釜山府) 대청정(大廳町) 1정목(丁目)

연　혁 육군축성본부 부산출장소는 1922년 9월 축성(築城)본부 부산임시파출소로 개설되었다. 개설 당시의 장소는 대신정(大新町)에 있었던 수비대 터였다. 그러다가 1923년 4월 축성부 진해만지부로 명칭이 바뀌었는데, 이후 다시 육군축성본부 부산출장소로 변경되고 대청정(大廳町) 1정목(丁目)으로 이전해 오늘에 이른다. 현재 지부장은 육군 보병 대위 쿠라나가 타츠지(倉永辰治)이다. 출장소장은 공병 소좌 오이라다 히데사부로(大郎田秀三郎)이다.

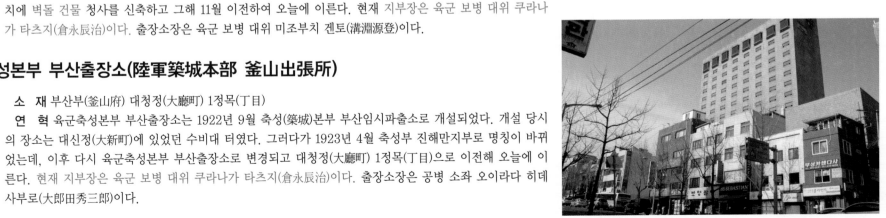

육군축성본부 부산출장소와 육군운수부 부산출장소_ 중구 대청동 옛 서라벌호텔 자리에 있었다.

부산헌병분대(釜山憲兵分隊)
육군운수부 부산출장소(陸軍運輸部 釜山出張所)
육군축성본부 부산출장소(陸軍築城本部 釜山出張所)

① 부산헌병분대(釜山憲兵分隊)_ [신부산대관]
② 육군축성본부 부산출장소(陸軍築城本部 釜山出張所)_ [신부산대관]
③ 육군운수부 출장소장(陸軍運輸部 出張所長) 미조부치 겐토(溝淵源登)_ [신부산대관]
④ 부산헌병분대(釜山憲兵分隊) 분대장 다카기 요시에다(高木義枝)_ [부산대관]
⑤ 부산헌병분대(釜山憲兵分隊) 분대장 카미야 요시히로(神谷能弘)_ [신부산대관]

부산경찰서(釜山警察署)

소　재 부산부(釜山府) 영정(榮町) 2정목(丁目)

연　혁 1872년 8월 당시 외무성은 관리 고이치(鄕一)를 부산에 파견하여 부산거류주민의 정무(政務)를 보도록 초량관(草梁館)에 주재시켰다. 그리고 1874년 거류민관리관 1명을 두고 이어서 1880년 영사관경찰을 설치하였는데 이것이 부산에서 우리 경찰권의 시작이다. 청일전쟁과 러일전쟁을 거쳐 새롭게 일한협약(日韓協約)이 체결되어 우리나라의 종주권이 확립되었다. 이후 영사관이 이사청(理事廳)으로 개칭되고, 경찰도 이사청경찰로 명칭이 변경되었는데 1907년 일한경찰취체서(日韓警察取締書)에 기초하여 부산경찰서로 명칭이 또다시 바뀌었다. 시간이 흘러 1910년 2월 이사청이 폐지되자 경찰권은 완전히 독립되었고 그해 8월 일한병합(日韓倂合)이 이루어졌다. 1919년 관제개정을 거쳐 오늘에 이른다. 현재 서장은 경시(警視) 타카하시 킨메이(高橋金明)이다.

부산수상경찰서(釜山水上警察署)

소　재 부산부(釜山府) 본정(本町) 1정목(丁目)

연　혁 조선의 대무역항인 부산항의 해상감독은 육상경찰의 능력으로 할 수 있는 바가 아니다. 1920년 1월 20일 부령(府令) 제8호에 따라 신설되어 부산항내에서 일반 경찰사무를 시작해 오늘에 이른다. 본 경찰서는 수 척(隻)의 우수한 경비선을 갖추고 경북연안 및 경남전남연안의 부정어업 관리감독까지 담당한다. 이 밖에 해항검역사무를 분장하기 위해 항무의관(港務醫官) 타카모토 쇼조(高本省三) 이하가 근무하고 있다. 현재의 서장은 경부(警部) 스에 무쯔시게루(須江睦茂)이다.

부산경찰서_ 원래 부산주재 일본영사관 돌계단 우측에 있었다. 1923년 무렵 현재 중부경찰서 위치로 이전한 것으로 보인다.

부산수상경찰서_ 중구 중앙동 연안여객터미널 앞에 있었으나 1979년 부산대교 건설시 도로로 편입되어 그 흔적을 찾을 수 없다.

부산경찰서(釜山警察署)
부산수상경찰서(釜山水上警察署)

① 부산경찰서(釜山警察署)_ [신부산대관]
② 부산경찰서장(釜山警察署長) 타카하시 킨메이(高橋金明)_ [신부산대관]
③ 부산수상경찰서(釜山水上警察署)_ [신부산대관]
④ 부산수상경찰서장(釜山水上警察署長) 스에 무쯔시게루(須江睦茂)_ [신부산대관]

부산형무소(釜山刑務所)

소　재 부산부(釜山府) 대신정(大新町) 630번지

연　혁 부산형무소는 1876년 영사관의 설치와 함께 영사관 소속으로 대청정(大廳町)에 설치되어 영사관감옥서라고 불렸다. 이어서 1905년 10월 1일 이사청(理事廳)이 설치되면서 감옥도 이사청에 인계되어 이사청감옥으로 명칭이 변경되었다. 그러나 1909년 통감부관제공포와 더불어 부산에 본감(本鑑)을 설치하게 되고 마산 및 진주에 분감(分監)을 설치하게 되자 재래의 구한국감옥과 합쳐 부내(府內) 대신리(大新里)에 본감을 신축하게 되었다. 부내 초량동(草梁洞)에 있었던 진주감옥 부산분감을 자키노시타(坂ノ下)출장소로 하고, 본감은 주로 일본인을, 출장소에는 조선인을 수용해 왔다. 그러나 이후 점차 수감자의 증가에 따라 건물이 좁게 느껴져 자키노시타(坂ノ下)출장소를 폐지하고 1923년 4월 현재의 위치로 이전하였다. 이듬해 1924년 5월 조선총독부령으로 감옥의 명칭을 부산형무소로 변경해 오늘에 이른다. 감옥관제 개정 후의 전옥(典獄)은 마쯔무라 마사키(松村政記), 야마타 토라이치로(山田虎一郎), 미쯔이 히사아키(三井久陽), 이모가와 마사요시(芋川正義), 이시가와 쯔루키치(石川鶴吉), 요시노 토쿠이치(吉野德市), 후도 후지타로(不動藤太郎) 등을 거쳐 현 소장 야마시타 료우에몬(山下良右衛門)에 이른다. 현 야마시타(山下) 소장은 관리로서 드물게 보는 독서가로 지식이 해박하고 다방면의 취미에 통달하여 인격이 원만한 사람으로 알려져 있다.

현황의 일단 재소(在所) 총 인원은 801명[1934년 10월 31일 현재, 전년 같은 기간에 비해 35% 감소]이다. 내역(內譯)을 보면 피의자 남자 2명[중국인], 수형자 남자 729명[일본인 54명, 조선인 665명, 중국인 10명]이며 노역장유치(勞役場留置)는 남자 10명[일본인 1명, 조선인 9명], 여자 1명[조선인]이다.

작업상황 관사업(官司業), 청부업, 위탁업의 3종류로서 관사업에는 벽돌, 채화도기(藍胎塗器), 인쇄, 가구, 구두, 양복재봉, 연탄, 오지그릇 등의 제작에 230여 명, 청부업에는 기계밧줄, 기계로 짠 직물, 종려털로 꼰 줄(棕櫚繩), 그물로 된 어망, 가구 등의 제작과 갈대로 만든 세공 등에 420여 명, 위탁업에는 행낭(行囊), 가구공(家具工), 양복재봉, 죽세공, 메리야스, 표장(表裝) 등에 40여 명이 취업하였다. 각 업종 모두에 수요자가 많아 주문이 쇄도한다. 특히 채화도기(藍胎塗器)는 시작한지 얼마 되지 않지만 점차 정교한 제품을 만들어 내어 호평을 받고 있다.

부산형무소_ 부산형무소는 1961년 부산교도소로 개칭되었다가 1973년 주례로 옮겨간 뒤 그 자리에는 대신삼익아파트 단지(사진의 중앙)가 들어섰다. 명칭이 구치소로 변경된 것은 1986년이다.

부산형무소(釜山刑務所)

① 부산형무소(釜山刑務所) 전경(全景)_ [부산대관]
② 부산형무소(釜山刑務所) 전경(全景)_ [부산대관]
③ 부산형무소(釜山刑務所) 사무소(事務所)_ [신부산대관]
④ 부산형무소(釜山刑務所) 전경(全景)_ [신부산대관]
⑤ 부산형무소 소장(所長) 미노다 쵸헤이(蓑田長平)_ [부산대관]
⑥ 부산형무소 소장(所長) 야마시타 료우에몬(山下良右衛門)_ [신부산대관]

조선총독부 부산철도사무소(朝鮮總督府 釜山鐵道事務所)

소　재 부산부(釜山府) 고도정(高島町) 부산역 누상(樓上)

연　혁 만주국의 건설과 함께 부산철도사무소는 교통상 중대한 역할을 하고 있는데, 이것과 비례해서 일본, 조선, 만주의 스피드업된 열차도 근래 뚜렷한 진전을 보이고 있다. 부산철도사무소의 기원은 1923년이다. 1923년 6월 당시 만철(滿鐵)의[242] 위임경영 아래 있던 만철경성철도국의 조직개정에 따라 부산, 대전, 경성, 평양의 4개소에 운수사무소를 설치해 운수영업 및 열차 운전에 관한 사무를 처리하게 되었다. 역(驛), 기관구(機關區), 검사구(檢查區), 열차구(列車區)를 배속하여 철도사무소내에 서무, 영업, 운전의 3계(係)를 두고 소관업무를 분장하였다. 1925년 4월 1일 만철(滿鐵)의 위임경영을[243] 해제하면서 총독부 철도국 직영으로 이관되어 현재에 이르고 있다. 1932년 요시다(吉田) 철도국장의 내임과 함께 그 조직을 확대하고 명칭을 부산철도사무소로 고쳤다. 그리고 종래 독립해 있었던 철도공무사무소를 철도사무소에 소속시키고 영업, 운전, 서무, 공무, 수리(修理)의 5과로 나누어 오늘에 이른다.

부산철도사무소장은 철도국 기사 후세지마 신쿠로(伏島信九郎)로 간부는 영업과장 이시가와 킨죠(石川金生), 운전과장 쇼지쿠마 키치(庄司熊吉), 서무과장 하마사마 카이지로(濱崎改次郎), 공무과장 우에하라 지로(上原二郎), 경리과장 나가오 히로시(長尾汎)이다.

---

242) 만철(滿鐵)은 만주철도주식회사의 약자이다. 만철의 정식 명칭은 남만주철도주식회사로 1906년 설립되어 1945년까지 존속한 일본 최대의 국책 주식회사였다. 주로 중국동북지역인 만주의 중요 산업과 철도 인근 지역의 부속지를 관리 운영하였다. 그 산하 조직인 '만주철도주식회사 조사부'는 기업의 차원을 넘어 일본의 식민지통치에서 싱크탱크 역할을 담당했던 것으로 유명하다.

243) 식민지 조선의 철도는 1906년 7월 1일 이후 통감부 철도관리국 소관이었으나 한반도와 만주 사이의 교통 통일을 명분으로 1917년 7월 31부터 7년 8개월간 만철(滿鐵)의 위탁경영 시기를 거친다. 이후 1925년 4월 1일 다시 총독부 소관으로 되었다.

철도국 부산운수사무소(鐵道局 釜山運輸事務所)
철도국 부산공무사무소(鐵道局 釜山工務事務所)

① 철도국 부산운수사무소(鐵道局 釜山運輸事務所)_ [부산대관]
② 운수사무소장(運輸事務所長) 후루카와 쿠니하루(吉川國治)_ [부산대관]
③ 철도국 부산공무사무소(鐵道局 釜山工務事務所)_ [부산대관]
④ 부산철도사무소장(釜山鐵道事務所長) 후세지마 신쿠로(伏島信九郎)_ [신부산대관]

부산역(釜山驛)

　소　재 부산부(釜山府) 고도정(高島町)

　연　혁 경부철도의 개통은 1905년 1월 1일로 당시 기점은 현재의 초량역이었다. 그런데 교통이 복잡한데다 배와 자동차 연락의 편의를 도모할 목적으로 경부철도주식회사는 계속해서 부산까지[244] 연장계획을 수립하고 공사에 착수하려고 했다. 때마침 1906년 7월 경부철도가 국유화 되자 조선총독부 철도국은 1906년 10월 경부철도주식회사의 연장계획을 그대로 계승하여 기공하고 1908년 3월 부산정거장의 신축에 착수하였다. 이렇게 해서 부산역은 1910년 10월 31일 낙성되고 동아시아의 현관으로서 중요 임무를 맡아 오늘에 이른다.

　현재 역장은 철도국 부참사(副參事) 하루다 노보루(春田登)이다.

부산역_ 1910년 신축된 옛 부산역사(釜山驛舍)는 현재 중구 중앙동 교보생명빌딩 자리에 있었다. 1953년 11월 27일 발생한 소위 역전대화재로 부산역사(釜山驛舍)는 소실되었다. 현재 초량의 부산역은 1969년 6월 10일부터 사용하였다.

244) 여기서 부산은 행정구역상의 부산을 지칭하는 것이 아니라 당시 신축한 부산역사(釜山驛舍), 즉 현재 중구 중앙동 사거리 교보생명빌딩이 위치한 그 일대를 뜻한다.

부산역(釜山驛)과 철도(鐵道)호텔 전경(全景)

	④	①
⑤	③	②

① 부산역(釜山驛)과 철도(鐵道)호텔_ [부산대관]
② 특급열차(特急列車) 히카리(光)의 전망차(展望車)_ [신부산대관]
③ 일만특급열차(日滿特急列車)_ [신부산대관]
④ 부산역장(釜山驛長) 하루다 노보루(春田登)_ [신부산대관]
⑤ 철도(鐵道)호텔 식당(食堂)의 일부(一部)_ [부산대관]

부산철도회관(釜山鐵道會館)[부산스테이션호텔]

소　재 부산역((釜山驛) 구내(構內)

연　혁 1912년 6월 15일 종래 남대문과 창춘(長春) 사이에 국한되었던 조선과 만주간의 직통열차가 부산역까지 연장되어 구아(歐亞)여객이 격증함에 따라, 그해 7월 15일 부산역 위층에 정거장여관을 철도국 직영으로 개업하였다. 이후 숙박, 휴게, 연회 시설의 이용자가 해마다 증가함에 따라 건물의 비좁음과 설비의 개선을 요구하는 목소리를 감안하여 1919년 인접지에 현재의 철도회관사무소를 증축하고 설비시설의 제반을 정비해 면목을 일신하였다. 그리고 명칭을 부산스테이션호텔로 고치고 술집, 당구장, 식당 등 호텔로서 모든 설비를 완성하였다. 이후 15년 동안 통과객에게 부산호텔로서 친숙하였다. 1933년 12월 15일 철도국의 방침에 따라 호텔경영을 폐지하고 객실 전부를 철도사무소로 충당하여 단순히 회관으로서 식사, 연회, 술집, 휴게실만 경영하며 명칭도 부산철도회관으로 변경하였다. 그러나 호텔 폐지로 부산부민(釜山府民)의 비난이 높고, 특히 통과객의 불편이 매우 심각해서 귀빈이 부산역을 통과할 때 곤란하다는 것을 알게 된 현재 지배인 토다(戶田)의 노력에 의해 공사비 2만 원을 투자하여 귀빈실 5실을 신축하고 9월 20일부터[245] 개업하였다. 현재 부산부민으로부터 개방을 요구하는 목소리가 커서 귀빈실을 일반 숙박 희망자를 위해 개방할 예정이다.

현재의 설비 여객 수용력 23명, 식당은 연회장으로 300명[200명]을 수용하기에 충분하다. 술집, 당구장, 휴식용 큰 홀이 마련되어 있고 숙련된 요리사를 채용하여 구미양식(歐美兩式)으로 정성스러운 요리를 제공하고 있다. 방 사용료는 3원 50전(錢) 이상이며 식사료는 아침 1원 50전, 낮 2원, 밤 2원 50전으로 연회는 특별히 주문에 따라 편의를 알선하고 있다.

공회당식당 부산부공회당식당의 경영은 철도회관에서 한다. 일식, 양식, 그 밖의 간단한 식사를 할 수 있는 설비를 갖추어 부내(府內) 이용자는 물론이고 통과객에게도 많은 편리를 제공하기 때문에 만족스러워하고 있다. 지배인 토다 켄고(戶田謙吾)는 구마모토(熊本) 출생이며 다년간 철도회관 차석(次席)으로 좋은 평판을 받았다. 1934년 4월 직책 이동과 함께 지배인으로 승진해서 오늘에 이르며 일반으로부터 환영을 받고 있다.

---

245) 1934년 9월 20일로 파악된다.

부산철도회관(釜山鐵道會館)

① 부산철도회관(釜山鐵道會館) 객실의 일부_ [신부산대관]
② 부산철도회관(釜山鐵道會館) 홀(hall)의 일부_ [신부산대관]
③ 철도(鐵道)호텔 객실(客室)의 일부(一部)_ [부산대관]
④ 부산철도회관(釜山鐵道會館) 지배인 토다 켄고(戶田謙吾)_ [신부산대관]

부산상공회의소(釜山商工會議所)

부산상공회의소_ 중구 신창동 광복미화로에 있는 부산은행 신창동지점이 그 자리이다.

소 재 부산부(釜山府) 서정(西町) 1정목(丁目)

연 혁 1909년 8월 창설되어 일본에서 상업회의소의 효시인 도쿄(東京), 오사카(大阪)의 두 상법회의소(商法會議所) 보다 겨우 1년 늦게 세워졌다. 해외에 있는 것으로는 상하이(上海) 다음으로 오랜 역사를 갖는다. 부산은 조선 최초의 개항장으로 상업의 발달도 빠르고 상업관계의 공적기관 같은 것도 조선 내에서 가장 빨리 정비되었다. 부산상업회의소는 1881년 금평정(琴平町)[현재의 미쯔이(三井)물산출장소]에 신축 기공하여 7월 15일 낙성하였다. 이후 1885년 2월 무역, 은행, 해운 및 도매상의 네 종류 영업자에게 회원 자격을 부여했던 조직을 변경하고 중매상을 회원으로 추가하였다. 다시금 1890년 3월 방물상(小間物商)을 추가하여 의원 정수가 25명으로 되었다. 정·부회두(正·副會頭) 이외 회계위원과 상황(商況)조사위원의 이부(二部)를 설치하였다. 그리고 그해 9월 상업회의소조례를 발포하고 동(同)조례에 따라 1892년 12월 정관을 만들어 1893년 1월 정관을 시행하였다. 이후 1902년 4월 회의소 내에 부속사업으로 상품견본(商品見本)진열소를 설치하고 다시 1903년 현재 서정(西町) 1정목(丁目)에 벽돌 3층 건물의[246] 웅장한 진열관을 신축하여 1905년 4월 준공하였다. 1908년 정관을 개정하여 종래의 부산일본인상업회의소를 부산상업회의소로 개칭하였으며, 1915년에 이르러 비로소 조선상업회의소령의 발포에 따라 1916년 3월 일단 부산상업회의소를 해산하고 7월 새로운 령(令)에 기초하여 총독의 인가를 거쳐 현재의 회의소를[247] 설립하였다. 이를 통해 처음으로 법인의 성격을 갖춘 상공업의 대표기관이 되어 그 조직에 하나의 새로운 획을 긋기에 이르렀다. 그 후 1930년 5월 10일 제령(制令) 제4호로 조선상공회의소령이 발포되자 11월 25일 명칭을 현재의 부산상공회의소로 바꾸었다.

현재 임원 회두(會頭) 카시이 겐타로(香椎源太郎), 부회두(副會頭) 후쿠지마 겐지로(福島源次郎), 문상우(文尚宇)[248]. 상무위원 이재(理財)부장 미즈노 이와오(水野巖), 상업부장 토미하라 겐지(富原研二), 공업부장 키노시타 모토지로(木下元次郎), 무역부장 이시타니 와카마쯔(石谷若松), 교통부장 아사타니 나가스케(淺谷長輔), 사회부장 안희제(安熙濟)[249]

특별평의원 오이케 츄스케(大池忠助), 하자마 후사타로(迫間房太郎), 부산세관장 미야자키 마타지로(宮崎又治郎), 철도국 부산운수사무소장 후루카와 쿠니하루(古川國治), 조선은행 부산지점장 고토 토마루(後藤登丸)

평의원 사카다 분키치(坂田文吉)[미곡상], 사와야마 토라히코(澤山寅彦)[해운업], 나카타니 히로키치(中谷廣吉)[토목건축청부업], 코미야 만지로(小宮萬次郎)[흑연상(黑鉛商)], 아사노 코타로(淺野幸太郎)[잡화상], 이시하라 겐자부로(石原源三郎)[해산상(海産商)], 키무라 소고로(木村惣五郎)[미장(左官)재료상], 오하라 타메(小原爲)[토목건축청부

246) 현재 중구 신창동 새부산타운 자리에 있었다. 본책 주(註) 145 참조.
247) 1915년 7월 15일 조선총독부제령 제4호 조선상업회의소령에 의해 그 동안 한국인과 일본인들이 각각 운영하던 상회의소를 통합했다. 그 결과 한국인의 동래상업회의소와 일본인의 부산상업회의소는 각각 해산하고 1916년 한국인 의원 5명, 일본인 의원 25명, 회두(會頭) 일본인, 부회두 2명 중 1명은 한국인으로 구성된 부산상업회의소가 탄생하게 되었다.
248) 문상우(文尚宇)는 1880년 11월 15일 좌천동(佐川洞)에서 태어나 1956년 늦가을에 세상을 떠났다. 1887년 부산진육영사숙(釜山鎭育英書塾)에서 한학을 배웠다. 1897년 1월 10일 부산의 이오이(五百井)지점(본책 주(註) 347 참조)에 취직하고 이후 하자마 후사타로(迫間房太郎)상점의 점원으로 들어가 하자마와 지배인 정기두(鄭箕斗, 1868~1948)의 후원으로 일본유학을 하게 되었다. 1903년 1월 도쿄세이소쿠(東京正則)예비학교에 입학하여 1906년 6월 졸업하고 그해 7월 도쿄(東京)고등상업학교에 들어가 1911년 7월 졸업하였다. 유학시절인 1908년~1909년 사이 『太極學報』, 『大韓學會月報』, 『大韓興學報』에 다수의 글을 게재하였으며 1909년 대한흥학회 회장을 역임하였다. 1911년 8월부터 1912년 6월까지 경성의 한일(韓一)은행에서 근무하고 그해 7월 경남은행에 지배인으로 입사하였다. 1912년 경남은행 이사, 1920년 1월 부산부(釜山府) 참사(參事), 그해 8월 경남은행 상무, 1923년 부산증권주식회사 대주주, 부산미곡증권주식회사 중역, 삼화자동차주식회사 감사, 1924년 부산상업회의소 부회두(副會頭), 1925년 백산무역주식회사 이사, 1926년 7월 부산도립여자고보속성(釜山道立女子高普速成)기성회 위원 등 1920년대 부산지역의 대표적 경제인으로 활동하였다. 이후 서울을 근거지로 1927년 8월 해동(海東)은행 중역, 1937년 해동은행 전무이사, 1942년 경성방직주식회사 감사, 풍림철공소 중역 등을 지냈으며 1945년 10월 조선주택영단 이사장을 역임하였다. 그는 1920년대 초 경상남도에서 추천하는 중추원의원의 물망에 올랐던 인물이다.
249) 안희제(安熙濟, 1885~1943)는 의령출신의 독립운동가로 백산무역주식회사를 경영하면서 많은 독립자금을 상해임시정부에 제공했다. 1926년 경제적 자립을 추구했던 협동조합운동을 전개했으며 1929년 동향 출신의 이우식(李祐植, 본책 주(註) 312 참조)과 함께 중외일보를 인수해 주식회사로 전환하고 사장에 취임하였다. 1931년 대종교에 입교하고 1933년 만주 닝안현(寧安縣)에 발해농장과 발해학교를 건립하였다. 1942년 일제가 조선어학회사건과 관련하여 대종교 간부 25명을 체포하고 대종교를 탄압한 임오교변(壬午教變) 때 검거되어 혹독한 고문을 받고 1943년 병보석으로 출옥하였으나 이튿날 순국하였다. 1962년 건국훈장 국민장에 추서되었으며 그가 경영했던 동광동 옛 백산무역주식회사 자리에는 광복 50주년이 되던 1995년 백산기념관이 건립되었다.

부산상업회의소(釜山商業會議所)와
부산상공회의소(釜山商工會議所)

① 부산상업회의소(釜山商業會議所)_ [부산대관]
② 부산상공회의소(釜山商工會議所)_ [신부산대관]
　　1927년~1930년 연말까지 부산상업회의소, 이후 부산상공회의소 건물로 되었다. 위치는 중구 신창동 광
　　복미화로에 있는 부산은행 신창동지점 자리이다.
③ 부산상공회의소(釜山商工會議所) 회두(會頭) 카시이 겐타로(香椎源太郎)_ [신부산대관]
④ 부산상공회의소(釜山商工會議所) 이사(理事) 우에다 코이치로(上田耕一郎)_ [신부산대관]

업], 미요시 젠스케(三好善輔)[도기상(陶器商)], 김화식(金華植)[도매상], 윤대선(尹大善)[면포상][250), 타구치 아이지(田口愛治)[목재상], 쯔쯔미 사다유키(堤貞之)[인삼주상(人蔘酒商)], 이시가와 칸이치(石川侃一)[미곡상], 나이토 하치조(內藤八藏)[가루설탕상], 徐相이[은행업][251), 히가시하라 카지로(東原嘉次郎)[가루설탕상], 야마타 소시치로(山田惣七郎)[면포상], 토요다 소쿠로(豊田惣九郎)[철물상], 이토 죠우노스케(伊藤庄之助)[해산상], 다이코쿠 토리마쯔(大黑酉松)[약종상] 등 평의원 30명. [서기장] 하나와 코마지로(花輪熊次郎)

현재 일본인과 조선인 회원 약 1,200명, 의원 30명, 특별의원 6명으로 1932년 9월 의원 개선(改選) 이후 현재의 의원은 다음과 같다.

임　원 회두(會頭) 카시이 겐타로(香椎源太郎). 부회두(副會頭) 미즈노 이와오(水野巖), 김장태(金璋泰)[252). 상의원(常議員) 고도 세이스케(五島誠助), 타테이시 요시오(立石良雄), 아라이 야이치로(荒井彌一郎), 이병희(李秉熙)[253), 히가시하라 카지로(東原嘉次郎), 니시모토 에이이치(西本榮一). 상업부장 에비스 호코요시(戎戈吉), 공업부장 요네쿠라 세이사부로(米倉淸三郎), 무역부장 타케히사 고우히토(武久剛仁), 교통부장 이와하시 이치로(岩橋一郎), 금융부장 야마무라 마사오(山村正夫). 회계감사위원 고도 세이스케(五島誠助), 이병희(李秉熙)

특별의원 하자마 후사타로(迫間房太郎), 이타니 기사부로(井谷義三郎), 코이케 이즈미(小池泉), 후세지마 신쿠로(伏島信九郎), 테라시마 토구지쯔(寺島德實)

의　원 미즈노 이와오(水野巖), 김두필(金斗珌), 사카키 스에키치(榊末吉), 양향환(梁鄕煥)[254), 코미야 만지로(小宮萬次郎), 나카무라 다카쯔구(中村高次), 야마무라 마사오(山村正夫), 이와하시 이치로(岩橋一郎), 타테이시 요시오(立石良雄), 니시오 카쿠조(西尾角藏), 고도 세이스케(五島誠助), 아라이 야이치로(荒井彌一郎), 요네쿠라 세이사부로(米倉淸三郎), 이시하라 카우(石原薯), 송근실(宋根實)[255), 모리 토라이치(森虎一), 에비스 호코요시(戎戈吉), 이케지리 이시치(池尻伊七), 야마우치 젠조(山內善造), 와카사 에이이치(若狹榮市), 히가시하라 카지로(東原嘉次郎), 타케히사 고우히토(武久剛仁), 이병희(李秉熙), 김장태(金璋泰), 우에무라 큐사부로(植村久三郎), 니시모토 에이이치(西本榮一), 카시이 겐타로(香椎源太郎)

이　사 우에다 코이치로(上田耕一郎)는 교토시(京都市) 사람이다. 1927년 고베(神戶)고등상업학교를 졸업하고 만철(滿鐵), 일본모직(日本毛織)회사, 안동(安東)상공회의소[256) 서기장 등을 거쳐 1930년 3월 조선으로 와서 현재의 직위에 취임하였다. 올해 46세로 재기(才氣)가 매우 뛰어난 인물이다.

---

250) 윤대선(尹大善)은 1926년 남선창고(南鮮倉庫)주식회사 이사를 지냈으며, 1928년 3월 조선직물주식회사 창립위원으로 활동하였다.
251) 원문 자체가 탈자이다. 1925년 오이케 츄스케(大池忠助), 하자마 후사타로(迫間房太郎)와 더불어 경남은행 상무이사로 활동했던 서상호(徐相灝)이다. 그는 1888년 출생하여 1915년 조선국권회복단 단원으로 활동하였고 1919년 통영 3·1운동에 가담하였다. 1920년 마산의 원동(元東)무역주식회사 이사와 1921년 사립보성(私立普成)법률상업학교 기성위원회 위원 및 1923년 통영의 남선(南鮮)해산물주식회사 주주로 활동하였다. 1924년 시대일보사 발기인으로 참가하였으며 1925년 문상우(文尙宇), 손영돈(孫永暾), 윤상은(尹相殷), 이우식(李祐植), 김종원(金宗元), 오이케 츄스케(大池忠助), 하자마 후사타로(迫間房太郎) 등과 함께 주식회사 경남은행(본책 주식회사 경남은행 항목 참조) 상무이사와 1928년 경상합동은행 상무이사를 역임하였다. 1937년에는 서울의 대동상사(大東商事)주식회사 전무이사를 지냈다. 1950년 제2대 국회의원 선거 때 통영에서 무소속으로 출마하여 당선되었다. 1952년 내각제 개헌안 찬성의원으로 이승만의 장기집권을 반대하였으며 1958년 통일당경남도당 위원장으로 활동하였다.
252) 본책 주(註) 163 참조.
253) 이병희(李秉熙)는 1923년~1927년 경남인쇄주식회사 이사와 1947년 12월 민주독립당 경남도지부 의장을 지냈다.
254) 양향환(梁鄕煥)은 양경환(梁卿煥)의 오자(誤字)이다. 양경환(梁卿煥)은 1935년 조선수산물판매주식회사 감사로 활동하였다. 본책 양경환(梁卿煥) 항목 참조.
255) 송근실(宋根實)은 1935년~1939년 목도주조(牧島酒造)주식회사 사장을 지냈다.
256) 여기서 안동(安東)은 경북 안동이 아니라 압록강을 끼고 북한의 신의주와 마주보고 있는 중국의 단동(丹東)을 말한다. 중국은 1968년부터 안동의 명칭을 단동(丹東)으로 바꿨다.

부산상공회의소(釜山商工會議所) 의원(議員) | 부산상공회의소(釜山商工會議所) 의원(議員)_ [신부산대관]

부산상업회의소 평의원(釜山商業會議所 評議員)

현재 부산상업회의소 평의원은 1926년 4월 1일 개선(改選)된 인물들이다. 사진은 의원 및 회의소 직원들이다.

제1열[오른쪽부터]
키노시타 모토지로(木下元次郎), 야마타 소시치로(山田惣七郎), 코미야 만지로(小宮萬次郎), 후쿠시마 겐지로(福島源次郎), 카시이 겐타로(香椎源太郎), 이시하라 겐자부로(石原源三郎), 이시가와 칸이치(石川侃一), 이시타니 와카마쯔(石谷若松)

제2열[오른쪽부터]
키무라 소우고로(木村惣五郎), 토미하라 겐지(富原研二), 오하라 타메(小原爲), 쯔쯔미 사다유키(堤貞之), 미즈노 이와오(水野巖), 이토 죠우노스케(伊藤庄之助), 나카타니 히로키치(中谷廣吉), 히가시하라 카지로(東原嘉次郎), 타구치 아이지(田口愛治)

제3열[오른쪽부터]
토요다 소쿠로(豊田惣九郎), 다이코쿠 토리마쯔(大黑酉松), 사와야마 토라히코(澤山寅彦), 미요시 젠스케(三好善輔)

제4열[오른쪽부터]
나이토 하치조(內藤八藏), 사카다 분키치(坂田文吉), 아사노 코타로(淺野幸太郎), 윤대선(尹大善), 아사타니 나가스케(淺谷長輔)

제5열[오른쪽부터]
안희제(安熙濟), 김화식(金華植), 서상호(徐相灝), 하나와 코마지로(花輪熊次郎)[서기장(書記長)], 문상우(文尙宇), 기타 회의소 서기(書記)

부산상업회의소(釜山商業會議所) 평의원(平議員) ┃ ① 부산상업회의소(釜山商業會議所) 평의원(平議員)_ [부산대관]

부산부(釜山府)의 재정(財政)과 사업(事業) 일람표(一覽表)[257]

[부제(府制) 시행 이후 매년도 결산액, 단 1926년은 예산액. 단위 원(圓)]

연도	세 입			세 출			특 별 회 계			주 요 사 업
	경상	임시	합계	경상	임시	합계	병원	수도	착평	
1914	108,282	74,309	182,591	58,293	112,141	170,434	35,770	124,446	9,713	초량(草梁) 고관(古館) 사이 도로 확장, 고관 부산진 도로 개수
1915	128,049	40,227	168,276	59,692	83,991	143,683	38,310	155,380	9,569	고관(古館) 초량(草梁) 사이 도로 확장, 전염병원 확장
1916	163,158	39,160	202,318	113,101	71,409	184,510		145,477	375,924	용두산공원 개선(改善), 고관공원(古館公園) 설비, 공동하양장(共同荷揚場) 설비, 전염병원 신축 및 영선(營繕)
1917	165,029	75,372	240,401	112,591	106,821	219,412		159,381	387,557	수정동(水晶洞) 범일동(凡一洞) 1등 도로 부지 매수, 공동하양장(共同荷揚場) 설비
1918	187,522	49,257	236,779	116,543	94,831	211,374		155,795	324,730	수출우검역소(移出牛檢疫所) 도로 개수, 대정공원(大正公園) 부지 매수
1919	260,041	154,331	414,372	182,838	177,826	360,664		167,682	12,992	검역소(檢疫所) 도로 개수, 오물청소(汚物掃除) 설비, 도선(渡船) 신영(新營)
1920	546,561	210,306	756,867	426,077	282,836	708,913				순치병원(順治病院) 증설, 검역소(檢疫所) 도로 신설, 부곡(富谷) 신영(新營), 전월(田月)·영천근(榮川筋)·살마굴(薩摩堀) 교량 가설, 시구개정(市區改正) 및 하수(下水) 조사
1921	625,623	561,078	1,186,701	405,337	687,350	1,092,687				수산시험장(水産試驗場) 용지 매수, 초량(草梁) 구도로(舊道路) 개수, 도축장(屠獸場) 부지매수설비, 도선(渡船) 신조(新造), 잔교(棧橋) 신설, 소방자동차 기타 정비 설비
1922	757,526	517,142	1,274,668	441,973	618,305	1,060,278				부립병원(府立病院)[현 도청사 신축], 1, 2등 도로 개수, 부성교(富城橋) 가설, 해운대 도로 개수, 시구개정 착수, 부평정시장 매수
1923	729,156	519,775	1,248,931	476,554	689,220	1,165,774				수도확장공사[3년 계획 착수], 도시계획 상하수도 조사, 1, 2등 도로 해운대 도로 등 도로 개수, 병원X광선 설비, 도선(渡船) 1척 구입, 부평정(富平町)시장 개수, 사회사업시설
1924	806,984	525,338	1,332,322	502,271	598,431	1,100,702				오수소각장(汚水燒却場) 설치, 부평시장 개수, 도선(渡船) 1척 구입, 부립병원(府立病院) 확장, 부영주택(府營住宅) 건설
1925	800,823	347,835	1,148,658	524,994	450,178	975,122				부립병원(府立病院) 증축 수선, 행로병인(行路病人)구호소 설치
1926	866,964	1,402,840	2,269,804	576,159	1,693,645	2,269,804				대청정(大廳町) 도로 확장, 대신정(大新町) 도로 신설, 2등 도로 및 등외(等外)포장(鋪裝), 보수천(寶水川) 호안(護岸) 자동차펌프 1대 구입, 소방서 개축, 화장(火葬) 및 제장(祭場) 신설, 도청사(道廳舍) 부지 매수, 공설운동장 설치, 공회당 건축, 수도 대확장 착수[5개년 연속]

257) 검정색 수치는 원문에서 합계가 잘못된 것을 바로 잡은 것이다.

1926년 부산부협의회원(釜山府協議會員) |

① ② ③ ④ ⑤
⑥ ⑦ ⑧ ⑨ ⑩
⑪ ⑫ ⑬ ⑭ ⑮

① 오하라 타메(小原爲)　② 이향우(李鄕雨)　③ 니시무라 코지로(西村浩次郎)
④ 이시하라 겐자부로(石原源三)　⑤ 이와하시 이치로(岩橋一郎)
⑥ 타케히사 스테키치(武久捨吉)　⑦ 요시오카 시게미(吉岡重實)
⑧ 카와지마 키시케(川道喜彙)　⑨ 카시이 겐타로(香椎源太郎)
⑩ 오이케 츄스케(大池忠助)　⑪ 쿠니시 도타로(國司道太郎)
⑫ 우에스기 고타로(上杉古太郎)　⑬ 나카지마 쯔루타로(中島鶴太郎)
⑭ 타케시타 류헤이(竹下隆平)　⑮ 타바타 쇼헤이(田端正平)_ [부산대관]

1926년 부산부협의회원(釜山府協議會員) II

① ② ③ ④ ⑤
⑥ ⑦ ⑧ ⑨ ⑩
⑪ ⑫ ⑬ ⑭ ⑮

① 마쯔오카 진타로(松岡甚太)
③ 야마카와 사다메(山川定)
⑤ 야마모토 에이키치(山本榮吉)
⑦ 아쿠타가와 칸이치로(芥川完一郎)
⑨ 고자카 유이타로(小坂唯太郎)
⑪ 히라노 소자부로(平野宗三郎)
⑬ 시미즈 츄지로(淸水忠次郎)
⑮ 사이조 리하치(西條利八)_ [부산대관]

② 야토우 이키치(矢頭伊吉)
④ 야마타 소시치로(山田惣七郎)
⑥ 사카다 분키치(坂田文吉)
⑧ 오남근(吳南根)
⑩ 고가 큐이치로(古賀九一郎)
⑫ 히구치 토시하루(樋口利春)
⑭ 어대성(魚大成)

부산부학교조합(釜山府學校組合) 재정(財政) 일람표(一覽表)[258]

[학교조합령(學校組合令) 시행 이후 매년도 결산액, 단 1926년은 예산액. 단위 원(圓)]

연도	세 입			세 출			주요사업
	경상	임시	합계	경상	임시	합계	
1914	88,732	39,849	128,581	88,770	30,018	118,788	제1, 2, 3교(校) 교사(校舍) 증축, 유치원 신축
1915	96,832	61,865	158,697	97,305	46,897	144,202	제2교(校) 증축
1916	99,968	45,716	145,684	96,741	43,031	139,772	여학교 및 제3교 교실 증축
1917	103,450	51,164	154,614	109,988	25,671	135,659	상업학교 증축, 제3, 6교(校) 부지 매수
1918	115,462	76,100	191,562	115,951	135,659	188,199	제6교(校) 신축
1919	159,008	193,229	352,237	156,444	171,287	327,731	제6교(校) 증축, 제7교(校) 신축
1920	236,639	168,345	404,984	294,171	103,179	397,350	제7교(校) 신축, 제8교(校) 부지 매수
1921	271,359	130,031	401,390	324,776	40,857	365,633	상업학교 증축
1922	310,672	268,915	579,587	340,5902	159,280	499,870	제3, 6, 7교(校) 증축, 제8교(校) 신축
1923	285,763	190,334	476,097	312,840	121,516	434,356	여학교 기숙사 신축 및 강당 증축, 제3교(校) 증축
1924	308,046	129,857	437,903	306,931	79,278	386,209	제4교(校) 증축, 공업보습교(工業補習校) 건축
1925	316,938	130,880	447,818	322,652	108,409	431,061	제1교(校) 부지 매수, 공업보습교(工業補習校) 증축
1926	334,191	123,650	457,841	328,324	129,517	457,841	제3교(校) 부지 매수 및 증축, 제6교(校) 부지 매수

258) 검정색 수치는 원문에서 합계가 잘못된 것을 바로 잡은 것이다.

1926년 부산부학교조합회의원(釜山府學校組合會議員)

①②③④⑤⑥
⑦⑧⑨⑩⑪⑫
⑬⑭⑮⑯⑰⑱

① 가토 키치지로(加藤吉太郎) ② 오야 오토마쯔(大矢音松)
③ 오하라 타메(小原爲) ④ 이케다 로쿠지로(池田祿次郎)
⑤ 이코 카야로쿠(伊香賀矢六) ⑥ 이바라키 요진(茨木要人)
⑦ 쿠부시로 칸이치(久布白貫一) ⑧ 나가야마 키이치(中山喜市)
⑨ 나카무라 큐조(中村久藏) ⑩ 요시자키 소이치(吉崎宗一)
⑪ 요시오카 시게미(吉岡重實) ⑫ 카와지마 키시케(川島喜彙)
⑬ 키라 슈사쿠(吉良重作) ⑭ 후로하라 하치로(古原八郎)
⑮ 야스고우치 센키치(安河内千吉) ⑯ 야토우 이키치(矢頭伊吉)
⑰ 야마모토 에이키치(山本榮吉) ⑱ 야마타 신키치(山田信吉)_[부산대관]

Ⅳ. 부산부(釜山府)의 여러 학교(學校)

부산공립중학교(釜山公立中學校)

소　재 부산부(釜山府) 초량정(草梁町)

연　혁 부산중학교는 경성중학교에 버금가는 오랜 연혁을 갖고 있다. 1913년 3월 28일 칙령으로 조선총독부중학교관제 개정이 이루어져 동교(同校)를 부산에 설치하였다. 그해 4월 1일 보수정(寶水町) 부산공립심상(尋常)소학교 교사(校舍)의 일부를 가교사(假校舍)로 1학년 생도 111명[121명]을 수용한 것이 부산중학교의 시작이다. 히로타 나오사부로(廣田直三郞)가 동교(同校) 교장에 취임하였다. 1913년 7월 16일 교육칙어등본(敎育勅語謄本)의[259] 하사(下賜)가 있었고 그해 11월 28일 초량동(草梁洞)에 새로운 교사를 낙성하여 이전하였다. 1915년 10월 16일 다이쇼천황(大正天皇) 어진영(御眞影)을 봉대(奉戴)하였다. 그해 12월 기숙사를 낙성하고 1916년 10월 27일 황태후폐하 어진영을 봉대하였다. 1917년 8월 히라야마 타다시(平山正)가 교장이 되었다. 1918년 3월 10일 제1회 졸업식을 거행하였다. 1921년 이노우에 쇼지로(井上庄次郞)가 히라야마(平山) 교장의 뒤를 이었다. 1921년 8월 어진영봉안고(御眞影奉安庫)를 준공하고 1922년 2월 총독부령으로 중학교규정이 정해지게 되자 학칙을 개정하였다. 1923년 5월 6일 개교 10주년 기념식을 거행하였다. 1925년 4월 관립이 도립으로 되면서 경상남도로 이관하고 부산공립중학교로 명칭을 변경하였으며 학급을 늘여 제1학년 150명의 입학을 허가받아 15학급제로 하였다.

이와 동시에 세키모토 코타로(關本幸太郞)가 이노우에(井上)교장의 뒤를 계승하여 오늘에 이른다. 현재의 생도수는 제1학년 150명(3학급), 제2학년 142명(3학급), 제3학년 98명(2학급), 제4학년 102명(2학급), 제5학년 70명(2학급)으로 총 562명이다.

1926년 4월 학교에서 교련이 실시됨에 따라 육군 현역 장교를 배속하였다. 1927년 4월 교기(校旗)를 제정하고 1928년 8월 23일 새로운 교사의 상량식을 거행해 그해 12월 10일 준공을 거쳐 생도 중 일부가 새교사로 옮겨갔다. 1928년 10월 4일 다이쇼천황과 황태후폐하의 어진영을 봉환하고, 10월 16일 천황폐하의 어진영을 봉대했다. 1929년 4월 1일 15학급제를 완성하였다. 1930년 12월 15일 어진영을 봉환하고 12월 21일 새로운 어진영을 봉대하였다. 1932년 10월 30일 개교 20주년 기념으로 상우관(尙友館)의 상량식을 거행하고 이듬해 1933년 2월 21일 개관식을 가졌으며 그해 4월 20일 개교 20주년 기념식을 거행하였다. 제16회까지 졸업생수는 1,083명에 이른다. 질실강건(質實剛健)을 교풍(校風)으로 한다.

역대 교장 히로타 나오사부로(廣田直三郞), 히라야마 타다시(平山正), 이노우에 쇼지로(井上庄次郞),[260] 세키모토 코타로(關本幸太郞), 가토 쯔네지로(加藤常次郞), 아오야기 야스오(靑柳泰雄)[현재(現在)]

현재 교장 아오야기 야스오(靑柳泰雄)는 1915년 도쿄제대(東京帝大) 문학부 영문과를 졸업하고 구마모토현립중학(熊本縣立中學) 세이세이고(濟濟黌)[261] 교유(敎諭), 오카야마현(岡山縣) 시찰관, 경기도 시학관 등을 거쳐 1932년 3월 29일 현재의 직위에 취임하였는데 박식고덕(博識高德)으로 이름이 알려져 있다.

부산공립중학교_ 동구 초량동 부산고등학교와 부산중학교가 있는 자리이다.

---

259) 메이지(明治)정부에서 1890년 공포한 교육칙어는 유교의 삼강오륜에 근간하여 천황에 대한 충성과 국가에 대한 국민의 의무를 강조하는 내용으로 일본제국의 교육 요체로서 줄곧 중요시되었다. 일본이 교육칙어를 통해 제국의 국민들을 통제하려고 했던 것은 1968년 박정희정권이 국민교육헌장를 제정해서 국민들에게 국가이데올로기를 주입시키려고 했던 것과 상당한 유사성을 갖는다.

260) 원문의 오기(誤記)인 '이노우에 쇼지(井上庄次)'를 바로 잡았다.

261) 구마모토현립중학(熊本縣立中學) 세이세이고(濟濟黌)는 현재 구마모토현립(熊本縣立) 구마모토(熊本)고등학교의 전신이다.

부산공립중학교(釜山公立中學校)

①
② ③
④

① 교사(校舍) 전경(全景)_ [부산대관]
② 기념도서관(記念圖書館)_ [신부산대관]
③ 국기게양식(國旗揭揚式)_ [신부산대관]
④ 교기(校旗)_ [신부산대관]

부산제1공립상업학교(釜山第一公立商業學校)[부산공립제1상업학교(釜山公立第一商業學校)] [262]

소　재 부산부(釜山府) 대신정(大新町)

연　혁 본항(本港) 상업교육기관으로는 앞서 언급한 부산상업회의소에서 경영한 부산공립(共立)상업학교가 있었으나 설립된 지 수년 후 폐교되었다. 동교(同校)는 1905년 8월 부산거류민회의 결의에 기초하여 이듬해 1906년 4월 1일 서산하정(西山下町)에서 개교하였는데 개교할 당시는 수업연한을 4년으로 하고 부산거류민단립부산상업학교로 칭하였다. 이것은 분명 조선에서 중등학교의 효시였다. 처음에는 조선 13도로부터 자제(子弟)를 모집해서 반도상업교육의 총본산으로서 임무를 떠맡았다. 이후 1907년 1월 재외(在外)지정학교가 되었다. 1907년 7월 보수정(寶水町) 신축 교사로 이전하고 그해 12월 10일 메이지천황(明治天皇), 쇼켄황태후(昭憲皇太后) 두 분 폐하의 어진(御眞)을 하사(下賜)받았다. 1908년 4월 문관임용령 및 징병령에 의해 인정되었다. 그리고 그달 부산고등소학교의 연한을 연장하기 위해 종래 4개년을 3개년으로 단축하였다. 그러나 1911년 4월 예과 1개년을 가설하여 다시 수업연한을 4개년으로 연장하였다. 1912년 4월 조선공립상업전수학교(朝鮮公立商業專修學校)규칙 제정의 결과, 부산공립상업전수학교로 명칭을 바꿨다. 그해 5월 대신리(大新里)에 신축 교사를 낙성하여 이전하였다. 1912년 11월 30일 조선총독이 인가한 교육칙어를 하사(下賜)받고, 1915년 4월 심상(尋常)소학교 졸업생을 곧바로 입학시키기 위해 예과를 2년제로 연장하여 수업연한이 5개년으로 되었다. 그해 10월 24일 다이쇼(大正)천황폐하 어진영(御眞影)을 하사받았으며 1916년 2월 10일에는 황태후폐하의 어진을 하사받았다. 그해 10월 서관(西館)에 세 개의 교실을 증축하였고 1921년 10월 다시 서관에 두개의 교실을 더 증축하였다. 1922년 부산공립상업학교로 명칭을 변경하였다. 그러나 1923년 3월 31일 부산공립상업학교를 폐교하고 부산제1공립상업학교로 설립 인가되었다.

현재의 교장은 우쯔노미야 마스지(宇都宮益治)이고 생도수는 제1학년 111명, 제2학년 110명, 제3학년 98명, 제4학년 77명, 제5학년 79명, 총 475명(10학급)이다. 1927년 12월 본관을 증축하였다. 1928년 5월 오쿠라 기하치로(大倉喜八郎) [263] 남작(男爵)이 기증한 강당을 낙성하고 10월 4일 메이지천황, 쇼켄황태후, 다이쇼천황, 황태후 네 분 폐하의 어진(御眞)을 봉환(奉還)하였다. 그리고 10월 16일 현재의 천황, 황후 두 분 폐하 어진을 하사받았다. 1931년 10월 10일 창립 25주년 기념식을 거행하고 1932년 교우회(校友會) 경영의 기숙사를 도운영(道運營)으로 이관하였다. 1933년 3월 도립 신축 기숙사를 낙성하여 이전하였다. 1935년은 창립 30주년이 되는 해로 당시까지의 졸업생은 4,400명에 이른다. 그 많은 학생들은 조선 및 만주방면에 취직해 있다.

역대 교장 초대 하시모토 키이치(橋本基一), 2대 다자키 카나메(田崎要), 3대 이코 카야로쿠(伊香賀矢六), 4대[현] 우쯔노미야 마스지(宇都宮益治)

현재 교장 우쯔노미야 마스지(宇都宮益治)는 1885년 7월 18일 후쿠오카현(福岡縣) 축상군(築上郡) 우지촌(友枝村)에서 태어났다. 1910년 도쿄(東京)고등사범을 졸업하고 구마모토(熊本), 이시가와(石川), 오이타(大分) 각 현의 현립중학교 교유(敎諭), 모지시(門司市)고등소학교장, 오이타현(大分縣) 시학(視學), 에히메현(愛媛縣) 시학(視學), 에히메현 사회교육주사, 문부성 보통학무국 수석속(首席屬), 에히메현 토요하시(豊橋)상업학교 교장[에히메시(愛媛市)상업회의소 특별의원] 등을 거쳤으며 1926년 2월 18일 부산으로 와서 현재의 직위에 취임하여 일찍부터 명성이 있었다. 경남교육회 부회장과 부산교육회장으로 교육계의 중심에 있다.

부산제1공립상업학교_ 서구 서대신동 부경고등학교 자리이다.

---

262) 부산광역시 서구 서대신동에 위치한 부경(釜慶)고등학교의 전신이다. 해방 이후 1945년 11월 부산제일공립상업학교로 교명이 변경되었다가 1946년 4월 경남공립상업중학교로 바뀌었다. 이후 1954년 3월 경남상업고등학교로 다시 교명이 바뀌어 오랫동안 사용되다가 2004년 9월 인문계로 전환하면서 현재의 부경고등학교가 되었다.

263) 본책 주(註) 191 참조.

부산제1공립상업학교(釜山第一公立商業學校)

① 교사(校舍) 전경(全景)_ [부산대관]
② 교사(校舍) 전경(全景)_ [신부산대관]
③ 어진영봉안전(御眞影奉安殿)과 국기게양탑(國旗揭揚塔)_ [신부산대관]
④ 생도기숙사(生徒寄宿舍)_ [신부산대관]
⑤ 자동차교련(自動車敎練)_ [신부산대관]
⑥ 교장(校長) 우쯔노미야 마스지(宇都宮益治)_ [신부산대관]

부산제2공립상업학교(釜山第二公立商業學校)[부산공립제2상업학교(釜山公立第二商業學校)]²⁶⁴⁾

소　재 부산부(釜山府) 외(外) 서면(西面)[동래군(東萊郡)]

연　혁 사립개성학교(私立開成學校)의²⁶⁵⁾ 설립자 아라나미 헤이지로(荒波平次郎)가 1909년 4월 동교(同校) 교사 및 부지 전체를 한국정부에 헌납하였다. 이에 당국은 수업연한 3년의 부산공립실업학교를 부산 영주동(瀛州洞)에 설립해 6월 4일부터 수업을 시작하였다[1학급 생도 48명]. 1910년 4월 1일 한 학급을 증설하고 그해 8월 건물을 증축하였다. 1911년 4월 학급을 증설하여 학년을 완성하였다. 그해 11월 교명을 부산공립상업학교로 개칭하고 이듬해 1912년 5월 경성전수(京城專修)학교 및 관립고등보통학교와 동등(同等) 이상으로 인정받았다. 1916년 3월 화재로 전 교사가 완전히 소실되어 4월부터 부산민단역소(釜山民團役所)의 건물을 가교사로 수업을 다시 시작하였는데, 1916년 12월 교사의 낙성과 함께 새롭게 신축한 교사로 이전하였다. 시간이 지나 1921년 1학년을 2학급 편성으로 바꾸고, 한 학급을 증설해서 4학급이 되었다. 이듬해 1922년 4월 교명을 부산진(釜山鎭)공립상업학교로 변경하고 한 학급을 증설하여 5학급이 되었다. 다시 1923년 4월 1일 교명을 부산제2공립상업학교로 바꾸고 수업연한을 5개년[10학급 편성]으로 하였다. 그해 4월 7일 동래군(東萊郡) 서면(西面)의 신축 교사를 낙성하자마자 그곳으로 이전해 현재에 이른다. 생도 정원 500명[10학급]이며 직원 23명이 있다. 1934년 10월 창립 25주년 기념식을 성대히 거행하였다.

현재 교장 후쿠시 토쿠헤이(福士德平)는²⁶⁶⁾ 동교(同校) 설립 당시 학감(學監)으로 재직하였다. 1911년 교장사무를 맡았으며 1913년 동교 교장으로 임명되었다. 이후 약 20년간 조선인 실업교육에 공헌한 바가 크다. 동교(同校)의 현재 생도 수는 제1학년 123명, 제2학년 88명, 제3학년 82명, 제4학년 45명, 제5학년 52명으로 합계 390명이다.

현재 교장 김창한(金彰漢)[동래군수]의²⁶⁷⁾ 뒤를 이은 후쿠시 토쿠헤이(福士德平)는 1911년 11월 취임한 이후 1930년 1월까지 약 20년간 재직하였다. 본교 육성의 부(父)로서 그 명예와 업적으로 동교 교정의 후쿠시(福士)도서관이 건립되었다. 이 도서관은 학생들의 기념물이기도 하다. 이어서 후지와라 쇼이치(藤原敏一)가 약 1년 반 근무하였다. 1918년 3월 현재의 교장 곤도 에이조(近藤英三)가 목포공립상업학교장에서 전근해 와 더욱더 교육내용의 개선을 도모하면서 오늘에 이르고 있다.

부산제2공립상업학교_ 부산제2공립상업학교로 출발하여 해방 후 부산공립상업중학교로, 이후 다시 부산상업고등학교 등으로 교명이 바뀌었다. 1989년 당감동으로 교사(校舍)를 이전하고 부산개성고등학교로 개명하였다. 부산제2공립상업학교 위치는 롯데백화점 부산본점 자리이다.

264) 부산광역시 부산진구 당감 4동에 위치한 개성고등학교의 전신인 옛 부산상업고등학교를 지칭한다. 제2상업학교는 1946년 부산공립상업중학교, 1950년부터 2004년 11월 인문계의 개성고등학교로 교명이 변경되기까지 부산상업고등학교로 불렸다. 1923년 서면으로 학교를 이전하였는데 그 위치는 현재 서면 롯데백화점 부산점 자리이다. 부산상업고등학교는 이곳에서 1989년 당감동으로 옮겨가기 전까지 66년간 머물렀다. 부산상고는 1895년 개성학교로 출발하여 경남상고 보다 역사가 훨씬 오래되었음에도 불구하고 경남상고가 일본인 학생들 중심의 학교로 건립되었다는 이유 때문에 1923년 경남상고는 '제1상'이 되고 한국인 학생들이 다수였던 부산상고는 '제2상'으로 불리게 되었다. 이렇게 식민지시기에는 지배-피지배 관계의 차별성이 교명에까지 영향을 미쳤다.
265) 사립개성학교(私立開成學校)는 1895년 아라나미 헤이지로(荒波平次郎)와 한말(韓末) 철도왕 박기종(朴琪淙, 1839~1907) 등이 중심이 되어 설립한 근대학교이다. 현재 중구 영주동의 봉래초등학교와 부산진구 당감동의 개성고등학교(옛, 부산상업고등학교) 등이 모두 사립개성학교로부터 출발하였다. 흔히 문명개화(文明開化) 또는 개화파(開化派)라고 했을 때의 '개화'와 사립개성학교 교명 속의 '개성(開成)'은 모두 『역경(易經)』 계사전(繫辭傳)과 『예기(禮記)』 학기(學記) 제1장에 나오는 개물성무(開物成務)와 화민성속(化民成俗)에서 차용한 용어이다. 즉 '만물의 근원을 궁구(窮究)해 새롭게 함으로써 백성들을 교화시켜 옳은 풍속을 이룬다'는 뜻이다. 결국 개성(開成)은 개화(開化)와 상통하는 의미로 사용되었다. 동양 삼국에서 근대화를 가장 먼저 실현한 일본은 1878년 4월 도쿄대학(東京大學)을 설립하게 되는데 이것의 모체가 되었던 학교 중의 하나가 도쿄개성학교(東京開成學校)였다. 개화와 개성의 용어상 차용은 그렇다 하더라도 '개화(開化)'라는 용어를 처음 조어(造語)한 사람은 일본의 계몽사상가인 후쿠자와 유키치(福澤諭吉, 1835~1901)였다. 그는 자신이 1867년 저술한 『서양사정(西洋事情)』 외편(外篇)에서 'civilization'과 'enlightenment'를 '문명개화(文明開化)'로 처음 번역하였다. 따라서 사립개성학교(私立開成學校)는 교명에서 알 수 있듯이 개화를 최고의 교육목표로 삼았다.
266) 원문에는 후쿠시 료헤이(福士良平)로 잘못 기재되어 있다.
267) 김창한(金彰漢)은 1920년 황해도 참여관과 1923년~1926년 전라북도 정읍군수, 옥구군수, 강원도 참여관 등을 역임하였다. 1928년~1933년 서울에서 주류회사인 명치흥산(明治興産)주식회사와 식료, 곡류, 해륙물산 판매점이었던 남선(南鮮)산업주식회사 사장으로 활동하였다. 1927년~1932년 조선총독부 중추원 참의를 지냈으며 1952년 체신부 서기관을 역임하였다.

부산제2공립상업학교(釜山第二公立商業學校)

① 교사(校舍) 전경(全景)_ [부산대관]
② 교사(校舍) 전경(全景)_ [신부산대관]
③ 후쿠시 토구헤이(福士德平) 전(前) 교장 기념도서관(記念圖書館)_ [신부산대관]
④ 교장(校長) 곤도 에이조(近藤英三)_ [신부산대관]

부산공립고등여학교(釜山公立高等女學校)[268]

소　재 부산부(釜山府) 토성정(土城町)

연　혁 부산공립고등여학교는 우리가 해외에 설립한 최초의 고등여학교이다. 1905년 11월 부산공립고등소학교장 타카하시 히로시(高橋恕) 외에 유지(有志)의 주장에 따라 학교 건립의 기운(氣運)이 높아져서 부산거류민의 가결을 거쳐 1906년 4월 1일 대청정(大廳町) 부산고등소학교 내에서 개교하고 부산공립고등여학교로 칭하였다. 타카하시 히로시(高橋恕)가 교장 업무를 겸하고 수업연한 3개년에 정원 150명으로 3학급을 편성하였다. 1907년 1월 해외지정(海外指定)학교가 되어 부산거류민단립(釜山居留民團立) 고등여학교로 개칭되었다. 이어서 그해 4월 1일 학제를 변경해 수업연한 4개년에 정원 200명의 4학급으로 편성하였다. 1909년 6월 15일 토성정(土城町)에[269] 현재의 교사를 신축하고 학교를 이전하였다. 1912년 학교가 경상남도 소관으로 되면서 부산공립고등여학교로 명칭을 변경하였다. 1915년 4월 생도 정원 400명의 8학급으로 편성하고 1919년 와다 히데마사(和田英正)가 제2대 교장에 취임하였다. 1920년 4월 다시 학생 정원 600명의 12학급으로 편성하였다. 1922년 안도 후미오(安藤文郎)가 제3대 교장으로 취임하고 1924년 우루 시마키로쿠(宇留島喜六)가 제4대 교장에 취임하였다. 1925년 4월 학제를 변경하여 수업연한 5개년에 학생 정원 1,000명의 20학급으로 편성하였다. 1926년 현재 졸업생은 1,201명이고 직원은 27명으로 학급수 15학급에 학생수 704명이다. 1929년 이시가와 요리노부(石川賴彦)가 제5대 교장으로 취임하고 그해 4월 1일 20학급을 갖추었다. 1932년 오치아이 히데야스(落合秀保)가 제6대 교장에 취임하여 현재에 이른다. 졸업생은 2,321명으로 학생 총수 1,000명에 직원은 35명이다.

현재 교장 우루 시마키로쿠(宇留島喜六)는 1883년 2월 12일 오이타현(大分縣) 속견군(速見郡) 입석정(立石町)에서 태어났다. 1904년 3월 오이타현(大分縣)사범학교를 졸업하고 히로시마(廣島)고등사범학교에 입학하여 1908년 3월 동교를 졸업한 이래 도야마현(富山縣)사범학교와 기후(岐阜)중학을 거쳐 1913년 12월 경성고등여학교 교유(敎諭)로 임명되어 조선으로 왔다. 그 후 수원농림전문학교 교유, 경성공업전문학교 교유, 경성제1고등보통학교 교유 등을 역임하고 1923년 부산공립고등여학교장에 임명되어 오늘에 이른다.

현재 교장 오치아이 히데야스(落合秀保)는 야마구치현(山口縣) 사람이다. 토요우라(豊浦)중학교를 거쳐 도쿄(東京)고등사범학교 국어한문과에 입학하고 1909년 졸업과 동시에 시가현(滋賀縣)사범학교, 구마모토현립하치다이(熊本縣立八代)중학교, 시모노세키(下關)상업학교 등에서 봉직하였다. 1923년 공주(公州)고등보통학교 교유(敎諭)에 임명되어 조선으로 건너온 이래 충청남도사범학교장, 해주고등보통학교 교유, 경성제2고등보통학교 교유, 광주중학교장을 거쳐 1932년 3월 현직에 임명되어 노련한 교육가로 인정받고 있다.

부산공립고등여학교_ 서구 토성동 경남중학교 자리에 있었다.

---

268) 현재 사하구 하단동에 위치한 부산여자고등학교의 전신에 해당한다. 이 학교는 1909년 토성동(현, 경남중학교 자리)에 새교사를 신축한 이래 1946년 4월 서대신동 1가 53번지로 이전할 때까지 토성동에 자리하고 있었다. 부산공립고등여학교의 교명은 1946년 9월 부산공립여자중학교로 바뀌었다. 이후 학교는 1951년 8월 부산여자고등학교와 부산서여자중학교로 분교되었다. 1975년 서대신동에 있었던 부산여자고등학교가 사하구로 옮겨간 뒤 옛 학교터에는 그해 남베트남이 멸망하면서 한국으로 피난을 온 베트남 난민들이 일시 머물기도 하였다.

269) 부산광역시 서구 토성동에 위치한 현재의 경남중학교 자리이다.

부산공립고등여학교(釜山公立高等女學校)

① 교사(校舍) 본관의 일부_ [부산대관]
② 교사(校舍)_ [신부산대관]
③ 정문(正門)_ [신부산대관]
④ 전교생도(全校生徒)의 체조_ [부산대관]
⑤ 교장(校長) 오치아이 히데야스(落合秀保)_ [신부산대관]
⑥ 교장(校長) 우루 시마키로쿠(宇留島喜六)_ [부산대관]

사립미지마고등실업여학교(私立三島高等實業女學校)[사립미지마여자실습여학교(私立三島女子實習女學校)]

소 재 부산부(釜山府) 대청정(大廳町) 1정목(丁目) 10번지[20번지]

교 장 미지마 치카에(三島チカヱ) 여사

연 혁 1913년 4월 15일[1913년 5월 1일] 미지마 치카에(三島チカヱ) 여사의 부군(夫君) 미지마 잇페이(三島一平)[미지마 잇페이(三島一平)와 부인 미지마 치카에(三島チカ ヱ) 여사]의 발기로 부내(府內) 복전정(福田町) 고(故) 후쿠다 마스효에(福田增兵衛) 소유의 가옥을 빌려 재봉사숙(裁縫私塾)을 개설하였다. 그해 10월 고(故) 데라우치(寺內)총 독이 향양학원(向陽學園)으로 명명(命名)하고 경상남도로부터 사립학교로 인가를 받았다. 이후 1914년 3월 야먀겐(山縣)총감 명명(命名)의 부산실습여학교로 명칭을 개칭해서 [교장은 미지마 치카에(三島チカヱ)] 인가를 받았다. 교사(校舍)를 서정(西町) 4정목(丁目) 54번지로 이전하고 교수과목을 증설하여 양처현모(良妻賢母)주의의 교육을 실시하 다가 1915년 10월 조선총독부로부터 중등 정도의 학교로서 인정을 받았다. 이후 학생수가 눈에 띄게 증가하여 교사(校舍)가 비좁게 느껴지자 1922년 대청정(大廳町) 1정목(丁 目) 복병산(伏兵山) 중턱에 땅의 형상을 보고 이곳에 교사를 신축하여 9월 준공과 동시에 현재의 위치로 이전하고 가사과(家事科)를 병설하였다. 1926년 3월 미지마(三島)고등 실습여학교[미지마(三島)여자고등실습여학교]로 명칭을 바꾸고 누차에 걸쳐 학칙을 고쳤다. 1927년 재단을 설립하여 인가를 받고 1931년 실업학교령 법칙에 따라 현재의 교 명으로 변경해 오늘에 이른다. '견실한 가정부인의 양성에 노력하고 오로지 가사 재봉기술의 습득에 중점을 둔다' 는 교풍은 많은 지원자를 낳아 학생수가 갑자기 증가하여 4 학년 연구과생(研究科生)을 포함해 현재 약 400명을 수용하고 있다. 1931년 학칙변경과 함께 4년제로 되어 상급학교와의 연락도 실현되었다. 복병산(伏兵山) 중턱에 우뚝 솟 아 있는 위풍당당한 교사(校舍)와 함께 반도교육계의 두드러진 특색을 보여주고 있다.

교장 미지마 치카에 여사는 도쿄(東京) 사람이다. 1903년 도쿄부립(東京府立) 제2고등여학교를 졸업하고 다시 1906년 도쿄음악학교를 졸업한 후 그해 미야자키현립(宮崎縣 立) 고등여학교에서 봉직하였다. 1908년 야마구치현립(山口縣立) 덕기(德基)고등여학교에서 재직한 뒤 1913년 3월 9일 부산고등여학교로 부임해 와 1920년 5월까지 10년간 재직하였다. 여자교육계에서 수련(修練)을 거듭하면서 노년을 미지마고녀(三島高女)에 바치고 있다. 1933년 11월 11일 제국교육계 창립 50주년 기념사업 때 교육공로자로서 표창을 받았다. 지조와 의기(意氣)를 혈기왕성함으로 떨치고 있다.

사립미지마고등실업여학교_ 중구 대청동 복병산 자락의 남성여자고등학교 전신이다.

사립미지마고등실업여학교
(私立三島高等實業女學校)

① 교사(敎舍)_ [부산대관]
② 학생들의 재봉실습(裁縫實習)_ [부산대관]
③ 학생들의 궁도연습(弓道鍊習)_ [부산대관]
④ 교사(敎舍) 전경(全景)_ [신부산대관]
⑤ 학생들의 요리실습(料理實習)_ [신부산대관]
⑥ 학생들의 재봉실습(裁縫實習)_ [신부산대관]

부산공립직업학교(釜山公立職業學校)

소　재 부산부(釜山府) 보수정(寶水町) 1정목(丁目) 50의 1

연　혁 부산공립직업학교는 고등소학교 졸업의 일본인과 조선인 자제에게 간단한 목공, 수예를 가르쳐 직업인으로 이끄는 것을 목적으로 1923년 6월 10일 고등소학교 교사 내에서 부산공립공업보습학교로 문을 연 것이 시초이다. 1932년 4월 1일 부산공립공업실수(實修)학교로 명칭을 변경하였다. 1932년 6월 8일 새롭게 부산공립직업학교로 설립을 인가받고 구래(舊來)의 교사를 이어받아 개교하였다. 교장 카와지마 카쯔라(川島桂) 이하 직원들 역시 공업보습학교 근무자로서 면목을 일신하고 가구, 건축 양과(兩科)의 3개 학년과 연구과생(研究科生) 129명을 해당 학년에 편입시켰다. 그해 9월 19일 소점원(小店員)을 위한 전수과(專修科)[야간부]와 주산과가 개설되었다. 1934년 3월 24일 제1회 졸업식을 거행하였다. 현재 1학년 62명, 2학년 45명, 3학년 43명, 연구과 2학년 1명, 전수과(專修科)[토목] 24명을 수용하여 상공도시에 필요로 하는 근로애호(勤勞愛好)의 실무자를 공급하는 일을 신조로 적절한 교육을 하고 있다.

직원 및 학과 각 직원의 담당학과는 다음과 같다.

- 수신(修身), 공민(公民), 역학(力學), 규구술(規矩術)[270], 철근 : [매주 10시간] 교장 카와지마 카쯔라(川島桂)
- 수학, 재료강약(材料强弱), 가구, 재료, 역학, 제도(製圖) : [24시간] 교유(敎諭) 카타야마 이와오(片山岩男)
- 도화(圖畵), 실내장식, 재료, 공작법, 제도 : [16시간] 교유(敎諭) 오츠카 켄지(大塚謙治)
- 공구, 가옥구조, 실습 : [30시간] 교유(敎諭) 도키 후쿠지로(土器福次郎)
- 공작법, 제도, 실습 : [28시간] 교유(敎諭) 곤도 스스무(權藤進)
- 공구, 제도, 실습 : [33시간] 교유(敎諭) 쿠로키 마사요시(黑木正義)
- 국어, 영어 : [8시간] 교유(敎諭) 우에노 코우이치(上野公一)
- 설계구조견적(仕樣見積), 제도, 실습 : [32시간] 교유(敎諭) 스즈키 시게카즈(鈴木重一)
- 수학 : [3시간] 겸교유(兼敎諭) 지바 분시(千葉文志)

- 체조 : [3시간] 겸교유(兼敎諭) 와다나베 카즈오(渡邊一男)
- 물리, 화학 : [4시간] 겸교유(兼敎諭) 나카오 타마츠(中尾保)
- 재료, 용기화제도(用器畵製圖), 실습 : [18시간] 촉탁교원 하시구치 토시사다(橋口俊貞)
- 실습 : [24시간] 촉탁교원 고지마 타케오(小島武男)
- 하해(河海), 설계재료시행 : [9시간] 강사 아마쿠사 모리나가(天草盛長)
- 도로 : [4시간] 강사 야마시타 히로유키(山下博之)
- 수리(水理), 위생 : [5시간] 강사 시모카와 코우이치(下川興一)
- 측량, 측량실습 : [8시간] 강사 요네하라 진겐(米原盡彦)
- 철도 : [2시간] 강사 요시무라 요시오(吉村芳男)
- 속기술(速記術) : [6시간] 강사 안도 카쯔조(安藤勝三)

부산공립직업학교_ 중구 보수동 중부산세무서 자리에 있었다.

---

270) 동양에서 도형을 그리는 기술을 규구술(規矩術)이라 했다. 규(規)는 원을 그리는 그레자를 가리키고 구(矩)는 직각을 그리는 곡자(曲尺) 곧 곱자, 직각자를 뜻했다.

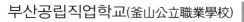

부산공립직업학교(釜山公立職業學校)

① 부산공립직업학교(釜山公立職業學校)_ [신부산대관]
② 부산공립직업학교(釜山公立職業學校) 작업실_ [신부산대관]
③ 부산공립직업학교(釜山公立職業學校) 학생 제작품_ [신부산대관]
④ 부산공립직업학교(釜山公立職業學校) 교장 카와지마 카쯔라(川島桂)_ [신부산대관]

부산공립고등소학교(釜山公立高等小學校)

소　재 부산부(釜山府) 보수정(寶水町) 1정목(丁目) 50번지

연　혁 부산공립고등소학교는 1906년 4월 1일 부산공립소학교로부터 분리되어 부산공립고등소학교로 칭해졌다. 그해 9월 1일부터 보수정 새 교사에서 수업을 시작하였다. 12월 18일 어성영(御聖影) 및 칙어등본(勅語謄本)을[271] 공경히 받들었다. 1907년 1월 24일 통감부 지정학교로 선정되어 부산거류민단립 부산고등소학교로 개칭하였다. 1912년 조선공립소학교관제의 발포에 따라 부산공립심상(尋常)고등소학교로 명칭을 바꾸고 1915년 4월 1일 심상소학교 보습과를 설치하였다. 1916년 3월 31일 고등과를 폐지하고 4월 1일 부산제5공립심상소학교로 개칭하였다. 1919년 4월 1일 다시 부산제5공립심상고등소학교로 명칭을 변경하면서 보습과를 폐지하고 고등과를 설치했다. 1921년 6월 18일 어진영(御眞影)을 보관할 봉안전(奉安殿)을[272] 낙성하고 1928년 10월 16일 두 분 폐하의 어진영을 공경히 받들었다. 1929년 6월 15일 심상소학교과를 폐지하고 학교 이름을 부산공립고등소학교로 바꾸었다. 1931년 3월 31일 부산 제3 및 제4공립심상고등소학교에 재학하는 고등과 아동을 본교에 편입시켰다. 학급편성은 12학급이었는데 1934년 4월 1일 현재 학급편성은 14학급이고 아동수는 남학생 458명, 여학생 245명, 합계 703명이다.

역대 교장 타카하시 히로시(高橋恕), 하야시 료지(林良治), 하시즈메 켄타로(橋爪兼太郎), 하나다 킨노스케(花田金之助), 나카무라 하레지로(中村晴次郎), 야마타 루이조(山田類藏), 스에나가 마타이치(末永又一)[현재]

현재 교장 스에나가 마타이치(末永又一)는 1889년 원적지 야마구치현(山口縣) 미녜군(美禰郡) 대령촌(大嶺村)에서 태어났다. 1912년 3월 야마구치현사범학교를 졸업한 후 미녜군어복(美禰郡於福)심상고등소학교에 훈도로서 6년간 근무하고 1917년 10월 조선으로 와서 강원도 양양공립심상소학교장, 1919년 4월 관립경성여자고등보통학교 훈도, 1925년 4월 경성사범학교 훈도, 1929년 6월 경상남도 시학(視學) 등을 거쳐 1932년 현재의 직위에 취임하였다. 1932년 12월 고등관 8등 대우, 1934년 5월 종7위(從七位), 8월 훈7등(勳七等) 서보장(瑞寶章)을 받았다. 교육학에 조예가 깊고 저술과 바둑 두는 것을 취미로 한다.

동교(同校)의 경영 주제(主題) 현재 스에나가(末永) 교장이 오랜 연구로 학식을 많이 쌓아 경영의 주제를 천명하고 있는데 여기에 상세한 모든 것을 기술할 수는 없다. 다만 '학교는 교사와 아동과 문화재의 3자가 생활 체험의 경지에서 손을 잡고 합체하여 공명하게 가치창조를 하는 사랑의 생활영장(生活靈場)이다' 라는 경영관에서 출발해 보통교육의 연장, 해항상업도시시민교육, 아동교육완성이라는 세 가지 특상(特相)을 파악하여 학교의 설비 및 학급 편성, 직원의 배치에 깊은 관심을 보이고 있다. 남자부에 보통학급, 상업학급, 공업학급을 두고 여자부에 보통학급, 상업학급, 가정학급을 두어 생활체험의 원리와 목적을 계시한다. 경영에 이런 것들을 구체적으로 반영하기 위해 학습, 훈련, 체육 등의 이론적 체계를 정비하고 있다.

부산공립고등소학교_ 중구 보수동 보수초등학교 자리에 있었다.

---

271) 교육칙어에 대해서는 본책 주(註) 259 참조.
272) 봉안전(奉安殿)은 일본 천황과 황후의 사진을 안치한 시설물이다. 일제는 관공서 또는 각 학교의 중요 장소에 봉안전을 설치하여 건물이나 학교를 출입할 때 봉안전을 향해 절을 하도록 강요하였다.

부산공립고등소학교(釜山公立高等小學校)

① 교사(校舍)_ [신부산대관]
② 원예실습(園藝實習)_ [신부산대관]
③ 재봉실습(裁縫實習)_ [신부산대관]
④ 교장(校長) 스에나가 마타이치(末永又一)_ [신부산대관]

부산제1공립심상소학교(釜山第一公立尋常小學校)][부산제1공립소학교(釜山第一公立小學校)]

소　재 부산부(釜山府) 대청정(大廳町)

연　혁 부산제1공립심상소학교의 창립은 1877년 5월이다. 설립 이후 교사(校舍)의 위치를 변경한 일이 4회이고 교명 변경은 5회이다. 교장의 교체 또한 16대를 헤아린다. 동교(同校)는 1891년 5월 16일 교육칙어등본(勅語謄本)을 하사받았고 1892년 9월 3일 메이지천황의 어영(御影)을 받들었다. 1904년 12월 교사가 화재로 완전히 소실되어 1906년 1월 교사를 신축하였다. 이것이 곧 현재의 교사이다. 1905년 4월 초량(草梁)에 분교교장(分校教場)을 두고 1906년 4월 학교를 분리하였다. 1907년 1월 24일 통감부 지정 학교로 되었고 1908년에는 목도(牧島)에 분교를 두었는데 1910년 4월에 분교를 분리시켰다. 1912년[273] 4월 1일 조선공립소학교관제 공포에 따라 부산제1공립심상소학교[부산제1공립소학교]로 명칭을 바꿨다. 1913년 12월 10일 조선총독으로부터 칙어등본을 하사받았다. 1915년 10월 24일 다이쇼(大正)천황의 어영을 받들었으며 1917년 2월 10일 황후폐하의 어영을 받들었다.

현재 학급수 16학급, 아동수 820명, 직원수 18명이다. 마침 올해는 창립된 지 50년에 해당하고 현재 야마타 루이조(山田類藏)가 교장으로 재직한다. 1926년 4월 현재 부산에서 초등교육기관은 본교 외에 다음의 7개 소학교가 있다.

부산제1공립심상소학교_ 중구 대청동 광일초등학교 자리이다. 광일초등학교는 1999년 남일초등학교와 동광초등학교가 합병되면서 사용한 교명(校名)이다.

학 교 명	소재지	개교연월	학생수	직원수
부산제2공립심상소학교	보수정	1912년 4월	805명	16명
부산제3공립심상고등소학교	수정정	1905년 4월	864명	17명
부산제4공립심상고등소학교	영선정	1908년 2월	579명	16명
부산제5공립심상고등소학교	보수정	1906년 4월	510명	13명
부산제6심상소학교	토성정	1919년 4월	973명	21명
부산제7심상소학교	대청정	1920년 9월	647명	14명
부산제8심상소학교	범일정	1923년 5월	191명	5명
합　계			4,569명[274]	102명[275]

1928년 10월 4일 메이지천황 어진영(御眞影)과 소헌(昭憲)황태후 어진(御眞), 다이쇼천황 어영(御影)과 황태후 어영 한 개씩을 봉환하였다. 1928년 10월 16일 성상폐하, 황후폐하의 어영을 받들었다. 1930년 12월 16일 천황, 황후 두 분 폐하 어진영을 각각 봉대하였다. 1932년 1월 30일부터 교사와 강당 개축에 착수하여 1934년 3월 31일 준공해서 오늘날의 성대한 모습을 보기에 이른다.

현　황 학급수 19, 아동수 996명, 직원 21명

역대 교장 우에노 케이스케(上野敬助), 나카라이 탄요로(半井湛四郎), 히로노 게이스이(廣野惠粹), 코시 노리후사(越矩房), 타케미츠 군조(武光軍藏), 고타니 시게미(小谷茂實), 타케미츠 군조(武光軍藏), 이타가키 마스지(板垣益二), 오타 히사타케(太田久武), 쿠니이 이즈미(國井泉), 타카하시 히로시(高橋恕), 스즈키 소우지로(鈴木總次郎), 엔도 토쿠로(遠藤德郎), 야마타 루이조(山田類藏), 가토 아키라(加藤章), 토요다 미사오(豊田操)[현재]

현재 교장 토요다(豊田)는 1894년 10월 원적지 지바현(千葉縣) 지바군(千葉郡) 경과촌(更科村)에서 태어났다. 1914년 지바(千葉)사범학교를 졸업한 이후 1925년까지 지바현 각 학교에 봉직하였고 1926년 조선으로 건너와 충북에서 교장을 하였다. 1933년 고등관[8등] 대우를 받았으며 그해 9월 경남으로 옮겨와 현재의 직위에 취임하였는데 온후하고 덕망이 있다.

273) 원문은 '메이지(明治) 49년' 곧 1916년으로 되어 있다. 그러나 이는 메이지 45년(1912년)의 오기(誤記)이다.
274) 원문에 기재된 5,400명의 오기(誤記)를 바로 잡았다.
275) 원문에 기재된 120명의 오기(誤記)를 바로 잡았다.

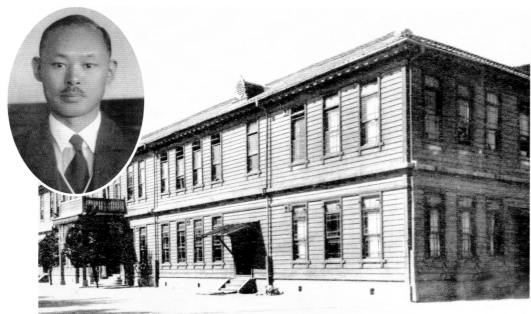

부산제1공립심상소학교(釜山第一公立尋常小學校)

① 부산제1공립심상소학교(釜山第一公立尋常小學校) 교사(校舍)_ [부산대관]
② 전교아동(全校兒童)_ [부산대관]
③ 부산제1공립심상소학교(釜山第一公立尋常小學校) 교사(校舍)_ [신부산대관]
④ 강당(講堂)_ [신부산대관]
⑤ 교장(校長) 토요다 미사오(豊田操)_ [신부산대관]

부산제2공립심상소학교(釜山第二公立尋常小學校)

소　재 부산부(釜山府) 대신정(大新町) 377번지

연　혁 부산제2공립심상소학교는 1912년 3월 20일 설립을 인가받고 부산거류민단립 제2심상소학교로 칭해졌다. 보수정(寶水町) 1정목(丁目) 부산상업전수(釜山商業專修)학교의 뒤를 이어서 개교하고 곧바로 그해 4월 1일 현재의 학교명으로 변경하였다. 1914년 1월 6일 교육칙어등본을 공경히 받들었다. 1929년 6월 15일 현재의 교사를 개축해서 이전하였다. 1930년 4월 1일 24학급 편성을 완료하고 1930년 12월 21일 천황과 황후 두 분 폐하의 진영(眞影)을 공경히 받들었다. 통학 구역은 보수정(寶水町), 대신정(大新町), 중도정(中島町)으로 현재 학생수는 1,344명이다.

역대 교장 하시즈메 켄타로(橋爪兼太郎), 야마타 루이조(山田類藏), 나카무라 하레지로(中村晴次郎)[제5심상소학교와 겸무], 이시바시 겐키치(石橋謙吉)[현재]

현재 교장 이시바시 겐키치(石橋謙吉)는 1883년 11월 5일 원적지 시마네현(島根縣)에서 태어났다. 1905년 시마네현립사범학교를 졸업하고 시마네현과 조선의 각 소학교의 직임을 역임한 뒤 1916년 10월 5일 부산으로 와서 부산제5심상소학교 훈도가 되었다. 1934년 8월 7일 현재의 직위에 취임하였다.

부산제2공립심상소학교_ 서구 동대신동에 위치한 화랑초등학교 자리이다.

부산제2공립심상소학교(釜山第二公立尋常小學校)

④		②
	①	③

① 부산제2공립심상소학교(釜山第二公立尋常小學校) 교사(校舍)_ [신부산대관]
② 이과표본실(理科標本室)_ [신부산대관]
③ 향토자료실(鄕土資料室)_ [신부산대관]
④ 교장(校長) 이시바시 겐키치(石橋謙吉)_ [신부산대관]

부산제3공립심상소학교(釜山第三公立尋常小學校)

소 재 부산부(釜山府) 수정정(水晶町)

연 혁 부산제3공립심상소학교는 1905년 4월 부산공립소학교 초량분교로 개교하였으나 이듬해 1906년 4월 초량심상소학교로 교명을 변경하였다. 그해 4월 22일 교육칙어 등본을 하사받고 1907년 1월 24일 부산거류민단립 초량심상소학교로 명칭을 바꿨다가 1912년 4월 1일 다시 부산제3공립심상소학교로 개칭하였다. 1916년 11월 교정 주위의 목책 및 교문을 완성하고 1919년 1월 어진영(御眞影)을 모실 봉안전(奉安殿)을 준공하여 그해 10월 25일 어진영을 공경히 받들었다. 1922년 1월 봉안전 이전을 위한 공사를 하고 1923년 12월 강당을 낙성하였으며 4월 고등과를 설치하여 부산제3공립심상고등소학교로 이름을 변경하였다. 1927년 5월 2층 벽돌건물 교사를 낙성하고 1928년 10월 4일 다이쇼(大正)천황과 황태후폐하의 어영(御影)을 봉환하였다. 1930년 12월 21일 천황폐하, 황후폐하의 어진영(御眞影)을 공경히 받들고 1931년 3월 고등과를 폐지해 부산 제3공립심상소학교로 명칭을 다시 변경해서 오늘에 이른다. 현재 21학급으로 학생수는 1,000명을 넘는다.

역대 교장 요네노 코우타로(米野康太郎), 마쯔무라 이시타로(松村岩太郎), 테지마 카즈마로(手島一磨), 아리미쯔 케이지로(有光敬次郎)를 거쳐 1933년 9월 현재의 교장인 스즈키 시게나(鈴木重名)에 이른다.

부산제3공립심상소학교_ 동구 수정동 경남여자중학교 자리이다. 경남여자중학교는 중앙초등학교가 동일초등학교와 합병 되면서 이곳으로 이전하였다.

부산제3공립심상소학교(釜山第三公立尋常小學校) | 부산제3공립심상소학교_ [신부산대관]

부산제4공립심상소학교(釜山第四公立尋常小學校)

소　재 부산부(釜山府) 목도(牧島)

연　혁 부산제4공립심상소학교는 1908년 1월 9일 부산거류민단립 부산심상소학교 분교로 설립되었다. 당시 아동수는 90명이었지만 1910년에는 200명에 이르렀다. 1908년 4월 1일 분교에서 독립해 목도심상(牧島尋常)소학교로 명칭이 변경되었다. 1913년 12월 1일 칙어등본을 공경히 받들었다. 1919년 10월 봉안전(奉安殿)을 건축하고 그해 10월 25일 어진영(御眞影)을 공경히 받들었다. 1922년 4월 고등과를 병치하였으나 1931년 3월 부산에서 고등과를 한 학교로 통일하는 결정에 따라 고등과를 폐지하였다. 1932년 5월 25일 개축 교사를 낙성하였으며 1933년 개교 25주년 기념식을 거행하고 오늘에 이른다. 개교 이래 배출한 졸업생은 1,573명이다. 현재 12학급으로 학생수는 659명이다.

역대 교장 이와쯔 토우이치(岩津藤一), 테지마 유우키사(手島雄象), 나카무라 하레지로(中村晴次郎), 키사가 나오이치(木坂直一), 나카야마 쥰노스케(中山準之助), 핫토리 마모루(服部守), 마쯔우라 이와지로(松浦岩次郎), 이노우에 켄지(井上謙治)[현재]

현재 교장 이노우에 켄지(井上謙治)는 1907년 야마구치현립(山口縣立)사범학교를 졸업하고 시모노세키(下關)심상고등소학교에서 만 10년을 봉직하였다. 1915년 조선으로 건너와 부산제4소학교 훈도로서 2년간 근무한 후 충북공립보통학교, 해주공립보통학교, 부산제1소학교의 훈도를 거쳐 1930년 2월 본교 교장으로 내임하여 현재에 이른다. 온후한 선비로 이름이 알려져 있다.

부산제4공립심상소학교_ 영도구 영선동에 있었던 영선초등학교의 전신이다. 영선초등학교는 2002년 3월 1일 폐교되었고, 그 자리에는 동부산아이존빌 아파트단지가 들어섰다.

부산제4공립심상소학교(釜山第四公立尋常小學校)

① 부산제4공립심상소학교(釜山第四公立尋常小學校) 교사(敎舍)_ [신부산대관]
② 농업실습(農業實習)_ [신부산대관]
③ 봉안전(奉安殿)_ [신부산대관]
④ 교장(校長) 이노우에 켄지(井上謙治)_ [신부산대관]

부산제6공립심상소학교(釜山第六公立尋常小學校)[276]

소 재 부산부(釜山府) 토성정(土城町) 2정목 24번지

연 혁 부산제6공립심상소학교는 1919년 2월 22일 설립을 인가받고 4월 1일 개교하여 5월 1일 교육칙어등본을 공경히 받들었다. 그해 강당 및 남쪽 교사(校舍) 각 1동을 증축하였다. 1922년 2월 29일 봉안전(奉安殿)을 건축하였으며 그해 12월 19일 서쪽 교사 1동을 증축하였다. 1923년 10월 29일 어성영(御聖影)을 공경히 받들었다. 1927년 3월 9일 교지(校地)를 확장하고 1928년 10월 4일 다이쇼(大正)천황, 황태후폐하의 어영(御影)을 봉환하였다. 1928년 10월 16일 성상, 황후 두 분 폐하 어영(御影)을 공경히 받들었으며 그해 9월 30일 교사를 증축해 이전하고 교지정리에 착수하여 1929년 4월 준공하였다. 그해 11월 10일 어대례(御大禮)기념으로 교기(校旗), 교가(校歌)를 제정하고 1929년 6월 8일 창립 10주년 기념식을 거행하였다. 1931년 10월 13일 지정학교 제1회 연구발표회를 개최하였다. 1932년 3월 10일 전지(戰地)에서 사용한 국기(國旗)를 일반에게 널리 알리고 게양식을 거행하였다. 1933년 4월 29일 강당을 개축하고 특수실을 증축하였으며 10월 26일 지정학교 제2회 연구발표회를 개최하였다. 현재 학생수는 1,318명이며 학급수는 24학급으로 개교 이래 전체 졸업생은 남자 1,051명, 여자 1,022명이다.

역대 교장 초대 이이다 카츠마사(飯田勝正), 2대 이케다 키로쿠(池田喜六)를 거쳐 현재 나카야마 준노스케(中山準之助)에 이른다. 나카야마 준노스케(中山準之助)는 히로시마현(廣島縣) 사람이다. 1917년 8월 히로시마현에서 조선으로 건너와 부산제5 및 제6소학교 훈도를 거쳐 제4소학교장이 되었다. 이어서 제7공립심상소학교 교장을 거쳐 부산부(釜山府) 시학(視學)에 임명되고 1934년 10월 제6공립심상소학교 교장에 취임하여 오늘에 이른다. 자중(自重)하고 후덕함으로 인망이 높다.

부산제6공립심상소학교_ 서구 토성동의 토성초등학교 자리이다.

276) 본문의 순서상 부산제4공립심상소학교(釜山第四公立尋常小學校)의 다음 항목에 부산제5공립심상소학교(釜山第五公立尋常小學校)가 와야 할 것이다. 그러나 앞서 보았듯이 1906년 4월 설립된 부산제5공립심상소학교(釜山第五公立尋常小學校)는 1929년 6월 15일 심상소학교과를 폐지하고 교명을 부산공립고등소학교(釜山公立高等小學校)(본책 부산공립고등소학교 항목 참조)로 바꿨기 때문에 제5공립심상소학교는 제외되어 있다.

부산제6공립심상소학교(釜山第六公立尋常小學校)

① 부산제6공립심상소학교(釜山第六公立尋常小學校) 교사(教舍)_ [신부산대관]
② 강당(講堂)_ [신부산대관]
③ 교장(校長) 나카야마 쥰노스케(中山準之助)_ [신부산대관]

부산제7공립심상소학교(釜山第七公立尋常小學校)

소　재 부산부(釜山府) 대청정(大廳町) 1정목(丁目) 43번지

연　혁 부산제7공립심상소학교는 1920년 9월 1일 개교[당시 학생수 469명, 학급수 9, 직원수 10명]하고 12월 2일 교육칙어등본을 하사받았다. 1922년 12월 23일 교실 2개와 강당을 증축하였으며 이듬해인 1923년 10월 21일 어진영(御眞影) 봉안전(奉安殿)을 준공하고 12월 20일 다이쇼(大正)천황과 황태후폐하의 어진영(御眞影)을 공경히 받들었다. 1928년 10월 4일 다이쇼천황, 황태후폐하 어진영을 봉환하고 10월 16일 쇼와(昭和)천황과 황후 두 분 폐하의 어진영(御眞影)을 공경히 받들었다. 1930년 10월 9일 개교 10주년 기념식을 거행하였으며 학생수의 증가에 따라 1932년 12월 다시 교실 2개를 증축하고 1933년 교지(校地) 확장공사에 또다시 착수하여 지금까지 공사가 진행 중이다. 현재 학생수는 700명이다.

역대 교장 초대 히야마 토우이치(日山登一), 2대 나카야마 준노스케(中山準之助), 3대 타지마 토시유키(但馬利之), 4대 오야 쯔네이치(大宅常市)[현재]

현재 교장 오야 쯔네이치(大宅常市)는 1886년 4월 9일 사가현(佐賀縣)에서 태어났다. 1909년 3월 사가(佐賀)사범학교를 졸업하고 1911년 7월 조선으로 건너와 통영공립심상고등소학교에서 근무하였다. 1918년 1월 부산제3공립심상소학교로 전근하였다가 1930년 2월 부산제8공립심상소학교 교장을 거쳐 1934년 4월 제7공립심상소학교 교장으로 부임하여 현재에 이른다. 덕망(德望)이 있다는 소리를 듣는다.

부산제7공립심상소학교_ 중구 대청동 용두산공영주차장이 들어서 있는 옛 동광초등학교 자리에 있었다. 동광초등학교는 1998년 2월 53회 졸업생을 마지막으로 배출하고 그해 9월 1일 옛 남일초등학교와 합병되어 광일초등학교로 거듭났다.

부산제7공립심상소학교(釜山第七公立尋常小學校)

① 부산제7공립심상소학교(釜山第七公立尋常小學校) 교사(敎舍)_ [신부산대관]
② 어진영봉안전(御眞影奉安殿)_ [신부산대관]
③ 교장(校長) 오야 쓰네이치(大宅常市)_ [신부산대관]

부산제8공립심상소학교(釜山第八公立尋常小學校)

　　소　재 부산부(釜山府) 좌천정(佐川町)

　　연　혁 부산제8공립심상소학교는 1923년 5월 27일 부산제3심상고등소학교로부터 분리되어 3학급 편성으로 개교하였다. 그해 12월 28일 교육칙어등본을 하사받았으며 1928년 4월 1일 다시 6학급으로 편성되었다. 1929년 4월 8일 두 개의 교실을 증축하고 1930년 12월 21일 쇼와(昭和)천황과 황후폐하 두 분의 어진영(御眞影)을 공경히 받들었다. 1932년 5월 하순 공작실을, 11월 상순 강당을 각각 준공하여 오늘에 이른다.

　　역대 교장 아리미쯔 케이지로(有光敬次郎), 오야 쯔네이치(大宅常市), 나가세 칸지로(永瀨勘次郎)[현재]

부산제8공립심상소학교_ 동구 범일2동에 위치한 성남초등학교의 전신이다.

부산제8공립심상소학교(釜山第八公立尋常小學校) | 부산제8공립심상소학교(釜山第八公立尋常小學校)_ [신부산대관]

부산공립보통학교(釜山公立普通學校)

　소　재 부산부(釜山府) 영주정(瀛州町) 583번지
　연　혁 1909년 4월 4일 사립개성(私立開成)학교를[277] 공립부산실업학교에 병치(併置)하고 공립부산보통학교라 칭하였다. 수업은 설립 인가된 1909년 6월 4일부터 시작하였다. 1911년 2월 1일 조선교육령 실시에 따라 부산공립보통학교로 명칭을 바꿨다. 1913년 1월 6일 칙어등본(勅語謄本)을 하사받고 1921년 4월 1일 수업연한을 6년제로 변경하였다. 그 후 여러 차례의 증개축을 거쳐 오늘에 이른다.
　현재 학급수는 20학급이고 학생수는 1,348명이다. 현재 교장은 타케바야시 타메스케(竹林爲助)이다.

부산진공립보통학교(釜山鎭公立普通學校)

　소　재 부산부(釜山府) 범일정(凡一町) 1007번지
　연　혁 부산진공립보통학교는 1911년 5월 3일 창립되어 1913년 1월 칙어등본(勅語謄本)을 하사받고 1920년 이후 네 차례에 걸쳐 교사를 증개축하였다.
　현재 학급수는 17학급이고 학생수는 1,169명으로 교장은 후루사와 코레지(古澤是治)이다.

목도공립보통학교(牧島公立普通學校)

　소　재 부산부(釜山府) 영선정(瀛仙町) 336번지
　연　혁 목도공립보통학교는 1920년 4월 10일 사립옥성(私立玉成)학교를[278] 폐교하고 창립되었다. 그해 10월 22일 칙어등본(勅語謄本)을 하사받고 1921년 6월 수업연한을 6개년으로 연장하였다. 1922년 3월 15일 2층 건물의 교사(校舍) 본관을 신축하였으며 1924년 4월 1일 목도공립속수(牧島公立速修)학교를 부설하였으나 1926년 3월 31일 속수학교를 폐지하였다. 1931년 4월 11주년 기념으로 교기(校旗)를 제정하여 오늘에 이른다.
　현재 학급수는 12학급이고 학생수는 776명으로 교장은 나가에 카즈토(中江壽登)이다.

부산공립보통학교_ 중구 영주동 봉래초등학교 자리이다.

부산진공립보통학교_ 부산진구 범천동 부산진초등학교 자리이다.

목도공립보통학교_ 영도구 신선동 영도초등학교 자리이다.

277) 본책 주(註) 265 참조.
278) 본책 주(註) 192 참조.

부산공립보통학교(釜山公立普通學校)
부산진공립보통학교(釜山鎭公立普通學校)
목도공립보통학교(牧島公立普通學校)

| | ① | |
| ② | ③ | |

① 부산공립보통학교(釜山公立普通學校)_ [신부산대관]
② 부산진공립보통학교(釜山鎭公立普通學校)_ [신부산대관]
③ 목도공립보통학교(牧島公立普通學校)_ [신부산대관]

부민공립보통학교(富民公立普通學校)

소　재 부산부(釜山府) 중도정(中島町) 2정목(丁目)

연　혁 부민공립보통학교는 1921년 10월 25일 설립을 인가받고 1922년 4월 1일 6학급 편성으로 개교하였다. 그해 6월 28일 교사를 신축해서 이전했으며 12월 27일 칙어등 본(勅語謄本)을 하사받았다. 1924년 4월 속습(速習)학교를 부설하였으나 1926년 3월 속습학교를 폐지하고 1931년 5월 보통학교의 학교 및 학급경영 연구학교로서 지정되었다. 1932년 9월 1일 남부민(南富民)보통학교의 개교에 따라 2학년 1조(組)를 분리하였다.

현재 학급수는 19학급이고 학생수는 1,215명으로 교장은 쿠로키 미노루(黑木實)이다.

남부민공립보통학교(南富民公立普通學校)

소　재 부산부(釜山府) 남부민정(南富民町)

연　혁 남부민공립학교는 1932년 9월 1일 창립되어, 현재 학급수는 4학급이고 학생수는 73명으로 교장은 진보 미세이(神保美征)이다.

부민공립보통학교_ 서구 부용동 부민초등학교의 전신이다.

남부민공립보통학교_ 서구 남부민동 남부민초등학교의 전신이다.

부민공립보통학교(富民公立普通學校)
남부민공립보통학교(南富民公立普通學校)

① 부민공립보통학교(富民公立普通學校)_ [신부산대관]
② 남부민공립보통학교(南富民公立普通學校)_ [신부산대관]

V. 부산부(釜山府)의 금융과 언론

조선은행 부산지점(朝鮮銀行 釜山支店)[279)]

주　소 부산부(釜山府) 대청정(大廳町) 1정목(丁目)
본　점 경성부(京城府) 남대문통(南大門通)
창　립 1909년 11월 24일
자　금 4,000만 원[불입(拂入)[280)] 2,500만 원]
대표중역 총재 가토 게이자부로(加藤敬三郎)

　연　혁 1911년 3월 조선은행법 발포에 따라 종래의 한국은행을 조선은행으로 개칭하고, 1920년 말 자본금 4,000만 원을 8,000만 원으로 확대해 조선의 중앙은행으로서 그 기능을 발휘하였다. 국고금의 출납 및 국책사무의 취급과 함께 은행권을 발행하는 일 외에 보통은행의 업무를 취급한다. 1925년 12월 자본금을 4,000만 원으로 반감해 현재에 이르고 있다. 은행의 영업 범위가 넓은 것은 다음의 영업소 분포를 통해서 짐작할 수 있다. 특히 만주국의 창건 이후에는 놀랄 정도로 만주국에 진출하여 조선·만주 단위의 경제가 지금처럼 계속 충실하게 약진하는 데는 조선은행의 공헌에 힘입은 바가 크다.

　영업소 소재지 [조선] 부산, 대구, 목포, 군산, 인천, 평양, 진남포, 원산, 청진, 회령, 웅기

　[만주] 용정촌(龍井村), 투먼(圖們), 안동현(安東縣), 다롄(大連), 뤼순(旅順), 잉커우(營口), 랴오양(療陽), 펑텐(奉天), 펑텐(奉天) 시아오쓰퀸(小西關) 진저우(錦州)[281)], 츠펑(赤峰), 청더(承德), 테이링(鐵嶺), 카이위안(開原), 쓰핑제(四平街), 신징(新京), 하얼빈(哈爾賓), 프자뎬(傳家甸), 치치하얼(齊齊哈爾), 하이라얼(海拉爾)

　[일본] 도쿄(東京), 오사카(大阪), 오사카사이쿠(大阪西區), 고베(神戶), 시모노세키(下關)

　[재외] 칭다오(靑島), 상하이(上海), 톈진(天津), 뉴욕(紐育)

　현재 중역 총재 가토 게이사부로(加藤敬三郎), 이사 마쓰바라 준이치(松原純一), 마쓰다 요시오(松田義雄), 이로베 미츠구(色部貢). 감사 이토 키헤에(伊藤紀兵衛), 자작(子爵) 노무라 마스조(野村益三), 코지마 마고토(小島誠)

　현재 중역 총재 스즈키 시마키치(鈴木島吉). 부총재 결원. 이사 가타야마 요시카츠(片山義勝), 이우치 이사무(井內勇), 하시모토 만노스케(橋本万之助), 카키우치 츠네지로(柿內常次郎). 감사 마고시 쿄헤이(馬越恭平), 백작 오쿠다이라 마사야스(奧平昌恭), 키모토 호타로(木本房太郎)

　부산지점 1910년 4월 18일 출장소로 개설되었으나 그해 11월 18일 지점으로 된 이후 중앙은행의 지점으로서 사명을 다해 왔다. 부산에 있는 여타 각 은행 본점 또는 지점과 어깨를 나란히 하여 보통은행 업무에서도 양호한 성적을 거두며 오늘에 이르고 있다.

　현재 지점장 고토 토마루(後藤登丸)는 오이타현(大分縣) 사람으로 일찍이 조선은행 본점과 지점에서 근무하였다. 전(前) 지점장 쯔쯔미 에이이치(堤永市)의 뒤를 이어 부산지점의 지배인으로 임명되었다. 그 후 본점의 주의(主義) 방침을 사수하고 가장 견실한 영업방침을 채택하여 부산의 은행업자 중에서 중요한 인물이 되어 오늘에 이르고 있다.

　지점장 초대 타케야스 후쿠오(武安福雄), 쿠가 키요히로(久我淸弘), 코우다 이와오(古宇田巖), 쯔쯔미 에이이치(堤永市), 고토 토마루(後藤登丸) 등에 이어 현재 테라지마 토쿠지쯔(寺島德實)가 취임하였다.

　테라지마(寺島)는 1884년 후쿠오카시(福岡市)에서 태어나 제5고등학교를 졸업하자마자 조선총독부 재무과에서 근무한 뒤 도쿄제대(東京帝大) 정치과에 들어갔다. 1919년 졸업과 동시에 조선은행에 들어와 본점 검사(檢査)와 다롄(大連)지점 지배인 대리, 인천지점 지배인 대리 그리고 목포지점 지배인 등을 거쳐 1930년 6월 부산지점장에 취임하였다. 숙달된 인사로서 정평이 나 있다.

조선은행 부산지점_ 중구 대청로 한국은행 부산영업본부 자리이다. 1909년 한국은행 부산지점으로 출발하여 1911년 조선은행 부산지점으로 명칭이 변경되었다. 해방 이후 1950년 6월 한국은행이 다시 설립되면서 한국은행 부산지점으로 개업하였다. 현 건물은 1964년 9월 신축한 것이다.

279) 부산광역시 중구 대청동 1가 44번지 한국은행 부산지점의 전신이다.
280) 불입(拂入)은 납입(納入)을 의미한다. 이하 원문의 불입(拂入)·불입금(拂入金)·불입자본(拂入資本) 등은 납입(納入)·납입금(納入金)·납입자본(納入資本)으로 통일하였다.
281) 진저우(錦州)는 중국 랴오닝성(遼寧省) 서부에 있는 도시이다.

조선은행 부산지점(朝鮮銀行 釜山支店)

① 조선은행 부산지점(朝鮮銀行 釜山支店)_ [부산대관]
② 부산지점장(釜山支店長) 테라지마 토쿠지쯔(寺島德實)_ [신부산대관]

주식회사 조선식산은행 부산지점(株式會社 朝鮮殖産銀行 釜山支店)

　　본　점 경성부(京城府) 남대문통(南大門通)
　　창　립 1918년 10월
　　자　금 3,000만 원[납입금 2,000만 원][납입 1,500만 원]
　　대표자 은행장 아리가 미쯔토요(有賀光豊)
　　지　점 부산부(釜山府) 매립신정(埋立新町)
　　중　역 은행장 아리가 미쯔토요(有賀光豊), 이사 이시이 미즈오(石井光雄), 모리 고이치(森悟一), 야나베 에이사부로(矢鍋永三郎), 후작(侯爵) 박영효(朴泳孝)[282], 감사 히로세 미쯔마사(廣瀬滿正), 자작(子爵) 윤덕영(尹德榮)[283]

　　연　혁 본 은행은 조선식산은행령에 따라 1918년 10월 자본금 3,000만 원으로 설립되었다. 동(同)은행이 설립되기 이전, 조선에서 산업금융은 농공(農工)은행, 동척(東拓), 금융조합 등의 세 기관에서 관장하였다. 동척과 금융조합은 성격상 일반 은행과 다르기 때문에 산업금융은 주로 농공은행에서 광범하게 취급하였다. 농공은행은 1906년 창립 이래 조선 전역에 6개의 지방은행과 45개의 지점을 갖추고 있었는데, 공칭(公稱)자본은 6개 은행을 모두 합쳐 겨우 360만 원[260만 원]이며 납입자금은 147만 원으로 농공채권의 발행액은 300만 원에 지나지 않았다. 따라서 왕성한 기세로 발달과정에 있는 조선산업계의 기관은행으로서는 너무나 빈약한 감이 있었다. 이에 농공은행의 개조를 단행하여 시대에 적합한 일대 산업금융기관의 설립이 급무라는 여론이 관민 사이에서 제기된 결과 조선식산은행의 창립을 가져왔다.

　　특　권 식산은행에는 그 사명을 수행하기 위해 각종 특권이 부여되어 있다. 곧 납입자본의 10배 한도 내에서 채권을 발행할 수 있으며 대장성(大藏省) 예금부는 식산은행 발행채권을 인수하고 또 일본 금융시장은 식산은행채권을 일본의 권업(勸業)채권과 같은 형태로 공탁금으로 대용할 수 있다. 뿐만 아니라 일본은행은 1925년 식산은행채권을 부(副)저당물 담보물건으로 인정하게 되었다. 식산은행의 업무는 다음과 같다.
[1. 산업금융 2. 공공금융 3. 보통은행업무 4. 저축예금 5. 사채권의 응모와 인수 6. 신탁업무]
　1. 산업금융 2. 공공금융 3. 보통은행업무 4. 사채권의 응모와 인수 5. 신탁업무

　　중　역 은행장 아리가 미쯔토요(有賀光豊), 이사 와다나베 미쯔유키(渡邊彌幸), 우에노 이사오(植野勳), 하야시 시게카즈(林茂樹), 미즈마 미쯔기(水間美繼), 노다 신고(野田新吾), 감사 하라쿠니 이타루(原邦造), 키쿠치 카즈오(菊地一雄)

　　부산지점 농공은행 지점을 계승한 식산은행 부산지점은 설립과 동시에 업무를 시작하고 이후 업무의 진전과 더불어 1924년 11월 부산진(釜山鎭)에 파출소를 설치하였다. 또한 1925년 2월 대창정(大倉町)[매립신정(埋立新町)]의 현재 장소에 부지와 건축비 16만 원을 들여 철근콘크리트 150평의 장엄한 건물을 짓고 그해 11월 준공하였다. 내용과 외관 모두가 완비된 조선의 대표 은행으로 부산시가(釜山市街)에서 하나의 위용을 드러내고 있다. 현재 직원은 70여 명으로 대출과 예금은 대출총액 1,116만 8,986원 87전, 예금총액 453만 902원 61전의 규모에 달한다. 거래처도 본 지점을 제외한 227개점으로 다수이다.

조선식산은행 부산지점_ 중구 중앙동 2가 한국산업은행 부산지점 자리에 있었다.

282) 박영효(朴泳孝, 1861~1939)는 1882년 제물포조약에 의해 사절단원으로 일본에 파견되어 갈 때 태극기를 처음 창안하였다. 1884년 갑신정변의 주역으로 일본에 망명하였다가 1894년 갑오개혁 때 사면되면서 귀국해 김홍집·박영효의 연립내각의 수반이 되었다. 1895년 7월 왕비시해음모죄로 흔히 씨 없는 수박을 개발한 우장춘 박사의 부친 우범선 등과 함께 또다시 일본으로 망명하였다. 1900년 일본 고베(神戶)에서 의화군(義和君) 강(堈)을 국왕으로 추대하려는 쿠데타에 관련되어 궐석재판에서 교수형을 선고받았다. 1907년 6월 비공식으로 귀국해 부산에 며칠 머문 뒤 서울로 올라가 고종의 특사조치를 받았다. 순종 즉위 후 고종양위에 찬성한 대신들을 암살하려고 했다는 죄목으로 제주도에 1년 간 유배되었다. 유배 후 서울로 들어가는 것이 금지되어 마산에 머물러 있다가 국망을 맞았다. 1911년 조선귀족회 회장과 1918년 조선식산은행 이사 및 1920년 동아일보사 초대 사장을 역임하였다. 1924년 훈(勳) 1등 서보장(瑞寶章)을 받았으며 1932년 일본귀족원 의원을 거쳐 1926년~1939년 중추원 부의장이 되었다. 정확한 시기는 알 수 없으나 그는 해운대 큰길에서 동백섬으로 들어가는 길 오른편 큰 소나무들이 있었던 운촌(雲村)에 별장을 갖고 있었다. 사후 그는 유언에 따라 조선 최대의 명당이라고 여겨졌던 다대포 봉화산 자락에 묻혔다. 그러나 해방 후 후손들에 의해 무덤은 파헤쳐지고 무덤 주위의 땅들 또한 다른 사람에게 팔리게 되었다.

283) 윤덕영(尹德榮, 1873~1940)은 순종의 비(妃)인 순정효황후(純貞孝皇后) 윤씨(尹氏, 1894~1966)의 삼촌이며 조정의 원로대신을 지낸 윤용선(尹容善)의 손자이다. 1895년 7월 비서감(秘書監) 우비서랑(右秘書郎)을 시작으로 1898년 10월 농상공부 참서관과 1900년 1월 법무국장 및 1901년 경기도 관찰사를 역임하였다. 1911년 2월 이왕직(李王職) 찬시(贊侍)를 맡았으며 1921년 조선식산은행 감사와 해동은행 대주주로 활동하였다. 1923년 조선제사(朝鮮製絲)주식회사와 고려요업주식회사 대주주를 지냈으며 1924년 2월 욱일대수장(旭日大綬章)을 수여받았다. 1925년 7월 조선총독부 중추원 고문을 시작으로 1940년 8월 중추원 부의장을 역임하였다.

조선식산은행 부산지점(朝鮮殖産銀行 釜山支店)

① 조선식산은행(朝鮮殖産銀行) 부산지점(釜山支店)_ [부산대관]
② 조선식산은행(朝鮮殖産銀行) 부산진출장소(釜山鎭出張所)_ [부산대관]
③ 부산지점장(釜山支店長) 미요시 토요다로(三好豊太郎)_ [부산대관]

부산지점장 미요시 토요타로(三好豊太郎)

원 적 히로시마현(廣島縣) 후쿠야마시(福山市) 동정(東町)

주 소 부산부(釜山府) 대청정(大廳町) 2정목(丁目)

　미요시 토요타로(三好豊太郎)는 1879년 10월 11일 후쿠야마시(福山市)에서 태어났다. 후쿠야마(福山)중학에 입학하였다가 1902년 중도에 그만두고 나가사키(長崎) 18은행 본점에 입사하였다. 1904년 18은행 인천(仁川)지점을 관장하기 위해 조선으로 건너왔으나 얼마 되지 않아 농공은행이 창립되면서 1909년 농공은행에 들어갔다. 이후 1918년 조선식산은행이 창립되면서 농공은행의 업무를 식산은행에서 인계하자 근무지를 조선식산은행으로 옮겼다. 신의주와 개성의 지점장을 역임하고 1922년 8월 부산지점장에 취임해 오늘에 이른다.

　지점장 초대 모리모토 시치로(森本市郎) 외에 하마다 료조(濱田隆三), 미요시 토요다로(三好豊太郎) 등을 거쳐 현재 지점장 시라이시 진키치(白石甚吉)에 이른다. 시라이시 진키치(白石甚吉)는 1885년 5월 오이타현(大分縣) 속견군(速見郡) 저축정(杵築町)에서 태어났다. 1912년 5월 조선상업은행의 전신인 대한천일(大韓天一)은행에[284] 입사하였으며 1914년 11월 한호농공(漢湖農工)은행으로 옮겨 그곳에서 조사역을 담당하였다. 1918년 10월 식산은행의 창립과 더불어 식산은행에 들어가 1919년 4월 진남(鎭南)지점장, 1925년 3월 광주(光州)지점장 등을 역임하고 1927년 3월 부산지점장에 부임해 오늘에 이른다.

---

284) '하늘 아래 첫째가는 은행' 이고자 했던 대한천일(大韓天一)은행은 1899년 서울의 유력한 상인자본가들과 고종황제의 적극적인 지원 아래 설립된 은행이었다. 예금과 대출 업무를 담당하는 일반은행의 기능과 황실 및 주요 기관의 재정 업무를 관장하는 중앙은행으로서의 역할을 함께 수행했다. 대한천일은행은 그 뒤 행명(行名)을 1911년 조선상업은행, 해방 이후 한국상업은행, 1998년 한빛은행 등으로 변경하였으며 2002년부터는 우리은행의 행명(行名)을 사용하고 있다. 대한천일(大韓天一)은행에 대해서는 본책 주식회사 조선상업은행 부산지점(株式會社 朝鮮商業銀行釜山支店) 항목 참조.

조선식산은행 부산지점
(朝鮮殖産銀行 釜山支店)

① 부산지점장(釜山支店長) 시라이시 진키치(白石甚吉)_ [신부산대관]
② 주식회사 조선식산은행 부산지점(株式會社 朝鮮殖産銀行 釜山支店)_ [부산대관]

주식회사 제일은행 부산지점(株式會社 第一銀行 釜山支店)

본 점 도쿄시(東京市) 국정구(麴町區) 마루노우치(丸の內) 1정목(丁目)[도쿄시(東京市) 니혼바시구(日本橋區) 두정(兜町) 1번지]
지 점 부산부(釜山府) 본정(本町) 2정목(丁目)[기타 전국 각지 34개소]
창 립 1873년 6월[1873년 7월[우리나라 은행의 시초]]
창립자 자작(子爵) 시부사와 에이이치(澁澤榮一)[285]
자본금 5,750만 원[5,000만 원]
중 역 은행장 사사키 유노스케(佐佐木勇之助), 취체역[전무] 이시이 켄고(石井建吾), 노구치 야조(野口彌三), 스기타 토미(杉田富), 취체역 사이온지 카메지로(西園寺龜次郎), 야마구치 코우키(野口弘毅), 니시무라 미치히코(西村道彦), 감사역 토키 타케시(土岐償), 타케야마 준헤이(竹山純平), 야마구치 쿠라키치(山口莊吉), 상담역 자작(子爵) 시부사와 에이이치(澁澤榮一)

대표중역 은행장 이시이 켄고(石井健吾)

연 혁 [1873년 7월 태정관(太政官) 포고(布告)에 기초하여 국립은행으로서 자본금 245만 원으로 설립되었다. 시부사와 에이이치(澁澤榮一)는 경영의 임무를 맡았다. 이것이 우리나라 은행의 시작이다. 이후 세월이 흘러 실로 50여 년, 우리나라(我國) 은행의 백미라고 할 수 있다.] 제일은행은 1873년 고(故) 시부사와(澁澤) 자작(子爵)의 주창에 의해 자본금 250만 원으로 설립되어 제일국립은행이라고 불렀는데 우리나라 최초의 국립은행이다. 당시는 아직 일본은행이 설립되지 않았기 때문에 제일국립은행은 정부로부터 명령을 받아 관금(官金)의 출납을 취급하고 또 지폐발행의 특권을 부여받아 마치 우리나라의 중앙은행으로서 기능을 담당했다. 1896년 9월 국립은행으로서 영업이 만기에 도달하자 주식회사 제일은행으로 명칭을 변경하고 영업을 계속하여 오늘에 이르렀다. 올해는 창립한 지 61년이 되는 해이다. 그 사이 일본 본국은 물론, 1878년 6월 8일 조선의 부산에 지점을 설치하고 조선에서 은행의 시작 업무를 개시하여 조선에서 국립은행의 창립[286] 이전까지 부산지점과 조선정부의 관계는 조선 금융 역사상 대서특필할 의의를 갖는 것이었다. 계속해서 경성, 인천 기타 지역에도 지점을 설치해 일한(日韓) 양국의 재정경제 발전에 노력하였다. 그 후 1905년 칙령에 따라 조선에서 은행권을 발행하는 특권을 부여받고 조선의 중앙은행으로서 혼란한 한국화폐제도의 통일과 정리 등 금융 역사상 큰 발자취를 남겼다. 1909년 조선은행의 설립으로 인해 10월 20일 중앙은행으로서 임무를 조선은행[한국은행]에 넘겼다. 이어서 1911년 20은행, 1916년 교토(京都)상업은행, 1927년 도카이(東海)은행을 각각 합병하고 또 1931년에 후루카와(古河)은행의[287] 일부를 양도받아 더욱더 영업망을 확대하였다. 오늘날 전국의 주요 요지에 59개의 지점을 두고 해외 주요 지역의 일류은행과 환어음계약을 체결하여 내외 환어음 및 기타 일반 업무를 취급하고 있다. 예금총액은 8억 1,600만 원을 헤아린다. 우리나라 6대 은행의 하나로 시세에 순응하여 점점 금융기관으로서 책무를 다하고 있다.

제일은행 부산지점_ 중구 동광동 부산호텔 앞 하나은행 자리에 있었다.

285) 일본자본주의의 아버지인 시부사와 에이이치(澁澤榮一, 1840~1931)는 농민의 아들로 태어나 젊은 시절 양이(攘夷)운동에 참가했다. 1867년 1월 유럽을 순방하고 귀국했을 때 막부(幕府)는 붕괴되고 새로운 메이지(明治)정부와 만나게 된다. 이후 1869년 10월 우리나라의 기획재정부에 해당하는 대장성(大藏省) 관리로 정부에 들어가 조세와 화폐개혁을 단행하고 도량형 제도를 개정하였다. 1873년 관직에서 물러나 현재 다이이치칸교(第一勸業)은행의 전신에 해당하는 일본제일국립은행의 총재가 되었다. 1883년 오사카(大阪)방적회사를 설립하고 철도, 기선, 수산, 인쇄소, 철강, 가스, 전기, 석유, 광산 등 여러 분야에 회사를 설립하여 일본자본주의 성립에 큰 역할을 하였다.
286) 은행의 은행이라고 할 수 있는 중앙은행의 기능을 가진 국립은행의 설립은 끝내 실현되지 못했다. 본책 주(註) 302 참조.
287) 후루카와(古河)은행은 제국시대 15대 재벌 가운데 하나였던 후루카와 이치베(古河市兵衛, 1832~1903)가 창업한 후루카와재벌에서 1923년부터 1931년까지 운영한 은행이다. 후루카와재벌은 해체되었으나 현재에도 전기, 전선, 통신 관련 회사를 거느린 후루카와그룹으로 활동하고 있다.

제일은행 부산지점(第一銀行 釜山支店) ① 제일은행 부산지점(第一銀行 釜山支店)_ [신부산대관]
② 부산지점장(釜山支店長) 오하시 야스시(大橋悌)_ [부산대관]
③ 부산지점장(釜山支店長) 타카야마 타시오레(高山愷爾)_ [신부산대관]

중　　역 은행장 이시이 켄고(石井健吾). 부은행장 아카시 테루오(明石照男). 상무취체역 스기타 토미(杉田富), 자작(子爵) 시부사와 케이조(澁澤敬三), 다나까 지이로(田中二郎). 취체역 야마구치 코키(野口弘毅), 카노 토모노스케(加納友之助), 오노에 토우타로(尾上登太郎), 사사키 슈지로(佐佐木修二郎). 감사역 사이온지 카메지로(西園寺龜次郎), 오사와 요시로(大澤佳郎), 상담역 사사키 유노스케(佐佐木勇之助)

부산지점 부산지점은 1878년 6월 설치되었다. 현재 보통은행의 지점에 지나지 않지만 타의 모방을 허락하지 않는 위상을 갖추고 오늘에 이르렀다. 1934년 올해로서 56년의 역사가 경과하였다. 초대 지점장 마스다 미쯔이사오(增田充績)에 이어 오하시 반시치로(大橋半七郎), 사와키 야스지로(澤木安次郎), 니시와키 죠타로(西脇長太郎), 토키 타케시(土岐償), 오다가 지로(尾高次郎), 아라이 에이조(荒井榮藏), 야마구치 야조(野口彌三), 키무라 유지(木村雄次), 야마구치 코키(野口弘毅)[현재 취체역], 코노 쇼지로(河野正次郎), 카타노 지케호(片野滋穂), 나가이 케이(永井啓), 마쯔무라 우이치(松村宇一), 오하시 야스시(大橋悌) 등의 역대 지점장을 거쳐 현재 지점장 타카야마 타시오레(高山𢤱爾)에 이른다.

현재 지점장 오하시 야스시(大橋悌)는 1882년 3월 12일 토야마현(富山縣) 다카오카시(高岡市)에서 태어났다. 1909년 도쿄제국대학 법과정치학과를 졸업하자마자 경성동아연초(京城東亞煙草)주식회사에[288] 입사하였다. 1912년 제일은행 본점으로 옮겨 1914년 5월 미에현(三重縣) 욧카오카시(四日市)지점 지배인을 역임하였다. 1924년 6월 부산지점 지배인으로 내임하여 오늘에 이른다. 그 사이 1922년 본점의 명령을 받아 구미(歐美) 각국의 전후 금융상황을 조사하고 이듬해 1923년 조선으로 돌아왔다[부산부(釜山府) 상반정(常盤町) 2번지]

현재 지점장 타카야마(高山)는 야마구치(山口)고등상업을 졸업하고 곧바로 은행에 입사한 이후 20여 년간 근속하였다. 그 사이 경성, 오사카선장(大阪船場), 하코다테(函館)의 각 지점 차석, 본점 조사역, 본점 영업부장대리, 도쿄호리도메(東京堀留)지점장을 역임하고 1931년 부산지점장으로 부임하였다. 쓰시마(對馬島)의 이즈하라쵸(嚴原町) 출신으로 올해 50세이다. 중후한 호신사(好紳士)로 일반인이 추앙하고 존중한다.

주식회사 야스다은행 부산지점(株式會社 安田銀行 釜山支店)

본   점 도쿄시(東京市) 국정구(麴町區) 영락정(永樂町) 2정목(丁目) 10번지
창   립 1880년 1월
지   점 부산부(釜山府) 본정(本町) 1정목(丁目), 기타 전국 각지 160개소
자본금 1억 5,000만 원[납입 9,275만 원]
제적립(諸積立) 5,000만 원
대표중역 은행장 야스다 젠지로(安田善次郎)

연   혁 야스다 젠지로(安田善次郎) 옹(翁)이 1864년 니혼바시(日本橋) 소주정(小舟町)에서 야스다환전점(安田兩替店)을 열었던 것이 야스다은행(安田銀行)의 시작이다. 야스다은행(安田銀行)으로 명칭을 변경한 것은 1880년 1월[자본금 15만 원]이다. 이후 1887년 자본금이 200만 원으로 되고 1900년 300만 원, 1908년 500만 원, 1912년 1,000만 원, 1918년 일약 2,500만 원으로 증가하였다. 그리고 1923년 자본금 2,000만 원의 호젠(保全)은행을 신설하여 제130은행과 메이지상업(明治商業) 및 기타 동일계열의 은행 7개, 합계 11개 은행을 합병하는 한편 자본금을 1억 5,000만 원으로 증자하여 야스다(安田)은행으로 명칭을 바꿨다.

중   역 은행장 야스다 젠지로(安田善次郎), 부은행장 유우키 토요다로(結城豊太郎), 상무취체역 타케우치 테이사부로(竹內悌三郎), 효도 히사시(兵頭久), 취체역 야스다 젠시로(安田善四郎), 야스다 젠고로(安田善五郎), 사토 코이치로(佐藤小一郎), 스가와라 다이타로(管原大太郎), 오가하라 히데오(小河原秀雄), 마루야마 쯔구치(丸山繼男), 무라다 후사노스케(村田房之助), 스기하라 코레히로(杉原惟敬), 감사역 소노베 센(園部潛)[상임], 야스다 젠스케(安田善助), 카와니시 키요효엔(川西淸兵衛), 코사카 준조(小坂順造), 후작(侯爵) 마에다 토시사다(前田利定)

중   역 은행장 야스다 젠지로(安田善次郎), 부은행장 모리히로 오사무(森廣藏), 상무취체역 소노베 센(園部潛), 하마타 유우조(濱田勇三), 사이토 스산(齋藤須三), 취체역 야스다 젠고로(安田善五郎), 야스다 젠시로(安田善四郎), 마에다 토시사다(前田利定), 미사키 키요오(三崎淸男), 야스다 이치(安田一), 후지사키 시로(藤崎四郎), 상무감사역 이와세 쯔네로쿠로(岩瀨恒六郎), 감사역 야스다 젠조(安田善助), 카와니시 키요시(川西淸司)

야스다은행 부산지점_ 중구 동광동 1가 신한은행 부산금융센터가 있는 곳이다.

부산지점 1892년 7월 제58은행 부산지점으로 개업하였다. 제58은행이 1909년 제130은행에 합병됨에 따라 부산지점은 제130은행 부산지점이 되었다. 이후 또다시 1923년 11월 야스다(安田)은행 부산지점으로 명칭을 바꿨다. 이후 업무의 발전에 따라 건물 신축의 필요성이 제기되어 공사비 10만 원으로 1926년 6월 철근콘크리트 3층 건물을 기공하고 1927년 8월 낙성한 뒤 이전해 오늘에 이른다.

현재 지점장 우노 큐노스케(宇野久之介)는 1888년 8월 이바라키현(茨城縣) 미토시(水戶市) 상시(上市)[289] 신원사정(信願寺町)에서 태어났다. 1907년 미토(水戶)중학을 졸업함과 동시에 야스다 호센사(安田保善社)에 입사하였다. 야스다은행 제1회 연습생으로 은행업무를 체득하고 1908년 8월 130은행 오사카(大阪)본점에 들어갔다. 이후 오사카(大阪) 시내 각 지점을 관장하고 큐슈(九州)의 하치만(八幡)과 오쿠라(小倉)[290] 지점 등을 거쳐 1923년 4월 130은행 부산지점장으로 부임해 오늘에 이른다.

지점장 초대 우노 큐노스케(宇野久之介), 2대 카지타 쇼마스오(梶田象男)를 거쳐 현재 지점장 소에다 카즈타카(添田一貴)에 이른다. 현 소에다(添田)지점장은 올해 46세로 후쿠오카현(福岡縣) 와카마쯔시(若松市) 출신이다. 옛 130은행을 첫 출발지로 1924년 11월, 130은행이 야스다(安田)은행에 합병되자 야스다(安田)은행으로 옮겨와 와카마쯔(若松)지점에서 근무한 뒤, 오사카(大阪)지점 대부계장을 거쳐 1931년 2월 후쿠이현(福井縣) 사바에(鯖江)지점장으로 영전하였다. 1933년 3월 부산지점장으로 옮겨와 오늘에 이른다. 요쿄구(謠曲)[291], 골프, 여행 등의 취미를 갖고 있는 인물이다.

---

289) 미토시(水戶市)를 상시(上市), 하시(下市)로 구분했을 때 신원사정(信願寺町)은 상시(上市)에 속한다.
290) 후쿠오카현(福岡縣) 키타큐슈시(北九州市)의 하치만(八幡)과 오쿠라(小倉) 지역을 지칭한다.
291) 요쿄구(謠曲)는 우타이(謠)라고도 하는데 일본의 대표적 가면 음악극인 노가쿠(能樂)의 시가(詩歌) 또는 대본 등에 가사나 가락을 붙여 노래 부르는 것을 말한다.

야스다은행 부산지점(安田銀行 釜山支店)

① 야스다은행(安田銀行) 부산지점(釜山支店)_ [부산대관]
② 신축(新築) 야스다은행(安田銀行) 부산지점(釜山支店)_ [신부산대관]
③ 부산지점장(釜山支店長) 우노 큐노스케(宇野久之介)_ [부산대관]
④ 부산지점장(釜山支店長) 소에다 카즈타카(添田一貴)_ [신부산대관]

주식회사 부산상업은행(株式會社 釜山商業銀行)

주　소 부산부(釜山府) 본정(本町) 1정목(丁目) 10번지
창　립 1913년 3월
자본금 150만 원[납입자본 75만 원]
대표중역 이즈미 스에지(泉末治)

　연　혁 본 은행은 1927년 3월 부산실업가 하기노 야자에몬(萩野彌左衛門) 등이 발기하여 자본금 10만 원으로 그해 4월 21일 개업하였다. 이후 세월과 더불어 견실한 발전을 이루어 1920년 2월 150만 원으로 증자[납입 75만 원]하고, 더욱더 지방[부산]의 거래은행으로서 동업(同業) 은행의 대열에 끼어 기능을 원활히 하여 양호한 성적을 거두었다. 1923년 공사비 약 10만 원을 들여 현재의 위치에 웅장한 벽돌 2층의 은행건물을 신축한 것 외에 부평정(富平町) 1정목(丁目)에 서부지점을 새롭게 짓고 1926년 7월 목도(牧島)에 출장소를 두었다. 마산, 진해, 통영, 울산, 방어진의 각 요지에 지점을 개설해서 경남 일원의 금융계[산업계]에 공헌하고 재계 불황인 요즘 한층 양호한 성적을 올려 근년 5퍼센트[연 7주(朱)[292]]의 배당을 하고 있다.

　중　역 전무취체역 이즈미 스에지(泉末治). 취체역 하자마 후사타로(迫間房太郎), 오이케 츄스케(大池忠助), 카시이 겐타로(香椎源太郎). 감사역 마쯔오 시게노부(松尾重信), 후쿠시마 겐지로(福島源次郎), 이시하라 겐지로(石原源三郎)

　중　역 전무취체역 이즈미 스에지(泉末治). 취체역 하자마 후사타로(迫間房太郎), 카시이 겐타로(香椎源太郎). 감사역 후쿠시마 겐지로(福島源次郎), 야마노 슈이치(山野秀一)

　전　무 [현재 전무취체역] 이즈미 스에지(泉末治)는 1871년 5월 11일 시마네현(島根縣) 읍지군(邑智郡) 시상촌(矢上村)에서 태어났다. 1896년 교토(京都) 도시샤(同志社)대학 정치부를 졸업하고 곧바로 제일은행에 들어갔다. 1905년 9월 제일은행 대구지점에서 근무하고 이어서 부산, 목포 각 지점을 거쳐 1909년 12월 조선은행[한국은행]으로 옮겨와 근무하였다. 그 뒤 목포, 군산, 안동현(安東縣)의 각 지점장을 역임하였다. 1921년 5월 부산상업은행 전무로 부임하여 오늘에 이른다. 관대하고 후덕한 그의 인품은 업계에서 진중(珍重)하다는 평판을 받고 있다.

부산상업은행_ 중구 동광동 1가 기업은행 왼쪽 천목사우나가 있는 곳에 있었다.

부산상업은행(釜山商業銀行)

| | ③ | |
| ① | | ② |

① 부산상업은행(朝鮮商業銀行)_ [부산대관]
② 부산상업은행(朝鮮商業銀行)_ [신부산대관]
③ 전무취체역 이즈미 스에지(泉末治))_ [신부산대관]

주식회사 18은행 부산지점(株式會社 十八銀行 釜山支店)

본　점 나가사키시(長崎市) 축정(築町) 107번지
창　립 1877년 11월
지　점 부산부(釜山府) 본정(本町) 1정목(丁目)
자본금 1,500만 원
대표 취체역 은행장 마쯔다 세이이치(松田精一)
연　혁 나가사키(長崎)에 본점을 둔 18은행은 일본 은행계에서 가장 오랜 역사를 갖는다. 일찍이 1880년 조선에 진출하여 조선 개발에 공헌한 바가 있으며 신용은 우수하고 거래가 건실한 것으로 알려져 있다.
중　역 은행장 마쯔다 세이이치(松田精一), 전무취체역 아다치 타키지로(足立瀧二郎), 취체역 후지세 소이치로(藤瀬宗一郎), 타조에 타다도시(田添忠敏), 마쯔다 이치조(松田一三), 감사역 나가미 도쿠타로(永見德太郎), 마쯔다 준지(松田順次)
중　역 은행장 마쯔다 세이이치(松田精一), 상무취체역 마쯔다 이치조(松田一三), 취체역 후지세 소이치로(藤瀬宗一郎), 타카하시 요이치(高橋與一), 감사역 나가미 쇼우이치(永見省一), 마쯔다 카이치(松田嘉一)
지점 소재지 나가사키시(長崎市) 북지점(北支店), 나가사키시(長崎市) 와하나지점(稲佐支店), 도쿄(東京), 오사카(大阪), 구마모토(熊本), 나가사키현(長崎縣)의 시모사사호(下佐佐保), 시마바라(島原)의[293] 구치노쯔(口之津), 아리마(有馬), 아리에(有家), 다이라고우(多比良), 후쿠에(福江)의[294] 다게오스(武生水), 이즈하라(嚴原), 조선의 경성, 신용산(新龍山), 용산, 부산, 인천, 원산, 목포, 군산, 나주
부산지점 1893년 102은행 부산지점에서 사무를 시작하였으나 부산지점은 1897년 18은행 부산지점으로 명칭을 변경하였다. 이후 40년간 부산 경제계에 공헌한 업적은 현저하다고 해야 할 것이다. 이와 같이 오랜 역사와 견실한 영업 성적으로 업무가 점점 발전해 온 결과 종래의 지점으로서는 공간이 비좁아 집무상 지장을 낳게 되었다. 이에 1926년 6월 10만여 원의 경비를 들여 건평 116평, 2층 건물의 신축에 착수하여 [현재 준공을 서두르고 있다. 준공이 되면 부산의 시가(市街)에 하나의 훌륭하고 장엄한 광경을 드러낼 것이다. 아래의 사진은 새로운 은행건물의 겨냥도(見取圖)이다.] 1927년 8월 낙성한 뒤 이전하여 오늘에 이른다. 개업 이래 10년간의 영업상태를 보면 다음과 같다.

18은행 부산지점_ 중구 동광동 1가 우리은행 동광동지점 자리이다.

회계연도	예　금	대부금
1897년 하반기	48,317원	92,289원
1907년 하반기	471,143원	552,871원
1916년 하반기	509,307원	635,319원
1926년 상반기	2,320,427원	955,645원

현 지점장 나가미 쿄조(永見京造)
원　적 나가사키시(長崎市) 동좌정(銅坐町) 20번지
주　소 부산부(釜山府) 서정(西町) 1정목(丁目) 38번지 사택(舍宅)

　나가미 쿄조(永見京造)는 1876년 2월 6일 나가사키시(長崎市)에서 태어났다. 나가사키(長崎)상업학교를 졸업하고 부군(父君)이 관계했던 18은행에 입사하여 1893년까지 부산지점, 1895년까지 목포지점을 거치면서 차차 승진해 지점장이 되고 다시금 인천지점장에 선임되었다. 그 사이 목포, 인천 각지에서 상업회의소 평의원에 뽑혔으며, 인천에서는 부회두(副會頭)의 요직에 올랐다. 1924년 5월 부산지점장으로 부임하여 오늘에 이른다.
　지점장 최근의 18은행 부산지점장은 사와이 겐류(澤井元隆), 나가지마 료지(中島凉二), 니시무라 소이치(西村宗一), 나가미 쿄조(永見京造), 시부야 토시오(澁谷敏夫) 등으로 현재 지점장은 마스다 젠키치(增田善吉)이다. 마스다(增田)지점장은 1885년 3월 나가사키시(長崎市) 동상정(東上町)에서 태어났다. 1903년 나가사키상업학교를 졸업함과 동시에 18은행에 입사하여 이후 각 지점에서 근무하였다. 조선에서는 목포, 원산, 부산의 각 지점 차석(次席)으로 근무하였다. 오사카서(大阪西)지점장을 거쳐 1932년 부산지점장으로 부임해 오늘에 이른다.

---

293) 시마바라시(島原市)는 나가사키현(長崎縣) 남동부의 시마바라반도(島原半島)에 있는 시(市)이다.
294) 후쿠에시(福江市)는 나가사키현(長崎縣) 고도열도(五島列島)의 미나미마쯔우라군(南松浦郡)에 있었던 옛 시명(市名)으로 현재는 고도시(五島市)에 해당한다.

18은행 부산지점(十八銀行 釜山支店)

① 18은행 부산지점(十八銀行 釜山支店) 조감도(鳥瞰圖)_ [부산대관]
② 18은행 부산지점(十八銀行 釜山支店)_ [신부산대관]
③ 지점장(支店長) 나가미 쿄조(永見京造)_ [부산대관]
④ 지점장(支店長) 마스다 젠키치(增田善吉)_ [신부산대관]

주식회사 조선상업은행 부산지점(株式會社 朝鮮商業銀行 釜山支店)

본 점 경성부(京城府) 남대문통(南大門通) 2정목(丁目)

주 소 부산부(釜山府) 영정(榮町) 6정목(丁目)

창 립 1899년

자본금 992만 5,000원[712만 5,000원[납입 407만 5,000원]]

대표취체역 박영철(朴榮喆)[295]

연 혁 본 은행은 1899년 창립하여 처음에는 대한천일은행(大韓天一銀行)으로 불렸다. 관금(官金) 취급기관으로 황족전하(皇族殿下)를 상대했으며 후에 한성창고를 합병해서 겸영하였다. 은행장으로 영친왕(英親王)을 추대하고 태환권(兌換券) 발행의 특권을 부여받아 조선인을 주주로 하여 설립하게 되었다. 1911년[296] 증자하여 조선상업은행(朝鮮商業銀行)으로 개칭하고 1906년 7월부터 1909년 6월까지는 자본금 15만 원, 정부 대하금(貸下金) 24만 원으로 경영하였다. 1909년 7월 자본금이 50만 원으로 되었으며, 1911년 2월 조선상업은행으로 개칭하였다. 1912년 4월 한성공동창고주식회사를 합병해 자본금은 57만 5,000원이 되었다. 1917년 주주의 자격을 철폐해[297] 자본금을 100만 원으로 증자하였고, 1919년 8월 자본금을 다시 200만 원으로 늘였다. 1923년 원산상업은행(元山商業銀行)을 합병하여 자본금을 201만 5,000원으로 증자하였으며, 이어서 1924년 9월 1일 조선실업은행(朝鮮實業銀行)[자본금 500만 원, 납입자본금 200만 원]을 합병해 자본금은 현재의 712만 5,000원[납입자본금 387만 5,000원]이 되었다. 계속

조선상업은행 부산지점_ 동구 초량동 영주사거리 신한은행 영주동지점자리에 위치하였다.

해서 경성대동은행(京城大同銀行)[298], 삼남은행(三南銀行)[299] 등을 누차 합병하여 오늘의 대은행, 조선에서 최고 최대의 민간 보통은행이 되었다. 1920년 상반기말 현재 예금과 대출은 3,700만 원에서 3,800만 원에 달하고 조선 전역에 다음과 같은 영업망을 확장하여 명실공이 상업은행으로서 상공계에 공헌하고 있다.

영업소 경성 6개소, 인천, 평택(平澤), 이천(利川), 청주(清州), 군산, 전주, 이리(裡里), 장흥(長興), 강진(康津), 부산, 원산, 영흥(永興), 함흥, 서천(瑞川), 청진(清津), 나남(羅南), 회령(會寧), 사리원(沙里院), 신천(信川), 신의주, 정주(定州), 평양(平壤)[2개소], 진남포(鎮南浦), 재령(載寧)

부산지점 1922년 3월 영정(榮町) 3정목(丁目) 71번지에 개설하여 창고업을 같이 경영하고, 영정 1정목(丁目) 및 세관보세창고에 각각 쌀 6만 섬을 수용할 수 있는 설비를 갖추었다. 지점장은 초대 하마이 사다무(濱井定) 이후, 오쿠무라 겐타로(奥村源太郎), 사토 츠네타로(佐藤恒太郎), 야마자키 신이치(山崎信一) 등을 거쳐 현재는 카사이 리사쿠(葛西理作)이다. 카사이(葛西)는 도쿄(東京) 아사쿠사쿠(淺草區) 사에몬쵸(左衛門町) 사람으로 1912년 전주농공은행(全州農工銀行)에 입사하였다. 1918년 농공은행이 식산은행(植産銀行)에 합병되자 1920년 삼남은행(三南銀行) 영업과장 지배인을 맡았다. 1925년 조선상업은행(朝鮮商業銀行)에 들어가 인천지점의 차장, 청주(清州)지점장, 청진(清津)지점장 등을 역임하고 1933년 8월 부산지점장으로 부임하였다.

---

295) 박영철(朴榮喆, 1879~1939)은 전북 익산 출신으로 1888년 일본으로 건너가 1903년 육군사관학교를 15기로 졸업하였다. 이듬해 1904년 러일전쟁에 종군하였고, 한일병탄 이후 익산군수를 거쳐 함경북도와 전라북도 참여관 및 강원도지사, 함경북도지사를 역임하였다. 이후 관직에서 물러나 동양척식주식회사 감사, 삼남은행과 조선상업은행 은행장, 조선미곡창고주식회사, 조선철도주식회사, 조선신탁주식회사, 조선맥주주식회사 등의 이사 및 경성상공회의소 특별의원으로 활동하였다. 이외 경기도 국방의회 부회장과 조선방송협회 이사 등을 역임하였으며 1912년 8월 한국병합기념장을 받았다. 1933년 중추원 참의를 지냈으며 1937년 8월 국방헌금 1만 원을 기부한 력력이 있다.

296) 원문에서는 '明治 40年' 곧, 1907년으로 기술하고 있다. 그러나 대한천일은행이 조선상업은행으로 행명(行名)을 바꾼 것은 본 항목 『釜山大觀』에서 기술하고 있듯이 1911년 2월이다. 따라서 이 부분은 『新釜山大觀』 발간 때 착오로 보인다.

297) 『釜山大觀』의 원문은 '철경(撤慶)'으로 되어 있으나 철폐(撤廢)의 오기(誤記)로 보인다.

298) 본문의 경성대동은행은 평양대동은행의 오기(誤記)이다. 1916년 10월 진남포의 일본인 자산이 토미다 기사쿠(富田儀作)가 설립한 삼화(三和)은행과 1919년 8월 평양, 진남포의 일본인 자산가들이 설립한 평양은행이 1921년 합병하여 그해 10월 자본금 200만 원의 대동(大同)은행을 창립하였다. 이후 대동은행은 1925년 9월 조선상업은행으로 흡수 병합되었다.

299) 삼남은행은 1919년 9월 전라북도 지역의 조선인 지주자본과 상인자본 그리고 일본인 상인자본이 합자해서 설립한 은행으로 1924년 이리에 지점을 두었다. 그러나 1928년 은행자본금이 200만 원 이상이어야 한다는 신은행법(新銀行法)의 규정에 따라 그해 6월 조선상업은행에 합병되었다.

조선상업은행 부산지점(朝鮮商業銀行 釜山支店)

 ① 조선상업은행 부산지점(朝鮮商業銀行 釜山支店)_ [부산대관]
② 조선상업은행 부산지점(朝鮮商業銀行 釜山支店)_ [신부산대관]
③ 지점장(支店長) 카사이 리사쿠(葛西理作)_ [신부산대관]

주식회사 한성은행 부산지점(株式會社 漢城銀行 釜山支店)

본　　점 경성부(京城府) 남대문통(南大門通) 1정목(丁目)

주　　소 부산부(釜山府) 본정(本町) 3정목(丁目)

창　　립 1903년 12월

자본금 300만 원[600만 원[납입 375만 원]]

대표취체역 취체역회장 장홍식(張弘植)[300]

　연　　혁 한성은행은 1903년 당시 한국 황족 이재완(李載完) 및 전 은행장 한상룡(韓相龍),[301] 그 외에 몇몇 사람에 의해 공립한성은행(公立漢城銀行)의 명칭으로 창립되었다. 창립 당시 한국정부 및 황실의 재정정리(財政整理)를 위해 외채를 모집하려고 할 때 한국주재공사 하야시 곤스케(林權助)가 실력을 발휘하여 동(同) 은행의 창립에 온 힘을 다해 외채모집을 중지시켰다.[302] 당시는 합자조직으로 자본은 3만 5,000원이었는데 1905년 주식조직으로 바꾸고 자본금 15만 원, 1907년[1912년]에는 자본금을 배가(倍加)해서 30만 원으로 증자(增資)하였다. 이후 은행의 운영이 눈에 띄게 발전하고 시세의 진운(進運)에 순응하여 1911년 300만 원으로 증자함과 동시에 조선 귀족의 재산보호를 위해 인준해 준 은사공채(恩賜公債)를 충당하여 자본금을 1920년 600만 원으로 증가하였다. 하지만 1928년 정리(整理)[303] 때문에 자본이 300만 원으로 반감되자 정부 및 일본 은행의 특별한 비호를 받고 정리를 단행하여 오늘의 강고한 기초를 확립하였다. 1923년 특별한 배려로 궁내성(宮內省)에서 한성은행주(漢城銀行株)를 소유하게 되어 현재 1,000주(株)를 소유하고 있다.

　중　　역 취체역회장 장홍식(張弘植). 전무취체역 쯔쯔미 에이치(堤永市). 취체역 노다 신고(野田新吾). 감사역 마쯔바라 준이치(松原純一), 서광세(徐光世)[304]

　부산지점장 1918년에 개설된 이래 견실한 영업을 계속하였기에 점차 발전하여 일본인과 조선인의 이용이 많다. 동(同) 은행지점장은 초대 장홍식(張弘植) 이후 마쯔다 후미오(松田文雄), 모리나가 나오키(森永直記), 미노베 도엔(美濃部道遠), 타니구치 이사무(谷口勇), 사토 사쿠타로(佐藤作太郎) 등을 거쳐 현 지점장은 센바 히로시(仙波弘)이다.

　현재 지점장 미노베 도엔(美濃部道遠)은 1926년 9월 전(前) 지점장 모리나가 나오키(森永直記)의 후임으로 부임하였다.

　현재 지점장 센바 히로시(仙波弘)는 1890년 아이치현(愛媛縣) 마쯔야마시(松山市)에서 태어났다. 현재 도요대학(東洋大學)의 전신이었던 죠요코카이(東洋協會)전문학교를 졸업하고 먼저 조선은행에 들어갔다. 그 뒤 한성은행으로 옮겨 본점 업무과(業務科) 검사직과 대구지점장을 거쳐 1932년 4월 부산지점장에 취임하였는데 수렵가(狩獵家)로 알려져 있다.

한성은행 부산지점_ 중구 동광동 3가 백산기념관 옆 청자단란주점 건물 자리에 있었다. 창호 등 건물의 외관 일부가 변형되었지만 대부분 옛 모습을 그대로 간직하고 있다.

300) 장홍식(張弘植, 1882~1948)은 서울 출생으로 1900년 관비 유학생이 되어 도쿄(東京)중학교와 도쿄(東京)고등상업학교를 졸업하였다. 1909년 한성은행에 입사한 이후 부산지점과 본점 지배인을 역임하고 1933년 한성은행 회장에 취임하였다. 1919년 내선융화 단체인 대정(大正)실업친목회 평의원으로 활동하였으며 1920년대 조선천연빙(朝鮮天然氷)주식회사 감사와 경성흥산(京城興産)주식회사 사장 및 1929년 경기도평의원 등을 역임하였다. 중일전쟁 이후 조선에서 징병제 실시를 촉구하는 운동에 앞장섰다.

301) 한상룡(韓相龍, 1880~1947)은 친일거두 이완용의 조카이다. 1898년 일본에 유학하고 1903년 한성은행 총무로 부임하였다. 대정(大正)실업친목회 초대 평의장을 맡고 1919년 창씨개명을 허가해 달라는 건의서를 제출하였다. 1928년 중추원 참의와 1937년 관동군사령부 사무촉탁으로 활동하였다. 또한 1941년 중추원 고문을 지냈으며 1945년 일본귀족원 의원에 임명되었다.

302) 일본에 의해 화폐주권이 침탈당하는 위기 상황에서 대한제국은 1903년 2월 중앙은행 설립과 태환권(兌換券) 발행을 국정의 최우선 과제로 삼았다. 당시 대한제국은 중앙은행의 역할을 한성은행 또는 천일은행을 통해서 실현하려고 했다. 이 과정에서 일본은 친러파(親露派)였던 이용익(李容翊)이 러시아로부터 차관을 빌리고 중앙은행에 러시아인 고문을 앉히려고 하는 것을 알아차리고 집요하게 협박과 방해공작을 하였다. 그 결과 대한제국기 독립성을 갖춘 독자의 중앙은행 설립은 좌절될 수 밖에 없었다.

303) 1928년 은행자본금이 200만 원 이상이어야 한다는 신은행법(新銀行法) 제정에 따른 각 은행의 정리를 뜻한다.

304) 1910년~1911년 경기도 파주군 군수를 역임하고, 해방 후 1946년 10월 서울시민의 식량 확보 대책기구의 성격을 띤 건국산업사(建國産業社) 총무부장으로 활동하였다.

한성은행 부산지점(漢城銀行 釜山支店)  ① 한성은행 부산지점(漢城銀行 釜山支店)_ [신부산대관]
② 지배인(支配人) 센바 히로시(仙波弘)_ [신부산대관]

주식회사 경상합동은행 부산지점(株式會社 慶尙合同銀行 釜山支店)

소　재 부산부(釜山府) 초량정(草梁町)

창　립 1928년 7월 31일

자본금 225만 원[납입 133만 1,250원][100만 원[납입 75만 원]]

대표취체역 은행장 정재학(鄭在學)[305], 상무취체역 우에다 나오히데(上田直秀)

연　혁 원래 부산부(釜山府)에 본점을 두고 있었던 주식회사 경남은행과 대구에 본점이 있었던 대구은행이 거대 자본을 염두에 두고 각각의 기존 거래처를 계승해 1928년 7월 31일 합병해서 창립한 것이 주식회사 경상합동은행이다. 원래 경남은행 본점이었던 것이 현재 부산지점이 되었다. 그 외 지점은 주로 경남북에서 농업금융을 목적으로 설립되었다. 본점과 지점은 다음과 같다.

본　점 대구부(大邱府) 본정(本町) 1정목(丁目) 52번지

지　점 경상남도 부산부(釜山府), 구포(龜浦), 김해, 진주, 하동, 경상북도 왜관(倭館), 안동, 경주, 포항

부산지점장 김현태(金顯台)는 1885년 11월 출생으로 경성선린(京城善隣)상업학교를 졸업한 직후 모교에서 교편을 잡았다. 그 뒤 주식회사 경상농공은행(慶尙農工銀行)에 들어갔다. 식산은행(殖産銀行)이 창립되자 동(同) 은행에 입사하고 이후 다시 경남은행으로 옮겨 하동, 마산의 두 지점에서 수년간 근무하였다. 대구은행에 들어가 포항지점장으로 임명되었다가 경상합동은행의 창립과 함께 동(同) 은행의 부산지점장으로 부임해 오늘에 이르고 있다.

주식회사 경상합동은행 부산지점_ 동구 초량 1동 상해거리 내 사계절콜라텍이 입주해 있는 옛 천보극장 자리에 있었다. 1928년 경상합동은행으로 사용되기까지 구포은행 부산지점과 경남은행 본점으로 사용되었다.

305) 정재학(鄭在學, 1856~1940)은 1897년 탁지부 참서관을 시작으로 1905년~1908년 순흥군과 개령군의 군수를 역임하였다. 1910년 한일병탄 직후 은사금 1,000원을 하사받고 1911년 경상농공은행 감사로서 활동하였다. 1912년 선남(鮮南)은행 이사 및 1913년 대구지주조합 설립위원, 대구전업주식회사 감사역 겸 이사를 지냈다. 1915년~1929년 조선식산은행 상담역과 계림농림주식회사 상담역, 대구은행 은행장과 대흥전기 감사, 경상합동은행 이사 및 은행장, 조선미곡 대표이사와 수성수리조합 조합장 등을 역임하였다. 대구와 경상북도를 대표하는 대자본가로서 대구부 부협의회원으로 활동하였으며 1924년 중추원 참의를 지냈다.

주식회사 경상합동은행 부산지점
(株式會社 慶尙合同銀行 釜山支店)

① 경상합동은행 부산지점(慶尙合同銀行 釜山支店)_ [신부산대관]
② 지점장(支店長) 김현태(金顯台)_ [신부산대관]

주식회사 경남은행(株式會社 慶南銀行)

주식회사 경남은행_ 동구 초량1동 상해거리 내 사계절콜라텍이 입주해 있는 옛 천보극장 건물이 그곳이다. 구포은행 부산지점과 경남은행 본점으로 사용되다 1928년 경상합동은행이 되었다.

소　재 부산부(釜山府) 초량정(草梁町) 604

자본금 100만 원[납입 75만 원]

연　혁 경남은행은 그 연혁이 오래된다. 1912년 부산의 유력자 오이케 츄스케(大池忠助), 하자마 후사타로(迫間房太郎), 구포의 조선인 유력가 장우석(張禹錫)[306] 등이 당시 구포에 있던 저축주식회사를[307] 합병해 자본금 50만 원의 주식회사 구포은행을 9월 21일 설립하고 본점을 구포에 두었다. 이듬해 3월 부산에 지점을 설치해 전적으로 조선인의 금융기관으로서 좋은 성적을 거두었다. 1915년 2월 은행명을 경남은행으로 바꾸고 본점을 부산으로 이전하였으며 구포에는 지점을 두었다. 이후 견실한 발전을 이루고 순조롭게 업적을 쌓았다. 1918년 6월 하동(河東)에 지점을 설치하고 그해 12월 다시 주식회사 주일은행(主一銀行)을[308] 합병해 자본금을 100만 원으로 증자하고 한층 양호한 업적을 거두었다. 그러나 1920년 재계의 반동을[309] 맞아 그 영향으로 갑자기 사업이 부진의 상태에 빠졌지만 적절한 선후책을 세워 상당한 업적을 거두었다. 1922년 부산진(釜山鎭)에 출장소를 두고 현재 부산의 지방은행으로서 조선인의 실업계에 큰 공헌을 하고 있다.

현재 중역 상무취체역 서상호(徐相灝). 취체역 오이케 츄스케(大池忠助), 하자마 후사타로(迫間房太郎), 문상우(文尙宇), 지창규(池昌奎)[310], 김종원(金宗元)[311], 손영돈(孫永暾), 이우식(李祐植)[312]. 감사역 김상헌(金商憲)[313], 최윤(崔潤)[314]

---

306) 부산광역시 북구 화명동 출신의 장우석(張禹錫)은 구포에서 미곡상으로 부자가 된 인물이다. 구포의 자산가 윤상은(尹相殷)과 함께 구포를 대표하는 인물로 1906년 구포초등학교의 전신인 구포구명(龜浦龜明)학교 설립 때 초대교장을 맡았다. 현재 화명동의 화명성당 맞은편에 작은 공원이 있다. 그곳에는 1930년 10월 지역 주민들이 건립한 장우석기념비가 있다. 이 비는 금정산에서 발원한 대천천의 하류에 있는 백포원(白浦園) 벌판이 홍수로부터 피해를 입지 않도록 하기 위해 대천천 직강(直江)공사를 할 때 장우석이 재정적으로 지원한 것을 지주와 소작인들이 기념하기 위해 세운 것이다.

307) 구포저축주식회사는 1909년 2월 장우석(張禹錫), 윤상은(尹相殷), 전석준(全錫準) 등을 비롯한 구포의 유력 객주(客主)와 지주(地主) 70여 명이 자본금 2만 5,000원으로 설립한 금융회사였다. 이후 1915년 1월 구포저축주식회사는 한국 최초의 민족계 지방은행이었던 구포은행으로 행명(行名)을 바꿨다.

308) 주일은행은 1918년 6월 25일 경남의 한국인 유력자들이 설립한 은행으로 본점은 부산 초량에 있었다. 자본금은 50만 원(납입금 12만 5,000원)으로 취체역은 김홍조(金弘祚), 최연국(崔演國), 손영돈(孫永暾), 전석준(全錫準), 감사역은 김상헌(金尙憲), 엄주원(嚴柱元) 등이 맡았다. 1918년 12월 26일 경남은행에 합병되었다.

309) 제1차 세계대전이 끝나고 전쟁의 특수경기 또한 사라지면서 공황(恐慌)이 불어닥쳤다. 본문에서 재계의 반동은 곧 공황을 의미한다. 공황이 휩쓸자 일본은 자국 과잉자본의 출구 마련 차원에서 일본자본의 원활한 조선 진출을 위해 조선의 회사령을 철폐하고 일본으로부터 조선에 들여오는 수입품에 대한 관세를 인하하였다. 이런 조치에 위기감을 갖게 된 조선의 자본가들은 대중의 민족의식에 호소하는 물산장려운동으로 맞섰다.

310) 지창규(池昌奎)는 1931년~1942년 수야(水也)농사주식회사 사장으로 활동하였다.

311) 김종원(金宗元)은 1927년 통영에서 남해물산주식회사 이사를 지냈고 1933년 합자회사 김종원(金宗元)상점을 경영하였다.

312) 이우식(李祐植, 1899~1966)은 경남 의령 출신으로 도쿄세이소쿠영어학교(東京正則英語學校)와 도요대학(東洋大學) 철학과를 졸업하였다. 1919년 의령 3·1운동의 주동자로 상해로 망명하였다가 1920년 귀국하여 백산 안희제(安熙濟)와 백산무역주식회사를 설립하였다. 1920년 이후 마산의 원동무역주식회사 사장 및 이사, 마산창고주식회사 이사, 1931년 이후 의령주조합명회사와 1935년 마산농공금융주식회사 이사 등을 역임하였다. 1926년 시대일보사와 1927년 중외일보사를 설립하고 사장으로 활동하였다. 1929년 조선어학회의 조선어편찬위원회에 가입하여 재정적 지원을 하였으며 1942년 국문학자 이극로(李克魯), 이윤재(李允宰) 등과 후학양성을 목적으로 조선양사원(朝鮮養士院)을 조직하려다 실패하였다. 1942년 10월 조선어학회사건으로 2년 2개월의 옥고를 치르고 광복 후 조선어학회의 재정이사로 활동하였다. 1963년 한글공로상과 1977년 건국훈장 국민장을 수여받았다.

313) 김상헌(金商憲)은 1919년~1920년 경상남도 울산군 군참사(郡參事)를 지냈으며 1920년에 설립된 조선해조(朝鮮海藻)주식회사의 대주주로 활동하였다.

314) 최윤(崔潤)은 경주 교동(校洞)의 최부자 집안 출신으로 상해임시정부에 많은 독립자금을 제공한 최준(崔埈)의 동생이다. 도쿄(東京)청년학교를 졸업하고 오카야마현립(岡山縣立)중학교에서 수학하였다. 1923년 경주전기주식회사 이사와 1929년 경주합동운송주식회사 이사 및 경주금융조합 대표를 지냈다. 이외 매일신보 지국장과 경상북도 도회의원 및 1938년 중추원 참의 등을 역임하였다.

주식회사 경남은행(株式會社 慶南銀行) | 경남은행(慶南銀行)_ [부산대관]

동양척식주식회사 부산지점(東洋拓殖株式會社 釜山支店)[315)]

동양척식회사 부산지점_ 중구 대청동 부산근대역사관 건물로 사용되고 있다.

본　사 도쿄시(東京市) 국정구(麴町區) 내산하정(內山下町) 1의 1
창　립 1908년 12월
자본금 5,000만 원
대표자 총재 타카야마 나가유키(高山長幸)

　러일전쟁 후 일한(日韓) 양국의 관계가 크게 좋아져 일본은 단지 정치적 면에 그치지 않고 경제적 측면에서도 한국을 가까이 끼고 계발(啓發)시켜 문명의 혜택을 볼 수 있도록 해야 할 무거운 책임과 함께, 식산흥업(殖産興業)의 길을 진흥하고 부원(富源)을 개발하여 민력(民力)의 함양을 도모해야 한다는 여론이 일본 조야(朝野)에서 일어났다. 한국에서 척식사업의 운영을 목적으로 하는 회사를 세우기 위해 일본정부는 동양척식주식회사 창립 후 8년간 매년 30만 원을 지원해 주었다. 이에 한국 정부는 사업의 용지 일부를 공급하기 위해 국유지를 출자(出資)하고 일본 본국으로부터 선량한 농민을 이식시켜 농업의 모범을 보임과 동시에 저리(低利)의 척식자금을 공급해 시대의 필요에 부응하였다. 이것이 동양척식주식회사 창립의 근원(根源)이다. 당시 카쯔라(桂)[316)] 후작을 수장으로 히라타 토우스케(平田東助), 코마쯔 겐에이타로(小松原英太郎) 등이 열성적으로 일을 맡은 결과, 1908년 3월 제24회 제국의회에서 동사(同社) 법안이 통과되었다. 그해 8월 26일 일한(日韓) 양국은 법률로서 동법(同法)을 공포하고 9월 양국 정부의 유력한 저명인사로 설립위원 100여 명을 임명하였다. 그리고 위원회는 2회에 걸쳐 설립에 관한 대강(大綱)을 결정하여 그해 11월 주식의 할당[자본금 1,000만 원]을 마치고 본점을 경성에 두는 업무를 수행하기 위해 8항목을 정하였다. 1908년 12월 28일 동사(同社)가 설립되고 총재 우사 카와카즈마사(宇佐川一正) 이하 각 중역의 임명이 있었다. 1910년 일한합병(日韓倂合) 이후 동척(東拓)의 사명 및 사업은 해를 거듭할수록 확대되어 여러 차례에 걸쳐 사채 발행, 자본금 증자를 통해 시세의 요구에 부응하였다. 만몽남양(滿蒙南洋)진출[317)], 본사의 도쿄(東京) 이전 등 여러 변천을 거듭하며 오늘에 이르기를 27년, 그 사이 원가 하락에 따른 외채 지불의 어려움과 같은 장애에 봉착한 적도 있었다. 그러나 간부의 조치가 아주 적절하게 실행되어 왕국의 업적은 그 사명대로 진전되고 있다.

　지점과 출장소 경성, 부산, 대구, 평양, 이리, 목포, 대전, 원산, 사리원, 함흥, 펑텐(奉天), 신징(新京), 하얼빈, 다롄(大連)[이상 지점]. 칭다오(靑島), 텐진(天津), 상하이[이상 출장소]

　현재 중역 총재 타카야마 나가유키(高山長幸). 이사 야마타 아쯔시(山田穆), 나가노 타사부로(中野太三郎), 타부치 쿤(田淵勳). 감사 후쿠모토 모토노스케(福本元之助), 석진형(石鎭衡)[318)], 혼쿠라 후미오(本倉文雄)

　부산지점 1910년 마산에 출장소를 두었는데 1920년 출장소를 지점으로 승격시키고 1921년 부산 영정(榮町)으로 지점을 이전하였다. 이후 1929년 9월 현재의 동척빌딩을 신축하여 다시 이전하였다. 경남 일원을 관할하고 관내의 전답 5,000평, 대부(貸付) 약 800만 원, 산출미(産出米) 5만 석, 그밖에 죽림(竹林) 300여 정보, 산림 350정보를 소유하였으며 부산에 정미(精米)공장을 직영하고 있다.

　지점장 카사이 겐지로(笠井健次郎), 니시지마 신조(西島新藏), 토와타리 센자부로(都渡千三郎), 오와다 다케신지(大和田眞治), 오시 죠고(小掠長吾), 가토 준페이(加藤俊平), 요시오카 기사부로(吉岡義三郎), 토바루 요시타(桃原義太), 카사이 아쯔시(笠井淳), 모치즈키 노부(望月伸) 등의 역대 지점장을 거쳐 현재 사토 미노루(佐藤實)에 이른다. 사토(佐藤)는 지바현(千葉縣) 사람이다. 1921년 도쿄(東京)대학 법학과를 졸업하고 곧바로 동척(東拓)에 입사하여 경성지점 부지배인으로 9년 5개월 근무하였는데 평판이 좋다.

315) 현재 부산광역시 중구 대청동에 위치한 부산근대역사관 건물이다. 해방후 1949년 미문화원(美文化院) 건물로 사용되었으며, 1999년에 반환되었다. 1982년 부산미문화원 방화사건이 일어난 역사적인 곳이기도 하다.

316) 카쯔라 타로(桂太郎, 1848~1913)를 지칭한다. 죠슈번사(長州藩士) 출신으로 육군대장을 거쳐 타이완(臺灣)총독과 일본 육군대신, 내무대신, 문부대신, 대장대신, 외무대신을 역임하고 그 뒤 제11, 13, 15대 내각총리대신을 지냈다. 현재 일본 척식대학(拓殖大學)의 설립자로 초대교장을 역임하였다. 러일전쟁 당시 미국의 외상 윌리엄 하워드 태프트(William Howard Taft, 1909~1913년 미국 제27대 대통령)와 한국과 필리핀 문제로 협약을 맺은 '카쯔라-태프트밀약'의 당사자이다.

317) 만몽(滿蒙)은 만주와 몽고를 뜻하며 남양(南洋)은 남양군도(南洋群島)를 의미한다. 그런데 남양(南洋)은 중국이나 일본 모두 그 의미를 시기마다 조금씩 달리 사용했다. 원래 중국에서 남양은 '중국으로부터 남방의 이국(異國)'을 나타내는 의미로 사용하거나 또는 양자강 이남의 해안지방을 지칭하는 용어로 사용했다. 청대(淸代)에는 남부연안의 여러 성(省), 예를 들어 절강성, 복건성, 광동성 등을 지칭하는 의미로 사용했다. 일본에서도 남양이라고 하면 열대해역 일반을 총칭한 의미로 사용하였다. 그러나 제1차 세계대전 이후 승전국이 된 일본이 과거 독일이 점령했던 마리아제도, 가로링제도, 마샬제도 등을 위임통치하게 되면서 이들 지역을 남양제도(南洋諸島)라고 불렀다. 남양(南洋)이란 용어는 일본제국의 팽창과 맞물려 쇼와집권기(昭和執權期, 1926~1945)에 왕성하게 사용되었으나 1945년 패전(敗戰) 이후에는 거의 사용하지 않는다.

318) 석진형(石鎭衡, 1877~1946)은 경기도 광주 출생으로 1899년 22세 때 일본유학을 떠나 현재 호세이(法政)대학의 전신인 도쿄(東京)의 와후쯔(和佛)법률학교를 졸업했다. 귀국해서 군부 군법국 주사로 관직에 나아갔으며 1905년 보성전문학교 법과 강사를 거쳐 한때 실업인으로서 은행과 주식회사의 중역을 맡았다. 1921년 이후 전라남도 참여관, 충청남도와 전라남도 도지사 등의 공직생활을 거쳐 1929년 동척의 감사를 역임했다. 이후 1936년 요식업체인 천향원(天香園)과 1937년 북선주조회사의 사장을 지냈다.

동양척식주식회사 부산지점(東洋拓殖株式會社 釜山支店)

① 동양척식주식회사 부산지점(東洋拓殖株式會社 釜山支店)_ [신부산대관]
② 지점장(支店長) 사토 미노루(佐藤實)_ [신부산대관]

조선금융조합연합회 경남지부(朝鮮金融組合聯合會 慶南支部)[경상남도금융조합연합회]

본　부 경성부(京城府) 죽첨정(竹添町) 1정목(丁目) 75번지
소　재 부산부(釜山府) 부평정(富平町)
설　립 1918년 11월 26일
창　립 1933년 8월
회　장 야나베 에이자부로(矢鍋永三郎)

　연　혁 조선은 예부터 농업을 국가 번영의 기초로 삼았으나 지방 농민의 상태는 매년 나빠져 근검(勤儉)의 풍토는 사라지고 자산을 축적하는 것 또한 거의 없었다. 다액(多額)의 부채로 궁핍은 말로 할 수가 없으며 농사개량은 바랄 것도 없고 옥야(沃野)는 황폐화되었다. 옛 정부의 시설이었던 사창(社倉)제도도 이미 쇠퇴하고 민간에서 흥리계(興利契) 또는 식리계(殖利契)로 이름 붙인 하층 금융기관도 폐해가 많아 농민의 구원은 실로 초미(焦眉)의 급무였다. 이것이 1906년[광무 10년] 우리가 통감부를 설치할[319] 당시의 상황이었다. 이에 정부는 농민의 금융을 소통시키고 산업 발전을 도모하는 것이 급무라고 생각하여 이듬해 1907년 2월 각 농공은행(農工銀行) 지배인에게 재정고문으로서 자금의 출장대부(出張貸付) 및 농업창고 건설에 관해 조회를 하였다. 그에 대한 회답 의견을 고려한 결과, 지방 농민의 생각은 아직 유치하며 또 생활에 여유가 없는 관계로 농민 구제는 농공은행 이외에 소규모 금융조합을 설립하는 것이 상책(上策)이라는 결론을 내렸다. 이에 서구에서 말하는 소위 라이파이젠식과 슐체식의[320] 촌락은행 및 서민은행 제도를 채택하고 조선 재래의 제도 습관 등을 참작하여 1907년 금융조합규칙을 발포하기에 이르렀다. 이후 조선 각지에 금융조합이 설립되고 서민금융기관으로서 기능을 발휘해 현저한 발전을 이루었다. 이것이 현재 전(全) 조선농촌경제의 근간을 이루는 금융조합의 시초로, 그 후 1910년 일한병합(日韓倂合)으로 총독정치가 시행되면서 여러 차례 법규의 개정을 거쳐 조합망은 점차 조선 전역으로 확대되었다. 그러나 조합 상호 간에 자금의 과부족을 조절할 기관이 없고 또 그 감독 지도를 관청에만 위탁하는 것으로는 금융조합이 적극적으로 활동하기에 부족하였다. 이에 1918년 6월 조합령을 개정하여 자금의 조절과 업무의 지도를 맡는 금융조합연합회의 설립을 허가하였다. 그리하여 1918년 11월 이후 각 도에 조합이 설립되었다. 경남연합회는 진주에 두었는데, 1924년 도청 이전에 앞서 부산으로 이전하여 대청정(大廳町)에 임시사무소를 설치하였다. 이후 새롭게 부평정(富平町)에 벽돌 2층 건물의 사무소를 신축하였

조선금융조합연합회 경남지부_ 중구 부평동에 위치한 농협중앙회 부평동지점이 그 자리이다.

다. 연합회는 54개의 조합원과 운전자금 363만 7,000원으로 그 기능을 완전하게 발휘하고 있는데, 그 업적은 실로 경이적인 수치를 나타냈다. 연합회를 설립한 1918년의 조합원 수 24개, 운전자금 11만 9,000원과 비교하면 격세지감을 느낀다. 이처럼 현저한 발전을 이룰 수 있었던 것은 비록 시세의 진운에 따른 것이라고 하더라도 이에 못지않게 이사장과 같은 인물이 있었기 때문이라는 사실도 잊지 말아야 할 것이다. 그런데 조선 경제계의 추이는 다시 각 도연합회를 없애고 하나로 합치는 중앙연합회의 결성이 요구되어 1933년 8월 일본산업조합 중앙금고(中央金庫)에 필적할 만한 조선금융조합연합회가 성립하게 되었다. 이에 각 도연합회는 해산하여 조선금융조합연합회의 지부가 되고 조선 전역에 대한 통제가 이루어져 오늘날의 장관을 드러내게 되었다. 조선금융조합연합회의 회원은 올해 7월 말 금융조합 685개, 산업법인 56개로 예금(預金)과 대부(貸付) 모두 1억 4,000만 원대에 달한다.

　임　원 회장 야나베 에이자부로(矢鍋永三郎). 서무부장 무타구치 토시히코(牟田口利彦). 금융부장 혼다 히데오(本田秀夫). 교육부장 야마네 메구미(山根讒). [감사, 고문, 참여 등은 생략] 경남지부장 코바야시 쇼조(小林省三)

　전(前) 조합장 야마네 메구미(山根讒)는 1885년 3월 3일 야마구치현(山口縣)에서 태어났다. 1907년 7월 동양협회전문학교(東洋協會專門學校)를 졸업하고 한국정부 고문부부(顧問府附), 조선총독부속(朝鮮總督府屬), 황해도금융조합연합회 이사장을 역임하였다. 1922년 12월 경남도연합조합 이사장이 되었으며 1926년 7월 경기도로 자리를 옮겼다. 현 이사장 우메바야시 우사부로(梅林卯三郎)는 1883년 3월 시마네현(島根縣)에서 태어나 1913년 7월 도쿄제국(東京帝國)대학 법과대학을 졸업하였다. 1914년 10월 조선총독부속(朝鮮總督府屬)으로 조선에 건너와 경기도금융조합 이사장을 거쳐 1926년 7월 현직에 취임했다.

　경남지부장 코바야시 쇼조(小林省三)는 1884년 나가노현(長野縣)에서 태어나 1906년 타구쇼쿠대학(拓殖大學)을 졸업하고 1908년 조선으로 와서 금융조합의 창립에 참가하였다. 전남, 황해, 전북, 경북의 각 연합회 이사장을 거쳐 1933년 9월 경남지부장으로 취임하여 오늘에 이른다.

---

319) 통감부는 1906년이 아니라 1905년에 설치되었다.
320) 신용협동조합은 독일에서 처음 조직되었다. 1850년 슐체 델리취(Hermann Schulze Delitzh, 1808~1883)에 의해 도시신용조합이, 그리고 라이파이젠(Frederick Wilhelm Raffeisen)에 의해 농촌신용조합이 각각 창설된 이후 이탈리아를 비롯한 세계 각지에 보급되었다. 한국에서는 1960년 5월 부산메리놀병원에서 조직된 성가신용협동조합이 효시이다. 신용협동조합의 경영이 조합원 중심으로 운영되는데 반해 은행의 경영은 주식조직을 중심으로 운영된다는 점에서 차별성을 갖는다.

조선금융조합연합회 경남지부
(朝鮮金融組合聯合會 慶南支部)

① 조선금융조합연합회 경남지부(朝鮮金融組合聯合會 慶南支部)_ [신부산대관]
② 전(前) 이사장(理事長) 우메바야시 우사부로(梅林卯三郎)_ [부산대관]
③ 이사장(理事長) 야마네 메구미(山根譓)_ [부산대관]
④ 지부장(支部長) 코바야시 쇼조(小林省三)_ [신부산대관]

부산제1금융조합(釜山第一金融組合)

부산제1금융조합_ 중구 광복동 1가 2번지 기업은행의 일부가 부산제1금융조합 자리였다.

소　재 부산부(釜山府) 변천정(辨天町) 1정목(丁目)[금평정(琴平町)]

연　혁 부산제1금융조합(釜山第一金融組合)은 공동부조(共同扶助)의 정신에 입각하여 중산계급 이하의 금융 여건을 완화시켜 그들의 경제 발달을 도모하는 것을 목적으로 1918년 6월 제령(制令) 제22호에 의해 1919년 3월 11일 설립 인가를 받고 4월 1일 업무를 시작하였다. 그해 6월 9일 목도(牧島)에 파출소를 설치하였다. 창업 이후 업적이 순조로워 제5회의 출자증모(出資增募)를 거듭하였다. 1922년 3월[4월] 목도파출소를 독립시켜 부산제3금융조합(釜山第三金融組合)을 설치하고 조합구역의 일부를 나누었다. 1923년 11월 1일[9월] 다시 부평정(富平町) 3정목(丁目)에 서부출장소를 설치하였다. 이후 1929년 9월 서부출장소를 독립시켜서 부산서부금융조합을 설립해 오늘에 이른다. 현재 조합원은 1,534명, 출자총액은 31만 3,000여 원에 달한다. 부산제1금융조합은 설립 당시 본정(本町) 1정목(丁目)에 임시사무소를 설치한 이래 겨우 2년 만에 사무소가 협소할 정도로 성장하여 1921년 9월 금평정(琴平町)[부산부청(釜山府廳) 아래]에 영업소를 신축하고 사무소를 이전해 오늘에 이른다. 동(同) 조합은 1922년 연(年) 5보(步)의 배당 외에 매년 법정 7푼(分)의 배당을 하고 적립금은 6만 8,000원, 정부 저리 대하금(貸下金)은 5만 원, 보관금은 140만 2,190원이다. 대출금(貸出金)은 98만 5,504원의 거액으로 조선 전역의 500여 개 금융조합 중 제1위를 차지하여 내용이 충실한 점에서 정평이 나 있다. 향후 조합원의 자각과 적립금의 증액으로 한층 더 약진을 보일 것으로 기대된다.

조합 임원 : 조합장 사카다 분키치(坂田文吉). 이사 타키슈 사다오(高城貞雄). 감사 후쿠시마 겐지로(福島源次郎), 이토 스케요시(伊藤祐義), 이향우(李鄕雨)[321]. 평의원 와다 리키사부로(和田利喜三), 나카이 토라키치(中井寅吉), 마쯔무라 칸타로(松村幹太郎), 시마스에 케이타(島末慶太), 후쿠모토 료노스케(福本良之助), 아카사카 쇼우이치(赤阪正一), 오가타 테츠타로(尾縣哲太郎), 야마타 소시치로(山田惣七郎), 타케우치 요시자부로(竹內由三郎), 마스나가 마키타로(桝永卷太郎)

사업 개요 조합원 수 1,317명, 예금 170만 원, 대출금 60만 원

조합장[322] 후쿠시마 겐지로(福島源次郎). 이사 이노우에 미쯔스게(井上充亮)

제2부산금융조합(第二釜山金融組合)[323]

부산제2금융조합_ 지하철 1호선 좌천동역 7번 출구 앞 일신기독병원 주차장 위치에 있었다.

소　재 [본소(本所)] 부산부(釜山府) 좌천정(佐川町) 436번지

　　　 [지소(支所)] 부산부(釜山府) 초량정(草梁町) 378번지

연　혁 [본소(本所)] 1919년 4월 1일 업무 개시

　　　 [지소(支所)] 1932년 2월 1일 업무 개시

사업 개황 조합원 1,854명, 적립금 4만 5,000원, 예금 60만 6,800원, 대출금 58만 2,000원

　　　 조합장 이병하(李炳夏). 이사 쿠로다 타사부로(黑田太三郎). 부이사 나카하라 시게하루(中原繁治)

321) 이향우(李鄕雨)는 1931년 부산어업조합장으로 활동하였다.
322) 치합장(置合長)의 원문 오기(誤記)를 바로 잡았다.
323) 부산제2금융조합(釜山第二金融組合)의 오기(誤記)이다.

부산제1금융조합(釜山第一金融組合)
부산제2금융조합(釜山第二金融組合)

①	②
③	④

① 부산제1금융조합(釜山第一金融組合)_ [부산대관]
② 부산제1금융조합(釜山第一金融組合)_ [신부산대관]
③ 부산제1금융조합(釜山第一金融組合) 서부출장소(西部出張所)_ [부산대관]
④ 부산제2금융조합(釜山第二金融組合)_ [신부산대관]

부산제3금융조합(釜山第三金融組合)

소　재 부산부(釜山府) 영선정(瀛仙町) 1951번지

연　혁 1922년 3월 25일 설립 인가를 받아 영선정(瀛仙町) 1441번지에 사무소를 설치하고 그해 4월 1일부터 영업을 시작하였다. 1928년 2월 11일 현재 위치에 사무소를 신축하고 이전하였다.

사업 개황 조합원 수 645명, 예금 총액 31만여 원, 대출금 총액 25만여 원

조합장 에노모토 아쯔미(榎本阿津美). 이사 야기 신타로(八木新太郎)

부산서부금융조합(釜山西部金融組合)

소　재 부산부(釜山府) 부평정(富平町) 3정목(丁目) 54번지

연　혁 부산서부금융조합(釜山西部金融組合)은 1929년 10월 1일 부산제1금융조합 서부출장소로부터 독립해서 업무를 시작하고 1931년 8월 사무소를 개축하였다.

사업 개황 조합원 수 1,520명, 출자금 15만 8,000여 원, 제(諸)적립금 7만 6,000여 원, 예금 141만여 원, 대출금 53만 6,000원

조합장 이토 히로요시(伊藤裕義). 이사 바바 쿠니하루(馬場國治). 부이사 사토 야하치(佐藤彌八). 감사 이소무라 타케오(磯村武雄), 무로이 카츠요시(室井勝吉), 나카야마 키이치(中山喜市)

부산제3금융조합_ 영도구 남항동 전차종점 아래 남항동 1가 57번지에 위치한 정일품 자리가 그곳이다.

부산서부금융조합_ 중구 부평동 기업은행 부평동지점 자리에 있었다.

부산제3금융조합(釜山第三金融組合)
부산서부금융조합(釜山西部金融組合)

① ②

① 부산제3금융조합(釜山第三金融組合)_ [신부산대관]
② 부산서부금융조합(釜山西部金融組合)_ [신부산대관]

조선신탁주식회사 부산지점(朝鮮信託株式會社 釜山支店)

본　점 경성부(京城府) 남대문통(南大門通) 1의 19
창　립 1932년 12월
자본금 1,000만 원[납입 250만 원]
취체역사장 타니타 요시마(谷多喜磨)

　연　혁 조선총독부가 각지에 산재한 작은 신탁회사를 정리해 조선에 하나의 신탁회사로 만든다는 큰 이상 아래 1,000만 원의 대자본으로 창립한 것이 본 신탁회사이다. 조선신탁은 이와 같은 목적을 가졌기 때문에 조선신탁의 주주도 조선은행과 조선식산은행을 대주주로 하여 경영상 상호간에 특별한 협조를 이룬다. 특히 총독부가 매년 1만 원의 보조금을 주고 고율의 주식배당을 기대하여 특별한 보호를 하고 있기에 업적은 양호하다.

　중　역 취체역사장 타니타 요시마(谷多喜磨). 취체역회장 한상룡(韓相龍). 취체역 이로베 코도(色部貢同), 박영철(朴榮喆), 민대식(閔大植)[324], 김한규(金漢奎)[325], 장직상(張稷相)[326], 모리야마 쿠니고로(森山菊五郎), 야마무라 마사오(山村正夫), 스키무라 이치로(杉村逸樓). 감사역 와타나베 미츠유키(渡邊彌幸), 김계수(金季洙)[327]

조선신탁주식회사 부산지점_ 중구 대청동 한국은행 맞은편 바오로딸서원 자리이다.

　영업 과목 부동산신탁, 금전신탁, 유가증권·기타 일반신탁, 일반대부, 공사채·주식의 모집 및 인수, 부동산매매 및 대차(貸借)의 매개(媒介), 회계검사, 유언집행, 재산관리처분, 기타 일반대리업무

　부산지점 1933년 11월 부산신탁주식회사를 매수해서 이를 부산지점으로 삼아 개점한 이후 좋은 업적을 보이고 있다. 올해 11월 30일 또다시 남조선신탁주식회사를 매수하여 그것의 업무 일체를 승계하고 종래 부산부(釜山府) 변천정(辨天町)에 있었던 지점을 대청정(大廳町)으로 옮겨 사업의 발전을 기하고 있다.

　부산지점장 개소 당시 지점장은 오가타 켄고(緖方兼吾)이고 1934년 1월 20일 현 지점장 사쿠라이 킨고(櫻井金吾)가 부임하여 오늘에 이른다. 사쿠라이 킨고(櫻井金吾) 지점장은 1920년 도쿄대학(東京大學) 정치과를 졸업하고 바로 조선은행에 들어갔다. 도쿄(東京), 오사카(大阪), 경성, 인천 등의 각 지점을 거쳐 1934년 1월 조선신탁에 입사한 후 부산지점장으로 중용되었다. '경천경인(敬天敬人)'을 신조로 하는 온후한 군자이다. 부인 외에 5명의 자녀를 두었으며 바둑을 좋아하는 인물로 알려져 있다.

---

324) 민대식(閔大植)은 1921년 서울의 한일(韓一)은행 대표, 1925년 조선견직주식회사 이사, 1927년 조선토지개량주식회사 이사, 1931년 동일(東一)은행주식회사 이사, 경성전기주식회사 감사, 황해도 재령상사(載寧商事)주식회사 이사를 역임하였다. 1933년 재령(載寧)목재상회주식회사 이사, 1935년 경상합동은행 및 조선맥주주식회사 대주주 그리고 1939년 조선생명보험주식회사 대주주로 활동하였다. 1939년~1942년 부동산관련 계성(桂成)주식회사 이사 및 대표, 1929년~1939년 조선금융제도조사회 위원 및 물가위원회 위원을 지냈다. 1930년 5월 경기도평의회에서 관선(官選)의원으로 활동하였고 그해 12월 상공회의소 부회장을 역임하였다. 1942년 국방비 2만 원을 헌납한 경력이 있다.

325) 김한규(金漢奎)는 1895년 5월 관립일어(官立日語)학교에 입학하였고 1898년 10월 사립광흥(私立光興)학교 명예교사를 거쳐 1906년 관립한성일어학교 교장이 되었다. 1910년 중추원 부참의를 지냈고 1916년 대정친목회 평의원과 1933년 중추원 참의, 조선상업은행 감사와 광장(廣藏)회사 사장, 경성융흥(京城隆興)회사 감사 및 경성가축회사 이사 등으로 활동하였다. 이 밖에 조선생명보험주식회사 이사 및 감사, 조선미술품제작소 이사와 경성상업회의소 부회장, 경기도평의원 및 조선화재해상보험주식회사 감사, 한일(韓一)은행 전무이사 등을 역임하였으며 1950년 상공부장관 자문위원을 지냈다.

326) 장직상(張稷相)은 1883년 경북 칠곡 출생으로 대한광복회 박상진(朴尙鎭, 1884~1921)열사에 의해 처단된 칠곡의 부호 장승원(張承遠, 1853~1917)의 둘째 아들이며 해방 후 수도경찰청장과 국무총리를 지낸 장택상의 형이다. 1907년 대구상공회의소 회두를 시작으로 1917년 대구은행 취체역, 선남(鮮南)은행 취체역, 1920년 대구 경일(慶一)은행 취체역 등을 역임하였다. 이밖에 경북 왜관금융조합장과 대구창고주식회사 사장, 1919년 칠곡군(漆谷郡) 학교평의원 등을 지냈으며 1920년부터 1927년까지 경북도평의회원과 1930년 중추원 참의 등으로 활동하였다. 대구의학전문학교, 대구여자고등보통학교, 나병예방협회 등에 거액을 기부한 행적도 있으나 1934년 친일단체인 시중회(時中會)에 발기인으로 참여하고 1940년 국민총력조선연맹 평의원과 조선임전보국단(朝鮮臨戰報國團) 이사 등을 역임하였다.

327) 김계수(金季洙)는 1934년~1937년 조선서적인쇄주식회사 대주주를 지냈다. 1939년~1943년 조선총독부 직속기관인 산금(産金)협의회위원회, 시국대책조사회, 중앙방공위원회, 조선중앙임금위원회의 위원 및 임시위원으로 활동하였다.

조선신탁주식회사 부산지점(朝鮮信託株式會社 釜山支店)

① 조선신탁주식회사 부산지점(朝鮮信託株式會社 釜山支店)_ [신부산대관]
② 지점장(支店長) 사쿠라이 킨고(櫻井金吾)_ [신부산대관]

부산무진주식회사(釜山無盡株式會社)

소　　재 부산부(釜山府) 행정(幸町) 1정목(丁目) 40번지
창　　립 1921년 11월 13일
자본금 10만 원[납입 4만 원]
제적립 1만 2,320원
대표취체역사장 츠보이 와이치(坪井和一)
　중　　역 취체역사장 츠보이 와이치(坪井和一). 취체역 니시카와 츠루조(西川鶴藏), 야마우치 젠조(山內善造), 니시노 타메사쿠(西野爲作), 카미우라 사다키치(上浦定吉), 오바야시 카나메(大林要). 감사역 후쿠이 타케시치로(福井武七郞), 카게야마 쇼조(蔭山正三)
　연　　혁 부산무진주식회사(釜山無盡株式會社)는[328] 1921년 11월 13일 츠보이 와이치(坪井和一), 니시카와 츠루조(西川鶴藏), 야마우치 젠조(山內善造), 니시노 타메사쿠(西野爲作), 카미우라 사다키치(上浦定吉), 오바야시 카나메(大林要), 후쿠이 타케시치로(福井武七郞), 카게야마 쇼조(蔭山正三) 등의 발기 아래 명칭을 부산신융(釜山信融)주식회사로 하고 자본금 10만 원에 납입금 2만 5,000원으로 금전대부 신탁업을 목적으로 창립되었다. 서민금융을 시작한 이듬해 1922년 10월 1일 무진업(無盡業)의 면허를 얻고 부산무진주식회사로 명칭을 바꾸어 무진업과 유가증권매매, 부동산담보대부 등의 업무를 보았다. 견실한 경영방침 아래 좋은 서민금융기관으로서 업적을 쌓아 연 1할의 주식배당을 이어가는 여유로움을 보여 주고 있다. 현재 500원 회(會) 11조(組), 1,000원 회(會) 15조(組), 1,500원 회(會) 1조(組), 3,000원 회(會) 2조(組), 합계 29조(組)로 총금액은 128만 6,000원에 달한다. 그 기초가 공고하여 조선에서 같은 업종의 회사 가운데 제일의 업적을 보이고 있다.

부산무진주식회사_ 중구 광복로 비엔씨제과 앞 한일빌딩 자리에 있었다.

328) 무진업(無盡業)은 먼저 일정한 구수(口數)와 급부액을 정하고 가입자를 모집하여 정기에 일정액수의 부금을 넣게 한 후 일구(一口)마다 추첨 또는 입찰을 통해 가입자 모두가 금품을 받도록 하는 방식이다. 가마쿠라(鎌倉)시대부터 종교적 색채가 짙은 서민의 상호부조 조직으로 생겨나 에도(江戸)시대에 무진코(無盡講) 또는 타노모시코(賴母子講)로 불리며 신분, 지역을 불문하고 대중들 사이에서 확산되었다. 일본에서 무진업 관련 법령은 1915년 제정되었다. 1951년 이후에는 거의 대부분이 상호은행으로 전환하게 된다.

부산무진주식회사(釜山無盡株式會社)

⑤ ④ ③
① ②

① 부산무진주식회사(釜山無盡株式會社)_ [부산대관]
② 부산무진주식회사(釜山無盡株式會社)_ [신부산대관]
③ 취체역(取締役) 니시카와 츠루조(西川鶴藏)_ [신부산대관]
④ 사장(社長) 츠보이 와이치(坪井和一)_ [신부산대관]
⑤ 취체역(取締役) 야마우치 젠조(山内善造)_ [신부산대관]

경남무진주식회사(慶南無盡株式會社)

소 재 부산부(釜山府) 대청정(大廳町) 2정목(丁目) 12번지
창 립 1927년 3월
자본금 20만 원
대표취체역사장 나카무라 스에키치(中村末吉)

　부산부(釜山府)의 세력 팽창과 중소상공업의 발전은 서민금융기관의 증설을 요구하게 되어 무진업은 부산무진(釜山無盡) 한 개의 회사로는 부족하였다. 이에 1927년 야토우 이키치(矢頭伊吉) 등의 발기로 새롭게 경남무진(慶南無盡)을 창립하게 되었다. 야토우 이키치(矢頭伊吉)의 실각 이후 철도병원 원장 야마타 신키치(山田信吉)의 사장 취임을 종용(慫慂)하였다. 야마타 신키치(山田信吉) 역시 각 중역의 간청을 무시하기 어려워 사장으로 취임하고 업무의 쇄신에 크게 노력하였으나 병을 얻어 사망하였다. 이에 세 번째 경영진의 쇄신이 필요하여 부산실업계에서 경력이 많고 온후한 나카무라 스에키치(中村末吉)를 추대하고, 전무취체역 가토 오쿠하루(加藤奧治), 상무취체역 모토마쯔 이치타로(本松市太郎)와 테지마 후미아키(手島文士), 상임감사역 마쯔무라 이와타로(松村岩太郎) 등이 업무를 보좌하면서 일치 협력하여 사업의 향상과 발전을 도모하였다. 이후 시대의 요구에 맞는 적절한 경영에 따라 회사는 해마다 번창하여 현재 계약금이 250만 원에 달하고 그 사명을 유감없이 발휘해 부민(府民)의 신뢰를 얻고 있다.

경남무진주식회사_ 중구 대청동 근대역사관 맞은편 복음서관 자리에 있었다.

경남무진주식회사(慶南無盡株式會社)

③②
⑤④ ①

① 경남무진주식회사(慶南無盡株式會社)_ [신부산대관]
② 전무취체역(專務取締役) 가토 오쿠하루(加藤奧治)_ [신부산대관]
③ 상무취체역(常務取締役) 모토마쯔 이치타로(本松市太郎)_ [신부산대관]
④ 감사역(監査役) 마쯔무라 이와타로(松村岩太郎)_ [신부산대관]
⑤ 회계주임(會計主任) 테지마 후미아키(手島文士)_ [신부산대관]

부산신용조합(釜山信用組合)

소　재 부산부(釜山府) 서정(西町) 3정목(丁目)

조합원 900명[1구(口) 50원 출자 3,000구]

출자금 15만 원

임　원 조합장 겸 사사(司事) 야마카와 사다메(山川定). 감사 키라 슈사쿠(吉良重作), 호시노 마사타로(星野政太郎), 와다 리키사부(和田利喜三) 외에 상의원(商議員) 11명

임　원 조합장 타바타 쇼헤이(田端正平). 영업주사사(營業主司事) 야마카와 사다메(山川定). 감사 요시자키 소이치(吉崎宗一), 나카이 토라키치(中井寅吉), 후지무라 겐지로(藤村源二郎) 외에 평의원 10명

　부산신용조합은 원래 부산제1금융조합 이사 야마카와 사다메(山川定)의 제창으로 1925년 4월 설립되었다. 당시 서민금융기관으로서는 금융조합 외에 무진회사(無盡會社) 등이 각각 그 사명을 다하고 있었다. 하지만 재계의 불황은 점점 심각해져 소상공업자의 금융상황은 점점 어려워지게 되었다. 그 결과 저축사상의 보급과 대부방법의 간소화를 역설하면서 영세한 돈을 취급하는 불량 금융회사와 조합이 많이 속출하였다. 하층계급의 금융상태가 점점 악화되는 경향이 나타나자 이에 야마카와 사다메(山川定)는 부산의 유지(有志)와 서로 논의하여 상부상조, 공존공영의 미풍을 만들 중심기관을 설립해서 소상업자의 금융을 원활하게 하고 부정금융업의 발호를 줄일 목적으로 상호금융기관인 부산신용조합을 설립하였다. 창립 후 몇 차례 불어 닥친 재계의 큰 동요에도 굴하지 않고 많은 조합원들이 완전히 초기의 목적을 달성하여 오늘의 견실한 영업을 보이고 있다.

　조합장 타바타 쇼헤이(田端正平)는 1871년 3월 와카야마현(和歌山縣)에서 태어나 부산 영사관부(領事館付) 외무서기생(外務書記生)으로 부산에 왔다. 퇴관 후 부산에 살면서 민단조역(民團助役)을 맡아 부산발전에 공헌하였다. 민단폐지 이후에는 학교조합회 의원에 선출되어 부산의 교육행정 및 공공사업에 헌신하였다. 1926년 1월 부협의회원(府協議會員)에 선출되어 현재 그 직을 수행하고 있다.

　조합장사사주(組合長司事主) 야마카와 사다메(山川定)는 1871년 3월 오이타현(大分縣)에서 태어나 이후 시가현(滋賀縣) 경부(警部)가 되었다. 1907년 한국정부 경무(警務) 고문부(顧問部)로 전근해 5년간 조선의 경무행정(警務行政)의 중추인 경무총감부에서 재직하였다. 1911년 10월 병을 얻어 일시 귀국하였다가 이듬해 1912년 2월 다시 조선으로 와서 경북 경주군(慶州郡) 서기로 2년간 근무하였다. 1914년 부산부 서무회계과장으로 옮겨와 5년간 재임하였으며 1919년 부산도시금융조합이 설립되자 유지의 권유로 4년간 이사로서 근무하였다. 그 사이 부산학교조합회 의원에 선출되었는데 1923년 3월 조선상업은행 부지배인이 되면서 부산학교조합회 의원을 사직하고 1925년에는 동(同) 은행을 그만두었다. 부산신용조합의 창립 때 영업주가 되어 조합을 위해서 헌신적인 노력을 하였다. 초대 조합장 타바타 쇼헤이(田端正平)가[329] 사망하여 조합장 겸 사사(司事)에 취임한 이후, 조합은 오늘날의 번성을 누리고 있다. 1926년 11월 부산부협의회원(釜山府協議會員)으로 당선되어 오늘에 이르며 부민의 신뢰를 얻고 있다.

부산신용조합_ 중구 국제시장 아리랑거리에 있는 새로미안경점 자리에 있었다.

---

329) 타하타 쇼헤이(田畑正平)의 오기(誤記)를 바로잡았다.

부산신용조합(釜山信用組合)

① 부산신용조합(釜山信用組合)_ [부산대관]
② 부산신용조합(釜山信用組合)_ [신부산대관]
③ 조합장(組合長) 야마카와 사다메(山川定)_ [신부산대관]

부산미곡취인소(釜山米穀取引所)

소 재 부산부(釜山府) 대청정(大廳町) 1정목(丁目) 35번지

지난날 부산의 곡물 거래 상황은 일본인상업회의소 감독 아래 십여 명의 중개인이 매매 당사자 상호간의 거래를 간섭하여 공정거래가 이루어지지 않았다. 게다가 중개인 사이에 여러 종류의 악폐가 속출하여 근본적 개선이 필요하다는 목소리가 점차 고조되었다. 결국 거래소(取引所)[330] 설치의 전제로서 먼저 곡물현물매매시장의 설립을 당국이 비공식적으로 승낙함으로 오이케 츄스케(大池忠助), 고도 진키치(五島甚吉), 사카다 분키치(坂田文吉), 토요다 후쿠타로(豊田福太郎), 하시모토 야사부로(橋本彌三郎), 하자마 야스타로(迫間保太郎) 등이 발기하여 1906년 10월 13일 부산이사청(釜山理事廳)의 인가를 얻어 본정(本町) 3정목(丁目)에 임시사무소를 설치하고 1906년 11월 1일부터 영업을 시작하였다. 하지만 거래소(取引所)가 협소하여 이듬해 1907년 3월 금평정(琴平町) 9번지에 토지를 매입해서 신축 이전하였고, 이후 시장은 점점 성행하였다. 1913년 1월 현재의 장소로 다시 이전하여 거래의 증가에 부응했다. 1918년 조합원 유지(有志)의 신청에 따라 2개월 이내로 기간을 정해서 연거래(延取引)를[331] 시작하고 일단의 기능을 더하였다. 그 뒤 1920년 4월 총독부가 새롭게 시장규칙을 발포하자 동(同) 규칙에 준거해 1922년 3월 부산곡물상조합이 인가를 받고 1922년 6월 1일부터 내용과 형식을 모두 갖추어 현재와 같이 거래할 수 있는 조합이 실현되었다. 그런데 다년간의 현안이었던 취인소법(取引所法)의 제정 기운(機運)이 점차 고조되어 쇼와(昭和) 시기에 이를 발포하자, 곧바로 출원(出願)하여 1932년 1월 1일 아래와 같이 회원조직을 갖춘 부산미곡취인소를 창립하였다. 반도(半島)에서는 미곡집산지로서 지리적으로 경제적으로 입지조건의 혜택을 입어 다음과 같은 거래량을 보이고 있다. 1933년 하반기 이후 수치의 감소는 미곡통제법의 출현이 전국의 쌀거래소에 미쳤던 영향을 보여주는 것이다.

1932년 상기(上期)	530만 1,000석(石)
1932년 하기(下期)	656만 3,000석(石)
1933년 상기(上期)	626만 8,400석(石)
1933년 하기(下期)	493만 400석(石)
1934년 상기(上期)	417만 6,800석(石)

1934년 1월 현재 회원의 명단은 다음과 같다.

商標	氏名
希	井谷儀三郎
石	石川侃一
田	橋本安治造
三	富吉繁一
勹	大谷勝治
亀	亀田惣治郎
一	棚橋惣治郎
勹	那須正男
企	五島合名會社代表社員 五島誠助
キ	小宮清治
信	鄭箕斗
分	株式會社山利商店常務取締役 秋元眞一
半	合資會社山喜商會代表社員 荒吉輔

임 원 [현재 조합장 오이케 츄스케(大池忠助). 부조합장 사카다 분키치(坂田文吉)]
이사장 이타니 기사부로(井谷儀三郎). 상무이사 고도 세이스케(五島誠助). 이사 타나하시 소지로(棚橋惣治郎), 이시카와 칸이치(石川侃一). 감사 정기두(鄭箕斗), 토미요시 시게이치(富吉繁一)

부산미곡취인소_ 중구 대청동 한국은행 맞은편에 위치한 엘지패션 자리에 있었다.

330) 본책 주(註) 116 참조.
331) 연거래(延取引)는 매매 쌍방이 미리 현물의 수취시기를 정해 두는 일종의 예약 매매계약으로 상품거래소의 선물거래와 달리 현물의 수도(受渡)시기가 도래하기 전에 결제를 함으로써 차금(借金)결제를 할 수 없는 거래방식이다.

부산미곡취인소(釜山米穀取引所)

③ ① ②

① 부산미곡취인소(釜山米穀取引所)_ [신부산대관]
② 상임이사(常任理事) 고도 세이스케(五島誠助)_ [신부산대관]
③ 이사장(理事長) 이타니 기사부로(井谷儀三郎)_ [신부산대관]

부산곡물상조합(釜山穀物商組合)

주 소 부산부(釜山府) 대청정(大廳町) 1정목(丁目) 35번지

별항에서 살펴 본 부산미곡취인소의 모태가 되는 것으로 아래의 역사와 같이 발전해 왔다. 부산미곡취인소 설립 후 조선에서 유일한 정미시장(正米市場)으로 운영되어 미곡 거래의 편익을 도모하고 그 폐단을 바로잡아 조합원 상호의 친목(親睦)을 꾀하는 사명을 완수해 왔다. 현재 조합원은 75명, 1933년도 1년 매매고(賣買高)는 930만 3,304원으로 오로지 사업번창의 한 길로 나아가고 있다.

내 력	인가 또는 허가 연월일	감독관청
부산곡물시장 설치인가	1906년 10월 13일	부산이사청(釜山理事廳)
부산시장 계속인가(繼續認可)	1907년 10월 10일	부산이사청(釜山理事廳)
부산시장 계속인가(繼續認可)	1912년 10월 10일	경상남도 장관
부산시장 존립기간 연장인가	1917년 3월 31일	경상남도 장관
부산신시장규칙(釜山新市場規則)에 의한 시장 설치인가	1922년 3월 16일	조선총독부
부산정미시장규칙(釜山正米市場規則)에 의한 정미시장 설치인가	1932년 12월 26일	조선총독부

1. 매매물건 : 쌀, 콩 및 잡곡
2. 매 매 자 : 조합원에 한 함
3. 시장의 개폐 : 매일 오전 9시부터 정오까지
4. 휴장(休場) : 연초 3일간, 연말 3일간, 일요일, 제일(祭日), 축일(祝日), 시정기념일(始政記念日), 지방 제일(祭日)

임 원 조합장 이타니 기사부로(井谷儀三郎). 부조합장 고도 세이스케(五島誠助). 평의원 이시카와 칸이치(石川侃一), 카메다 스테지(龜田捨治), 타나하시 소지로(棚橋惣治郎), 토미요시 시게이치(富吉繁一), 오이케 겐지(大池源二). 감사 아키모토 신이치(秋元眞一), 후카미 쵸이치(深見長市), 오타니 가츠조(大谷勝造)

부산곡물상조합_ 중구 대청동 한국은행 맞은편 바오로딸서원 자리이다.

부산곡물상조합(釜山穀物商組合) ① 부산곡물상조합(釜山穀物商組合)_ [부산대관]
② 부산곡물상조합(釜山穀物商組合)_ [신부산대관]

부산해산상조합(釜山海産商組合) [통칭 전자(煎子)시장[332]]

소 재 부산부(釜山府) 남빈정(南濱町) 1정목(丁目) 62번지

연 혁 부산은 일찍이 수산물의 집산지로 유명하기 때문에 수산물 취급자 중 다수가 부산의 재계에서 일대 세력을 차지하였다. 이에 해산업자는 1905년 오이케 츄스케(大池忠助) 이외 44명의 연서로 당시 영사(領事)의 인가를 얻어 부산해산상조합을 설치하고 거래의 개선과 제품의 품질을 향상시켰다.

동(同) 조합시장에 상장(上場)된 자간온(煮干鰮)[통칭 이리코(イリコ), 이와시(イワシ)[333]]은 조선 수산제품 중 대종을 이루는 것으로 해마다 증감(增減)은 보이고 있으나 최근 10년 간의 평균 연거래액은 약 150만 원에 해당하는 90만 관(貫)으로 실로 커다란 업적이다. 동(同) 조합의 창립은 1915년이지만 그 이전인 1910년 쪄서 말린 멸치(煎子)의 지게미(粕) 이외 건어류(乾魚類)의 취급업자인 아카사카 쇼이치(赤坂正一) 외 14명이 이사청(理事廳)의 인가를 얻어 창립한 부산해산물중매상조합(釜山海産物仲買商組合)과 1911년 해산도매 업을 하던 고(故) 타케히사 스테키치(武久捨吉) 외 11명이 부산부윤(釜山府尹)의 허가를 받아 창립한 부산중요해산물도매조합이 그 전신이다. 부산중요해산물도매조합은 동업자를 비롯해 거래처와의 거래 방법에서 발생하는 폐해를 제거하고 제품 및 판매방법을 개선하는 데 노력하였다. 그러나 시간이 경과하여 1914년, 앞에서 서술한 오이케(大池) 등의 해산 상조합은 시세의 진운(進運)에 따라 더 이상 존치할 필요성이 사라지게 되자 해산하였다. 1915년 앞서 서술한 부산해산물중매상조합과 부산중요해산물도매조합의 합병에 의해 부산해산상조합의 성립을 보았다.[334] 그 후 20여 년간 각 조합원은 해마다 많은 투자를 하고 희생을 감수하며 고기잡이 방법과 어구(漁具)의 개량, 제품의 개선 및 판로의 확장에 노력을 계속하여 현재의 융성함을 보기에 이르렀다.

1926년 처음 시장규칙에 준거해 경상남도 지사(知事)[조선총독부]의 인가를 얻어 이리코(イリコ)시장[전자시장(煎子市場)]을 경영해 왔다. 본년도 판매액은 170만 원을 돌파하고 그 판로는 긴키(近畿)[335], 주고쿠(中國), 큐슈(九州) 일원, 간토(關東)[336], 호쿠리쿠(北陸)[337], 타이완(臺灣), 조선과 만주, 남중국, 하와이, 남양(南洋)[338] 방면에 걸쳐 광범위하다. 현재 조합원은 50여 명이며 1년 매매액은 해마다 차이는 있으나 150만 원 내지 200만 원에 달한다.

현재 임원 조합장 타케히사 스테키치(武久捨吉). 임원 이시타니 와가마쯔(石谷若松), 이토 쇼노스케(伊藤庄之助), 요시이 엔사쿠(吉井圓作), 아카사카 쇼이치(赤阪正一), 아라이 야 이치로(荒井彌一郎), 아베 헤이마쯔(阿部平松), 니시노 타메사쿠(西野爲作)

현재 임원 조합장 아라이 야이치로(荒井彌一郎). 부조합장 오지마 요시스케(大島芳輔). 감사 아베 헤이마쯔(阿部平松). 평의원 미쯔이 세이쥬(三井精重), 키라 쿠마키치(吉良熊吉), 가토 우타로(加藤宇太郎), 토모마쯔 진시로(友松甚四郎), 미츠이 타케지로(光井武次郎), 이토 쇼이치(伊藤正一). 고문 카시이 겐타로(香椎源太郎), 아카사카 쇼이치(赤坂正一)

조 합 원 아라이 야이치로(荒井彌一郎), 이시가와 큐이치(石川久一), 이시하라 카우(石原馪), 이가라시 요하치(五十嵐與八), 이토 쇼이치(伊藤正一), 하마다 고레조(濱田惟恕), 니시노 타메사쿠(西野爲作), 토미오카 토쿠노스케(富岡德之助), 토모마쯔 진시로(友松甚四郎), 토요나가 오사무(豊永長六), 오지마 요시스케(大島芳輔), 오쿠라 마키쯔기(大倉牧次), 카시이 겐타로(香椎源太郎), 가토 우타로(加藤宇太郎), 가토 세이토바리(加藤正帳), 카지무라 헤이지(梶村平治), 타와라 타다오(俵忠雄), 다나까 유지로(田中雄次郎), 타케히사 고히토(武久剛仁), 타카다 카쿠이치(高田覺一), 나카무라 신시치(中村新七), 나카무라 토시마쯔(中村俊松), 나카베 이쿠지로(中部幾次郎), 나카하시 카네지로(中橋兼次郎), 나카지마 마스조(中島益三), 나카가와 타케시(中川猛), 무라타 사다오(村田定男), 우에다 사쿠시(上田作市), 쿠와 신이치(久和新一), 야마모토 리키치(山本利吉), 야마니시 진베(山西甚兵衛), 야마나카 요시타로(山中芳太郎), 야마나카 산조(山中三藏), 마쯔모토 타메이치(松本爲市), 후카미 인후타(深見胤禮), 코마쯔 토라(小松トラ), 아사미 히코타로(淺海彦太郎), 아베 헤이마쯔(阿部平松), 아카사카 쇼이치(赤坂正一), 아즈마 히로오(東實夫), 사에타 아사이치(佐衛田淺一), 키라 쿠마키치(吉良熊吉), 키리오카 쯔치오(桐岡槌雄), 미쯔이 세이쥬(三井精重), 미츠이 타케지로(光井武次郎), 미야자키 타츠조(宮崎辰三), 시게오카 모이치(重岡茂一), 에모토 쇼이치(江本正一), 히로세 만사쿠(廣瀨萬作), 스에히로 요시토(末廣義人)

---

332) 전자(煎子)는 쪄서 말린 멸치를 뜻하며 일본음은 '이리코(いりこ)'이다. 아직까지 연세 많은 분 중에 국물을 만들기 위해 사용하는 멸치를 '이리코'로 부르는 경우가 더러 있다. 참고로 1904년~1905년 무렵 경상남도에서 생산한 전자(煎子)의 대부분은 일본 시모노세키(下關)로 빠져 나갔다. 경상남도에서 생산한 전자(煎子)의 연도별 생산액을 보면 1909년 5만 원, 1912년 18만 원, 1919년 100만 원으로 파악된다.

333) 이와시(イワシ)는 정어리·멸치·눈퉁멸 등 청어를 제외한 청어과(鯡魚科) 물고기에 대한 총칭이다. 보통은 정어리를 의미한다.

334) 본문에서 알 수 있듯이 『釜山大觀』에서는 부산해산상조합(釜山海産商組合)의 창립시기를 해산업자들의 조합이 통합되기 이전인 1905년으로 파악한 반면에 『新釜山大觀』에서는 해산업자들의 조합이 통합된 1915년을 창립시점으로 파악하고 있었다.

335) 긴키(近畿)지방은 간토(關東)지방과 대비해 간사이(關西)지방이라고도 한다. 남쪽의 기이반도(紀伊半島)에서 북쪽의 와카사만(若狹灣)에 이르는 지역으로 주고쿠(中國)지방과 주부(中部)지방 사이의 지역을 말한다. 교토부(京都府)와 오사카부(大阪府)의 2부와 시가현(滋賀縣), 효고현(兵庫縣), 나라현(奈良縣), 와카야마현(和歌山縣), 미에현(三重縣)의 5현을 포함한다. 때때로 후쿠이현(福井縣)과 도쿠시마현(德島縣)을 포함하기도 한다. 고대 아스카(飛鳥)로부터 헤이안쿄(平安京)에 이르기까지 왕부(王府)가 있었던 지역으로 메이지유신으로 도쿄(東京)가 새로운 수도로 될 때까지 과거 일본의 역사와 문화의 중심지였다.

336) 일본에서 간토(關東)지방은 도쿄(東京)을 중심으로 한 7개의 현(縣), 곧 카나가와현(神奈縣), 이바라기현(茨城縣), 도치기현(栃木縣), 군마현(群馬縣), 사이타마현(埼玉縣), 지바현(千葉縣), 야마나시현(山梨縣) 등의 지역을 일컫는 말이다. 간토(關東)지방은 혼슈(本州) 남동부에 위치하여 일본에서 가장 큰 평야인 간토평야가 있다. 기후는 온화하고 4계절의 구분이 뚜렷한 지역으로 도쿄(東京), 요코하마(橫浜), 가와사키(川崎), 지바(千葉) 등의 주요 도시들이 있으며 일본에서 인구 또한 가장 많은 곳이다.

337) 일본의 주부(中部) 지방에 있는 후쿠이현(福井縣), 이시가와현(石川縣), 도야마현(富山縣), 니가타현(新潟縣) 등의 지역에 대한 총칭이다. 협의로 사용될 때는 니가타현(新潟縣)을 제외하기도 한다

338) 본책 주(註) 317 참조

부산해산상조합_ 중구 남포동 건어물상가 내 한일상회가 입주해 있는 건물 자리에 있었다.

전자(煎子)시장_ 중구 남포동 건어물상가 내 부산시수협 남포동 공판장 자리에 있었다.

부산해산상조합(釜山海産商組合)

① 부산해산상조합(釜山海産商組合)_ [신부산대관]
② 전자시장(煎子市場)_ [신부산대관]
③ 부산해산상조합(釜山海産商組合)_ [부산대관]
④ 전자시장(煎子市場)_ [부산대관]

주식회사 부산일보사(株式會社 釜山日報社)

　소　재 부산부(釜山府) 대창정(大倉町) 4정목(丁目)

　자본금 25만 원[납입 15만 원]

　연　혁 부산일보는 1905년 1월 창간되었으며 당시 제호(題號)는 조선일보(朝鮮日報)로 하였다. 그해 11월 3일 조선시사신보(朝鮮時事新報)로 제호를 바꿨다가 1907년 10월 1일 또다시 부산일보로 명칭을 변경하였다. 사장 고(故) 아쿠타가와 타다시(芥川正)[339] 총재 아래 언론기관으로서 사명감을 갖고 정진해 왔으며 1919년 시운(時運)의 진전에 따라 주식조직으로 전환하여 사운(社運)을 더욱더 떨쳤다. 그러나 1928년 1월 아쿠타가와 타다시(芥川正) 사장의 죽음으로 카시이 겐타로(香椎源太郎)가 취체역회장으로 회사 일을 맡고, 전무에는 현재 사장인 아쿠타가와 히로시(芥川浩)가[340] 취임하였다. 이후 1933년 아쿠타가와 히로시(芥川浩)가 사장에 취임하여 현재는 아쿠타가와(芥川) 사장과 부사장 겸 주필 시노자키 쇼노스케(篠崎昇之助), 총무 나가노부 키요시로(永延清四郎) 등이 간부로서 경영하고 있다.

부산일보사_ 중구 중앙동 신용보증기금 자리에 있었다.

조선시보합자회사(朝鮮時報合資會社)

　소　재 부산부(釜山府) 서정(西町) 4정목(丁目)

　자본금 7만 2,524원

　대표사장 이마가와 히로키치(今川廣吉)

　연　혁 조선시보(朝鮮時報)는 1894년 현 국민동맹 총재 아다치 겐조(安達謙藏)가[341] 창간하였다. 한때 번창함을 보였으나 시운(時運)의 변천에 따라 여러 번의 파란곡절(波瀾曲折)을 겪은 후 이마가와 히로키치(今川廣吉)가 사장에 취임하여 부산의 신문으로서 오늘에 이르렀다. 현재 이마가와(今川) 사장은 일본에 있고 부사장 시미즈 운지(清水雲治)와 지배인이면서 발행인인 이마가와(今川) 사장의 양아들 이마가와 햐쿠기(今川百技)가 경영을 맡고 있다.

조선시보합자회사_ 중구 광복동 동주여자고등학교 정문 왼쪽에 위치하였다.

---

339) 1865년 5월 태생으로 원적지는 구마모토현(熊本縣) 구마모토시(熊本市) 중평정정(中坪井町)이다. 1906년 조선시사신보사(朝鮮時事新報社)에 입사하여 1917년에는 부산일보사(釜山日報社) 사장으로 근무하고 있었다.

340) 아쿠타가와 타다시(芥川正)의 아들로 육군 기병 소좌 출신이다. 부산부회의원(釜山府會議員)을 역임하였으며 명민하고 투철한 두뇌의 소유자로서 배짱이 두둑한 인물로 알려져 있었다.

341) 아다치 겐조(安達謙藏, 1864~1948)는 구마모토(熊本)에서 태어나 정치가로서 입헌동지회(立憲同志會), 헌정회(憲政會), 민정당(民政會) 등을 거느리고 총선거에서 압승하여 선거의 귀재로 불렸다. 체신상(遞信相)과 내상(内相)을 지냈다. 만주사변 이후에는 거국일치체제를 제창하고 국민동맹(國民同盟) 총재와 대정익찬회(大政翼贊會) 고문 등을 역임하였다.

주식회사 부산일보사(株式會社 釜山日報社)
조선시보합자회사(朝鮮時報合資會社)

 ① 주식회사 부산일보사(株式會社 釜山日報社)_ [신부산대관]
② 조선시보합자회사(朝鮮時報合資會社)_ [신부산대관]

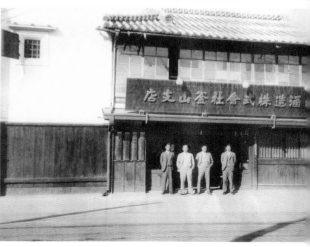

Ⅵ. 사업(事業)과 인물(人物)

이마이 무라시게(今井莊重)

원　적 사이타마현(埼玉縣) 북족립군(北足立郡) 기전촌(箕田村)
주　소 부산부(釜山府) 변천정(辨天町) 2정목(丁目) 38번지
상　호 이토 무라시게(伊藤莊重)양복점[342]

이마이 무라시게(今井莊重)는 15세였던 1903년 도쿄(東京)의 지구(芝區) 신루전정(新樓田町)의 가메다(龜田)양복점에 들어가 1910년까지 심한 고생을 하면서 양복기술을 습득하였다. 그해 11월 3일 조선으로 건너와 부산의 카이(甲斐)양복점에서 근무하기 시작하여 1913년 3월 점포를 넘겨받았다. 구미(歐美)의 풍조(風潮)가 곧 일본의 양복업계에서 풍미하는 것을 알아차리고 기성복 전문점을 세워 부산 최초라는 특색을 내세우면서 성실근면하게 업무에 임하여 부산 인사(人士)들이 크게 인정하는 곳이 되었다. 이후 점포의 운영은 점차 발전해서 오늘의 성황을 이루었다. '거래상 물건을 파는 일은 어떤 경우에도 5분을 기다리게 하지 않을 것', '정찰(正札)은 어떤 이유에서도 가격을 인하해서 팔지 않을 것'이라는 점포의 운영 방침은 상업계의 폐단을 물리치려는 그야말로 그의 굳은 신조(信條)를 생각하게 하는 것이다.

올해 한창 일할 나이인 48세로, 1927년부터 변천정(辨天町) 조장(組長), 1931년부터 변천정(辨天町) 총대(總代)로 천거되었고 1933년 11월 납세 독행자(篤行者)로서 경상남도로부터 표창을 받았다. 자식으로 4남 2녀와 점원 13명을 두었으며 가정(家庭)과 점포(店鋪)는 봄바람에 돛단 듯이 순조롭다.

이토 무라시게양복점_ 중구 광복로 옛 로얄호텔 앞 사거리 통마루가 입주한 건물 자리이다.

---

342) 『新釜山大觀』에 수록된 사진에서는 상호명이 이토 무라시게상점(伊藤莊商店)으로 되어 있다. 현재로서는 운영자가 '今井莊重'인지 '伊藤莊重'이었는지 확인이 되지 않는다.

이토 무라시게(伊藤莊重)양복점

 ① 이토 무라시게(伊藤莊重)양복점_ [신부산대관]
② 이마이 무라시게(今井莊重)_ [신부산대관]

이와사키 토쿠타로(岩崎德太郎)

> **원　적** 오카야마시(岡山市) 구산정(久山町) 2번지
> **주　소** 부산부(釜山府) 행정(幸町) 2정목(丁目) 45번지
> **상　호** 이와사키상점(岩崎商店)
> **사　업** 전당포(質屋業), 증권(證券)·금은(金銀)·지금(地金) 취급

이와사키 토쿠타로(岩崎德太郎)의 부군(父君)인 메이지(明治)는 1906년 부산으로 와서 메이지야(明治屋)에 입사하여 4, 5년 간 근무한 후, 1914년 11월 독립하여 전당포(質屋業)를 개업하였다. 이후 부친의 노력이 쌓여 전당포의 기초가 단단해졌다. 이와사키 토쿠타로(岩崎德太郎)는 용산(龍山)의 군대(軍隊)에서 돌아와 부친이 은거(隱居)하자 그의 뒤를 이어 1926년부터 증권부(證券部), 금은지금부(金銀地金部)를 병설하고 사업을 크게 운영하였다. 이렇게 힘쓴 결과 해마다 사업이 번창하여 오늘의 성황을 이루었다. 현재 지금부(地金部)에 금제련(金製煉)공장을 두어, 금지금(金地金)은 오사카(大阪) 및 조선 내에서 거래하고 은(銀)은 직접 조폐국에 납입하여 신용을 쌓고 있다.

그는 올해 31세의 장령(壯齡)으로 매우 젊고 앞날이 창창하며 행정(幸町)청년단장에 추천되어 그 직을 맡고 있다.

이와사키상점_ 중구 국제시장 사거리에 있는 제일은행 자리이다.

이와사키상점(岩崎商店)   ① 이와사키상점(岩崎商店)_ [신부산대관]
② 이와사키 토쿠타로(岩崎德太郎)_ [신부산대관]

이다 신타로(伊田新太郎)

원　적　교토시(京都市) 중경구(中京區) 천원정(川原町) 시조쿠다루시노쵸(四條下ル市の町)
주　소　부산부(釜山府) 변천정(辨天町) 2정목(丁目) 9번지
상　호　이다이토점(伊田糸店)
사　업　수예재료(手藝材料)·털실류(毛糸類) 판매

　이다 신타로(伊田新太郎)는 1909년 부산으로 건너와 하마세오복점(濱瀨吳服店)에서[343] 만 15년간 근무하고 상매(商賣)의 방법을 자세히 체험한 후 1921년 독립하여 행정(幸町) 1정목(丁目)에서 직물상을 개업했다. 이는 그가 점원생활 중에 스스로 착안하고 기획한 영업이었다. 개업한 후 모든 노력을 기울여 고객을 끌어들이는데 힘쓴 결과, 모두 목표한 바에 어김없이 적중하였다. 수예재료(手藝材料), 영국에서 직수입한 털실, 국산품 털실을 비롯해 점포의 상품을 확장하고, 소매부(小賣部) 외에 도(道) 안팎으로 도매부를 병설하여 신용을 넓혔다. 점포가 번창함에 따라 비좁게 느껴지자 1931년 현 위치에 신축해서 이전하고 현재 확고부동한 일류 전문점으로 상점가에서 성공의 모범이 되고 있다.

　재향군인으로서 좋은 성품과 행실로 인해 제국재향군인회장으로부터 상장을 받았으며, 부산상업회의소에서 10년 이상의 근속(勤續) 점원에게 주는 표창을 받았다. 또 부산 제1금융조합은 그의 거래 모습을 보고 모범조합원으로서 상장(賞狀)과 상품을 수여하였다. 이를 통해 그의 사람됨을 알 수 있으며 현재 부산잡화상조합 평의원과 부산도매상 동맹 회원으로 부산 상공계(商工界)의 발전에 힘을 다하고 있다. 올해 50세로 여전히 전도가 유망하다.

이다이토점_ 중구 광복로 시티스폿 앞 금강제화 자리에 있었다.

343) 고후쿠(吳服)는 일본옷을 만드는데 사용되는 직물 또는 포목을 총칭하는 용어이거나, 혹은 면직물과 마직물을 의미하는 후토모노(太物)와 대비해서 견직물을 지칭하는 용어이다. 고후쿠(吳服)의 어원은 고대 중국 오(吳)나라에서 전래된 천 짜는 방법으로 만들어진 비단 등의 직물에서 유래한다. 오복(吳服)을 취급하는 상점이 고후쿠다나(吳服店) 또는 고후쿠야(吳服屋)이다. 이들 상점은 주로 17세기 에도(江戶)초기에 교토(京都), 오사카(大阪) 등지에 생겨났는데, 그 이전 교토의 오복상(吳服商)들은 가두에 서서 팔았다고 한다. 오복(吳服)의 유통은 오복중매상과 오복도매상을 통해 소비자에게 건내지는 구조이었는데 오복점(吳服店)이라고 했을 경우는 주로 소매점을 말한다. 20세기에는 몇몇의 오복점이 백화점으로 발전하기도 했으나 1945년 이후 대형도매점의 진출에 의해 대부분의 오복점은 소기업으로 남겨진 채 특정의 얼마 안 되는 고객을 대상으로 영업하고 있다.

이다이토점(伊田糸店) | 이다이토점(伊田糸店)_ [신부산대관]

이소무라 타케츠네(磯村武經)

원　적 가나자와시(金澤市) 야전사정(野田寺町)
주　소 부산부(釜山府) 곡정(谷町) 1정목(丁目)
상　호 이소무라목장(磯村牧場)
사　업 착유업(搾乳業)

이소무라 타케츠네(磯村武經)는 1861년 원적지에서 태어나 올해 74세의 장로(長老)이다. 기골이 왕성했을 때 그가 외무성(外務省) 순사(巡査)로 부산에 왔던 것이 1892년 6월의 일이었다. 그 이후 부산에 머문 소수의 잔존자(殘存者) 중 한 사람으로 관직을 그만두고 1902년 부평정(富平町) 4정목(丁目)에서 목장을 시작하였다. 1910년 현재 위치로 이전한 이후 줄곧 부산 최고의 목장을 운영하며 우유를 팔고 있다.

그는 1911년 민단의원(民團議員)에 천거되었고, 또 부산상업회의소 의원에 당선된 것이 두 번으로 부산 발전에 공헌한 경력을 갖고 있다. 스스로 카에츠노우향우회(加越能鄕友會)를 조직해 오늘에 이르기까지 간사장을 맡고 있다. 장남 하지메(一)는 1931년 와세다(早稻田)대학 전공과(電工科)를 졸업하고 도쿄(東京)에 취직해 있다.

이소무라목장_ 서구 아미동 대학병원 위 성도교회 위쪽인 아미동 2가 93~95번지 일대에 있었다.

이소무라목장(磯村牧場) ① 이소무라목장(磯村牧場)_ [신부산대관]
② 이소무라 타케츠네(磯村武經)_ [신부산대관]

하나부사 토모지로(英友次郎)

원 적 히메지시(姬路市) 하간정(河間町)
주 소 부산부(釜山府) 대창정(大倉町) 2정목(丁目) 28번지
상 호 하나부사상점(英商店)
사 업 철(鐵)·평동류(平銅類) 판매

하나부사 토모지로(英友次郎)는 1888년 2월 1일 원적지에서 태어나 철물상을 운영하기 위해 1906년 9월 부산으로 왔다. 처음부터 현 위치에 개점하여 철(鐵), 동류(銅類)를 취급하였다. '범속(凡俗)초월, 노력일관'을 좌우명으로 한 그는 점차적으로 거래처의 신용을 얻어 경상남북, 전라남북, 충청남북 및 강원도 전체를 상권으로 해서 오늘날의 규모에 이르렀다. 현재 큐슈(九州), 한신(阪神) 지방의 각 제철소로부터 주로 매입을 하고 취급상품은 철공, 건축, 교량(橋梁), 농구(農具), 조선(造船)의 여러 재료와 동(銅), 무쇠(銑), 가스관(瓦斯管) 및 부속품, 후판(厚板)[344], 둥근못, 철사, 함석판진주지금(鋌力板眞鑄地金)[345], 구리판(銅板), 구리선, 구리막대, 관석(管錫), 포금(砲金)[346], 아연, 납, 니켈, 납땜, 기타 잡광(雜鑛), 손벨(ションベル)의 여러 종류이다. 종업원 20여 명을 두고 있으며 사업이 눈에 띄게 나아지고 있다.

하나부사상점_ 중구 동광동 3가 백산기념관 뒤 플러스할인마트가 있는 대원빌딩 자리이다.

344) 아쯔이다(厚板)는 선박, 차량, 철교 등에 사용되는 강철판을 지칭한다. 참고로 아쯔이다(厚板)는 직물(織物) 명칭으로 사용되기도 하는데, 이 경우는 무로마치기(室町期) 이후 두꺼운 중국 직물이 두터운 판(板)에 감겨져 일본으로 전래된 데서 그 명칭이 유래했다.
345) 푸리키(鋌力)는 네덜란드어로 함석이나 생철을 의미하는 'blik'의 차자(借字)이다.
346) 호킨(砲金)은 주석이 10% 함유된 구리 합금으로 옛날 대포를 주조하는 데 사용했다.

하나부사상점(英商店)

① 하나부사상점(英商店)_ [신부산대관]
② 하나부사상점(英商店) 제1창고(第一倉庫)_ [신부산대관]
③ 하나부사상점(英商店) 제2창고(第二倉庫)_ [신부산대관]

하자마 후사타로(迫間房太郎)

본　적 와카야마현(和歌山縣) 나하군(那賀郡) 지전촌(池田村) 대자서삼곡(大字西三谷)
주　소 부산부(釜山府) 외(外) 동래온천장(東萊溫泉場)[본정(本町) 2정목(丁目)]
상　호 하자마총본점(迫間總本店)[부산부(釜山府) 본정(本町) 2정목(丁目)]
직　업 농림업, 토지가옥경영, 광산업
사　업 부동산경영[조선 전역 30여 부군(府郡)], 농장경영[진영(進永), 김해(金海) 10여 개소], 광업경영[성주금산(星州金山), 철마동산(鐵馬銅山),
　　　청학탄산(靑鶴炭山), 그 밖의 5개소], 임업, 가옥경영

하자마 후사타로(迫間房太郎)는 1860년 10월 21일 와카야마현(和歌山縣)의 향리(鄕里)에서 출생하였다. 일찍이 상업에 뜻이 있어 오사카(大阪)로 가서 거상이었던 이오이죠(五百井長)상점에[347] 들어가 근면 성실하게 노력한 것이 헛되지 않아, 점주(店主)의 신임을 얻고 점주(店主)의 뜻에 따라 중용(重用)되어 1880년 5월 부산지점장으로 발탁되었다. 조선으로 건너와 부지런히 경영하였으나 20여 년 후 동점(同店)이 폐쇄되자 1904년 독립해서 무역상을 시작하였다. 부산에 본거지를 두고 블라디보스톡, 마산, 청진(淸津), 성진(城津)에 지점을 설치하여 주로 정미업, 농림업, 토지가옥의 경영, 광산업 등에 숙달된 수완을 발휘하였는데 당시 활약은 실로 눈부실 정도였다. 그가 러일전쟁 시작 전 정부의 명령을 받아 마산에서 토지를 매수했던 일은 개인 사업으로서 러시아의 획책을 근저로부터 저지해버린 것으로[348] 당대 사람들이 경탄해 마지않는 바였다. 1906년 4월 러일전쟁의 공(功)으로 훈(勳) 6등에 봉해져 서보장(瑞寶章)을 수여받았다. 그의 사업은 오늘날 조선 전역에 걸쳐 있으며 하는 일치고 성사되지 않는 것이 없다. 게다가 그의 사업상의 식견, 특히 토지에 대한 선견지명은 타의 추종을 불허하며 전도유망한 곳이라고 한번 확신하면 대담한 투자를 아끼지 않는다. 책상 위에서 지도를 살핀 뒤에 매수한 조선의 북부 지역 평야가 빠르게 대발전을 보게 된 것 등은 너무나도 유명한 일로, 그는 신념있는 사업가로서 조선에 알려졌다. 또 공공사업에 늘 뜻을 두고 있어 부산공회당(釜山公會堂) 건설자금으로 100만 원을 기부한 것 외에 경상남북도, 함경북도 등의 각 부군(府郡)에 도로부지로 기부한 토지만도 실로 3만 1,000평으로 상당하다. 그 밖의 기부에서도 늘 1순위를 차지한다. 그는 1884년 부산의 일본인상업회의소(日本人商業會議所) 의원에 당선되고부터 1916년 6월까지 연임하였으며 그동안 정・부회두(正・副會頭)에 추천된 것이 수차례이다. 또한 1884년 부산거류지회(釜山居留地會) 의원에 당선되었고 민단법(民團法) 실시와 동시에 민단의원(民團議員)으로 추대되어 1914년 3월까지 재임하였다. 부산부협의원(釜山府協議員)으로서 부정(府政)에 힘을 다하고 도평의원 등 다수의 공직을 역임한 것은 헤아리기가 힘들 정도이다. 더불어 여망(輿望)을 받아 경상남도회 부의장이라는 중책 외에 부산번영회장, 부산상공회의소 특별의원이기도 하다. 또 관계사업도 매우 많아 경부(京釜)철도주식회사, 부산창고회사, 부산전등회사(釜山電燈會社), 부산잔교회사(釜山棧橋會社), 남조선신탁(南朝鮮信託) 등을 발기 창립해 모두 중역에 취임하였는데 시대의 진운(進運)에 따라 회사의 매수 혹은 해산과 더불어 자연히 그 직책을 사임하고 현재 부산수산(釜山水産), 조선가스전기(釜山瓦斯電氣), 부산공동창고, 부산미곡증권(釜山米穀證券), 부산토지주식회사 등의 사장, 부산상업은행, 조선저축(朝鮮貯蓄) 등의 취체역으로 있다. 1915년 11월 즉위대전(卽位大典)을 맞이하여 조선 거주자 총대(總代)로서 초대되어 행사에 참석하였다. 이외에 감수포상(紺授褒賞)과[349] 식판(飾板)을 하사받는 영광을 입었다. 현재는 모든 공직에서 물러나 아들 카즈오(一男)에게 사업을 맡기고 일본 각 방면을 유람하고 있다. 그럼에도 불구하고 머릿속에는 항상 국가봉공(國家奉公)의 생각을 잊지 않고 있다. 77세의 나이지만 원기 왕성하여 장년(壯年)을 능가할 정도의 기개(氣槪)를 보이고 있다. 그의 뒤를 이은 카즈오(一男)는 1899년 태어나 도쿄(東京)고등상업학교를 졸업하였다. 이후 아버지를 도와 조선 전역에 걸쳐 있는 대(大)하자마가(迫間家)의 광범위한 사업을 총감독하고 아버지의 특색을 발휘하면서 더욱더 가운의 융창을 가져왔다. 하자마가의 기초에 보탬이 되는 청년실업가로서 그 장래는 실로 창창하다. 부산의 장래를 짊어질 인물로 기대되는 바가 크다.

하자마총본점_ 중구 동광동 부산호텔 앞 외환은행 동광동지점 자리에 있었다. 한국전쟁 당시 하자마 본점은 건물의 특성 때문에 방첩대(防諜隊)가 사용하기도 했다.

347) 이오이죠(五百井長)는 상점의 설립자 이오이 죠베에(五百井長兵衛)를 지칭하는데 흔히 이오이(五百井)라고도 한다.
348) 1899년을 전후한 시기 러시아는 한반도 남단에서 조차지를 확보하기 위해 부산의 영도와 마산항에 대해 많은 노력을 기울였다. 러시아의 절영도(絶影島, 현재 영도) 조차지 요구에 대해 대한제국은 러시아가 요구하는 지역은 장차 공동조계지로 사용할 곳이기 때문에 러시아에게만 조차지를 내줄 수 없다는 명분을 내세워 저지하였다. 마산의 경우는 일본정부의 지원을 받은 하자마가 조차지 예상지역의 땅을 미리 매입하여 사적소유권을 주장하는 형태로 러시아의 마산조차지 확보를 방해했다.
349) 정확한 명칭은 감수포상(紺授褒賞)이 아니라 감수포장(紺授褒章)이다. 일본의 훈장(勳章)은 1875년 현재의 욱일장(旭日章)에 해당하는 훈장이 제정된 이래 1876년 국화장(菊花章), 1888년 서보장(瑞寶章)과 보관장(寶冠章), 1937년 문화훈장(文化勳章)이 각각 제정되었다. 포장(褒章, Medals of Honour)은 1881년 홍수(紅綬), 녹수(綠綬), 남수(藍綬)의 세 종류가 제정되고 이후 1918년 감수(紺綬), 1955년 황수(黃綬)와 자수(紫綬) 등이 추가로 제정되었다. 포장(褒章)의 디자인은 벚꽃으로 장식한 원형의 메달에 '포장(褒章)'의 두 글자를 새기고 그것과 연결된 끈(綬)의 색깔에 따라 홍(紅), 녹(綠), 황(黃), 자(紫), 남(藍), 감(紺)으로 구분된다. 감수포장(紺授褒章, Medal with Dark Blue Ribbon)은 공익을 위해 재산 등을 기부한 인물에게 일본정부가 수여하는 상이다. 이외에 포장(褒章)으로서 금식판(金飾板, Gold Bar)과 은식판(銀飾板, Silver Bar) 두 종류가 있다. 식판(飾板)은 이미 포장(褒章)을 받은 유공자에게 다시 같은 종류의 포장(褒章)을 수여할 경우에 주는 것이다.

하자마본점(迫間本店)

① 하자마본점(迫間本店)_ [신부산대관]
② 하자마 후사타로(迫間房太郎)_ [신부산대관]
③ 하자마 카즈오(迫間一男)_ [신부산대관]

하자마가(迫間家) 경영의 진영농장(進永農場)

주　소 경상남도(慶尙南道) 김해군(金海郡) 진영면(進永面) 및 창원군(昌原郡) 대산면(大山面)과 동면(東面)

연　혁 본 농장은 종래 낙동강이 범람해 내버려져 있던 황무지로, 1907년 고(故) 무라이 키치베에(村井吉兵衛)가[350] 처음으로 개간계획을 수립할 당시만 해도 이 지역을 관통하는 주천(注川) 연안의 고지(高地)에 약 200정보(町步)의 논이 있는 것에 불과했다. 무라이(村井)는 먼저 낙동강 연안에 둑을 쌓아 홍수를 방지하고 내부에 승수제방(承水堤防)을[351] 쌓아 주위 산지에 모인 물이 경지(耕地)로 스며드는 것을 막았으며, 주천(注川)에 갑문(閘門)을 설치해 홍수 때 낙동강물의 역류를 차단함으로써 안팎의 물을 조절했다. 또한 주천(注川) 연안에 증기동력의 양수펌프를 설치해서 고지대로 물을 보내거나, 홍수 때 저지대의 물을 빼는 일에 대비하였다. 이와 더불어 이곳에 일본 영농자를 이주시키고 조선 농민을 참여시켜서 자본을 투자하고 황무지 개간에 착수하였다. 그리하여 1908년부터 매년 다소의 수해를 입어도 예정된 계획대로 사업을 착실히 진척시켜 1912년 농지확보를 완성하였다. 이후 1923년 2월, 농장지구의 중앙을 가로지르는 창원 도로(道路) 서쪽의 저지대와 여기에 맞닿아 있던 다른 사람의 소유지 200정보를 일단(一團)으로 동면수리조합(東面水利組合)사업의 완성과 함께 개간사업이 일단락되었다. 그런데 1924년 7월 미증유의 비가 내려 수확이 전무한 참상을 보았다. 창설 이래 많은 곤란을 겪었던 농장을 1928년 5월 하지마 카즈오(迫間一男)가 매수하였다. 농장의 시설 일체를 넘겨받은 후 순조로운 과정을 밟았는데, 1934년 여름 낙동강 연안 일대의 대수재(大水災)로 농장은 흙탕물 속에 잠기는 비운을 맞았다. 그렇지만 총독부 당국에서 하천개수계획과 더불어 농장내 물 정리 사업을 병행함으로써 금후에 닥칠 홍수와 같은 재해는 완전히 배제시킬 수 있을 것이라고 판단된다.

경영 현황 농장 소속 소작인은 일본인 92호(戶), 조선인 1,972호이며, 1호당 최대 경작면적은 일본인 7정(町) 5반보(反步), 조선인 5정 5반보로 평균 1호당 1정보(町步) 이상이다. 경지 면적은 논 1,500정보, 밭 200정보, 그 외 잡종지 700정보로, 그 경영법은 소작감독제도이고 조법(租法)은 정조(定租) 및 조정조(調定租) 두 종류이다.[352] 주요 작물은 논벼(水稻), 밭벼(陸稻), 보리, 밀, 콩으로 논벼(水稻) 품종은 주로 곡량도(穀良都)를[353] 장려하고 있다. 최근 2년간 생산고는 평균 현미(玄米) 3만 석(石), 쌀보리 450석, 보리 2,200석, 밀 200석, 콩 2,000석, 누에 2,500관(貫), 말린 박(干瓢) 3,000관, 메추라기(鶉) 3만 원으로 식산시설의 개량에 따라 앞으로 눈에 띄게 모두 증가할 것으로 예상된다.

농장시설 지구(地區) 중앙에 70여 평(坪)의 사무소와 농장원(農場員)사택 14호, 치료소 등을 병설해 오로지 종사원의 생활안정을 꾀하고 소작인에 대해서는 직영 시작장(試作場)을 설치해 표본을 보이며 품평회를 개최해 개량 증식에 노력하고 있다. 더구나 사무소 근처에 약 60평의 집회소(集會所)를 설치해 평소 구락부(俱樂部)에 제공하여 방문객의 숙박 편의를 도모하고, 또 관청 기술자를 초청해 강화회(講話會), 간담회를 열었다. 교통은 진영역(進永驛)에서 농장 지구(地區) 중심을 가로질러 대산수리지구(大山水利地區)를 지나 낙동강 건너편 밀양군(密陽郡) 남면(南面) 수산(守山)에 이르는 3등 도로가 있다. 그 외에 진영농장 창고에서 사무소에 이르는 약 2마일과 사무소에서 산남(山南)에 이르는 약 2마일에 경편궤도(輕便軌道)를 놓아 화물운반 이외 지방인의 승차 편리에 기여하고 있다.

---

350) 무라이 키치베에(村井吉兵衛, 1864~1926)는 교토(京都) 연초상(煙草商)의 차남으로 태어나 일찍부터 연초제조업에 뛰어들어 1891년 일본 최초로 종이로 말은 궐련(卷煙)를 제작하고 'sunrise'라는 이름을 붙여 판매하였다. 러일전쟁을 기점으로 연초산업의 국영화에 따라 많은 보상을 받은 그는, 이후 무라이은행(村井銀行)을 비롯한 비누, 인쇄 관련 사업을 통해 재벌로 성장하였다. 1905년~1906년 사이 경남 김해 진영 일대 2,600정보의 농지를 기반으로 무라이농장(村井農場)을 경영하였다.

351) 상류에서 흘러내리는 물이 논밭이나 주거 지역에 흘러들지 않도록 만든 제방을 의미한다.

352) 정조(定租)는 소작인과 지주가 소작계약을 할 때 미리 추수(秋收) 수확량의 분배를 확정하는 것이다. 일종의 정액제(定額制)로서 도조(賭租), 도지(賭只), 지정(支定)이라고도 하였다. 여기에 비해 조정조(調定租)는 타조(打租)에 해당한다. 소작료의 비율을 정하는 정률제(定率制)로 대개는 수확량의 50%로 하는 것이 관행이었다. 타조는 타작(打作), 병작(倂作)이라고도 하였는데 수확의 다과(多寡)에 따라 매년 소작료가 달라지기 때문에 소작인에 대한 지주의 경영 간섭이 심하였다.

353) 권업모범장이 1925년 이전 일본의 야마구치현(山口縣)으로부터 수입하여 대구 중원농장에서 처음 기른 품종으로 까라기가 없는 중생종이다. 병충의 피해가 많고 키가 커서 쓰러지기 쉬운 결점이 있으나 수확량이 많아서 1960년대까지 일부 지역에서 재배했던 품종이다.

하자마가(迫間家) 경영의 진영농장(進永農場)

① 진영 하자마농장(進永 迫間農場)_ [신부산대관]
② 진영 하자마농장(進永 迫間農場) 사무소(事務所)_ [신부산대관]

하자마가(迫間家) 경영의 광산(鑛山)

청학탄광(靑鶴炭鑛) 함경북도(咸鏡北道) 경흥군(慶興郡) 경흥면(慶興面)

경영 상황 1909년 12월 25일 광업권 등록 제506호로 등록되었다. 면적은 90만 6,752평(坪)으로 등록 이후 때때로 변천을 거쳐 현재 82만 평으로 되었다. 현재 웅기항(雄基港)의 하야시 이와타로(林岩太郎)로 하여금 경영상 중요한 곳을 담당하게 했다. 탄질(炭質)이 매우 우수하고 탄층(炭層)은 일정하지 않지만 약 3척(尺)에서 14척까지 된다. 1933년도에는 직원 4명, 사역인부(使役人夫) 219명으로 그 채탄량(採炭量)은 1만 1,690여 톤이다. 판로는 철도국과 조선 북부 방면을 위주로 하고 한신(阪神)과 하코다테(函館) 등에도 조달된다. 또 투먼선(圖們線)[354] 청학동역(靑鶴洞驛)으로부터 인입선(引込線)이 있으며 원산(元山)에서 직접 화차(貨車)에 실을 수 있는 수송수단도 있다.

성주금산(星州金山) 경상북도(慶尙北道) 성주군(星州郡) 선남면(船南面)

경영 상황 1932년 9월 시굴을 시작하여 1933년 3월 10일 채광에 착수하였는데 그해 가을 250파운드 10련(連)의 제련장을 준공해 작업을 본격적으로 진행하였다. 1934년 3월에는 대흥전기회사(大興電氣會社)로부터 전력을 공급받아 전력화를 실현했다. 광구(鑛區)내의 광맥 수는 13조(條)로 광구내에서 특히 전망이 있는 것은 4조(條)인데 맥폭(脈幅)은 1척에서 3척으로 품질 또한 좋다. 광맥이 풍부한 지대에서는 10만(萬) 분(分)의 40[평균 10만 분 중 3 혹은 5]으로 광량(鑛量)이 무진장한 것으로 주목받고 있다. 현재 채광량 1일 5,000관(貫) 정도이며 1일 제련고 1,200관으로 제련장 증설이 필요해 건설 준비 중이다. 완성 뒤에는 청금(靑金)의 연산출량이 3,000관을 돌파할 것이다. 이렇게 성과를 거두어 부근 2광구를 포함해 성주군 벽진면(碧珍面)의 광구를 매수하고 제2광업소를 설치해서 채광 중이다. 새로운 광구의 주요 광맥은 3조(條)로 그 하나는 맥폭(脈幅)이 7촌(寸)이고 품질은 10만 분의 12이다. 그 두 번째는 맥폭이 7촌, 품질은 10만 분의 3, 세 번째는 맥폭이 1척, 품질은 10만 분의 2 또는 5로 제1광구(鑛區)를 능가하고 있다. 대구에서 자동차도로로 7리(里)의 지점에 있다.

철마동산(鐵馬銅山) 경상남도(慶尙南道) 동래군(東萊郡) 철마면(鐵馬面)

경영 상황 1933년 6월 1일 광업권 등록 제6002호로서 등록되었다. 전(前) 광업권자 이토 코자부로(伊藤幸三郎)로부터 양도 받아 현재 창업할 당시의 수준을 벗어나지 못한 채 직원 3명, 인부 53명을 고용해 채굴 중이다. 동래읍내로부터 약 2리(里) 떨어진 곳에 위치하고 있다.

---

354) 함경북도 청진과 나진을 잇는 철도선으로 총길이는 276.7km이다. 1919년 9월 회령과 상삼봉(上三峰) 구간, 1935년 11월 웅기와 나진 구간이 각각 개통되었다.

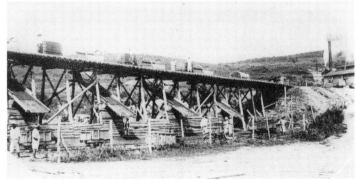

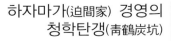

하자마가(迫間家) 경영의
청학탄갱(靑鶴炭坑)

①
④ ③ ②
⑤

① 탄산(炭山) 일부(一部)_ [신부산대관]
② 운탄장(運炭場) 일부(一部)_ [신부산대관]
③ 청학역(靑鶴驛) 저탄장(貯炭場)_ [신부산대관]
④ 양수용기관(揚水用汽鑵) 일부(一部)_ [신부산대관]
⑤ 제8호갱구(第八號坑口)_ [신부산대관]

합자회사 하기노상점(合資會社 萩野商店)

소　재 부산부(釜山府) 본정(本町) 3정목(丁目)
자　본 10만 원
창　립 1920년 12월
대표사원 요시모토 에이키치(吉本永吉)

　연　혁 고(故) 하기노 야자에몬(萩野彌左衛門)이 경영하던 하기노상점(萩野商店) 지업부(紙業部)를 하기노(萩野)가 폐업하자 곧바로 계승하여 1920년 12월, 당시 지부주임(紙部主任)이던 요시모토 에이키치(吉本永吉)가 대표자로 하고 타쿠미 토미지로(匠富次郎), 미하라 신자부로(三原信三郎) 및 당시 점원과 니시모토 에이치(西本榮一) 등이 합세해서 합자회사 하기노상점을 창립, 오늘에 이르고 있다. 하기노상점은 종이도매상으로 그 판로는 조선 각지에 미쳐 화양지(和洋紙)의 취급액이 매우 많다. 본 상점은 화양지류(和洋紙類)의 도매상 외에 일본생명(日本生命), 요코하마화재(橫浜火災), 다이후쿠화재(大福火災) 등의 대리점으로 비약하여 오랜 신용과 함께 더욱더 발전의 길을 걷고 있다.

　현재 하기노상점의 대표자는 요시모토 에이키치(吉本永吉)이고 미하라 신자부로(三原信三郎)가 총지배인으로서 경영 일체를 맡고 있다. 대표자 요시모토 에이키치(吉本永吉)는 도쿠시마현(德島縣) 도쿠시마시(德島市) 출신으로 올해 55세이다. 1906년 조선으로 건너온 이래 열심히 노력해서 오늘을 이룬 인물이다.

하기노상점_ 중구 동광동 3가 대청로변 금생약국 맞은편 동광주차장 자리이다.

합자회사 하기노상점(合資會社 萩野商店)

① 합자회사 하기노상점(合資會社 萩野商店)_ [신부산대관]
② 요시모토 에이키치(吉本永吉)_ [신부산대관]
③ 미하라 신자부로(三原信三郎)_ [신부산대관]

하시모토 료스케(橋本良助)

원　적 야마구치현(山口縣) 쯔노군(都濃郡) 구다마쯔정(下松町) 고이가하마(字戀ケ濱)
주　소 부산부(釜山府) 토성정(土城町) 3정목(丁目) 16번지
상　호 하시모토상점(橋本商店)
사　업 정미업

　하시모토 료스케(橋本良助)는 1903년 12월 조선으로 건너와 부산에서 미곡상(米穀商)을 개업했다. 당시는 발로 찧어서 정백(精白)을 하던 시대로 큰 공장을 필요로 하지 않아 소자본으로 직접 산지에 사러 다녔다. 현미(玄米)와 중백미(中白米)를 매입하여 그것을 판매하는 형태였는데, 그는 1914년 정미기계를 설비해서 규모를 확대하였다. 1931년 경북 경주역 앞에 정미공장을 세우고 정백(精白) 및 정찬(精撰), 현미 제조에 종사하여 그 지방 사람들의 신용을 얻고 공고한 기초를 쌓았다. 그리고 한신(阪神)지방으로부터 일본 혼슈(本州)의 동해지방과 홋카이도(北海道)까지 제품을 발송하는 등 거래량을 확대하며 오늘에 이르고 있다.
　그는 올해 54세에 아들 5명, 딸 5명으로 자식 복이 많은 어른으로 알려져 있다. 자선(慈善)에 뜻이 있어 각지에 천재(天災) 등이 있을 때는 앞장서서 기부금을 내어 공공(公共)을 위한 기부행위도 많다.

하시모토 저택_ 서구 토성동 토성초등학교 뒤 증보빌라 모퉁이에 있었다.

하시모토상점(橋本商店)

① 하시모토상점(橋本商店) 정미소(精米所)_ [신부산대관]
② 하시모토 료스케(橋本良助) 저택(邸宅)_ [신부산대관]
③ 하시모토 료스케(橋本良助)_ [신부산대관]

일본경질도기주식회사(日本硬質陶器株式會社) [355]

소　　재 부산부(釜山府) 목도(牧島) 영선정(瀛仙町)
창　　립 1908년
자본금 375만 원
대표취체역 사장 카시이 겐타로(香椎源太郎)

연　　혁 본사(本社)는 우리나라 경질도기(硬質陶器) 제조의 개조(開祖)로서 1908년 자본금 80만 원으로 가네자와시(金澤市)에서 마에다(前田) 후작(侯爵) 집안이 중심이 되어 창립하였는데, 사운(社運)이 점차 융성하게 되자 1917년 그 자매사업으로 부산에 자본금 100만 원의 조선경질도기주식회사를 설립하고 공장을 두었다. 1920년에 이르러 두 회사는 합병하여 자본금 375만 원의 일본경질도기주식회사가 되었다. 1925년 카시이 겐타로(香椎源太郎)는 사장에 취임함과 동시에 본사를 부산으로 옮겼다. 회사 운영이 여러 방면에서 충실하고 만드는 그릇은 더 한층 우수해져 마침내 외국품의 수입방지라는 목적을 완전히 달성하였다. 나아가 해외 수출까지 하여 오늘날 본사 제품은 연생산액 350만 원을 돌파하며 내외에 그 우수성을 자랑하고 있다.

공장설비 부산공장은 부지 2만 5,500평, 공장 건평 6,000평, 사용 직공 800명, 연생산액 200만 원이며, 가네자와(金澤)공장은 가네자와시(金澤市) 장정(長町)에 소재하여 부지 3,000평, 공장 건평 4,500평, 사용 직공 600명, 연생산액 150만 원이다.

제품의 판로 남양제도(南洋諸島) [356], 네델란드령 동인도제도 [357], 영국령 해협식민지 [358], 필리핀제도, 태국, 인도, 호주, 남중북아메리카, 남아프리카, 만주, 중국 각지, 국내

지사 및 판매소 지사는 가네자와시(金澤市) 장정(長町)에 소재하며 판매소는 오사카판매소[서구(西區) 인상통(靭上通) 1정목(丁目)], 도쿄판매소[니혼바시구(日本橋區)], 가네자와(金澤)판매소[남정(南町)], 부산판매소[본정(本町) 4정목(丁目)], 경성판매소[남대문통(南大門通) 1정목(丁目)], 만주출장소[길림유신가(吉林維新街)] 등으로 해외주재원은 자와(Jawa) 스라바야 [359], 싱가폴, 필리핀 마닐라 등에 있다.

제품종류 양식기는 고기그릇, 과자그릇, 빵그릇, 스프그릇, 커피잔, 홍차잔, 밀크그릇, 커피그릇, 사탕단지, 육인구(六人具) [360], 과일세트, 기타 일반 양식기 등이 있다. 일본식기는 밥그릇, 국그릇, 찜그릇, 뚜껑있는 그릇, 작은 놋쇠그릇, 찻종, 과자놋쇠그릇, 다구(茶具), 맥주잔, 중간 그릇, 작은 그릇, 수저, 기타 일본식기류 등이 있으며 조선식기는 사발, 다반(茶反), 작은 사기술잔, 변기, 단지류 등이 있다. 이외 재떨이, 가래뱉는 그릇, 타일, 테라코타 [361], 굽다리접시, 타원형 큰 그릇, 기타 각종 그릇이 있다. 특제품은 육해군용, 병원용, 학교용, 공장용, 선박용, 요리점용, 도장이 새겨진 주문품, 기타 각종 특별주문품 등이 있다.

일본경질도기주식회사_ 영도구 봉래동 미광마린타워 자리에 있었다.

---

355) 부산광역시 영도구 봉래동의 미광마린타워 자리에 있었다. 해방 직후 일본경질도기주식회사는 대한경질도기주식회사로 사명을 바꿨다가 1950년 11월 양산출신의 지영진(자유당 3, 4대 국회의원) 사장이 인수하면서 대한도기주식회사로 명칭을 변경하였다. 이후 대한도기주식회사는 1972년까지 영업을 하였다. 한국전쟁 당시 부산으로 피난을 온 이당(以堂) 김은호(金殷鎬, 1892~1979)를 비롯해 소정(小亭) 변관식(卞寬植, 1899~1976) 등과 같은 많은 화가들이 피난시절 생계수단으로 도화(圖畵)제작에 참여하기도 했다. 대우마리나아파트 입구 오른쪽 끝자락에는 아파트와 일반주택가를 구분하는 벽돌 담벽 일부가 남아 있는데 이는 일본경질도기주식회사가 쌓은 것이다.

356) 본책 주(註) 317 참조.

357) 수마트라(Sumatra), 자와(Jawa), 마두라(Madura), 보르네오(Borneo, 브루나이가 있는 북부 보르네오는 제외), 술라웨시(Sulawesi) 등으로 이루어진 현재의 인도네시아 지역이다. 이들 지역은 1949년 12월까지 네델란드의 식민지였다.

358) 말레이반도 남부 말라카해협에 접한 피낭(Penang), 말라카(Malacca), 싱가포르(Singapore)와 부속 도서로 이루어진 곳으로 옛 영국의 식민지를 지칭한다. 1786년~1819년 영국 동인도회사가 네델란드로부터 획득한 이들 식민지는 1824년 영국과 네델란드가 체결한 런던조약을 거쳐 1826년 영국령 해협식민지로 되었다. 이들 식민지는 1948년 말레이시아연방이 결성될 때까지 존속하였다.

359) 스라바야(Kota Surabaya)는 인도네시아 제2의 도시로 동(東) 자와주(Jawa州)의 주도(州都)이며 인구는 약 300만 명이다. 네델란드 식민지시대부터 무역의 중심지였고, 현재 인도네시아에서 최대의 항만시설을 갖춘 군항이다. 사탕, 담배, 커피 등을 수출하며 명대(明代)부터 화교(華僑)가 거주하고 있었기 때문에 쓰수이(泗水)라고도 불렀다. 1942년 태평양전쟁 중 일본군이 점령한 곳으로 인도네시아 초대 대통령 수카르노의 고향이기도 하다.

360) 그릇으로 일본에서는 1883년 처음 만들어졌다.

361) 테라코타(terra cotta)는 구운 점토라는 뜻의 이탈리아어다. 공예에서는 양질의 점토를 설구워서 만든 소상(塑像)이나 그릇을 말하며, 건축용으로는 점토를 구워 기와처럼 만든 건축용 도기로 의장적 마감 효과가 뛰어나 건축물의 외관을 아름답게 하는 용도로 사용되기도 한다.

일본경질도기주식회사(日本硬質陶器株式會社)

① 일본경질도기주식회사(日本硬質陶器株式會社) 전경(全景)_ [신부산대관]
② 공장(工場)의 일부(一部)_ [신부산대관]

하라다 다케지로(原田竹次郎)

원　적 오카야마현(岡山縣) 천구군(淺口郡) 흑기촌(黑崎村)
주　소 부산부(釜山府) 초장정(草場町) 2정목(丁目) 22번지
상　호 호리이즈미주장(堀泉酒場)

1898년 11월 고(故) 오모 카즈타로(主數太郞)는 한국에서 주류업계의 실태를 살펴보고 일본으로부터 수입해 오는 청주 양이 생각했던 것 이상으로 많은 반면에 당시 부산의 주조업자는 겨우 2, 3개의 소규모 경영자에 지나지 않음을 알게 되었다. 이에 양조장이 장래의 유망사업임을 인식하고 옛 행정(幸町)에 양조소를 창설해서 경영한 것이 9년으로, 그 사이 사계양조강단식(四季釀造講端式)을 응용 실험한 것이 2년이었다. 좋은 품질로 향상시켜 판로의 확장을 가져온 결과 양조소의 협소함을 느끼게 되어 1908년 현재 위치로 신축 이전하고 더욱 사업의 발전을 지향했는데 1910년 허무하게 불귀(不歸)의 객(客)이 되었다. 친동생인 현재 주인 다케지로(竹次郞)가 죽은 형의 사업을 이었다. 그는 조선산(朝鮮産) 청주를 개량해서 술의 수입을 막는 것이 반도(半島)의 산업 발전에 급무임을 느껴 일단 가업(家業)을 중지하고 일본에서 선진지역인 히로시마현(廣島縣)으로 갔다. 서조정(西條町)의 술 담그는 집으로 유명한 '복미인(福美人)'[362] 양조장에 들어가 체험을 하면서 고심하고 연구하기를 수개월, 마침내 자신감을 갖고 조선으로 돌아왔다. 자가(自家)의 양조창고를 전부 개축하고 용기(容器), 술을 빚는 기술자 이하 모두를 엄선해 양조를 시험해 본 결과, 그 동안 여러 해의 고생에 보답할 수 있는 우수한 명품을 만들 수 있었다. 이후 해마다 품질을 개량한 결과 나날이 훌륭한 맛을 더하여 현재 조선에서 최우수의 명예상(名譽賞)을 획득하는 영광을 얻게 되었다. 그 사이 부산, 마산 두 지역의 양조업자에게 그 양조의 비법(秘法)을 공개하고 도움이 될 만한 자료를 제공하는 등 경남의 양조업계 발전에 공헌하는 바가 적지 않다.

그는 올해 57세로 바둑과 분재(盆栽)를 취미로 하며 유유자적한 경지에 있다.

호리이즈미주장_ 서구 토성동 5가 22번지 충무동주민센터 일대에 위치했다.

362) 히로시마현(廣島縣) 히로시미시(廣島市) 서조정(西條町)에서는 메이지시대부터 일본술의 양조가 성행하였다. 이 가운데 1917년 5월 창업하여 현재까지 양조를 계속해 온 회사가 명주 후쿠비진(福美人)을 생산하는 후쿠비진(福美人)양조주식회사이다.

호리이즈미주장(堀泉酒場)

① 호리이즈미주장(堀泉酒場) 전경(全景)_ [신부산대관]
② 호리이즈미주장(堀泉酒場)의 일부(一部)_ [신부산대관]
③ 호리이즈미주장(堀泉酒場)의 하조장(荷造場)_ [신부산대관]
④ 점주(店主) 하라다 다케지로(原田竹次郎)_ [신부산대관]

스나가와 키쿠지(砂川菊次)

원　적 : 효고현(兵庫縣) 인남군(印南郡) 증송정(曾松町)
주　소 : 부산부(釜山府) 영정(榮町) 3정목(丁目)
칭　호 : 호시램프등유리점(星洋燈硝子店)
사　업 : 램프등(洋燈), 유리그릇류(硝子器類) 제조판매

　스나가와 키쿠지(砂川菊次)는 1912년 부산으로 건너와 부산부 수정정(水晶町)에서 개업하고 성공을 향한 첫걸음을 내디뎠다. 1916년 초량정(草梁町)으로 이전하여 1919년 공장을 신설하고 각종 유리그릇류의 제조 및 판매에 착수하였다. 1929년 영정(榮町)에 현재의 점포를 신축하고 공장을 확장해서 직공 110여 명을 고용하고 있다. 램프등(洋燈), 램프등갓(洋燈笠), 병류, 컵류, 수제등(手提燈)[363], 전기갓(電氣笠), 승포병(蠅捕瓶)[364], 식기용 유리그릇, 의료용 유리그릇을 제조하여 그 제품에 대한 좋은 평판을 많이 받고 있다. 주요 상품의 연간 생산액은 램프등·수제등류 10만 타(打), 램프등·전기갓류 3만 타(打), 각종 병류 30만 개, 컵·식기류 15만 타(打)에 달한다. 이들 물품의 판로는 조선 전역은 물론이고 만주와 타이완(臺灣)까지 미치고 있다.

　그는 올해 45세로 '업무가 곧 도락(道樂)이다' 라고 생각하는 인물이다. 종래까지의 램프등, 병류의 제조에 만족하지 않고 새로운 기축(機軸)을 만들기 위해 힘쓰고 있으며, 또 독자적으로 식기류를 일본(內地)에 역수출하는 것을 눈앞의 목표로 하고 있다.

호시요램프등유리점_ 동구 초량동 부산역 건너편 국민은행 앞 도로변에 있었다.

---

363) 테쵸친(手提燈)은 손에 쥐고 이동할 수 있는 제등(提燈)의 일종이다. 보통 소형으로 긴 손잡이가 붙은 것이 많다
364) 하에토리(蠅捕)는 파리를 잡는 것을 의미한다. 따라서 하에토리빙(蠅捕瓶)은 파리를 잡기위한 장치가 붙어있는 병으로 여겨진다.

스나가와 키쿠지(砂川菊次)

① 호시램프등유리점(星洋燈硝子店)_ [신부산대관]
② 호시램프등유리점(星洋燈硝子店) 공장 전경(全景)_ [신부산대관]
③ 호시램프등유리점(星洋燈硝子店) 공장의 일부(一部)_ [신부산대관]

호시노 마사타로(星野政太郎)

원　적 도쿄시(東京市)
주　소 부산부(釜山府) 대창정(大倉町)
사　업 어업, 광산업

　호시노 마사타로(星野政太郎)는 전문교육을 수료한 후 1897년부터 1912년에 이르는 약 15년 동안 오쿠라(大倉)토목주식회사의[365] 일원으로 활약하였다. 1912년부터 3년간 홋카이도(北海道) 오타루(小樽)목재회사 아사히카와(旭川)공장에서 근무하다가 1914년 부산매축주식회사 전무로 부산에 와서 오늘에 이르고 있다.

　올해 57세로 다방면의 사업에 힘써 현재 경남에 약 20개소의 어장을 가지고 있으며, 그 외 충북(忠北)에 소유하고 있는 금광은 함유량이 지극히 많아서 전망이 밝은 관계로 회사를 설립하고 있는 중이다. 요쿄구(謠曲)와[366] 낚시를 취미로 한가로움을 즐기고 있다.

---

365) 오쿠라(大倉)에 대해서는 본책 주(註) 191 참조. 『釜山大觀』의 호시노 마사타로 항목에서는 "나의 내력 등은 한 글자, 한 줄도 받아 적지 않기를 거듭 말씀드리오니 이것만으로 그만하고 싶습니다라고 했기 때문에 그의 기사는 생략한다"고 되어 있었다.
366) 본책 주(註) 237 참조.

호시노 마사타로(星野政太郎)

① 건축(建築) 중인 사무소(事務所)_ [신부산대관]
② 건축(建築) 중인 저택(邸宅)_ [신부산대관]
③ 호시노 마사타로(星野政太郎)_ [신부산대관]

주식회사 혼카노상점(株式會社 本嘉納商店)

본　　점 효고현(兵庫縣) 탄어영정(灘御影町)

사　　업 명주(銘酒) '기쿠마사무네(菊正宗)' 양조원(釀造元)

대표취체역 사장 카노 지로우에몬(嘉納次郎右衛門)

연　　혁 현재 우리나라의 양조계(釀造界)에서 가문경력이나 그 가문에서 양조(釀造)하는 청주(清酒)의 품질평가에서 매우 뛰어난 것을 꼽는다면 주식회사 혼카노상점(本嘉納商店)의 명주(銘酒) 기쿠마사무네(菊正宗)라고 말할 수 있다. 전해 내려오는 말에 의하면 지금으로부터 1,700년 전, 진구황후(神功皇后)가 삼한(三韓)을 정벌할 때, 세츠(攝津)의 여옥(盧屋) 해변에서 출항하기 전 스미요시묘진(住吉明神)에게[367] 원정(遠征)의 축복(祝福)을 빌었다고 한다. 그때 마침 사당 주변에 맑은 샘이 있었는데 수면(水面)에 빼어난 모습이 선명하게 비춰져 '어영(御影)'이라는 지명을 낳았다. 맑은 샘은 '사와노이(澤の井)'라고 칭해져, 이후 이 우물의 그윽한 사적(史蹟)은 카노(嘉納) 집안에서 관리하였다. 그 후 많은 세월이 흘러 지금으로부터 600년 전, 고다이고(後醍醐)천황의[368] 치세에 이 영천(靈泉)의 물을 길어서 좋은 술을 빚어 받치자, 천황은 이를 매우 고맙게 받고 이에 대한 보답으로 성(姓)을 내리니 이를 영광으로 여겨 카노(嘉納)를[369] 성(姓)으로 삼았다고 전한다. 이는 실로 카노 히로시로우에몬(嘉納治郎右衛門)의 조상 때 일로, 이후 가계(家系)가 이어지고 제일 좋은 토지를 소유한 오랜 가문이 되었다. 기쿠마사무네(菊正宗)라는 이름의 유래는 1884년 상표조령(商標條令)이 발포되었을 때 당주(當主)가 정원 앞 흰 국화의 그윽한 향기를 맡고서, '고다이고(後醍醐)천황은 마사시게(正成)에게 이르기를 국화(菊)는 천년의 공(功)을 가졌다'라고 기록한 문헌에서 남공부자(楠公父子)의[370] 충절을 말하는 국수(菊水)의 기호(旗號)를[371] 참조하여 술 이름에 무한(無限)한 신비로움과 고상한 운치를 자아내는 '국(菊)'의 글자를 붙인 것이다. 이처럼 유서 깊은 카노(嘉納) 집안의 창업은 이름난 주조지(酒造地)인 나다고고(灘五鄉)[372] 안에서 이루어졌는데, 그것은 지금으로부터 오래 전인 1659년 12월의 일이었다. 그 후 가업이 융성해져 1907년 11월 합명회사(合名會社)가 되고 1919년 11월 주식회사 조직[자본금 500만 원]으로 변경하여 오늘에 이르고 있다. 위에 서술한 바와 같이 그 내력에서 여타의 추종을 불허하는 품격과 전통적 영향력을 지닌 기쿠마사무네(菊正宗)가 일찍부터 양조개량(釀造改良)의 선도자로서 근대화학의 정수(精粹)를 모아 서둘러서 품질의 향상과 개선을 꾀한 결과, 현재 청주계(清酒界)의 왕좌를 차지하게 된 것은 결코 우연이 아니다. 그 판로는 해외까지 미쳐 가깝게는 만주국(滿洲國)의 발전을 내다보고 펑텐(奉天)에 대공장을 건설하였는데 내년 봄에는 새로운 술을 시장에 내놓을 것이다.

기쿠마사무네(菊正宗)의 광영(光榮) 종래까지 궁내성(宮內省)에 납품하는 영예를 누려 왔다. 또 다이쇼(大正), 쇼와(昭和) 양 대전(大典)의 성대한 의식에 술을 납품하는 영예를 얻었다. 1929년 6월 7일 성상폐하가 간사이(關西)를 행행(行幸)할 때 산업장려라는 천황의 뜻에 따라 오카모토(岡本) 시종(侍從)을 본 회사에 파견하던 날, 천황이 승선한 고베(神戶) 정박의 나가토칸(長門艦)에서 사장 카노 지로우에몬(嘉納次郎右衛門)은[373] 배식(陪食)의 영광을 입었다. 전국의 박람회, 품평회 등에서 명예상패를 받은 일은 모두 헤아릴 수가 없다. 1918년 카노 사장은 양조계(釀造界)에서의 수년간의 공으로 녹수포장(綠綬褒章)을[374] 받아 주류업계에서는 보기 드문 영예를 안았다.

부산지점 1913년 조선에 판로를 확장하여 창고부(倉庫部)로서 현재 위치에 점포를 개설한 것이 시작으로 1919년 부산지점으로 고쳤다. 현 지점장 마쯔야마 키사쿠(松山喜作)가 창설이래 근속하며 오늘에 이르고 있다. 현재 기쿠마사무네(菊正宗)의 명성으로 조선 전역을 압도하는 것 외에 내외양주(內外洋酒), 포도주, 식량품, 통조림류 등의 도매를 같이 하여 업적이 현저하다.

---

367) 이 신(神)은 해상수호(海上守護)의 신으로 어업항해자들이 존숭할 뿐만 아니라 일본 고유의 시가(詩歌)인 와가(和歌)의 신으로도 숭상되고 있다.

368) 고다이고천황(後醍醐天皇, 1288~1339)은 제96대 천황으로 이름은 타카하루(尊治)였다. 막부(幕府)에 맞서 천황권 강화를 위해 노력하였으나 아시카가 다카우지(足利尊氏)의 변절로 그의 노력은 실패하고 남북조시대(1336~1392)의 한 축을 이루는 인물이 되었다.

369) 가납(嘉納)은 옳지 못하거나 잘못한 일을 고치도록 권하는 말을 기꺼이 받아들이는 것 또는 바치는 물건을 고맙게 받는 것을 뜻한다.

370) 구스노키 마사시게(楠木正成)와 그의 아들 구스노키 마사쯔라(楠木正行)를 지칭한다. 이들 부자는 가마쿠라(鎌倉)막부 말기 남북조시대의 시작을 알리는 무렵에 고다이고천황을 지키기 위해 1336년 목숨을 다하였다. 구스노키 마사시게는 남조(南朝)는 물론이고 북조(北朝)에서 남긴 기록에서도 지(智), 인(仁), 용(勇)을 겸비한 무장으로 칭송받았다. 막부세력과 천황의 대립 가운데서 천황을 끝까지 지키려고 했다는 점 때문에 메이지유신 이후 1880년 정1위에 추서되고 국가권력으로부터 충절의 인물로 크게 현창되었다. 그 결과 1914년 해군 군가(軍歌)로 '구스노키부자(楠木父子)'가 제작되기도 하였다.

371) 고다이고천황(後醍醐天皇)은 자신을 위해 충성을 바친 구스노키 마사시게(楠木正成)에게 '국수(菊水)의 가문(家紋)'을 하사했다. 국화(菊花)는 천황가의 가문(家紋)인데 마사시게(正成)가 받은 가문(家紋)의 도안은 국화 밑에 물이 흐르는 모양이다. 국화 밑에 흐르는 물은 마사시게의 고향에 흐르는 수분천(水分川)의 모양이라고도 하고 마사시게의 사심없는 맑은 마음을 나타내는 것이라고도 한다.

372) 나다(灘)는 일본 1위의 일본술 산지로 고베시(神戶市)에서 니시노미야시(西宮市)까지 해변가를 따라 동서 12km에 이르는 술의 마을을 지칭하는 것이다. 나다고고(灘五鄉)는 나다(灘)에 있는 이마즈고(今津鄉), 니시노미야고(西宮鄉), 우오자키고(魚崎鄉), 미카게고(御影鄉), 니시고(西鄉), 다섯 개 양조 마을(五鄉)을 통칭하는 말로 현재 일본 전역에서 출하되는 일본술 사케의 30%가 이곳에서 만들어지고 있다.

373) 카노 지로우에몬(嘉納次郎右衛門)은 카노 지로우에몬(嘉納治郎右衛門, 1853~1935)의 오기(誤記)이다. 그는 카노재벌(嘉納財閥)의 실업가로 일본양조주회(日本釀造酒會) 감사를 역임하고 효고현(兵庫縣) 나다(灘)중학교 설립과 효고현(兵庫縣) 운하(運河) 건설에 공헌한 인물이다.

374) 현재 녹수포장(綠綬褒章)은 사회 봉사활동에 종사해 덕행이 현저한 인물에게 주는 포장이다. 그러나 1882년 처음 제정되었을 때부터 1945년 패전(敗戰) 때까지는 효자(孝子), 순손(順孫), 절부(節婦), 충복스러운 하인(義僕) 등 덕행이 뛰어난 인물과 실업(實業)에 힘써 중민(衆民)의 모범이 되는 인물에게 주어졌다. 일본의 포장(褒章)에 대해서는 본책 주(註) 349 참조.

혼카노상점_ 중구 동광동 3가 타워호텔 맞은편에 있는 그린손해보험 자리에 있었다.

혼카노상점(本嘉納商店)
부산지점(釜山支店)

① 혼카노상점(本嘉納商店) 부산지점(釜山支店)_ [신부산대관]
② 사장(社長) 카노 지로우에몬(嘉納治郎右衛門)_ [신부산대관]
③ 지점장(支店長) 마쯔야마 키사쿠(松山喜作)_ [신부산대관]

조선방직주식회사(朝鮮紡織株式會社)

소　재 부산부(釜山府) 범일정(凡一町) 700번지
창　립 1917년 11월 10일
자본금 500만 원[전액 납입][납입 450만 원]
대표취체역 사장 야마모토 사이타로(山本条太郎)[375]
영　업 면화의 재배와 판매, 면사포의 방직과 판매 및 그와 관련된 부대사업

연　혁 조선방직주식회사(朝鮮紡織株式會社)는 목화의 재배 및 판매, 면사포(綿糸布)의 방직 및 판매, 그리고 그와 관련된 부대사업을 영업목적으로 1917년 11월 10일 창립되었다. 1922년 1월부터 조업(操業)을 시작하여 조선에서 특수한 사명을 가진 생산공업으로 우수한 성적을 거두었다. 1923년 12월 화재로 주요건물이 소실되어 사업이 중단되었으나 1924년 8월부터 부흥에 착수해 1925년 5월 준공하고, 7월 15일 시운전을 위한 일부 조업을 시작하여 10월부터 전면적으로 재가동하였다. 이후 공장의 모든 능력을 끌어 올려서 방직에 종사하는 한편 조면(繰綿)공장, 제면(製棉)공장, 표백(晒)공장을 신설하여 조업하기에 이른다.

공장과 생산력 공장부지 4만 862평[9만 7,907평], 철근 콘크리트공장 및 부속건물 54동(棟), 방직 3만 9,376추(錘)[영국제 1만 5,200추(錘)]. 직기(織機)는 도요타식(豊田式) 1,132대(台)[608대(臺)]를 설치하고 원동력은 스위스제 기관 및 발전기를 사용하였다. 생산능력은 면포(綿布) 5만 짝(梱)[2만 짝(梱)], 면사(綿糸) 1만 짝(梱)[3,800짝(梱), 1일 원면(原綿) 사용료는 3만 6,000파운드]에 달한다.

제　품 조포(粗布), 세포(細布), 표백세포(晒細布), 염색조포(染粗布), 염색세포(染細布), 면사(綿糸) [17수(手) 조포계룡표(粗布鷄龍票), 16수(手) 조포복수표(粗布福壽票) 외 경목조포(輕目粗布) 2엽전표(二葉錢票), 경목조포(輕目粗布) 3엽전표(三葉錢票)]

현재 중역 취체역사장 마코시 쿄헤이(馬越恭平), 상무취체역 사이토 키치쥬로(齋藤吉十郎), 취체역 야마모토 테이지로(山本悌二郎), 사쿠라이 군노스케(柵瀬軍之祐), 야마모토 죠타로(山本條太郎), 마쯔노 츠루헤이(松野鶴平), 사사키 카츠미(佐佐木克己). 감사역 마쯔카타 마사쿠마(松方正熊), 마치야마 마요사고(牧山淸砂), 나카무라 히코(中村彦). 상담역 한상룡(韓相龍)

중　역 취체역사장 야마모토 사이타로(山本条太郎). 상무취체역 하라야스 사부로(原安三郎), 사사키 카츠미(佐佐木克己)[부산주재]. 취체역 사이토 키치쥬로(齋藤吉十郎), 코무라 리키치(小室利吉), 마쯔노 츠루헤이(松野鶴平). 상임감사역 나카무라 히코(中村彦). 감사역 마쯔카타 마사쿠마(松方正熊). 상담역 한상룡(韓相龍)

조선방직_ 자성대 북쪽 오늘날 조방앞이라 불리우는 자유시장 일대에 있었다.

---

[375] 원문의 야마모토 사이타로(山本条太郎)는 1927년~1929년까지 만주철도주식회사 총재를 지낸 야마모토 죠타로((山本條太郎, 1867~1936)의 오기(誤記)이다.

조선방직주식회사(朝鮮紡織株式會社)

① 조선방직주식회사(朝鮮紡織株式會社) 전경(全景)_ [부산대관]
② 방적공장(紡績工場)의 일부(一部)_ [부산대관]
③ 직포공장(織布工場)의 일부(一部)_ [부산대관]
④ 조선방직주식회사(朝鮮紡織株式會社) 전경(全景)_ [신부산대관]

조선가스전기주식회사(朝鮮瓦斯電氣株式會社)[376]

본 사 도쿄시(東京市) 국정구(麴町區) 내행정(內幸町) 1정목(丁目) 4

소 재 [지 점]부산부(釜山府) 부평정(富平町) 1정목(丁目)[3정목(丁目)] 56번지

창 립 1910년 5월 18일[10월]

자본금 600만 원[납입 375만 원]

중 역 취체역사장 카시이 겐타로(香椎源太郎), 상무취체역 사쿠마 곤지로(佐久間權次郎), 취체역 남작(男爵) 마에지마 와타루(前島彌), 오이케 츄스케(大池忠助), 하자마 후사타로(迫間房太郎), 미즈노 이와오(水野巖), 이시즈 류스케(石津龍輔), 감사역 타케다 신타로(竹田鋠太郎), 오카다 마쯔오(岡田松生), 가네코 킨고(金子謹吾)

대표취체역 사장 카시이 겐타로(香椎源太郎)

연 혁 1910년 5월[10월], 요시모토 텐쇼(吉本天祥), 사토 미츠타카(佐藤潤象) 외 60명이 자본금 300만 원으로 가스, 전기, 전철의 사업을 발기(發起)해서 창립하고 그해 11월 1일부터 업무를 시작했다. 부산전등(釜山電燈)주식회사[자본금 15만 원]와 동래 · 부산간 경편철도[377]를 운영한 부산궤도(釜山軌道)주식회사를 매수[합병]해 무타구치 겐가쿠(牟田口元學)가[378] 사장으로, 사토 미츠타카(佐藤潤象)가 상무로 각각 취임하였다. 동사(同社)는 부산 부근의 전기, 가스, 전철사업을 독점적으로 차지하여 사업의 진전을 점차 꾀했지만 예상한 기대에 못 미쳐 영업 성적이 좋지 않았다. 그 결과 1915년 8월 앞의 두 사람이 사임하고 현 사장 카시이 겐타로(香椎源太郎)가 취임하였다. 그러나 종래의 정세에 더해 유럽대전(歐州大戰)이[379] 발발하여 아연, 석탄, 기타 각종 물가와 노동임금이 상승하는 등 난관에 봉착하였으나 힘을 모아 경비의 절감을 시도하고 사내(社內) 개혁에 앞장서 사업의 적극적 진출을 꾀한 결과 다행히 위기에서 벗어났다. 그 여세를 몰아서 발전소의 증설을 기획하여 1921년 약 100만 원을 투자해서 2,000킬로와트의 스탈터빈발전기를 신설하고 1923년 10월에는 같은 형태의 예비기(豫備機)를 증설하였다. 1926년 8월 다시 자본금 300만 원을 600만 원으로 증자해 제2기 사업계획에 들어갔다. 1926년 당시 전기 공급 구역은 부산부(釜山府)와 동래군, 김해군이며 가스는 부산부내(釜山府內), 전철은 부산시내와 동래에 부설했다. 1927년 1월에는 밀양전기, 1931년 8월에는 진주전기를 각각 매수하고 그해 말부터 경성전기(京城電氣) 마산지점과 함안전기회사에도 전력공급을 하게 되어 기존에 설치한 발전설비(發電設備)로는 전력이 부족해서 1932년 5,000킬로와트의 발전설비를 완성하였다.

현 황 1934년 상반기 말 현황은 가스수용가(瓦斯需用家) 공구수(孔口數) 5,790[7,644], 전등 백열등 점화(點火)개수 11만 2,074[5만 5,158], 점등 십촉(十燭) 환산개수 25만 5,357[9만 1,996], 전동마력수 7,229[2,097], 전기철도선로 20[13.31]킬로미터, 차량(車輛) 34[25], 승객연구인원수(乘客延區人員數) 517만 9,674[442만 6,227] 구인(區人)으로, 주주배당은 연 1할[1할 1푼] 이상을 지속하고 [매기(每期)마다 여유가 있어 적립금 및 이월금을 남기고 있다] 적립금 150여만 원을 가지고 있다.

배전구역(配電區域) 경상남도내 울산, 통영, 거제, 하동, 남해를 제외한 2부(府) 30군(郡)

중 역 사장 카시이 겐타로(香椎源太郎), 상무 사쿠마 곤지로(佐久間權次郎), 취체역 남작(男爵) 마에지마 와타루(前島彌), 하자마 후사타로(迫間房太郎), 미즈노 이와오(水野巖), 이시즈 류스케(石津龍輔), 키쿠타니 모키치(菊谷茂吉), 시미즈 사타로(淸水佐太郎), 감사역 니시카와 타케사부로(西川武三郎), 하네다 히코시로(羽田彦四郎), 타카쿠사 미요조(高草美代藏)

사쿠마(佐久間)상무 920년 입사한 이래 카시이(香椎)사장을 잘 도우며 사업의 난국을 벗어나고자 침식을 잊은 채 노력한 것은 세상이 널리 아는 일로, 가스(瓦斯)의 현재가 있는 것은 그의 공로에 힘입은 것이다.

376) 부산광역시 서구 토성동의 현 한국전력공사 중부산지점 자리에 있었던 전기회사이다. 현재 중부산지점의 본관 건물은 조선가스전기주식회사 당시의 본관 건물을 그대로 사용하고 있다. 조선가스전기주식회사(朝鮮瓦斯電氣株式會社)의 회사명 중 가스(瓦斯)는 원래 네델란드어인 가스(gas)의 일본음 표기이다.

377) 일본에서 경편철도(輕便鐵道)는 건설비와 유지비가 저렴하고 또 지형적으로 급경사와 급곡선이 많은 지역에 설치되었다. 경편철도는 크기가 작고 운행시간과 운송량에 제약을 받았기 때문에 일본에서도 산업이 발달되지 못한 지역에 삼림철도(森林鐵道), 식민궤도(殖民軌道), 광산철도(鑛山鐵道) 등의 다양한 명칭으로 설치되었다. 경편철도는 궤간(軌間)이 통일되어 있지 않아서 914mm부터 1,435mm까지 여러 종류가 사용되었다. 이는 일본의 경편철도법(輕便鐵道法)에 궤간에 대한 규정이 없었기 때문이다. 1910년 11월 조선가스전기주식회사는 부산진(釜山鎭)과 동래 남문(南門) 구간에 경편철도(輕便鐵道)를 개통하였다. 이때 사용된 경편철도는 1908년 4월부터 1910년 9월까지 진행된 부산의 상수도 제3기공사(고원견산수원지 증설, 복병산배수지 신설, 성지곡수원지 조성) 때 기자재 운반을 위해 부산부두와 성지곡수원지 공사현장 사이에 부설되었던 경편철도를 활용한 것이다. 우마(牛馬)나 인력으로 운반할 수밖에 없었던 기자재를 경편철도로 운반함으로써 당시로서는 거금인 21만 원의 경비를 줄일 수 있었다. 그 결과 애초 상수도 제3기공사의 계획에는 없었던 배수지를 영도에 신설할 수 있었다.

378) 무타구치 겐가쿠(牟田口元學, 1845~1920)는 메이지(明治)시대 철도경영자이다. 보신(戊辰)전쟁 때 관군에 종사한 관계로 메이지유신 이후 공부성(工府省), 문부성(文部省), 농상무성(農商務省) 등에 근무하다가 1881년 오쿠마 시게노부(大隈重信)의 정변과 관련해서 관직을 떠났다. 그 후 도쿄마차(東京馬車)철도회사의 사장이 되었는데, 이 회사는 1900년 전기를 이용한 도쿄전철철도회사로 사명(社名)이 바뀌었다. 1906년 도쿄전철철도회사와 도쿄시가전철회사를 합병해 도쿄철도회사로 개칭하고, 1911년 시영화(市營化)될 때까지 회사를 운영함으로써 철도교통의 근대화에 앞장섰다.

379) 1914년부터 1918년까지 전개된 제1차 세계대전을 뜻한다.

조선가스전기주식회사'_ 서구 토성동 한국전력 부산전력관 리처 자리이다.

조선가스전기주식회사(朝鮮瓦斯電氣株式會社)

① 조선가스전기주식회사(朝鮮瓦斯電氣株式會社) 전경(全景)_ [신부산대관]
② 김해 송전선(送電線) 철탑(鐵塔)_ [부산대관]
③ 전차(電車)_ [신부산대관]

조선미곡창고주식회사 부산지점(朝鮮米穀倉庫株式會社 釜山支店)

본   점 경성부(京城府)
창   립 1930년 11월 15일
자본금 500만 원
대표취체역 사장 마쯔이 후사지로(松井房治郎)
연   혁 조선미곡창고주식회사는 조선쌀의 수출을 조절하기 위한 창고업 경영에 목적을 두고 조선총독부의 종용(慫慂)과 원조 아래 창립되었다. 본점을 경성(京城)에 두고 지점을 부산, 목포, 군산, 인천, 진남포, 강경, 여수, 마산의 8개소에 설치해 매년 뚜렷한 업적을 보이고 있다.
현재중역 사장 마쯔이 후사지로(松井房治郎). 전무취체역 다치카와 로쿠로(立川六郎). 취체역 마쯔하라 쥰이치(松原純一), 박영철(朴榮喆), 임무수(林茂樹)
부산지점 1930년 12월 1일 개설하였다. 당시 경영창고 평수는 2,196평에 지나지 않았으나 이후 영업발전에 따라 건물을 신축하고 또 매수(買收)하거나 창고를 빌려 현재는 창업 당시의 약 8배, 즉 1만 6,240평으로 현미 약 150만 가마니는 충분히 수용할 수 있는 성황을 보이고 있다. 부산에서 재고쌀(在庫米) 최고기록인 130만 가마니를 수용하고도 20만 가마니 정도의 여유를 가지게 된 것은 부산항의 자랑이 될 만하다. 이와 같은 영업상황에서도 앞서 말한 바와 같이 설비의 완성과 지점장 이하 사원들의 노력에 의해 매년 견실(堅實)한 업적을 쌓아 최근 입고화물(入庫貨物)이 연 100만 개를 돌파하고 있어, 가까운 장래에 200만, 300만의 입고화물을 취급하는 것을 이상(理想)으로 하고 있다.
지점장 오시로 지로(大城次郎)는 후쿠오카현(福岡縣) 산문군(山門郡) 성내촌(城內村) 사람이다. 1906년 3월 조선으로 건너와 약 20년 간 부산세관에서 일을 하였으며, 그 후 미창(米倉)에 들어와 오늘에 이르고 있다. 올해 50세로 이 분야에 막힘없이 환한 사람으로 정평이 나 있다.

조선미곡창고주식회사 부산지점_ 중구 중앙동 연안여객터미날 맞은편 골목에 있는 밀양돼지국밥 건물과 기쁨
교회 건물이 조선미곡창고 부산지점 자리이다. 롯데백화점 야외주차장 일대는 부두미곡창고였다.

조선미곡창고주식회사 부산지점
(朝鮮米穀倉庫株式會社 釜山支店)

① 부두창고(埠頭倉庫)_ [신부산대관]
② 부산진창고(釜山鎭倉庫)_ [신부산대관]
③ 영정창고(榮町倉庫)_ [신부산대관]
④ 지점장(支店長) 오시로 지로(大城次郎)_ [신부산대관]

조선우선주식회사(朝鮮郵船株式會社)

조선우선주식회사 _ 중구 중앙동 중앙대로변에 있는 롯데백화점 광복점 야외주차장 부지 중 국제빌딩 방향의 공간이 그 자리이다.

본 사 경성부(京城府) 남대문통(南大門通) 5정목(丁目) 1번지[광화문통(光化門通)]

창 립 1912년 4월

자본금 300만 원[전액 납입]

대표취체역 사장 모리벤 지로(森辨治郎)

지 점 부산부(釜山府) 좌등정(佐藤町)

연 혁 조선반도는 삼면이 바다에 접해 지세상(地勢上) 해운업이 발달하기에 적합한 지역임에도 불구하고 한국(韓國)시대에는 해운업이라고 할 만한 것이 없었으며 대개 연범(筵帆)에[380] 의한 단거리 운항에 지나지 않았다. 일한병합(日韓倂合) 전에는 2, 3개의 해운업자가 부분적으로 항로를 개시해 경영을 하였으나 항로와 운임에 통일이 없어 운수교통의 불편이 적지 않았다. 그런데 일한병합(日韓倂合)이 되고 정치제도의 개혁에 따라 당국에서 해운업 또한 장려하자, 관민(官民) 사이에서 반도(半島)의 연안항로를 통일해야 한다는 필요성이 제창되었다. 이에 1912년 4월 조선총독부의 보조하에 자본금 300만 원의 조선우선주식회사가 창립되고 매년 눈에 띄게 발전하여 오늘에 이른다.

동사(同社)의 항로(航路) 이렇게 창립된 본 회사는 착실히 신항로의 개시와 구항로의 정리에 노력해 동(東)으로는 청진, 웅기, 서(西)로는 진남포, 신의주에 이르는 대부분의 조선 연안의 해운을 정리하고 근해 항로의 경영에 들어가 [원산·블라디보스톡선[오사카(大阪) 연장]], 부산·블라디보스톡·오사카선[나고야(名古屋)연장], 조선·북중국(北支那)선, [인천·엔타이(芝罘)선], 청진(淸津)·쓰루카(敦賀)선을 개시하였다. 또한 새로운 선박의 준공과 함께 서선(西鮮)·한신(阪神)선, 나아가 체신성(遞信省) 명령하에 요코하마(橫浜)·서선(西線)선을[381] 개시하였다. 신의주(新義州)·도쿄(東京)선, [인천, 중국(支那)선], 조선·상하이(上海)선, 조선·나가사키(長崎)·다롄(大連)선[가고시마(鹿兒島) 미스미(三角) 연장] 등을 개시하고, 계속해서 만주국 독립과 일만(日滿) 제휴의 기운에 부응해 솔선해서 북선(北鮮)·케이힌(京浜)직행선[382], 북선(北鮮)·호쿠리쿠(北陸)선[383] 등을 개시하는 등 착실히 그 사명의 수행에 매진하고 있다. 현재 소유 선박 22척(艘), 총톤수 3만 6,300여 톤과 용선(傭船) 수 척, 총톤수 약 1만 톤을 보유하고 있다. 개인이 운영하는 것을 합병해 13선(線)의 정기항로를 경영하며 조선(朝鮮) 개발에 노력하고 있다. 항로명은 다음과 같다.

1. 북선(北鮮)·요코하마(橫濱) 직행선 2. 웅기(雄基)·도쿄(東京)선 3. 부산·블라디보스톡·오사카(大阪)선[나고야(名古屋) 연장] 4. 나고야(名古屋)·웅기(雄基)선 5. 웅기(雄基)·오사카(大阪)선 6. 청진(淸津)·쓰루카(敦賀)선 7. 북선(北鮮)·호쿠리쿠(北陸)선 8. 신의주(新義州)·도쿄(東京)선 9. 신의주(新義州)·오사카(大阪)선 10. 조선(朝鮮)·나가사키(長崎)·다롄(大連)선 11. 조선·북중국(北支那)선 12. 조선·상하이(上海)선 13. 오사카(大阪)·제주도선

부산지점 1912년 본사 창립과 함께 대창정(大倉町) 1정목(丁目)[현재의 위치]에 개설해 오늘에 이르렀다. 지점 내에는 본사 소속의 선박과 서무 각 분실[조도과(調度課) 및 서무계(庶務係)], 영업계, 회계의 각 계(係)를 설치해 회사지점 가운데서 중요한 위치에 있다.

연안항로 원산·웅기(雄基)선 월 10회 이상, 원산·청진 연락선 월 15회 이상, 금강산 유람선[여름철] 매일 원산발(元山發), 부산·원산선 월 7회 이상, 부산·울릉도선 월 4회 이상, 부산·제주도선 월 5회 이상, 목도(牧島)·다도해선 월 3회 이상, 목포·제주도선 월 8회 이상, 인천·목포선 월 3회 이상, 인천·진남포선 월 4회 이상, 인천·해주선 월 30회 이상

근해항로 청진·쓰루카(敦賀)선 월 2회 항해 이상, 부산·블라디보스톡·오사카(大阪)선 월 3회 항해 이상, 웅기·간몬(關門)선 월 3회 항해 이상, 부산·제주도·간몬(關門)선 월 2회 항해 이상, 신의주·오사카(大阪)선 월 3회 항해 이상, 조선서안선(朝鮮西岸線) 월 2회 항해 이상, 조선·북중국(北支那)선 월 2회 항해 이상, 조선·상하이(上海)선 월 1회 항해 이상, 조선·나가사키(長崎)·다롄(大連)선 월 2회 항해 이상, 오사카(大阪)·청진(淸津)선 월 2회 항해 이상

현재 지점장 히로세 히로시(廣瀬博)는 미야자키현(宮崎縣) 고과정(高鍋町) 사람으로 1885년 9월 12일 태어났다. 와세다(早稻田)대학 상과(商科)를 졸업하고 1912년 조선우선주식회사에 들어와 1923년 부산지점장으로 부산에 와서 오늘에 이른다. 히로세의 취미는 위인전기 읽기와 여행하는 것이다. 가족으로는 부인과 그 사이에 5남 1녀가 있다.

---

380) 무시로호(筵帆)는 짚이나 등심초 등으로 짠 대자리를 이어 맞춘 돛을 말한다. 일본에서 무명돛이 보급되는 에도(江戶)시대 이전의 목선의 돛은 주로 이것을 사용하였다.

381) 서선선(西鮮線)의 오기(誤記)이다.

382) 케이힌(京濱)은 도쿄(東京)과 요코하마(橫浜)를 지칭한다.

383) 호쿠리쿠(北陸)지방은 일본 혼슈(本州) 중앙부에 위치한 지역 가운데 동해에 접하는 지역으로 니가타현(新潟縣), 후쿠야마현(富山縣), 이시가와현(石川縣), 후쿠이현(福井縣) 등 4개의 현(縣)을 지칭한다. 하지만 일상에서는 후쿠야마현(富山縣), 이시가와현(石川縣), 후쿠이현(福井縣) 등 3개의 현(縣)을 말하는 경우가 많다. 따라서 호쿠리쿠(北陸)지방이라고 했을 때 4개 현을 '니가타현(新潟縣)을 포함한 호쿠리쿠지방', 3개 현을 '호쿠리쿠 3현'으로 구별해서 표현하기도 한다.

조선우선주식회사 부산지점
(朝鮮郵船株式會社 釜山支店)

① 조선우선주식회사 부산지점(朝鮮郵船株式會社 釜山支店)_ [신부산대관]
② 조선우선주식회사 부산지점(朝鮮郵船株式會社 釜山支店)_ [부산대관]
③ 조선우선(朝鮮郵船) 사선(社船) 백두산환(白頭山丸)_ [부산대관]
④ 조선우선(朝鮮郵船) 사선(社船) 장수산환(長壽山丸)_ [신부산대관]
⑤ 부산지점장(釜山支店長) 히로세 히로시(廣瀨博)_ [부산대관]
⑥ 부산지점장(釜山支店長) 다카이 하로고로(高井春五郎)_ [신부산대관]

조선기선주식회사(朝鮮汽船株式會社)

조선기선주식회사_ 중구 중앙동 중앙대로변 흥국생명빌딩 뒷쪽의 원미식당이 입주해 있는 건물 자리이다.

본　사 부산부(釜山府) 대창정(大倉町)[좌등정(佐藤町)]
창　립 1925년 2월
자본금 100만 원[납입 50만 원]
대표중역 모리벤 지로(森辨治郎)[384]
연　혁 본 회사는 1925년 2월 조선 연안항로[남서연안해운업]의 통일과 개선 및 충실을 도모하고 반도(半島)의 산업개발을 목적으로 조선우선(朝鮮郵船)과 그 밖의 것을 대주주로 하여 창립되었다. 현재 소유선박 40여 척[27척], 최신식 디젤선은 우수선(優秀船)인 하야후사(はやふさ)[385] 외에 1926년 11월 카모(かも), 카모메(かもめ), 치도리(ちどり), 츠바메(つばめ) 등[386] 우수(優秀) 쾌속객선(快速客船) 130톤급 4척을 새롭게 건조해 조선에서 연안 교통기관의 패권을 장악하고 있다. 항로는 조선의 전 연안에 미치고 명령항로(命令航路)로[387] 부산·울릉도선, 목포·제주도선과 경북·돗토리현(島取縣)의 명령항로인 포항(浦項)·사카이미나토(境港)선을[388] 운항하고 있다. 현재 연안 통제의 목적을 달성하고, 여세를 몰아 일본 근해항로에서 약진(躍進)하고 있는 중이다. 미쯔비시(三菱)의 히코시마(彦島)조선소에서[389] 건조(建造) 중인 디젤엔진선 350톤 형 2척[14해리]은 준공 후 부산·원산 간의 급행선으로서 내년 1월부터 취항할 것이다. 이것은 종래 강원도를 중심으로 운항한 화객선(貨客船)을 중간의 2, 3개 기항(寄港)을 없애고 부산·여수선과 같이 급행으로 편성한 것이다. 육로의 불편함과 높은 운임료를 일축하고, 종래 46시간을 30시간으로 단축해서 동해안의 새로운 시대를 계획하고자 한다.

항로(航路) 수명선(受命線) 부산·울릉도선 월 5회[감포, 구룡포, 포항, 강구, 영해, 축산, 평해, 울진, 죽변 경유], 목포·제주도 연락선[목포 홀수 날, 제주도 짝수 날], 부산·여수 급행선[매일 2회], 부산·목포선[매일 1회], 부산·통영·선진(船津)선[매일 1회], 마산·통영선[매일 2회], 마산·진해선[매일 5회], 부산·제주도선[월 5회], 부산·원산선[월 10회], 부산·구룡포선[매일 1회], 부산·방어진선[매일 1회], 목포·법성포선[격일 1회], 목포·제주도 주회선(周廻線)[월 6회], 인천·해주선[매일 1회], 부산·강구(江口)선[매일 1회]

현재 본사(本社) 중역은 다음과 같이 모두 조선해운계의 권위자이다. 사장 이시가키 코지(石垣孝治). [전무] 우즈하시 미야(埋橋美也). [상무] 후쿠시마 야이치로(福島彌市良). 취체역 핫토리 겐지로(服部源次郎), 스노우치 츠네타로(須之內常太郎), 오이케 겐지(大池源二), 히로세 히로시(廣瀨博). 감사역 이케마쯔 토키오(池松時雄), 우에하라 카메타로(上原龜太郎). 상담역 온다 도우키치(恩田銅吉), 오이케 츄스케(大池忠助)

사　장 이시가키 코지(石垣孝治)는 1868년 카가와현(香川縣)에서 태어났다. 1901년 일본우선(日本郵船)주식회사 부산지점원으로 조선에 건너온 이후 운송업무에 종사해 왔으나 1912년 조선우선(朝鮮郵船)주식회사 창립에 관여해서 조선우선주식회사에 들어가 부산지점장을 거쳐 현재 조선우선주식회사 취체역 겸 영업과장의 요직을 담당하고 있다. 1925년 3월 조선기선(朝鮮汽船)주식회사의 창립을 맞이하여 조선우선주식회사의 현직에 있으면서 조선기선주식회사의 취체역사장을 맡아 오늘에 이르고 있다.

전무취체역 우즈하시 미야(埋橋美也)는 1884년 2월 4일 나가노현(長野縣) 상이나군(上伊那郡) 부현촌(富縣村)에서 태어났다. 1912년 조선우선(朝鮮郵船)주식회사에 입사하여 1920년까지 주로 해상근무를 한 후 원산, 부산지점의 영업사무에 종사하였다. 1923년 인천출장소에 부임했다가 조선기선(朝鮮汽船)이 창립하자 발탁되어 조선기선의 전무(專務)가 되었다.

현재 중역 사장 히로세 히로시(廣瀨博). 상무취체역 후쿠시마 야이치로(福島彌市良). 취체역 오다 마사루(小田勝), 오이케 겐지(大池源二). 감사역 고부케 요시베(小武家芳兵衛), 코다마 이카이치(兒玉鹿市). 상담역 조선우선(朝鮮郵船)주식회사 사장 모리벤 지로(森辨治郎), 마쯔이 유지로(松井邑次郎)

사　장 히로세 히로시(廣瀨博)는 1885년 원적 가고시마현(鹿兒島縣) 아탕군(兒湯郡) 고과정(高鍋町)에서 태어났다. 1908년 와세다대학(早稻田大學) 상과(商科)를 졸업하고 1912년 조우(朝郵)에 입사하여 부산지점장으로 재임하던 중, 1925년 본사의 창립에 참여해서 임원이 되었다. 초대 사장 이시가키 코지(石垣孝治)의 뒤를 이어 1930년 6월 사장으로 취임하였으며 수완을 크게 발휘해서 1934년 4월 중임(重任)되어 현재에 이르고 있다.

384) 원문에는 모리벤 지로(森辨次郎)로 잘못 서술되어 있다. 모리벤 지로(森辨治郎, 1868~1939)는 앞 항목에서 보았듯이 조선우선주식회사(朝鮮郵船株式會社)의 사장이었다. 그리고 본 항목의 내용에서 알 수 있듯이 조선기선주식회사(朝鮮汽船株式會社)의 상담역을 맡고 있었다. 그런데도 『新釜山大觀』에서는 모리벤 지로(森辨治郎)를 조선기선주식회사(朝鮮汽船株式會社)의 대표중역으로 기재하고 있다. 그는 1930년 조선우선주식회사 사장으로 취임해서 활동하다가 1937년 10월 조선중공업주식회사(현재 영도 한진중공업의 전신)가 설립되자 초대사장을 맡았는데 1939년 사망하였다.
385) 송골매를 지칭한다.
386) 카모(かも)는 오리(鴨), 카모메(かもめ)는 갈매기(鷗), 치도리(ちどり)는 물떼새, 츠바메(つばめ)는 제비를 뜻한다.
387) 정부가 정치·경제적 필요에 따라 해운업자에게 보조금 또는 면세 특권을 주면서 운항을 명령하는 항로를 말한다.
388) 사카이미나토(境港)는 돗토리현(島取縣) 북서단 유미가하마(弓ヶ浜)의 북쪽에 위치한다. 예부터 상항(商港)과 어항(漁港)으로 유명한 항구도시이다. 현재는 근해어업의 기지로 인구 38만 명이 거주하고 있다.
389) 히코시마(彦島)는 야마구치현(山口縣) 시모노세키시(下關市)의 남쪽에 있는 섬이다.

조선기선주식회사
(朝鮮汽船株式會社)

① 조선기선주식회사(朝鮮汽船株式會社)_ [신부산대관]
② 조선기선(朝鮮汽船) 소속 타이안마루 객실(太安丸 客室)_ [신부산대관]
③ 조선기선(朝鮮汽船) 소속 타이안마루(太安丸)_ [신부산대관]
④ 조선기선(朝鮮汽船) 소속 카모마루(かも丸)_ [부산대관]
⑤ 초대사장(初代社長) 이시가키 코지(石垣孝治)_ [부산대관]
⑥ 전무취체역 우즈하시 미야(埋橋美也)_ [부산대관]

조선법랑합자회사(朝鮮琺瑯合資會社)

소　재 부산부(釜山府) 목도(牧島) 영선정(瀛仙町) 2번지
창　립 1932년 8월
대표사원 요츠이 쥰죠(四居順三)

　　연　혁 본 회사는 1932년 8월 경상남도 산업부 및 부산세관의 후원 아래 요츠이 쥰죠(四居順三), 오이케 겐지(大池源二), 사이죠 리하치(西條利八) 세 사람의 출자에 의해 설립되었다. 조선총독부로부터 업계 장려의 취지로 철기제조기계(鐵器製造機械)를 대여 받아 오로지 수출용 법랑철기(琺瑯鐵器)를 제조하고 있다. 현재 연생산액 약 100만 원의 수출을 하고 있으며 판로는 아프리카, 인도, 남양(南洋)[390], 호주, 해협식민지(海峽植民地)[391], 태국, 만주 및 조선 등이다. 계속해서 순차적으로 시장을 개척하는 중에 있다. 조선에서 해외시장에 대해 직접 수출의 길을 열었던 것은 본 회사가 효시(嚆矢)로, 반도(半島)의 산업사상(産業史上) 대서특필할 일이다. 본 회사는 현재 자본금 15만 원, 전액 납입의 주식회사로 조직 변경의 절차를 밟고 있다.

　　대표사원 요츠이 쥰죠(四居順三)는 시가현(滋賀縣) 판전군(坂田郡) 장빈정(長濱町) 출신이다. 1911년 3월 오사카시(大阪市) 세이키상업(成器商業)학교를[392] 졸업하고 바로 조선으로 건너와 고(故) 오이케 츄스케(大池忠助)가 경영하던 부산기선(釜山汽船)주식회사에 입사해 회계과(會計課) 겸 사장비서를 맡았으며 도쿄(東京)로 출장 가서 조선우선(朝鮮郵船)주식회사의 창립 사무를 도왔다. 이듬해 조선우선주식회사의 설립과 더불어 입사하여 경성(京城) 본사에서 근무하였다. 1913년 7월 집안 사정으로 퇴사하고 그해 8월 오사카시(大阪市)에 있는 일본에나멜주식회사[일본 최초로 법랑철기(琺瑯鐵器)를 수출]에 입사하였다. 이후 1927년 1월 오사카시(大阪市) 쿄와법랑(協和琺瑯)회사로 옮겨서 지배인이 되었다. 1932년 7월 동(同) 회사를 그만두고 다시 부산으로 와 앞서 언급한 조선법랑회사(朝鮮琺瑯會社)를 설립하고 그 뒤 주식회사로[393] 개조하여 전무(專務)로 취임하였다.

　　그는 올해 41세로 노동복을 입고 직공 대열에 끼여 사업을 생명과 같이 여기면서 대성(大成)을 기약하는 사람이다. '성공하려면 우량품을 만들어라'는 것이 신조이다. 취미는 겸손하게 나가우다(長唄)를[394] 듣는 것이다.

조선법랑합자회사_ 영도구 봉래동 경남조선 옆 현대기계가 있는 곳이다.

---

390) 본책 주(註) 317 참조.
391) 본책 주(註) 358 참조.
392) 1903년 설립된 학교로 현재 오사카학예(大阪學藝)고등학교의 전신에 해당한다.
393) 조선법랑합자회사(朝鮮琺瑯合資會社)는 본 항목에서 알 수 있듯이 애초 자본금 15만 원의 주식회사로 조직을 변경할 계획이었다. 그러나 원래의 계획과 달리 조선법랑(朝鮮琺瑯)주식회사는 1935년 11월 26일 자본금 10만 원의 주식회사로 설립되었다
394) 나가우다(長唄)는 에도시대 가부키(歌舞伎)의 반주곡으로 발달한 사미센(三味線) 음악이다. 1818년~1830년 무렵에는 가부키(歌舞伎)와 무용의 반주용이 아니라 감상 위주의 자시키나가우다(座敷長唄)가 생겨나 메이지(明治) 이후 널리 보급되었다.

조선법랑합자회사(朝鮮琺瑯合資會社)

① 조선법랑합자회사(朝鮮琺瑯合資會社)_ [신부산대관]
② 공장(工場)의 일부(一部)_ [신부산대관]
③ 사장(社長) 요츠이 쥰죠(四居順三)_ [신부산대관]

조선제망주식회사(朝鮮製網株式會社)

소　재 부산부(釜山府) 목도(牧島) 영선정(瀛仙町) 1887번지
창　립 1929년 9월
자본금 25만 원
대표취체역 마에오카 히데아키(前岡英明)
연　혁 본 회사는 오사카시(大阪市) 대정구(大正區) 천미빈통(泉尾濱通) 3정목(丁目) 소재 마에오카제망(前岡製網)주식회사[자본금 120만 원]의 자매회사로 1929년 창립되었다. 자본의 출자자들이 중역(重役)을 맡고 마닐라로프, 선박어업망삭류(船舶漁業網索類)의 제조와 판매를 영업목적으로 한다. 조선에서 수산업 및 해운업의 중심지에 자리 잡은 위치의 이점과 더불어 조선에서 유일한 공장으로 활동하는 탓에 영업성적은 매우 뛰어나다. 현재 직공 200명을 거느리며 밤낮을 가리지 않고 계속 일을 하면서 모든 능력을 발휘하여 그 제품을 조선 전역과 만주로 보내고 있다.

사장 마에오카 히데아키(前岡英明)와 전무 마에오카 마사타카(前岡正隆)는 항상 교대로 부산에 와서 공장의 운영과 영업을 감독하고 있다.

조선제망주식회사_ 영도구 봉래동 1가 해안의 대일보세창고 자리이다.

조선제망주식회사(朝鮮製網株式會社)

① 조선제망주식회사(朝鮮製網株式會社)_ [신부산대관]
② 공장(工場)의 일부(一部)_ [신부산대관]
③ 공장(工場)의 일부(一部)_ [신부산대관]
④ 사장(社長) 마에오카 히데아키(前岡英明)_ [신부산대관]

양경환(梁卿煥)[395]

원　　적 부산부(釜山府) 영선정(瀛仙町) 1761번지
주　　소 부산부(釜山府) 대창정(大倉町) 2정목(丁目) 13[좌등정(佐藤町) 9번지]
상　　호 양경환상점(梁卿煥商店)
사　　업 회조업(回漕業)[396] 및 위탁무역업(委托貿易業)

　　양경환(梁卿煥)은 1888년 12월 2일 부산에서 태어났다. 1900년 농업학교를 졸업하고 실업(實業)에 뜻이 있어 1912년 5월 조선우선(朝鮮郵船)주식회사 소속의 제주도 김녕(金寧)취급점을 개업하여 성황을 보았다. 1921년 2월 제주도와 오사카(大阪) 사이의 항로가 유망한 것을 인식하고 조선인 실업가(實業家)와 도모해서 합자회사 제우사(濟友社)를 부산에 설치하고 기선(汽船) 아사히마루(朝日丸) 외에 500톤급 수 척을 빌려 해운업에 종사하였다. 그러나 1923년 관동대진재(關東大震災)로 조선인의 일본 도항(渡航)이 저지되자 사업을 중지하였다. 그 뒤 조우(朝郵) 부산지점 선객계(船客係)의 일을 맡고 이와 더불어 해륙산물(海陸産物)의 위탁판매업을 운영하여 오늘에 이른다. 그는 해운업에 다년간의 경험을 갖고 게으름을 모른 채 영업에 종사한 활동가였다. 개업 후 강원도가 유망한 것을 알고 삼척군(三陟郡) 임호항(荏湖港)에 지점을 설치하여 조선우선 대리점으로 삼았다. 해륙물산의 위탁매매를 시작하여 점원 6명을 두고, 또 산업자금을 대부하는 등 그곳에서 큰 영향력을 가지게 되었다. 또한 경상남도 김해군에 논과 염전 사업을 경영해 소작인 30여 명을 두고 있다. 염전사업은 대규모로 1년간 사용하는 석탄이 2,000톤을 초과하고 원염(原鹽)은 80만 근(斤)에 달하며 연생산액은 8만 원에 이른다. 주로 제주도, 강원도 방면에 판로를 갖고 있다. 부산지점에서 고용한 인원은 수십 명에 달하며 가족 11명과 일치 협력해 점무(店務)에 종사하고 있다. 양경환(梁卿煥)은 부산에서 꿋꿋하게 살아가는 실업가로 공공(公共)에 대한 생각이 깊으며 현재 부산상공회의소 의원으로서 중요한 역할을 하고 있다.

양경환상점_ 중구 중앙동 2가 경남은행 맞은편 (주)투어부산여행사가 있는 곳이다.

---

395) 양향환(梁鄕煥)으로 되어있는 원문의 오기(誤記)를 바로 잡았다.
396) 본책 주(註) 137 참조.

양경환상점(梁卿煥商店)

① 양경환상점(梁卿煥商店)_ [부산대관]
② 양경환상점(梁卿煥商店)_ [신부산대관]
③ 점주(店主) 양경환(梁卿煥)_ [신부산대관]

오이케 츄스케(大池忠助)

원 적 나가사키현(長崎縣) 하현군(下縣郡) 엄원정(嚴原町) 자궁곡(字宮谷)
주 소 부산부(釜山府) 변천정(辨天町) 1정목(町目) 26
직 업 무역, 창고, 농장경영, 정미업, 토지가옥경영, 여관

오이케 츄스케(大池忠助)는 안세이(安政) 3년[397] 4월 20일 쓰시마 이즈하라쵸(嚴原町)에서 오이케 쇼베에(大池庄兵衛)의 2남으로 태어났다. 13세 때 숙부 시게키 겐스케(茂村源助)의 쓰시마 센킨엔(千金圓) 본포(本鋪)에 들어가 16세까지 타케스에 나오지로(竹末直次郎) 밑에서 사숙(私塾)하였다. 1875년 20세에 시게키(茂村)본점을 사직하고 청운의 꿈을 품고서 크게 성공할 것을 기대하며 범선에 시가 250만 원의 상품을 싣고 그해 2월 28일 처음으로 부산에 도착하였다. 수개월 후 변천정(辨天町)에 오이케(大池)상점을 열고 일용품을 판매하였다. 이듬해 1876년 공무역인으로 허가를 받고 쌀과 잡곡을 쓰시마에 수출하기 시작하였다. 그해 2월 26일 일한수호조약(日韓修好條約)이 체결되면서 부산항은 개항장이 되었다. 1878년 미쯔이(三菱)회사가 조선항로를 시작하자 그 대리점을 인수하여 고베(神戸), 시모노세키(下關), 나가사키(長崎) 등의 상계(商界)에 오이케 츄스케(大池忠助)란 이름을 알리고 일본(內地)의 대상점과 거래를 시작하였다. 게다가 1879년 조선 해라(海蘿)의[398] 판로가 큰 것을 간파하고 조선정부로부터 특허를 받아 전라남도 진도 외에 여섯 섬에서 매입을 시작해 일본수출을 도모하였으며 1880년에는 청어(鰊)와 대구(鱈)의 어업을 겸영하였다. 1881년 부산거류민단 의원, 부산상법(釜山商法)회의소 의원으로 뽑혔다. 또 조선정부의 엽전 주조용인 동석(銅錫)의 수요가 증가하자 오사카의 스미토모제동소(住友製銅所)로부터 대량의 정동(丁銅)을 수입해서 경성으로 향하였다. 그러나 조선정부의 정책이 일변하여 동(銅) 수입을 엄금하는 쪽으로 의견이 모아지면서 그는 거의 파산지경에 빠졌으나 불요불굴의 의지로 좋은 시기를 기다렸

오이케본점_ 중구 광복동 경륜·경정광복지점이 있는 하모니빌딩 자리이다.

다. 이후 쌀, 잡곡의 수출과 옥양목, 목면, 갑배견(甲斐絹)[399], 염료 등의 수입판매에 힘을 쏟았다. 1885년 일본우선(日本郵船)회사에서 조선항로를 운항하기 시작하자 하객취급점을 운영하였다. 이리하여 사업발전의 기운은 해마다 드높아졌다. 한편 부산에 적당한 여관이 없는 것에 착안하여 1887년 여관부(旅館府)를 두고 이를 겸영하였다. 이듬해 1888년 김해군(金海郡) 명지면(鳴旨面)에서 염전사업을 시작하였으며 1889년에는 하자마 후사타로(迫間房太郎), 사카타 요이치(坂田與市)[400] 등과 함께 자본금 5만 원의 부산창고회사를 설립하였다. 또 수산업자 지도장려기관으로 하자마(迫間), 야바시(矢橋)[401] 등과 함께 부산수산회사를 창립하였다. 이후 1892년에 이르러 미곡수출판매의 새로운 수단으로서 정미업에 착목해 고도 진키치(五島甚吉)[402], 나카무라 토시마쯔(中村俊松)[403] 등과 협의하여 부산정미소를 설립하였다. 이후 청일전쟁 때 부산정미소는 군용미 공급을 명령받고 많은 공헌을 하였다. 마침내 청일전쟁이 끝나면서 부산거류민들이 일시에 증가하여 점포와 주택이 부족하게 되자 가옥의 신축에 많은 자본을 투자해 점포와 주택의 부족분을 완화시켰다. 그해 아마가사키기선(尼ケ崎汽船)[404] 및 고코(互光)상회의[405] 항로신설과 더불어 하객취급점을 운영하였다. 이후 1899년 부산거류민이 1만 명을 넘게 되자 전등공급에 대한 채산(探算)을 맞추어 하자마(迫間), 키모토(木本)[406], 고도(五島) 등과 협의하고 이 방면의 선각자 오사와 젠스케(大澤善助)[407]와 숙의(熟議)하여 자본금 15만 원의 부산전등주식회사를 설립하고 사장으로 취임하였다. 1901년 조선산 쌀의 품질개량과 거래상의 안전을 기하기 위해 부산곡물수출상조합의 결성에 앞장서 조합장이 되었다. 이와 함께 부산항은 나날이 번창하여 수출입 화물이 크게 증가하였는데 정작

397) 1856년에 해당한다.
398) 홍조류 풀가사릿과의 해조(海藻)를 지칭한다. 길이는 6~10cm로 나뭇가지 모양을 하고 있다. 줄기의 속은 비어 있고 겉은 미끄러우며 끈끈하고 광택이 난다. 식용으로 사용하며 이것을 삶은 물로 명주, 비단 등의 옷감에 풀을 먹인다. 썰물의 경계선에 있는 바위에 붙어 번식하는데 가사리 또는 포해태(布海苔, Gloiopeltis furcata)라고도 한다.
399) 카이키누(甲斐絹)는 영어로 'kaihi'이며 우리말로는 가히비단이라고 한다. 날실과 씨실 모두 가는 정련 비단실을 사용해서 치밀하게 짠 견직물이다. 씨실이 날실을 덮은 형태로 직물표면에는 씨실이 나타나는데 평활하고 광택이 풍부하여 양질의 평직물, 안감, 겉이불, 방석카바 등에 사용된다. 일본에서는 근세초기 네델란드인이 편사(編絲)와 함께 동남아시아에서 갖고 들어왔는데 카이키(甲斐), 곧 현재의 야마나시현(山梨縣)에 해당하는 군나이(郡內) 지방에서 직조했기 때문에 카이키누(甲斐絹)라는 명칭이 생겨났다.
400) 본책 시대별(時代別) 중심인물(中心人物)[1] 항목 및 사카다 분키치(坂田文吉) 항목 참조.
401) 본책 시대별(時代別) 중심인물(中心人物)[1] 항목에 수록된 민간유력자 야바시 칸이치로(矢橋寬一郎)로 판단된다.
402) 본책 고도 진키치(五島甚吉) 항목 참조.
403) 본책 부산해산상조합(釜山海産商組合), 부산수산주식회사(釜山水産株式會社), 요시다 모토조(吉田元藏) 각 항목 참조.
404) 아마가사키(尼ケ崎)는 효고현(兵庫縣) 남동단(南東端)의 지명이다. 예부터 중요한 어항으로 현재 효고현 내에서 인구밀도가 가장 높다.
405) 본책 주식회사 오이케회조점(株式會社 大池回漕店) 항목 참조.
406) 본책 조선은행 부산지점(朝鮮銀行 釜山支店) 항목의 키모토 호타로(木本房太郎)로 짐작된다.

오이케 츄스케(大池忠助)

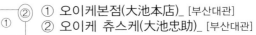

① 오이케본점(大池本店)_ [부산대관]
② 오이케 츄스케(大池忠助)_ [부산대관]

선박이 계류할 잔교(棧橋)가 없는 것을 유감으로 생각해 하자마 후사타로(迫間房太郎), 고도 진키치(五島甚吉) 등 여러 사람들과 협의해서 자본금 15만 원의 잔교회사를 창립하고 1906년 잔교를 완성하였다. 이것이 1916년까지 많은 선박들이 이용한 부산 유일의 잔교인데, 현재의 철도잔교가 완성되기 이전의 잔교로서 지금까지 사람들의 기억 속에는 구잔교(舊棧橋)의 이름이 남아 있다. 1903년에는 동업자를 규합해 부산해산상조합을 결성하고 조합장으로 추대되었으며 또 부산상업회의소 회두(會頭)로 뽑혔다. 1904년 러일전쟁이 발발하자 그는 솔선해서 후원을 맡아 많은 공헌을 하였다. 1906년 논공행상(論功行賞) 때 훈6등(勳六等)으로 서보장(瑞寶章)을 받았다. 또한 그는 그해 정미(精米)설비의 필요를 절실히 느껴 혼자 힘으로 60마력 증기기관을 설치하고 미국제 마찰(摩擦)정미기 6대로 하루 400석의 정미가 가능한 오이케정미(大池精米)공장을 부평정(富平町)에 설립하였다. 1907년 거류민단 의원에 20년 이상 재직한 기념으로 금잔 1개를 수여받고 이듬해 1908년에는 부산거류민단회 의장에 선임되었다. 그해 여러 공장과 선박에 석탄을 공급하기 위해 큐슈탄(九州炭), 카이펑탄(開平炭), 푸순탄(撫順炭) 등을 수입하고 석탄부(石炭部)를 동시에 경영하였다. 그리고 조선쌀의 수출증가에 따라 정미부(精米部)의 확장을 도모하고 절영도(絕影島)[408]해안에 130마력으로 1일 1,000석의 정미능력을 발휘하는 제2정미공장을 신설하였다. 이어서 1909년 이사관 카메야마 리헤이타(龜山理平太)[409] 등의 후원을 받아 하자마 후사타로(迫間房太郎), 야마모토 준이치(山本純一)[410], 고도 진키치(五島甚吉) 등과 함께 부산, 동래간의 경편철도(輕便鐵道) 부설을 위해 부산궤도(釜山軌道)주식회사를 설립하였다. 또한 부산항을 중심으로 하는 연안항로를 개척한 오카 쥬로(岡十郎)[411], 후쿠다 쯔네지로(福田常次郎), 하자마 후사타로(迫間房太郎), 고도 진키치(五島甚吉) 등과 숙의하여 자본금 60만 원의 부산기선주식회사를 창립하고 사장이 되었다. 이것이 조선우선(朝鮮郵船)주식회사의[412] 전신인 조선 유일의 기선주식회사였다. 1909년 일본적십자사는 그에게 유공장(有功章)을 수여해 여러 해에 걸친 그 동안의 공적을 표창하였다. 이후 1910년 부산에서 전등, 동력, 가스, 전철을 경영할 요량으로 한국가스전기주식회사를[413] 무타구치 겐가쿠(牟田口元學), 사토 미츠타카(佐藤潤象) 등이 발기하여 부산궤도주식회사, 부산전등주식회사와 합병하자 그는 새로운 회사의 이사를 맡았다. 이듬해 1911년 부산의 사교단체인 부산번영회(釜山繁榮會)의 설립을[414] 주선하고 회장으로 추대되었다. 또한 1912년에는 구포은행[자본금 100만 원]을[415] 설립하고 이사에 선임되었다. 당시 조선의 연안항로는 원산의 요시다기선(吉田汽船), 목포항운(木浦航運), 부산기선(釜山汽船)의 세 회사가 삼분(三分)하여 각각 소형선박으로 일부 구간의 해운을 경영하면서 조선의 개발에 임하고 있었다. 그러나 세력이 너무나 미미하였음으로 이를 통합해서 하나의 큰 기선회사를 설립해야 한다는 여론이 관민들 사이에서 제기되었다. 이에 그는 원산의 요시다 히데지로(吉田秀次郎), 인천의 호리 리키타로(堀力太郎)[416], 이시가키 코지(石垣孝治)[417] 등과 의논하고 또 오쿠

407) 오사와 젠스케(大澤善助, 1854. 3~1934. 10)는 현재 주식회사 오사와상회그룹(大澤商會グループ)의 모태가 되는 오사와상회(大澤商會)를 설립한 인물로 교토(京都) 출신이다. 그는 1890년 시계를 생산하였으며, 1892년 교토전등(京都電燈)주식회사와 1894년 교토전기철도(京都電氣鐵道)회사를 설립하였다. 1895년에는 외국시계 및 자동차를 수입 판매하고 또 일본 최초의 시가전차(市街電車)를 운영하였으며 1899년 교토부회(京都府會) 의장이 되었다. 1900년 오사와(大澤)가 설립한 부산전등회사가 한국정부로부터 전기사업 허가를 받게 되자 그는 교토전등주식회사, 부산거류민 등과 공동출자하여 부산전등주식회사를 창립하였다. 이 회사는 1902년 개업하였는데 1910년 조선가스전기주식회사에 매각되었다.
408) 본책 주(註) 165 참조.
409) 본책 부산의 발전에 공헌한 역대관인(歷代官人) 항목 참조.
410) 본책 야마모토 라이노스케(山本賴之助) 항목 참조.
411) 오카 쥬로(岡十郎, 1870~1923)는 일본 포경업의 근대화에 공헌한 인물로 포경왕으로 불렸다. 게이오 기쥬쿠(慶應義塾)에서 후쿠자와 유키치(福澤諭吉)의 가르침을 받들어 수산업의 중요성을 자각하고 조선 근해에서 러시아의 태평양포경회사가 활약하는데 자극 받아 일본에 노르웨이식 포경기술을 최초로 도입한 인물이다. 포경독점자본을 발전시켜 현재 일본수산주식회사의 기초를 구축하였으며, 시부사와 에이이치(澁澤榮一) 등과 멕시코어업조사회를 조직해 회장을 맡고 남미 칠레정부에 초빙되어 칠레연안의 어업조사를 실시하는 등 일본의 해외어장 개발에 앞장섰다.
412) 본책 조선우선주식회사(朝鮮郵船株式會社) 항목 참조.
413) 조선가스전기주식회사를 지칭한다. 본책 조선가스전기주식회사 항목 참조.
414) 부산번영회는 부산거류민 상층과 각 기관의 중심인물이 주축이 되어 결성한 조직으로 사교단체이자 이익단체의 성격을 갖고 있었다. 이 단체는 1908년 5월 결성되었다. 따라서 본문에서 부산번영회의 설립시기를 1911년으로 기술한 것은 착오로 보인다.
415) 본책 주식회사 경남은행 항목 참조.
416) 호리 리키타로(堀力太郎)는 일찍이 한국에서 해운업의 선구자로 활동한 호리 히사타로(堀久太郎)의 장남으로 1870년 태어났다. 1883년 그의 부친을 따라 활동의 근거지를 부산에서 인천으로 옮겼다. 1898년 호주가 된 호리 리키타로(堀力太郎)는 1898년 블라디보스톡항로, 1899년 10월 인천 오사카항로, 1900년 진남포 평양항로, 1901년 원산항로 등을 개시하였다. 러일전쟁 당시 부산 넘어 북쪽으로의 항해가 중지되었을 때 그는 원산의 일본거류민을 염두하여 원산항로를 유지하다 러시아함대로부터 선박이 격침되는 피해를 입기도 하였다. 해운업을 통해 백만장자가 된 그는 1908년 무렵 해운업을 그만두고 일선에서 물러났다.
417) 이시가키 코지(石垣孝治)는 1868년 카가와현(香川縣) 나카타도군(仲多度郡)에서 태어나 일본우선(日本郵船)주식회사 원산출장소에서 근무하였다. 1908년 원산출장소가 폐쇄되자 합자회사 요시다상회(吉田商會)에 들어가 회조부(回漕部) 주임 및 일반 창고업에 종사하였다. 1921년에는 조선우선(朝鮮郵船)주식회사 이사 겸 영업과장으로 근무하였다. 그에 대해서는 본책 조선기선주식회사(朝鮮汽船株式會社) 항목 참조.

라 기하치로(大倉喜八郎)[418], 곤도 렌베이(近藤廉平)[419], 야마오카 준타로(山岡順太郎)[420] 등의 찬성을 얻어 자본금 300만 원의 조선우선(朝鮮郵船)주식회사 설립에 앞장서 동사(同社)의 이사가 되었다. 그리고 부산항내 하객취급점을 맡아 새로이 거룻배부(艀部)를 개설하였다. 이와 함께 1913년 부산거류민단장, 부산상업회의소 회두로 뽑혔으며 자본금 100만 원의 부산공동창고주식회사의 설립에 힘써 이사로 선임되었다. 1915년 3월 중의원 의원 총선거 때는 고향 쓰시마(對馬島)에서 선출되어 대의사(代議士)로서[421] 제36회 의회에 임하였다. 그해 11월 금상폐하(今上陛下)의 즉위식 어대전(御大典)에[422] 참석하는 영광을 입었으며 어대전기념장(御大典記念章)을 수여받았다. 1916년 4월 상업회의소령의 공포에 따라 일본인과 조선인을 합쳐 하나의 상업회의소로 만들 때 그는 평의원으로 추천되어 회두로 뽑혔다. 1917년 조선의 미개척지 개발을 기획해 통영군과 전라남도 여러 곳에 있는 약 700정보의 개간사업을 시작하였다. 1918년 부산에서 창고가 부족함을 간파하고 좌등정(佐藤町)과 고도정(高島町)에 14동 4,010평의 창고를 설립해서 영업을 시작하였다. 그해 부산부협의회원, 부산상업회의소 평의원에 당선되었으며 자본금 100만 원의 동양축산주식회사의 창립을 맡아 이사가 되었다. 또한 오락기관으로 활동상설관 상생관(相生館)을[423] 신설하는 등 각 방면에 비범한 수완을 발휘하였다. 1919년 2월에는 다년간 산업진흥, 지방개발, 공공공익(公共公益)에 진력한 공로로 칙령에 정한 남수포장(藍綬褒章)[424]을 받았다. 그해 미가폭등의 시기에 사회적으로 불안한 기운이 엄습하자 그는 빈곤자에게 백미(白米)를 베풀고 또 부내(府內) 3개소에 백미염가소(白米廉價所)를 설치해 구제를 하는 등, 여기에 쏟은 금액이 1만 원을 넘었다. 1921년 4월 부협의원이 민선(民選)으로 개정되어 선거를 치르게 되자 재차 부협의회원으로 당선되었다. 1922년 조선선거(朝鮮船渠)공업주식회사의 설립을 맞이하여 이사에 취임하였다. 그리고 그해 부산상업회의소 특별평의원으로 천거되었다. 1923년 관동대지진 때는 곧바로 백미 100석을 일본으로 보내 구제의 뜻을 밝혔다. 이후 1925년 다년간의 현안이었던 도청이전을 맞이하여 여러 가지 편의를 제공할 목적에서 협찬회를 설립하고 회장으로 추대되었다. 그해 2월 부산을 중심으로 하는 연안항로의 통일과 개선을 도모하기 위해 조선기선주식회사[자본금 100만 원]를 창립하고 동사(同社) 상담역을 맡았으며 그해 5월 전남 송지(松旨)수리조합의[425] 조합장이 되었다.

현재 경상남도평의회원, 부산부협의회원, 부산상업회의소 특별평의원, 부산번영회 회장, 부산무덕회장(釜山武德會長), 조선우선주식회사 이사, 조선가스전기주식회사 이사, 원산수산주식회사 사장, 부산수산주식회사 사장, 부산공동창고주식회사 이사, 주식회사 부산상업은행 이사, 주식회사 경남은행[426] 이사, 부산미곡증권주식회사 사장, 조선선거(朝鮮船渠)공업주식회사 이사, 동양축산주식회사 이사, 조선기선주식회사 상담역, 부산곡물시장 총이사, 부산수출상조합 이사, 부산곡물상조합장, 부산곡비상(釜山穀肥商)조합장, 송지(松旨)수리조합장 등의 직책에 있다.

418) 오쿠라 기하치로(大倉喜八郎)에 대해서는 본책 주(註) 191 참조.

419) 곤도 렌베이(近藤廉平, 1848~1921)는 일본우선(日本郵船)주식회사 사장을 역임하고 1918년 귀족원(貴族院) 남작의원(男爵議員)으로 호선되었다. 1902년 시부사와 에이이치(澁澤榮一) 등과 함께 청국과 한국에서 일본의 상공업, 광업, 운수교통사업을 추진하기 위해 청한상공협회(淸韓商工協會)를 결성하였으며 1920년에는 조선우선주식회사 및 조선기업(朝鮮起業)주식회사의 주주였다.

420) 야마오카 준타로(山岡順太郎, 1866.10~1928.11)는 1919년부터 1923년까지 오사카(大阪)상공회의소 제8대 회두, 1922년부터 1924년까지 조선총독부 산업조사위원회 위원촉탁 및 촉탁, 1921년부터 1927년까지 오사카상선주식회사 부사장 및 이사 등을 역임하고 1922년부터 1925년까지 간사이(關西)대학 제11대 학장을 지냈다.

421) 대의사(代議士)는 국민에 의해 선출되어 국민의 대표로서 국정을 논하는 사람을 지칭한다. 특히 중의원(衆議院) 의원을 가리키는 경우가 많다.

422) 여기서 즉위식 어대전(御大典)은 쇼와천황(昭和天皇)이 정식으로 황태자에 봉해진 1916년 11월 3일 궁중에서 있었던 입태자례(立太子禮) 의식을 말한다. 따라서 본문에서 입태자례(立太子禮)가 있었던 '그해'를 마치 다이쇼(大正) 2년, 곧 1915년이었던 것처럼 기술한 것은 잘못이다.

423) 본책 만세이 미네지로(滿生峰次郎) 항목 참조.

424) 본책 주(註) 349 참조.

425) 전라남도 해남군 송지면에 있었던 수리조합을 말한다.

426) 본책 주식회사 경남은행 항목 참조.

오이케 겐지(大池源二)

원　적 나가사키현(長崎縣) 하현군(下縣郡) 엄원정(嚴原町)[427] 대자궁곡(大字宮谷)
주　소 부산부(釜山府) 변천정(辨天町) 1정목(丁目) 45[26]
사　업 오이케총본점(大池總本店), 오이케상점(大池商店), 오이케회조주식회사(大池回漕株式會社)

　　오이케 겐지(大池源二)는 조선개척의 큰 은인 고(故) 오이케 츄스케(大池忠助)의 장남으로 1892년 9월 15일 부산에서 태어났다. 1910년 게이오대학(慶應大學) 보통부를 졸업하고 다시 1917년 3월 게이오대학 이재과(理財科)를 졸업한 뒤 곧바로 부친의 가업을 도와 본점 총지배인으로 민첩함을 발휘하였다. 1929년 봄 부친의 사망으로 광범위한 영업 모두를 이어 받아 사업을 오이케총본점[지소부(地所部), 농사부, 가옥부(家屋部)], 오이케상점[기계부, 금고부, 잡화부, 청주부(淸酒部)], 오이케회조(大池回漕)주식회사의 3사로 나누어 자신이 직접 그 총령(總領)으로서 경영하며 재능을 발휘하였다. 오이케회조점(大池回漕店) 사장, 경진(慶晋)운수회사 사장, 조선아비산(朝鮮亞比酸)광업주식회사 사장, 원산수산회사(元山水産會社) 사장, 삼천포수산(三千浦水産)합명회사 대표사원과 부산회조(釜山回漕)주식회사, 조선기선(朝鮮汽船), 통영회조(統營回漕)주식회사, 부산빌딩의[428] 취체역, 그리고 부산수산회사(釜山水産會社) 감사역 등을 역임했다.

오이케상점(大池商店)

　　오이케 겐지(大池源二)를 점주로 하고 이복 동생 키요나가 칸지(淸永完治)를 주임으로 해서 기계부, 잡화부, 금고부, 청주부(淸酒部)의 광범한 사업을 경영하고 있다. 오이케상점은 1922년 오이케수입부의 설립을 시작으로 1924년 오이케기계부로 개칭하고 1925년 쿠쯔나(忽那)상점으로, 1931년 11월 오이케상점으로 각각 명칭을 변경해 오늘에 이르고 있다. 각 부(部)의 취급품은 다음과 같다.

기계부(機械部) : 내연기관, 전동기, 토목건축용 기계, 광업용 기계, 펌프류, 농업작업기, 공장플랜운반차 및 부속품, 전기장치공장 및 가정용품, 그 외 일반 기계기구 부속품 재료 및 고무제품, 기계의 설계 및 설치 수리

오이케상점_ 중구 중앙동 중앙대로변 삼우보청기가 입주해 있는 건물 자리이다.

금고부(金庫部) : 고급 밴트식(ベント式)금고, 경량(輕量)금고, 어진영(御眞影)봉안고, 보호함, 금고실(金庫室) 철문. 창고용 철문, 맨홀, 창고용 창, 각종 수제금고, 예술금속제품, 동철제(銅鐵製)서고, 옷장, 책장, 각종 가구, 각종 스토브류

잡화부(雜貨部) : 유류(油類), 점토, 비산연(比酸鉛)

청주부(淸酒部) : 후쿠오카현(福岡縣) 우미(宇美) 지역의 명주(銘酒) '만다이(萬代)' 의[429] 조선 전역 독점판매

　　주임 키요나가 칸지(淸永完治)는 1901년 1월 야마구치현(山口縣) 후협군(厚狹郡) 길전촌(吉田村)에서 태어났다. 1924년 와세다(早稻田)대학 상업학부를 졸업하고 바로 미쓰비시상사(三菱商社)주식회사에 입사했다가 1930년 오이케(大池)본점으로 옮긴 후 오이케상점 주임으로 현재에 이르고 있다.

조선아비산광업주식회사(朝鮮亞比酸鑛業株式會社)
오이케 겐지가 사장인 같은 계열의 회사로 자본금은 20만 원이다. 본사를 부산 대창정(大倉町)에 두고 경북 영양군(英陽郡) 수비면(首比面) 칠빈(七賓)광산에서 산출되는 아비산(亞比酸)을[430] 그 지역 공장에서 정제하여 미쓰비시상사(三菱商社)회사에 독점판매하고 있다. 연생산액이 260톤에 달하는 아주 유망한 회사이다.

---

427) 쓰시마(對馬島)는 행정구역상 나가사키현(長崎縣)에 속한다. 쓰시마의 이즈하라쵸(嚴原町)는 쓰시마 도주(島主)가 거주했던 곳으로 조선시대 조선통신사(朝鮮通信使) 일행이 일본으로 가기 위해서 머물렀던 곳이다.

428) 본책 주식회사 부산빌딩(株式會社 釜山ビルディング) 항목 참조.

429) 만다이(萬代)는 1792년 창업한 고바야시주조(小林酒造)에서 1905년 만든 술로, 이 회사는 현재까지 영업을 계속하고 있다.

430) 삼산화비소(arsenious acid)의 수용액으로 청산가리(靑酸kali)와 쌍벽을 이루는 독극물이다. 맛과 냄새가 없어 예로부터 암살이나 범죄에 많이 이용되었다. 19세기에 들어와 몸속의 비소를 확인하는 방법이 개발된 이후부터 독살용으로 사용되는 경우는 줄어들었다. 방부제, 쥐약, 안료의 원료, 광학유리 제조의 청정제 등으로 사용된다.

오이케상점(大池商店)

① 오이케상점(大池商店)_ [신부산대관]
② 오이케상점(大池商店) 기계부(機械部)_ [신부산대관]
③ 오이케 겐지(大池源二)_ [신부산대관]

주식회사 오이케회조점(株式會社 大池回漕店)

소　　재 부산부(釜山府) 대창정(大倉町)[매립신정(埋立新町)]
창　　립 1923년 12월
자본금 50만 원[납입 25만 원]
영　　업 해운업 및 부대(附帶)사무
취체역대표 사장 오이케 겐지(大池源二)
연　　혁 부산 개척의 뛰어난 인물인 고(故) 오이케 츄스케(大池忠助)는 1878년 미쓰비시(三菱)기선회사의 대리점을 인수하게 된다. 이후 부산의 발전과 함께 출입 선박이 증가하자 그는 일류선(一流船)회사의 대리점을 인수하고 회조업(回漕業)[431] 외에 거룻배부(艀部), 육송부(陸送部)를 개시하였다. 이와 함께 연안항로를 충당하기 위해 선박부를 새롭게 신설하고 눈에 띄는 발전을 이루게 되자 1923년 12월 주식조직[자본금 50만 원]으로 고쳐 오늘에 이른다.

동사(同社)의 사업 부산에서 해운업의 선구로, 오늘에 이르는 약 60년의 세월과 더불어 현재 조선우선(朝鮮郵船)[전속(專屬) 회조부(回漕部)로 회사의 출입선박과 하객(荷客)을 취급하는 것 외에], 근해우선(近海郵船), 아마가사키기선(尼ケ崎汽船), 일본우선(日本郵船), 고코상회선박부(互光商會船舶部), 쓰시마상선(對馬商船), 이노기선(飯野汽船), 경진운수(慶晋運輸), 부통기선(釜統汽船), 북큐슈상선(北九州商船), 소비에트상업합대 등의 각 대리점으로서 전속 소형증기선, 거룻배 등과 그 외 설비를 완비하여 부산회조업자 중 유력한 지위를 차지하고 있다. 또한 데이코쿠(帝國)해상화재, 공동화재, 미쓰비시(三菱)해상화재, 아마가사키(尼ケ崎)해상화재, 도쿄(東京)해상화재, 닛폰(日本)해상화재, 고베(神戶)해상화재, 요코하마(橫濱)해상화재 등의 각 보험회사 대리점을 비롯해 메이지(明治)생명, 태양생명 두 보험회사의 대리점도 겸하고 있다.[432]

지배인 쿠쓰나 미사오(忽那操)는 1895년 10월 13일 원적지인 요코하마시(橫濱市) 진사정(眞砂町)에서 태어났다. 1918년 케이오기쥬쿠(慶應義塾)대학 이재과(理財課)를 졸업하고 곧바로 도쿄 후루카와(古川)광업주식회사에 들어가 3년간 근무하였다. 1921년 6월부터 의부(義父)인 오이케(大池)가 경영하는 오이케상점 수입부, 기계부에 들어가 업무를 수행한 결과, 1925년 9월 동(同) 부의 업무 일체를 이어받고 독립해서 쿠쓰나(忽那)상점을 경영하였다. 그 후 1930년 회조점(回漕店) 사장 오이케 겐지(大池源二)의 사업을 지원하기 위해 자신의 상점을 닫고 입사해 지배인으로 현재에 이르고 있다.

오이케회조점_ 중구 중앙동 2가 경남은행 맞은편 GS25가 있는 자리이다.

431) 본책 주(註) 137 참조.
432) 『釜山大觀』 원문에서는 사장 오이케 겐지(大池源二)에 대한 약력 부분이 이하의 내용에 기술되어 있다. 그런데 앞서 보았듯이 『新釜山大觀』에서는 별도의 항목으로 오이케 겐지(大池源二)에 대해 기술하고 있기 때문에 본 항목에서는 오이케 겐지(大池源二)의 약력은 생략하였다.

주식회사(株式會社) 오이케회조점(大池回漕店)

① 오이케회조점(大池回漕店)_ [부산대관]
② 오이케회조점(大池回漕店) 아마가사키부(尼ケ崎部)_ [신부산대관]
③ 오이케회조점(大池回漕店) 조우부(朝郵部)_ [신부산대관]

오시마 요시스케(大島芳輔)

원　적 야마구치현(山口縣) 하기시(萩市)
주　소 부산부(釜山府) 남빈정(南濱町) 1정목(丁目)
상　호 오시마 요시스케상점(大島芳輔商店)
사　업 해산물·생선 중매, 여러 가지 수하물 취급, 정미업, 통조림업, 제면업(製綿業)

　　오시마 요시스케(大島芳輔)는 오늘날 부산 남빈(南濱) 수산가(水産街)에서 확연한 기반과 세력을 쌓고 있다. 진취적 기상에서 나오는 여러 관련 사업은 나날이 발전하고 있으며, 입지전적 인물로서 업무를 명료하게 처리하고 있다. 그가 큰 뜻을 품고 처음 조선으로 건너온 것은 어린 나이인 16세 때로 일찍부터 부산에서 수산업계에 몸을 던졌다. 타고난 두뇌와 기백으로 사업을 한 결과 점차 성과를 거뒀다. 현재 해산(海産) 중매무역(仲買貿易)을 주된 업무로 하고 수산품 가공업, 정미(精米), 제면(製綿) 등에도 힘을 쏟아 거래액이 연간 100만 원을 넘는 성황을 보이고 있다. 영남승입(嶺南繩叺)주식회사[433], 함흥어업시장 취체역 외에, 그가 수년간 현안으로 여겼던 제빙(製氷)냉장회사가 최근 당국으로부터 허가를 받아 공장설립을 준비하고 있다.[434] 이것이 실현되면 수산(水産)도시 부산항의 결함인 제빙(製氷)의 공급력 부족, 수산품 보관설비의 결여와 같은 아쉬움을 보충하게 되어 크게 수산계에 공헌할 것으로 기대되고 있다.

　　남선어중매연합회(南鮮魚仲買聯合會) 회장, 부산어중매원(釜山魚仲買員) 총대(總代), 부산수산회사 평의원, 경남수산회 평의원으로 이 방면의 업계에서 중진(重鎭)이며, 제국재향군인부산연합회(帝國在鄕軍人釜山聯合會) 부장(副長)을 역임하고 있다. 올해 49세로 의기(意氣)가 나날이 왕성해져 향후 괄목할 만한 성과가 있을 것이다.

오시마 요시스케상점_ 중구 남포동 1가 영도대교 입구 약재상(藥材商) 골목에 있는 삼호종합상사 자리이다.

433) 승(繩)은 새끼줄을, 입(叺)은 가마니를 뜻한다.
434) 오시마 요시스케(大島芳輔)는 1935년 9월 자본금 20만 원의 부산제빙냉장(釜山製氷冷藏)주식회사를 설립하였다.

오시마 요시스케상점(大島芳輔商店)

① 오시마 요시스케상점(大島芳輔商店) 창고(倉庫)_ [신부산대관]
② 오시마 요시스케상점(大島芳輔商店) 사무소(事務所)_ [신부산대관]
③ 오시마 요시스케(大島芳輔) 저택(邸宅)_ [신부산대관]

코사 스케이치로(小佐助一郎)

원　적 히로시마현(廣島縣) 좌백군(佐伯郡) 대죽정(大竹町)
주　소 부산부(釜山府) 대청정(大廳町) 3정목(丁目) 17번지
상　호 코사 스케이치로상점(小佐助一郎商店)
직　업 유리제조판매업, 함석쇠장식(鍼力金具) 제조
사　업 유리 제조, 법랑 제조, 함석쇠장식(鍼力金具) 제조판매

　　코사 스케이치로(小佐助一郎)는 1881년 8월 18일 원적지에서 태어났다. 가업인 잡화상을 계승하고 경영하였는데 느낀 바가 있어 1911년 5월 부산으로 건너와서 행정(幸町) 1정목(丁目)에 점포를 짓고 유리 제조를 하는 한편 해산상(海産商)을 경영하였다. 그러나 얼마 지나지 않아서 해산상을 폐업하고 유리 제조에 전념하였다. 그는 일찍부터 조선인 도제(徒弟)의 채용방법이 일본식으로 운영되어서는 도저히 오래갈 수 없음을 알아차리고 조선인 직인에게 처음부터 급료를 지불하여 기술을 숙련시키고 이와 더불어 점차 급료를 올리는 방법을 선택하였다. 그리고 조선인 노동자의 생활을 조사해서 노자(勞資) 협조를 실행하여 이로 인해 좋은 성적을 거둘 수 있었다고 한다. 이 과정에서 그의 마음고생은 늘 예삿일이 아니었다. 그렇지만 그 밑에서 한번 근무한 조선인 직공은 그를 자부(慈父)와 같이 존경하고 전심으로 업무에 부지런히 힘써 마치 하나의 대가족과 같은 모습을 보였는데, 거기에는 그럴만한 이유가 있었던 셈이다. 세상에서 곤란할 것으로 보았던 그의 사업은 세월과 함께 융성하게 되어 1915년 11월 보수정(寶水町) 3정목(丁目) 48번지에 제조공장을 신설하게 되었다. 그 후 1923년 11월 대청정(大廳町) 3정목(丁目) 17번지에 현재의 점포를 신설하고 사업 확장을 도모하였다. 더구나 1925년 11월 서정(西町) 3정목(丁目) 1번지에 함석쇠장식공장을 신설해 사업에 날개를 펼치는 기초를 공고히 하였다. 현재 그가 경영하는 유리공장에는 50여 명, 함석쇠장식공장에는 10여 명, 합계 70여 명의[435] 조선인 직공이 힘껏 그의 사업에 종사하고 있다. 그 중 13명은 그의 공장에 들어오면서부터 시종일관 업무에 정진해 그의 소개로 아내를 맞이하기도 하였다.

　　올해 4월에는 범일정(凡一町)에 부지 2,500평으로 법랑공장의 설립에 착수해 공사를 완료하고 11월부터 발매를 시작하였다. 그런데 조선과 만주로부터 많은 수요가 있어 올해부터 개최된 대남양(對南洋)무역품[436] 중 부산을 대표하는 유력한 수출품이 되면서 그 장래가 크게 기대되고 있다. 그의 사업에 종사하는 사람은 사무원 15명, 직공 180여 명으로 모두 화기애애한 분위기에서 업무에 모든 노력을 다하고 있다. 내년에는 자본금 20만 원, 전액 납입의 주식체제로 변경할 계획이어서 커다란 도약을 기대하는 바이다. 그는 올해 54세로 기다유부(義太夫)와[437] 분재를 취미로 한다.

　　주요제품 과자용기, 투약병, 램프뚜껑, 램프돌뚜껑 및 램프 관련 기타 부속품, 함석쇠장식, 법랑철기(琺瑯鐵器) 등이다. 그 외 유리식기 및 부속품 등을 일본으로부터 수입해 판매하고 조선 각지에 제품을 공급할 뿐만 아니라 중국, 칭다오(青島) 방면에도 판로를 가지고 있다. 그는 일찍이 유리 원료인 규사(珪砂)의 채취로 전남 고흥군(高興郡) 금산면(錦山面)에 2광구(鑛區)를 갖고서 대량 생산함으로써 제품을 저렴하게 시장에 공급할 수 있는 우월한 입장에 있다.

코사 스케이치로상점_ 중구 대청동 대청로변에 있는 대청주차장 자리에 있었다.

435) 합산하면 60여 명이지만 원문에서는 70여 명으로 기술되어 있다.
436) 남양(南洋)에 대해서는 본책 주(註) 317 참조.
437) 에도(江戸)시대 오사카(大阪)의 다케모토 기다유부(竹本義太夫, 1651~1714년)로부터 시작되었다. 일본 전통음악의 일종인 죠루리(淨瑠璃)[본책 주(註) 559 참조]의 한 갈래로 호쾌하고 화려한 곡절이 특징이다. 일본 중요무형문화재로 지정되어 있다.

코사 스케이치로상점(小佐助一郞商店)

① 코사 스케이치로상점(小佐助一郞商店)_ [부산대관]
② 코사 스케이치로상점(小佐助一郞商店)_ [신부산대관]
③ 코사 스케이치로(小佐助一郞)_ [신부산대관]

와카사 에이이치(若狹榮市)

원 적 시마네현(島根縣) 이마군(邇摩郡) 온천진정(溫泉津町)
주 소 부산부(釜山府) 영정(榮町) 5정목(丁目) 4번지
상 호 와카사재목점(若狹材木店)
직 업 재목상(材木商)

　와카사 에이이치(若狹榮市)는 1887년 11월 10일 원적지에서 출생하였다. 1912년 11월 20일 부산으로 이주하여 재목상을 경영하고 부산의 발전과 함께 매년 규모를 확장해 충분한 성공을 거두며 오늘에 이르렀다. 현재 조선총독부 영림창(營林廠)의[438] 목재 및 토요쿠니(豊國)시멘트의 특약점이다. 증기엔진 50마력(馬力), 전동력(電動力) 30마력의 동력기를 수 대 비치한 대규모의 제재(製材)공장은 하루 생산재수(生産材數)가 1만 수천 재(材)로 연액 50만 원에 달하는 대량생산을 하고 있다. 판로는 조선 일대[남부지역] 및 키타큐슈(北九州) 방면에 미쳐 부산 재목상계의 중진이 되었다.

　그는 현재 부산상공회의소 의원으로 여력을 상공업 발전을 위해 다하여 많은 사람의 신망을 받고 있다.

와카사재목점_ 중구 중앙동 4가 대한항공 옆 스크린골프 건물 자리이다.

---

438) 대한제국 때 압록강과 두만강 연안의 삼림 관련 업무를 총괄하기 위해 설치했던 관청이다.

와카사재목점(若狹材木店)

① 와카사재목점(若狹材木店) 점포(店鋪)_ [신부산대관]
② 와카사재목점(若狹材木店) 점포(店鋪)_ [부산대관]
③ 와카사재목점(若狹材木店) 제재공장(製材工場)_ [부산대관]
④ 와카사재목점(若狹材木店) 제재공장(製材工場)_ [신부산대관]
⑤ 점주(店主) 와카사 에이이치(若狹榮市)_ [신부산대관]

와다 쥬타로(和田周太郎)

원 적 시마네현(島根縣) 안농군(安濃郡) 도정촌(島井村)
주 소 부산부(釜山府) 대창정(大倉町) 2정목(丁目) 55번지
상 호 합자회사 와다상점(合資會社 和田商店)
사 업 토목 · 건축 · 미장공(左官) 재료 도매 및 선박업

　와다 쥬타로(和田周太郎)는 1907년 9월 조선으로 건너와 부산에서 토목, 건축, 미장공(左官) 재료 도매상을 경영해 사업의 기초를 쌓은 다음, 해운업계로 진출을 희망해서 1925년 선박업을 같이 경영하였다. 수 척(隻)의 기선(汽船)과 발동기선(發動機船)을 갖추고 일본 방면 및 조선 연안 도처를 운항하여 크게 성과를 거두었다. 현재 점포와 선박 관련 종업원 100여 명을 거느리고서 성황을 이루고 있다. 한편 아사노세멘트(淺野セメント)주식회사, 니혼세멘트(日本セメント)주식회사의 각 대리점도 인수해 조선의 남부 지역은 물론 조선 중부와 북부 방면의 거래에도 종사하고 있다.

　그는 올해 50세로 가족 8명이 단란하며, 사업이 바로 취미인 사람이다.

와다상점_ 중구 중앙동주민센터 윗 골목에 있는 정부인식당 자리에 있었다.

합자회사 와다상점(合資會社 和田商店)

① 합자회사 와다상점(合資會社 和田商店)_ [신부산대관]
② 와다 쥬타로(和田周太郎) 별택(別宅)_ [신부산대관]
③ 와다 쥬타로(和田周太郎)_ [신부산대관]

카시이 겐타로(香椎源太郎)

　원　적 후쿠오카현(福岡縣) 축자군(筑紫郡) 어립촌(御笠村) 대자천산(大字天山) 49
　주　소 부산부(釜山府) 대청정(大廳町)
　직　업 수산업

　　카시이 겐타로(香椎源太郎)는 1867년 6월 11일 후쿠오카현(福岡縣)에서 태어나 보통중학을 다닌 후 쿠로다한(黑田藩) 주자학파(朱子學派)의 대가인 스기야마 칸엔(杉山觀園) 문하에 들어가 한학을 배웠다. 또 가쯔 가이슈(勝海舟)[439] 옹(翁)에게 7년간 훈육을 받고 1905년 조선으로 건너왔다. 이토(伊藤)통감의 인정을 받아 현재의 수산업을 시작하여 1907년 3월 부산 대청정(大廳町)에 지세(地勢)를 보고 집을 지은 이후 어로(漁撈), 가공, 판매 등의 각 방면에 대해 많은 연구를 하여 조선수산업의 개발에 공헌했다. 경상남북도, 강원도, 함경남북도 각지에 어장 80여 개를 소유하고 고용인은 1,500명, 선박은 120척을 가지고 있어 조선의 수산왕(水産王)으로 불리게 되었다.

　　그는 일찍부터 생각한 바가 있어 보통의 실업가들과 달리 항상 천하의 정도(政道)에 대해 비범한 식견을 갖고 있었다. 항상 정치에 취미를 갖고 조선통치에 대해서도 일가견이 있었다. 일찍이 이토(伊藤)가 통감으로 부임하자 5개조의 건백서(建白書)를 적어 이토에게 건넸다. 이것이 그가 후일 이토로부터 인정을 받게 되는 동기가 된다. 그 후 역대 총독에게 정치적 사견(私見)을 개진하여 수용된 안건이 적지 않았다. 1919년 조선통치에 대한 본인의 생각을 밝힌 일대 논책(論策)을 작성하여 이것을 내각에 제출하고 정계거성(政界巨星)들에게 배포하여 탁견을 인정받았다. 1923년 9월 관동대지진이 일어나자 그는 곧바로 [5일 후부터] 수차례에 걸쳐『부산일보(釜山日報)』지면을 통해 그 부흥의 근본방침을 말하고 또 외자(外資)의 도입을 배척하는 이유를 요약하고, 다시 그것을 모아서 건백서로 만들어 국민의 자각과 경제계의 긴축방침을 주장하며 위정자의 참고 자료로서 도움을 주었다. 이처럼 그는 국정에 대해 소신을 개진하는 외에 본거지 부산의 여러 안건에 대해서도 항상 깊은 주의를 기울이고 솔선해서 발전책을 연구하여 그것의 해결에 노력을 아끼지 않았다. 부산 제2기 수도확장사업에[440] 국고보조가 불가능하게 되자 당시 거류민단 의장이란 요직에 있었던 관계로 홀로 도쿄(東京)로 가서 데라우치(寺內)총독과 교섭을 거듭해 아카시 모토지로(明石元次郎), 코타마 히데오(兒玉秀雄) 등의 원조를 얻고 마침내 보조금 인가 결정을 받아내어 수도확장공사의 문제 해결에 큰 공적을 남겼다. 또 도청(道廳)이전[441] 등의 문제에 대해서도 늘 민간에서 전력으로 노력하였다.

카시이 겐타로 별장터_ 중구 동광동 5가 염광
교회 일대가 카시이 별장이 있던 곳이다.

　　그는 거류민단 의원, 거류민단 의장, 상업회의소 평의원 및 회두(會頭), 학교조합회 의원, 부산부협의회 의원, 도평의회 의원 등의 요직에 선출되어 부산의 발전에 공헌하였고, 이외에 민간의 여러 회사와 은행 등의 중역으로 실업계에 공헌한 공적 또한 적지 않다. 특히 조선가스전기주식회사(朝鮮瓦斯電氣株式會社)가[442] 경영난에 빠져 일대 곤경에 처하자 그는 동사(同社)의 부흥을 위해 1915년 사장에 취임하였다. 이후 회사의 일대 정리와 쇄신을 맡았는데, 가장 곤란한 문제였던 자금의 차입 방법에서 데라우치(寺內)총독의 조력을 얻어 조선은행으로부터 자금을 차입해 왔다. 또 발전장치(發電裝置)의 일대 개선을 꾀하여 당시 일본(內地)은 말할 것도 없고 외국에서조차 그 성적(成績)이 확인되지 않은 스탈터빈의[443] 설치를 계획하였다. 이에 동사(同社)의 대주주인 카와키타(川北)와 도쿄(東京)에 있던 중역들의 반대를 설득하고 비장한 결심으로 그 점화식을 거행하였다. 이 일은 당시의 전후 사정을 아는 사람들 기억에는 상당히 새로운 것이었다.

　　이렇게 근본적인 정리를 단행한 동사(同社)는 그 후 약 10년 동안 순조로운 업적을 거둬, 현재는 조선에서 전기제조회사의 백미로 불린다. 더욱이 1925년 4월 가네자와(金澤)에 본사가 있는 일본경질도기주식회사(日本硬質陶器株式會社)가 거의 수습하지 않으면 안 될 곤경에 빠지자, 동사(同社) 사장 마쯔카제 카조(松風嘉定)는 사방팔방으로 방법을 모색하는 가운데 부산에 와서 그에게 경영을 맡아 사장에 취임할 것을 간절히 부탁하였다. 또 사이토(齋藤)총독의 간곡한 권고까지 받게 되자 그는 동사(同社)의 사

<hr>

439) 가쯔 가이슈(勝海舟, 1823~1899)는 가난한 사무라이의 아들로 태어났다. 1860년 일미수호통상조약(日美修好通商條約)의 비준서 교환을 위해 미국에 사절단을 파견할 때 간린마루(咸臨丸)의 선장으로서 일본인 최초로 태평양 횡단 항해에 성공하였다. 귀국 후 여러 직책을 맡았으며 1864년에는 해군장교로서 고베(神戶)에 해군조련소를 열고 사카모토 료마(坂本龍馬) 등을 비롯해 막부의 신하를 교육했다. 사카모토 료마가 가쯔 가이슈를 죽이기 위해 자택을 방문했다가 감명을 받고 그의 문하에 들어간 것은 유명한 일화로 남아 있다. 1868년 3월 사이고 다카모리(西鄕隆盛)가 이끄는 관군(官軍)의 에도성(江戶城) 공략과 막부파(幕府派)의 에도수성(江戶守成)을 두고 맞붙은 전쟁의 위기 상황에서 막부파의 신료로서 그는 사이고 다카모리(西鄕隆盛)와 막판 회견을 통해 관군의 에도(江戶) 무혈입성(無血入城)을 이끌어낸 장본인이다. 이후 보신(戊辰)전쟁[본책 주(註) 66과 68 참조]에서도 그는 줄곧 막부파가 신정부에 대항하는 것은 불가능하다는 입장을 견지했던 인물로 청일전쟁을 반대하기도 하였다.
440) 본책 상수도 항목 참조.
441) 경남도청 이전에 대해서는 본책 주(註) 216과 217 참조.
442) 본책 조선가스전기주식회사(朝鮮瓦斯電氣株式會社) 항목 참조.
443) 스탈터빈(Stahl turbine)은 복회전(複回轉) 반동형식의 터빈으로 발명자의 이름을 따서 융스트롬 터빈(Ljungstrom turbine)이라고도 한다.

카시이 겐타로(香椎源太郎) I

① 카시이 겐타로(香椎源太郎) 저택(邸宅) 정문(正門)_ [부산대관]
② 카시이 겐타로(香椎源太郎) 저택(邸宅) 정원(庭園)의 일부_ [부산대관]
③ 카시이 겐타로(香椎源太郎) 저택(邸宅) 정원(庭園)_ [신부산대관]
④ 카시이 겐타로(香椎源太郎) 저택(邸宅)_ [신부산대관]
⑤ 카시이 겐타로(香椎源太郎) 저택(邸宅) 현관(玄關)_ [부산대관]
⑥ 카시이 겐타로(香椎源太郎)_ [신부산대관]

업이 국가적 사명을 가진다는 점을 깨닫고 일대결심하고서는 사장직을 수락했다. 당시 25원 납입의 동사(同社) 주가(株價)는 거의 10전(錢), 20전 정도의 시가로 떨어지는 비참한 상황에 있었다. 차입금 백 수십 원의 이자마저도 반환하기 곤란한 지경이었다. 이에 그는 먼저 차입금을 인수하고 본점을 부산으로 옮겨 회사 내부에 일대 쇄신과 정리를 단행하였다. 이에 동사(同社)는 채 1년도 되지 않아 생산능률을 높여서 생산비 4할을 줄이고 제품의 등급 보통 4등급을 1등급으로 올리는 양호한 성적을 보였다. 그러나 때때로 외국환(外國換)이 앙등해 수출 채산(採算)과 맞지 않아 기대한 성적을 거둘 수는 없었지만, 현재 해외시장에서 일대 세력을 가진 독일제품과 대항할 수 있는 성적을 가지게 됨으로써 금후 수년이 지나면 우수한 업적을 거둘 수 있을 것으로 기대한다. 이와 같이 실업계에 다대한 공적을 남기고 있는 그는 교육사업에 대해서도 항상 뜻을 가져 후쿠나가 쇼지로(福永政治郎)와 공동으로 부산상업야학교(釜山商業夜學校)를 창립하였다. 그리하여 상가(商家)의 도제(徒弟) 및 학자금이 없는 불행한 청소년의 향상에 도움을 주고, 동교(同校)의 개선에 노력해 올해부터 부산실천(釜山實踐)상업학교로 개칭하고 여자부[주간]를 설치하여 실업교육을 실시하였다. 그는 욕심이 없고 열정이 풍부해서 각종 사회공공사업에 깨끗한 재산을 쓰는데 아낌이 없었다. 그가 오늘날 존재하는 것은 은사 스기야마 칸엔(杉山觀園)과 가쯔 가이슈(勝海舟), 그리고 은인 이토 히로부미(伊藤博文)에게 힘입은 것이기에 아침저녁으로 늘 그 유훈과 은혜로움을 생각하며 거실에 가쯔(勝), 이토(伊藤) 두 사람의 초상을 걸어 놓고 그 가르침과 덕(德)을 기렸다. 또 후쿠오카(福岡)에 있는 스기야마 칸엔(杉山觀園)의 숙적(塾跡)을 사들여 이번 가을 그곳에 은사의 기념비를 세우고 그 일대에 매화나무를 심어 스기야마(杉山)공원으로 이름 붙여서 옛 친구들을 초대하고 연회를 열었다. 공원 내에 있는 옛 숙사(塾舍)를 청년회관으로 사용하여 그 곳 청년들에게 이용하도록 하였다. 그는 이와 같이 호의를 입은 선배의 덕을 기리고 보은의 길을 구하는 것 외에 항상 친척과 오랜 친구를 대접함에 돈독하였고 또한 선조의 제사를 정중하게 모셨다.

그는 처음 어업에 종사해 제1회 어획매상대금 5만 3,000원을 부산의 한 여관방에서 얻게 되자, 당시 그의 생가가 오래된 가문으로 내력이 있었지만 선조 때부터의 많은 빚으로 거의 파경상태에 이르게 되었기에 우선 자신의 수익금 5만 3,000원 전부를 생가의 정리자금으로 돌려 빚을 상환하는데 충당하였다. 그리고 선조로부터 내려온 토지와 그 외 재산전부를 원래대로 되찾아 그것을 그의 가형(家兄) 오니키 소타로(鬼木宗太郎)에게 양도했다. 그 당시 그는 다시 불행하게도 이전과 같이 어려운 상황이 된다고 하더라도 이렇게 해서 부모와 선조를 편안하게 할 수 있다면 더할 나위 없는 기쁨이라고 했다. 예부터 효(孝)는 백행(百行)의 근본이라고 했다. 그가 오늘날과 같이 된 것은 실로 효를 실행했기 때문일 것이다.

그가 소유한 어장 및 그 제조 운반에 종사하는 일본인의 수는 1,500명으로, 창업 이래 22년의 세월이 지나도록 아직 일본인과 조선인 사이에 노동문제를 야기한 일이 없는 것은 물론이고, 부정사건 등이 발생한 일도 없어 일본인과 조선인은 그를 덕(德)으로서 대하며 생업에 힘쓰고 있다. 이것은 실로 그의 대우가 다른 곳에 비해 좋은 데서 기인하는 것이라 하겠다. 즉 그는 종업원 가운데 위험한 업무를 담당하는 사람에게는 평소 대우를 잘해주는 것 외에 생명보험에 들어 만일의 경우 가족의 생활 안전에 항상 대비하게 하였다. 이를 통해 종업원이 회사에 대해 성심을 다하는 바를 미루어 알 수 있다. 이처럼 그는 조선에 온 지 20여 년 동안 모든 방면에서 비범한 재능을 발휘해 국가 사회에 공헌한 공적 또한 현저하다. 이에 1924년 정6위(正六位)를 수여받고 그 공적을 표창받았다.

민단(民團)의 의장을 맡은 이래 수많은 공직(公職)을 담당하여 공사(公事)에 진력한 사적(事蹟)은 이미 많은 사람들이 알고 있는 바이기에 여기서 붓을 줄인다. 그는 성공하고 이름을 날려 세속에서 구하는 바가 없지만 그가 처한 환경이나 처지 때문에 관계된 여러 가지 사업과 그 밖의 여건은 아직 그를 복병산장(伏兵山莊)의 한가한 노인으로 가만두지를 않는다. 그 또한 모든 생애를 공사(公事)에 맡긴 것에 후회하지 않는다. 근래 그를 칭송하는 일단(一團)의 유지(有志)가 큰 동상을 건립하여 부산항의 기념물로 하려는 움직임이 있는데 당연히 그래야 할 것이다. 1928년 11월 훈5등(勳五等), 서보장(瑞寶章)을 수여받았다.

관계사업 조선가스전기주식회사 사장, 일본경질도기주식회사 사장, 조선수산수출주식회사[444] 사장, 조선수산물중국수출조합장, 조선화재보험주식회사 취체역, 조선인쇄주식회사 취체역, 부산수산주식회사 취체역, 부산미곡증권신탁주식회사 취체역, 주식회사부산상업은행 취체역, 미카사은행(御笠銀行)[후쿠오카(福岡)] 고문, 동양척식주식회사 고문, 서선전기(西鮮電氣)주식회사 고문, 조선수산회 관선의원

기타 공직(公職) 경상남도수산회장, 부산상업회의소 회두, 경상남도 평의원, 부산부협의회원(釜山府協議會員), 국본사(國本社) 부산지부장, 조선협회 평의원, 조선협회민회(朝鮮協會民會) 상담역, 전기협회 조선지부장, 조선수산회 회장, 조선전기협회장, 조선전기사업조사위원회장, 조선어시장연합회장, 부산국방의회장(釜山國防義會長)

사진은 그의 저택 및 경남 거제도의 대구어장의 근거지. 부산어항 내의 카시이(香椎)어업사무소 전경. 계류(繫留)된 발동기선은 선어(鮮魚)운반선이다.

444) 본책 조선수산수출주식회사 항목 참조.

카시이 겐타로(香椎源太郎) II

① 카시이 겐타로(香椎源太郎) 거제어장(巨濟漁場)_ [부산대관]
② 카시이 겐타로(香椎源太郎) 어업사무소(漁業事務所)_ [부산대관]
③ 카시이 겐타로(香椎源太郎) 저택(邸宅) 누각(樓閣)_ [신부산대관]
　[옛 영선산에 있었던 간해루(看海樓)로 짐작된다.]
④ 카시이 겐타로(香椎源太郎) 저택(邸宅) 정원(庭園)_ [신부산대관]

가토정미소 부산지점(加藤精米所 釜山支店)

본　점 인천부(仁川府) 궁정(宮町) 38번지
부산지점 부산부(釜山府) 수정정(水晶町) 79번지
대표자 가토 헤이타로(加藤平太郎)

　　가토 헤이타로(加藤平太郎)는 1897년 대망을 품고 조선으로 건너왔다. 진남포(鎭南浦)의 사이토정미소(齋藤精米所)에 점원으로 들어가 약 20여 년간 힘껏 정미업을 체험하고 마침내 자신감을 얻자 1918년 독립하여 진남포에 가토정미소를 설립하였다. 그 후 1920년 인천에 새로운 공장을 건설하고 그곳을 본거지로 하였다. 이에 그는 당당한 진면목을 발휘해서 빈틈없는 상업적 계산과 과감한 계획을 신속하게 실현하여 조선에서 제일로 불려질 정도의 대규모 정미공장을 탄생시켰다. 이어서 1930년 부산공장, 1932년 군산공장을 건설해 1년 정미능력은 100만 석으로 기록된다. 제품은 홋카이도(北海道)를 비롯한 일본 전역, 타이완(臺灣), 다롄(大連), 상하이(上海)까지 미쳐 반도의 정미왕(精米王)이 되었다.

　　부산지점은 수정정(水晶町) 매립지 해안의 배와 수레의 연락이 지극히 편리한 장소에 있다. 거대한 공장은 그 일대에서 하나의 장엄하고 훌륭한 모습이었다. 근년에 두 번의 화재로 건물의 일부가 소실되었으나 현재 부흥을 마치고 활발하게 조업하고 있다.

　　그는 올해 54세로 오랫동안 인천에 거주하면서 인천부회 의원를 지냈으며, 현재 상공회의소 의원, 인천곡물협회장, 인천정미조합장 등의 요직에 있다.

가토정미소 부산지점_ 동구 초량 3동 한화증권 옆 메리츠화재 자리이다.

가토정미소 부산지점(加藤精米所 釜山支店)

① 가토정미소 부산지점(加藤精米所 釜山支店)_ [신부산대관]
② 수출용(輸出用) 쌀_ [신부산대관]
③ 석찬장(石撰場)_ [신부산대관]
④ 기계실(機械室)_ [신부산대관]

주식회사 카와이인쇄소(株式會社 川井印刷所)

주　소 부산부(釜山府) 부평정(富平町) 2정목(丁目) 56번지
창　립 1921년
자본금 7만 원
대표취체역 사장 카와이 료키치(川井亮吉)

본 회사는 1906년 창립하여 반도(半島) 인쇄계에서 가장 오랜 역사를 갖고 있다. 야나기다석판(柳田石版)인쇄소를 1915년 4월 매수한 현재 사장 카와이 료키치(川井亮吉)는 약 5년간 개인경영을 해오다가 1921년 주식조직으로 변경하였다. 사업의 시작과 성쇠는 카와이(川井)의 생애와 같이하여 서로 뗄래야 뗄 수 없는 것이다. 창업 당시 월생산액 500원, 종업원 8명[일본인 1명은 현재 취체역 마쯔모토 유메키치(松本梅吉)]이었던 것이 현재는 연생산액 수십만 원, 영업부원 20명, 공장원 105명이다. 설비 전체가 최신식인 현재의 경영 상태로 비약적인 발전을 하게 된 것은 부산항세(釜山港勢)의 팽창 추세에 따른 바이기도 하지만, 1인1업주의(一人一業主義)에 의해 카와이(川井)가 그 반평생의 노력을 다한 결과일 것이다.

사장 카와이 료키치(川井亮吉) 시마네현(島根縣) 파천군(簸川郡) 직강촌(直江村) 사람이다. 1912년 15세에 현립(縣立) 상업학교를 중도에 그만두고 오사카(大阪)로 나아가 많은 어려움을 겪은 후 18세 때 단신으로 조선으로 건너왔다. 당시 조선시사신보사(朝鮮時事新報社)의[445] 배달부로, 이어 동(同) 신문사의 문선직(文選職)으로 채용되었다. 이후 동(同) 신문사가 아쿠타가와 타다시(芥川正)의 경영으로 넘어가 부산일보사(釜山日報社)로 되자 1910년 발탁되어 인쇄부 영업주임으로 임명받고 큰 업적을 이루었다. 그러나 동(同) 신문사 최고 간부들의 알력 여파로 1914년 회사를 나왔다. 1915년 서정(西町)의 야나기다석판소(柳田石版所)를 부채(負債)에 해당하는 부분만큼 임차경영하게 되어 공장을 부평정(富平町)으로 이전하고 매우 적극적으로 운영하여 해마다 규모를 확장하였다. 그러나 1919년~1920년 호경기 이후의 불경기 반동을 만나 채무가 증가하게 되자 1921년 자본금 7만 원의 주식회사조직으로 변경하였다. 채권자와 공로 사원을 주주로 하는 등 합리화를 도모하면서 키타지마양지점(北島洋紙店)과 그 밖에 사업을 이해하는 사람들의 지지(支持)에 의해 업무를 크게 조정하고 또 착실하게 채무주(債務株)를 환매(還買)하였다. 이로써 현재는 일부의 채무주만 남겨두게 되어 일시 적자 상태를 벗어나 견실한 경영의 기초를 회복하기에 이르렀다. 그는 올해 47세로 어려운 상황에 직면해서도 굴하지 않는 그의 기혼(氣魂)은 다부진 얼굴에서 엿볼 수 있다. 현재는 회사운영 상황이 순조로워 마치 호랑이가 먹이를 쉽게 얻는 것과 비슷한 형세이다. 그는 현재 부산인쇄동업조합장을 맡고 있다.

설비와 사업의 운영상태 본 회사는 앞서 언급한 바와 같이 다수의 종업원을 두고 있다. 설비는 석판(石版)인쇄기 5대, 활판인쇄기 10여 대, 만능활자주조기 1대, 전동기 3대와 일문(日文), 구문(歐文), 언문(諺文) 합쳐 1,000여 만 개의 방대한 활자(活字)를 갖추어 조선의 남부지역에서는 견줄 곳이 없다. 경남도청, 부산부청, 부산우편국, 각 학교, 부산지방법원, 철도국사무소, 상공회의소, 부산세관, 기타 관청, 회사, 은행 등과의 정기적 간행물 계약액만 해도 연액 약 10만 원으로 업계에서 압도적인 존재이다.

현재 중역 사장 카와이 료키치(川井亮吉). 취체역 마쯔모토 유메키치(松本梅吉), 다자이 시즈오(太宰鎭雄). 감사역 무로나카 타다시(室永正)

카와이인쇄소_ 중구 부평동 오거리 아트스페이스가 있는 곳이다.

주식회사 카와이인쇄소(株式會社 川井印刷所)

① 카와이인쇄소(川井印刷所) 전경_ [신부산대관]
② 카와이인쇄소(川井印刷所) 석판부(石版部)_ [신부산대관]
③ 카와이인쇄소(川井印刷所) 만능주조기(萬能鑄造機)_ [신부산대관]
④ 사장(社長) 카와이 료키치(川井亮吉)_ [신부산대관]
⑤ 취체역(取締役) 마쯔모토 유메키치(松本梅吉)_ [신부산대관]

카쿠 호타로(賀來寶太郎)

원　적 모지시(門司市) 말광정(末廣町) 5정목(丁目)
주　소 부산부(釜山府) 본정(本町) 3정목(丁目)
상　호 카쿠상점(賀來商店)
사　업 인쇄 및 문방구 판매

카쿠 호타로(賀來寶太郎)는 1909년 부산으로 와서 인쇄 및 제본 경험을 바탕으로 최초로 소규모 양식(洋式) 장부(帳簿)를 제조하였다. 그의 기술과 성실함은 곧 세인(世人)으로부터 인정을 받게 되어 몇 년이 되지 않아 새롭게 인쇄부를 설치하고, 오로지 여러 관서(官署), 은행, 회사, 대상점 등을 고객으로 삼아 끊임없이 노력한 결과 해마다 사업이 번창하였다. 1932년 본정통(本町通)의 도매상가 중앙에 크고 화려한 점포를 신축하고 다시 문방구점(文房具店)을 병설하였다. 사업을 시작한 지 20여 년, 이제 직공 점원수 10명에 달하는 큰 점포로서 부산의 대표상점 대열에 올랐다.

그는 올해 47세의 나이로 온후하고 성실한 사람으로 존경받고 있다.

카쿠상점_ 중구 동광동 3가 백산기념관 맞은편 몽베르모텔 자리이다.

카쿠상점(賀來商店)

① 카쿠상점(賀來商店) 전경_ [신부산대관]
② 카쿠 호타로(賀來寶太郞)_ [신부산대관]

시마타니 사네마사(鳥谷實政)

원　적 아이치현(愛媛縣) 이예군(伊豫郡) 강전촌(岡田村) 북천원(北川原)
주　소 부산부(釜山府) 대청정(大廳町) 3정목(丁目) 14번지
상　호 시마타니단스점(鳥谷簞笥店)
사　업 장롱 및 여러 가구 제작

　　시마타니 사네마사(鳥谷實政)는 1913년 3월 22, 23세의 나이에 뜻을 품고 조선으로 건너왔다. 가구직공으로 기술을 연마한 후 독립해서 점포를 차리고 옷장, 장롱, 가구류를 제작 판매하였는데, 그의 인물됨이 정직하고 장난치지 않는 상술 때문에 일반 고객으로부터 큰 인기를 얻었다. 점포의 운(運)은 해마다 융성하였으나 1931년 화재로 몽땅 타버려 일순간 좌절을 맛보았다. 그러나 각 방면의 고객과 관계자들이 그의 인물됨을 사랑하여 다시 일어나도록 도왔으며, 그것에 힘입어 같은 장소에서 곧바로 점포를 신축하여 사업을 더욱 확장하고 노력에 박차를 가하여 오늘의 장관을 보게 되었다.

　　현재 종업원 15명을 고용해 그들이 제작한 '시마타니(鳥谷)의 장롱'으로 이미 세간의 정평(定評)을 넓혔으며, 솜씨를 과시하는 가구류와 더불어 사업의 번성함을 보이고 있다.

시마타니단스점_ 중구 대청로변 국제시장 젊음의 거리 입구에 있는 해피랜드 건물 자리에 있었다.

시마타니가구점(鳥谷家具店)

① 시마타니가구점(鳥谷家具店)_ [신부산대관]
② 시마타니 사네마사(鳥谷實政)_ [신부산대관]

카쯔라 간지(桂寬治)

원 적 야마구치현(山口縣) 구가군(玖珂郡) 류정정(柳井町)
주 소 부산부(釜山府) 대청정(大廳町) 3정목(丁目) 31번지
상 호 가와타니부산지점(河谷釜山支店)
사 업 명주(銘酒) 사와노쯔루(澤の鶴), 기타 주류 판매

카쯔라 간지(桂寬治)가 1914년 부산으로 와서 가와타니부산지점(河谷釜山支店)의 경영을 맡은 이래 사업이 번창하여 오늘에 이르렀다. 본 지점에서 취급하는 나다명주(灘銘酒)[446] '사와노쯔루(澤の鶴)'를 으뜸으로 해 '유키노우메(雪の梅)', '하나구라(花競)' 등은 조선 전역에서 부동의 고객을 갖고 있다. 그의 동생 아키라(章)는 그를 도와 항상 판로개척에 노력하여 사업의 실적을 견고히 한 바 있다. 가와타니본점은 1852년 야마구치현(山口縣) 야나이(柳井)에서[447] 개점하여 주류를 양조하는 한편, 처음부터 '사와노쯔루(澤の鶴)'의 판매점으로 유서가 깊었다고 한다.

명주(銘酒) '사와노쯔루(澤の鶴)'의 유래 초대 사장 이시자키 키헤에(石崎喜兵衛)가 세즈(攝津)의 나다(灘) 사이고(西鄉) 내의 신재가촌(新在家村)에서 처음으로 명주 '사와노쯔루(澤の鶴)'를 양조했던 것이 1717년[지금으로부터 200년 전]으로, 현재 오사카(大阪) 히라노초(平野町)의 상점과 나다(灘) 신재가(新在家)의 양조장 모두 예부터 그곳에서 단절없이 이어져 오늘에 이르고 있다. 본 회사의 초대 사장 키헤에(喜兵衛)가 어느 날 시마노쿠니(志摩の國)의[448] 이자와노미야(伊雜の宮)에[449] 참배할 때, 이자와노미야(伊雜の宮)의 연기(緣起)에 '아마테라스오미카미(天照御大神)를 야마타노사도(山田の里)에 진봉(鎭奉)해서 모실 때 이자와(伊雜)의 아시하라(芦原)에서 줄곧 새 우는 소리가 들렸으므로 야마토히메노미코도(倭姬命)가 매우 의아스럽게 생각하고 그 까닭을 물어본 즉, 새하얀 학(鶴)이 잘 익은 풍성한 벼를 입에 물고서 울고 있는 것을 알게 되었다. 새(鳥)도 농사를 지어 오미카미(大神)에게 신찬(神饌)을 올리는 것을 보고서 야마토히메노미코도(倭姬命)는 새에게 깊은 자애(慈愛)를 내리고 이자와도미노카미(伊佐波登美之神)로[450] 하여금 그 벼의 이삭에서 좋은 것을 골라 뽑아 오하타누시노(大幡主)[451]의 누이동생에게 술을 만들게 하여 처음으로 오미카미(大神)에게 술을 받치게 되었다'라는 기록이 있는 것에 착안하여 '사와노쯔루(澤の鶴)'로 이름 지었다고 전한다. 술을 만든 본래의 이시자키(石崎)주식회사는 이와 같은 이야기의 전통을 계승하며 1898년 합자회사로 운영하다가 1919년 다시 주식회사로 변경하였다.[452] 현재 양조능력 2만 석(石)에 공장평수 1만 5,000평으로 종업원이 약 600명이라고 한다. 이런 설비들이 오늘의 성황을 이룰 수 있게 하였다.[453]

가와타니부산지점_ 중구 대청동 옛 서라벌호텔 뒷편의 인쇄골목 내 성림원색이 자리한 곳이다.

---

446) 나다(灘) 지방에서 생산되는 명주(銘酒)를 말한다. 고베(神戶)의 나다(灘) 지방에서 생산되는 일본술 사케에 대해서는 본책 주(註) 372참조.

447) 야마구치현(山口縣) 남동부에 있는 시(市)로 2009년 현재 인구는 3만 5,500여 명이다.

448) 현재 미에현(三重縣)의 시마(志摩) 반도를 중심으로 위치했던 고대의 쿠니(國)이다.

449) 이자와노미야(伊雜宮)는 미에현(三重縣) 이소베초(磯部町)에 있는 신사(神社)로 일본에서도 손꼽히는 신사인 이세진구(伊勢神宮)의 별궁으로 알려져 있다. 이 신사에서 매년 '오다우에 마쓰리(御田植祭)'가 성대히 거행되는데 이는 한해의 풍작을 기원(祈願)하고 또 그해의 농사가 풍작인지 흉작인지를 점쳤던 데에서 시작되었다고 한다.

450) 일본의 신도오부서(神道五部書) 중의 하나인 『왜희명세기(倭姬命世記)』에는 '야마토히메노미코도(倭姬命)가 이세(伊勢)에서 아마테라스오미카미(天照御大神)에게 조석(朝夕)을 받칠 곳을 찾고 있을 때 토지의 신(神) 이자와도미(伊佐波登美)가 야마토히메노미코도(倭姬命) 일행을 맞이해 시마노쿠니이자와(嶋[志摩]國伊雜)에 신궁을 조성하여 받들었다'고 기록되어 있다.

451) 일본인이 모시는 주요 신(神) 중 하나인 오하타누시노미코토(大幡主命)를 말한다.

452) 현재 사와노쯔루(沢の鶴)주식회사의 홈페이지(http://www.sawanotsuru.co.jp)에서도 과거 사용했던 이시자키(石崎)주식회사의 명칭을 확인할 수가 없다. 그러나 『新釜山大觀』의 기록대로라면 한때 이시자키(石崎)주식회사란 사명(社名)을 사용했던 것으로 보인다.

453) 사와노쯔루의 명성은 1978년 고베시(神戶市) 나다구(灘區) 대석남정(大石南町) 1정목(丁目) 29-1에 사와노쯔루자료관(澤の鶴資料館)이 건립된데서 확인할 수 있다. 사와노쯔루는 현재까지 사와노쯔루(沢の鶴)주식회사에서 생산하는 주요 명주 중의 하나이다. 참고로 회사명의 한자 표기를 사와노쯔루(澤の鶴)에서 사와노쯔루(沢の鶴)로 변경한 것은 1991년이다.

가와타니부산지점(河谷釜山支店) ② ① ① 가와타니부산지점(河谷釜山支店)_ [신부산대관]
                                    ② 카쯔라 간지(桂寛治)_ [신부산대관]

카쿠나가 킨스케(角永金助)

원 적 야마구치현(山口縣) 대도군(大島郡) 구하정(久賀町)
주 소 부산부(釜山府) 서정(西町) 3정목(丁目)
상 호 카쿠나가상점(角永商店)
사 업 된장 도소매

카쿠나가 킨스케(角永金助)는 병역[히로시마사단(廣島師團)]을 마치고 1908년 부산으로 건너왔다. 된장제조업이 유리하다는 것을 간파하고 신중하게 연구를 한 뒤 서정(西町)에서 된장제조업을 개업하였다. 점차 품질을 개량하고 판로 개척을 도모하여 매년 업적을 올리고 있다. 현재는 도매 90%, 소매 10%로 나누어져 있으며, 부산부(釜山府)는 물론이고 지방 일원에도 진출해서 좋은 평판을 많이 받고 있다. 그 제품이 우수하여 1921년, 1928년, 1930년 누차 경남품평회(慶南品評會)에서 1등상을 받았다.

그는 1926년부터 부산재향군인회 중앙분회장(中央分會長), 1934년 10월부터 부산부재향군인연합회 부회장으로 추천되었는데 덕망이 있다.

카쿠나가상점_ 중구 국제시장 아리랑거리 하테일러 일대가 그 자리이다.

카쿠나가상점(角永商店)

① 카쿠나가상점(角永商店)_ [신부산대관]
② 카쿠나가 킨스케(角永金助)_ [신부산대관]

요시미 요시오(吉見義夫)

원　적 야마구치현(山口縣)
주　소 부산부(釜山府) 변천정(辨天町) 2정목(丁目) 23번지
상　호 요시미상점(吉見商店)
사　업 종이, 문방구 도매

　　요시미상점(吉見商店)은 1888년 전(前) 호주(戶主) 요시미 쿠라(吉見藏)가 개업한 이래 점차 발전하여 부산에서 일류 점포가 되었다. 요시미 요시오(吉見義夫)는 요시미(吉見) 집안의 양자가 되어 1921년 게이오기쥬쿠(慶應義塾) 이재과(理財科)를 졸업하고 나고야(名古屋)의 아이치은행(愛知銀行)에서 5년간 근무한 뒤, 1926년 집으로 돌아와 가업을 이어 오늘에 이르고 있다. 상점의 거래처는 거의 조선 전역에 미치고 신용있는 유명한 가게로 내실을 갖추고 있다.
　　특히 요시오(義夫)는 올해 38세의 소장(少壯) 지식인으로 일찍이 은행원이었던 체험을 유감없이 업무상에 유용한 지식으로 응용하고 있다. 20여 명의 점원을 통솔하고 있으며 가게 분위기는 고풍스럽다.

요시미상점_ 중구 광복로 용두산공원 에스컬레이트에서 시티스폿 방향으로 네번째 건물인 몽벨 광복점이 위치한 곳이다.

요시미상점(吉見商店)　｜　요시미상점(吉見商店)_ [신부산대관]

요시무라 이사무(吉村勇)

원　적 후쿠오카현(福岡縣) 고쿠라시(小倉市)
주　소 부산부(釜山府) 본정(本町) 4정목(丁目) 26번지
상　호 요시무라이발소(吉村調髮所)

　부산의 중심지, 도매상가 본정(本町)과 은행가 대청정(大廳町)이 서로 교차하는 정모서리에 새롭게 장식된 산뜻한 서양식 건물이 있는데, 이곳이 부산 제일이며 반도(半島)에서 굴지의 대표적 이발관인 요시무라이발소이다. 외관이 이미 그렇듯 이발관 안으로 발을 들여 놓으면 설비가 알맞게 갖추어져 있고 일체의 참신함으로 좋은 느낌을 준다. 정말 제국 도시의 일류 이발관에 뒤떨어지지 않아 항상 천객만래(千客萬來)의 번창함을 보여준다. 그렇게 되는데는 무슨 이유가 있을 것이다. 본점은 선대(先代) 요시무라 소지로(吉村惣次郎)가 1910년 부산으로 건너와 창업한 것으로, 기술이 정교하고 설비가 진보적이어서 일찍부터 이 방면에서 기초를 마련했었다. 현재 이발관의 운영자인 이사무(勇)는 요시무라 소지로(吉村惣次郎)와 숙부, 생질의 관계였다. 이사무(勇)는 1924년 부산으로 와서 친히 선대의 기술을 습득하였는데, 선대가 경성지점을 설치하여 그곳으로 부임한 이후 부산본점을 떠맡아 상점 운영의 발전을 도모하였다. 1927년 선대 사후(死後), 사업의 일체를 계승하고 올해 7월 공사비 2만여 원을 투자하여 외관과 내부의 시설을 더욱 일신해서 오늘의 웅장함을 보여주게 되었다.

　올해 아직 38세의 장령(壯齡)으로 부산연합청년회 부장으로 일하고 있다. 더불어 현재 부산이발조합 평의원으로 업계에 공헌하고 있으며 또 정내(町內) 조장(組長) 등으로 근무하고 있는데 인물이 훌륭하다는 칭찬을 받고 있다.

요시무라이발소_ 중구 대청로 인쇄골목 2길 입구 지젤스킨케어 자리이다.

요시무라이발소(吉村調髮所)

① 요시무라이발소(吉村彫髮所) 외관(外觀)_ [신부산대관]
② 요시무라이발소(吉村彫髮所) 내부(內部)1_ [신부산대관]
③ 요시무라이발소(吉村彫髮所) 내부(內部)2_ [신부산대관]
④ 요시무라 이사무(吉村勇)_ [신부산대관]

대선양조주식회사(大鮮釀造株式會社)[454]

소　재 부산부(釜山府) 범일정(凡一町) 401번지의 1
창　립 1930년 7월 1일
자본금 100만 원
대표취체역 모리바나 시메(森英示)

　연　혁 후쿠오카시(福岡市)의 실업가 이케미 타츠지로(池見辰次郎)의 제창 아래, 일본에서 분립(分立)된 채 무통제 상태에 있던 다수의 소주양조회사(燒酎釀造會社)들이 합병하여 대일본주류양조(大日本酒類釀造)주식회사가 창립되었다. 이 회사는 조선 진출의 제일보로서 1929년 5월 부산공장을 설립하였다. 이후 부산공장은 조선의 실정에 맞추어 영업성적을 크게 올렸다. 그 결과 이듬해 1930년 7월 자본금 100만 원[납입 60만 원]의 대선양조주식회사(大鮮釀造株式會社)로 독립하였다. 주류, 공업약품과 함께 그 부대사업(附帶事業)을 경영하는 것을 목적으로 소주양조능력은 연간 3만 석(石)이다[직공수 60여 명]. 최신식 양조설비로 만든 제품은 전선(全鮮)주류품평회에서 연속으로 최우등상, 우승컵을 받는 명예를 안았으며 조선, 만주, 일본에서 우세한 판로를 유지하고 있다.

　중　역 취체역사장 모리바나 시메(森英示). 상무취체역 히라야마 요이치(平山與一). 취체역 요시다 카시로(吉田嘉四郎), 호리스에 오사무(堀末治), 야마모토 겐쥬로(山元玄十郎), 이케미 시게타카(池見茂隆). 감사역 노구치 키이치로(野口喜一郎), 요시다 케이타로(吉田敬太郎). 지배인 요코야마 마타스케(橫山又助)

　지배인 요코야마(橫山) 1917년 9월 고베(神戶) 스즈키상점(鈴木商店)의 경성지점에 부임해 1927년까지 계속 근무하다가 그해 대일본주류양조회사(大日本酒類釀造會社)에 들어갔다. 1930년 7월 대선양조(大鮮釀造) 창립과 더불어 부산주재 지배인으로 부임하여 종횡무진(縱橫無盡) 수완을 발휘하고 있다.

대선양조주식회사_ 남구 문현로타리 인근 (주)비락빌딩 옆 부산골프클럽 자리이다.

454) 부산의 대표적 향토기업으로 소주 C1을 생산하는 대선주조주식회사의 모체가 되는 기업이다. 해방 이후에도 범일동에서 오랫동안 소주를 생산한 대선양조주식회사는 1968년 5월 사명(社名)을 대선주조주식회사로 바꿨다. 1974년 6월 본사 및 제1공장을 현재의 부산광역시 동래구 사직동 154-2번지 위치로 이전하고 현재까지 영업을 계속하고 있다.

대선양조주식회사(大鮮釀造株式會社)

① 대선양조주식회사(大鮮釀造株式會社) 공장(工場) 전경(全景)_ [신부산대관]
② 대선양조주식회사(大鮮釀造株式會社) 증류실(蒸溜室)_ [신부산대관]
③ 대선양조주식회사(大鮮釀造株式會社) 공장(工場)의 일부_ [신부산대관]
④ 지배인(支配人) 요코야마 마타스케(橫山又助)_ [신부산대관]

다이고쿠 토리마쯔(大黑酉松)

원　적 와카야마현(和歌山縣) 일고군(日高郡) 백기촌(白崎村) 대자신곡(大字神谷)
주　소 부산부(釜山府) 곡정(谷町) 2정목(丁目) 126번지
상　호 합자회사 다이고쿠난가이도(大黑南海堂)[변천정(辨天町) 1정목(丁目)]

　　다이고쿠 토리마쯔(大黑酉松)는 14세에 고향을 떠나 오사카(大阪) 도수정(道修町)의[455] 약종상(藥種商)에서 힘껏 일하면서 21세까지 세상살이의 힘듦을 확실히 경험하며 상매(商賣)를 연구하였다. 1898년 7월 17일 조선으로 건너와 2년여 후, 의사(醫師)의 약국생(藥局生)이 되었다. 조선의 사정을 살피다가 1900년 12월 사임하고 단돈 40원의 자금으로 약종상을 독립 경영하였는데 다년간의 연구체험이 헛되지 않았다. 특히 전력을 기울인 활동 때문에 업적을 크게 올려 매년 거래액이 늘어나고 거래처는 마침내 조선 전역으로 넓혀져 반도에서 대표적인 도매상으로 비약하였다. 그리하여 1920년 12월 1일 합자회사를 조직해 오늘에 이르며 현재의 자본금은 30만 원이다. 그 취급 상품은 약종(藥種), 매약(賣藥), 광산용 약품, 농업약품, 화학용 약품, 화장품 등이다. 1925년 9월 20일 조선 전역의 도매상 통제를 위해 경성, 부산, 평양, 원산, 대구, 군산의 도매상 9명을 망라하고 일본 각 본포(本鋪)의 찬조 아래 조선약우회(朝鮮藥友會)를 창립한 이후 간사장으로서 공헌한 바가 많다. 그리고 약우회(藥友會)의 통제력은 우리가 조선의 약업계(藥業界)로 하여금 평화로운 진전을 보게 한 원동력이 되었고, 또 전국적으로 그 명성을 높혀 내선일가(內鮮一家)의 유력한 쐐기가 된 것은 확실히 그의 2대 공로로 돌려야 할 것이다. 또 경성약전(京城藥專)의 창립 때는 동교(同校) 당국자를 도와 일본에서 재단자금의 모집을 위해 침식을 잊고 바삐 돌아다녀 수개월 만에 용하게 십 수만 원의 거액을 모집할 수 있었던 것도 그의 노력이 크게 보태졌기 때문이라고 전한다. 그가 살고 있는 부산에서는 약업조합장(藥業組合長)으로서 업계의 촉망을 받고 있다.

　　올해 56세로 원기왕성한 젊은이에게 뒤지지 않는다. 항상 허름한 옷을 입고 점원의 양성에 대해서도 그는 훌륭한 견식을 지녀 엄격한 예절로 온정을 가미한 지도훈육에 게을리 하지 않는다. 다수의 점원이 마음으로 따르는 바는 그의 입지전적 인물됨의 반영으로 보아야 할 것이다. 근년 불교의 독신자로 인격이 더욱 원숙하다. 장남 타카오(隆南)는 오사카약학(大阪藥學)전문학교를 졸업하고 군대에서 3등 약제관(藥劑官)이 되었다. 제대해서는 동점(同店)의 부주인(副主人)으로서 힘쓰고 있다. 차남, 차녀는 좋은 배우자를 얻어 5명의 자손이 있으며 발육 중인 몇 명의 자녀가 있다. 가문은 날로 번창하여 탕탕(蕩蕩)한 봄 바다와 같다. 작년에 십 수만 원을 투자한 신축 점포는 우뚝 선 채 장수통(長手通) 거리를 압도하여 사업의 기초가 더욱더 견고함을 보여주고 있다.

다이코쿠난가이도_ 서구 아미동 청소년회관에서 대림e편한세상 아파트단지 방향으로 있는 새마을금고 새부산까치점 자리에 있었다.

455) 오사카(大阪)의 도쇼마치(道修町)는 에도막부(江戸幕府) 때부터 일본 약종(藥種)거래의 중심지였다. 에도시대에 청국(淸國)과 네델란드로부터 약을 독점하여 취급한 약종중매상들이 가게를 차려 일본에 들어온 약은 일단 도쇼마치에 모여 전국으로 유통되었다. 도쇼마치(道修町)의 지명은 원래 도수곡(道修谷)이란 계곡에서 혹은 도수사(道修寺)란 절에서 또는 키타야마 도슈(北山道修)라는 의사가 거주했다는 데서 유래했다는 등 여러 가지 설이 있다. 가장 유력한 설은 도수곡(道水谷)에서 유래한 것으로 보고 있다. 어쨌든 도쇼마치(道修町)로 불리기 시작한 것은 에도중기(江戸中期)부터로 추정된다. 도쇼마치(道修町)의 호수와 인구는 1920년 378호 3,120명, 1955년 204호 792명, 1975년 82호 264명으로 종사자들이 점점 감소하였다. 하지만 일본의 많은 제약회사들이 이곳에서 출발했던 만큼, 현재도 다이닛폰스미토모(大日本住友)제약주식회사를 비롯해 여러 제약회사나 약품회사들의 본사가 도쇼마치(道修町) 거리의 양편에 늘어서 있다.

합자회사 다이고쿠난가이도(大黑南海堂)

② ④
③ ①

① 합자회사 다이고쿠난가이도(大黑南海堂)_ [신부산대관]
② 다이고쿠난가이도(大黑南海堂) 사무실(事務室)_ [신부산대관]
③ 다이고쿠난가이도(大黑南海堂) 창고(倉庫)_ [신부산대관]
④ 다이고쿠 토리마쯔(大黑酉松)_ [신부산대관]

타카세합명회사(高瀬合名會社)

소　재[본 점] 부산부(釜山府) 본정(本町) 2정목(丁目)
창　립 1917년 10월
자본금 150만 원[전액 납입]
영　업 면사포상(綿糸布商)
대표자 후쿠나가 마사지로(福永政治郎)

　　타카세(高瀬)합명회사의 전신인 타카세(高瀬)상점의 창설자 타카세 마사타로(高瀬政太郎)는 시가현(滋賀縣) 신기군(神崎郡) 팔일시(八日市)[456] 고기(高崎) 사람이다. 1880년 3월 부산으로 와 조선인을 대상으로 잡화상을 시작하여 점차 영업을 확장하였다. 그 후 1886년 타카세(高瀬)의 조카 후쿠나가 마사지로(福永政治郎)가 부산에 오자 공동사업으로 협력 일치해 업무의 발전을 도모하였다. 게다가 1888년경부터 조선인의 수요품 중 수위(首位)를 차지하는 면포, 옥양목류(金巾類)의 판매를 시작하였다. 당시 조선 내의 옥양목 수요는 전부 영국산으로 대부분 상하이(上海)를 경유해서 직수입되고 일부는 고베(神戸)를 경유하여 조선으로 수입되었다. 그들은 나가사키(長崎)의 홈링가(ホームリンガー)상회와[457] 계약하고 영국으로부터 직수입을 하여 사업의 기선을 잡은 바가 있다. 그는 계속해서 고베(神戸)의 스트롱(ストロン)상회[458], 헌팅턴(ハンチントン)상회와 계약해 직수입하고 상하이 경유품과 경쟁을 시작했으나 1894년 10월 국산품 장려의 차원에서 오사카(大阪)의 카나킨제직회사(金巾製織會社) 제품의 시판에 주력했다. 우리나라(我國)의 면포제직(綿布製織)은 청일전쟁과 러일전쟁을 거치면서 일대 진보를 달성했기 때문에 그들은 국산품의 판매에 전력을 다함으로써 영국제품을 조선으로부터 몰아내는데 지대한 공헌을 하였다. 오사카카나킨(大阪金巾)제직회사는 그 후 오사카방적(大阪紡績)회사 및 미에방적(三重紡績)회사와 합병해 현재 동양방적(東洋紡績)주식회사로 되었다. 그가 개업할 당시 옥양목은 해마다 개량되어 조포(粗布), 세포(細布)로 되었다. 이후 30여 간 재계에 다소간의 변동이 있고 타카세(高瀬) 또한 영업상의 여러 가지 고통을 겪었다. 그럼에도 불구하고 그들은 시종일관 국산품의 조선내 판매에 종사하여 1917년 10월 상점의 조직을 합명회사로 바꾸고 자본금 100만 원으로 타카세(高瀬) 자신이 대표사원이 되어 또 한번의 활약을 기대하였는데 천수(天壽)를 다하지 못하고 1919년 9월 68세를 일기로 타계하였다. 이에 후쿠나가(福永)가 대표사원이 되어 이듬해 1920년 5월 자본금을 150만 원으로 증자하고 더욱더 사업의 확장을 도모해 오늘에 이르렀다. 현재 경성(京城), 평양(平壤), 군산(群山), 여수(麗水), 오사카(大阪) 5곳에[459] 지점을 설치하고 견직물, 면직물, 면사의 판매 및 토지경영을 하여 조선의 이 방면 업계에서 이름을 날리고 있다.

　　주식회사 타카세(高瀬)농장 종래 타카세상점의 파생적 사업으로, 주로 호남선(湖南線) 방면에서 경영하고 있던 개간(開墾), 농장(農場), 조림(造林), 양잠(養蠶) 등의 사업을 분리하여 쇼와(昭和) 초년에 자본금 200만 원의 주식회사를 조직하고 여수 서정(西町)에 본사를 두었다. 후쿠나가(福永)가 사장을 겸하고 있는데 그 업적이 현저하다.

　　후쿠나가 마사지로(福永政治郎) 1864년 1월 5일 시가현(滋賀縣) 신기군(神崎郡) 건부촌계(建部村堺) 37번지에서 태어났다. 부산으로 온 이후 바쁜 몸으로 부산상업회의소 특별의원 등의 공직에 선출되어 부산 발전에 공헌한 것 외에 항상 사회 공공을 염두하여 그 방면에 쓴 사재(私財)의 액수가 막대하다. 부산의 실업가 중 대선배이면서 드물게 보는 인격자로 세상 사람들이 존경하고 있다.

타가세합명회사_ 중구 동광동 부산호텔 옆 연동민예사 자리이다.

---

456) 요카이치(八日市)는 요카이치쵸(八日市町)를 지칭한다.
457) 본책 주(註) 576 참조.
458) 스트롱(ストロン)상회는 고베(神戸)에 있었던 영국계 회사로 1905년 무렵 외국으로부터 양사(洋糸), 옥양목, 양직물, 면화, 약품, 금속류, 기계류, 동(銅), 미곡 등을 수입하고 보험대리업무를 하던 회사였다.
459) 『新釜山大觀』의 원문대로라면 5곳이 아니고 4곳이어야 한다. 그러나 『釜山大觀』에는 경성(京城), 평양(平壤), 군산(群山), 오사카(大阪) 이외 여수(麗水)를 포함하여 5곳으로 되어 있다. 따라서 『新釜山大觀』에서 4곳을 5곳으로 잘못 기재했든지 아니면 여수(麗水)를 빠뜨렸든지 둘 중 하나의 착오가 있었던 듯하다.

타카세합명회사(高瀬合名會社)

① 타카세합명회사(高瀬合名會社)_ [신부산대관]
② 고(故) 타카세 마사타로(高瀬政太郎)_ [부산대관]
③ 대표자(代表者) 후쿠나가 마사지로(福永政治郎)_ [신부산대관]

타테이시제유공장(立石製油工場)

소　재 부산부(釜山府) 청학동(靑鶴洞)

본 공장은 주식회사 타테이시(立石)상점[사장 타테이시 요시오(立石良雄)]이 다이쇼(大正) 초년 이래 부산에서 유류(油類)도매상을 통해 성공한 사업의 기반 위에 세워졌다. 타테이시 사장이 국가적 사업으로 다년간 현안이었던 원유정제(原油精製)의 사업을 실현한 것으로 조선에서 유일한 공장이다. 다음과 같은 규모를 지닌 공장은 일찍이 동(同) 사장이 완성한 목도(牧島) 매립지에 있다. 올해[1934년] 11월 24일 다수의 명사(名士)를 초청해 성대한 낙성식을 거행하였다.

공장부지평수 8,095평

공장건평 1. 제유공장 800평 2. 창고 600평 3. 원유탱크부지 150평 4. 사택부지 730평

건물개요 1. 철근건물[진공증류실(眞空蒸溜室)] 2. 벽돌건물[보일러실, 예열실(豫熱室), 납촉(蠟燭)공장]
　　　　　3. 목조건물[펌프실, 세척실(洗滌室), 통조림실, 사무실] 4. 기타[시험실, 창고, 수위실, 철공소]

설비개요 1. 원유 및 중유(重油)탱크[1,000톤 1기(基), 300톤 2기, 100톤 2기, 합계 1,800톤]
　　　　　2. 세척교반기(洗滌攪拌機) ① 유산교반기(硫酸攪拌機) 2기 ② 조달교반기(曹達攪拌機) 2기
　　　　　3. 제품탱크 6기 4. 미세유(未洗油)탱크 8기 5. 분류유수(分溜油受)탱크 4기
　　　　　6. 침전정치조(沈澱靜置槽)[세트링(セットリング)탱크] 6기

기계설비 1. 증류장치 ① 100석(石) 장입(張込)[460) M·H식 진공증류기계 1기 ② 100석(石) 장입(張込) 예열관(豫熱罐) 1기
　　　　　2. 코르니쉬(コルニッシユ)보일러[461) 1기 3. 전동기 10대, 총마력수 12마력 4. 유송(油送)펌프 10대

공장종업원 1. 제유소장(製油所長) 2. 기술자 공장장 이하 7명 3. 공사장 인부 9명 4. 품팔이꾼 30명 5. 사무부 주임 이하 6명,
　　　　　전체 합계 54명

원유[원료]개요 남양(南洋)보르네오산[스페셜미리(スペシアルミリ-)원유], 북미캘리포니아산[코링가(コ-リンカ)원유, 폰크라크(ボンクリ-ク)원유, 프로듀스크루드(ブロデューサークルード)원유, 톱트크루드(トップドクルード)원유], 북사할린산[오하(オハ)원유] 등의 원유를 연간 약 1만 1,000톤 처리하는 능력을 갖고 있다. 원유법의 규정에 따라 위의 원유를 직접 외국원산지로부터 본 공장탱크에 직수입한다.

생산수량 경유 18만 관(罐)[462) , 기계유 20만 관, 아스팔트 3,300준(樽)[463)

제유(製油)방법 휘발유분을 포함하지 않는 금질원유(金質原油)를 원료유(原料油)로 하여 석유정제를 한다. 먼저 100석 용량의 예열관 안에 원유 100석을 넣고 이것을 가열해 수분을 제거한 뒤에 진공증류관 안으로 보낸다. 그런 다음 이것을 관(罐) 안에서 증류한다. 이렇게 진공증류에 의해 발생되는 유증기(油蒸汽)는 수냉응축기(水冷凝縮機)로 액화시켜 탱크로 수송해 저장한다.

---

460) 하리고미(張込)는 상자 등의 바깥 면에 바른 종이 끝을 안으로 접어 붙이는 것, 또는 대지(臺紙)에 종이나 천을 붙이는 것을 뜻한다. 본문에서는 100석의 용량을 넣을 수 있는 기계설비에 대한 설명으로 판단된다.

461) 코르니쉬보일러(Cornish boiler)는 화로통(炉筒)이 1개인 둥근 보일러를 말한다. 증발량이 보일러 설치의 바닥 면적보다 적기 때문에 그다지 사용하지 않는다.

462) '칸(缶, 罐, 鑵)'은 깡통을 의미하는 네덜란드어 'kan'에서 음차(音借)한 것이다.

463) '다루(樽)'는 대나무나 금속으로 테를 둘러서 죈 원통형의 나무통을 말하며 배럴(barrel)의 일본식 표기이다. 배럴은 영국과 미국에서 액체, 과일, 야채 따위의 부피를 잴 때 사용하는 단위이다. 1배럴은 영국에서는 36갤런으로 약 163.5리터에 해당하고, 미국에서는 액체의 부피를 잴 때는 31.5갤런으로 약 192.4리터, 석유의 부피를 잴 때는 42갤런으로 약 159리터에 해당한다.

타테이시제유공장(立石製油工場)

① 타테이시제유공장(立石製油工場)_ [신부산대관]
② 타테이시제유공장(立石製油工場)의 일부(一部)_ [신부산대관]
③ 타테이시제유공장(立石製油工場)의 일부(一部)_ [신부산대관]

타테이시 요시오(立石良雄)

원 적 후쿠오카현(福岡縣) 종상군(宗像郡) 적간정(赤間町).
점 포 부산부(釜山府) 매립신정(埋立新町) 7번지
자 택 부산부(釜山府) 본정(本町) 5정목(丁目)
직 업 유류(油類)일체, 카바이트(カーバイト), 양초, 제면(製綿), 성냥, 타이어 도매

타테이시 요시오(立石良雄)는 1883년 8월 23일 후쿠오카현(福岡縣)에서 태어났다. 1898년 오사카(大阪)로 가서 목랍(木蠟)[464] 도매업을 하는 마쯔오상점(松尾商店)에 입사하여 업무에 정진하였다. 문화의 발전에 따라 목랍을 대신할 파라핀(パラピン)의 출현으로 그는 파라핀초에 대한 연구를 거듭해 사장의 신용을 얻게 되었다. 그리하여 일한병합(日韓倂合) 후 관세(關稅) 관계를 알아보고 조선에서 양초의 제조가 유리하다는 점을 간파하고서 동(同) 상점의 부산지점 개설을 종용하여 마침내 1911년 9월 15일 부산으로 건너와 그 업무를 맡았다. 먼저 라이징선(ライジングサン)석유회사의[465] 조선 남부지역 독점판매를 계약하고 부평정(富平町) 2정목(丁目)에 양초제조공장을 설립하여 오로지 파라핀초의 제조 판매에 앞장섰다. 또한 1914년경부터 유류(油類)의 수요증가를 예측하고 유류 판매를 같이 하여 사업이 날로 번창하였다. 1918년 편의상 사용했던 마쯔오지점(松尾支店)을 타테이시상점(立石商店)으로 고치고 명실공이 자기 경영으로 하여 상품의 수요증가에 맞춰서 제품의 증산을 꾀하였다. 이와 함께 상품의 구입, 보관을 완전하게 하기 위해 창고를 좌등정(佐藤町)에 두고 석유탱크를 목도(牧島)에 설치하였다. 이듬해 1919년 점포를 매립신정(埋立新町) 7번지로 이전하고 제품판매를 원활하게 하기 위해 남빈판매부(南濱販賣部)를 설치하였다. 이후 1925년 방어진(方魚津)과 구룡포(九龍浦)에 출장소를 신설하는 한편, 공장 기타 부지로서 목도(牧島)의 동부 해면(海面) 6,000평의 매축허가를 얻어 현재 공사 중에 있다. 내년 3월에는 매축 전부를 완료하고 그곳에 공장 및 창고를 신축해 대비약(大飛躍)을 시도하고자 한다.

특약점 및 대리점 본 상점이 주력하는 것은 유류(油類)의 도매이다. 현재 라이징선(ライジングサン)석유주식회사의 지정판매점, 닛폰석유(日本石油)의 남선대리점(南鮮代理店), 버큠오일컴퍼니(バキュームオイルカンパニー)의[466] 특약점을 선두로 호쿠리쿠전기(北陸電氣)공업주식회사 조선독점판매점, 하라다제면소(原田製綿所)[467]대리점, 던롭극동고무(ダンロップ極東ゴム)주식회사특약점[468] 등으로 되어 있다. 제품의 판로도 거의 조선 전역으로 확장해 반도(半島)의 이 분야에서 두각을 나타내게 되었다. 현재 부산에서 동력용 기름의 7할~8할은 본 상점에서 공급한다. 타테이시(立石)의 둘째형은 양초공장을 담당하고 동생은 본 상점의 회계를 맡아 세 사람이 협력 일치해서 업무의 발전을 꾀하고 있다. 또한 점원 30여 명이 전심(專心)으로 업무에 종사하고 있는 점은 특히 본 상점의 커다란 장점이라 할 수 있다.

---

464) 목랍(木蠟)은 옻나무나 거먕옻나무의 익은 열매를 짓찧어 쪄서 만든 납(蠟)으로 양초, 성냥, 화장품, 연고 등을 만들거나 가구의 광택을 내는데 사용된다. 목밀(木蜜)·목초라고도 한다.
465) 라이징선(Rising Sun)석유회사는 영국계 석유회사로 1929년 1월의 원산 총파업은 함경남도 문평에 있던 라이징선석유회사의 일본인 현장감독이 조선인 노동자를 구타한 것이 계기가 되어 일어났다.
466) 1866년 설립된 미국의 Vacuum Oil Company를 말한다. 이 회사는 설립 이후 여러 번 사명(社名)을 변경하였는데, 1966년 이후 회사명은 모빌석유주식회사(Mobil Oil Corporation)이다.
467) 현재 허니파이버(ハニーファイバー, HONEYFIBER CORP)의 전신에 해당한다. 1840년 하라다 쥰에몬(原田忠衛門)이 하가다(博多)에서 면(綿)중개상으로 사업을 시작하였는데 1902년 상점명을 하라다제면소(原田製綿所)로 하였다.
468) 회사의 정식 명칭은 던롭고무극동(ダンロップ護謨極東)주식회사이다. 스코틀랜드 출신의 던롭(Dunlop, John Boyd, 1840~1921)은 공기타이어를 발명하였으며 던롭타이어제조회사를 설립하였다. 이 회사는 1917년 일본에서 자본금 전액을 투자하여 던롭고무극동(ダンロップ護謨極東)주식회사를 설립하였다. 1930년 고베(神戸)공장에서는 일본 최초로 골프공과 경식(硬式)테니스볼을 생산하였다. 1963년 스미토모(住友)그룹에서 경영하게 되면서 사명(社名)을 스미토모고무(住友ゴム)공업주식회사로 변경하여 현재에 이른다.

타테이시상점(立石商店)

① 타테이시상점(立石商店)_ [부산대관]
② 목도(牧島) 석유탱크 및 창고_ [부산대관]
③ 타테이시 요시오(立石良雄)_ [신부산대관]

다나카조선철공소(田中造船鐵工所) 다나카 키요시(田中淸)

원　적 고베시(神戶市) 즙합(葺合) 팔번통(八幡通)
주　소 부산부(釜山府) 목도(牧島) 주갑(洲岬)
상　호 다나카조선철공소(田中造船鐵工所)
사　업 조선(造船), 철공(鐵工), 주조(鑄繰), 제재(製材)

　　다나카 키요시(田中淸)는 1888년 1월 30일 고베시(神戶市)에서 출생하였다. 다나카의 부친 와카지로(若次郎)는 1887년 무렵 부산으로 건너와 남빈(南濱)에서 조선업을 개업하였다. 다나카 키요시(田中淸)는 1897년 부산에 와서 아버지의 가업을 이어받고 1912년 목도(牧島)의 현 위치에서 철공업을 겸영하며 점차 규모를 확장하여 오늘날의 큰 성공을 이루게 되었다. 1918년 조선의 철공업계에 일대 혁신이라고 해야 할 석유발동기 제작을 위해 모든 연구조사를 수행하고 30마력, 40마력 두 종류를 제조하기 시작하였다. 그런데 당시 발동기관은 대부분 외국제품으로, 일본에서조차 제조공장의 수가 적고 기술 또한 아직 진보하지 않은 때라서 충분한 성과를 낼 수 없어 엄청난 손실을 초래하였다. 그 후 일시적으로 이를 중단하고 연구만을 계속하였다. 그러다가 1925년에 이르러 무수식(無水式) 중유발동기관(重油發動機關)의 제조에 성공할 확신을 가지게 되어 일본으로부터 전문기술자 수 명을 초빙하고 1926년 초부터 선박용(船舶用) 무수중유발동기(無水重油發動機) 30마력과 50마력을 주축으로 제작을 시작하였다. 이것을 다나카식(田中式)이라 명명하고 양호한 성적을 거두어 조선 각지에 공급하였다. 또한 유수식(有水式)을 무수식으로 개조하는 사업도 개시해 이것 역시 좋은 성적을 내게 되자 점차 주조공장(鑄造工場)을 확장하여 무수식 발동기관의 제작 능력을 높이고 재고품(在庫品)을 넉넉하게 두어 쇄도하는 주문에 대응할 수 있게 되었다. 그리하여 조선의 조선계(造船界)에서 오랜 역사를 가진 다나카조선철공소는 그 기술에서도 규모에서도 조선에서 선두를 차지하게 되었다. 1931년 11월 주식조직으로 변경하고 그해 총독부로부터 충합어선검사규정에[469] 의해 지정공장으로서 권위를 인정받았다. 이것은 실로 다나카(田中)가 약 30년 동안 사업의 장래를 꿰뚫고 성심성의껏 기술 연마와 연구에 진력했던 결과로, 조선(朝鮮)의 공업계에 공헌한 공적 또한 크다고 해야 할 것이다. 현재 동(同) 공장은 1,000평에 이르는데 이것을 조선부(造船部), 철공부(鐵工部), 주조부(鑄造部), 제재부(製材部) 4부로 나눠서 각 부에 우수한 기술자를 배치하고 60여 명의 직공을 독려하며 모든 능력을 발휘해 조선 각지의 수요에 대응하고 있다.

다나카철공소_ 영도구 대평동 금강선박공업사 위치에 있었다.

469) 충합어업(沖合漁業)에 대해서는 본책 주(註) 220 참조.

다나카조선철공소(田中造船鐵工所)

① 다나카조선철공소(田中造船鐵工所) 사무소(事務所)_ [신부산대관]
② 다나카조선철공소(田中造船鐵工所) 사무소(事務所)_ [부산대관]
③ 다나카조선철공소(田中造船鐵工所) 공장(工場)의 일부_ [신부산대관]
④ 다나카조선철공소(田中造船鐵工所) 내부(内部)_ [부산대관]
⑤ 다나카조선소(田中造船所) 공장(工場)의 일부_ [신부산대관]
⑥ 사장(社長) 다나카 키요시(田中淸)_ [신부산대관]

다나카 후데요시(田中筆吉)

원   적 오카야마현(岡山縣) 아도군(兒島郡) 흉상촌(胸上村)
주   소 부산부(釜山府) 초량정(草梁町) 83번지
상   호 다나카쿠미(田中組)
사   업 토목건축청부, 농원(農園)경영

　다나카 후데요시(田中筆吉)는 1876년 원적지에서 태어났다. 16세 때 토목건축업자가 되겠다는 뜻을 품고 오사카(大阪)로 진출하여 오사카(大阪)토목회사에 입사하였다. 이후 종업원으로 호쿠리쿠선(北陸線), 관사이선(關西線)의 철도공사, 마이쯔루군항(舞鶴軍港)공사 등에서 근무하였다. 이후 조선에 눈을 돌려 22세 때 12명의 부하를 거느리고 조선으로 건너와 곧바로 경부선 신설공사에 종사하였다. 당시 자신의 집에 사무소를 급하게 건축하였는데, 그곳이 현재의 웅장한 다나카쿠미(田中組)의 소재지이다. 그 당시 일본인 가옥은 이곳 이외에 철도국 토목청부인대기소의 가옥이 한 채 존재했을 뿐 그 주위는 황량한 조선인 마을이었다고 한다. 그는 이곳을 본거지로 조선 남부 각지를 바쁘게 돌아다녀 러일전쟁 전 경부선 속성공사의 일부를 청부받아 보국(報國)하는 마음으로 어려운 공사를 신속하게 완성하였다. 여기에 대한 공(功)으로 청부회사인 부산토목합자회사로부터 상금 500원을 받는 기록을 남겼다. 이어서 1905년에는 마산에 출장소를 두고 마산선(馬山線)공사를 맡았고, 1911년에는 진해에 출장소를 두고 진해선(鎭海線)공사를 통솔하였다. 그는 두 선(線)의 공사를 완료한 후 부산으로 돌아와 1914년부터 다나카쿠미(田中組)로 명성을 업계에 날렸다. 1915년 철도국의 지정청부인이 되어 부산진매축, 동해남부선 등의 대공사를 청부받고 해를 거듭할수록 크게 성공해 조선의 남부지역 굴지의 토목조(土木組)로서 오늘에 이르렀다. 토목부를 키하라 이마스케(木原今助), 건축부를 야마타 토라에이(山田寅衛)에게 담당케 하여 업무의 전문화를 도모하고 있다.

　그는 1916년 이미 인정을 받아 남선(南鮮)토목협회 설립 때 회장으로 추대되었으며, 철도국 부산관구청부인대기소의 간사로 부산의 치도세 사다키치(千歲定吉)와 함께 동(同) 업계의 장로(長老)로서 존경을 받고 있다. 더구나 자신이 소유한 거제도의 약 50정보 농원 경영을 조카인 곤도(近藤)에게 맡기고, 올해 59세에도 불구하고 의기용이(意氣容易)하여 지칠 줄을 모른다. 자신의 저택 안에 조선이주30주년기념탑을 세우고 다년간에 걸친 신코(新子)부인의 내조의 공(功)과 더불어 감개무량한 마음을 가누지 못하고 있다.

다나카쿠미_ 동구 초량동 인창병원 뒷길 인창한의원 자리이다.

다나카 후데요시(田中筆吉)

① 다나카 후데요시(田中筆吉) 저택(邸宅)_ [신부산대관]
② 다나카 후데요시(田中筆吉)의 조선이주30년기념탑_ [신부산대관]
③ 다나카 후데요시(田中筆吉) 부부(夫婦)_ [신부산대관]
④ 다나카 후데요시(田中筆吉)_ [신부산대관]

다게시타 류헤이(竹下隆平)

원　적 나가사키현(長崎縣) 나가사키시(長崎市) 노박정(爐粕町)
주　소 부산부(釜山府) 보수정(寶水町) 1의 41
사　업 농업경영

　다게시타 류헤이(竹下隆平)는 부산부회(釜山府會)에서 '싸움의 장수(鬪將)'로 알려져 있다. 경남도회의원으로서 단연 중심이 되며 명석한 두뇌와 투철한 의론(議論)은 회의 장에서 하나의 이채(異彩)를 발한다. 특히 수리적으로 논진(論陳)을 펼쳐 당당하게 제압하는 모습은 타의 추종을 불허한다. 1881년 나가사키시(長崎市)에서 태어나 1883년 12월 부산세관장이 된 엄부(嚴父) 카다(佳隆)를 따라 조선으로 건너와 소학교를 부산에서 졸업한 부산토박이이다. 1907년 도쿄(東京)농업대학을 졸업하고 곧바로 부군(父君)이 관직에서 물러난 뒤 직업으로 삼았던 식림사업을 맡아 농장을 경영하며 오늘에 이르렀다. 그는 보수정(寶水町)에 산림을 갖고 있으며 대신정(大新町)에 매화나무숲과 동래군에 대숲, 그리고 밀양에 논을 가지고 있다. 식림 및 농사경영이 보통의 경영과 달리 지엽말단적인 것이라고 하더라도 그는 심혈을 기울여 사랑으로 어루만지고 키우는데 노력하고 있다.

　1926년 보수정(寶水町) 1정목(丁目) 총대(總代)에 취임한 것이 공직의 시작으로 제2소학교 부형회장, 부협의원, 학교조합 의원을 지냈고 현재는 부산부협의원 및 도회의원으로 활약하고 있다. '나는 단지 농부일 뿐'이라고 말하지만 그의 취미는 매우 넓으며 부산고고학회원으로 고고학에 조예가 깊다. 특히 조선의 고대 기와 수집은 그 분야에서 알려져 있다. 그가 아끼며 소장하는 기와는 낙랑, 고구려 등 각 시대에 걸쳐 있다. 그 수는 4,000매에 달하며 진귀하고 소중한 작품도 다수 소장하고 있다.

다게시타농장_ 중구 보수동 보수초등학교 뒤에 있는 평광교회 자리에 있었다.

다게시타 류헤이(竹下隆平)

① 다게시타 류헤이(竹下隆平) 애장(愛藏)의 조선 옛 기와들_ [신부산대관]
② 다게시타 류헤이(竹下隆平)의 저택(邸宅)_ [신부산대관]
③ 다게시타 류헤이(竹下隆平)_ [신부산대관]

타케스에 카즈오(武末一夫)

원 적 나가사키현(長崎縣) 상현군(上縣郡) 풍기촌(豊崎村)
주 소 부산부(釜山府) 대청정(大廳町) 2정목(丁目) 23번지
사 업 대가업(貸家業) 및 보험대리점

선대(先代) 타케스에 츄사쿠(武末忠作)는 1887년 조선으로 건너와 부산과 쓰시마 사이의 해운업 및 목재상을 경영하여 부산 개척자 중 한 사람으로 성공한 인물이다. 타케스에 카즈오(武末一夫)는 그의 장남으로 태어나 부산제1상업학교(釜山第一商業學校)를 졸업하고 장수통(長手通)에서 잡화상을 운영하였는데 1912년에 이를 그만두었다. 3년 전에 선대가 61세로 세상을 떠나자 선대의 뒤를 이어 대가업(貸家業) 외에 후소해상화재(扶桑海上火災), 스미토모생명(住友生命) 두 보험대리점을 인수해 오늘에 이르렀다.

그는 올해 36세로 대청정(大廳町)의 웅장한 저택에서 가정 원예[국화, 나팔꽃 등]를 취미로 하면서 매우 평화로운 생활을 하고 있다.

타케스에 카즈오 보험대리점_ 중구 대청로변 국제시장 만물의 거리 입구에 있는 부산조화 자리에 있었다.

타케스에 카즈오(武末一夫)

① 타케스에 카즈오(武末一夫) 보험부사무소(保險部事務所)_ [신부산대관]
② 타케스에 카즈오(武末一夫) 저택(邸宅)_ [신부산대관]
③ 타케스에 카즈오(武末一夫)가 재배하는 국화(菊花)_ [신부산대관]

나카무라 큐조(中村久藏)

  원 적 야마구치현(山口縣) 웅모군(熊毛郡) 좌하촌(佐賀村)
  주 소 부산부(釜山府) 영선정(瀛仙町)
  직 업 조선업(造船業), 철공업(鐵工業)

  나카무라 큐조(中村久藏)는 1866년 6월 11일 태어났다. 혈기왕성한 23세 때인 1889년, 나가사키(長崎)에서 때마침 탈 수 있었던 배로 조선에 시찰왔을 당시는 여행이 결코 쉽지 않았다. 오늘날은 누구나 시찰할 때 편리하게 철도와 기선으로 안락한 여행을 하지만 나카무라(中村)가 부산에 상륙하고 또 원산까지 갈 때의 고생담은 정말 금석지감(今昔之感)을 금할 수 없다.
  한편 귀향한 후 1893년 부산에 영주(永住)할 목적으로 조선에 건너와 곧바로 남빈(南濱) 해안에서 장사를 시작하였는데 물론 철공업이었다. 이후 1897년 목도(牧島) 주갑(洲岬)[470] 중앙에 공장을 건립하고 1909년 현재의 위치로 이전해서 점점 더 사업에 박차를 가해 가세(家勢)가 날로 번창하였다. 현재 조선부(造船部)는 300톤 인양선거(引揚船渠) 2조(條), 100톤 인양선거 1조, 합계 3조의 인양선거로 주문이 끊이지 않는 상태이다. 철공부(鐵工部)에서는 여러 가지 설비를 정돈해 조선업과 어깨를 나란히 하면서 번창하고 있다. 동력은 40마력의 석유발동기(石油發動機), 5마력의 전동력(電動力)을 사용하고 있다.
  자식인 지로(次郎)는 전문 기술을 일본에서 배우고 공장 주임으로 부업(父業)을 도우면서 현재 남빈(南濱) 1정목(丁目)에서 선구점(船具店)을 운영하고 있다. 나카무라는 제3금융조합 감사, 목도신탁(牧島信託)주식회사 중역 외에, 상업회의소 의원과 학교조합회 의원에 당선된 것이 수차례이다. 현재 학교조합회 의원으로 그리고 영선정(瀛仙町) 총대로 도민(島民)의 큰 신망을 받고 있다.

나카무라조선소_ 영도구 대평동 (주)선진종합엔지니어링 자리이다.

470) 주갑(洲岬)에 대해서는 본책 주(註) 46 참조.

나카무라조선소(中村造船所) 나카무라 큐조(中村久藏)

① 나카무라조선소(中村造船所) 공장(工場)_ [부산대관]
② 나카무라조선소(中村造船所)_ [부산대관]

나카무라 다카쯔구(中村高次)

원　적 야마구치현(山口縣) 웅모군(熊毛郡) 좌하촌(佐賀村) 54번지
주　소 부산부(釜山府) 영선정(瀛仙町) 1997번지
사　업 조선철공업(造船鐵工業)

　나카무라 다카쯔구(中村高次)는 목도(牧島)의 원로(元老)이자 부산의 조선철공업계(造船鐵工業界)에서 대선배로 신망이 두터운 나카무라 큐조(中村久藏)의 장남으로 1893년 2월 24일 태어났다. 1906년 4월 나가사키시(長崎市) 친세이학원(鎭西學院) 중학부(中學部)에 입학하고 1911년 6월 도쿄축지공수고등조선학교(東京築地工手高等造船學校) 본과생(本科生)으로 입학하였다. 1913년 6월 학업을 마치고 곧바로 부산으로 돌아와 부군(父君)의 조선소 공장주임으로 부업(父業)을 도와서 '나카무라조선소(中村造船所)'의 오늘날의 번창을 쌓아올린 신진(新進) 실업가이다. 나카무라조선소는 부산에서 신용있는 큰 조선소로 조선 전역에 알려져 있다. 수백 척의 선박들이 동소(同所)의 새로운 조선 기술에 의해 훌륭하게 건조(建造)되고 있는데, 나카무라조선소에서는 조선기선(朝鮮汽船)과 같은 새로운 선박을 늘 건조하고 있다. 현재 동(同) 조선소는 전술한 것처럼 수백 척의 조선(造船)능력을 갖고 있으며, 철공부(鐵工部)에서도 조선업계의 진전에 따라 각 선박의 설비를 정비하고 40마력의 발동기와 10마력의 전동력을 이용하여 조선(朝鮮)의 조선업계(造船業界)에서 중요한 위치를 차지하고 있다.

　나카무라(中村)는 현재 조선철공업(造船鐵工業)에 정진하는 한편, 공공(公共) 방면에서도 활약하여 부산부(釜山府)의 발전을 위해 계속 노력하고 있다. 1928년 제국재향군인 부산목도분회장(釜山牧島分會長)에 취임하고 1933년 부산연합분회(釜山聯合分會) 부회장으로 뽑혔다. 또 1932년 7월 부산상공회의소 의원에 당선되어 오늘에 이르고 있다. 1933년에는 사단법인 부산경마구락부(釜山競馬俱樂部) 상임이사를 맡아 조선경마계(朝鮮競馬界)에서 최선을 다하고 있다. 1934년 3월 부산 재계의 유력자와 함께 마루타해운(マルタ海運)주식회사를 창립하여 현재 그 취체역사장으로 재능을 발휘하고 있다. 그해 3월 부산부회의원(釜山府會議員) 보결선거가 시행되자 부산부민(釜山府民)의 기대를 떠안고 출마하여 당선의 영예를 안았다. 현재 소장(少壯) 의원으로서 부정(府政)을 위해 정진하고 있다.

나카무라조선소_ 영도구 대평동 (주)선진종합엔지니어링 자리이다.

나카무라조선소(中村造船所) 나카무라 다카쯔구(中村高次)

① 나카무라조선소(中村造船所) 신조선진수식(新造船進水式)_ [신부산대관]
② 나카무라조선소(中村造船所) 조선공장(造船工場)_ [신부산대관]
③ 나카무라 다카쯔구(中村高次)_ [신부산대관]

나카타니 히로키치(中谷廣吉)

원 적 야마구치현(山口縣) 대도군(大島郡) 안하장정(安下庄町)
주 소 부산부(釜山府) 초량정(草梁町) 134번지
상 호 나카타니쿠미(中谷組)
사 업 토목건축청부

나카타니 히로키치(中谷廣吉)는 1874년 8월 야마구치현(山口縣)에서 출생하였다. 성장한 뒤 토목건축계에 몸을 담았는데, 1904년 러일전쟁이 일어나자 제3축성부(第三築城部)에 속해 진해(鎭海), 저도(猪島), 가덕도(加德島), 조선 북부의 원산, 호도(虎島) 등의 포대(砲臺) 건축에 종사하였다. 또한 1906년에는 조선총독부 청사 및 관사, 이어서 용산(龍山)사단사령부 청사 등의 건축에 종사하였다. 그 후 조선철도공사의 지정청부인으로 철도공사에 종사하여 반도(半島)의 이 방면 업계에 그의 이름이 알려지고 조선 남부지역 토목건축업계[남선(南鮮)토목건축협회]의 중진이 되었다. 최근 동해남부선 기장(機張)과 좌천(佐川) 사이의 공사 및 부산부영(釜山府營)중앙도매시장의 건축은 그의 손에 의한 것이다.

초량정(草梁町) 구장(區長)에 추천되어 동부(東部)의 유지(有志)로서 일반의 신용을 얻고 있다. 1922년 이후 초량정 총대(總代) 업무를 13년간 보았는데 이에 대한 표창을 받았다. 1926년 4월 이후 부산상업회의소 평의원에 두 번 당선되어 지방의 공공을 위해 진력을 다하고 있다. 올해 61세로, 부인 하나꼬(花子)는 남편에 대한 내조의 공(功)이 두터우며 자식 하루오(晴夫)는 1927년 교토제국(京都帝國)대학 졸업의 이학사(理學士)로 현재 육군성 화공창(化工廠) 연구부에서 근무하고 있다. 총지배인 모리미네 지로(森峰次郞)는 침착하고 의지가 강하며 또 중후한 인물로 나카타니(中谷)를 잘 보좌하고 있다.

나카타니쿠미_ 동구 초량동 초량지구대 초량2치안센터 자리이다.

나카타니쿠미(中谷組) 나카타니 히로키치(中谷廣吉)

① 나카타니 히로키치(中谷廣吉) 저택(邸宅)_ [부산대관]
② 나카타니 히로키치(中谷廣吉) 저택(邸宅)_ [신부산대관]
③ 나카타니 히로키치(中谷廣吉)_ [부산대관]
④ 나카타니 히로키치(中谷廣吉)_ [신부산대관]

나카지마 코마키치(中島駒吉)

원 적 사가현(佐賀縣) 신기군(神崎郡) 연지촌(蓮池村) 입도(立島)
주 소 부산부(釜山府) 보수정(寶水町) 2정목(丁目) 115번지
상 호 나카지마상점(中島商店)
사 업 석유, 잡화, 청량음료 도매

나카지마 코마키치(中島駒吉)는 1909년 8월 조선으로 건너와 연초 제조와 판매를 시작하여 점차 성공을 거두었다. 1917년부터 연초가 전매로 되자 연초제조판매업을 폐업하고 그 후 석유, 성냥, 맥주, 청량음료수, 식량, 각종 잡화 도매상을 현재 위치에서 개업하였다. 스스로 제일선에서 다수의 점원을 지휘하며 분투, 노력한 결과 그 상세(商勢)는 경남, 경북 일대에 미쳐 확고부동한 기반을 형성하였다. 현재 나카지마상점(中島商店)의 기초는 변동이 없으며, 보수정(寶水町) 중앙 모퉁이에 위치한 점포는 항상 화물로 성시를 이룬다. 그 번창한 모습은 지나가는 사람들의 시선을 끌어당긴다.

올해 53세로 성실하게 노력하는 모습은 장년층을 능가하고 있다. 조선의 중부지역으로 진출한 여세를 몰아 계속해서 조선 북부지역까지 그 기세를 확장할 계획이다.

나카지마상점_ 중구 보수동 보수사거리 굿모닝약국 자리이다.

나카지마상점(中島商店) 나카지마 코마키치(中島駒吉)

① 나카지마상점(中島商店)_ [신부산대관]
② 나카지마 코마키치(中島駒吉)_ [신부산대관]

히라노 에이만(平野榮萬)

원　적 나가사키현(長崎縣)
주　소 부산부(釜山府) 서정(西町) 4정목(丁目) 42번지
상　호 교문사(巧文社) 활판(活版)제조소 부산지점
사　업 활자(活字) 및 인쇄기계류 판매

옛 막부시대 일본 유일의 개항장이었던 나가사키시(長崎市)는 문물 수입의 창구로 일본 문명의 발육을 촉구하여 발명과 발견에 많은 공헌을 하였다. 특히 신문, 서적류에 사용되는 활자는 나가사키시에서 발생해서 오늘날과 같은 발달을 이루었다. 교문사(巧文社)는 나가사키 유일의 활판(活版)제조소로서 오랜 역사와 참신한 활자서체로 널리 인쇄소의 신용을 넓히고 있다. 특히 그 특징인 신문용 포인트식 활자의 설계에서는 다른 곳의 추월을 허락하지 않는다.

1931년 5월 부산지점 개설과 함께 젊고 민첩한 히라노 에이만(平野榮萬)이 업무를 맡아 활자 및 여러 가지 인쇄기계, 그리고 부속품 일체를 부족함이 없이 공급함으로써 조선 전역과 만주(滿洲)에서 이미 확고한 기반을 개척해 한층 사업의 번성함을 보이고 있다.

교문사_ 중구 국제시장 만물거리 안쪽에 있는 신흥포장사 위치에 있었다.

교문사(巧文社) 활판(活版)제조소 부산지점 히라노 에이만(平野榮萬)

① 교문사(巧文社) 활판(活版)제조소 부산지점_ [신부산대관]
② 교문사(巧文社) 활자창고(活字倉庫)_ [신부산대관]
③ 지점장(支店長) 히라노 에이만(平野榮萬)_ [신부산대관]

나츠가와부산지점(夏川釜山支店)

주　소 부산부(釜山府) 변천정(辨天町) 2정목(丁目)
사　업 방물(小間物), 화장품, 잡화 도소매

　　부산의 상업계에는 고슈상인(江州商人)[471] 출신의 성공자가 많다. 조상 대대로 내려온 질박하고 순진한 강건주의(剛健主義)의 피를 이어받았기 때문일 것이다. 그 중에서도 제일이라고 불릴만한 여류 성공자로서는 아마도 나츠가와 타네코(夏川たね子)를 따를 자가 없을 것이다. 타네코(たね子)는 실로 나츠가와부산지점(夏川釜山支店)의 창설자이자 경영자이다. 섬세한 여자의 손으로 3층 건물의 이상적이고 웅장한 점포를 만든 수완은 잘나가는 남자들로 하여금 눈을 휘둥그러지게 할 정도이다.
　　나츠가와의 본점은 시모노세키(下關)에 있다. 큰오빠 소키치(宗吉)가 경영하고 있으며 대구, 군산, 대전, 경성, 평양, 다롄(大連)을 비롯해 조선과 만주의 주요 도시에 지점을 설치하고 형제와 친척으로 하여금 견실한 판매망을 구축하게 해 화장품업계의 독보적 지위를 차지하면서 활약하고 있다. 부산도 그 중 한 곳으로 여동생 타네코의 독자적 사업인 만큼 견실함으로 말하자면 자타가 공인할 정도이다. 카오비누(花王石鹼)대리점[472], 비간화장료(美顔化粧料), 킨쓰루향수(金鶴香水)[473], 오리지날(オリヂナル), 킨쓰루화장료(金鶴化粧料)의 각 대리점, 레트클럽(レートクラブ)화장품대리점[474], 시세이도(資生堂)화장품대리점[475] 및 배급원, 라이온치약(ライオン齒磨)대리점[476], 후쿠스케다비(福助足袋)대리점[477], 오니다비(鬼足袋)대리점 등의 업무를 보고 있다. 도매점으로서도 소매점으로서도 조선의 남부지역에서 일류 상점이다. 타네코(たね子)는 1879년 태어나 1913년 3월 경성에 놀러 갔던 것이 동기가 되어 독립해서 상업에 종사할 마음을 먹게 되었다. 딸 하나코(花子)는 교토(京都)의 직물 도매상에게 시집갔을 때 얻은 외동딸로 애지중지하며 키우기를 십수 년, 부산고등여학교를 졸업하고 1926년 11월 야마구치현(山口縣) 방부정(防府町)의 부호 나카무라 요시노부(中村義信)를 남편으로 맞이하게 되어 봄기운이 일시에 오는 것처럼 나츠가와(夏川) 집안의 장래에 강력한 기반을 다지게 되었다. 좋은 사위를 맞이하여 보상을 받게 된 타네코(たね子)의 전도(前途)는 실로 다행다복(多幸多福)하다고 할 것이다.
　　당주(當主) 나츠가와 요시노부(夏川義信)는 야마구치현(山口縣) 방부정(防府町)의 나카무라 후사키치(中村房吉)의 셋째 아들로 태어났다. 어릴 때부터 슬기롭고 영민한 기운(氣運)을 가졌던 그는 호후(防府)중학을 졸업한 후 누나가 시집간 미야나카 카와노(宮中河野)상점에서 상도(商道)를 습득하였다. 스스로 독립된 경영을 통한 성공을 염원했던 그는 25세에 도쿠야마시(德山市)에서 일용품과 화장품류의 판매점을 열고 상점명을 나가야(なか屋)라고 칭하였다. 혈기왕성한 활동으로 도쿠야마시(德山市)에서 크게 사업을 일으켜 일찍부터 장래에 크게 성공할 것이라는 이야기를 들었다. 나츠가와(夏川)부산지점의 창립자인 자당(慈堂) 타네(多禰)가 오로지 하나뿐인 딸 하나코(花子)를 사랑해 사윗감을 물색하던 중, 지인의 소개로 자당(慈堂) 홀로 요시노부의 점포를 방문해 그를 지목했던 일은 지금이야 하나의 에피소드일 것이다. 그의 나이 26세 때인 1926년 11월, 나츠가와(夏川) 집안의 데릴사위가 되자 곧바로 경영을 맡아서 온몸으로 점포의 개혁을 단행하였다. 또 양잡화부(洋雜貨部)를 병설해 업무의 향상발전에 힘껏 노력한 결과, 사업은 해마다 눈에 띄게 진전을 보였다. 이에 나츠가와(夏川)의 집안에서도 주도면밀하여 철저하게 일을 성사시키며 또 단호한 용기로 사업에 매진하는 그의 중후성(重厚性)에 대해 많은 경의를 표하게 되었다. 매우 바쁜 업무에도 불구하고 내외의 공사(公私)에 수반되는 일들에 대해 게을리하지 않는 그의 노력과 공정한 여론에 힘입어, 마침내 부산의 중심인물로 당연히 주목받게 되었다. 자당(慈堂) 타네(多禰)는 올해 56세로 오늘날의 성공을 이룰 만큼 요시노부(義信)를 잘 보좌하며, 점무(店務)나 사교(社交)에서 또는 마땅히 해야 할 사랑하는 두 손자의 양육에서도 크고 작은 일에 관계없이 성심껏 임하고 있다. 그리고 젊은 부인 하나코(花子)와 함께 수십 명의 점원들 사이에서 항상 명랑한 존재로, 모든 면에서 빈틈없는 경영법을 나츠가와상점에 깊이 각인시켜 사업의 기초를 영구히 마련하려고 부지런히 노력하고 있다. 자당(慈堂)의 사람됨을 아는 사람들은 추천할 정도로 모범적인 상점이면서 이상적인 가정으로 더욱 더 번영을 누리고 있다.

471) 본책 주(註) 600 참조.
472) 나가세 토미로(長瀬富郎)가 1887년 일본 도쿄도(東京都) 중앙구의 카오(花王) 앞에서 나가세상점(長瀬商店)을 열고 비누와 수입문방구를 취급한 것이 카오(花王)주식회사의 시작이었다. 이 회사는 1925년 카오비누주식회사나가세상회(花王石鹼株式會社長瀬商會)를 설립하였는데 1985년 회사명을 카오(花王)주식회사로 개칭하고 각종 가정용, 업무용 세제 및 토일리트리(toiletry)를 현재까지 생산하고 있다.
473) 일본 남성화장품 시장에서 시세이도(資生堂)와 경쟁하는 주식회사 맨덤(Mandon)의 전신인 킨쓰루향수(金鶴香水)주식회사를 지칭한다. 참조로 'Mandon'은 남성의 영역을 뜻하는 'Man Domain'의 준말이다. 시세이도(資生堂)에서 1963년 개발한 남성화장품에 의해 도산위기에 직면했을 때 1970년 유명 영화배우 찰스 브론슨(Charles Bronson)을 광고모델로 내세운 화장품 맨덤이 회사를 구하게 된다. 그 결과 1972년 회사명도 주식회사 맨덤으로 바꿨다. 한때 국내에서도 찰슨 브론슨 광고의 맨덤이 시판된 적이 있다. 중년층의 경우 찰스 브론슨이 TV광고에서 한 유명 대사 "음~맨덤"을 아직까지 기억할 것이다.
474) 본책 주(註) 565와 566 참조.
475) 세계적 화장품 회사인 주식회사 시세이도(資生堂)는 일본해군의 수석 약사였던 후쿠하라 아리노부(福原有信, 1848~1924)가 1872년 서양식 조제약국(調劑藥局)을 설립하면서 시작했다. 그리스어로 좋은 피부를 뜻하는 화장수 '오이데루민(EUDERMIN)'을 1897년 시판하면서 화장품업계에 진출한 시세이도는 1902년 일본에서 처음으로 약국내에서 소다수와 아이스크림을 판매하기도 했다. 시세이도(資生堂)의 상호명은 『역경(易經)』의 한 구절인 "지재곤원 만물자생(至哉坤元 萬物資生)" 곧 '대지의 덕에 의해 모든 사물이 생성된다'는 말에서 유래한 것이다.
476) 현재 일본의 치약 전문회사인 주식회사 라이온의 전신에 해당하는 고바야시 토미지로상점(小林富次郎商店)은 1891년 설립되었다. 이 상점에서 1896년 분말로 만든 라이온치약을 시판하였다. 1911년에는 일본 최초로 튜브에 치약을 넣은 제품을 생산하였다. 이후 고바야시 토미지로상점은 1918년 주식회사 고바야시(小林)상점으로 사명(社名)을 바꿨으며 현재의 사명은 1949년부터 사용하였다.
477) 1919년 설립된 후쿠스케다비(福助足袋)회사를 지칭하는데 현재의 후쿠스케(福助)주식회사의 전신에 해당한다.

나츠가와부산지점(夏川釜山支店)

나츠가와부산지점_ 중구 광복로 용두산공
원 입구 맞은편 카페 베네 자리이다.

① 나츠가와부산지점(夏川釜山支店)_ [부산대관]
② 나츠가와부산지점(夏川釜山支店)_ [신부산대관]
③ 점주(店主) 나츠가와 요시노부(夏川義信)_ [신부산대관]
④ 나츠가와 타네코(夏川たね子)_ [신부산대관]

우에스기 고타로(上杉古太郎)

원　적 카가와현(香川縣) 중다도군(仲多度郡) 선통사정(善通寺町)
주　소 부산부(釜山府) 범일정(凡一町)
상　호 우에스기상점(上杉商店)
사　업 생우(生牛)수출도매상

우에스기 고타로(上杉古太郎)는 1906년 1월 4일 부산에 와서 그의 선대가 1897년부터 부산에서 해 온 생우수출 등의 업무를 도왔다. 1913년 부친 서거 후 사업을 계승하고 좋은 시운(時運)에 일을 잘 처리하여 오늘의 융성함을 구축하였다. 1933년 중에 부산수출우검역소를 통과한 3만 8,000여 두(頭)는 부산의 도매상 네 곳에서 취급한 것이다. 그 중 우에스기(上杉)상점의 취급 두수는 2만 4,000두였다. 부산 이외 여타 지방의 수출 두수를 보면 원산 7,000여 두, 인천 약 1만 1,000여 두, 진남포 약 9,000여 두, 성진(城津) 약 5,000두이다. 이것과 우에스기(上杉)상점의 취급 두수를 비교하면 반도(半島)의 생우수출업계에서 우에스기(上杉)상점이 단연 우위를 차지하고 있음을 알 수 있을 것이다. 이처럼 우에스기(上杉)가 업계에서 차지하는 위치는 매우 중요하였다.

부산수출우조합장으로서 10여 년이 지난 1929년 도쿄(東京)중앙축산협회로부터 공로자 표창을 받았다. 이 상의 수상자는 조선에서 오늘까지 그를 제외하고는 한 사람의 수상자만 있을 뿐이다. 그는 관계 사업으로 일본운수기선회사 취체역, 부산토지주식회사 전무취체역을 역임하고 있다. 공직(公職) 방면에서는 이미 부산상공회의소 의원을 두 번 역임하였고 현재 부산부회의원[세 번째], 경남도회의원으로 활동하면서 시종일관 공공을 생각하고 있다. 올해 47세로 아직 의기가 매우 왕성하며 시즈에(靜江)부인은 현부(賢婦)의 소리를 듣는다. 바둑과 낚시를 취미로 유유자적한 생활을 누리고 있다.

우에스기상점_ 부산진구 범천동 범곡교차로에서 범천상가빌딩 방향에 있는 보람약국 자리이다.

우에스기상점(上杉商店) 우에스기 고타로(上杉古太郞)

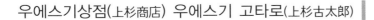

① 우에스기 고타로(上杉古太郞) 사무소(事務所)_ [신부산대관]
② 수출(輸出) 활우(活牛)_ [신부산대관]
③ 점주(店主) 우에스기 고타로(上杉古太郞)_ [신부산대관]

우에노 이사무(上野勇)

원　적 구마모토현(熊本縣) 서서신기정(西鋤身崎町)
주　소 부산부(釜山府) 대창정(大倉町) 3정목(丁目) 4번지
상　호 우에노양가구점(上野洋家具店)
사　업 서양가구 제작판매

　　우에노 이사무(上野勇)는 1912년 10월 6일 부산으로 건너와 재목점(材木店)의 점원으로 8년간 근무하였다. 1921년 5월, 마침내 숙원(宿願)을 달성해 독립자영업자로 현재의 위치에서 서양가구 제작 및 실내장식품 판매를 시작하였다. 제품의 우수성과 고객에 대해 정성을 다하는 그의 태도는 곧 많은 고객을 불러들여 상점은 날로 번창하였다. 현재 여러 관청과 회사 등에 납품함으로써 부동의 신용을 얻고 있다.

　　8명의 점원과 목공(木工) 종업원 17명, 도장(塗裝) 종업원 8명을 거느리며 공장을 운영하고 있다. 상점의 점훈(店訓)은 '하루를 즐겁게 일하자'이다. 올해 39세로 앞으로 활약이 기대된다.

우에노양가구점_ 중구 중앙동 부산우체국 후문 주위에 자리하고 있었다.

우에노양가구점(上野洋家具店) 우에노 이사무(上野勇)

① 우에노양가구점(上野洋家具店)_ [신부산대관]
② 진열제품(陳列製品)의 일부(一部)_ [신부산대관]
③ 공장(工場)의 일부(一部)_ [신부산대관]

노가타 분고(野方文吾)

원　적 사가현(佐賀縣) 신기군(神崎郡) 연지촌(蓮池村)
주　소 부산부(釜山府) 부평정(富平町) 3정목(丁目) 39번지
상　호 노가타상점(野方商店)
사　업 다다미(疊) 제조판매

　　노가타 분고(野方文吾)는 솜씨 있는 다다미(疊) 제조기술을 가르치다 1911년 1월 부산으로 와서 곧바로 부평정(富平町)의 현재 위치에 개점하고 무서운 기세로 활동을 시작했다. '다른 사람이 10시간 일하면 나는 15시간 일한다'는 것이 그가 청년시절 잠을 잘 때도 신조로 삼은 '일이 제일'이다는 철학이다. 이러한 의기로 밀고 나가길 20여 년, 성심(誠心)으로 밀어붙인 제품이 인정받지 못할 리가 없었다. 고객은 날로 달로 증가하여 오늘날 본거지인 부산의 각 관청과 회사 등의 대부분 수요를 독점하고, 그 외 만주방면까지 그 판로를 넓히게 되었다. 사업방침은 직접 일본 원산지로부터 값싸게 매입해서 '값싸게 판다'는 것으로, 이것은 본점의 표어이기도 하다.

　　현재 공장을 확장하여 종업원 10여 명을 데리고 있는데, 그 대부분이 10년 이상의 근속자이다. 그의 업무 제일주의는 종업원 모두에게 철저하여 주인과 종업원이 한 가족처럼 원만한 회사 분위기를 보이고 있다.

노가타상점_ 중구 부평동 솔로몬저축은행과 그 옆 LG전자스토어 자리에 있었다.

노가타상점(野方商店) 노가타 분고(野方文吾)

① 노가타상점(野方商店) 점포(店鋪)_ [신부산대관]
② 노가타상점(野方商店) 공장일부(工場一部)_ [신부산대관]
③ 노가타상점(野方商店) 다다미(疊)제조기_ [신부산대관]
④ 점주(店主) 노가타 분고(野方文吾)_ [신부산대관]

쿠라하시 사다조(倉橋定藏)

원 적 오사카시(大阪市) 북구(北區) 동굴천정(東堀川町)[굴천정(堀川町) 37]
주 소 부산부(釜山府) 대청정(大廳町) 3정목(丁目) [23]
상 호 주식회사 쿠라하시상점(倉橋商店)
직 업 건구(建具)[478], 표구원료(表具原料), 다다미원료(疊原料), 판유리의 제조 및 도매업
사 업 건축재료 및 가구류(家具類) 판매

쿠라하시 사다조(倉橋定藏)의 선대(先代)는[479] 1881년 11월 22일 오사카시(大阪市)에서 태어났다. 1895년 15세 때 조선으로 건너와 형인 쿠라하시 히사키치(倉橋久吉) 밑에서 25세까지 10년간 일을 도우면서 후일의 웅비에 대비하였다. 1905년 독립해서 건구(建具) 제조판매를 시작하여 거의 쉬지 않고 활동을 계속한 결과 업무는 나날이 발전해 동업자 사이에서 특별히 두드러짐을 보였다. 특히 압록강 목재를 이용하여 제작한 가구류는 조선에서 성과를 확실히 거뒀으며 그 외에 큐슈(九州), 타이완(臺灣), 오사카(大阪), 도쿄(東京) 방면에 진출하여 일본(內地) 본고장을 무색하게 하였다. 그 사이 공장의 능률증진에 뜻을 두고 이상적인 개선을 염두하면서 주야로 활동하길 2년 남짓, 마침내 공장의 확장을 보게 되었다. 1920년 동업자인 미야케 토요지로(三宅豊次郎) 등과 자본금 50만 원의 니혼타테구(日本建具)주식회사를 창립해 오사카에 본점을, 경성과 부산에 지점을 두었다. 자신의 업무를 모두 동(同) 회사에 넘기고 취체역으로서 스스로 부산지점의 경영을 맡아 창립 후 2, 3년은 순조롭게 업적을 거두었다. 그러나 재계가 불황으로 빠져들어 수입과 지출의 균형을 잃게 되자 그는 적극적인 방법으로 부산공장의 대확장을 도모하였다. 그러나 회사 내에서 의견이 분분하여 합일점을 찾지 못하고 마침내 1924년 2월 동(同) 회사를 해산하였다. 오사카 본점은 미야케(三宅)가 경영하기로 하고 부산과 경성은 그가 경영하여 새롭게 대신정(大新町)에 부지 1,000평, 연생산액 10만 원의 대공장을 신설하고 대량 생산에 종사해 업적을 단시일에 올렸다. 그는 스스로 건구(建具) 및 그 밖의 것을 제조하는 한편, 데아코구제마(帝國製麻), 닛코가라스(日光硝子)[480], 아사히가라스(旭硝子)[481] 등 일본의 저명한 대회사의 대리점을 운영하였다. 또한 경남 합천군(陜川郡) 농회(農會)에서 생산한 원추리다다미표(萱草疊表)의 독점판매를 통해 경남의 산업을 돕는데 노력하고 있다. 현재 주식회사 메이지야(明治屋) 및 계림기업(鷄林企業)주식회사 등의 중역으로 실업계에서 두각을 나타내고 있다. 1933년 말 그는 뜻하지 않게 감기로 급성 폐렴에 걸려 결국 사망하였다. 그의 아들 쿠라하시 사다조(倉橋定藏)는 28세로 선대의 이름을 그대로 물려받고 그 유업을 계승하였다. 그는 부산제1상업학교를 졸업한 후 오사카(大阪)에서 현장경험을 쌓고 1925년 조선으로 돌아와 부군(父君)의 지도 아래 영업을 배워 왔다. 따라서 부군 사후(死後)에도 영업상에는 조금의 변동도 일어나지 않았다.

1934년 말 자본금 25만 원[납입 20만 원]의 주식조직으로 변경하고 그는 사장으로서 다시 큰 도약을 기약하였다. 영업내용은 화양건구(和洋建具)와 맹장지재료(襖材)의 제조판매 외에 다다미재료일식(疊材料一式), 판유리(板硝子)[니혼이다가라스(日本板硝子)주식회사[482] 특약], 종류(鐘類), 건축재료 등의 판매를 하고 있다. 오사카시(大阪市)에 매입부와 경성부(京城府), 청진부(淸津府), 웅기(雄基) 및 타이완(臺灣) 타이베이시(臺北市)에 대리점을 두어 그 상권은 조선과 만주, 일본 및 타이완에 이르고 있다. 그와 더불어 선대로부터 물려받은 합명회사 부산시멘트판매소 대표사원, 동양지업(東洋紙業)주식회사 취체역, 오사카(大阪)에 있는 합자회사 쿠라하시(倉橋)상점 유한사원 등의 직무를 맡아 청년실업가로서 관록을 갖추고 있다. '검소하고 수수한 영업을 하며 화려한 일은 피한다'라는 가훈은 오로지 선대 이래의 신조일 것이다.

쿠라하시상점_ 중구 국제시장 만물의 거리 안쪽 입구에 있는 부산포장산업사가 그곳이다.

478) 타테구(建具)는 문, 미닫이, 맹장지 등 건물의 내부 또는 외부를 나누기 위해서 설치된 개폐가능한 창과 문을 통털어 이르는 말이다.
479) 본문의 내용에서 알 수 있듯이 쿠라하시 사다조(倉橋定藏)의 선대 이름 또한 쿠라하시 사다조(倉橋定藏)였다. 우리의 문화에서는 이해하기 힘들지만 예를 들어 임진왜란 당시 일본으로 끌려간 조선 도공(陶工) 중 한사람인 심당길(沈當吉)의 후손들이 12대부터 심수관(沈壽官)의 이름을 사용해 현재 15대 심수관(沈壽官)으로 성명을 이어가고 있는 것처럼 일본에서는 선대의 이름을 습명(襲名)하는 경우가 더러 있다.
480) 가라스는 네델란드어 'glas'의 일본식 표기이다.
481) 미쯔비시재벌(三菱財閥)의 2대 총수였던 이와사키 야노스케(岩崎彌之助)의 차남 이와사키 도시야(岩崎俊彌, 1881~1930)가 1907년 9월 창립한 유리가공회사이다. 회사명 아사히가라스(旭硝子)는 '떠오르는 "아침의 해"(昇る旭)와 같이 기업의 융성을 바라는 취지에서 작명했다는 설과 회사의 창립일이 9월(九月) '9일(九日)'이었기 때문에 '九+日=旭'으로 했다는 설 등 여러 가지 주장이 있다. 당시 일본에서 판(板)유리의 생산은 기술적으로 어려운 문제였다. 많은 회사들이 판(板)유리 생산에 도전했으나 실패를 거듭하던 그런 시대적 상황들이 회사명에 깔려 있는 것이 아닌가 싶다. 당시 창(窓)유리 생산의 왕국은 벨기에였는데 아사히가라스(旭硝子)는 벨기에로부터 기술 지도를 받아서 1909년 일본 최초로 창유리 생산을 본격화 하였다. 아사히가라스(旭硝子)주식회사는 현재 종업원 1만 2,700명 정도를 고용한 대회사로서 영업활동을 계속하고 있다.
482) 1918년 미국과 기술제휴를 통해 오사카(大阪)에서 니치베이이다가라스(日米板ガラス)주식회사로 출발하였다. 1931년 사명(社名)을 니혼이다가라스(日本板硝子)주식회사로 변경하였다. 현재 아사히가라스(旭硝子)와 함께 세계적 유리제조회사로서 태양전지용 유리를 생산하는데 스미토모(住友)그룹에 속한다.

쿠라하시상점(倉橋商店)

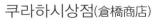

① 쿠라하시상점(倉橋商店)_ [부산대관]
② 쿠라하시상점(倉橋商店) 공장전경(工場全景)_ [부산대관]
③ 쿠라하시상점(倉橋商店)_ [신부산대관]
④ 쿠라하시상점(倉橋商店) 공장일부(工場一部)_ [신부산대관]
⑤ 쿠라하시 사다조(倉橋定藏)_ [신부산대관]

야오이 오도지로(矢追音次郎)

원 적 나라현(奈良縣) 생구군(生駒郡) 부웅촌자중(富雄村字中)
주 소 부산부(釜山府) 본정(本町) 5정목(丁目) 19의 2
사 업 토지경영

야오이 오도지로(矢追音次郎)는 1874년 원적지에서 태어났다. 1896년 9월 나라현(奈良縣) 코리야마(群山)중학을 중도에 그만두고 오사카시(大阪市)로 가서 상공업에 종사하였다. 1904년 러일전쟁 때 군량과 마초(馬草)를 조달하여 국군에 공헌한 바 있다. 그 뒤 효고현(兵庫縣)에서 순사(巡査)를 하였으나 병 때문에 사직하고 1905년 7월 15일 부산으로 와서 본정(本町) 4정목(丁目)에 잡화상을 개점하였다. 정미소용 돌가루 판매도 같이 해 이 방면의 업계에서 남보다 먼저 기선을 잡고 기초를 공고히 하였다. 1918년 시베리아출병[483] 때 야센쿠미(矢仙組)를 조직하여 육군병참부에 물품을 조달하였다. 시베리아철병 후 부산으로 돌아와 부산 인근지역의 장래성을 관찰하고, 동래군(東萊郡) 남면(南面)의 현재 해운대온천장을 중심으로 토지 수만 평을 매수해 농사경영에 착수하였다. 이후 해운대의 여러 곳에서 온천이 용출하여 땅값의 앙등을 보았고 또 최근 철도개통에[484] 따라 해운대지방의 발전 기운이 농후하게 되면서 그가 경영하는 토지 역시 좋은 영향을 받았다. 그는 토지경영과 함께 금융업도 운영하다가 수년 전 이것을 폐업하고, 회갑연령을 맞이하여 신앙과 원예에 몰두하면서 평화로운 여생을 보내고 있다.

그는 오랫동안 본정(本町) 4, 5정목(丁目) 총대(總代)로 근무하였는데 1933년 퇴직하여 부윤으로부터 감사장을 받았다. 1930년 국세조사원으로 활동한 탓에 부윤(府尹)으로부터 기념품과 상훈국(賞勳局)으로부터 기념장(記念章)을 수여받았다. 또한 곡정(谷町) 총천사(總泉寺)[485] 경내 토지가 1920년 이래 계속 분쟁해 온 것을 올해 완전히 해결한 공로로 영평사(永平寺) 관장(管長)으로부터 표창과 함께 안다에(安陀會)[486] 1견(肩)을 증여받았다.

야오이 오도지로 자택_ 중구 중구청에서 동광동 5가 방향으로 내려오는 길에 있는 한성각 중국요리집이 위치한 곳이다. 원래 이곳은 러시아영사관과 조선키네마주식회사가 있었던 곳이다.

483) 1917년 러시아의 볼세비키혁명에 의해 사회주의정권이 수립되자 미국, 영국, 프랑스, 일본 등은 공산정권을 붕괴시키기 위해 여러 가지 반혁명운동을 지원하고 마침내 시베리아출병을 결정하였다. 그에 따라 일본은 1918년 8월 시베리아출병을 하였다. 블라디보스토크 이외 내륙으로 진격하지 않는다는 연합국과의 약속을 위반하고 일본은 7만 3,000명을 파견하여 사할린, 연해주, 만주철도 등을 비롯해 바이칼호수의 서쪽 이르쿠츠크까지 점령하였다. 여기에 맞선 볼세비키 파르티잔의 활동에 대한 보복으로 일본군은 민간인을 학살하는 만행을 자행하여 국제사회로부터 비난을 받았다. 연합군의 시베리아출병은 결국 실패로 끝났지만 다른 나라들이 철병한 이후에도 일본은 1922년까지 남아서 만주에 대한 이권을 노렸다. 국제여론에 떠밀려 일본군이 북사할린에서 완전히 철수한 것은 1925년이다. 시베리아출병으로 일본 국내는 쌀소동을 겪었으며 전사자 3,500여 명과 많은 전비(戰費)를 낭비하고 결국 철수하였다.

484) 1934년 7월 15일 동해남부선 중 일부 구간인 부산과 해운대 사이의 21㎞ 구간이 개통되었다. 이로써 해운대는 완전히 부산의 1일 생활권 내에 들어오게 되는데, 개통 당일 부산과 동래 지역주민 3만 명이 기차를 타고 해운대로 몰려든 사실에서 철도 개통이 갖는 의미를 짐작할 수 있다.

485) 총천사(總泉寺)는 1917년 6월 8일 곡정(谷町) 2정목(町目)에서 일본 조동종(曹洞宗)계열의 사찰로 승인을 받았다. 해방 이후 현재 부산교육대학의 전신이라고 할 수 있는 국립부산사범대학이 1955년 5월 3일 총천사 가교사(假校舍)에서 입학식을 열기도 하였다. 부산에는 곡정(谷町)의 총천사 이외 1912년 9월 21일 인가를 받은 조동종계열의 총천사가 부산진(釜山鎭)에도 있었다.

486) 스님들이 입는 세 종류의 가사(袈裟) 즉, 대의(大衣), 칠조(七條), 오조(五條) 중 소의(小衣)에 해당하는 오조(五條)를 말한다.

야오이 오도지로(矢追音次郎)

① 야오이 오도지로(矢追音次郎) 저택(邸宅)_ [신부산대관]
② 저택(邸宅) 정원(庭園)의 일부(一部)_ [신부산대관]
③ 야오이 오도지로(矢追音次郎)_ [신부산대관]

키타노 쵸마쯔(北野長松)

원 적 히로시마시(廣島市) 선입정(船入町)
주 소 부산부(釜山府) 대청정(大廳町) 2정목(丁目) 17번지
상 호 야마토야가호(大和屋菓鋪)
사 업 과자 제조판매

키타노 쵸마쯔(北野長松)는 올해 28세의 청년실업가이다. 1923년 1월 15일 홀로 조선으로 와 부산 초량정(草梁町)에서 쿄야(京屋)과자식료품점을 개업하였다. 1930년 1월 유지(有志)와 지인들의 후원을 얻어 현재의 점포를 매수하고 점원 및 공장원(工場員) 38명을 거느리면서 '제조가(製造家)보다 소비자'를 사업의 신조로 삼아 부내(府內) 여러 관청, 회사, 학교 등을 고객으로 왕성하게 경영하고 있다.

한편 그는 재단법인수양단(財團法人修養團) 부산연합지부 상임간사, 부산부연합청년단(釜山府聯合靑年團) 평의원, 부산과업청년단(釜山菓業靑年團) 단장으로 수양(修養) 방면에 노력하여 그 공헌이 적지 않은 인물이다.

야마토야가호_ 중구 대청로 근대역사관 건너편 대청치과의원 자리이다.

야마토야가호(大和屋菓鋪)   ① 야마토야가호(大和屋菓鋪)_ [신부산대관]
② 키타노 쵸마쯔(北野長松)_ [신부산대관]

하세가와 요타로(長谷川要太郎)

원 적 나가사키현(長崎縣) 일기군(壹岐郡) 상기촌(箱崎村) 뇌호포(瀨戸浦)
주 소 부산부(釜山府) 초장정(草場町) 3정목(丁目) 42번지
상 호 야마나가(山長)합자회사[행정(幸町) 1정목(丁目)]
사 업 미곡수탁업(米穀受託業), 보험대리업, 조선특산품 · 형무소(刑務所)제품 · 축음기 판매, 토지경영

　선대(先代) 하세가와 요타로(長谷川要太郎)는 1895년 조선으로 건너와 미곡수탁업을 경영하여 일찍부터 재산을 모았다. 그는[487] 장남으로 태어나 사람들로 성황을 이루는 구마모토세이세이코(熊本濟濟黌)중학교에서 수학하고 이후 와세다(早稻田) 경제과를 졸업하였다. 선대가 1929년 7월 66세로 사망하자 그의 명성과 사업을 아들이 계승하였는데, 1931년 3월 국제어(國際語)대회 참석을 겸해 구미 각국을 순유(巡遊)하고 약 1년이 경과한 후 조선으로 돌아왔다. 선대로부터의 가업 이외, 조선특산품, 형무소제작품, 축음기의 판매와 토지경영, 보험대리점 등에도 손을 뻗어 올해 7월 자본금 10만 원의 야마나가(山長)합자회사를 설립하였다. 그밖에 두 세 개 회사의 중역을 겸하면서 '일하지 않는 자 먹지도 말라' 는 표어를 내걸고 신진실업가로 눈부신 분투(奮鬪)의 생활을 보내고 있다.

　올해 37세로 독서와 골프, 나가우다(長唄)를[488] 취미로 한다.

하세가와 요타로 자택_ 서구 초장동 천주교 초장성당 뒷편의 대근빌라 옆 초장동 42번지에 있는 개인주택이 그 자리이다.

---

487) 본문 내용으로 보면 하세가와 요타로(長谷川要太郎) 부자(父子)의 성명은 같았다. 즉 자식이 부모의 성명을 그대로 습명(襲名)한 것이다. 이는 본문에서 기술한 것처럼 "선대 하세가와 요타로(長谷川要太郎)"가 "1929년 7월" 사망하였음에도 불구하고, 같은 이름의 하세가와 요타로(長谷川要太郎)가 1930년 7월 부산에서 조선토지금융주식회사를 설립하고 1937년 합자회사 조선특산품무역협회의 대표로 활동하고 있었던 사실에서도 알 수 있다.
488) 본책 주(註) 394 참조

야마나가(山長)합자회사

① 야마나가(山長)합자회사 점포(店鋪)_ [신부산대관]
② 하세가와 요타로(長谷川要太郎) 저택(邸宅)_ [신부산대관]
③ 하세가와 요타로(長谷川要太郎)_ [신부산대관]

야마나까 카나메(山中要)

원　적 시가현(滋賀縣) 갑하군(甲賀郡) 하전촌(下田村)
주　소 부산부(釜山府) 수정정(水晶町)
직　업 부산변천정우편소장(釜山辨天町郵便所長)

　야마나까 카나메(山中要)는 학업을 마친 뒤 원적지에서 장유양조업(醬油釀造業)을 운영하다가 1921년 10월 25일 조선으로 건너왔다. 부군(父君)이 1907년 부산으로 건너와 부산진(釜山鎭)에서 경영해 왔던 장유양조업을 계승하여 크게 가업의 발전을 보았다. 그러나 1924년 1월 폐업하고 산림 및 농장경영으로 전환하였다. 사업은 이미 확고부동하며 농장의 경영은 소재지에서 원래대로 조선식 농업으로 운영하고 있다. 그는 온정과 덕으로 농장시설을 관리하고 있다.

　그의 연령은 이제 37세로 전도(前途)가 유망한 사람이다. 현재 변천정(辨天町)우편소장을 맡고 있는 것 외에 제국재향군인회(帝國在鄕軍人會) 부산북분회(釜山北分會) 부장(副長)으로서 공적 활동을 하고 있다.

변천정우편소_ 중구 광복동 광복로 입구에 있는 광복동우체국 자리이다.

부산변천정우편소장(釜山辨天町郵便所長)

① 변천정우편소(辨天町郵便所)_ [신부산대관]
② 야마나까 카나메(山中要) 저택(邸宅)_ [신부산대관]
③ 야마나까 카나메(山中要)_ [신부산대관]

야마무라주조주식회사 부산지점(山邑酒造株式會社 釜山支店)

본　점 효고현(兵庫縣) 무고군(武庫郡) 어기정(魚崎町)
지　점 부산부(釜山府) 행정(幸町) 2정목(丁目) 30번지
자본금 500만 원[200만 원]
지점장 마지마 모토사부로(眞島元三郎)
연　혁 야마무라(山邑)본점은 지금으로부터 약 200여 년 전인 1717년 창업하여 사쿠라마사무네(櫻正宗) 양조(釀造)의 근원으로서 그 이름을 알렸다.

　사쿠라마사무네(櫻正宗)의 기원 나다(灘)는 일본술의 본고장으로 알려져 있지만 옛날에는 그 명성이 알려지지 않아서 이타미(伊丹)와[489] 이케다(池田)에[490] 미치지 못한 것이 오래되었다. 이에 야마무라의 선조는 이 상황을 개탄하여 늘 양조법의 개량에 부심하는 한편, 적당한 술 이름을 붙여 세상 사람들의 주의를 환기시키려고 하였다. 그런데 일찍이 불법(佛法)에 귀의한 탓에 야마시로노쿠니(山城國)[491] 서광사(瑞光寺)[원정암(元政庵)]의 주지와 친교가 있었다. 하루는 사원의 주지를 방문하였는데 우연히 책상 위에 놓인 경전에 임제종(臨濟宗)의 경문(經文)이 보여 이를 읽었다. 권두에 임제정종(臨濟正宗)이라는 두 글자가 있는 것을 보고 그 뜻을 주지에게 물은 바, 경전상(經典上) 극히 중요한 문자인 것을 알았다. 또한 글자(字)의 음(音)에서 정(正)이 청주(淸酒)와 통함을[492] 알고 또 이런 것들이 부처님이 부여한 뜻으로 여겨 자기 집 청주(淸酒)에 정종(正宗)이라는 이름을 붙이고 문화(文化) 연간부터[493] 사용하였다. 그 후 천보(天保) 연간에[494] 양조개량법을 개발하여 자가양주(自家釀酒)의 품위를 일거에 변화시키고 양주(釀酒)한 술을 에도(江戶)지방에 보내어 호평을 얻었다. 이에 나다(灘)의 술인 마사무네(正宗)의 명성을 떨쳐 청주(淸酒)로서 최고라는 명분과 실리를 손쉽게 얻었다고 전해진다. 마사무네(正宗)의 유래는 이와 같으며 그의 가계에서 만든 양주(釀酒)가 세상에 선전되자 각처에서 마사무네(正宗)의 이름을 붙이는 일이 생겨, 1884년 상표조례의 공포와 함께 일본 특유의 꽃인 사쿠라(櫻)를 붙여 사쿠라마사무네(櫻正宗)라는 상표로 등록하였다. 1899년 이래 궁내성 사용 술로서 명령을 받았으며, 1913년 궁내성 황실용 술로 납품하는 영광을 입었다. 오늘날 전국 각지에서 이 술이 보이지 않는 곳이 없으며 조선, 타이완(臺灣), 카라후토(樺太)[495] 등은 물론 널리 해외까지 판로를 개척하여 세계 각국의 수요에 응하고 있다.

　부산지점 1906년 설치하여 현재 조선 남부지역의 수요를 충족시키는 한편, 소주, 화우미림(花雫味淋), 기린맥주(キリン麥酒), 사쿠라사이다(サクラサイダー), 간장(醬油), 기타 일본술과 서양주류의 판매에 종사하고 있다. 점원은 20명이다. 현 지점장 마지마 모토사부로(眞島元三郎)는 오사카부(大阪府) 삼도군(三島郡) 자성정(茨城町)[자목정(茨木町)]에서 1894년 2월 10일 태어났다. 1912년 4월 오사카(大阪)상업학교를 졸업하고 곧바로 야마무라(山邑)본점에 들어가 고베(神戶)지점, 도쿄(東京)지점 등을 거쳐 1925년 3월 부산지점장이 되어 오늘에 이른다. 성격이 원만하고 활달해 지점의 업적이 오늘과 같은 데는 그의 공이 크다고 할 것이다.

야마무라주조_ 중구 국제시장 창선상가 1층 백상조명 자리에 있었다.

---

489) 현재 효고현(兵庫縣) 남동부 지역으로 오사카(大阪)와 고베(神戶) 사이에 위치한 주택·공업도시이다.
490) 현재 오사카부(大阪府) 이케다시(池田市)를 말한다.
491) 고대 일본 행정구역의 한 단위였던 쿠니(國)의 하나로 현재 교토부(京都府) 남부지역에 해당한다.
492) 청주(淸酒)의 일본음은 세이슈(せいしゅ)이고 정(正)의 일본 음독(音讀) 역시 세이(せい) 혹은 쇼우(しょう)이다. 여기서 청(淸)과 정(正)의 일본음이 '세이(せい)'로 발음상 동일함을 발견했다는 의미이다.
493) 문화(文化) 연간은 1804년~1817년에 해당한다.
494) 천보(天保) 연간은 1830년~1843년에 해당한다.
495) 현재의 사할린을 지칭한다. 에도(江戶)시대에는 홋카이도(北海道)를 에조치(蝦夷地)로 불렀고 사할린은 에조치 북쪽에 위치했기 때문에 키타에조(北蝦夷)라고 불렀다. 이후 메이지(明治)정부가 홋카이도개척사(北海道開拓使, 1870.1~1871.4)를 설치할 때 키타에조치(北蝦夷地)를 카라후토(樺太)로 개칭한 이후 그 명칭이 줄곧 사용되었다. 카라후토(樺太)의 뜻은 아이누어로 '신(神)이 하구(河口)에 만든 섬'이란 뜻이다. 이하 카라후토(樺太)는 사할린(樺太)으로 표기하였다.

야마무라주조주식회사 부산지점(山邑酒造株式會社 釜山支店)

① 야마무라주조(山邑酒造) 부산지점(釜山支店)_ [신부산대관]
② 야마무라주조(山邑酒造) 부산지점(釜山支店)_ [부산대관]
③ 마지마 모토사부로(眞島元三郎)_ [신부산대관]

야마우찌 소이치(山内壯一)

원　적 아이치현(愛知縣) 악미군(渥美郡) 전원정(田原町) 본정(本町)
주　소 부산부(釜山府) 토성정(土城町) 1정목(丁目) 25번지
상　호 야마우찌(山内)양조장
사　업 명주(銘酒) '사쿠라바나(櫻花)', 간장 '킷코미쯔비시(龜甲三菱)' 양조

　야마우찌 소이치(山内壯一)는 1894년 5월 17일 원적지에서 태어났다. 1918년 도쿄제국(東京帝國)대학 법학과를 졸업한 후 미국으로 건너가 1920년 보스톤의 하버드대학 경제부를 졸업하였다. 이후 1년간 구미(歐美)를 시찰하고 1921년 일본으로 돌아와서 곧바로 도쿄(東京)에서 변호사를 개업하였으나 1924년 조선으로 건너와 엄부(嚴父) 소혜이(莊平)의 사업인 야마우찌(山内)양조장 경영을 물려 받았다. 선대가 1898년 만든 명주(銘酒) '사쿠라바나(櫻花)', 간장 '킷코미쯔비시(龜甲三菱)'는 여러 차례 품평회, 박람회 등에서 금 · 은 상패 및 다수의 상장을 받았다. 그 품질과 세인들의 좋은 평판은 단연 이 방면의 업계에서 빛을 발하고 있다. 청주(淸酒)의 생산고는 매년 1,000석(石), 된장과 간장의 양조는 200석으로 성황을 이룬다.

　그는 양조사업 이외 미가와(三河)시멘트주식회사 취체역, 미가와(三河)석탄주식회사 감사역 등으로 두 사업에 관계하였으나 1918년 두 회사의 중역을 사임하고 현재는 부산 및 여타 지역에서 토지건물 영업을 겸하고 있다. 하루고(晴子)부인은 도쿄시(東京市)에서 변호사를 하는 오카무라 테루히고(岡村輝彦)의 3녀로 가정은 봄과 같이 평온하다. 낚시와 바둑을 취미로 부산실업계에서 박식한 남자이다.

야마우찌양조장_ 서구 토성동 한국전력관리처 옆 옛 토성상가 자리에 있었다.

야마우찌양조장(山內釀造場)

①, ② 야마우찌(山內)양조장_ [신부산대관]
③ 점주(店主) 야마우찌 소이치(山內壯一)_ [신부산대관]

야마노 슈이치(山野秀一)

원 적 야마구치현(山口縣) 길부군(吉敷郡) 추수이도촌(秋穗二島村)
주 소 부산부(釜山府) 변천정(辨天町) 3정목(丁目) 5번지
상 호 야마노(山野)흑연광업소[496]
사 업 흑연의 채굴 및 수입과 수출

반도의 대표적 수출입항인 부산에서 구미(歐美)항로선을 이용해 직접 수출할 수 있는 손꼽을 만한 물산이 없던 적막을 깨고 하나의 비상한 기운을 보인 것은 야마노(山野)흑연광업소이다. 야마노(山野)흑연광업소는 쇼와(昭和) 초년 이래 연 수회에 걸쳐 내외의 큰 배를 입항시키고, 흑연을 직접 수출함으로써 반도산업의 자랑스러움을 대표하고 있다. 조선(朝鮮)하면 흑연, 흑연하면 야마노(山野), 이들은 삼위일체로 수출무역사상 찬연한 빛을 발한다. 특수 광물 '흑연'의 용도는 윤활용, 주형용(鑄型用), 도료용(塗料用), 전극용(電極用), 방수용, 도가니용, 연필용 등 광범위하다. 또한 군기(軍器)공업에서 실로 중요한데, 세계 총 연생산은 15만 톤 내외로 그 중 조선에서의 생산은 1만 4,000~5,000톤 내지 2만 톤이어서 세계 주요 흑연 산출국 중 제1위, 때로는 2, 3위를 차지하는 위치에 있다. 그런데 야마노(山野)흑연광업소의 광구는 충북 옥천군(沃川郡) 청산면(靑山面), 충북 보은군(報恩郡) 마로면(馬老面), 경북 상주군(尙州郡) 화동면(化東面), 전북 무주군(茂朱郡) 적상면(赤裳面), 강원도 평창군(平昌郡) 평창면(平昌面) 등 5개 장소에 소재하고 있다. 그 중 1905년 매수(買收)한 이래 주력을 경주하고 있는 조선 최고의 역사를 지닌 월명(月明)광산[충북]은 흙의 상태가 고기비늘 모양과 같다. 월명광산은 여타의 각종 흑연 생산액을 합친 조선의 연간 총생산액 1만 5,000톤 중 약 반액을 생산하여 동양 최고의 산출액과 세계적 품질을 갖춘 양질의 광구로 불린다.

야마노(山野)흑연정련소 부산 영정(榮町) 3정목(丁目)에 위치한다. 조선 유일의 정련소로 원광(原鑛)을 야마노(山野)루브리칸트흑연[윤활감마용(潤滑減磨用)], 야마노보일러흑연[기관청정용(汽罐淸淨用)], 야마노페이싱흑연[주형용(鑄型用)], 야마노건전지흑연[전지용(電池用)], 야마노페인트흑연[도료용(塗料用)], 야마노파이프조인트흑연[파이프접속용], 야마노주사위고리・야마노연통・야마노플러스주사위고리흑연[제와용(製瓦用) 및 칠식용(漆喰用)] 등의 용도별로 제품화하여 내외에 수출하고 있다

소장(所長) 야마노 슈이치(山野秀一) 야마구치(山口)고등상업학교를 졸업하고 조선으로 건너왔다. 슬기롭고 재주가 뛰어나 일찍이 흑연광업의 장래성에 유의하여 조선 전역에서 우량광구를 인수하고 흑연왕이 되어 오늘에 이르렀다. 야마노임업소(山野林業所)[497] 주인 이외 부산상업은행, 부산요업주식회사, 부산토지주식회사, 조선광업주식회사, 부산일보사 등의 중역을 겸하고 있어 부산실업계에서 빛나는 하나의 별이 되었다. 주판과 같이 정확한 사람으로 또 깨끗한 마음을 가진 성공가로, 그는 현재에도 서생(書生)의 기질을 여전히 잃지 않고 있다. 곧잘 낭인(浪人)과 함께 어묵과 술을 마시는 행위에서 그의 꾸밈없는 성격을 느낄 수 있다.

야마노 슈이치 자택_ 중구 광복동 미화로 동주여자고등학교 옆에 있는 혜성헤어플러스 건물 자리이다.

496) 원문의 야마노흑연공업소(山野黑鉛工業所)의 오기(誤記)를 바로 잡았다.
497) 야마노 슈이치(山野秀一)는 본문에 기술된 것처럼 여러 사업체의 중역을 역임하면서 부산미곡신탁주식회사, 남조선신탁주식회사, 조선방직주식회사, 그리고 1937년 이후에는 일본경질도기주식회사, 부산수산주식회사 등의 대주주로 활동하였다. 그러나 그가 임업관련 업종에 관여한 증거는 찾을 수가 없다. 따라서 본문의 야마노임업소는 야마노광업소(山野鑛業所)의 오기(誤記)로 보인다.

야마노(山野)흑연광업소

① 야마노(山野)흑연광업소 흑연반출(黑鉛搬出)_ [신부산대관]
② 야마노 슈이치(山野秀一)_ [신부산대관]
③ 야마노(山野)흑연광산_ [신부산대관]
④ 야마노(山野)흑연광업소 흑연공장_ [신부산대관]

히타니 키치조(桶谷吉藏)

　원　　적　야마구치현(山口縣) 풍포군(豊浦郡) 장부정(長府町) 자인내(字印內)
　주　　소　부산부(釜山府) 변천정(辨天町) 1정목(丁目) 17번지
　상　　호　야마구치야(山口屋)양품점
　사　　업　양품잡화 판매

　히타니 키치조(桶谷吉藏)는 일본의 이 방면 업계에서 여러 해 동안 수련을 쌓은 후, 1909년 43세 때 조선으로 건너와 부산 장수통(長手通)의 중심인 현 위치에서 야마구치야 (山口屋)양품점을 개점했다. 그의 독특한 매입 방법과 시대의 첨단을 선구하는 진열법, 그리고 점원의 훈련에 따른 서비스는 모든 고객을 불러 모았다. 도쿄(東京)에서 상점경 영학의 권위자인 시미즈 마사미(淸水正己)는 왕년에 야마구치야(山口屋)양품점에 대해 부산제일의 판매기술을 보이는 곳으로 한 점의 결점도 지적할 수가 없다고 평가한 적이 있다. 개점 이래 여러 해 동안 발전하여 오늘날 개인의 소매점으로서는 조선 전역에서 손을 꼽을 정도의 상점으로 불린다. 따라서 상점 앞이 손님들로 붐벼 비좁게 느껴지자 수년 전 수만 원을 투자하여 당당하게 3층 양옥건물을 신축하고 확장하였다. 이외 작년에는 상점의 맞은편에 원래 있었던 호리구치오복점(堀口吳服店)[498] 자리를 매수해서 크 게 개축하고 이것을 남점(南店)으로 하였다. 양복, 부속 잡화류를 진열한 채 가게가 서로 마주보고 있어 장수통(長手通)에서 눈에 띈다.

야마구치야양품점_ 중구 광복로 입구에 있는 명보사 자리이다.

---

498) 오복점(吳服店)에 대해서는 본책 주(註) 343 참조.

야마구치야(山口屋)양품점

① 야마구치야(山口屋)양품점 본점(本店)_ [신부산대관]
② 야마구치야(山口屋)양품점 남점(南店)_ [신부산대관]
③ 점주(店主) 히타니 키치조(桶谷吉藏)_ [신부산대관]

오카무로 가츠유키(岡室勝之)

원　적　야마구치현(山口縣) 웅모군(熊毛郡) 실적정(室積町) 수도(手島)
주　소　부산부(釜山府) 대창정(大倉町) 2정목(丁目) 17번지
상　호　야마시타텐트상행(山下テント商行)
사　업　텐트, 돛천(帆布), 햇볕가리개, 국기(國旗), 기타 판매

오카무로 가츠유키(岡室勝之)는 1927년 조선으로 온 이후, 조선에서 텐트와 돛천(帆布)을 제대로 생산하는 가게가 없는 것에 착안하여 대창정(大倉町) 해안통에 점포를 차렸다. 이후 몸과 마음을 다한 결과 날로 달로 사업이 융성해져 점포가 협소하게 느껴지자 1932년 현재의 위치로 이전하고 풍부한 상품과 저렴한 가격, 우수한 기술 등 자신만의 독특한 근면성으로 타의 추종을 불허하였다. 각 관청, 학교, 회사 그리고 각 조합으로부터 지정 받아서 납품하고 조선에서는 물론 만주국까지 판로를 확장하게 되었다. 최근에 이르러 조선 내에서 각국 국기, 국제신호기, 폭풍경보기, 폭풍경표(暴風警標), 폭풍신호 등의 제조 가게가 없어 불편함을 느끼는 것에 주목해, 현재 그 제조에 큰 힘을 쏟고 있다. 더군다나 야마시타텐트상행(山下テント商行)의 선구부(船具部)에서는 각종 로프, 변기, 일본식과 서양식 선구(船具)철물, 각종 광유(礦油) 등을 각각 원산지로부터 구매하여 좋은 품질을 저렴한 가격으로 판매함으로써 신용을 독차지하고 있다.

그는 아직 30세 청년으로 '분투(奮鬪)가 곧 인생이다'는 신조로 이미 첫 걸음의 성공을 거두었다. 전도가 크게 촉망받고 있으며, 부인은 현재 부산부의(釜山府議) 나가야마 키이치(中山喜市)의 딸로 세 명의 아이를 양육하면서 스스로 가게 앞 공장에서 다수의 점원 직공을 온정으로 격려해 현부인(賢婦人)의 소리를 듣고 있다.

야마시타텐트상행_ 중구 중앙동 2가 팬스타크루즈 건물 자리이다.

야마시타텐트상행(山下テント商行)

① 야마시타(山下)텐트 공장(工場)_ [신부산대관]
② 야마시타(山下)텐트 제품(製品)_ [신부산대관]
③ 오카무로 가츠유키(岡室勝之)_ [신부산대관]

야마시타 후쿠조(山下福藏)

원 적 나가사키시(長崎市) 동소도정(東小島町)
주 소 부산부(釜山府) 대청정(大廳町) 3정목(丁目) 20번지
상 호 야마시타세탁소(山下洗布所)
사 업 일반 서양세탁, 염색정리(染色整理)

　야마시타 후쿠조(山下福藏)는 1892년 부산으로 건너와 본업을 경영한 선대의 뒤를 이어 사업을 크게 일으킨 인물이다. 1911년 업무의 발전과 함께 서정(西町)에서 대청정(大廳町)의 현 위치로 신축해 이전하였다. 업계의 선구로 해외로부터 드라이크리닝 휘발유연속청정순환장치 및 미국제 호프만스팀프레스 설비, 미국제 호프만모자(帽子)프레스 설비 등 최신형 기계를 갖추고 이 방면에서 크게 사업을 하였다. 주로 철도국용 이외 부산부내(釜山府內) 여러 관서(官署), 상류가정을 고객으로 일반 서양세탁, 순(純)드라이크리닝, 스팀프레싱, 염색정리(染色整理) 등의 기술에서 독특한 기량을 발휘하여 고객에게 만족을 주고 있다. 종업원은 20명으로, 시설 설비와 기술은 조선 전역에서 자랑할 만한 것이다.

　올해 44세의 건장한 남성으로 의협심과 복이 많은 인물이다. 바쁜 업무 중에서도 의뢰가 있으면 거절하지 않는 친절한 성품에, 또 정내(町內) 조장(組長)으로 여러 해 동안 힘써 정내(町內)에서는 없어서 안 될 인물이다.

야마시타세탁소_ 중구 대청동 3가 대청로변 옛 백성사 자리에 있는 신한은행 대청동지점 자리에 있었다.

야마시타세탁소(山下洗布所)

① 야마시타세탁소(山下洗布所)_ [신부산대관]
② 야마시타세탁소(山下洗布所) 공장(工場)_ [신부산대관]

무로이 카츠요시(室井勝吉)

원　적 후쿠시마현(福島縣) 암뢰군(岩瀨郡) 수하천촌(須賀川村)
주　소 부산부(釜山府) 토성정(土城町) 3정목(丁目) 6번지
상　호 야마시로야상점(山城屋商店)
사　업 양주(洋酒) 제조판매

　　무로이 카츠요시(室井勝吉)는 1914년 5월 24일 조선으로 건너와 부산에서 안팎으로 유명한 위스키의 판매대리점을 경영하던 중 스스로 힘써 연구한 끝에 독특한 맛을 가진 위스키를 새롭게 만들었다. 그것에 '빅토리아(ビクトイリア)위스키'라는 이름을 붙여 일반에게 판매를 개시했던 것이 크게 품질을 인정받아 수요가(需要家)가 해마다 증가하면서 엄청난 매출을 보게 되었다. 이외에 현재 약 20종류의 양주류(洋酒類)를 취급하는 전문상(專門商)으로서 자리매김하고 있다.

　　그는 올해 51세로 사업을 생명과 같이 여기면서 매진하고 있다. 이밖에 토성정(土城町) 총대, 부산서부금융조합(釜山西部金融組合) 임원, 용두산신사(龍頭山神社) 우지코총대회(氏子總代會)[499] 간사 등을 역임하며 공사(公事)에 주의를 기울이고 있다.

야마시로야상점_ 서구 토성동 경남중학교 뒤 소문출판사가 위치한 곳이다.

---

499) 우지코(氏子)는 같은 씨족신을 모시는 동향(同鄕) 사람들을 지칭하는 용어이다.

야마시로야상점(山城屋商店)

① 야마시로야양주제조소(山城屋洋酒製造所商店)_ [신부산대관]
② 야마시로야양주제조소(山城屋洋酒製造所商店) 제품(製品)_ [신부산대관]
③ 무로이 카츠요시(室井勝吉)_ [신부산대관]

야마모토 라이노스케(山本賴之助)

원　적 야마구치현(山口縣) 웅모군(熊毛郡) 이보장촌(伊保庄村)
주　소 부산부(釜山府) 서정(西町) 2정목(丁目)
상　호 주식회사 야마모토오복점(山本吳服店), 야마모토양조소(山本釀造所)
직　업 오복상(吳服商)[500], 된장 및 간장 양조
사　업 오복(吳服) 및 잡화 판매

야마모토 라이노스케(山本賴之助)의 선선대(先先代)[선대 야마모토 준이치(山本純一)의 엄부(嚴父)] 야마모토 분조(山本文藏)는 1884년 조선으로 건너와서 1885년부터 된장, 간장의 양조를 시작하였다. 이듬해 1886년 오복부(吳服部)를 행정(幸町)에 설치한 것이 야마모토가(山本家)의 조선에서의 출발이다. 이후 온건하고 착실하게 업무에 정진해 마침내 부산의 일본인 실업가로서 그 이름을 알리게 되었다. 선대 준이치(純一)는 1887년 조선으로 건너와 부친의 가업을 이어받고 더욱더 경영을 개선하여 결국 부산 유수의 거상으로 업계에서 한 세력을 차지하였다. 그러나 1925년 3월 타계하여 양자 야마모토 라이노스케(山本賴之助)가 그 뒤를 계승하였다. 그는 1886년 12월 5일 태어나 일본에서 공부하고 와세다(早稲田)대학 상과(商科)를 졸업한 뒤 오사카(大阪) 마루베니상점(丸紅商店)에[501] 들어가 실무를 배웠다. 1908년 부산으로 돌아와 가업을 돕고 부친 준이치(純一)의 뒤를 이어 오늘에 이르렀다. 부친이 사망했을 당시 그의 유지에 따라 장학자금으로 고향에 2만 원, 부산에 1만 원을 기부한 일은 세인의 기억에 신선한 일이었다.

동점(同店)의 연혁은 다음과 같다. 이미 50년의 오래된 역사를 가지고 있을 뿐만 아니라 장유부(醬油部)와 같은 것은 실로 해외[조선]에서 일본인 양조업의 개조(開祖)이다. 현재 최신식의 양조기(釀造機)를 설비하고 대량생산을 이루어 일반 수요가(需要家)에게 큰 신용을 얻고 있다. 또한 오복부(吳服部)는 조선 최고(最古)의 오복점(吳服店)이라고 해야 할 것이다. 고객 본위를 경영의 표어로 삼아 부산의 대표적 오복점(吳服店)으로 일찍부터 인정받고 있다. 올해 7월에는 대부산의 장래를 내다보고 주식조직으로 변경해서 크고 훌륭한 서양식 건물을 신축하고 잡화부를 겸영하였다. 스스로 사장으로서 다수의 점원을 지휘하며 조선의 대표적 오복(吳服)잡화상으로 명실(名實)을 다하고 있다.

야마모토양조소_ 중구 신창동 2가 국제시장 안 돌고래순두부집 맞은편의 고려당귀금속점 건물이 위치한 곳이다.

500) 본책 주(註) 343 참조.
501) 마루베니상점(丸紅商店)은 1945년 이전 이토츄재벌(伊藤忠財閥)의 중심이 되는 기업이었다. 이토츄재벌의 역사는 이토 츄베에(伊藤忠兵衛, 1842~1903)가 1858년 마포(麻布) 상인으로 출발하면서 시작되었다. 1921년 3월 이토츄(伊藤忠)상점과 이토(伊藤)의 형 이토 쵸베에(伊藤長兵衛)가 경영하던 이토 쵸베에(伊藤長兵衛)상점이 합병하여 마루베니상점(丸紅商店)이 탄생하였다. 그러나 전후(戰後) 재벌해체에 따라 이토츄재벌(伊藤忠財閥)은 분리되고 그 과정에서 1949년 마루베니(丸紅)주식회사가 새롭게 창립된다. 전후 일본경제가 한국전쟁을 계기로 성장의 발판을 마련할 수 있었던 것처럼 마루베니주식회사 역시 전쟁특수의 이득을 보았다. 현재 이 회사는 식료, 종이펄프, 금속, 화학, 금융, 물류 분야 등의 사업을 하고 있다.

야마모토오복점(山本吳服店), 야마모토양조소(山本釀造所)

① 야마모토양조소(山本釀造所)_ [부산대관]
② 야마모토양조소(山本釀造所)_ [신부산대관]
③ 야마모토오복점(山本吳服店)_ [부산대관]
④ 야마모토오복점(山本吳服店)_ [신부산대관]
⑤ 점주(店主) 야마모토 라이노스케(山本賴之助)_ [신부산대관]

야마모토 에이키치(山本榮吉)

원 적 야마구치현(山口縣) 대도군(大島郡) 충포촌(沖浦村)
주 소 부산부(釜山府) 대창정(大倉町) 3정목(丁目)
상 호 에(エ)상점
사 업 목재, 시멘트, 신탄(薪炭) 판매

야마모토 에이키치(山本榮吉)는 1873년 9월 1일 원적지에서 태어났다. 16세에 학업을 마치고 24세 때인 1896년 4월 5일 웅비(雄飛)할 포부를 품고 조선으로 건너왔다. 그는 1898년 11월 부산에서 신탄상(薪炭商)을 개점하고 1900년 목재상을 겸하면서 시멘트 판매에 종사하였다. 그는 불요불굴(不撓不屈)의 정신으로 많은 난관을 극복하고 업적을 크게 올려 오늘날 대성하게 되었다.

그는 공공봉사에 대한 생각이 깊어 1916년부터 1921년까지 대창정(大倉町) 총대(總代)를 역임하고 1918년 4월 1일 부산상업회의소 의원으로 추천되어 1920년 임기를 마쳤다. 1926년부터 1929년까지 다시 대창정(大倉町) 총대, 그리고 1933년 1월 목재상조합장에 취임하여 현재에 이른다. 1926년 6월 1일 부산학교조합회 의원에 당선되었으며 이후 세 번을 중임하였다. 또한 1926년 11월 20일 부산부협의원(釜山府協議員)으로 당선된 이래 부의(府議)의 공직에 있다. 올해 62세로 더욱 의기왕성하여 각 방면에서 중요시되고 있다.

에(エ)상점 에(エ)상점은 중구 중앙동 옛 부산우편국 바로 옆에 있었으나 1953년 11월 발생한 역전대화재로 부산우편국과 함께 소실되었다. 에(エ)상점의 위치는 지금의 중앙동 40계단테마거리 김성훈치과가 입주해 있는 건물로 추정된다.

에(工)상점

① 에(工)상점_ [신부산대관]
② 점주(店主) 야마모토 에이키치(山本榮吉)_ [신부산대관]

마루타해운주식회사(マルタ海運株式會社)

주　소 부산부(釜山府) 대창정(大倉町) 1정목(丁目) 4번지의 1
동사(同社)의 영업(營業) 1. 해륙운송업 및 운송취급업
　　　　　　　　　 2. 각종 보험의 대리점[도쿄(東京)화재보험주식회사, 조선화재해상보험주식회사,
　　　　　　　　　　　 다이호쿠(大北)해상운송보험주식회사 각 대리점]
　　　　　　　　　 3. 해륙물산(海陸物産)의 위탁 판매
영업항로(營業航路) 간몬(關門)·키타큐슈(北九州) 각항(各港), 한신(阪神)·세토(瀨戸) 내 각항, 강원도(江原道) 연안 각항,
　　　　　　　 경북(慶北) 연안 각항, 원산·신포선(元山新浦線), 제주도·목포선(濟州道木浦線),
　　　　　　　 하동·구례선(河東求禮線), 구포·김해선(龜浦金海線)
중　역 상무취체역 나카무라 다카쯔구(中村高次). 취체역 키리오카 쯔치오(桐岡槌雄), 이시하라 카우(石原曇),
　　　 타케히사 고히토(武久剛仁), 오노 츠네키치(大野常吉).
　　　 감사역 카게야마 쇼조(蔭山正三), 호리에 케이이치(堀江慶一).
　　　 지배인 나카지마 코노스케(中島光之助)

마루타해운주식회사_ 중구 중앙동 국제빌딩 옆 롯데백화점 옥외주차장 자리에 위치하였다.

마루타해운주식회사(マルタ海運株式會社) | 마루타해운주식회사(マルタ海運株式會社)_ [신부산대관]

마루킨주조주식회사(丸金酒造株式會社)

소 재 부산부(釜山府) 부평정(富平町) 1정목(丁目) 10번지
창 립 1908년 12월
대표취체역 후루사와 센키치(古澤仙吉)
연 혁 마루킨주조주식회사(丸金酒造株式會社)는 1904년 야마니시 소키치(山西宗吉)가 창업한 회사로 처음에는 야마니시쿠미양조소(山西組醸造所)라고 불렸다. 명주(銘酒) '만간이치(滿韓一)'를 시장에 내놓아 부산에서 굴지의 방순(芳醇)[502]으로 일찍부터 유명해졌다. 이후 1908년 12월 주식조직으로 변경하고 사명(社名)을 야마니시양조(山西醸造)주식회사로 하였다. 1913년 다시 마루킨주조(丸金酒造)주식회사로 개칭하고 후루사와 센키치(古澤仙吉)가 전무취체역으로 취임한 이래 더욱 발전을 보이고 있다. 매번 품평회와 박람회에서 명주(銘酒) '만간이치(滿韓一)'가 항상 우등의 명예상을 받은 일은 일반인에게 알려져 있다.
후루사와 센키치(古澤仙吉) 전무는 현재 부산양조조합장을 맡고 있으며 재향군인회와 정내(町內) 등에서도 임원과 세화역(世話役)에[503] 추대되었다. 그는 겸손하고 보기 드물게 덕과 재능이 있는 인물로 알려져 있다.

마루킨주조주식회사_ 중구 부평동 농협 부평동지점 뒷길에 있는 은지명품관이 자리한 곳이다.

502) 술의 향기가 진하고 맛이 좋은 상태 또는 그런 술을 의미한다.
503) 세와야쿠(世話役)는 단체 또는 조합 따위에서 사무를 처리하거나 운영하는 사람을 말한다.

마루킨주조주식회사(丸金酒造株式會社) ① 마루킨주조주식회사(丸金酒造株式會社)_ [신부산대관]
② 전무취체역(專務取締役) 후루사와 센키치(古澤仙吉)_ [신부산대관]

마쯔오카 진타(松岡甚太)

원　적　야마구치현(山口縣) 구마게군(熊毛郡) 카미노세키무라(上の關村) 이와이시마(祝島)
주　소　부산부(釜山府) 수정정(水晶町) 1293번지
상　호　마쯔오카(松岡)양조장
사　업　명주(銘酒) '료가이(了海)' 양조 및 판매

　마쯔오카 진타(松岡甚太)는 1893년 원적지에서 태어났다. 1916년 야마구치(山口)고등상업학교를 졸업하고 1926년 12월까지 제일은행 오사카(大阪)지점에서 근무하였다. 이후 회사를 사직하고 부산으로 건너와서 선대의 유업인 양조업을 경영하여 오늘에 이른다. 1933년 3월 18일 명주(銘酒)를 '료가이(了海)'로 바꿔 등록을 하고부터 품질 향상이 크게 인정받아 조선 전역과 경남의 품평회 개최마다 연속해서 우등상 제1위에 입상하여 오늘날 주류계의 왕좌를 차지하였다. '료가이(了海)'의 판로는 조선과 만주는 물론이고 멀리 사할린(樺太)과 상하이(上海)까지 미친다. 특히 상하이에서는 국정종(菊正宗), 백학(白鶴), 월계관(月桂冠) 등 일본산 명주와 같은 반열에서 조금도 손색이 없는 것으로 평가받고 있다. 중국에서 판로는 양자강 연안을 거슬러 한커우(漢口)까지 뻗어 있다.

　사적(事績) 제15, 16회 경상남도 청주(淸酒)품평회에서 제1위 우승컵을 계속 수상하고, 제4회 및 제5회 전선주류(全鮮酒類)품평회에서도 연속해서 우등상을 받았다.

마쯔오카양조장_ 동구 수정동 경남여자중학교 남쪽 담벽과 나란히 있었다. 현재 수정동 389번지 일대에 해당한다.

마쯔오카(松岡)양조장

① 마쯔오카(松岡)양조장_ [신부산대관]
② 우승(優勝)트로피_ [신부산대관]
③ 마쯔오카(松岡)양조장 주병(酒瓶)_ [신부산대관]
④ 점주(店主) 마쯔오카 진타(松岡甚太)_ [신부산대관]

마쯔오 미노스게(松尾己之介)

원 적 가고시마현(鹿兒島縣) 천변군(川邊郡) 지람촌(知覽村)
주 소 부산부(釜山府) 본정(本町) 4정목(丁目) 24번지
상 호 마쯔오(松尾)상점판매소[대창정(大倉町) 4정목(丁目)]
사 업 쌀과 잡곡 무역

마쯔오 미노스게(松尾己之介) 집안은 엄부(嚴父) 토타로(藤太郎)가 1879년 조선으로 온 이래 부산에 거주하였다. 마쯔오는 부산에서 출생하여 올해 41세이다. 1908년 부산 상업학교를 졸업한 뒤 오사카시(大阪市) 서구(西區) 북굴강통(北堀江通)의 쇼우노키 히쿠조(庄野喜久藏)상점에 견습을 위해 입사하였다. 그 후 1914년 가고시마(鹿兒島) 보병 제45연대에 1년간 지원병으로 입대하였다. 제대 후 부산으로 돌아와 만주특산물, 대만 쌀과 잡곡류를 산지에서 직수입하고, 조선산 잡곡 주로 콩을 한신(阪神) 방면을 중심으로 일본 각지에 수출하여 마쯔오(松尾)상점의 견실한 기초를 다져 오늘에 이르렀다.

군사관계에서는 1918년 소위(少尉), 1924년 중위(中尉)로 진급하였고 부산재향군인회 평의원, 제1, 2회 동분회(東分會) 분회장에 이어서 부산연합분회장에 추천되어 재향군 인으로서 1933년 공로장, 1934년 유공장(有功章)을 수여받는 명예를 안았다. '아침저녁으로 황실과 이세대묘(伊勢大廟)를 받들고 또 선조의 불단(佛壇)에 예배하는 것'과 '1 일 일선주의(一善主義)'를 가훈으로 삼고 있다. 다수의 점원에게도 적절한 점칙(店則)을 세워 인격적 수양에 힘쓰며, 어려운 가운데서도 업무의 융성(隆盛)을 향해 나아가고 있다.

마쯔오상점판매소_ 중구 중앙동 삼성생명 건물 옆 주차장이 위치한 곳이다.

마쯔오 미노스게 자택_ 중구 동광동 인쇄골목 2길 입구에 있는 e조은인쇄 자리이다.

마쯔오(松尾)상점

① 마쯔오(松尾)상점판매소_ [신부산대관]
② 마쯔오 미노스게(松尾己之介) 저택(邸宅)_ [신부산대관]
③ 마쯔오 미노스게(松尾己之介)_ [신부산대관]

마스나가 노보리(增永昇)

원   적 히로시마현(廣島縣) 소외군(沼隈郡)[504] 병정(鞆町)
주   소 부산부(釜山府) 초장정(草場町) 2정목(丁目) 46번지
상   호 마스나가소주(增永燒酎)양조소
사   업 소주양조

마스나가 노보리(增永昇)는 당년 37세이다. 1920년 와세다(早稻田)대학 상과를 졸업하고 엄부(嚴父) 이치마쯔(市松)가 창업한 소주양조를 가업으로 맡아 오늘에 이르렀다. 엄부(嚴父)는 1908년 3월 조선으로 건너와 부산 변천정(辨天町)에서 견직물, 마직물, 면직물 및 주류상을 경영하였다. 이후 소주양조의 전망에 착목하여 1926년 부평정(富平町)에 공장을 짓고 조선 전역에서 비교할 수 없는 기욤식[505]증류기를 설치해 신제품 '힛꼬(日光)' 소주를 조선과 만주 각 시장에 판매하기 시작하였다. 조선의 남부지역에서 신식 소주양조의 효시로 업적이 해마다 쌓여 1929년 조선박람회에서 금패를 수상하였다. 이후 여러 해 동안 계속 전선(全鮮)주류품평회에서 명예상을 받았다. 현재 연간 생산액은 35도 술 1만 5,000석[75만 원]에 달하며, 조선에서 최대의 소주공장으로 올해 성립된 조선 전역의 신식소주회사 6개에 대한 미쯔이(三井)판매통제에 가입함으로써 제품 전체는 미쯔이물산(三井物産)에서 판매하고 있다.

엄부(嚴父)는 원래 부산상업회의소 의원, 전(前) 초장정(草場町) 총대(總代) 등을 역임하며 공공에 힘을 쏟았는데 여전히 사업에 대한 열망이 강하여 최근에는 경북도내 두 곳의 금광을 채굴하고 있다. 양조소는 주로 노보리(昇)가 경영하는데 소장(少壯)실업가로서 세상의 이목을 모으고 있다.

마스나가소주양조소_ 서구 토성동 구덕로에 있는 아크로폴리스맨션 자리이다.

504) 원문에서는 누마쿠마초군(沼隈町郡)으로 되어 있으나 누마쿠마군(沼隈郡)의 오기(誤記)로 보인다. 누마쿠마초(沼隈町)는 누마쿠마군(沼隈郡)에 속했던 마치(町)이다. 2005년 2월 1일 히로시마현(廣島縣) 후쿠야마시(福山市)에 편입되었다.

505) 기욤(Guillaume Charles Edouard, 1861~1938)은 프랑스의 물리학자로 온도계의 눈금을 정하고 니켈강(nickel鋼)을 연구하여 1897년 불변강(不變鋼) 인바(invar)를 발견하였다. 1920년 노벨 물리학상을 받았다.

마스나가소주(增永燒酎) 양조소

① 마스나가소주(增永燒酎) 양조소_ [신부산대관]
② 마스나가소주(增永燒酎) 양조소 공장 일부_ [신부산대관]
③ 마스나가 노보리(增永昇)_ [신부산대관]

부산축항합자회사 사장(釜山築港合資會社 社長) 이케다 스케타다(池田佐忠)[1]

원 적 구마모토현(熊本縣) 천초군(天草郡) 하포촌(下浦村)
주 소 부산부(釜山府) 토성정(土城町)
사 업 부산부(釜山府) 남항수축(南港修築)

　부산의 역사적 대사업인 남항(南港)수축을 완성한 대부산 건설의 희생자 이케다 스케타다(池田佐忠)는 근래에 보기 드문 열성파이다. 남항수축은 이케다 스케타다(池田佐忠)가 일생의 사업으로서 자신의 이해는 돌보지 않고 목숨을 걸었던 공사인데, 초지일관의 의지로 국가봉공(國家奉公)을 위해 열성을 불살라 쌓아 올린 대부산의 초석이다. 원래 부산은 동양의 중앙에 위치하여 일본, 중국, 구주(歐洲), 남양(南洋)[506] 및 아메리카대륙으로 나아가는 관문으로 천혜의 좋은 항구를 형성하여 유럽과 아시아 연락의 요지로서 매축사업은 몇 번이나 계획되었다. 다행히 북항(北港) 일대는 1906년 총공사비 150만 원을 들여 해면(海面)정비를 하였으며, 더구나 현재 부산역을 중심으로 육상의 정비를 단행하여 오늘까지 천 수백만 원의 공사비를 투입해 그 면목을 일신하였다. 그런데 남항은 2천 수백의 어구(漁區)를 차치하더라도 연안무역항으로서 최적의 위치인 관계로 1906년 당시 총감 이토 히로부미(伊藤博文)에게 수축(修築)을 진정하였고, 거듭 1925년 남항수축기성동맹회를 조직하여 하자마 후사타로(迫間房太郎)를 대표로 데라우치(寺內)총독에게 자세히 수축(修築)사업을 진술하는 등 십수 년에 걸쳐 청원을 계속하였다. 그리고 부산상공회의소 회두(會頭) 카시이 겐타로(香椎源太郎)가 기성회장이 되어 1926년에는 맹렬히 실현운동을 시도하였으나 재정긴축을 이유로 끝내 실현되지 못하였다. 게다가 국고보조조차 가능치 않아서 절망의 상태에 빠지게 되었을 때, 경북도 도평의원인 이케다 스케타다(池田佐忠)가 그 실현을 기약하고 분기해 1926년 5월 설계에 착수하고는 그해 10월 당국에 청원서를 제출하였다. 이후 이케다(池田)는 자금조달을 위해 고베(神戸)의 고(故) 이누이 신베이(乾新兵衛)를[507] 설득하고 도쿄(東京)의 카와카미 쯔네로(川上常郎), 오사와 코지로(大澤幸次郎), 츠카고시 우타로(塚越卯太郎) 등에 하소연하며 동분서주하길 4년 만에 수만금을 들인 노력의 공이 헛되지 않아 마침내 1928년 2월 9일 수축공사의 면허를 받게 되었다. 그런데 그 면허는 연장(延長) 220칸(間)의 제1방파제와 147칸의 제2방파제 공사비로 약 83만 원을 부담하는 조건으로 받은 것이었다. 이에 이케다(池田)는 현재 공사시행 중에 있는 토비시마쿠미(飛島組)[508] 조장(組長) 토비시마 분키치(飛島文吉)와 제휴하여 부산축항합자회사를 창립해서 자신이 대표사원으로 사업수행상의 모든 책임을 맡고 토비시마쿠미(飛島組)는 공사시행의 임무를 맡도록 하였다. 이렇게 해서 1930년 2월 먼저 연장 220칸의 방파제공사를 기공함과 동시에 A, B 양 구역 4만 8,857평, 공사비 총액 181만 원의 공사를 시작하였다. 이때 이케다(池田)가 남항과 함께 운명을 다하기로 결심한 것은 말할 나위도 없다. 하지만 공사의 어려움은 필설로는 다할 수 없는 것이었다. 방파제공사가 난공사로 알려진 바, 부산부(釜山府) 역시 공사의 어려움을 고려하여 항만수축공사의 권위자인 요코하마시(橫濱市) 항만부기사 고타 켄조(岡田健藏)를 주임기사로, 부산부(釜山府) 칙임기사 스즈키 사카테(鈴木坂鐵)를 고문기사로 추천하여 이케다(池田)를 돕게 하였다. 그리하여 이번 난공사도 눈에 띄게 진척되어 방파제는 1931년 5년간의 공사로 완공하였고, A구와 B구 역시 1934년 2월 매축을 모두 완성함으로써 이미 남항의 면목이 새롭게 되어 여러 시설들이 뚜렷이 갖추어지게 되었다. 아직 공사 중인 곳으로 C구, D구, E구 세 구역이 있다. 이들 구역은 1935년 2월, 1938년 2월, 1939년 2월 준공을 예정하고 있다. 더욱이 이번 남항수축공사가 대사업으로 조선개발에서 얼마만큼 필요한 것이었는가 하는 점은 1928년 9월 사이토(齋藤)총독과 당시 척무대신 마쯔다 겐지(松田源治)가 특별히 이 공사장을 시찰한 것만 보아도 알 수 있다.

---

506) 본책 주(註) 317 참조
507) 이누이 신베이(乾新兵衛, 1862~1933)는 메이지(明治)시기에 고베(神戸)를 중심으로 해운업에서 두각을 나타낸 일본 실업가이다.
508) 토비시마쿠미(飛島組)는 1883년 토비시마 분지로(飛嶋文次郎)가 후쿠이(福井)에서 창업한 회사이다. 1916년 합자회사로 전환하였다가 이후 1947년 토비시마쿠미(飛島組)를 해산하고 토비시마토목(飛島土木)을 설립하였다. 그리고 1965년 현재의 토비시마건설(飛島建設)주식회사로 사명(社名)을 변경하였다. 토비시마건설(飛島建設)주식회사는 혼슈(本州)의 아오모리현(靑森縣)과 홋카이도(北海道)의 카밋소군(上磯郡)을 연결하는 셋칸터널(靑函トンネル)의 도갱(導坑)공사를 1982년 준공한 회사이다. 본문에 나오는 토비시마 분키치(飛島文吉)는 토비시마 분지로(飛嶋文次郎)의 장남이다.

부산축항합자회사 사장(釜山築港合資會社 社長) 이케다 스케타다(池田佐忠)[2]

　남항수축은 부산항의 획기적 개혁을 촉진케 하는 공사이다. 공사가 완성되는 그날, 부산항은 무역항으로서 또 수산도시로서 그 진가를 완전히 발휘하게 될 것은 두말할 나위가 없다. 남항수축 대계획의 개요는 다음과 같다.
　부산부(釜山府) 남부민정(南富民町)[송도유원지 아래]의 튀어나와 있는 끝자락으로부터 연장 126칸(間)의 방파 해벽(海壁)과 220칸의 방파제를 축조하고, 그 기초 부분으로부터 남빈(南濱) 해안 일대에 이르는 길이 약 1,031칸 5분(分), 넓이 평균 120칸을 매립하였다. 이곳의 총면적은 14만 5,240평에 이른다. 매립지 안쪽 도로, 교량, 하역장 등 5만 5,495평, 즉 총면적의 3할 8푼은 국유지로 하고 기업가 소유 면적은 전체 6할 2푼에 해당하는 8만 9,745평이다. 총공사비는 550만 원으로 1평당 38원이다. 그리고 나머지 유효면적은 1평당 62원이다. 공사비 550만 원의 내역은 다음과 같다.

부산남항수축공사예산서

[당초 계획안]

내　역			금　액	
총 공사비			550만원	
	사무비		50만원	
	공사비		500만원	
내역	사무비		50만원	
	매립비	물양장 및 호안	57만 6,521원	396만 5,001원 40전[509]
		매립토사	296만 9,010원	
		도로교량	36만 9,840원 40전	
		잡비	5만원	
	방파제비		91만 1,459원(기계비 포함)	
	잡급(雜給) 및 기타		13만 3,439원 60전	

공사예정 일람

공　구	실시계획 인가	기　공	준　공
방파제	1928년 11월	1930년 2월	1931년 5월
A　구	1928년 11월	1930년 2월	1934년 2월
B　구	1928년 11월	1930년 2월	1934년 2월
C　구	1930년 2월	1931년 2월	1936년 2월[510]
D　구	1933년 2월	1934년 2월	1938년 2월
E　구	1934년 2월	1935년 2월	1939년 2월

509) 실제 매립비 각 항목의 합계는 396만 5,371원 40전이다.
510) 앞의 부산축항합자회사 사장(釜山築港合資會社 社長) 이케다 스케타다(池田佐忠)[1] 항목 내용에서는 1935년 2월로 되어 있다.

남항(南港) 매축공사(埋築工事)

④
① ② ③

① 완공(完工)된 제1기 매축공사(第一期 埋築工事)_ [신부산대관]
② 공사(工事) 진행 중인 제1기 매축공사(第一期 埋築工事)_ [신부산대관]
③ 매축전(埋築前)의 남항(南港, 현 자갈치 일대)_ [신부산대관]
④ 이케다 스케타다(池田佐忠)_ [신부산대관]

부산축항합자회사(釜山築港合資會社)의 사업(事業) II 공사 진행 중인 제2기 매축공사(埋築工事)_ [신부산대관]

부산축항합자회사 사장(釜山築港合資會社 社長) 이케다 스케타다(池田佐忠)의 사업
– 남빈(南濱)방파제 및 돌단(突端)의 등대 –

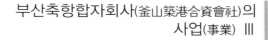

부산축항합자회사(釜山築港合資會社)의
사업(事業) Ⅲ

① ①, ③, ④ 남빈(南濱)방파제_ [신부산대관]
②
④ ② 방파제 돌단(突端)의 등대_ [신부산대관]
③

이케다 스케타다(池田佐忠)

사 업 부산부(釜山府) 적기만매축(赤崎灣埋築)

연 혁 이케다 스케타다(池田佐忠)는 대부산 건설의 제일보를 착수한 부산부(釜山府)의 시가지 중앙에 기름 냄새와 좋지 않은 냄새를 풍기는 발전소와 제조소 등이 흩어져 있는 것을 매우 유감스러운 일로 여기고 이들의 이전을 결행하여 시가(市街)의 정비를 확립하는 일이 부산에서는 무엇보다 급선무라는 생각을 갖고 있었다. 이에 이케다 스케타다(池田佐忠)는 적기만(赤崎灣)의 지형에 착목해서, 이전에 매립허가를 받고서도 돌연 방치해 두었던 선인(先人)의 허가권를 계승하여 마침내 매립의 실현을 보게 되었다. 적기의 매립계획은 부산진매축과 함께 고(故) 아사노 소이치로(淺野總一郎), 오구치 케사키치(小口今朝吉), 나카무라 준사쿠(中村準策) 그리고 조선도크(朝鮮ドック)회사 등에 의해 수립되었다. 1925년 8월 12일 총독부 허가를 받은 제1기공사인 부산진매축은 나카무라 준사쿠(中村準策)에 의해 완성되었으나 제2기공사인 적기만(赤崎灣) 매립은 착수할 수가 없어서 그 동안 방치되어 있었다. 이때 이케다 스케타다가 전술한 바와 같은 의견에 기초해 1931년 3월부터 적기만매립의 여론을 조성하고 모든 계획을 구체화하였다. 길이 1,500칸(間)의 안벽(岸壁)을 축조하고 1,500칸의 길이만큼 철도(鐵道)를 끌어들였다. 그리고 앞 해면(海面)에 준설(浚渫)를 실시하여 배와 수레의 연락을 완성시키고 제1잔교, 제2잔교, 보조잔교 등을 가설해서 이곳을 위험물과 큰 화물취급소의 지정지로 하였다. 더불어 저목(貯木), 저탄(貯炭), 보세창고 등을 구획하여 부산항만의 통제(統制)무역에 이바지할 수 있도록 설계를 완료하였다. 제1기 10만 평, 제2기 5만 평, 합계 15만 평 면적의 매축공사를 250만 원의 예산으로 1934년 4월부터 시작한 이래 부지런히 사업에 전념하여 현재 작업은 예정대로 착실히 진행되고 있다.

이케다(池田)의 이상(理想)은 적기만매축이 완성되면 전술한 바와 같이 시가지 중심에서 어떤 보호시설도 없이 놓여 있는 가스회사의[511] 시내발전소를 비롯한 여러 공장을 적기만의 매축지로 옮기고, 더불어 목도(牧島)의 인가(人家)와 함께 늘어서 있는 기름저장탱크 역시 이곳으로 이전시킬 기운(機運)을 마련해서 부산의 도시계획상의 근본적인 계획과 포부를 실현하려는 데 있다. 이케다(池田)의 사업은 그 모두가 항상 국가를 본위로 하는 일임을 알 수 있다. 적기만매립공사의 청부인은 조선 밀양(密陽)의 토다쿠미(戶田組), 후쿠오카시(福岡市)의 곤도쿠미(近藤組)로 공사의 일부는 직영공사로 한다. 하루 인부 동원수는 약 500명 규모에 이르고 있다. 공사의 완성 시기는 1936년 봄으로 예정하고 있다.

---

511) 본책 조선가스전기주식회사 항목 참조

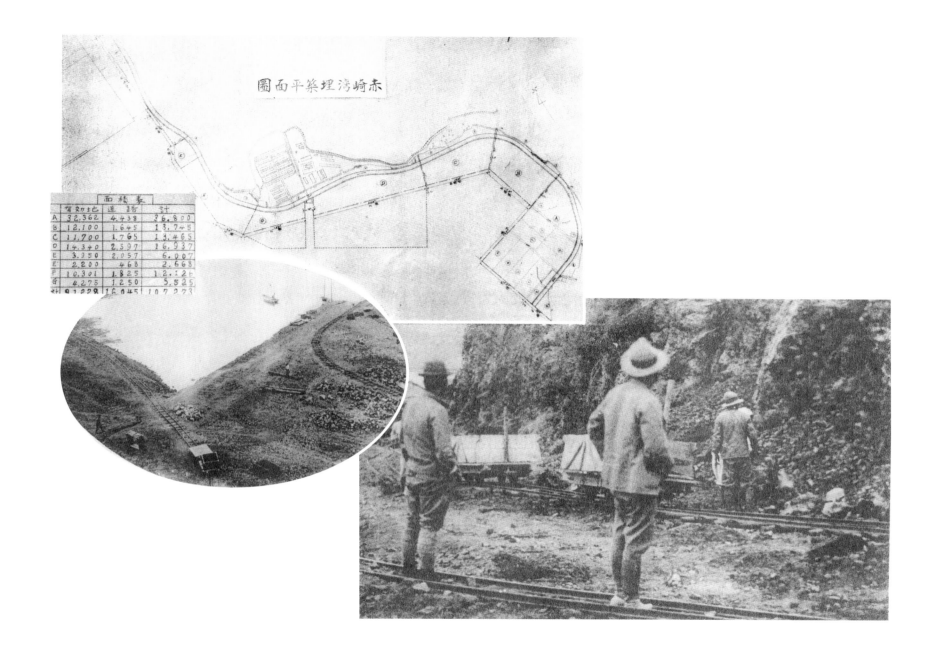

面積表		
有効地	道路	計
A	32,362	4,438	36,800
B	12,100	1,645	13,745
C	11,700	1,765	13,465
D	14,340	2,597	16,937
E	3,950	2,057	6,007
F	2,200	468	2,668
G	10,301	1,825	12,126
H	4,275	1,250	5,525
計	91,228	16,045	107,273

적기만매축(赤崎灣埋築) ①, ③ 매축공사(埋築工事) 실황(實況)_ [신부산대관]
② 적기만(赤崎灣) 매축평면도(埋築平面圖)_ [신부산대관]

부산진매축주식회사(釜山鎭埋築株式會社)

소　　재[본 사] 부산부(釜山府) 범일정(凡一町) 311번지[영정(榮町) 1정목(丁目)]
출장소 오사카시(大阪市) 동구(東區) 금교(今橋) 3정목(丁目) 21
창　　립 1926년 10월 26일
자본금 300만 원[납입 75만 원]
대표취체역 사장 나카무라 준사쿠(中村準策)

　연　혁 본 회사는 1926년 8월 도쿄(東京)의 아사노 소이치로(淺野總一郎), 고베(神戶)의 나카무라 준사쿠(中村準策), 부산의 조선선거(朝鮮船渠)공업주식회사, 이 세 단체의 출원으로 인가되었다. 부산진(釜山鎭) 해면과 적기(赤崎)반도 서쪽해안 일대의 약 40만 평을 매축하기 위해 창립한 것이다. 부산의 지형은 시가지로 조성해야 할 평평한 지대가 적기 때문에 이전에 부산매축주식회사의 북빈(北濱)매축과 조선기업(朝鮮起業)주식회사의 부산진매축에 의해 15만 평의 새로운 시가지대(市街地帶)를 건설하였으나 장래의 발전을 예상한다면 시가지의 조성은 더 논의할 필요도 없다. 특히 공업지대의 조성은 부산의 현세(現勢)로 보아 시급한 일이다. 이에 아사노(淺野), 나카무라(中村), 조선선거(朝鮮船渠) 이들 삼자의 매축 출원을 보게 된 것이다. 이와 같은 목적에서 생겨난 본 회사는 이미 부산에 본사를 두고 오사카(大阪)에 출장소를 두어 부산항 개항 50주년 기념일인 1926년 11월 1일 오후 3시 부산진매축지에서 성대한 기공식을 하였다. 당일 부산의 관민유지를 초대하여 피로연을 베풀었으며 사이토(齋藤)총독도 기공식에 참석하여 초석을 놓았다. 이처럼 본 회사의 기념할 만한 사업이 그 시작을 알리게 되어 현재 마지막 측량을 완료하고 머지않아 마침내 기공에[512] 착수할 수 있게 되었다.

　중　역 취체역사장 나카무라 준사쿠(中村準策). 취체역 시미즈 즈이타로(淸水槌太郎), 카쿠타니 시치고로(角谷七五郎), 사카이 시게사부로(酒井繁三郎), 니시무라 라이조(西村賚藏). 감사역 카마야 로쿠로(釜屋六郎), 미사와 나라쿠마(三澤楢久眞). 상담역 오이케 츄스케(大池忠助), 스가와라 미치타카(菅原通敬), 이시하라 겐자부로(石原源三郎), 아사노 소이치로(淺野總一郎), 오구치 케사키치(小口今朝吉)

부산진매축주식회사_ 동구 범일동 성남초등학교와 남문시장 사이 현대데코 건물 자리에 있었다.

　연　혁 부산진(釜山鎭) 가까운 곳[부산부(釜山府) 범일정(凡一町)과 동래군(東萊郡) 서면(西面) 우암리(牛岩里)]에 위치한 공사구역은 부산항의 북부에 해당하는데 임진왜란 때 유명했던 자성대(子城台)[513] 아래에 붙어 있다. 동서남북 16만 2,000평의 한 단지로 서(西)는 조선미창(朝鮮米倉)의 큰 창고군(倉庫群)에 접하고 동(東)은 동천운하(東川運河)를 사이에 두고 제2호매립지[15만 2,300평]와 마주하고 있다. 동천운하 연안은 조선방직주식회사를 비롯하여 대선양조(大鮮釀造)[514], 그밖에 정미(精米) 및 제재공장(製材工場)들이 눈에 띄고 선박의 출입이 매우 빈번한 곳이다. 앞쪽의 해면(海面)은 3,000톤급 선박의 출입이 자유롭고 해안선은 실제 수백 칸(間)을 헤아린다. 가까운 부산진역(釜山鎭驛)으로부터 끌어들인 철도선로가 부설되어 있어 바다와 육지 교통의 편리함은 다른 곳과 비교할 바가 못 된다. 매축된 곳은 공장과 창고 부지로 가장 적합한 곳인데 본 사업은 1925년 매축면허와 1926년 실시설계인가를 받아서 그해 말부터 공사에 착수하였다. 공사는 준설선 이외 20여 척의 기계선을 사용하여 앞쪽의 해면을 준설하면서 매축을 실시하였다. 1932년 매립을 완료하고 매립지가 굳어져서 침하가 안정되기를 기다려 마침내 최근에 공사가 종료되었다. 이에 따라 도로, 교량, 하수공사에 착수하고 앞서 언급한 모든 조건을 갖추게 되어 세상 사람들의 이용을 기다리고 있다. 전무(專務) 아오키 마사루(靑木勝)는 부산에 거주하면서 사무를 총괄하고 있는데, 최근 매립지를 이용하여 앙고라 종(種) 토끼 1만 마리를 사육할 것이라는 계획이 전해지고 있다.

---

512) 부산진매축공사는 1926년 11월 부산진매축주식회사 사무실에서 기공식을 가졌다. 그러나 부산진매축주식회사는 이후 1927년 3월 조선총독부에 실시설계 변경서를 제출하였다. 이에 대해서 총독부와 경남도청은 협의를 거친 끝에 사업실시 허가를 1927년 6월 19일자로 해 주었다. 이러한 전후사정 때문에 본문에서는 '총독이 기공식에 참석'하고 난 뒤에 머지않아 '기공에 착수'한 것처럼 표현하게 된 것이 아닌가 싶다. 현재 부산진역에서 수정동, 범일동, 우암동, 적기에 이르는 해안선의 매립공사는 크게 세 시기로 나누어 실시되었다. 1913년에서 1917년까지 조선기업주식회사(朝鮮起業株式會社)가 부산진 앞 바다 14만 4,000여 평을 매립한 제1기공사와 1927년 6월 이후부터 1932년 12월까지 수정동, 범일동 일대에서 자성대 앞까지 공사한 제2기공사, 이후 1939년 봄까지 범일동, 문현동, 우암동, 적기 방면을 매축한 제3기공사가 그것이다. 제2기공사와 제3기공사를 주도한 부산진매축주식회사는 자신들의 매축업적을 기리기 위해 '부산진매축기념비(釜山鎭埋築記念碑)'를 1939년 4월 건립하였다. 현재 이 기념비는 부산광역시 동부경찰서 마당 오른쪽에 있다.

513) 본책 부산진성 항목 및 부산성지(釜山城址)와 영가대(永嘉臺) 항목 참조.

514) 본책 대선양조주식회사(大鮮釀造株式會社) 항목 참조.

부산진매축주식회사(釜山鎭埋築株式會社)

②	③	⑤
④	①	

① 자성대(子城臺) 앞쪽 매축지(埋築地)_ [신부산대관]
② 부산진매축주식회사(釜山鎭埋築株式會社) 사무소(事務所)_ [신부산대관]
③ 부산매축주식회사(釜山埋築株式會社) 본사(本社)_ [부산대관]
④ 매축기공식(埋築起工式)_ [부산대관]
⑤ 나카무라 쥰사쿠(中村準策)_ [신부산대관]

부산수산주식회사(釜山水産株式會社)

소　재 부산부(釜山府) 본정(本町) 1정목(丁目)
지　점 경상남도(慶尙南道) 통영군(統營郡) 통영읍(統營邑)
창　립 1889년
자본금 200만 원[납입 100만 원]
대표취체역 전무취체역사장 카시이 겐타로(香椎源太郞)

　연　혁 부산수산주식회사는 45년의 역사를 갖고 있는 조선에서 가장 오래된 법인(法人)이다. 1889년 창립 당시에는 아직 수산회(水産會)나 어업조합(漁業組合) 등과 같은 공익단체가 없었다. 따라서 본 회사는 어시장 사업과 함께 어장(漁場), 어업시기 및 미끼재료(餌料)의 조사, 어업도구의 적부(適否)시험, 그 외에 조선 근해어업에 관한 여러 가지 사항을 연구하고 그것을 일본 어업자들에게 소개해 출어자(出漁者)를 유치하였다. 출어자에 대해서는 어업수속(漁業手續)의 대변(代辯), 우편취급, 외환저금 등의 대리행위를 하는 등 힘을 다해 편의를 제공하였다. 한편 어업자금을 빌려주어 어업 장려에 힘쓰고, 어획물 가격 유지와 판로 확장을 도모하기 위해 어시장을 개설하였다. 어획물을 위탁 받아 판매하였으며, 또 염건어(鹽乾魚)의 판로를 조선인들 사이에서 개척하였다.

　이후 1898년 일본 출어자의 상호 보호감독기관으로서 어업협회가 설립되자 부산수산주식회사는 어업자에 대한 대변사무 일체를 어업협회에 이전하였다. 1903년 1월 자본금 10만 원으로 업무를 확장하였으나 자본의 부족으로 적극적인 사업시설을 갖출 수 없어서 1907년 4월 법규상의 편의에 의해 회사를 해산하는 형식을 취하였다. 그런 후 1907년 5월, 60만 원의 자본금으로 같은 이름의 회사를 다시 설립해 이전 회사의 사업을 계승하였다.

　1910년 통영(統營)어시장을 합병해서 본 회사의 지점으로 하고 1915년 7월 자본금 70만 원으로 어업용 얼음제조의 계획을 세워 1919년 30톤의 제빙(製氷)공장을 건립하였다. 1924년[1922년 1월] 다시 자본금 200만 원으로 제빙공장을 확장하고 미국으로부터 수입한 70톤의 제빙기(製氷機)를 증설해 현재 하루 생산량 100톤의 생산능력을 갖추게 되었다. 한편 통영(統營)지점에서도 1925년 10톤의 제빙공장을 설립하였다. 자본금은 설립 당시 불과 5만 원이었지만, 회사의 발전에 따라 1898년, 1907년, 1915년, 1922년 네 번에 걸쳐 자본금 또한 계속 증자해 200만 원이 되었다. 주요사업인 어시장은 조선과 만주를 아울러 굴지의 대시장으로 성장하였으며 그 매상고는 부산시장이 연액 200만 원, 통영시장이 약 35만 원으로 거액에 달한다. 1907년 이후 최고는 보통의 경우 3할(割), 특별한 경우 5할의 고배당을 하고 최저는 9푼(分) 3리(厘)이다. 현재 1할 2푼 5리의 배당을 유지하고 있다.

　회사 중역 전무취체역사장 오이케 츄스케(大池忠助), 취체역 하자마 후사타로(迫間房太郞), 카시이 겐타로(香椎源太郞), 사카다 분키치(坂田文吉), 타케히사 스테키치(武久捨吉), 감사역 토요다 후쿠타로(豊田福太郞), 다케시타 요시타카(竹下佳隆), 나카무라 토시마쯔(中村俊松), 지배인 아사하라 요시오(淺原義雄)

　현재 중역 사장 카시이 겐타로(香椎源太郞), 상무취체역 겸 지배인 사이타 타니고로(稅田谷五郞), 취체역 하자마 후사타로(迫間房太郞), 사카다 분키치(坂田文吉), 야마모토 리키치(山本利吉), 감사역 이타니 기사부로(井谷義三郞), 오이케 겐지(大池源二), 다케시타 류헤이(竹下隆平)

부산수산주식회사_ 중구 중앙동 롯데호텔 신축현장 뒤쪽 해변가에 위치하였다.

부산수산주식회사(釜山水産株式會社)

④	③	①
⑤		②
⑥		

① 부산어시장(釜山魚市場) 전경(全景)_ [부산대관]
② 부산수산주식회사(釜山水産株式會社) 전경(全景)_ [신부산대관]
③ 부산어시장(釜山魚市場)_ [신부산대관]
④ 제빙공장(製氷工場)의 일부(一部)_ [부산대관]
⑤ 지배인 아사하라 요시오(淺原義雄)_ [부산대관]
⑥ 지배인 사이타 타니고로(稅田谷五郎)_ [신부산대관]

이시하라 카우(石原橋)[이시하라 겐자부로(石原源三郎)][515]

원　적　오카야마시(岡山市) 소교정(小橋町)
주　소　부산부(釜山府) 초량정(草梁町) 46의 2
상　호　부산식량품(釜山食糧品)주식회사[남빈정(南濱町) 1정목(丁目) 66]
사　업　과일야채의 위탁판매

　선대(先代) 이시하라 겐자부로(石原源三郎)는 1876년 6월 17일 오카야마시(岡山市)에서 태어났다. 1892년 고교쿠샤(攻玉社) 토목과를 졸업하고 오카야마현청(岡山縣廳), 반탄(播但)철도회사[516], 중국철도회사(中國鐵道會社)를 거쳐 경부철도회사가 창립되자 1901년 조선으로 건너와 경부철도 부설공사에 종사하였다. 철도가 완성된 뒤 1907년 경부철도회사를 사직하였다. 이후 부산에 본거지를 마련하여 부산식량품(釜山食糧品)주식회사를 창립하고 전무에 이어 사장으로서 경영을 맡았다. 부산상업은행 감사역, 일본경질도기회사 감사역, 부산요업회사 취체역, 23은행회사(二三銀行會社)의 중역을 겸하고 부산부의원(釜山府議員), 부산상공회의소 의원에 추대되어 부산에서 중요한 역할을 수행하였다. 1913년 4월 부산상업회의소 의원에 당선된 후 계속 연임하였다. 1917년 6월 부산학교조합회 의원에 최고점으로 당선되고, 1918년 부산부협의회원[관선(官選)]으로, 1920년 이후에는 민선 부협의회원으로 매기(每期)마다 당선되었다. 1923년 조선수산공진회협찬회 이사총장에 임명되어 부산부(釜山府) 발전에 공헌한 바가 큰 인물이다.

　이시하라 카우(石原橋)는 19세 때, 선대(先代)가 그 인물됨을 믿고 양자로 삼았다. 본 회사에서 1918년 취체역으로, 1921년 전무(專務)로 사업의 진전에 공을 쌓고 부군(父君)이 사망한 후에는 그 유지를 이어 받아 부산 실업계에서 더욱 중요시 되었다. 현재 회사의 자본금은 20만 원으로 후쿠시마 겐지로(福島源次郎), 가토리 이누오(香取戌男), 하라다 다케지로(原田竹次郎), 다케히사 고히토(武久剛仁) 등의 중역과 함께하며, 사업의 기초는 해마다 견고함을 더해 가고 있다. 한편 그는 몰타해운(マルタ海運)주식회사 임원을 겸하고 있다. 1932년 7월 부산상공회의소 의원, 1934년 3월 부산부회(釜山府會) 의원에 당선되었다. 재향군인으로서 공로가 인정되어 제국재향군인회장(帝國在鄕軍人會長)으로부터 표창장을, 부산북분회(釜山北分會)로부터 감사장을 받았고 1928년 11월에는 대례기념장(大禮記念章)을 수여받았다. 그리하여 올해 9월 부산북분회 고문으로 촉탁되었다. 또한 덕망이 많아서 재부오카야마현인회(在釜岡山縣人會) 부회장으로 추대되었다.

부산식량품주식회사_ 중구 남포동 자갈치시장 건어물상가로 들어가는 입구에 있는 에스에스유통 자리이다.

515) 부자(父子)관계인 이시하라 카우(石原橋)와 이시하라 겐자부로(石原源三郎)를 본책에서는 하나의 항목으로 합쳤다.
516) 1894년 7월 26일 효고현(兵庫縣) 히메지시(姬路市)의 히메지역(姬路驛)으로부터 칸자키군(神崎郡) 데라마에역(寺前驛) 까지의 29.63km를 개통하고, 이후 구간을 연장하여 운행하다가 1903년 6월 1일 산요(山陽)철도주식회사(본책 주(註) 149 참조)에 합병된 철도회사이다. 현재 반탄선(播但線)이라고 하면 히메지역(姬路驛)으로부터 효고현(兵庫縣) 아사고시(朝來市) 와다야마역(和田山驛) 사이의 65.7km 구간을 지칭한다. 1987년 일본의 국철분할민영화 조치 이후 서일본여객철도(西日本旅客鐵道)에서 운영하고 있다.

부산식량품주식회사(釜山食糧品株式會社)

① 부산식량품주식회사(釜山食糧品株式會社)_ [부산대관]
② 부산식량품주식회사(釜山食糧品株式會社) 사옥(社屋)_ [신부산대관]
③ 이시하라 카우(石原蕎) 저택(邸宅)_ [신부산대관]
④ 점주(店主) 이시하라 겐자부로(石原源三郎)_ [부산대관]
⑤ 사장(社長) 이시하라 카우(石原蕎)_ [신부산대관]

주식회사 상선조(株式會社 商船組)[주식회사 부산상선조(株式會社 釜山商船組)]

소　재 부산부(釜山府) 고도정(高島町) 3번지
창　립 1913년 5월 19일
자본금 10만 원[전액 납입]
적립금 2만 7,479원
대표취체역 [전무] 니시모토 에이이치(西本榮一)

　연　혁 1890년 오사카상선(大阪商船)주식회사가 해외 진출의 제일보로서 조선항로를 개시했을 때 고(故) 하기노 야자에몬(萩野彌左衛門)은 오사카상선의 대리점을 인수하였다. 이듬해인 1891년 오사카상선이 부산에 지점을 두게 되자 대리점은 전속 중계점으로 일한(日韓)무역 및 교통에 공헌하였다. 1894년 청일전쟁과 1904년 러일전쟁, 1915년 시베리아출병[517] 등 전쟁을 치르는 동안 군수품의 수송에 힘을 다하였다. 그 결과 당국으로부터 감사장을 받아 그의 이름과 명예를 세상에 떨쳤다. 오랜 연혁을 가진 하기노회조점(萩野回漕店)은 1913년 자본금 10만 원의 주식조직으로 변경하고 부산상선조(釜山商船組)로 개칭하였다. 이후 부산항의 발전과 오사카상선의 영업정책에 의해 부산상선조의 업적 또한 더욱 순조로와 1923년 마산에 지점을 설치하고, 오사카상선의 대리점과 조선우선(朝鮮郵船), 근해우선(近海郵船)의 대리점을 인수해 업무확장을 꾀하였다. 또한 1924년 대구에 출장소를 설치하고 선거연락(船車連絡)화물 취급을 시작하였으며 시대에 순응한 영업방침을 채택해 조선의 교통운수에 공헌한 바가 컸다. 1929년에는 전남 여수항에 지점을 설치해 오사카상선, 조선우선의 대리점으로서 여수항의 발전에 크게 노력하였다. 1932년에는 오사카상선 부산지점의 업무가 폐쇄되자 부산상선조에서 지점 사무의 일체를 계승하여 오사카상선 및 기타니혼기선(北日本汽船)의 부산대리점이 되었다. 이제 조선에서 해운업계의 중진으로 그 사명인 산업무역의 발전에 기여하기 위해 올해 봄 남양(南洋)항로를[518] 개시하는 등 운송교통에 공헌한 바가 크다. 나아가 본 회사는 오사카상선화재보험주식회사와 기타 유력한 보험회사의 대리점을 경영해 하주(荷主)의 안전을 도모하는 한편 각 보험회사의 신임에 보답하고 있다.
　부산상선조의 현재 중역 사장 하기노 카츠지(萩野勝治), 전무취체역 니시모토 에이이치(西本榮一), 취체역 요시모토 에이키치(吉本永吉), 감사역 오쿠라 반자부로(小倉胖三郎), 미쯔모토 테쯔노스케(三本徹之助), 지배인 모리야스 츠나타로(森安網太郎)
　지배인 모리야스 츠나타로(森安網太郎)는 1874년 8월 3일 오카야마현(岡山縣) 길비군(吉備郡) 정뢰정(庭瀬町)에서 태어났다. 1894년 비젠(備前)의 시즈타니코우(閑谷黌)을 졸업한 뒤 1900년 와세다(早稻田)전문학교를 졸업하였다. 이듬해 1901년 스미토모벳시(住友別子)광업소에 들어갔으나 1902년 퇴직하고 오사카상선주식회사에 입사하여 1920년까지 17년간 근무하였다. 1921년 부산상선조에 들어와 지배인으로 니시모토(西本) 전무를 보좌하며 예의(銳意)로서 부산상선조의 발전에 공헌하고 있다.
　현재 중역 전무취체역 니시모토 에이이치(西本榮一), 취체역 요시모토 에이키치(吉本永吉), 모리야스 츠나타로(森安綱太郎), 니시모토 겐타로(西本源太郎), 모리 요하치(森與八), 감사역 미키 타모츠(三木保)
　니시모토 에이이치(西本榮一) 전무는 1878년 후쿠이현(福井縣) 대반군(大飯郡) 고빈정(高濱町)에서 태어났다. 1891년 조선으로 건너온 이후 고(故) 하기노 야자에몬(萩野彌左衛門) 밑에서 무역업에 종사하였다. 이후 부산상업은행 취체역 지배인을 거쳐 1921년 하기노가 타계하자 부산상선조 전무취체역에 선임되었다. 그는 견실한 영업방침으로 사업의 발전을 도모하고 있다. 또한 그는 진주합동운송(晋州合同運送)주식회사 취체역을 겸하고 있으며 부산상공회의소 상의원(常議員)으로 여력을 공공에 헌신하고 있다.

주식회사 부산상선조_ 중구 중앙동 한진중공업빌딩 자리에 있었다.

517) 본책 주(註) 483참조.
518) 남양(南洋)에 대해서는 본책 주(註) 317 참조.

주식회사 부산상선조(株式會社 釜山商船組)

```
④    ①
②   ③
```

① 주식회사 부산상선조(株式會社 釜山商船組) 사옥(社屋)_ [부산대관]
② 부산상선조(釜山商船組) 사옥(社屋)_ [신부산대관]
③ 부산상선조(釜山商船組) 사선(社船) 타카치호마루(高千穗丸)_ [신부산대관]
④ 부산상선조(釜山商船組) 전무(專務) 니시모토 에이이치(西本榮一)_ [신부산대관]

부산유지합자회사(釜山油脂合資會社)[519]

소　재　부산부(釜山府) 영선정(瀛仙町)
창　립　1933년 11월
대표사원　쿠쯔나 미사오(忽那操)

본 회사는 부산실업가 오이케 겐지(大池源二)의 직계회사로 대표사원은 쿠쯔나 미사오(忽那操)이고 지배인은 히로요리 키치타로(廣瀨吉太郎)이다. 회사는 주로 이 두 사람이 업무를 담당하는데 어유(魚油)를 정제한 삭소루(サクソロール)윤활기계유를 제조한다. 석유자원이 부족한 우리나라(我國)는 사면이 바다여서 풍부한 어류를 원료로 하는 유지(油脂)추출공업이 최근 큰 의의와 사명을 갖게 되었다. 생산기술 또한 연구단계를 거쳐 실질적으로 이용할 수 있게 되어 일반인들도 점점 유지추출공업의 우수성을 인식하고 기계공업계에서 필수품이 되고 있다.

성능의 특색 일반 종래 결점이었던 어유(魚油)의 악취는 특수가공에 의해 제거되었다. 금속에 대한 접착력 강화와 함께 기계의 접촉부분에서도 항상 유막(油膜)을 형성해서 마찰을 방지하여 윤활유의 내구력이 강화되었다. 이 때문에 소비량은 종래 사용된 제품의 반으로도 족하며 더구나 온도가 상승하여도 농도가 떨어지지 않는다. 그래서 내연기관에 사용해도 탄소침전이 적고 천연의 냉각성능을 가졌기에 시동정지가 빈번하여도 고장을 일으키지 않는 등 여러 이점이 있다. 하지만 냉각성능을 원활하게 하기 위해서 용도별로 모빌유, 발전기모터유, 항공기유, 증기실린더유, 인선유(刄先油), 스테인리스유[무반점유(無班點油)] 및 스핀들유(spindle油), 머린엔진유[선용기관추승유(船用機關軸承油)], 건성유(乾性油), 리노리엄유(linoleum油), 흑연교상(黑鉛膠狀)기계유, 정제어유(精製魚油), 식료유, 비누원료유 등 다양한 유지(油脂)가 있다.

생산 판매고 본 회사는 수산도시의 이점을 살려 상어, 정어리, 가조기, 청어, 기타 각종 어류를 원료로 하여 전매특허를 받아 윤활기계유, 정제어유(精製魚油), 식료유, 비누원료유 등을 생산한다. 1일 생산능력은 250관(罐)[약 20만 원]이며, 판로는 조선 각지는 물론이고 주로 일본 각 도시에 판매된다. 또한 일부는 구주(歐洲)시장에 수출되고 있어 현재 그 발전이 크게 기대되고 있다. 지배인 히로요리 키치타로(廣瀨吉太郎)는 일찍이 이 업종에 대한 전문지식을 손에 넣고 책임자의 지위에서 경영에 임하고 있다. 인물됨이 온후하고 착실하여 오이케(大池), 쿠쯔나(忽那) 두 사람의 절대적 신임을 받으면서 사업에 힘쓰고 있는 중이다.

---

519) 원문에서는 합자회사로 기재되어 있다. 그러나 사진의 공장굴뚝을 보면 합명회사로 되어 있음을 알 수 있다.

부산유지합자회사(釜山油脂合資會社)

① 부산유지합자회사(釜山油脂合資會社) 공장(工場)_ [신부산대관]
② 부산유지합자회사(釜山油脂合資會社) 제품(製品)_ [신부산대관]
③ 부산유지합자회사(釜山油脂合資會社) 시험실(試驗室)_ [신부산대관]

부산대동성냥조합(釜山大同燐寸組合)[520]

　주　소 부산부(釜山府) 본정(本町) 3정목(丁目) 10번지
　창　립 1928년 3월
　조합장 토미하라 겐지(富原研二)
　연　혁 본 조합은 부산에서 고베대동성냥(神戸大同燐寸)주식회사 제품의 도매상으로 주식회사 타테이시(立石)상점, 타카세(高瀨)합명회사, 나이토(內藤)상점, 무라카미(村上)상점, 합자회사 야마니시(山西)상점, 합자회사 곤도(近藤)상점, 합자회사 테라다(寺田)상점, 아츠마야(あつまや)상점, 아베(阿部)상점 등 9개[521] 상점이 힘을 합쳐 1928년 3월 창립한 것이다. 일본 성냥(燐寸)공업계의 패자(覇者)인 대동성냥회사 제품[니와도리인(ニワトリ印) 가정성냥(家庭マッチ), 송록표(松鹿票), 우록표(羽鹿票), 쌍록표(双鹿票)]의 조선 시장에서 경쟁판매 남발을 방지하고 판매통제를 목적으로 설립한 이후 조선 내에 40개의 특약점을 두고서 해마다 좋은 성적을 거두고 있다.
　　사무소에는 지배인 타카기 토루(高木徹)가 민첩하게 모든 것을 처리하고 있다

부산대동성냥조합_ 중구 동광동 백산기념관 자리에 있었다. 지금의 백산기념관은 일제강점기에 본정 3정목 10번지였다. 원래 백산상회는 본정 3정목 12번지에 위치하였는데 그곳은 현재 백산기념관 옆 프라임 원룸이 있는 곳이다.

---

520) 성냥에 해당하는 일본어 표기는 도깨비불을 뜻하는 '인촌(燐寸)'이며 발음은 현재까지 일본식 영어 발음인 '마치(match)'로 부르고 있다. 본책에서는 편의상 '마치(燐寸)'를 성냥으로 일괄해서 표기하였다. 현재 사용하는 '성냥'의 어원은 원래 한자어 석류황(石硫黃)에서 출발하여 석류황→석류왕→석냥→셩냥→성냥의 변천과정을 거친 것이다. '석류황'의 표기는 17세기 문헌에서부터 나타나는데 현재 표기인 '성냥'은 1920년대부터 자리잡기 시작하였다. 그러나 1940년대까지 각종 소설 속에서 성냥은 여전히 '셕냥' 혹은 '석냥'으로 표기되기도 하였다.

521) 9개 상점 중 나이토(內藤)상점, 테라다(寺田)상점, 아쯔마야상점(あつまや商店) 등을 제외하고는 본책 타테이시제유공장(立石製油工場), 타카세(高瀨)합명회사, 무라카미 이쿠조(村上幾造), 야마니시 타케지로(山西武治郎), 합자회사 곤도상점(近藤商店) 토미하라 겐지(富原研二), 타테이시 요시오(立石良雄) 등의 항목 참조 바람. 그리고 아베상점(阿部商店)은 본책 아베 히코지(阿部彦治) 항목에서 아베(阿部)가 경영한 아베히코지본점(阿部彦治本店)으로 판단된다.

부산대동성냥조합(釜山大同燐寸組合)

① 부산대동성냥조합(釜山大同燐寸組合) 상품(商品)_ [신부산대관]
② 지배인(支配人) 타카기 토루(高木徹)_ [신부산대관]

부산미유조합(釜山米油組合)

　주　소 부산부(釜山府) 대창정(大倉町) 2정목(丁目) 13번지

　부산에서 스탠다드(スタンダード)석유회사와 바큠(ウアキューム)석유회사의 제품 거래업자간의 화목과 협동으로 조직된 조합이다. 조선에서 광범위하게 도매로 판매되고 있는 아래에 제시한 상표의 석유는 단연 영향력을 발휘하고 있다.

　페가수스인(ペガサス印)가솔린, 송표(松票)석유, 승리표(勝利票) 석유, 최우량품 가고이류(ガーゴギル)[522]모빌오일(モービロイル)

부산미유조합_ 중구 중앙동 부산우체국 옆 지하철 1호선 중앙동역 5번 출구에 있는 로뎀요양보호사교육원이 그곳이다.

---

522) 원음은 gargoyle이다. 일종의 이무깃돌에 해당한다. 고딕 건축에서 괴수의 머리 모양을 한 지붕의 홈통주둥이를 의미하거나 사람이나 동물형상의 괴물조각을 지칭한다.

부산미유조합(釜山米油組合) | ② | ③ | ① 송표석유(松票石油) 및 승리표석유(勝利票石油)_ [신부산대관]
| | | ② 페가수스인(ペガサス印) 상표(商標)_ [신부산대관]
| | ① | ③ 가고이류(ガーゴヰル)모빌오일(モービロイル) 상표(商標)_ [신부산대관]

부산잡화상조합(釜山雜貨商組合)

　　연　혁 본 조합은 부산에서 모든 잡화상들을 망라하여 동업자 사이의 친목을 도모하고 영업성적의 향상을 기대하면서 1897년 토요이즈미 도쿠지로(豊泉德次郎)의 주창으로 창립되었다. 당시는 조합원수가 적었으나 그 후 부산부(釜山府)의 발전에 따라 조합원도 점차 증가해 현재는 40여 명으로 상업도시 부산의 중심세력을 이루고 있다. 즉 동(同) 조합의 회원이야말로 부산에서 일류(一流) 사람들로서 그 지향하는 바가 부산실업계의 지침으로 된 것이 많다.

　　조합장은 초대 토요이즈미 도쿠지로(豊泉德次郎), 2대 히라노 소자부로(平野宗三郎)를 거쳐 현재의 조합장 토미하라 겐지(富原研二)에 이르며 점점 견실한 발전을 보이고 있다. 사진은 조합기(組合旗)를 새로 만들어 현재 임원들이 1934년 2월 용두산신사(龍頭山神社)에서 입혼식(入魂式)을 거행할 때의 광경이다.

　　현재 임원은 다음과 같다.

　　조합장 토미하라 겐지(富原研二)

　　부조합장 겸 회계계(會計係) 오케타니 키치조(桶谷吉藏)

　　간　사 니시오 카쿠조(西尾角藏)

　　평의원 아사노 코타로(淺野幸太郎), 이다 신자부로(伊田新三郎), 히가시하라 카지로(東原嘉次郎),
　　　　　　이마이 무라시케(今井莊重), 나츠가와 요시노부(夏川義信)

부산잡화상조합(釜山雜貨商組合)　│　　│　조합기입혼식(組合旗入魂式)과 임원(任員)_ [신부산대관]

부산화장품동업조합(釜山化粧品同業組合)

소　재 부산부(釜山府) 대창정(大倉町) 3정목(丁目) 4번지

사　업 화장품의 수요가 대중들 사이에서 급증하자 국내 생산기술의 진보 또한 현저해져 오늘날 중요 공업으로 자리를 잡음으로써 화장품의 해외로부터 수입을 완전히 차단하는 시대가 되었다. 그러나 업계에서는 구래의 폐습을 고치지 않고 경쟁판매의 남발이 심했는데, 이런 문제는 부산에서도 다년간의 적폐(積弊)로 어려움을 느끼고 있었다. 하지만 니시오 카쿠조(西尾角藏)를 비롯한 선각 유지(有志)들의 창도와 노력에 의해 부산화장품동업조합이 결성되어 발회식을 거행한 것이 1930년 6월 8일이다. 당일 부산공회당에서 200여 명의 소매업자와 점포, 대리점 및 다수의 관민이 내빈으로 참석한 가운데 발회식을 거행하였다. 규약을 만들고 임원을 선정하여 주로 남매(濫賣)를 방지하고 판매가협정의 취지에 따라 매매가 철저히 이루어지게 함으로써 그 동안 업계에 누적된 폐단을 일소하였다. 전국의 다수 도시에서 여전히 남매(濫賣)경쟁에 빠진 점포, 대리점, 소매점 그리고 소비자 모두가 그 폐단으로 문제를 느끼고 있을 때, 홀로 부산업자만이 엄격히 협정가를 유지하여 조합원 사이의 평화를 이루고 전국에서 모범조합의 명성을 획득해 오늘에 이르렀다. 매년 총회를 개최하여 가족과 점원이 함께 화락(和樂)한 하루를 보내는 모습은 동(同)조합의 정신적 결합이 견고하다는 것을 말해주는 것이다.

현재 임원 조합장 니시오 카쿠조(西尾角藏). 부조합장 나가에 쥬사부로(中江重三郎), 가노우상점(加納商店). 회계 아사히도(朝日堂). 간사장 미즈노 기이치(水野儀一). 간사 코우다 세이조(幸田淸藏), 아사노 이와키치(淺野岩吉), 히라이 우사부로(平井卯三郎), 아카시 사키치(明石佐吉), 산비도(三美堂) 이사다 소우키치(砂田宗吉), 키요미즈 카즈(淸水和), 이노우에상점(井上商店), 마쯔오카상점(松岡商店), 야마시타 린타로(山下林太郎), 모리치카 지사부로(森近治三郎), 하라다케 치요(原武千代), 무라이 시게마쯔(村井繁松), 야마타 키치상점(山田吉商店), 하마가키상점(濱垣商店), 다이마루야(大丸屋) 토시타니 키이치로(利谷喜一郎), 마쯔무라 간타로(松村幹太郎), 타가시라 코우이치(田頭孝一), 호리상점(堀商店), 로쿠이치상회(六一商會), 나미나미야(浪波屋) 카와히토 몬키치(川人門吉), 미나가이오복점(三中井吳服店)

부산화장품동업조합_ 중구 중앙동 부산우체국 후문자리에 있었다.

부산화장품동업조합
(釜山化粧品同業組合)

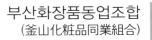

① 부산화장품동업조합(釜山化粧品同業組合) 임원(任員)_ [신부산대관]
② 부산화장품동업조합(釜山化粧品同業組合) 조합장(組合長) 니시오 카쿠조(西尾角藏)_ [신부산대관]

부산화장품합자회사(釜山化粧品合資會社)

소　재 부산부(釜山府) 본정(本町) 3정목(丁目) 36, 37번지
사　업 각종 유명 화장품·비누류의 도매
무한책임사원 토미하라 겐지(富原研二)
업무대표자 토미하라 타네도키(富原胤辰)

　　창립자 토미하라 겐지(富原研二)의 인물 경력은 별항 곤도상점(近藤商店)[523] 항목에서 기술한 바와 같다. 그는 일찍부터 일본 화장품공업의 약진에 앞장서서 노력한 결과, 마침내 구미(歐美)상품을 능가하는 품질의 제품을 만들었다. 또 화장품이 사치품의 영역을 벗어나 대중화되는 풍조가 반드시 올 것이고 그 결과 거래판매의 전문화가 야기될 것을 예견하여 종래 곤도상점(近藤商店) 잡화부에서 취급했던 화장품부(化粧品部)를 독립시켜 1930년 3월 부산화장품합자회사를 창립해 오늘에 이르렀다. 전국 유명화장품과 비누를 모두 취급하여 그 상세(商勢)는 조선의 남부 지역을 중심으로 해서 조선 전역에 미친다. 이에 곤도상점(近藤商店)과 더불어 양륜쌍익(兩輪雙翼)의 관계에서 발전을 이루고 있다. 업무대표자 토미하라 타네도키(富原胤辰)는 교토부립중학(京都府立中學)을 졸업한 후 곧바로 상점에 들어와 오늘까지 20년간 근속하였다. 온후하고 지혜롭고 또 민첩하게 책임지고 맡은 바를 다 해서 38세 나이에 부자가 되었다.

부산화장품합자회사_ 중구 동광동 백산기념관 주변에 있는 호남한정식과 그 옆 건물 자리에 위치하였다.

　　주요 취급상품 레이트화장료(LAIT化粧料)·레이트화장료서비스제품 남조선배급원, 클럽(クラブ)화장료대리점, 마루미야(丸見屋)제품 미즈와(ミツワ)비누·사와(サーワ)화장료대리점, 카오(花王)제품[524] 쯔바메(ツバメ)비누[525]·카오(花王)비누·카오(花王)샴푸특정대리점, 진단(仁丹)제품[526]·진단타바코야(仁丹莨屋)제품대리점, 라이온(ライオン)치약특정대리점, 마스터향장품(マスター香粧品)대리점, 우데나(ウテナ)화장료[527]대리점, 긴카(金貨)칫솔·긴카비누·긴카세수비누·긴카포마드(金貨ポマード)발매원, 제니와비누장료(ゼニワ石鹸粧料)대리점, 가네도(金同)화장료대리점, 메이쇼쿠비간(明色美顔)화장료대리점, 오리지널화학(オリジナル化鶴)화장품대리점, 탱고도란(タンゴドーラン)[528]·후쵸(風鳥)남성화장료[529]대리점, 비타오일향장품(ビタオイル香粧品)대리점, 카츠비(カッビー)화장료대리점, 란란코유(ランラン香油)포마드대리점, 혼쯔바키코유(本椿香油)[530]포마드대리점, 이즈쯔유(井筒油)포마드대리점, 미소노(御園)화장품[531]대리점, 로열(ローヤル)화장료대리점, 라푸미(ラプミー)화장료대리점, 리요우(理容)화장료대리점, 미노루(ミノル)비누대리점, 메누마(メヌマ)포마드대리점, 하쿠비에키(白美液)대리점, 고코쯔바키유(御香椿油)포마드대리점, 비가쯔(美活)비누[532]대리점, 단코(丹項)화장료대리점, 미쯔우로고(三ツ鱗)세액비누[533]·세척소다발매원, 츄유(忠勇)치솔대리점, 기타 각 유명화장품 및 비누, 방물, 잡품

---

523) 본책 합자회사 곤도상점(合資會社 近藤商店) 토미하라 겐지(富原研二) 항목 참조.
524) 카오(花王)주식회사는 1887년 도쿄(東京) 니혼바시(日本橋)에서 서양물품을 취급하는 방물상으로 출발하였다. 1890년 비누제조에 성공하여 상품 '카오셋겐(花王せっけん)'을 출시하고 1925년 카오셋겐(花王石鹸)주식회사로 사명(社名)을 변경하였다. 이후 1935년에는 유지(油脂) 산업에도 뛰어들었으며 현재 비누와 세제 외에 유지(油脂)제품과 화학품 등을 생산하는 대기업이다.
525) 쯔바메(ツバメ)는 제비(燕)를 뜻한다.
526) 진단(仁丹)은 은단(銀丹)을 말한다. 여기서 진단(仁丹)제품은 은단을 최초로 개발한 의약품 주식회사인 모리시타진단(森下仁丹)주식회사를 지칭하는 것으로 보인다.
527) 현존하는 화장품회사 우데나(ウテナ)는 1923년 미백액(美白液) '우데나(ウテナ)'를 통신판매하기 시작했다. 우데나(ウテナ)는 꽃받침을 뜻한다.
528) 도란(ドーラン)은 독일어 'Dohran'의 일본식 표기이다. 도란(Dohran)은 배우가 쓰는 무대 화장용 유성(油性)의 분(粉)으로 원래는 독일의 화장품제조회사 명칭이다.
529) 후쵸(風鳥)는 극락조(極樂鳥)를 의미한다.
530) 쯔바키(椿)는 동백나무로 쯔바키코유(椿香油)는 동백나무 열매에서 축출한 기름을 말한다. 혼쯔바키코유(本椿香油)는 쇼와(昭和) 초기 일본 여성들에게 인기가 많았던 상품이다.
531) 미소노(御園)화장품은 1900년 하세베 나카히코(長谷部仲彦)가 납을 사용하지 않은 무연백분(無鉛白粉)을 개발하면서 각광을 받았다. 1904년 하세베 나카히코는 이토 사카에(伊東榮)와 합동하여 화장품제조회사 이토코쵸엔(伊東胡蝶園)을 설립하고 '미소노백분(御園白粉)'이란 브랜드를 만들었다. 당시 일본 화장품회사들은 조선에서도 치열한 판매 각축전을 펼쳤다. 미소노화장품은 본문에서 언급한 클럽화장품이나 레이트화장품과는 달리 『동아일보(東亞日報)』 등의 신문광고에 현재 보아도 손색이 없을 정도인 하이힐과 슈트차림의 양장여성을 모델로 내세워 고급 화장품의 이미지를 판매 전략으로 삼았다. 이토코쵸엔(伊東胡蝶園)은 1948년 주식회사 파피리오(パピリオ)로 회사명을 바꿨으나 1974년 주식회사 테이진(帝人)에서 회사를 인수하게 되면서 이토코쵸엔(伊東胡蝶園)은 그 막을 내렸다. 따라서 현재 유명 화장품회사인 파피리오(パピリオ)는 이토코쵸엔(伊東胡蝶園)과 무관하다.
532) 오사카(大阪)의 요시다 히사시시로(吉田久四郎)상점에서 제조한 비누제품이다. 한복 입은 조선여인을 모델로 내세운 '비가쯔비누(美活石鹸)' 광고를 『조선일보(朝鮮日報)』를 비롯한 국내신문에 게재했다.
533) 미쯔우로고(三ツ鱗)는 원래 집안을 상징하는 문양인 가문(家汶)이다. 미쯔우로고(三ツ鱗)의 도안은 두 개의 삼각형을 가로로 늘어놓고 그 위에 하나의 삼각형을 올려놓은 모양이다. 가마쿠라막부(鎌倉幕府) 당시 호조씨(北條氏)의 가문(家汶)이 이 문양을 사용했다.

부산화장품합자회사(釜山化粧品合資會社)

① 부산화장품합자회사(釜山化粧品合資會社)_ [신부산대관]
② 부산화장품합자회사(釜山化粧品合資會社) 출하부(出荷部)_ [신부산대관]
③ 토미하라 겐지(富原研二)_ [신부산대관]
④ 토미하라 타네도키(富原胤辰)_ [신부산대관]

부산생명보험동업회(釜山生命保險同業會)

　　연　혁 1932년 5월 부산에 있는 생명보험 관련 수뇌(首腦)들의 친목교류를 도모하고 이 방면 업계의 발전에 기여할 것을 목적으로 조직되었다. 사무소를 부산부(釜山府) 대청정(大廳町)의 니혼생명보험회사출장소(日本生命保險會社出張所) 내에 두었다.
　　회원들은 다음과 같다.

니혼(日本)생명보험주식회사	부산출장소장　와타나베 슈조(渡邊周藏)	부산부(釜山府) 대청정(大廳町) 2의 33
도요(東洋)생명보험주식회사	부산지부장　쯔쯔미 다이스케(堤大輔)	부산부(釜山府) 본정(本町) 3정목(丁目)
토키와(常盤)생명보험주식회사	조선지부장 다카하시 신지(高橋眞治)	부산부(釜山府) 초장정(草場町) 3의 48
치요다(千代田)생명보험상호회사	부산회(釜山會)소장 오바 이타로(大庭伊太郎)	부산부(釜山府) 행정(幸町) 2의 27
카타쿠라(片倉)생명보험주식회사	부산지부장 이치카와 이에자부로(市川英三郎)	부산부(釜山府) 영정(榮町) 1의 23
다이도(大同)생명보험주식회사	남선(南鮮)감독소장 마쯔무라 우자에몬(松村宇左衛門)	부산부(釜山府) 본정(本町) 5정목(丁目)
다이이치(第一)생명보험상호회사	부산사무소장 타케나가 히사지로(竹永壽次郎)	부산부(釜山府) 보수정(寶水町) 2의 3
타이헤이(太平)생명보험주식회사	부산출장소장 하세가와 히로시(長谷川弘)	부산부(釜山府) 본정(本町) 4의 20
데이고쿠(帝國)생명보험주식회사	부산출장소장 하야시 카이치(林嘉一)	부산부(釜山府) 부평정(富平町) 3의 62
타이요(太陽)생명보험주식회사	부산지부장 우에바 유카타(上羽豊)	부산부(釜山府) 서정(西町)
메이지(明治)생명보험주식회사	부산모집사무소장 스미조노 긴조(角園金藏)	부산부(釜山府) 부평정(富平町) 4의 7
미쯔이(三井)생명보험주식회사	부산주재소주임 미츠무네 유키오(光宗幸雄)	부산부(釜山府) 본정(本町) 미쯔이물산(三井物産) 내
스미토모(住友)생명보험주식회사	부산사무소장 사에키 키치조(佐伯吉造)	부산부(釜山府) 보수정(寶水町) 2의 116

부산생명보험동업회
(釜山生命保險同業會)

① 니혼(日本)생명보험주식회사 부산출장소장 와타나베 슈조(渡邊周藏)_ [신부산대관]
② 도요(東洋)생명보험주식회사 부산지부장 쯔쯔미 다이스케(堤大輔)_ [신부산대관]
③ 치요다(千代田)생명보험상호회사 부산회(釜山會)소장 오바 이타로(大庭伊太郎)_ [신부산대관]
④ 카타쿠라(片倉)생명보험주식회사 부산지부장 이치카와 이에자부로(市川英三郎)_ [신부산대관]
⑤ 다이도(大同)생명보험주식회사 남선(南鮮)감독소장 마쯔무라 우자에몬(松村宇左衛門)_ [신부산대관]
⑥ 다이이치(第一)생명보험상호회사 부산사무소장 타케나가 히사지로(竹永壽次郎)_ [신부산대관]
⑦ 타이헤이(太平)생명보험주식회사 부산출장소장 하세가와 히로시(長谷川弘)_ [신부산대관]
⑧ 데이고쿠(帝國)생명보험주식회사 부산출장소장 하야시 카이치(林嘉一)_ [신부산대관]
⑨ 메이지(明治)생명보험주식회사 부산모집사무소장 스미조노 긴조(角園金藏)_ [신부산대관]
⑩ 스미토모(住友)생명보험주식회사 부산사무소장 사에키 키치조(佐伯吉造)_ [신부산대관]

부산경마구락부(釜山競馬俱樂部)

사무소 부산부(釜山府) 영정(榮町) 1정목(丁目) 23

경마장 경상남도(慶尙南道) 동래군(東萊郡) 서면(西面)

임 원 이사장 아쿠타가와 히로시(芥川浩)[534], 상무이사 나카무라 다카쯔구(中村高次)[535], 이사 야마노 슈이치(山野秀一)[536], 나가노부 키요시로(永延淸四郞), 하자마 카즈오(迫間一男)[537], 간사 야스다 도요타(安田豊太), 서기장 니시하마 롯페이(西濱六平)

연 혁 부산경마구락부의 기원은 1924년이다. 당시 부산에서 승마열기가 시작되고 1925년 봄과 가을에 부산일보사 주최로 부산경마회를 개최했던 것이 그 시초이다. 그리하여 1926년 부산일보 사장 고(故) 아쿠타가와 타다시(芥川正)의[538] 발의로 카시이 겐타로(香椎源太郞)[539], 사이죠 리하치(西條利八)[540], 타케히사 스테키치(武久捨吉)[541], 현(現) 서기장 니시하마 롯페이(西濱六平) 등이 참석하여 부산경마구락부 조직 계획을 완성하였다. 그리고 곧바로 아쿠타가와 타다시(芥川正)를 대표자로 해서 기본금 4만 원의 사단법인 부산경마구락부를 조직하고 즉시 출원(出願)하여 1927년 7월 인가를 받은 이래 오늘에 이르고 있다.[542] 당시 경마구락부에는 전용마장(專用馬場)을 갖고 있지 않아서 동래군(東萊郡) 연산리(連山里)에 잠정적으로 마장(馬場)을 결정했다. 그 후 1930년 아쿠타가와 히로시(芥川浩)가 이사장으로 취임한 뒤 조직을 개편해서 회원을 60명으로 확대하고 전용마장을 현재 동래군(東萊郡) 서면(西面)으로 결정했다.[543] 그러나 경마구락부는 자금부족 때문에 마장(馬場) 부지를 매수할 수 없어서 회원들 각자가 돈을 내 하자마 후사타로(迫間房太郞)를 조합장으로 하는 익명조합(匿名組合)을[544] 설립하여 토지조합으로 칭하고,[545] 서면마장(西面馬場)을 매수하여 제반 설비를 갖추었다. 하지만 자금관계상 토지조합을 주식회사로 변경하고 경마구락부와 토지회사로[546] 분리하여 차지(借地)계약을 맺음으로써 부산경마구락부(釜山競馬俱樂部)의 기초가 완성되었다. 이렇게 분리된 운영은 1932년까지 계속되었으나 그해 10월 7일 조선경마령(朝鮮競馬令)이 발포되자 12월 29일의 부칙(附則) 제령(制令)에 따라 1933년 1월 조직을 경마령(競馬令)에 의거해서 개정하고 현재에 이르렀다. 서기장 니시하마 롯페이(西濱六平)는 오카야마현(岡山縣) 아도군(兒島郡) 일비정(日比町) 출신으로 올해 불과 34세의 신진(新進)이다. 1924년 이후 부산경마구락부의 조직에 힘을 다한 부산경마계의 공로자로, 조선에서는 경마통(競馬通)으로 알려져 있다.

534) 본책 주(註) 340 참조.
535) 본책 나카무라 다카쯔구(中村高次) 항목 참조.
536) 본책 야마노 슈이치(山野秀一) 항목 참조.
537) 본책 하자마 후사타로(迫間房太郞) 항목 참조.
538) 본책 주(註) 339 참조
539) 본책 카시이 겐타로(香椎源太郞) 항목 참조.
540) 본책 사이죠 리하치(西條利八) 항목 참조.
541) 본책 타케히사 스테키치(武久捨吉) 항목 참조.
542) 일제시기 부산경마구락부는 공식적인 창립 연도를 1927년으로 보았다.
543) 1924년 5월 16일부터 3일간 부산에서 개최된 남선(南鮮)경마대회는 부산진(釜山鎭)매립지에서 열렸다. 이 대회에는 서울, 평양, 군산, 원산, 대구, 마산, 일본 등지에서 기수들이 참가하였다. 또한 1925년 10월 15일부터 18일까지 부산경마구락부에서 개최한 경마대회도 부산진매립지에서 있었다. 이 대회에서는 승마투표권, 임시전차 운행, 자동차료 할인 등의 편의가 제공되었다. 1927년 5월 부산승마교육회에서 주최한 경마대회와 1928년 5월 부산경마구락부에서 주최한 경마대회 역시 부산진매축지에 개최되었다. 이때 참가한 말은 120여 마리였다. 본문에서 말하는 동래군 서면의 마장은 해방 이후부터 2006년까지 미군 하얄리아(hialeah)부대가 주둔했던 곳이다. 현재 이곳은 부산시민공원 예정지이다. 서면의 마장 3만 평은 1930년 11월을 전후해서 마장공사가 진행되었다. 원래 이곳은 동양척식주식회사, 부산의 타카세(高瀬)합명회사(본책 타카세(高瀬)합명회사 항목 참조), 쯔치다오복점(土田吳服店) 등의 소유지로 공사 당시 30여 명의 소작인들이 농사를 짓고 있었다. 경마장 건설이 논의되면서 이곳의 땅값은 기존에 1원 20전~1원 50전 하던 것이 2원~2원 50전으로 치솟았다. 한편 서면경마장은 당시 서면공립보통학교(현, 성지초등학교) 뒤쪽에 위치했기 때문에 경마대회에 참가한 군중들의 소음과 말똥에서 나는 악취 등으로 학생들이 수업방해를 받았고, 마권매매 등 투기광경 역시 이들에게 좋지 못한 영향을 미치게 되었다. 이로 인해 1931년 봄부터 학부형들은 경마장과 학교 사이에 장벽(墻壁)을 설치해 줄 것과 마구간의 이동을 요구하고 궁극적으로는 경마장의 철폐를 동래군에 진정하는 일들이 발생하기도 하였다. 총독부는 1932년 12월 조선경마령 규칙을 통해 마권은 2원 이내로 하고 경마장은 서울, 평양, 군산, 대구, 신의주, 부산 6곳으로 한정해서 나머지는 허가하지 않았다. 서면경마장에서는 매년 봄과 가을에 정기경마대회를 개최하였는데 보통 3~4일 정도 경기를 하였다. 그러나 1938년 11월의 경우처럼 정기추계경마대회가 끝난 뒤에 임시대회를 다시 개최할 정도로 1930년대 후반으로 가면서 경마대회는 투기성을 더해 갔다. 서면마장은 태평양전쟁 발발 이후 1942년에서 1945년까지 일본육군 부산서면 임시군속훈련소로 사용되었다. 이때 군속으로 훈련받은 조선인 중에는 동남아로 배속되어 영국인포로를 관리하다가 전후(戰後) 전범자로 몰려서 사형을 당하는 비운의 청년들도 있었다. 새롭게 조성되는 부산시민공원은 도시민의 휴식공간으로서 뿐 아니라 이 지역의 모든 역사적 사실을 기억할 수 있는 기억의 공간으로 활용되어야 할 것이다.
544) 익명조합(匿名組合)은 익명조합원이 영업자를 위하여 출자하고, 영업자는 그 영업에서 발생하는 이익의 분배를 약정함으로써 효력이 발생한다. 익명조합은 실질적으로 보면 영업자와 자본 소유자가 결합한 것으로 공동기업의 한 형태이지만, 자본가는 배후에 숨어 있을 뿐 아니라 영업에 직접 관여할 권리가 없는 계약관계에 있다. 또한 외부와의 관계에서는 영업자만이 나타나므로 단독기업의 법적 형식을 취하는데 그 특색이 있다.
545) 당시 세간에서는 부산토지조합이라고 불렀다.
546) 공식 명칭은 부산토지주식회사였다.

부산경마구락부(釜山競馬俱樂部)

① 서면마장(西面馬場)_ [신부산대관]
② 경마동호인(競馬同好人) 모습_ [신부산대관]
③ 상무이사 나카무라 다카쯔구(中村高次)_ [신부산대관]
④ 이사장 아쿠타가와 히로시(芥川浩)_ [신부산대관]
⑤ 서기장 니시하마 롯페이(西濱六平)_ [신부산대관]

부산경마구락부_ 부산진구 옛 하야리아부대가 있던 자리이다. 사진은 옛 마권발매소 건물이다.

후쿠다양조장(福田釀造場)

주　소 : 부산부(釜山府) 서정(西町) 1정목(丁目)

사　업 : 명주(銘酒) '코요(向陽)' 양조(釀造)

연　혁 : 후쿠다양조장(福田釀造場)의[547] 연혁을 상세히 말하자면 실제로 선대(先代) 후쿠다 마스효에(福田增兵衛)의 공적과 업적을 모두 말해야 하지만 여기서는 생략한다. 선대가 조선에 건너온 것은 1871년이고 창업한 것은 1887년이다. 이토 히로부미(伊藤博文)가 이름을 붙였다는 청주(淸酒) 코요(向陽)는 향양원(向陽園)의 명승(名勝)과 함께 현재에도 내외(內外)에서 유명하다. 양조량은 청주(淸酒) 1,200석(石), 장유(醬油) 1,000석(石), 된장(味噌) 3만 관(貫)으로 조선 전역에 판로를 갖고 있다. 각지의 박람회(博覽會), 공진회(共進會), 품평회(品評會) 등에서 제품이 우수하여 항상 표창과 명예로운 우등상패(優等賞牌)를 받고 있다. 현재 부산 땅은 청주양조(淸酒釀造)에 적합하다고 정평이 나 있다. 당국 또한 장려에 크게 힘쓰고 있어 나날이 발전하는 성적을 보이고 있는데, 선대가 일찍이 이 업종에 착안하여 부산 청주양조의 원조로서 좋은 평판을 남긴 사실은 전적으로 그의 혜안(慧眼)을 자랑하기에 충분하다. 1920년 그가 77세로 사망한 이래, 미망인 쓰네코(恒子) 여사의 명의(名義)로 가업은 더욱 번성하고 있다. 원적은 나가사키현(長崎縣) 이즈하라쵸(嚴原町)[548] 고쿠분(國分)으로, 그가 부산의 개척자로서 부산 발전에 힘쓴 공적은 마땅히 명주(銘酒) 코요(向陽)의 술 향기와 함께 오래도록 기억될 것이다.

후쿠다양조장_ 중구 광복동 미화로에 있는 용두산맨션 자리이다.

---

547) 해방이후 1949년까지만 해도 복전양조장(福田釀造場)이란 상호명은 그대로 사용되었다.
548) 본책 주(註) 427 참조

후쿠다양조장(福田釀造場) | 후쿠다양조장(福田釀造場)_ [신부산대관]

후지타 테이자부로약포(藤田悌三郎藥鋪)[후지타 테이자부로(藤田悌三郎)]

원　적 시가현(滋賀縣) 대진시(大津市) 선두정(船頭町) 33
소　재 부산부(釜山府) 변천정(辨天町) 1정목(丁目) 15번지
직　업 약종(藥種), 매약(賣藥) 도소매상

　선대(先代) 후지타 테이자부로(藤田悌三郎)는 시가현(滋賀縣) 사람이다. 1870년 9월 20일 태어났다. 1905년 5월 인천으로 건너와 아라이 토라타로(新井虎太郎)약방에 들어 갔다. 아라이 토라타로(新井虎太郎)가 경성에 지점을 신설하자 지점 주임이 되었다. 1909년 본점을 경성으로 이전하고 본점과 지점을 합병하자 지배인이 되어 1918년 12월까 지 계속 동점(同店)에서 근무하며 내외에 신용을 크게 넓혔다. 1919년 5월 7일 부산 거주를 결정하고 변천정(辨天町)에서 단독으로 약종상을 개업한 것이 본점의 시작이다. 도 소매를 시작하여 점원 10명을 고용하기에 이른다. 이후 약국을 신설하고 주임으로 약제사(藥劑師) 스기요시(杉好)를 초빙하여 업무를 확장하였으며, 조선 인삼의 본고장 개성 에 제제소(製劑所)를 설치해 약제사 니시오카 미네지(西岡峰次)를 주임으로 순수 인삼엑기스를 제조하였다. 기타 유명 약품 대리점 및 특약점이 되어 부산의 대표적 약방으로 서 그 이름을 알렸다.

　현재 주인은 1895년 7월 1일 야마구치현(山口縣) 웅모군(熊毛郡) 성남촌(城南村)에서 요시타케 게이조(吉竹慶藏)의 장남으로 태어난 료이치(良一)이다. 그는 학업을 마치고 17세에 조선으로 건너와 경성의 아라이약방(新井藥房)에 들어갔다. 선대(先代) 후지타 테이자부로(藤田悌三郎) 지배인 아래에서 지도를 받았는데, 재능이 점원들 사이에서 뛰 어나 전도를 촉망받았다. 1915년 징병 적령기가 되자 신체검사를 위해 귀향하여 검사에 합격하고 잠시 고향에 머물렀다. 이때 농구개량를 요구하는 소리가 높음을 알고 그 사 업의 장래성에 주목해 미국식 도급기계(稻扱器械)의 판매에 종사하였다. 그러나 위치상의 불리로 실패하고 1913년[549] 다시 조선으로 건너와 부산에 머물면서 약종상 흑강약석 당(黑江藥石堂)에 들어가 근무한 뒤 1918년 부평정(富平町)에서 요시타케위생당(吉竹衛生堂)이라는 약종상을 경영하였다. 1919년 5월 선대(先代)가 부산에서 개점을 하자 이 전부터의 연고와 또 은혜에 보답하기 위해 자신의 점포를 폐쇄하고 후지타약포(藤田藥鋪)의 창립에 참여하여 많은 노력을 하였다. 점포의 영업이 날로 발전하면서 드디어 조 선 전역에서 굴지의 도매점이 되었다. 이는 선대가 열심히 경영하고 점원의 지도에 앞장선 결과이기도 하지만, 선대를 잘 보좌한 그의 공로 또한 빼놓을 수 없을 것이다. 마침 내 선대의 외동딸 히데코(秀子)와 결혼하면서 1922년 11월 12일 양자가 되었는데 그의 나이 28세 때의 일이다. 이후 선대가 1932년 11월 23일 시가현(滋賀縣) 오츠(大津)에서 갑자기 병이 악화되어 사망하자, 그는 상속과 함께 선대의 이름을 계승하고 중요직을 맡아 침식(寢食)을 잊고 열심히 활동하며 공부함으로써 유업(遺業)의 성공을 위해 노력하 였다. 다행히 각 본포(本鋪)의 후원 하에 도약하여 상세(商勢)가 점차 확장되었다. 종래의 단골을 존중하여 거래의 원활을 도모하는 한편, 상점의 업무를 쇄신하고 시대에 순응

후지타테이자부로약포_ 용두산 미타선원앞 대상장 모텔이 자리이다.

하는 경영방법을 실행하였다. 그는 나진(羅津)과 청진(淸津)의 중요성을 인식하고 출장소를 개설해 나진출장소에는 타 무라 쿠마오(田村熊雄)를 주임으로 주재케 하였다. 그리고 본점에는 지배인 카시타 시치로(香下七郎) 이하 30여 명의 점원을 두고 이들을 지휘 감독하였는데 업무에 지칠줄 몰랐다.

　약종(藥種), 매약(賣藥), 고급화장품은 물론 조선의 농업 추이에 유념하여 농예화학약품(農藝化學藥品)의 보급과 판매 를 통해 양호한 성적을 올리고 잇따라 화학공업이 급격한 발흥을 보이게 되자 또 공업약품의 판매에 크게 힘을 써, 차근 차근 성과를 거둠으로써 동점(同店)의 상운(商運)은 해마다 번창하고 있다. 그의 전도(前途)는 부산실업계에서도 주목을 받고 있다.

　부인 히데코(秀子)는 모든 방면에 뛰어나며 접대의 예의가 바르고 정중하다. 상대방을 매료시키는 독특한 장점을 가지 고 있어 부산부인계에서 최고의 인기를 누리고 있다. 근래 건강을 다시 회복해 부군을 돕고 가사를 돌보면서 바쁘게 지 내고 있다.

---

549) 시기적으로 보면 1915년(大正 4년) 이후이어야 하는데 원문에서는 '다이쇼(大正) 2년', 곧 1913년으로 되어 있다.

후지타약포(藤田藥鋪)

① 후지타약포(藤田藥鋪)_ [신부산대관]
② 후지타약포(藤田藥鋪)_ [부산대관]
③ 후지타 테이자부로(藤田悌三郎)_ [신부산대관]

후쿠시마 겐지로(福島源次郎)⁽⁵⁵⁰⁾

원　적 히로시마현(廣島縣) 안좌군(安佐郡) 고시정(古市町)
주　소 부산부(釜山府) 남빈정(南濱町) 1정목(丁目)
상　호 후쿠지마겐(福島源)본점⁽⁵⁵¹⁾
사　업 어망연사(漁網撚糸)제조, 어구선구(漁具船具)도매상

　　후쿠시마 겐지로(福島源次郎)는 1881년 3월 20일 원적지에서 태어났다. 1895년 고등소학교를 졸업하고 현립(縣立) 오로오카중학(廣陵中學)에 입학하였다가 졸업과 동시에 도쿄(東京)로 가서 세이소쿠영어(正則英語)학교에서 수학하고 1902년 졸업하였다. 1905년 9월 중국 즈푸(芝罘)⁽⁵⁵²⁾, 상하이 등으로 가서 중국제(中國製) 마(麻)의 수입을 알아보고 또 이듬해인 1906년 4월부터 8월까지 조선 각도를 돌며 상업시찰을 하였다. 1906년 11월 3일 부산의 현 거주지에 살기 시작하면서 어망, 어구의 판매업을 시작하였고 1907년 12월에는 새롭게 기계편망업(機械編網業)을 개시하였다. 1911년 새로이 손으로 제작한 편망업(編網業)을 시작해 대구형무소에서 죄인 300, 400명~1,000여 명을 고용하여 제망작업을 하였다. 그 후 부산, 마산, 경성서대문, 공주, 평양, 목포, 김천, 전주 등 각 형무소에서 어망 청부 작업을 하고 1912년 5월 통영에 지점을 개설하여 어구, 어망의 판매를 시작하였다. 이후 1918년 8월에는 면사연사업(綿絲撚糸業)을 같이 경영하였다. 그 동안 기계편망부(機械編網部)의 기계 대수 확장이 세 번 있었으며 현재 대구 제망공장과 부산 목도연사(牧島撚糸)공장의 기계를 두 번 증설하기에 이르러 앞서 언급한 형무소의 작업과 함께 어망, 연사의 대량생산을 이뤄 조선 전역은 물론 일본 방면에도 이를 공급하게 되었다.

　　관계사업 및 공직(公職) 그는 열심히 자기 사업을 발전시키는 한편 각종 관계사업과 공직을 맡아 사회 공공을 위해 크게 노력하였다. 현재 부산식량품주식회사 중역[취체역] 및 부산신탁주식회사 취체역, 주식회사 부산상업은행 감사역, 부산제일금융조합장[부산제일금융조합 감사], 이외 부산공업구락부 회장, 부산도매상동맹회 상임평의원[전(前)에 회장], 그리고 1913년 4월 이래 부산상업회의소 의원[7회, 전(前)에 부회두(副會頭)] 등의 공직에 있다. 그 사이 상무위원으로 추대되어 회계계(會計係), 이재부장(理財部長)을 겸임하고 1926년 4월 부회두(副會頭)로 선출되어 현재 그 직책에 있으며 부산실업계의 중진이 되었다.

　　동점(同店)의 명예 1914년 11월 제1회 경상남도특산공진회(慶尙南道特産共進會)에서 제망사업으로 1등상 금패(金牌)를 수여받았다. 이듬해 1915년 10월 시정(施政) 5년 기념물산공진회에서도 1등상 금패, 1923년 10월 조선부업(朝鮮副業)공진회에서도 1등상 금패, 그해 11월 조선수산(朝鮮水産)공진회에서도 역시 1등상 금패를 받았다.

　　특약점 및 대리점 도쿄제망(東京製網)주식회사 특약점, 세이비열망(西備捩網)주식회사 대리점, 데이고쿠어망(帝國漁網)주식회사 대리점, 후지방적(富士紡績)주식회사 특약점, 나가사키방직(長崎紡織)주식회사 특약점, 간사이라미방적(關西ラミ紡績)합명회사 대리점을 맡아 각 회사에서 제조한 상품을 판매하는 한편 자가제품(自家製品)을 조선 전역에 공급하고 있다.

후쿠지마겐본점_ 중구 남포동 건어물상가 내 영도다리 진입로 근처에 있는 부산건어물유통, 달성상회, 해양상회가 입주해 있는 일대이다.

550) 원문의 오기(誤記)인 후쿠시마 겐지로(福島源治郎)를 바로 잡았다.
551) 본문의 후쿠지마겐(福島源)본점은 후쿠지마(福島)본점의 오기(誤記)로 보인다. 후쿠시마 겐지로(福島源次郎) 항목의 사업 내용을 볼 때 정확한 상호는 1919년 설립한 후쿠시마제망연사공장(福島製網撚糸工場)으로 판단된다. 후쿠시마 겐지로(福島源次郎)는 본문에서 언급한 기업 활동 이외 1937년 일본경질도기(日本硬質陶器)주식회사 이사 및 1939년 조선연사어망(朝鮮撚糸漁網)공업조합 대표, 조선총독부 제1물가전문위원회 위원 등을 역임하였다.
552) 중국 산동성(山東省) 옌타이(煙臺)의 옛 이름이다.

후쿠시마 겐지로(福島源次郎)

① 후쿠시마본점(福島本店)_ [부산대관]
② 후쿠시마본점(福島本店)_ [신부산대관]
③ 후쿠시마창고(福島倉庫)_ [신부산대관]
④ 후쿠시마(福島) 본정지점(本町支店)_ [부산대관]
⑤ 후쿠시마(福島)공장(工場)의 일부_ [신부산대관]
⑥ 후쿠시마겐지로(福島源次郎)_ [신부산대관]

후카자와 토미사쿠(深澤富作)

　원　적 나고야시(名古屋市)
　소　재 부산부(釜山府) 변천정(辨天町) 2정목(丁目)
　상　호 후카자와상점(深澤商店)
　사　업 완구(玩具) 도소매

　　점주(店主) 후카자와 토미사쿠(深澤富作)는 1907년 2월 11일 기원(紀元)의 가절(佳節)에[553] 나고야시(名古屋市) 서구(西區) 압절정(押切町) 2정목(丁目)에서 완구도매상을 창업하고 5년 남짓 분투하였다. 1910년 8월 22일 일한병합(日韓倂合)이 되자 만주와 조선 땅에 많은 기대를 걸고 1911년 6월 19일 관부연락선 고마마루(高麗丸)로 조선에 건너와 구잔교(舊棧橋)에 첫발을 내디뎠다. 곧바로 부평정(富平町) 2정목(丁目)에 점포를 열고 필사적으로 활동하기를 2년, 마침내 점포가 비좁게 되자 대청정(大廳町) 2정목(丁目)으로 이전해 2년을 영업하였다. 장수통(長手通)을 이상적인 땅이라고 믿고 1914년 1월 13일 변천정(辨天町) 2정목(丁目)으로 이전하여 다시 사업에 노력하고 나아가 지방의 판로 개척에 전력을 경주하였다. 이와 함께 시내의 소매(小賣)에도 크게 주의를 기울여 업무가 더욱더 발전하자 지난 1925년 7월 11일 현주소로 이전하고 부산의 대표적 완구상으로 그 이름을 알렸다. 또한 그는 1916년경부터 토지가옥(土地家屋) 경영이 유망한 것을 알고 이후 계속해서 토지가옥 경영을 하고 있다.

　　러일전쟁에 출정해 훈(勳) 8등(等)을 수여받았으며 국세조사위원(國勢調査委員)으로서 감사장을 받은 경력이 있다. 1남 7녀를 두었는데 장남 이소타로(磯太郎)는 후쿠오카현(福岡縣)에서 오복점(吳服店)을[554] 경영하고 있다.

후카자와상점_ 중구 광복로 조이너스가 있는 건물 자리이다.

---

553) 기원(紀元)의 가절(佳節), 곧 키겐세쯔(紀元節)는 일본의 사대절(四大節) 중 하나로 우리의 개천절에 해당하는데 2월 11일이다. 이날은 『일본서기(日本書紀)』에 전하는 진무덴노(神武天皇)의 즉위 날에 근거해 1872년 제정된 축일(祝日)이다. 1948년에 폐지되었으나 1965년부터 건국기념일로 부활되었다. 참고로 일본의 사대절(四大節)은 정월 초하루 이른 아침에 천황이 사방의 신에게 국태민안과 풍년을 기원하는 의식인 시호하이(四方拜)를 거행하는 시호세쯔(四方節), 우리의 개천절에 해당하는 키겐세쯔(紀元節), 천황의 생일(生日)을 축하하는 축일로 1873년 제정되었으나 제2차 세계대전 이후 '천황탄생일'로 개칭된 텐쵸세쯔(天長節), 1927년 메이지(明治)천황의 업적을 기리기 위해 메이지의 생일날인 11월 3일을 기념일로 제정한 메이지세쯔(明治節) 등이다. 메이지세쯔 역시 1948년 폐지되었으나 현재 '문화의 날'로 계승되고 있다.

554) 오복점(吳服店)에 대해서는 본책 주(註) 343 참조

후카자와 토미사쿠(深澤富作)

① 후카자와상점(深澤商店)_ [신부산대관]
② 후카자와 토미사쿠(深澤富作)와 영손(令孫)_ [신부산대관]

고도 진키치(五島甚吉)

　원　적　야마구치현(山口縣) 대진군(大津郡) 선기정(仙崎町) 주기정(洲崎町)
　주　소　부산부(釜山府) 서정(西町) 4정목(丁目)
　직　업　곡물무역상

　고도 진키치(五島甚吉)는 1861년 1월 1일 야마구치현(山口縣) 오시마군(大島郡)[555] 센자기쵸(仙崎町)에서 태어났다. 1880년 8월 15일 19세 때 부산으로 와서 미곡무역상을 경영하며 시종일관 업무에 노력해 부산에서 손꼽을 정도의 유력한 실업가로서 그 이름이 알려졌다. 현재는 성공해서 이름을 날리고 노후를 유유히 보내고 있다. 그 동안 부산의 공공(公共)을 위해 힘쓴 바가 적지 않다. 1896년 부산거류지회(釜山居留地會) 의원이 되어 두 번 중임하였고, 부산상업회의소 평의원[1901년 4월부터 1908년 3월까지], 부산거류민단(釜山居留民團) 의원[1906년 10월부터 1914년 3월까지]으로서 부산의 민정(民政)에 참여하였다. 상업회의소 부회두(副會頭)[1908년 4월부터 1911년 5월까지]가 되고, 다시 부산상업회의소 회두(會頭)[1911년 6월부터 1914년 3월까지]에 추천으로 취임하였다. 부산거류민단 폐지 후 곧바로 부산부협의회원(釜山府協議會員)으로 추대되어 부산의 발전에 직접 기여하였다. 그 외 부산수출상조합장, 곡물시장 부취체(副取締)가 되었으며, 부산전등주식회사의 창립에 즈음해 취체역이 되었다. 이밖에 부산궤도(釜山軌道)주식회사 창립에 노력하여 사장으로 추대되었고, 후에 조선가스전기(朝鮮瓦斯電氣)주식회사가 창립되었을 때는 감사역이 되었다. 게다가 본인 경영의 고도상점(五島商店)을 합명회사로 바꾸고 그 대표사원으로, 또 부산공동창고주식회사의 취체역으로 부산경제계에서 진력을 아끼지 않았다. 현재 합명회사 부산정미소의 대표사원, 고도(五島)합명회사 무한책임사원, 부산곡물상조합 상담역으로 취임하여 노후를 보내고 있다. 또한 개항 50주년에 무역공로자로서 표창을 받았다.

　고도(五島)합명회사 고도 진키치(五島甚吉) 경영의 미곡무역상 고도(五島)상점을 고도(五島) 이하 일족이 출자하여 조직을 합명회사로 변경한 후, 부산의 미곡무역상 가운데 오래된 상점으로 조선은 물론이고 일본에까지 그 이름이 알려졌다. 현재 직접 경영을 담당하고 있는 아들 세이스케(誠助)의 견실한 영업방침 아래 착실히 업적을 쌓고 있다.

　고도 세이스케(五島誠助)는 1887년 12월 1일 부산에서 태어나 부산에서 소학교를 졸업하고 효고현립고베(兵庫縣立神戸)상업학교에 들어갔다. 1905년 졸업과 동시에 고베고등(神戸高等)상업학교에 입학하여 1911년 동(同) 학교를 졸업하였다. 이후 다시 도쿄(東京)고등상업학교 전공과(專攻科)에 들어가 1913년 졸업한 뒤 곧바로 오사카(大阪)의 나니와은행(浪速銀行)[현재의 15은행(十五銀行)]에서 근무하였다. 1917년 은행을 나와 주식회사 사이바라상점(祭原商店) 무역부에 들어가 외국무역에 종사하였다. 그러나, 1921년 가정일 때문에 이를 그만두고 부산으로 돌아와서 아버지의 사업을 이어 오늘에 이른다. 세이스케는 현재 부산공동창고주식회사 취체역, 부산곡물수출수입동업조합 평의원, 주식회사 부산빌딩 취체역사장으로 재직하고 있다.

고도합명회사_ 중구 동광동 2가 우리투자증권이 위치한 곳에 있었다. 고도합명회사는 하자마(迫間)본점(본책 하자마 후사타로(迫間房太郎) 항목 참조) 건물 왼쪽에 붙어 있었다.

---

555) 오쯔군(大津郡)의 오기(誤記)이다. 야마구치현(山口縣)에는 오쯔군(大津郡)과 오시마군(大島郡)이 각각 있었는데 본문에 기술된 센자기쵸(仙崎町)는 오쯔군(大津郡)에 속해 있었다. 오쯔군(大津郡)의 군역(郡域)은 1954년 시제(市制) 개편에 따라 나가토시(長門市)로 되었다.

고도합명회사(五島合名會社)

① 고도합명회사(五島合名會社)_ [부산대관]
　사진 옆의 벽돌건물이 제일은행 부산지점 건물이다.(본책 제일은행 부산지점
　항목 참조)
② 고도본점(五島本店)_ [부산대관]
③ 고도 진키치(五島甚吉)_ [부산대관]
④ 고도 세이스케(五島誠助)_ [부산대관]

고도 세이스케(五島誠助)

원　적 야마구치현(山口縣) 대진군(大津郡) 선기정(仙崎町)
소　재 부산부(釜山府) 서정(西町) 4정목(丁目)
상　호 고도합명회사(五島合名會社)
사　업 곡물무역

　고도 세이스케(五島誠助)는 부산 유수(有數)의 실업가 고도 진키치(五島甚吉)의 장남으로 1887년 12월 1일 부산에서 태어났다. 소학교를 졸업한 후 효고현립고베(兵庫縣立神戶)상업학교에 들어가 1905년 졸업과 함께 고베고등(神戶高等)상업학교에 입학하여 1911년 동(同) 학교를 졸업하였다. 또다시 도쿄(東京)고등상업학교 전공과(專攻科)에 들어가 1913년 졸업하고 곧바로 오사카나니와은행(大阪浪速銀行)[그 후 15은행(十五銀行)]에서 근무하였다. 1917년 은행을 그만두고 주식회사 사이하라상점(祭原商店) 무역부에 들어가 외국무역에 종사했으나, 1921년 집안일 때문에 이를 그만두고 부산으로 돌아와서 아버지의 사업을 이어 오늘에 이른다.

　1926년 부산공동창고(釜山共同倉庫)주식회사 취체역, 1929년 곡물수이출동업조합(穀物輸移出同業組合) 평의원에 추천되어 동(同) 조합의 조합장에 취임하였고 부산미곡신탁(釜山米穀信託)주식회사 감사역, 쇼와토지(昭和土地)주식회사 취체역사장 등을 역임하였다. 1932년 부산의 거래소(取引所) 문제를 해결하여 미곡취인소(米穀取引所)[556] 창립 때 상무이사로 추대되었다. 고도(五島)합명회사를 근간으로 많은 관련 사업을 하면서 눈부신 활약을 보이고 있다. 1928년 부산상업회의소[557] 의원에 추천된 이래 상의원(常議員)으로서 부산상공계의 발전에 공헌하고 있다.

556) 본책 부산 미곡취인소(釜山米穀取引所) 항목 참조.
557) 원문의 오기(誤記)인 부산상공회의소(釜山商工會議所)를 바로잡았다. 부산상공회의소는 1930년 11월 25일 설립되었다. 부산상공회의소 설립과정에 대해서는 본책 부산상공회의소 항목 참조.

고도 세이스케(五島誠助)

① 고도(五島) 본점(本店)_ [신부산대관]
② 고도합명회사(五島合名會社) 사무소(事務所)_ [신부산대관]
③ 고도 세이스케(五島誠助)_ [신부산대관]

코다마 겐자부로(小玉玄三郎)

원 적 에히메현(愛媛縣) 마쯔야마시(松山市) 남립화정(南立花町)
소 재 부산부(釜山府) 대신정(大新町) 319번지
상 호 코다마양조소(小玉釀造所), 코다마앙고라종(小玉アンゴラ種)·코다마렛키스종(小玉レツキス種) 양토부(養兎部)
사 업 소주(燒酎)양조 및 종토(種兎)분양

코다마 겐자부로(小玉玄三郎)는 1904년 11월 조선으로 건너와 1905년 부산에서 미곡상을 경영하였다. 점차 사업이 번창하여 정미소를 설립하고 일본 각 방면으로 거래하였다. 그러나 시세의 변천을 헤아려 1926년 소주(燒酎)양조업을 시작하고 다시 1932년 양토부(養兎部)를 신설하였다. 양조부(釀造部)는 차남 토루(暢)가 담당하였는데 그 제품인 조선소주는 명실공이 조선 남부지역에서 제일로 평가받게 되었다. 해가 갈수록 양조의 석수(石數)는 거듭 증가하고 있다. 새롭게 설립한 양토부(養兎部)는 장남 타쿠로(琢郎)가 관리하고 있다. 코다마 겐자부로(小玉玄三郎)는 앙고라종 양토(養兎)가 조선에서 대산업으로 성장할 가능성이 있음을 예견하고 그 기운(機運)의 선구자로 양토부(養兎部)를 개설하였다. 현재 이미 부산부내(釜山府內)는 물론이고 경남도 내외에 다수의 종토(種兎)를 분양하고 있다. 최근 도농회(道農會), 도이재과(道理財課) 등의 알선으로 단체 사육(飼育) 희망자에 대해서는 '우량종의 보급'을 신조로 하여 봉사의 차원에서 종토를 공급하는데 노력하고 있다. 그가 운영하는 양토(養兎)의 규모와 설비는 조선에서 비교할 곳이 없을 정도이며 전일본(全日本)에서도 유수(有數)의 양토장(養兎場)으로 인정받고 있다.

그는 올해 70세로 일찍부터 수신제가(修身齊家)를 염두하면서 남주(南洲)[558] 옹(翁)의 한마디인 '경천애인(敬天愛人)'을 가훈으로 삼고서 거부(巨富)가 되겠다는 생각은 조금도 하지 않고 가정원만, 복록(福祿), 장수(長壽) 이 세 가지를 중요하게 여겨 더할 수 없는 즐거움의 경지에 있다. 장남 타쿠로(琢郎)에게는 1남이 있으며 차남 토루(暢)에게는 1남 3녀가 있다. 봄과 같이 화목한 가정이다. 그는 일찍이 부산상업회의소 평의원 외에 정총대(町總代), 정미조합 임원, 해산물조합 임원 등을 역임한 경력이 있다.

코다마양조소_ 서구 대신동 화랑초등학교 앞 오거리에 있는 대성빌딩 자리에 있었다.

---

558) 남주(南洲)는 일본 메이지유신(明治維新)의 삼걸(三傑) 중 한 사람인 사쓰마한(薩摩藩) 출신의 대표적 정한론자(征韓論者) 사이고 다카모리(西鄕隆盛, 1828~1877)의 아호(雅號)이다. 삼걸 중 나머지 두 사람은 사이고(西鄕)와 동향 출신인 오쿠보 도시미치(大久保利通, 1830~1878)와 죠슈한(長州藩)의 기도 다카요시(木戸孝允, 1833~1877)이다.

코다마 겐자부로(小玉玄三郎)

① 코다마양조장(小玉釀造場)_ [신부산대관]
② 코다마양조장(小玉釀造場)의 일부(一部)_ [신부산대관]
③ 코다마양조장(小玉釀造場)의 일부(一部)_ [신부산대관]
④ 코다마양토장(小玉養兎場)_ [신부산대관]
⑤ 코다마 겐자부로(小玉玄三郎)_ [신부산대관]

고쿠부 츠네고로(國分常五郎)

원　적 미에현(三重縣) 아예군(阿藝郡) 일신전정(一身田町)
주　소 부산부(釜山府) 대청정(大廳町) 2정목(丁目) 20번지
상　호 고쿠부철망점(國分金網店)
사　업 철망(金網) 제조판매

　고쿠부 츠네고로(國分常五郎)는 고향에서 고등소학교를 졸업한 후 면사상(綿糸商)에 종사하였다. 1902년 징병검사에 합격하여 1904년 제3사단 소속으로 러일전쟁에 출정해 만주 들판의 이곳저곳을 옮겨 다니며 열네 번의 공훈을 세웠다. 개선(凱旋)한 후 뜻을 품고 1914년 1월 조선으로 건너와 금융업 및 토지개간을 기업(企業)으로 삼아 8년간을 분투하며 시세의 변화에 따라 오늘의 사업을 일으켰다. 전심으로 각종 철망의 제조판매에 착수했는데 기획한 모든 일이 적중하여 생산액은 나이와 더불어 증가하였다. 마침내 그 제품은 조선내의 수요에 응할 뿐만 아니라 만주 및 일본 방면으로 수출이 성황을 이루고 있다. 공장에서 일하는 근로자는 백 수십 명을 헤아린다. 그는 장인(匠人)으로 모범을 보이며 능률향상과 노자(勞資)융화를 도모하고 있다.

　그가 받은 훈(勳) 7등(等), 공(功) 7급(級)의 금치훈장(金鵄勳章)은 그의 군공(軍功)을 말해주는 것이다. 또한 1928년 어대례(御大禮)의 어찬연(御饗宴)에 참석하는 영예를 누렸다. 올해 53세로 장년을 능가하는 기개가 있다.

고쿠부철망점_ 중구 대청동 광일초등학교 입구에 있는 청구다방 자리에 있었다.

고쿠부 츠네고로(國分常五郎)

① 고쿠부철망점(國分金綱店) 판매부(販賣部)_ [신부산대관]
② 고쿠부철망점(國分金綱店) 제1공장_ [신부산대관]
③ 고쿠부철망점(國分金綱店) 제2공장_ [신부산대관]
④ 고쿠부 츠네고로(國分常五郎)_ [신부산대관]

코시다 이치타로(越田市太郎)

원　적 이시가와현(石川縣) 소송정(小松町)
사　업 부산부(釜山府) 대창정(大倉町) 4정목(丁目) 25번지
상　호 합자회사 코시다상점(越田商店)
사　업 석유, 석탄 판매

　　코시다 이치타로(越田市太郎)는 1911년 도쿄(東京)고등상업학교를 졸업하고 곧바로 미쯔이물산(三井物産)회사에 입사하였다. 그해 7월 7일 경성지점을 조사 감독하기 위해 조선에 건너와서는 곧 부산지점으로 근무처를 옮겼다. 이후 독립할 뜻을 품고 1921년 퇴사하여 현 위치에서 석탄상을 경영하였다. 1930년 미국 텍사스회사 대리점을 인수하고 석유부(石油部)를 개시하였는데, 텍사스판매조합이란 명칭을 채택한 것 또한 그의 영업 수완이다. 개점 이래 그의 견실한 영업 모습은 거래처로부터 신용을 얻었고, 그 결과 업계에서 없어서는 안 될 위치를 차지하며 발전하고 있다.

　　올해 46세로 활동이 왕성하며 안으로 원만화락(圓滿和樂)한 가정을 꾸리고 있다. 바둑, 당구, 죠루리(淨瑠璃)[559] 등에서는 모두 비전문가의 영역을 벗어날 정도의 실력을 지닌 취미 생활자로 알려져 있다. 가훈은 '존신숭불(尊神崇佛)'이며, 점칙(店則)으로는 '정직하게, 신속하게'를 내걸고 한가하면서 여유가 있는 멋을 나타내 보여주고 있다.

코시다상점_ 중구 중앙동 중앙대로변 부산은행 중앙동지점 부근에 있었다. 이 일대는 1953년 11월 발생한 역전대화재 이후 도로 구획이 변경되어 정확한 위치를 파악하기 어렵다.

---

559) 죠루리(淨瑠璃)는 일본 전통악기 샤미센(三味線)의 반주에 맞추어 특이한 억양과 가락을 붙여 엮어 내는 이야기의 일종이다.

코시다 이치타로(越田市太郎)

① 코시다상점(越田商店)_ [신부산대관]
② 코시다 이치타로(越田市太郎)_ [신부산대관]

합자회사 곤도상점(近藤商店) 토미하라 겐지(富原研二)[560]

원 적 교토부(京都府) 을훈군(乙訓郡) 대지촌(大枝村)
사 업 부산부(釜山府) 본정(本町) 3정목(丁目) 3번지[4번지]
상 호 잡화, 식료품 도매상
무한책임사원 토미하라 겐지(富原研二)
업무대표자 나카무라 요시마쯔(中村芳松)

토미하라 겐지(富原研二)는 1876년 1월 18일 산성정정(山城淀町)에서 태어났다. 오사카시(大阪市) 남굴강통(南堀江通) 4정목(丁目) 곤도상점(近藤商店)에 들어가 그 집의 양자가 되었다. 이후 가업에 힘쓰기를 18년, 성씨를 토미하라성(富原姓)으로 바꾸고 독립자영의 뜻을 품고서 조선으로 건너온 것이 1911년 4월 10일이다. 1905년 4월 창설된 부산의 곤도상점(近藤商店)을 인계 받아 경영하고 근면함으로 분투, 노력하는 생활을 계속하였는데 해가 갈수록 가운(家運)이 융성해져 현재 부산의 큰 상점으로 일본과 조선에서 중요한 위치를 차지하게 되었다. 상호 부조적(扶助的)인 상도덕을 신조로 거래처에 대한 의리 있는 거래와 신용, 그리고 평판을 높인 20여 년의 경영성과는 빼놓을 수 없는 토대가 되었다. 바야흐로 별항(別項)의 부산화장품회사(釜山化粧品會社)와[561] 함께 그 상권(商圈)은 조선 전역을 망라해 조선 굴지의 대도매상으로서 중요한 역할을 하고 있다. 작년에는 병(病) 때문에 부산상공회의소 평의원[상업부장(商業部長)]과 부산도매상동맹회 회장을 사퇴하였다가 현재는 부산잡화상조합장, 부산도매상동맹회 상임평의원, 부산성냥(釜山燐寸)조합장, 부산미유(釜山米油)조합장, 정내(町內) 조장(組長) 등의 임무를 맡아 공공(公共)에 힘을 다하고 있는데 건강이 회복되어 그 기상이 왕성하다.

곤도상점(近藤商店) 1895년 4월 창설되어 20여 년의 세월이 흐른 뒤 토미하라(富原)가 경영을 맡아 신용과 평가를 높이고 경상남북도는 물론 조선의 남부지역에서 한발 한발 세력을 확장하였다. 더욱이 강원도에서 북조선까지 영역을 넓혀 웅기(雄基) 방면까지도 상권을 확장하였다. 최근에 이르러 부산시내의 거래를 시작하고 지방까지 견고한 지반을 마련하게 된 것은 토미하라(富原)의 왕성한 열정과 넉넉한 인품 때문이다. 곤도상점(近藤商店)과 거래를 시작한 이상, 상부상조의 상도덕에 입각한 확고한 점시(店是)로 인해 어디까지나 철저한 응원을 마다하지 않는 아름다운 마음의 발로(發露)로 시종 원만한 거래를 계속하게 되는 것은 주지의 사실이다. 현재의 업무대표자 나카무라 요시마쯔(中村芳松)는 1909년 가게에 들어와 오늘까지 25년이 되었다. 그 동안의 지극한 노력이 토미하라로부터 인정을 받게 되어 1932년 3월 합자조직으로 변경할 때 업무대표자가 되었는데, 올해 42세로 한창 일할 나이이다.

곤도상점_ 중구 동광동 3가 금생약국 옆에 있는 화국반점 자리에 있었다.

오노상점(小野商店) 곤도상점(近藤商店)의 별동대로서 오로지 조선인을 상대로 잡화판매를 담당하고 있다. 토미하라(富原)가 직영을 하는데, 조선인 고객에게 각별한 편의를 제공하기 위해 용의주도한 방침을 세우고, 향후 이 방면에서 적극적인 영업활동을 하려는 점은 점주의 깊은 배려를 보여주는 것이다.

아사히도(朝日堂) 이것 역시 토미하라(富原)의 직영으로 유명화장품 및 전매국 담배 등의 소매업을 하고 있다.

취급특약품 곤도상점(近藤商店)이 취급하는 특약품 및 대리점, 특약점의 중요한 곳을 기술하면 다음과 같다. 기린비루(キリンビール) 남선(南鮮)대리점, 타카라츠가광천((寶塚鑛泉)주식회사 타카라사이다(タカラサイダー)·비라(ビーラ) 조선대리점, 오카야마센리다비(岡山千里足袋)주식회사제조 센리지카다비(千里地下足袋)㉠[562]·지카다비(地下足袋)대리점, 오

560) 『新釜山大觀』의 합자회사 곤도상점(近藤商店) 항목은 『釜山大觀』의 토미하라 겐지씨(富原研二氏) 항목과 동일한 내용으로 되어 있기 때문에 본책에서는 하나의 항목으로 합쳤다.
561) 본책 부산화장품합자회사(釜山化粧品合資會社) 항목 참조.
562) 지카다비(地下足袋)는 엄지발가락과 나머지 발가락 부분이 둘로 나누어져 있는 일본 버선 다비(足袋)처럼 생긴 일종의 노동자용 버선신발이다. 농림업이나 목수, 미장이 등 옥외에서 작업을 하는 직공들이 주로 사용한다. 각종 마쯔리(祭) 등에서 신위(神輿) 가마를 메는 사람들이 신는 마쯔리다비(祭足袋)도 지카다비의 일종이다. 본문의 ㉠는 센리지카다비(千里地下足袋)의 상표이다.

곤도상점(近藤商店) 토미하라 겐지(富原研二)

① 곤도상점(近藤商店) 본점(本店)_ [부산대관]
② 곤도상점(近藤商店) 출하부(出荷部)_ [부산대관]
③ 곤도상점(近藤商店) 조선잡화부(朝鮮雜貨部)_ [부산대관]
④ 곤도상점(近藤商店) 연초소매부(煙草小賣部)_ [부산대관]
⑤ 점주(店主) 토미하라 겐지(富原研二)_ [부산대관]

사카고쿠요다비(大阪國譽足袋) 남선(南鮮)대리점, 후쿠쥬요코염료(福壽洋行染料) 남선(南鮮)대리점, 요다염료(與田染料)제조소 [대화원(大和元)]표(票), 오자키염료부(尾崎染料部) 동향인(東鄕印) 今표(今票)유화염료(硫化染料)독점판매, 도요마치(東洋燐寸)주식회사 쌍록우록표(双鹿羽鹿票)성냥[563]특약대리상, 뉴욕스탠다드(紐育スタンダード)석유회사 상송표(上松票)[564]승리유(勝利油)·취표(鷲票)양납축(洋蠟燭)대리상, 도아(東亞)화학연구소제품 제니와(ゼニワ)비누 및 화장료대리점, 나카야마타이요도(中山太陽堂)제품 카테이(カテイ)비누 및 클럽(クラブ)화장료대리점[565], 히라오산베이(平尾贊平)제품[566] 레트(ルート)화장료 및 비누판매대리점, 모모타니(桃谷)제품[567] 히간(美顔)화장료대리점, 라이온(ライオン)치약·진단(仁丹)치약대리점, 기타 각 유명 화장료·비누 본포(本舗)대리점, 학교용품·문방구, 메리야스(メリヤス)제품, 면(綿)제품, 각종 일용품, 잡화류일식(雜貨類一式), ▲표세척소다·비누, 히노테하치스노호마(日の出蓮の譽)소면(素麵)·우동(ウドン) 제조

주요 취급상품 쇼와기린맥주(昭和麒麟麥酒)주식회사[568]대리점, 기린비루(麒麟麥酒)주식회사의[569] 기린비루(キリンビール)·기린스타우트(キリンスタウト)·기린레몬(キリンレモン)·기린사이다(キリンサイダ)특약점, 미쯔이(三井)물산주식회사 소주(燒酎)특약점, 도쿄메이지(東京明治)제과주식회사 호오연유(ホーオー煉乳)특약점, 소코니브아키윰(ソコニ-ヴァキユーム) 코프레이션(コーポレーション) 솔표(松票)승리석유(勝利石油)대리점, 대동성냥(大同燐寸)주식회사특약점, 니폰다비(日本足袋)주식회사의[570] 아사히(アサヒ)·쿠니요시(國益)·신아사히(新旭)자카다비(地下足袋)운동화대리점, 토요(東洋)생명보험주식회사대리점, 브리지스톤타이어(ブリヂストンタイヤ-)주식회사[571]대리점, 고쿠요다비(國譽足袋)주식회사대리점, 다이닛폰제충분(大日本除虫粉)주식회사대리점, 후쿠쥬요코염료(福壽洋行染料)대리점, 今염료(染料) '홍종미인(鴻種美人)'과 '동향표(東鄕票)' 대리점, 동향표(東鄕票)학생복특약점, 비행기표(飛行機票)학생모자발매원, 쿠루메카사(久留未傘)주식회사특약점, 다이호(大砲)연필삼경묵(鉛筆三景墨)특약점, 코끼리표(象票) 양산(洋傘) 남선(南鮮)대리점, 소린(ソ鱗)소다세척비누발매원, 미쯔우로고(三ソ鱗)메리야스류모자발매원[572], 오이시텐구도(大石天狗堂)하나후다(花札)특약점[573]

---

563) 당시 쌍록우록표 성냥갑의 도안은 봉황 날개가 붙은 뿔달린 사슴으로 성냥갑의 전체적인 분위기는 화투풍(花鬪風)이었다.

564) 아가리마쯔(上松)는 정월(正月)의 장식용 소나무를 뜻한다.

565) 오사카(大阪)의 나가야마타이요도(中山太陽堂)에서 생산한 화장품이 클럽화장품(クラブ化粧品)이다. 당시 클럽화장품은 도쿄(東京)의 히라오산베이(平尾贊平)상점(본책 주(註) 566 참조)에서 만든 화장품 레트(LAIT)와 경쟁하였다. 두 회사의 본사가 도쿄(東京)와 오사카(大阪)에 있었기 때문에 두 제품의 경쟁을 두고 세간에서는 '동(東)의 레트(ルート), 서(西)의 클럽(クラブ)'이라고 불렸다.

566) 히라오산베이(平尾贊平)상점은 도쿄(東京)에 있었던 화장품회사로 1878년 개업하여 1954년 폐업하였다. 프랑스어 레트(LAIT)를 브랜드로 사용하였는데 원래 프랑스어 'lait'는 젖(乳)을 의미하는 말로 프랑스 발음은 '레'이지만 영어식 발음인 '레트'로 읽혔다. 어쨌든 히라오산베이(平尾贊平)상점은 프랑스어를 화장품명으로 사용한 일본 최초의 기업이었다. 히라오산베이상점은 1930년대 후반 서울에 진출하여 『東亞日報』에 광고도 하였으며 당시 미쓰코시(三越)백화점(현재의 신세계백화점 자리)이 있던 중심가 충무로에 '레트크림(レートクレーム)'이라고 크게 쓴 대형 광고탑을 세우기도 하였다.

567) 모모타니 마사지로(桃谷政次郎, 1863~1930)가 1885년 와카야마현(和歌山縣) 분하정(粉河町)에 설립한 화장품회사 모모타니쥰덴칸(桃谷順天館)을 말한다. 이 회사는 1928년 주식회사체제로 변경된 뒤 1932년 상품으로 명색미안백분(明色美顔白粉), 명색(明色), 명색크린싱크림(明色クリンシンクリーム) 등을 발매하였다. 이 회사는 현재까지 명색브랜드의 화장품을 생산하고 있다.

568) 일본의 대일본맥주주식회사가 1933년 8월 서울 영등포에 조선맥주주식회사를 설립하자, 그해 12월 기린맥주주식회사 또한 영등포에 소화기린맥주주식회사를 설립하였다. 국내의 두 맥주주식회사는 해방 이후 미군정기 적산관리하에 있다가 1948년 조선맥주주식회사와 1952년 5월 동양맥주주식회사로 각각 새롭게 출발하였다. 두 맥주회사는 '크라운맥주'와 'OB맥주' 상품을 통해 오랫동안 치열하게 경쟁하였다. OB는 동양맥주(Oriental Brewery)의 이니셜이다. 이후 동양맥주주식회사는 1995년 3월 오비맥주주식회사로, 조선맥주주식회사는 1998년 3월 하이트맥주주식회사로 각각 사명을 바꿨다.

569) 1907년 미쯔비시재벌(三菱財閥)과 메이지야(明治屋)의 합작에 의해 순수 일본자본으로 설립된 맥주제조회사이다. 현재까지 일본을 대표하는 맥주회사로 존속하고 있다. '기린비루(麒麟ビール)'의 상호명은 1888년 재팬브루어리(ジャパン·ブルワリー)가 메이지야(明治屋)와 독점계약을 체결하고 1888년 출시하면서부터 사용되었다. 메이지야(明治屋)는 현재까지 기린비루(麒麟麥酒)주식회사에 일정 지분을 갖고 있다. 참고로 회사명(社名)의 표기는 麒麟麥酒로 하지만 읽기는 '기린바쿠슈(麒麟麥酒)'로 읽지 않고 '기린비루(麒麟麥酒)'로 읽으며 기린비루주식회사(キリンビール株式會社)로 표기하는 경우도 많다.

570) 이시바시 쇼지로(石橋正二郎, 1889~1976)가 1918년 설립한 회사이다. 이 회사는 1937년 일본고무(日本ゴム)주식회사로 사명을 변경하고 1988년에는 주식회사 아사히코프레이션(アサヒコーポレーション)으로 명칭을 바꿨다. 1998년 도산위기를 맞이하였으나 현재까지 각종 고무신발과 가죽신발을 제조하는 회사로 존속하고 있다. 일본의 세계적 타이어 회사인 주식회사 브리지스톤(Bridgestone)의 모체 기업이기도 하다.

571) 이시바시 쇼지로(石橋正二郎, 1889~1976)가 설립한 니폰다비(日本足袋)주식회사의 타이어부(tire部)에서 1930년 일본국산 타이어 1호를 생산하고 이듬해인 1931년 타이어부(tire部)를 독립시켜 설립한 것이 브리지스톤타이어주식회사이다. 브리지스톤타이어(ブリッヂストンタイヤ)주식회사의 사명(社名)은 창업자 이시바시 쇼지로(石橋正二郎)의 성(姓) 이시바시(石橋)를 차용한 것인데 영어로 직역하면 돌(stone,石)과 다리(bridge,橋)의 합성어인 스톤브리지(stonebridge)가 된다. 그러나 어감도 좋지 않고 또 당시 세계적 타이어 브랜드였던 파이어스톤과 같은 일류기업이 되고자 하는 뜻에서 브리지스톤(Bridgestone)으로 하게 된 것이다. 일본의 브리지스톤(Bridgestone)타이어회사는 100년의 역사를 갖고 있는 프랑스의 미쉐린(Michelin), 미국의 굿이어(Goodyear)와 함께 현재 세계 타이어 시장의 빅3으로 군림하고 있다. 브리지스톤타이어는 2005년의 경우 미쉐린을 제치고 세계 1위를 차지하였다. 한국에서는 2001년 브리지스톤타이어의 법인이 설립되어 매년 20%의 신장률을 보이고 있다.

572) 미쯔우로고(三ツ鱗)에 대해서는 본책 주(註) 533 참조.

573) 오이시텐구도(大石天狗堂)는 1800년 창립해서 현재까지 영업활동을 하는 일본의 대표적 화투(花札), 바둑, 장기 제조업체이다.

토미하라 겐지(富原研二)

① 합자회사(合資會社) 곤도상점(近藤商店)_ [신부산대관]
② 곤도상점(近藤商店) 출하부(出荷部)_ [신부산대관]
③ 무한책임사원(無限責任社員) 토미하라 겐지(富原研二)_ [신부산대관]
④ 나카무라 요시마츠(中村芳松)_ [신부산대관]

에비스 사이키치(戎才吉)

에비스약국_ 동광동 5가 부원맨션 뒤 옛 영선고갯길의 가나종 합인쇄가 입주해 있는 건물이 그곳이다.

원　적 효고현(兵庫縣) 진명군(津名郡) 실진항(室津港)
주　소 부산부(釜山府) 본정(本町) 5정목(丁目)
상　호 에비스약원(ユビス藥院)
사　업 제약(製藥)

　에비스 사이키치(戎才吉)는 1904년 조선으로 건너와 경성(京城)에서 세상을 관망하다가 1905년 러일전쟁 때 피끓는 기운으로 해군에 투신한 뒤 무사히 귀환하였다. 1911년 다시 조선으로 건너와 문화의 혜택을 입지 않아서 의료기관이 부족한 민중을 위해 좋은 약을 싸게 파는 일이 매우 의미 있는 일임을 깨닫고 제약사업을[574] 일으켜 '에비스만병약수(ユビス萬病藥水)'[575] 및 위장병 양약(良藥) 비스사로루(ビスサロ―ル) 등을 제조하였다. 그런데 이들 약품의 탁월한 효능은 해마다 조선인들 사이에서 인정을 받아 어느 산간벽지라도 에비스제약이 없는 곳이 없었다. '신이 선물한 약'으로 존경받을 정도가 되어서 본포(本舖)는 날로 달로 융성하게 되었다. 바야흐로 본정(本町) 높은 곳에 벽돌 2층 집을 건축하는 한편, 부산의 중심지인 역전(驛前) 대창정(大倉町) 간선도로 사이에 입구 7칸의 판매점을 신축하고 현재 한개 층의 확장을 계획하고 있다. 나이는 올해 50세로 전(前) 학교조합 의원, 소방조(消防組) 부조두(副組頭), 변천정(辨天町) 중앙청년단장 등을 역임하여 표창을 받은 바가 있다. 현재 부산상공회의소 의원으로 추대되어 상업부장(商業部長)의 임무를 맡아 부산상공계를 위해 몸과 마음을 다하고 있다.

574) 에비스 사이키치(戎才吉)는 1925년 4월 자본금 10만 원(납입금 2만 5,000원)으로 에비스약포(戎藥舖)주식회사를 설립했다.

575) 원래 '만병수(萬病水)'는 미국인 선교사이면서 의학박사였던 찰스 휴스테츠 어빈(Dr.C.H Irvin), 한국명 어을빈(魚乙彬)이 부산에 주재하면서 선교의료용으로 제조한 위장약으로 1910년 이전부터 이미 전국적 명성을 획득하였다. 어을빈은 1894년 3월 미북장로회(美北長老會) 부산선교기지에 배속되어 의료선교를 시작하였다. 그의 후원교회는 미국 뉴저지주 제일장로교회였다. 그는 1903년 9월 부산해관장의 사택을 빌려 개업하였는데 위치는 현재 동광동 5가에 있었다. '어을빈병원(魚乙彬病院)'의 옥상에는 미국 성조기가 나부껴 당시 일본인들이 많았던 그곳에서는 신기한 인물로 알려졌다. 물약인 '만병수'는 당시 『동아일보』, 『조선일보』, 『매일신보』 등에 한 면의 3분의 1 크기로 광고를 하였다. 원래 위장약이었던 '만병수'는 감기는 물론이고 치질과 임질 심지어 화류병까지 효험이 있는 것으로 소문이 나면서 당시 부산우체국을 통해 전국에 소포로 발송되는 '만병수'의 하루 양이 100~150상자나 되었다고 전한다. 더구나 그가 채용한 견습생 양유식과의 로맨스로 인해 부인과 이혼하게 되어 부인은 자식을 데리고 일본으로 돌아가고 어을빈은 교회로부터 제명되었던 일, 비록 첩이라는 비난을 받았으나 부산에서 유행을 선도하는 신식여성으로서 유명세를 치렀던 양유식이 또 다른 일본남자와 정분을 통하고 폐결핵으로 죽게 된 일, 사후 그녀의 무덤에 매일 꽃다발을 받쳤던 어을빈의 행동, 어을빈병원의 또 다른 간호사였던 17세의 두리가 유부남과 정분이 나면서 또 사회적으로 문제가 되었던 일 등등으로 부산에서 어을빈을 모르는 사람이 없을 정도였다. 만병수로 많은 돈을 번 어을빈은 나병환자를 위해 병원을 설립하고 창원군 웅천면 명동리 어성유치원의 유지비를 대주는 것 외에 학교를 운영하는 등 의료와 교육 및 기부활동에 적극적이었다. 한편 '만병수'의 명성에 편성하여 많은 유사상품들이 나오게 되는데 그 중에 대표적인 것이 본문에서 볼 수 있는 에비스 사이키치(戎才吉)가 제조한 '에비스만병약수'이다. 이 약은 적어도 1931년 4월 이전부터 판매되었는데 에비스는 1933년 2월 어을빈병원으로 들어가는 남쪽 입구에 2층 벽돌집을 짓고 '에비스만병약수' 공장을 차렸다. 어을빈 제조의 만병수에 맞선 '에비스만병약수'가 상표 도용이라고 판단한 어을빈은 법정소송을 제기하였으나 소용이 없었다. 40년 가까이 부산에 체류한 어을빈은 1933년 2월 8일 사망하였다. 장례식은 평양에서 옥수수전분회사를 운영하던 아들이 서울에서 거행하였다. 어을빈 사후 '만병수'는 일시 판매중지 되었으나 이듬해 1934년 3월 어을빈(魚乙彬)의 아들이 사업을 이어 어을빈제약주식회사 명의로 물약을 정(錠)으로 제조한 어을빈만병수정(魚乙彬萬病水錠)을 판매하였다. 한편 1933년 3월 이후 어을빈제약주식회사의 지배인을 양성봉(梁聖奉, 1900~1963)이 맡았다. 1946년 1월 부산부윤(釜山府尹, 현 부산시장)에 임명되기도 하였던 양성봉은 어을빈 집안과의 인연과 영어를 할 줄 안다는 이유로 일제말기 '미제(美帝)스파이'로 몰려 곤욕을 치르기도 하였다. 초량에 있던 양성봉의 집은 한국전쟁이 발발하고 부산이 임시수도가 될 때 맨 처음 이승만대통령의 거처로 논의되기도 하였다. 그러나 집이 사방으로 트여 있어 보안상 문제가 되자 결국 경남도지사의 관사가 대통령거처로 정해졌다. 어쨌든 어을빈 사후 어을빈병원은 에비스 사이키치가 인수하고 그 뒤 다시 카시이 겐타로(香椎源太郎)에게 넘어간 것으로 전해진다. 선교, 의료, 이국에서 외국인과의 사랑, 재산의 축적, 죽음, 이 모든 것들이 해항도시 부산에 숨겨진 또 하나의 역사이다.

에비스 사이키치(戎才吉)

① 주식회사 에비스약포(고ピス藥舖)_ [신부산대관]
② 에비스약포(고ピス藥舖) 공장_ [신부산대관]
③ 에비스 사이키치(戎才吉)_ [신부산대관]

테지마 오우미(手島近江)

원　적　오이타현(大分縣) 하모군(下毛郡) 학거촌(鶴居村)
주　소　부산부(釜山府) 대신정(大新町) 316번지[313]
상　호　테지마소다비누공장(手島曹達石鹼工場)
사　업　소다(曹達) 및 비누(石鹼) 제조판매

　　테지마 오우미(手島近江)는 1878년 11월 25일 원적지에서 태어났다. 1886년 고향의 주조업자인 간자키 이사오(神崎勳)의 상점에 점원으로 근무하다가 1902년 8월 주인집에서 만드는 청주(淸酒)의 판매확장을 위해 부산에 와서는 부평정(富平町) 1정목(丁目)에 점포를 열고 주류상(酒類商)을 시작하였다. 당시는 일본인 거주자도 적었고 또 거래방법이 몹시 난잡했기 때문에 크게 성공할 가망성이 적었다. 사업을 하기 위해서는 마땅히 조선인을 상대하지 않을 수 없다는 것을 알고서 1907년 주류상을 포기하고 당시 일본으로부터 수입하고 있었던 조제탄산소다(粗製炭酸曹達)의 제조를 계획하였다. 인천에 있는 홈링가(ホームリンガ)상회를[576] 매개로 영국으로부터 원료를 사들이고 부지런히 그 제조방법을 연구한 결과, 성적이 매우 양호하여 채산가능성을 확신하고서는 1908년 9월부터 대신정(大新町)에 공장을 신설하였다. 마침내 영구적 사업으로서 제조판매에 노력하였는데 조선내의 수요가 크게 급증하면서 영업 성적이 나날이 향상되었다. 1910년부터는 용도가 동일한 비누제조를 함께 경영하여 이것 또한 괄목할 만한 성적을 거두게 되었다. 이리하여 이듬해 1911년에는 소다(曹達, soda)의 일본으로부터 수입을 대체함으로써 일반인이 자가제품을 찾을 정도로 업무 능력이 더욱더 발전하였다. 세계대전이 일어나자 1914년 무렵 영국으로부터 원료수입이 불가능하게 되어 사업에 일대 지장을 낳기도 하였지ㅏㄴ 멀리 북만주 칭치안툰(鄭家屯)의[577] 천연소다를 다량으로 사들여 이것으로 물건 만드는 일을 계속하였다. 1919년 세계평화의 도래로 원료 재수입의 길이 열린 결과, 5년간의 고민도 서서히 사라지고 이후에는 순조로운 경영을 계속하여 오늘에 이르렀다. 그가 제조한 소다와 비누는 주로 부산의 도매상 손을 거쳐 조선 전역에 보급되었고 연생산액은 30만 원[십 수만 원]에 이른다. 성인(星印)소다의 품질은 일찍부터 수요자 사이에서 인정받아 타의 추종을 불허하는 신용을 얻고 있다. 반도(半島)에서 이 분야의 선구자로 업계의 은인으로 불린다. 사업 외에 여력으로 근년 부산 근교의 토지경영에 착수하였는데, 한지(閒地) 이용책으로 제충(除虫菊) 재배를 시도해 농가의 부업장려에 도움을 주고 있다. 그가 살고 있는 대신정(大新町)에서는 대신정 개척자의 한 사람으로 다년간 정총대(町總代), 조장(組長)으로 근무하며 융화와 발전을 위해 10년 이상 진력하여 1933년 부산부(釜山府)로부터 표창을 받았다. 야마구치(山口)고등상업학교 출신의 세이이치(淸一)를 데릴사위로 삼아 2녀 하루고(治者)와 혼인을 시키고 영업을 담당케 함으로써 봄과 같이 화락(和樂)한 가정을 이루고 있다.

576) 프레드릭 링가(F. Ringer, 1840~1908)는 1838년 잉글랜드 동부 노우포크주(Norfolk州)의 노위치(Norwich)에서 영국국교회 목사의 차남으로 태어났다. 25세 때 중국 광동성(廣東省)에 있는 프레쳐상회(フレッチャ商會)에서 차(茶) 감정사로 활동하던 중 토마스 브레이크 글로브(Thomas Blake Glover, 1838~1911)의 권유로 1864년 나가사키((長崎)의 글로브(Glover)상회에서 일본차(日本茶) 수출을 감독하는 간부사원으로 근무하였다. 글로브(Glover)상회를 운영한 토마스 브레이크 글로브는 영국 스코틀랜드 태생으로 상하이(上海)에서 사업하다가 1859년 일본으로 건너가 1861년 나가사키에서 글로브상회를 설립하였다. 그는 1864년~1867년 사이 사쓰마한(薩摩藩), 죠슈한(長州藩) 등 여러 번(藩)의 근왕(勤王)세력을 지원하여 그들에게 함선(艦船)과 무기(武器)를 판매하고 나가사키에서 큰 무역상이 되었다. 그는 1863년 당시 외국으로 출국이 금지되어 있던 상황에서 이토 히로부미(伊藤博文)와 이노우에 가오루(井上馨) 등의 영국유학에 도움을 주는 등 메이지정부의 탄생에 많은 공헌을 하였다. 이런 인연으로 1893년 미쯔비시(三菱)의 종신고문이 되었으며 1908년 일본정부로부터 훈장 욱일장(旭日章)을 수여받았다. 토마스 브레이크 글로브는 일본인 여성과 결혼하였는데 그의 차남은 일본으로 귀화하여 성명(姓名)을 쿠라바 토시사부로(倉場富三郎, 1870년~1945)로 바꿨다. 쿠라바는 미국유학을 마치고 홈링가상회(HOLME RINGER商會)의 간부로 활동하면서 나가사키에 내외구락부(内外倶樂部)와 같은 클럽을 결성하고 일본인과 외국인의 교류에 많은 일들을 하였다. 그러나 제2차 세계대전 기간 동안 영국스파이로 몰려 곤욕을 치르기도 하였는데 일본이 패망하자 자택에서 자살을 하였다. 글로브자택은 현재 관광지로 조성되어 있다. 당시 나가사키에는 글로브(Glover)뿐만 아니라 많은 외국인들이 거주하였다. 이런 배경 때문에 나가사키는 '오페라 나비부인'의 주무대가 될 수 있었다. 한편 글로브상회에서 근무했던 프레드릭 링가(F. Ringer)는 1868년 동료인 홈(E.Z. Holme)과 공동으로 홈링가회(HOLME RINGER商會)를 설립하였다. 홈링가상회는 1870년 도산한 글로브상회를 인수하였으며 외국상인들이 요코하마(横濱)와 고베(神戸)로 근거지를 옮길 때에도 나가사키를 떠나지 않고 각종 사업을 전개하여 나가사키 산업경제계에 큰 공헌을 하였다. 홈링가상회는 미국과 유럽에 차(茶)를 수출하고 기계, 조선(造船)재료, 철판, 판(板)유리, 카디프탄(カージフ炭, Cardiff炭), 미국 오리건주 소나무(オレゴン松材, Oregon pine), 나사(羅紗, raxa), 모직물, 양주류(洋酒類) 등을 수입 판매하는 한편, 영국과 미국의 은행, 기선회사, 해상화재보험회사, 해난구조협회, 로이즈선박협회 등의 대리점 업무를 취급하였다. 중국과의 무역에서는 홍콩계회사의 사탕, 수은(水銀) 등을 특약독점판매하고 중국 각지에 지점을 증설하여 상권의 확장을 도모하였다. 이외 블라디보스톡을 비롯해 해외 각 항구와 무역업무를 하였다. 그리고 일본에서는 사탕, 석탄, 제분소, 포경업, 증기세탁소, 가스회사, 발전소 등을 관련사업으로 운영하였다. 1907년에는 영국으로부터 일본 최초의 증기 트롤선을 도입해 대규모 저인망고기잡이를 시작하고 잡은 물고기는 열차로 오사카(大阪)에 수송해 판로를 개척하였다. 이밖에 일간(日刊) 영자(英字)신문 나가사키프레스(ナガサキプレス)를 발간하였으며 나가사키호텔(長崎ホテル)을 건립하기도 했다. 한편 링가(F. Ringer)는 1906년 건강상의 이유로 영국으로 귀국하였다가 이듬해 1907년 고향인 잉글랜드 동부 노우포크주(Norfolk州)의 노위치(Norwich)에서 사망하였다. 장남인 프레드릭 · E · 링가(1884~1940)는 부친 사후 나가사키로 돌아와 부친의 사업을 계승하였는데 1940년 사망하였다. 차남인 시드니 아서 링가(1891~1967)는 1940년 당시 일본의 적국이었던 영국인이라는 이유로 홈링가상회가 폐쇄조치를 당하게 되자 상하이로 갔다가 전쟁의 발발로 포로생활을 하였다. 전후 1952년 다시 일본으로 돌아와 모지(門司)에서 홈링가상회를 공동출자로 운영하며 나가사키에서 영업의 재개를 시도하였으나 결국 재산을 처분하고 영국으로 귀국하면서 일본에서 홈링가상회의 역사도 막을 내리게 된다. 참고로 프레드릭 링가의 집안 형(兄)인 시드니 링가(Sydney Ringer, 1835~1910)는 병원에서 사용하는 생리식염수, 일명 링게르 주사액을 발명한 인물이기도 하다. 일본에서는 '글로브(Glover) 못지 않게 큰 역할을 한 것이 홈링가상회(Holme Ringer商會)'라고 평가할 정도로 일본의 근대기에 홈링가상회의 활동에 대해 적극적으로 평가하고 있다. 홈링가상회(HOLME RINGER商會)는 한국과도 관계가 있었다. 개항장 인천에는 홈링가상회(HOLME RINGER商會)의 인천출장소가 있었는데 이를 함릉가상회로 불렀다. 1903년 5월 하와이로 이주하려는 한국인 노동자 197명이 하와이로 가기 위해 나가사키 홈링가상회 소유의 가옥에 일시 머물렀던 일이 있다. 그러나 막상 하와이에서 이민을 반대하자 이들 조선인 노동자들이 나가사키에 체류하다가 우여곡절 끝에 부산항으로 귀환했던 일도 있었다. 홈링가상회(HOLME RINGER商會)와 한국과의 관계에 대해서 좀더 많은 사실들이 밝혀져야 할 것이다.
577) 중국 동북부 지린성(吉林省) 서쪽에 있는 도시이다.

테지마소다비누공장_ 서구 대신동 화랑초등학교 운동장
모서리에 위치해 있었다.

테지마 오우미(手島近江)

① 테지마소다비누공장(手島曹達石鹼工場) 전경(全景)_ [신부산대관]
② 테지마(手島) 사무소(事務所)_ [신부산대관]
③ 테지마 오우미(手島近江)_ [신부산대관]

아베 히코지(阿部彦治)

원　적 나가사키시(長崎市) 본박다정(本博多町)
주　소 부산부(釜山府) 부평정(富平町) 2정목(丁目) 63번지
상　호 아베히코지본점(阿部彦治本店)
사　업 식료품 제조 및 도매판매

　　부산의 식료품과 잡화는 먼저 무역에서 출발하여 상권(商權)이 조선 전역으로 확대된 역사를 갖고 있다. 오늘날 업계의 한 방면에 있는 아베 히코지(阿部彦治)는 1902년 조선으로 건너와 식료품잡화도매상에 뛰어들어 거침없이 성공을 거두었다. 1912년 서정(西町)에 소매부(小賣部)를 두고 부평정(富平町)에 있는 도매전문의 본점과 양 날개를 이루었다. 점차 조선 전역으로 그 거래처를 확장하여 마침내 이 방면의 부산 업계 가운데 굴지의 대점포로서 신용과 상세(商勢)가 든든하다. 현재 취급하는 상품은 자체 제품으로 소면(素麵), 우동, 부분(浮粉)[578], 소부(燒不麩)[579], 제함(製餡)[580], 제분(製粉)과 영업 품목으로 건어물, 해산물, 양주(洋酒), 통조림, 잡곡, 당분, 제유(諸油), 구분(蒟粉)[581], 양초, 훈향(薰香), 과자 원료 등이다. 그는 올해 48세로 스스로 아츠시(厚司)[582]를 걸치고 점포의 업무에 쉴 틈 없이 열중하며 다수의 점원을 독려하고 있다. 한편 스포츠, 사진 등에 취미를 갖고 있는데, 본점과 지점의 점원으로 구성된 아베(阿部)팀을 조직하여 부산실업팀과 시합을 하는 등 평범하면서도 색다름을 지닌 업계의 특이한 사람이다.

아베히코지본점_ 중구 부평동 부평교차로 인근에 있는 탑노래주점 건물이 위치한 곳에 있었다.

---

578) 우키코(浮粉)는 쌀가루나 소맥분의 녹말을 정제한 것으로 과자 제조나 화장품, 염료 및 식품 착색에 사용된다.
579) 야키후(燒麩)는 글루텐(gluten)에 밀가루와 이스트 등의 팽창제를 넣어서 구운 식품을 뜻한다.
580) 일본에서 '안(餡, あん)'이라는 것은 팥이나 까치콩을 삶아서 으깬 뒤 설탕이나 소금을 넣고 더 가열해 익힌 것을 말한다. 과자와 단팥죽 등에 사용한다.
581) 일본에서 '곤(蒟, こん)'이라는 것은 '킨마(蒟醬, きんま)'라고도 하는데 어원은 동남아시아 언어에서 유래하였다. 후추과의 넝쿨성식물로 원산지는 인도이다. 동남아시아 지역에서 광범위하게 재배된다. 잎에는 매운 맛과 방향(芳香)이 있어 석회와 빈로우지(ビンロウジ)의 종자를 싸서 씹어 구강 청량제로 이용한다.
582) 아츠시(厚司·厚子)는 난티나무 껍질 섬유로 짠 아이누인의 옷감 또는 그것으로 만든 작업복을 말한다. 아이누 언어 'attush'에서 유래한 말로 원래의 뜻은 난티나무이다.

아베히코지상점(阿部彦治商店)

① ② ① 아베히코지본점(阿部彦治本店)_ [신부산대관]
① ② 아베히코지상점(阿部彦治商店) 소매부(小賣部)_ [신부산대관]

아사다 츄사부로(淺田忠三郎)

원　적 아이치현(愛知縣)
주　소 부산부(釜山府) 대창정(大倉町) 4정목(丁目) 29번지
상　호 아사다(淺田)운송점

　　아사다 츄사부로(淺田忠三郎)는 나이고쿠통운(內國通運)회사[583] 히로시마(廣島)지점에 근무하던 중 본사에서 부산지점을 설치할 때 선발되어 개척자의 한 사람으로서 1907년 11월 부산으로 건너왔다. 그해 12월 1일 개점하여 1917년 12월말까지 10년간 힘껏 업무에 정성을 다하는 한편, 그 사이 1909년 9월부터 본정(本町) 3정목(丁目)에서 약종상(藥種商)을 개업하고 가족의 직업으로 삼아 훗날의 웅비를 준비하였다. 마침내 나이고쿠통운(內國通運)회사를 그만두고 1918년 2월 1일부터 현 위치에서 아사다(淺田)운송점을 개업하여 독립인이 되었다. 이렇게 그가 10년간 부산에서 업무에 쏟은 노력은 다수의 하주(荷主)로부터 인정받게 되어 무형의 자산이 되었다. 그의 사업은 해마다 발전하여 오늘날의 성황을 이루었다.

　　올해 56세이지만 여전히 장년(壯年)처럼 사용인 8명과 함께 점포의 업무로 쉴 틈 없이 바쁘다. 올해 본정(本町) 2정목(丁目) 46번지에 엄청난 저택을 신축하고 요교구(謠曲)를[584] 취미로 하며 복덕(福德)을 한 몸에 모으고 있다.

아사다운송점_ 중구 중앙동 4가 농협중앙회 중앙동지점 건너편에 있었으나 1953년 11월 발생한 역전대화재 이후 이 일대 도로 구획이 변경되어 정확한 위치를 가늠하기 어렵다.

---

583) 현재 일본통운(日本通運)주식회사의 전신에 해당한다. 1872년 육운원(陸運元)회사로 출발하여 1875년 내국(內國)통운회사로 사명을 바꾸고 1928년 다시 국제통운(國際通運)주식회사로 명칭을 변경한 뒤 1937년 10월 이른바 국책회사인 일본통운주식회사로 발족하여 현재에 이른다.
584) 본책 주(註) 291 참조.

아사다 츄사부로(淺田忠三郞)

① 아사다(淺田)운송점 점포(店鋪)_ [신부산대관]
② 아사다 츄사부로(淺田忠三郞) 자택_ [신부산대관]
③ 아사다 츄사부로(淺田忠三郞)_ [신부산대관]

사이죠 리하치(西條利八)

원 적 도쿠시마현(德島縣) 아파군(阿波郡) 임촌(林村)
주 소 부산부(釜山府) 부평정(富平町) 1정목(丁目) 48
상 호 사이죠(西條)철공소
직 업 조선업(造船業), 선거업(船渠業), 철공업(鐵工業)

　사이죠 리하치(西條利八)는 1880년 3월 30일 원적지에서 태어났다. 성장한 뒤 오사카(大阪)로 가서 십여 년의 긴 시간 동안 철공업(鐵工業)에 대해 연구하고, 1904년 7월 부산으로 건너와 동업(同業)을 시작하였다. 고(故) 오이케 츄스케(大池忠助)가 창립한 조선선거(朝鮮船渠)회사의 경영이 어려워지자 독력으로 매수하고 그 일부에 종래의 철공소를 이전해 경영하며 오늘에 이르고 있다. 이후 해운[문화]의 발전과 함께 선박의 수요가 일시에 증가하자 부산에 출입하는 선박수 역시 증가해 조선, 철공업[그의 사업]은 날로 발전하였다. 이에 그는 착실히 그 설비를 정비하고 다시 목도(牧島)에 조선부(造船部)를 설치하였다. 밤낮으로 주문을 받아 성황을 이루어서 조선(朝鮮)철공업계에 그 이름을 알리게 되었다. 도크(dock)시설은 조선에서 유일한 것으로 그 시설의 이용은 끊이지 않고 활기에 차 있다.

　그는 일찍이 부산철공업(釜山鐵工業)조합장으로 추대되었고 현재도 그 직책에 있다. 조선선거(朝鮮船渠)주식회사 취체역 외에 1926년 11월부터 부산부협의회회원(釜山府協議會員)에 당선된 것이 2회이며, 현재 부회(府會) 제1부회(第一部會) 부의장을 역임하고 있다. 마음이 너그럽고 작은 일에 얽매이지 않는 그의 호협(豪俠)한 기상(氣像)은 부산에서 일어나는 공사(公私)의 각종 문제에 유감없이 발휘되어 그의 덕(德)을 말하는 일들이 많으며 귀중한 보배로 인정받고 있다.

사이죠철공소_ 중구 남포동 피프거리 씨네파크 맞은편 푸코피시방(부평동 1가 48번지) 자리에 있었다.

사이죠 리하치(西條利八)

① 사이죠철공소(西條鐵工所) 목도공장(牧島工場)_ [신부산대관]
② 사이죠철공소(西條鐵工所)_ [신부산대관]
③ 사이죠철공소(西條鐵工所)_ [부산대관]
④ 사이죠 리하치(西條利八)_ [신부산대관]

주식회사 사와야마형제상회(株式會社澤山兄弟商會)

본　사 부산부(釜山府) 대창정(大倉町)
창　립 1922년 2월
자본금 20만 원[전액 납입]
대표취체역 사와야마 쇼우키치(澤山昇吉)

연　혁 1904년 5월 사가현(佐賀縣) 당진정(唐津町) 사와야마(澤山)상점이 부산에 지점을 설치하여 석탄판매, 선박급수, 조운(漕運) 등의 세 가지 영업을 개시한 것이 사업의 시작이었다. 1907년 점주(店主) 사와야마 구마지로(澤山熊治郎)가[585] 그의 형인 나가사키(長崎)의 대실업가 사와야마 세이하치로(澤山精八郎) 밑에 들어가 공동경영을 하게 되면서 명칭을 사와야마(澤山)형제상회로 개칭하였다. 1922년 2월 종래의 공동경영을 자본금 20만 원의 주식회사로 변경하여 본점을 부산부(釜山府) 대창정(大倉町)에 두고 영업 목적을 해륙운송, 물품판매, 거래주선, 대리업, 청부 및 청부와 관련된 일체의 사업과 투자를 위한 일로 정하였다. 이후 사업이 점차 번창하여 바야흐로 출장소를 고베(神戶), 오사카(大阪), 모지(門司), 다롄(大連), 잉커우(營口), 마산, 대구, 청진 등에 설치하고 대리점은 일본과 조선의 각 주요 항구에 두어 물품을 모두 배달하고 있다.

현재의 사업

1. 선박부(船舶部)의 경우, 조선을 중심으로 각지에 정기선 및 임시선을 배선(配船)하고 야마시타기선(山下汽船), 다롄기선(大連汽船), 시마타니기선(島谷汽船), 가와자키기선(川崎汽船), 키타큐슈상선(北九州商船) 및 그 외 부산에서 유력한 사외선(社外船)의 대리점과 하객(荷客)의 운송을 맡고 있다.
2. 연대부(連帶部)는 조선총독부철도국, 남만주철도주식회사, 조선철도주식회사와의 배 및 수레의 연락수송을 담당하고 있다.
3. 연락선부(連絡船部)는 1915년 이후 철도성과 계약을 체결하고 부산항에서 관부연락선에 화물을 싣거나 내리는 작업을 하는 대기인부 300명을 거느리고 있다.
4. 거룻배작업부(艀作業部)는 소증기선 4척, 거룻배 40척과 전속인부 약 400명을 항상 거느리고 일반 화물을 싣고 내리는 작업과 그 밖의 노동작업을 하고 있다.
5. 통관부(通關部)는 수출과 수입 화물의 통관사무를 담당하고 있다.

사와야마형제상회_ 중구 중앙동 현 부산우체국 뒤편에 있었으나 1953년 11월 발생한 역전대화재로 소실되고 1958년 부산우편국이 현재의 자리로 이전 신축되면서 그 터가 흡수되었다.

6. 보험부는 미쯔비시해상(三菱海上), 닛본(日本)해상, 고베(神戶)해상, 요코하마(橫濱)해상 등의 해상화재(海上火災) 대리점으로서 보험업무를 취급하고 있다.

이외 서무회계에 능통한 사원 40명을 포함해 현재 70명이 사무를 보고 있다. 사장 사와야마 쇼우키치(澤山昇吉)는 원래 귀족원 의원으로 대실업가인 사와야마 세이하치로(澤山精八郎)의 2남인데 도쿄대(東京大) 법과(法科) 출신이다. 현재 사와야마기선(澤山汽船)주식회사[586] 전무취체역과 주식회사 사와야마(澤山)상회, 닛센(日鮮)해운주식회사, 함북(咸北)토지주식회사 등의 중역을 맡고 있으며 올해 45세이다. 전무취체역 사와야마 후쿠이토로(澤山福彌太)는 사가현(佐賀縣) 가라쓰시(唐津市) 사와야마 구마지로(澤山熊次郎)의 장남으로 게이오(慶應)대학 이재과(理財科) 출신이다. 현재 주식회사 사와야마기선(澤山汽船), 키타큐슈상선(北九州商船), 군산해운(群山海運), 닛센해운(日鮮海運), 나가사키무진(長崎無盡), 함북토지 등의 중역을 겸하고 있으며 올해 48세이다.

---

585) 사와야마 구마지로(澤山熊治郎)는 본문 뒷부분에 나오는 사와야마 구마지로(澤山熊次郎)의 오기(誤記)로 판단된다.
586) 제1차 세계대전에 의해 일본에서 해운(海運)붐이 일어나자 1917년 사와야마(澤山)형제상회에서 선주(船主) 부문을 독립시켜 운항 실무는 사와야마(澤山)형제상회가 맡는다는 분리 경영방침을 내세우며 자본금 100만 엔(圓)으로 설립한 회사이다. 1934년 10월 23일 사와야마 세이하치로(澤山精八郎)가 사망한 뒤 본사와 선적(船籍)을 고베(神戶)로 이전하였다. 1989년 4월 국제에너지(國際エネルギー)수송주식회사로 승계되었는데 이 회사는 2006년 이후 상선미쯔이탱크관리(商船三井タンカー管理)주식회사로 개명하여 오늘에 이르고 있다.

사와야마형제상회(澤山兄弟商會)　｜　사와야마형제상회(澤山兄弟商會)_ [신부산대관]

변호사(辯護士) 사사키 키요츠나(佐佐木淸綱)

　　원　적 미야기현(宮城縣) 등미군(登米郡) 좌소정(佐沼町)
　　주　소 부산부(釜山府) 서정(西町) 3정목(丁目) 9번지

　　사사키 키요츠나(佐佐木淸綱)는 1878년 9월 1일 미야기현(宮城縣)에서 태어났다. 도쿄(東京) 무라마쯔 히사시(村松壽)의 문하에 들어가 법률을 연구하길 10여 년, 이후 변호사 시험에 합격하여 오로지 판례(判例) 연구에 종사하였다. 특히 1902년 3월 대심원(大審院) 형사부에서 피고인 자서(自署)문제, 상고취의서(上告趣意書) 효력문제, 변명서(辨明書) 제출기간문제 등 전례 없는 중대한 문제가 빈발할 때, 피고인의 권리 행사와 사법권의 위신에 관한 일의 중요성을 고려해 이들 문제를 비롯한 동원(同院)에서 일어나는 많은 형사문제에 대하여 법률신문(法律新聞) 및 기타 신문잡지를 통해 판례의 비판을 시도함으로써 폐단의 교정에 도움을 준 것이 수십 회에 이른다. 또한 1908년 신형법(新刑法)을 실시할 때, 사법기관의 개혁을 논하고 당시 정부에 경고하여 사법혁신에 이바지한 바 있다. 소신에 따른 용감한 그의 성격으로 인해 재야 법조계에서 중요한 인물로 여겨지고 있다.

　　1908년 4월 부산으로 옮겨 와 변호사를 개업했던 전후 약 30여 년간 조선 내 각지의 민형사(民刑事) 중대 사건에 관여해 명성을 떨쳤다. 특히 '마리아(マリヤ) 살해사건'이라는[587] 내외의 엽기적 범죄사건에서 피고[이노우에 타카오(井上隆夫)]의 변호를 맡아 제1심의 사형 판결을 2심에서 뒤집어 무죄 판결로 만든 일은 그의 신념과 변호 능력을 발휘한 것으로서 해당 사건과 함께 그에 대한 불후의 명성을 낳게 하였다.

사사키 키요츠나 자택_ 중구 국제시장 아리랑거리에 대청로 방향으로 있는 양가네손칼국수 건물 자리이다.

587) 1931년 7월 31일 부산 초량정(草梁町) 철도관사 15호 부산철도운수사무소장 다카하시 마사키(大橋正己) 집에서 하녀 마리아 변흥례(卞興禮)가 살해되는 사건이 발생했다. 당시 이 사건은 일본인 고위관료의 집에서 조선인 하녀가 살해되었다는 사실만으로도 세간의 이목을 끌었다. 사건의 범인이 처음에는 다카하시의 부인 다카하시 히사코(大橋久子)로 판명났다가 그 뒤에 그녀의 정부(情夫)인 이노우에 타카오(井上隆夫)로, 이후 또다시 두 사람의 공범으로 확정되는 일련의 과정을 거치면서 사회적 관심을 불러일으켰다. 그러나 두 사람의 공범으로 재판정에서 판결났음에도 불구하고 다카하시 히사코가 검사로부터 기소되지 않았다는 이유로 백주대낮에 거리를 활보하는 상황이 전개되었다. 게다가 이노우에 타카오 역시 1934년 8월 대구복심법원에서 증거불충분을 이유로 무죄판결이 남으로써 종결되었던 희대의 미스터리 사건이었다.

변호사(辯護士) 사사키 키요츠나(佐佐木淸綱)

① 사사키 키요츠나(佐佐木淸綱) 자택(自宅)_ [신부산대관]
② 변호사(辯護士) 사사키 키요츠나(佐佐木淸綱)_ [신부산대관]

사카모토 토키조(坂本登喜三)

원　적 히로시마시(廣島市) 천만정(天滿町) 남통(南通) 93
주　소 부산부(釜山府) 영정(榮町) 3정목(丁目) 64번지
상　호 사카모토상점(坂本商店)
사　업 펌프 전문 및 난방(煖房) 공사

　사카모토 토키조(坂本登喜三)는 1902년 9월 22일 원적지에서 태어났다. 성장하여 기계류를 연구한 뒤 1925년 11월 부산으로 건너와 토성정(土城町) 1정목(丁目)에서 쯔다식(津田式)펌프를 조선 내에 배급하는 대리점을 경영하였다. 1928년 현재 위치로 이전하고 우수한 재료와 그의 지칠 줄 모르는 노력으로 점차 업적을 드러내고 있다. 현재 조선의 남부지역은 물론 동서(東西) 양 해안지방으로부터 조선 북쪽지역까지 그 거래권을 확대하였으며 만주국 건국 이후에는 만주국까지 판로를 넓히기에 이르렀다. 펌프 점문점 외에 스토브 판매 및 난방, 위생 공사를 같이 경영하며 '성실, 노력'의 원칙을 내세워 열심히 생활하고 있다.

사카모토상점_ 중구 영주동 영주사거리에서 부산역 방향으로 있는 SK주유소 위치에 있었다.

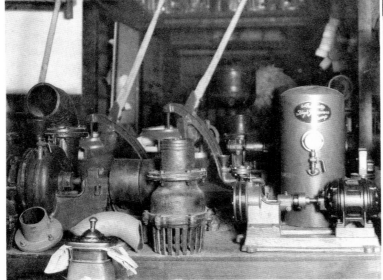

사카모토 토키조(坂本登喜三)

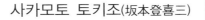

① 사카모토상점(坂本商店)_ [신부산대관]
② 사카모토상점(坂本商店) 진열품 일부_ [신부산대관]
③ 사카모토상점(坂本商店) 진열품 일부_ [신부산대관]
④ 사카모토 토키조(坂本登喜三)_ [신부산대관]

삼화고무주식회사(三和ゴム株式會社)

본　　점 부산부(釜山府) 범일정(凡一町)
창　　립 1934년 9월 19일
자본금 80만 원
대표취체역 요네구라 세이자부로(米倉淸三郎)

연　　혁 고무신공업의 대두 이래 조선 각지에서도 기업이 난립하여 시장은 무정부상태에 빠지고 모처럼 유망한 공업도 이 때문에 함께 무너질 우려를 낳는 상황이었다. 이에 따라 1933년 무렵부터 조선내의 주요 공장주 사이에서 생산통제 논의가 일어나 마침내 미쯔이물산(三井物産)의 알선으로 부산의 환대(丸大), 율전(栗田), 부산고무, 일영(日榮), 일성(一成), 대구의 호마레(ホマレ), 대일(大一), 강경(江景)의 환대분공장(丸大分工場), 이리(裡里)의 조일(朝日)고무, 광주의 조일(朝日)고무, 목포의 동아(東亞), 경성의 휘송(輝松)고무 등의 공장 합병 논의가 진전되었다. 그리하여 1934년 9월 삼화고무주식회사[자본금 80만 원 중 미쯔이(三井) 출자 20만 원]가[588] 조직되어 조선 전역에 대한 통제를 이루게 되었다. 이미 설립된 공장들은 부산제1(釜山第一)에서 제6까지, 그리고 대구 제1, 제2, 이외 이리, 목포, 경성, 강경, 광주공장으로 칭하였다. 이에 고무신 연생산량은 1000만 족(足)[600만 원]에 이르렀다.

회사의 영업 종목은 1. 고무신류, 타이어, 중간자루(中袋), 기타 고무제품의 제조판매 2. 메리야스, 양복류, 장갑, 양말류의 제조 및 가공판매 3. 앞의 1, 2항에 부속하는 모든 사업 4. 보험대리점 업무 등이었다. 현재 지카다비(地下足袋)[589], 운동화, 중국신, 방한화 등을 포함한 고무신발 14종류의 제조를 주로 하며 판로는 조선, 만주 일대에 걸쳐 특약점이 약 2,000개에 이른다. 일찍이 무질서 난립의 폐단을 일소하고 통제에 의해 차근차근 이익을 올리고 있다.

중　　역 사장 요네구라 세이자부로(米倉淸三郎). 전무 키노시타 사다미츠(木下貞光). 상무 쿠리타 카이치(栗田嘉一), 타케다 겐죠(竹丸嚴壯). 취체역 김일수(金日守)[590], 김엄희(金嚴喜), 마쯔세이 카츠조(松世勝藏), 시마노 사이치(島野佐市), 야마모토 세츠다미(山本節民). 감사역 나카지마 신사쿠(中島新作), 미야지마 마사야스(宮島正泰), 임창치(林昌治), 이나다 쇼지로(稲田昇治郎)

삼화고무주식회사_ 부산진구 범천 2동 경남아파트 단지자리이다.

---

588) 일제시기 고무공장에는 저임금의 노동자들이 대다수 고용되어 있었다. 이 때문에 삼화고무공장에서도 1930년대 중반에 여러 번의 파업이 일어났다. 해방 이후 삼화고무주식회사는 김지태(金智泰)가 운영하게 되는데, 당시 부산은 일본으로부터 넘겨받은 생산기지와 함께 한국전쟁을 거치면서 1950, 60년대의 풍부한 노동력을 바탕으로 신발산업의 메카로 성장하였다. 과거 부산에 있었던 대표적 신발 회사로는 국제화학(현재 '프로스펙스' 브랜드), 태화고무, 삼화고무, 동양고무(현재 화승그룹), 보생고무 등을 꼽을 수 있다. 회사 명칭에 '고무'가 들어가는 것은 대개 고무신 생산에서 시작했기 때문이다. '범표' 신발을 제조한 삼화고무주식회사의 김지태는 1927년 부산제2상업학교(현, 개성고등학교, 본책 주(註) 199와 200 참조)를 졸업하고 동양척식주식회사 부산지점에 입사했다가 1932년 폐결핵으로 회사를 그만두었다. 그는 퇴사하면서 동척으로부터 울산의 땅 2만 평을 10년 분할상환으로 불하를 받았다. 이 부분은 그의 재산 형성과정과 맞물려 논란이 되는 대목이다. 그는 해방 직후 젊은 실업가로서 두각을 나타내 삼화고무와 조선견직한국생사, 조선방직주식회사, 부산일보사 등을 경영하고 2,3대 국회의원을 지냈다. 이외 1958년 부산의 땅 10만 평과 돈 3,000환을 기본금으로 부일장학회를 조성하고, 1959년 4월 한국 최초의 민간상업방송인 부산문화방송과 1961년 서울문화방송(MBC) 등을 창립하였다. 1950년대 세간에서는 "한강 이북에 이병철(삼성그룹의 설립자)이 있고 한강 이남에 김지태가 있다"고 할 만큼 전국적 인물로 명성을 날렸다. 그러나 박정희의 5·16군사쿠데타 이후 1962년 4월 부정축재자로 몰려 재산을 압수당하게 된다. 박정희정권은 김지태의 부일장학회, 부산일보, 부산문화방송, 서울문화방송(MBC) 등을 몰수하여 '5·16장학회'를 만들었다. 그 결과 '5·16장학회'는 부산일보, 부산문화방송 및 서울문화방송(MBC)의 최대 주주로서 이들 언론사에 대해 영향력을 발휘하였다. '5·16장학회'를 1980년 전두환의 신군부는 구군부와의 차별성을 드러내기 위한 이미지 쇄신 차원에서 1982년 박정희의 '정'과 육영수의 '수' 두 글자를 차용해서 '정수(正修)장학회'로 명칭을 바꿨다. 따라서 '정수장학회'는 앞서 말한 언론사를 비롯해 영남대학교에 대해 법적 영향력을 행사하였다. 지난 17대 국회 여대야소의 정국에서 16대 국회 때 초안이 잡혔던 친일진상규명법을 개정할 때, 애초 16대 국회 당시 여소야대 상황에서 상임위원회를 장악하고 있었던 한나라당이 미온적인 태도를 보였던 것과는 달리, 경제계 친일파 인물들에 대해 구체적인 가이드라인 곧 '동양척식주식회사·조선식산은행 중앙 및 지방조직 간부'를 제시하며 이들을 친일파 범주에 넣자고 주장하였다. 이는 당시 김지태의 유족들이 '정수장학회'에 대해 재산환수를 주장한 것에 결과적으로 맞불을 놓는 셈이 되었다. 김지태의 친일행위에 대한 진위는 밝혀져야 하겠지만 유족들은 재산환수 문제를 제기할수록 '김지태=친일파'로 몰리는 상황에 직면하였다. 결국 여러 가지 이유가 맞물리면서 재산환수 주장은 시간이 지나면서 유야무야하게 되었다. 김지태의 재산헌납은 자의적 헌납이 아닌 사실상 국가의 몰수였음이 지난 참여정부시절 '국정원과거사건진실규명을 통한 발전위원회'에서 밝혀졌다. 가난한 빈농의 자식이었던 고(故) 노무현 대통령이 부산상고를 다닐 수 있었던 것은 김지태가 만든 백양장학회의 장학생이었기 때문이다. 이런 인연 때문인지 고(故) 노무현 대통령은 과거 변호사로 활동할 때 삼화고무의 고문변호사직을 맡기도 하였다.

589) 본책 주(註) 562 참조.

590) 김일수(金日守)는 1932년 설립한 남선고무(南鮮護謨)공업주식회사 감사와 1934년 조선곡산(朝鮮穀産)공업주식회사 대표를 지냈다.

삼화고무(三和ゴム)주식회사

① 삼화고무(三和ゴム)주식회사_ [신부산대관]
② 대표취체역사장(代表取締役社長)　요네구라 세이자부로(米倉淸三郎)_ [신부산대관]

키타지마 케사키치(北島袈裟吉)

원　적 사가현(佐賀縣) 소성군(小城郡) 소성정(小城町) 자송미(字松尾)
주　소 부산부(釜山府) 대창정(大倉町) 3정목(丁目) 3번지
상　호 키타지마카미다나(北島紙店)[591]
사　업 일본종이와 서양종이 도매

　키타지마 케사키치(北島袈裟吉)는 1904년 봄에 조선으로 건너와 부산 서정(西町) 1정목(丁目)에서 일본종이(和紙)와 서양종이(洋紙)의 도소매점을 개업하였다. 1906년 업무의 확장을 위해 대청정(大廳町) 3정목(丁目)으로 이전한 후 사업은 점차 번창하였다. 그런데 1917년 2월 18일 이웃에서 난 불로 일 순간 좌절을 겪게 된다. 1917년 11월 현주소로 신축해 이전하고 크게 사업의 부흥을 보았으나 불행하게도 또다시 1929년 6월 24일 이웃에서 번진 화재로 점포가 피해를 입게 되었다. 그러나 이때 이미 상권은 확립되어 있어서 화재의 피해에도 하등 개의치 않고 바로 확장한 신축점포를 열어 소위 '화재 뒤 이전보다 더 나아진' 발전된 모습을 보이고 있다. 본 상점은 화양지(和洋紙)를 각 원산지로부터 특약 구입하여 판로는 조선 남북 연안 일대, 강원도, 함경도, 만주 및 중국에 미치며, 일본 제일이라고 칭하는 도쿄호시나즈리(東京星名刷)의 조선대리점을 같이 경영하고 있다.

　그는 올해 57세로 가정에 2남 2녀를 두었는데, 2남 모두 부산제1상업(釜山第一商業)학교를 졸업하고 오로지 그를 도와 가업을 위해 노력하고 있다.

키타지마카미타나_ 중구 동광동 인쇄골목 1길 입구 백년어서원이 있는 건물 자리이다.

591) 『新釜山大觀』 본문에서는 키타지마카미다나(北島紙店)로 기재되어 있으나, 사진 속 상점 간판에는 키다지마와요카미타나(北島和洋紙店)로 되어 있다.

키타지마 케사키치(北島袈裟吉)

① 키타지마와요카미다나(北島和洋紙店)_ [신부산대관]
② 키타지마 케사키치(北島袈裟吉)_ [신부산대관]

키쿠츠구 아라타(菊次新)

원　적 후쿠오카현(福岡縣) 류하정(柳河町) 자욱정(字旭町)
주　소 부산부(釜山府) 부평정(富平町) 2정목(丁目)
상　호 키쿠츠구상점(菊次商店)
사　업 식료품 판매

　키쿠츠구 아라타(菊次新)는 1877년 1월 원적지에서 태어났다. 1906년 부산으로 건너와 대청정(大廳町)에서 두부집을 개업하고 첫걸음을 내딛었다. 1913년 부평정(富平町) 시장이 개설되자 그곳으로 이전하여 대두(大豆), 백문유(白紋油)[592] 구약가루(蒟蒻紛)[593] 등을 판매하였다. 그의 지치지 않는 노력은 마침내 세상의 신용을 얻어 사업의 기초를 확고히 하였다. 현재 상점에서는 곤약(菎蒻), 두부, 유부류(油腐類)를 판매하고 또 그것을 관부연락선에 특약 납품하고 있다. 그 밖에 두부 제조와 원료 및 도구류도 취급해 점차 도내(道內)에서 판로를 안정시키고 있다. 점원 15명을 두고 평소 영업으로 매우 바쁘다.

　한편 그는 대가(貸家)를 다수 보유해 부산에서 성공한 사람 중에 속한다.

---

[592] 정제한 콩기름, 참기름, 면실유 등을 말한다.
[593] 구약나물의 알줄기인 구약구(蒟蒻球)를 말리어 곱게 빻은 가루이다. 끈기가 많아서 옷감이나 종이 등을 붙이는 풀로 만들거나 방수포(防水布)와 공기(空氣) 주머니 따위의 도료(塗料), 그리고 곤약(菎蒻)을 만드는 재료(材料)로 사용된다.

키쿠츠구 아라타(菊次新)

① 키쿠츠구 아라타(菊次新) 저택_ [신부산대관]
② 키쿠츠구 아라타(菊次新) 후쿠오카(福岡) 저택_ [신부산대관]
③ 키쿠츠구 아라타(菊次新)_ [신부산대관]
④ 키쿠츠구 아라타(菊次新) 영식(令息) 키쿠츠 이치로(菊次一郎)_ [신부산대관]

유키 키요지(由岐潔治)

원　적　도쿠시마현(德島縣) 해부군(海部郡) 천천촌(淺川村)
주　소　부산부(釜山府) 대청정(大廳町) 3정목(丁目) 9번지
상　호　유키(由岐)위생화학시험소, 유키(由岐)약국

유키 키요지(由岐潔治)는 1898년 원적지에서 태어났다. 1906년 부산으로 와서 부산제일심상소학교의 전신인 부산거류민단립(釜山居留民團立)심상소학교를 졸업하였다. 고학(苦學)생활은 심상소학교 5학년 무렵부터 시작되어 부군(父君)을 도우면서 독학하다가 약업가가 되겠다는 열망으로 1915년 도쿄(東京)로 가서 중학 3학년 편입시험에 합격하고, 이후 도쿄약업(東京藥業)전문학교에 입학하였다. 재학 7개월 만에 이미 문부성 약제사 학설(學說)시험에 합격하고 곧바로 같은 학교 연구과에 들어가 겨우 2개월 만에 실지(實地)시험에 합격하였다. 이는 매우 특별한 경우로 교장추천에 의해 졸업을 인정받았다. 대개 3년간의 정식 과정을 마쳐도 여전히 어려운 시험인데 졸업을 인정받은 것은 칭찬받을 만한 합격을 했기 때문이었다. 게다가 나이 어린 상황에서 힘껏 공부에 매진한 결과 이와 같은 성적을 거두게 된 것은 그의 기품재능(氣稟才能)이 보통이 아님을 보여 준 것이었다. 보병 제62연대에서 군대생활 3년을 마치고 부산에 돌아와 1922년부터 2년 남짓 연구생활을 한 후, 1924년 마침내 평소의 뜻대로 약국을 개설하여 각종 의약품 제조에 종사하였다. 그에게 화학 특히 응용화학은 가장 자신만만한 분야이며 더구나 물리학, 약리학 및 의학 등의 광범한 지식은 서서히 그 업무상에서 구현되었다. 우선 조선에서 나병(Hansen病)환자가 많음에 자극받아 고심하여 연구한 결과, 1927년부터 만든 대풍자유(大風子油)는 조선 내에서는 물론 도쿄, 시즈오카(靜岡), 구마모토(熊本) 외에 기타 각지의 나(癩)병원에서 사용되는 정평 있는 약이었다. 조선박람회에 출품하여 동메달을 받고 특히 1934년부터 원료수입 관계로 유키대풍자유(由岐大風子油)의 전국적 독점을 이룬 업적은 괄목할 만한 것이었다. 또 1928년부터 개설한 유키(由岐)위생화학시험소는 널리 각종 물질의 분석 감정에 응하여 민간기관으로서 권위를 확보하게 되었다. 1929년 처음으로 만든 우지나신(ウヂナシン)[살저제(殺疽劑)]과 1931년 만든 하이나싱(ハイナシン)[살충제]은 조선과 만주 지역에 걸쳐 판로가 확대되어 매년 수요의 격증을 보고 있다. 그의 두뇌와 쉼 없는 연구노력은 다시 금후 꽤 많은 신제제(新制製)를 세상에 내놓을 것이다.

공공(公共)방면에서 그의 활동은 1928년부터 정내조장(町內組長)과 1934년 부회의원(府會議員)을 역임하고 있으며, 업계에서는 부산약업조합, 부산약업조합 제사회(劑師會)의 임원으로 중요 임무를 다하고 있다. 그의 신조는 '인생즉활동(人生卽活動)'이며 좌우명은 '향상(向上), 명찰(明察)'로, '학자는 그의 저서(著書) 이상의 강의를 하지 않는다'는 그의 독학역행(獨學力行)의 체험으로부터 나온 주장에서 그가 세상의 평가나 지위에 걸맞게 활약하고 있음을 알 수 있다.

유키약국_ 중구 대청로변에 있는 설피부과의원 건물 자리이다.

유키 키요지(由岐潔治)

① 유키(由岐)위생화학시험소_ [신부산대관]
② 유키(由岐)위생화학실험실_ [신부산대관]
③ 약제사(藥齊師) 유키 키요지(由岐潔治)_ [신부산대관]

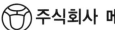 ## 주식회사 메이지야(株式會社 明治屋)

본　점 부산부(釜山府) 대청정(大廳町) 1정목(丁目) 38
출장소 오사카시(大阪市) 동구(東區) 남구보사정(南久寶寺町) 1정목(丁目)
창　립 1918년
자본금 60만 원
대표중역 토요즈미 코이치(豊泉浩一). 상무취체역지배인 나카오 진키치(中尾甚吉)

　연　혁 전(前) 사장 토요즈미 도쿠지로(豊泉德治郎)는 1902년 2월 메이지야(明治屋)라는 이름으로 서정(西町)에 작은 잡화 소매점을 열었다. 이것이 현재의 메이지야(明治屋)의 기원이다. 선대(先代) 토요즈미 도쿠지로(豊泉德治郎)가 조선의 장래에 대한 큰 포부를 가지고 이곳에 근거지를 마련한 것이다. 상표 ⊙는 당시 자본금 100원을 상징하는 것인데 각고의 노력으로 곧 소매에서 도매로 진전하여 현재의 대청정(大廳町)에 점포를 신축하였다. 1918년 자본금 60만 원의 주식회사로 변경하고 토요즈미 자신이 사장이 된 이래 사업이 점점 번성하게 되었다. 현재야말로 자본금 60만 원에 적립금 5만 원을 보유하면서 부산에서는 물론이고 조선과 일본에까지 잡화도매상으로서 그 이름이 알려져 있는데 이렇게 되기까지 토요즈미(豊泉)의 노력은 보통이 아니었다. 현재의 빼놓을 수 없는 신용과 견고한 기초는 오로지 토요즈미(豊泉)가 분투한 결과이며 동시에 그의 인품 때문이기도 하다. 그러나 1925년 8월 30일 애석하게도 56세 나이에 병으로 사망하였다. 당시 그는 관련된 공사(公私) 방면이 매우 넓었으며 또한 인격자로서 업계에 중요한 인물이었다. 사후 그의 뒤를 이어 독일 유학 중 상속자가 된 코이치(浩一)가 조선으로 돌아와서 사장의 요직에 올라 업무에 전념하였다. 코이치는 조선 전역의 거래처를 시작으로 국경을 넘어 블라디보스톡에서 북만주(北滿洲)까지 시찰을 하고 장래의 비약에 대비하였다. 부인이 죽는 불행을 겪지만 자녀의 양육에 전념하여 현재는 도쿄시(東京市)에 거주하면서 점무(店務)를 관할하고 있다.

　본거지를 맡은 상무취체역지배인 나카오 진키치(中尾甚吉)는 상점에 들어온 이후 25여 년간 선대(先代)의 교육을 받은 성실하고 근면한 사람으로, 견실(堅實)제일주의로 나아간 취체역 히라이 탓페이(平井辰平)와 함께 20여 명의 점원을 독려하고 일치 협력하여 업무의 번영을 기약하고 있다. 게다가 선대(先代)의 모당(母堂) 츠네코(つね子) 여사는 금년 미수(米壽)의 연령인데도 정정해서 젊은이를 능가하는 기상을 지니고 있다. 여사를 중심으로 선대(先代)가 살아 있었던 시절과 같이 상점 내부는 화기애애한 분위기이다.

　영업상에서 본 메이지야(明治屋) 메이지야에서 현재 취급하는 상품은 주로 일용잡화로 복장(服裝)잡화를 비롯해 종이류, 문구, 화장품 등 일본인과 조선인을 대상으로 하는 잡화의 모든 것을 취급하여 다른 점포와 비교할 수 없을 정도로 취급 물품이 매우 다양하다. 물품수는 60종으로 점수(點數)가 3,000점에 달하고, 조선 전역에 걸쳐 단골 거래처는 실로 천 수백 개소에 이르고 있다. 또 오사카(大阪)에 매입부(買入部)를 두고서 신상품을 제공하고 품질을 꼼꼼히 조사하여 좋은 물품을 고르는데 노력하고 있다. 업계를 대표할 정도로 오래된 상점인 만큼 유력 상품의 특약도 일일이 열거할 수가 없다. 그리고 풍부한 재고품과 창업 이래 상점의 표어인 친절과 성실을 신조로 매진하면서 민첩하게 활동을 꾸준히 이어가고 있다. 더구나 마루햐쿠클럽(丸百クラブ)화장품판매주식회사[자본금 3만 원, 반액은 납입]는 메이지야(明治屋)의 자매 회사로 동일계통의 경영이지만, 오로지 오사카(大阪)의 나카야마타이요도(中山太陽堂)의[594] 클럽화장품을 취급한다. 창업한 지 얼마 안 되지만 메이지야(明治屋)의 배경을 이용해 성적이 나쁘지 않으며 순조로운 발전을 보이고 있어 메이지야와 함께 장래를 기대할 수 있을 것이다. 사장 코이치(浩一)[도요대학(東洋大學) 졸업 후 독일에 유학]를 비롯해 25명의 점원 모두가 협력 일치하여 상점의 업무에 힘쓰고 있어 그 전도가 기대된다.

주식회사 메이지야_ 중구 동광동 4가 대청로변에 있는 보명필방 자리이다.

---

594) 1903년 야마구치현(山口縣) 출신인 나카야마 타이치(中山太一, 1881~1951)가 효고현(兵庫縣) 고베(神戶)에 설립한 개인 상점에서 출발한 회사이다. 1939년 주식회사 나카야마타이요도(中山太陽堂)로 회사명을 변경한 이후 1971년 다시 주식회사 클럽코스메틱스(株式會社クラブコスメチックス, CLUB COSMETICS Co.,LTd.)로 바꾸고 현재까지 화장품회사로 활동을 하고 있다.

주식회사 메이지야(株式會社 明治屋)

① 주식회사 메이지야(株式會社 明治屋)_ [부산대관]
② 주식회사 메이지야(株式會社 明治屋)_ [신부산대관]
③ 메이지야(明治屋) 사장(社長) 토요즈미 코이치(豊泉浩一)_ [부산대관]

미노베 순이치(美濃部春一)

원 적 미에현(三重縣) 원변군(員辨郡) 치전촌(治田村) 대자동촌(大字東村)
주 소 부산부(釜山府) 본정(本町) 3정목(丁目) 2번지
상 호 산유상회(三友商會)
사 업 서양가구 제조, 실내장식 일체

미노베 순이치(美濃部春一)는 1911년 조선으로 건너와 관계(官界)에 종사하다가 1923년 경남 진주군수로 관직을 그만둔 이후 산유상회(三友商會)를 경영해 오늘에 이르고 있다. 취급 상품은 서양가구 및 실내장식 일체로 일찍이 값비싼 생활용품을 납품하는 영광을 안았다. 즉 가구품평회에 출품해 명예상을 받아 각 관청, 은행, 회사에 납품함으로써 신용을 넓히고 있다. 동양리노륨(東洋リノリュム-) 및 각종 장판(敷物), 벽지오세다(壁紙オセダ-)특약점으로[595] 가구제작공장은 본정(本町), 서정(西町), 부평정(富平町) 3곳에 있으며 완성공장은 본정(本町)에 있다. 직공을 제외한 점원이 17명을 헤아리고 상점은 날로 번창하고 있다.

그는 올해 55세로 총지배인을 맡고 있으며 자식 2명이 상점에서 그의 업무를 돕고 있다. 화기애애한 분위기 속에서 업무가 이루어지고 있다.

산유상회| 중구 동광동 3가 대청로변에 있는 금생약국이 그 자리이다.

[595] 오세다(オセダ)는 영국제 왁스로 유명한 'Prestige O-cedar oil polish' 제품과 관련이 있는 것으로 판단된다.

미노베 순이치(美濃部春一)

① 산유상회(三友商會) 점포_ [신부산대관]
② 산유상회(三友商會) 사무실_ [신부산대관]
③ 1층 진열품_ [신부산대관]
④ 2층 진열품_ [신부산대관]

미쯔이물산주식회사 경성지점(三井物産株式會社 京城支店) ◇ 부산파출원(釜山派出員)

본　점 도쿄시(東京市) 니혼바시구(日本橋區) 본정(本町) 2정목(丁目) 1번지

자본금 1억 원[전액 납입]

업　무 물품판매업, 도매업, 운송업, 대리업, 제재업(製材業), 조선업 및 이와 관련된 부대사업

부산파출원(釜山派出員) 부산부(釜山府) 본정(本町) 2정목(丁目)[금평정(琴平町) 1번지]

전　화 63 장(長) 6555

영업과목 곡비(穀肥), 당분(糖分), 석탄, 시멘트, 기계, 직물, 소주(燒酎), 고무, 소금, 식료품, 해산물, 인삼, 목재, 선철(銑鐵)
　　　　　[기계, 철도, 전신전화 재료 일체, 석탄, 목재, 철물, 각종 비료, 오노다(小野田)시멘트회사, 다이닛폰(大日本)인조비료 회사, 만주제분(滿洲製粉)회사, 전기화학공업
　　　　　회사, 본계호매철공사(本溪湖煤鐵公司)[선철(銑鐵), 코크스]제품 독점 판매, 식료품, 해산물, 인삼, 기타 잡품]

미쯔이(三井)물산주식회사는 자본금 1억 원으로, 도쿄(東京)본점을 중심으로 세계 각국에 걸쳐 완전한 지점망을 조직하였다. 단순히 일본 대외무역의 대표적 지위를 확보하는데 그치지 않고 세계 주요 거점에 있는 외국무역시장에서 활약하는 상황이 정말로 훌륭하고 장엄하다. 동사(同社)와 같이 방대한 규모와 진보적인 조직, 정연한 규율을 가진 대회사는 구미 선진국에서도 찾아보기 힘들다고 말할 수 있을 것이다. 동사(同社)의 조선에서 역사를 돌이켜 보면 1900년 처음 인천에 출장소를 설치한 것이 그 효시이다. 이어서 경성에 지점을 두고 1908년 그 감독 아래 부산출장원을 설치하였는데, 1920년 이를 부산파출원으로 명칭을 변경해서 오늘에 이르렀다. 그 밖에 인천, 평양에도 파출원이 있으며 안동현(安東縣)에는 출장원을 두었다. 이들은 경성지점장의 관할로서 상호 연락하며 조선의 산업 및 무역계의 유력한 중개기관으로 활약하여 이 업계에서 지속적으로 공헌하고 있다.

　중요 본점의 소재지는 다음과 같다.

　본　점 도쿄(東京)

　지　점 오타루(小樽), 요코하마(橫濱), 나고야(名古屋), 오사카(大阪), 고베(神戶), 모지(門司), 나가사키(長崎), 미이케(三池), 타이베이(臺北), 타이난(臺南), 경성(京城), 다롄(大連), 칭다오(靑島), 텐진(天津), 한커우(漢口), 상하이(上海), 홍콩, 싱가포르, 마닐라, 자와, 시드니, 캘커타, 봄베이, 런던, 리옹, 함부르크, 뉴욕, 샌프란시스코 등으로 세계적 설비와 규모를 가히 짐작할 수 있다.

　부산주석파출원(釜山主席派出員) 아사이 야로쿠(淺井彌六)는 1926년 6월 후나코시 토오루(船越達)의 후임으로 부산에 와서 현재에 이른다.

　부산파출소장 야마모토 세쯔타미(山本節民)는 도쿄(東京) 사람이다. 1915년 도쿄대(東京大) 법과(法科)를 졸업하고 바로 미쯔이(三井)물산에 들어가 도쿄(東京), 상하이(上海), 칭다오(靑島)의 본점과 지점, 다시 도쿄(東京)본점을 거쳐 부산에 내임했다. 올해 42세의 재능있는 수완가로 나가우다(長唄)[596], 낚시, 골프를 취미로 하고 있다.

미쯔이물산 부산파출원_ 중구 동광동 부산호텔 자리에 있었다.

미쯔이물산주식회사(三井物産株式會社)
경성지점(京城支店)
부산파출원(釜山派出員)

① 미쯔이물산 부산출장소(三井物産 釜山出張所)_ [부산대관]
② 미쯔이물산 부산파출원(三井物産 釜山派出員) 사무소_ [신부산대관]
③ 미쯔이물산 부산파출원(三井物産 釜山派出員) 사무소 명함(名銜)_ [신부산대관]
④ 미쯔이물산 부산파출소장(三井物産 釜山派所長) 야마모토 세쯔타미(山本節民)_ [신부산대관]

미츠모토기선(光本汽船)합자회사

소　재 부산부(釜山府) 대창정(大倉町) 1정목(丁目)
창　립 1919년
대표사원 미츠모토 코시로(光本小四郎)

연　혁 미츠모토(光本)는 오카야마현(岡山縣) 화기군(和氣郡) 이리촌(伊里村) 출신이다. 21세 때[1913년 4월] 사업에 뜻한 바 있어 조선으로 건너와 전남 순천에서 모리타니정미(森谷精米)의 부주임으로 5년간 근무하였다. 이후 자신이 직접 미곡상을 경영할 생각이었으나 당시 순천 방면은 해륙(海陸) 모두 교통편이 없어 사업 조건이 불리한 관계로 1918년 1월 경북 포항으로 사업 장소를 바꿨다. 이것이 그가 해운업계에서 후반생(後半生)을 보내게 되는 계기가 되었다. 1919년 조선우선(朝鮮郵船)회사가 부산과 포항 사이의 정기항로를 중단하여 연안 각 항(港)의 불편이 적지 않았다. 그는 같은 고향 출신인 신덴(新田)과 상의하여 하야시카네(林兼)상점 주인 나카베 이쿠지로(中部幾次郎)를 설득하고 기선(汽船) 가고시마마루(鹿兒島丸)를 구입하여 부산, 포항간의 정기항로를 운행하였다. 그 후 발동기선의 발달에 따라 점차 강원도 연안 각 어장 곳곳에 기항(寄港)하여 화객의 편리를 도모함으로써 관계 지방민으로부터 크게 환영받았다. 그 뒤 1928년 남조선철도회사가 여수와 광주 사이의 선로 건설을 확정하자, 그는 다년간 품어 왔던 소망인 전남평야의 부원(富源) 개발을 위해 공헌할 기회로 판단하여 곧바로 독일에 게젤(ゲーゼル)기관을 주문하고 제3의 산코마루(三光丸), 부산마루(釜山丸) 2척을 건조하여 부산과 여수 사이를 운항하기 시작하였다. 마침 조선기선(朝鮮汽船)과 경쟁할 여지가 없었기에 약 4년간에 걸쳐 부산과 여수 사이 90리(浬)를[597] 거의 50전의 운임으로 여객을 독점함으로써 조선해운사상 대서특필할 사건을 낳았다. 하지만 이로 인해 해운업계의 개선 향상에 적지 않은 자극을 주게 되었다. 그 후 조선기선(朝鮮汽船)과 협조를 이루어서 부산과 여수의 기선항로는 평화리에 바람대로 많은 발전을 보이고 있다. 더구나 지난해부터 남조선철도와 혼재차(混載車)[598] 취급의 특정화차 이용을 체결하여 여수와 광주 사이 남철연선(南鐵沿線) 각 도읍(都邑) 화물주(貨物主)의 신뢰를 넓히고 있는 것은 그가 늘 공공봉사의 희생정신으로 합리적 경영에 매진한 결과라고 해야 할 것이다.

　그는 올해 42세의 장령(壯齡)으로 '깨어 있어라, 일하라' 라는 슬로건을 내걸고 사업이 곧 생명이다고 생각하고 최선을 다하는 생활 속에서 위락을 얻는 노력정진(努力精進)의 인물이다.

미츠모토기선합자회사_ 중구 중앙동 연안여객터미널 맞은편 대한통운 부산지점 신축현장이 그 자리이다.

---

597) 리(浬)는 해상의 거리를 나타내는 단위인 해리(海里)를 뜻한다. 1해리는 1,852km이다.
598) 현재 철도운송에서 혼재차 취급은 통운업자(철도운송업자)가 일반 화주로부터 소화물의 운송을 위탁받아 행선지 별로 취합하여 호차 또는 컨테이너 단위로 취급해 운송하는 것을 뜻한다.

미츠모토기선(光本汽船)합자회사

① 미츠모토기선(光本汽船)합자회사_ [신부산대관]
② 미츠모토기선(光本汽船) 부산마루(釜山丸)_ [신부산대관]
③ 사장(社長) 미츠모토 코시로(光本小四郎)_ [신부산대관]

미나가이오복점(三中井吳服店) 부산지점(釜山支店)

본　점 경성부(京城府) 본정(本町) 2정목(丁目)
지　점 부산부(釜山府) 변천정(辨天町) 2정목(丁目)
창　립 1905년 1월
자본금 300만 원[200만 원]
대표취체역 나가에 카츠지로(中江勝治郎)
연　혁 미나가이오복점(三中井吳服店)은[599] 고슈상인(江州商人)의[600] 모범인 시가현(滋賀縣) 신기군(神崎郡) 5개 장촌(莊村)[흔히 황금촌(黃金村)] 출신 나가에 카츠지로(中江勝治郎), 나가에 토미쥬로(中江富十郎), 오쿠이 와헤이(奧井和平) 등 세 사람이 1905년 1월 대구 서문(西門) 밖에서 개점한 것이 사업의 시작이다. 이듬해 1906년 새롭게 경남 진주에 지점을 개설하고, 세 사람은 힘을 합쳐 '좋은 품질을 싸게 판다'는 신조로 고객 중심에 입각해 대구와 진주에서 크게 신용을 얻었다. 이후 1910년 경성(京城) 본정(本町)에 본점을 개설하여 훗날 조선 전역을 호령할 기초를 굳건히 하고서 현재 사장인 나가에 카츠지로(中江勝治郎)에게 경영을 맡겼다. 그리하여 1912년 경원선(京元線)의 개통에 앞서 원산에 지점을 개설하고 1916년에는 부산지점을 설치하여 조선 전역을 제패(制覇)할 기초를 다졌다. 매입부(買入部) 설치의 필요성을 통감하고 교토(京都)에 매입부를 개설하여, 나가에(中江)는 경성(京城)본점을 동생 토미쥬로(富十郎)에게 넘겨주고 자신은 매입부를 맡아 상품의 엄선과 배급을 담당했다. 이렇게 본점과 각 지점의 업무를 관장하며 한층 신용을 넓히기에 이르렀다. 더욱이 1919년 평양지점 개설을 계기로 세 사람은 서로 도모하여 종래의 조직을 주식(株式)으로 변경하고 자본금을 200만 원으로 늘여 한층 발전을 꾀하였다. 1923년 이후 사업을 일본(內地)으로 확대하여 도쿄(東京)지점을 개설하였으며, 1925년에는 기후(岐阜)지점을 두었다. 조선 내에는 조치원[1924년], 대전, 목포[1924년], 군산, 광주, 함흥, 흥남에 계속해서 지점을 개설하였다. 조선과 일본을 합쳐 지점이 12개에 이르러 다른 상점이 경쟁할 수 없을 정도의 상점조직이 되었다. 나가에(中江)는 1923년 6월 미국에서 상점경영을 시찰했으며 1924년 여름에는 중국 각지를 둘러보고 업무의 발전을 계획하였다. 현재 나가에(中江)는 교토(京都)의 매입부(買入部)를 동생 니시무라(西村)에게 넘겨주고, 고슈(江州) 미나가이(三中井) 본부에서 본점과 지점을 관할하며 적극적인 영업방침의 수립에 고심하고 있다. 나아가 만주국 창건을 기회로 수도 신징(新京)에 진출해서 대규모의 지점을 설치하는 등, 현재 왕성한 미나가이(三中井) 왕국(王國)을 형성하여 다른 상점의 경쟁을 허락하지 않는 큰 조직이 되었다. 이와 같은 경이로운 대발전은 먼저 조선과 만주의 경제력 팽창이란 시세(時勢)에 순응한 것이기도 하지만, 이에 못지않게 창업을 했던 세 사람이 시종 협력해서 상업 전략에 재능을 발휘하여 많은 경쟁자를 누르고 독무대를 개척했던 것에 귀착한다. 현재 이름은 주식회사라고 해도 화목한 동족회사(同族會社)와 같이 내부 결속력이 강한 만큼 외부로 향한 발전력도 더욱 향상되고 있다.

중　역 사장 나가에 카츠지로(中江勝治郎). 취체역 니시무라 큐지로(西村久治郎), 나가에 토미쥬로(中江富十郎), 나가에 쥰고로(中江準五郎), 야마와키 고사부로(山脇五三郎), 오쿠이 와이치로(奧井和一郎). 감사역 카와이 사이지로(河井粂次郎)[1934년 10월 사망]

부산지점 1916년 6월 설치하여 나가에 쥰고로(中江準五郎)에게 경영을 맡겼는데, 많은 동업자 대열 속에서 점차 고객의 신용을 넓히고 부산의 대표적 직물점으로 이름을 날리게 되었다. 이후 십 년간 항상 한결같이 고객 본위를 표어로 신시대의 상점 경영법을 채택해 점원의 교양과 접객에 세심한 주의를 기울인 결과, 업무가 더욱 진전되어 마침내 타의 추종을 불허하는 경지를 개척하였다. 그런데 점포가 좁아 마침내 1926년 인접한 땅을 매수하고 공사비 10만 원을 투자해 아주 크고 훌륭한 3층의 서양식 점포를 신축하였다. 11월 준공 이후 순차적으로 조직을 개편해 종래의 오복부(吳服部), 면포부(綿布部), 양피륙부(洋反物部), 아동복부(小供服部) 이외 새롭게 양품잡화부(洋品雜貨部), 양복부(洋服部), 식당부(食堂部)를 개설하고 고객의 편익을 도모하여 하나의 큰 백화점의 모습을 띠게 되었다.

현재 동점(同店)은 신구 양관(兩館)을 합쳐 구관 2층 250평, 신관 3층 150평의 큰 상점으로 설비가 완전한 점에서 조선에서 이곳과 견줄 만한 곳이 없다. 특히 신관의 2층은 계절 신상품의 진열장으로 3층은 각종 전람회장 등으로 충당하고 있다. 옥상에는 넓은 정원이 있어 고객의 휴식처로 이용된다.

미나가이오복점_ 중구 광복로 용두산 에스컬레이터 맞은편의 나이키, 카페 베네 건물 자리에 있었다.

599) 오복점(吳服店)에 대해서는 본책 주(註) 343 참조.
600) 고슈(江州)는 '오우미(近江)의 쿠니(國)'의 다른 이름으로 현재 시가현(滋賀縣)을 지칭한다. 따라서 고슈쇼닌(江州商人)은 오우미(近江) 출신의 상인을 뜻하는데 주로 행상(行商)과 지점을 토대로 성장하였다. 뒤에는 운송업계에도 진출하여 에도(江戶)시대에는 많은 성공가들을 배출하였다. 고슈쇼닌(江州商人)은 고슈아킨도(江州あきんど) 혹은 고쇼(江商)라고도 불렀다.

미나가이오복점(三中井吳服店) 부산지점(釜山支店)

① 미나가이오복점(三中井吳服店) 부산지점(釜山支店)_ [신부산대관]
② 미나가이오복점(三中井吳服店) 부산지점(釜山支店)_ [부산대관]
③ 부산지점장(釜山支店長) 오쿠이 와이치로(奥井和一郎)_ [신부산대관]

현재 지점장인 오쿠이 와이치로(奥井和一郎)는 본 상점의 창설자 중 한 사람인 오쿠이 와헤이(奥井和平)의 장남으로 태어났다. 성장해서는 뜻을 실업(實業)에 두고 학업을 마친 뒤 친척의 회사인 고쿠라시(小倉市)의[601] 큰 상점 고후쿠도이야마루바시(吳服問屋丸橋)합명회사[점주(店主)인 고쿠라(小倉)상공회의소 회두(會頭) 마루바시 키요헤이(丸橋淸平)와는 종형제(從兄弟) 관계]에 들어가 직물업의 본고장에서 깊이 연구하였다. 직물점 경영을 공부하다가 1912년 8월 부친이 사망하자 동점(同店)을 사직하고 1918년 7월 미나가이백화점(三中井百貨店)의 간부로 입점(入店)하여 대구지점장을 거쳐 동(同) 백화점의 취체역 반열에 올랐다. 1922년[1921년 11월] 부산지점장으로 부임한 이후 10여 년 동안 오로지 부산지점의 개선과 발전에 뜻을 두어 현재의 번성함을 이루었다. 그는 올해 42세이며, 부인 요시코(好子)는 감사역 카와이 사이지로(河井条次郞)[1934년 10월 사망]의 장녀로 3남 2녀의 자식을 두었다. 평화로운 가정의 주인으로 취미인 요쿄구(謠曲)는[602] 경지에 이르렀다고 평판이 나 있다.

---

601) 후쿠오카현(福岡縣) 동부에 있었던 시(市)이다. 1963년 행정구역 변경에 따라 키타큐슈시(北九州市) 고쿠라구(小倉區)로 되었다가 1974년 다시 고쿠라북구(小倉北區)와 고쿠라남구(小倉南區)로 분구(分區)되었다.

602) 본책 주(註) 291 참조.

쯔치야 타카이치(土屋高一)

원　적 히로시마현(廣島縣) 미도시(尾道市) 율원정(栗原町)
주　소 부산부(釜山府) 대청정(大廳町) 1정목(丁目) 39번지
상　호 산쥬출판사(山重出版社)[603]
업　종 교육용 괘도(掛圖), 기타 교육재료 판매

쯔치야 타카이치(土屋高一)는 올해 59세로 1899년 3월 히로시마현(廣島縣)사범학교를 졸업하고 각지의 훈도(訓導)를 거쳐 교장으로 근무하였다. 1915년 5월 조선으로 건너와 1916년 5월부터 부산부(釜山府)에서 현재의 업종을 열고 교육용 괘도(掛圖)의 발행과 이과기계(理科器械), 화학약품, 모형표본(模型標本), 악기, 운동구 등을 제작 판매하고 있다. 조선에서는 이 업계의 권위자로서 조선 내 각 도(道)의 학교에 제품을 납품해 이미 충분한 기반을 다지고 있다. 경성(京城) 및 신징(新京)에 지점을 개설하여 그 제품은 만주국까지 미치고 있다.

산쥬출판사_ 중구 대청로 옛 서라벌호텔 건너편에 있는 고려정형외과자리이다.

603) 원문에는 "山重出版社經營"으로 되어 있으나 '山重出版社'의 오기(誤記)이다.

산쥬출판사(山重出版社) 쯔치야 타카이치(土屋高一)

① 산쥬출판사(山重出版社) 부산본점(釜山本店)_ [신부산대관]
② 산쥬출판사(山重出版社) 경성지점(京城支店)_ [부산대관]
③ 사장(社長) 쯔치야 타카이치(土屋高一)_ [부산대관]

쇼와코르크공업주식회사 부산공장(昭和コルク工業株式會社 釜山工場)

본　　사 히로시마시(廣島市) 주입천구정(舟入川口町)

부산공장 부산부(釜山府) 목도(牧島) 영선정(瀛仙町)

대표취체역 사장 사사키 미키사부로(佐佐木幹三郎). 전무취체역[604] 모라즈키 키루쿠키치(望月誌吉)

연　　혁 1930년 8월 압착코르크판(壓搾コルク板)의 제조를 주요 목적으로 창업하여 제빙 냉장고용 제품에 전념하였다. 그런데 1931년부터 해군공창(海軍工廠), 육군화약공창(陸軍火藥工廠), 전매국을 필두로 조선(造船), 방적(紡績), 인견(人絹)공장 등에서 수요가 증대하고, 또 최근에 중국 남쪽, 남양방면으로[605] 왕성한 수출을 하기에 이르자 원료(原料) 관계상 1933년 부산으로 건너와 신공장(新工場)을 목표로 노력하였던 것이 마침내 그 실현을 보게 되었다.

부산공장은 면적 약 1,550평, 건물 약 500평, 사용동력 45마력(馬力), 직공 약 60명이고 월평균 생산량은 탄화코르크판(炭火コルク板)[2촌(吋)[606], 2척각(呎角)] 5만 매(枚), 코르크커버링 2만 척(呎)으로[607] 공장장은 고이즈미 에이키치(小泉榮吉)[메이지대학(明治大學) 상과(商科) 졸업]이다.

영업방면 본사 영업소는 히로시마시(廣島市) 상류정(上柳町) 9번지, 오사카(大阪) 출장소는 서구(西區) 아와보리(阿波堀)빌딩

제품의 기록 1932년 5월 하마마쯔(濱松)전국공업박람회에서 국산우량품 상장을 받았다.

쇼와코르크공업주식회사_ 영도구 남항동 홍등대 앞 (주)버우엔지니어링 일대가 그 자리이다.

---

604) 『新釜山大觀』의 쇼와코르크공업주식회사 부사공장 서려사진에는 상무취체역으로 되어 있다.
605) 남양(南洋)에 대해서는 본책 주(註) 317 참조.
606) 촌(吋)은 야드-파운드(yard-pound)법에서 길이 단위인 인치(inch)로 1인치는 약 2.54cm이다.
607) 척(呎)은 야드-파운드(yard-pound)법에서 길이 단위인 피트(feet)이다. 1피트는 3분의 1야드로 약 30.48cm이다.

쇼와코르크공업주식회사 부산공장
(昭和コルク工業株式會社 釜山工場)

①과 ② 쇼와코르크공업주식회사 부산공장
(昭和コルク工業株式會社 釜山工場)_ [신부산대관]
③ 상무취체역(常務取締役) 모라즈키 키루쿠키치(望月誌吉)_ [신부산대관]

시라이시 우마타로(白石馬太郎)

원　적　에히메현(愛媛縣) 마쯔야마시(松山市) 북경정(北京町)
주　소　부산부(釜山府) 목도(牧島)
상　호　시라이시제염소(白石製鹽所)
업　종　제염(製鹽)

　시라이시 우마타로(白石馬太郎)는 1906년 3월 조선으로 건너와 부산에서 제염업(製鹽業)이 유망한 것을 알아차리고 목도(牧島)에 재제염(再製鹽)공장을[608] 설치하였다. 여러 번에 걸쳐서 사업을 확장해 연생산액 100만 근(斤)의 생산능력을 갖추게 되었다. 동래군(東萊郡) 분포(盆浦)에[609] 2만 평의 염전을 경영하고 여기서 나온 제품은 주로 경상북도, 강원도, 멀리는 함경남북도까지 판매하였다. 상권은 일찍이 확립되어 사업은 부동(不動)의 기초 위에 있다.

　그는 부산제3금융조합 평의원, 부산상사(釜山商事)회사 감사, 부산공생원(釜山共生園) 평의원 등의 관련사업 외에 1922년 5월 제국재향군인회 부산남부[목도(牧島)]분회 부장(副長), 1924년부터 1927년까지 부산상업회의소 평의원, 1925년부터 1927년까지 영선동(瀛仙洞) 총대, 1929년부터 1931년까지 부산부협의원 그리고 1931년부터는 부회의원(府會議員)으로 활동하며 공공을 위해 여력을 쏟고 있다. 경신(敬神)의 생각이 돈독한 그는 용두산신사(龍頭山神社) 제례위원장으로 경성의 조선신궁(朝鮮神宮)에서 개최된 전선신직(全鮮神職)총회에서 조선씨자총대(朝鮮氏子總代)연합회[610] 실행위원 자격으로 표창을 받았다. 올해 53세로 완건(頑健)하며 종업원을 가족주의로 포용하여 화락(和樂)의 주인공이 되었다.

시라이시제염소_ 영도구 대교동 대동맨션 뒤 해안 물량장 인근에 있는 제일토탈마린 일대에 있었다.

608) 재제염(再製鹽) 또는 재염(再鹽)은 불순물을 제거하기 위해 천일염을 물에 녹인 후 다시 가열해 재결정화시킨 것으로 일명 꽃소금이라고도 한다.
609) 현재 부산광역시 남구 용호동 LG메트로시티 자리는 원래 염전이 있던 포구였다. 이 지역은 천일제염의 요람지로 오랫동안 소금을 굽는 동이(盆)가 있던 개(浦)였기 때문에 분개 또는 분포(盆浦)라고 불렀다. 일제강점기를 거치면서 용호동으로 동명이 바뀌었다.
610) 우지코(氏子)는 같은 씨족신을 받드는 사람들을 지칭하는 용어이다. 우지코소다이(氏子總代)는 우지코(氏子) 사이에서 선발된 대표로 신사(神社)의 신직(神職)과 협력하여 신사(神社)의 유지(維持)에 노력한다.

시라이시제염소(白石製鹽所) 시라이시 우마타로(白石馬太郎)

① 시라이시제염소(白石製鹽所)_ [신부산대관]
② 점주(店主) 시라이시 우마타로(白石馬太郎)_ [신부산대관]

시노자키 카메오(篠崎龜雄)

주　소 부산부(釜山府) 대청정(大廳町) 2정목(丁目) 29번지
상　호 시노자키세탁소(篠崎洗布所)
사　업 화양복류(和洋服類) 크리닝

시노자키 카메오(篠崎龜雄)는 부산크리닝계의 선도자(先導者)인 시노자키세탁소(篠崎洗布所)의 창립 이후 세 번째 주인이다. 초대 시노자키 토키치로(篠崎藤吉郎)가 부산에 와서 개점한 것은 지금부터 35년 전으로, 당시 인구 1만 명 내외의 부산에서 참신한 방법으로 모직물, 양복류, 의류의 크리닝을 시작하여 독보적 존재로 인정받았다. 장남 겐쥬(謙重)는 제2대로 도쿄(東京), 고베(神戸)의 일본크리닝연구회 출신답게 한층 진보한 기술을 받아들여 고객을 만족시킴으로써 점포의 운세는 나날이 융창(隆昌)하였다. 이어서 제3대 카메오(龜雄)[당년 38세]가 사업을 계승해 항상 최신식 기술을 습득, 응용하고 기계를 증설하여 점포공장을 확장해 왔다. 현재 20명 가까운 종업원을 고용해 업무에 더욱 분주하며 부산에서 가장 이상적인 세탁소로서 절대적 신용을 얻고 있다.

시노자키세탁소_ 중구 대청동 부산근대역사관 뒷편 중앙면옥이 그 자리이다.

시노자키세탁소(篠崎洗布所) 시노자키 카메오(篠崎龜雄)

① 시노자키세탁소(篠崎洗布所)_ [신부산대관]
② 점주(店主) 시노자키 카메오(篠崎龜雄)_ [신부산대관]

모리모토 시케루(森本森)

원　적 고지현(高知縣) 장강군(長岡郡) 신개촌구차(新改村久次)
주　소 동래군(東萊郡) 서면(西面) 부전리(釜田里) 409번지
상　호 합자회사 모리모토(森本)정미공장

　모리모토 시케루(森本森)는 1908년 12월 처음으로 진영(進永)에 와서 농장경영 및 곡물상을 개업하였다가 신변상의 이유로 1910년 12월 고향으로 돌아갔다. 1919년 3월 동척(東拓) 제2종 이주민으로 다시 조선으로 건너와 현주소에 정착하고 1921년 부산진(釜山鎭)에서 곡물상을 개업하였다. 이후 1933년 5월 정미소를 새롭게 설치하고 1934년 2월 중순 조업을 시작하였다. 정미공장은 자본금 10만 원의 합자조직으로 그가 15년간 분투하고 노력한 결정체이다. 규모는 다음과 같다.

　공장의 규모 및 상세(商勢) 현재 공장은 부산진(釜山鎭) 역전 해안통에 있는데, 배와 수레의 이용이 매우 편리해 원료 및 제품을 쌓거나 풀 때 시간의 낭비를 줄일 수 있어 매우 유리한 조건에 위치해 있다. 또한 원동기 280마력에 필요한 연료는 폐기물 왕겨(籾穀)를 이용하여 연료비를 절약한다. 1일 정미(精米) 능력은 2,500가마니로 종업원은 400명이 넘는다. 따라서 금후 영업의 진전에 따라 능력을 더욱 배가할 수 있는 여유가 있다. 원료인 나락(籾)의 매입지는 경기도 수원 이남의 철도연선(鐵道沿線)이다. 해운을 이용하는 경우는 강원도의 일부 및 경남, 전남 목포, 법성포에까지 이른다. 정미된 제품의 발송처는 홋카이도(北海道), 도쿄(東京), 나고야(名古屋), 한신(阪神)[611], 세토나이카이(瀨戶內海)[612] 각 항구 및 후쿠오카(福岡), 나가사키(長崎) 등을 중심으로 한 일본 주요 도시이다. 그는 특별히 동래군 서면과 창원군 동면에 수전(水田) 50여 정보를 소유하고 농장을 경영하고 있다.

　모든 방면에서 활동적이기 때문에 조금의 여가도 없이 바쁘며 올해 나이 58세이다. 회사의 사원(社員), 사무원, 감독 등이 친척과 지인들로 구성되어 있어 사업의 기초가 견고하다. 종업원에 대해서는 온정으로 대하여 일치단결로 화기애애(和氣靄靄)한 분위기에서 업무의 기초를 공고히 함으로써 그의 인격이 빛을 발하고 있다.

---

611) 한신(阪神)은 오사카(大阪)와 고베(神戶)를 지칭한다.
612) 세토나이카이(瀨戶內海, Seto Inland Sea)는 일본의 혼슈(本州), 시고쿠(四國), 큐슈(九州) 사이에 있는 내해(內海)를 말한다.

모리모토(森本)정미공장 모리모토 시케루(森本森)

① 합자회사 모리모토(森本)정미공장_ [신부산대관]
② 모리모토(森本)정미공장 정미기(精米機)_ [신부산대관]
③ 모리모토(森本)정미공장 건조기(乾燥機)_ [신부산대관]
④ 모리모토(森本)정미공장 기관실(機關室)_ [신부산대관]
⑤ 점주(店主) 모리모토 시케루(森本森)_ [신부산대관]

모리토라 이치(森虎一)

원　적 사가현(佐賀縣) 서송포군(西松浦郡) 유전정(有田町)
주　소 부산부(釜山府) 본정(本町) 3정목(丁目) 5번지
상　호 모리토라상점(森虎商店)
사　업 도기류(陶器類) 판매

　　모리토라 이치(森虎一)의 선친은 일한수교조약(日韓修交條約) 체결 1년 전인 1875년, 고향에서 부산으로 온 일본인 개척자 중 한 사람으로 도기상(陶器商)을 하였다. 모리토라 이치(森虎一)는 고향에서 수학한 후 1901년 3월 부산으로 와서 부업(父業)을 이어 받았다. 일한병합(日韓倂合)이 된 이듬해, 현재 위치에 분점을 내고 부지런히 업무에 정진하여 마침내 부산에서 대표적 도매상으로 기초를 쌓았다.

　　그는 1932년 6월 상공회의소(商工會議所) 의원이 되어 공공(公共)을 위해 힘을 쏟았다. 이밖에 도매상동맹회 평의원과 사가현인회(佐賀縣人會) 고문(顧問) 및 도기상조합장(陶器商組合長) 등에 천거된 덕망 있는 인사이다. 올해 55세이지만 쇠약하지 않고 의기가 드높다.

모리토라상점_ 중구 동광동 3가 백산기념관 인근에 있는 명송초밥이 자리에 있었다.

모리토라상점(森虎商店) 모리토라 이치(森虎一)

① 모리토라상점(森虎商店)_ [신부산대관]
② 모리토라상점(森虎商店) 창고(倉庫)_ [신부산대관]
③ 점주(店主) 모리토라 이치(森虎一)_ [신부산대관]

비후쿠야신발점(備福屋履物店)

소　재 부산부(釜山府) 변천정(辨天町) 1정목(丁目) 31번지[4번지]
공　장 부산부(釜山府) 영정(榮町)
사　업 신발 도소매업
연　혁 점주(店主) 후지사와 키치지로(藤澤吉次郎)는 1905년 2월 조선으로 건너와서 변천정(辨天町) 1정목(丁目) 30번지에서 신발점을 개업하였다. 그는 오로지 조선산(朝鮮産) 오동나무로 각종 신발을 제조하여 조선은 물론, 키타큐슈(北九州), 중국의 일부 지역까지 판로를 개척해 조선의 오동나무와 조선의 명성을 높이는 한편, 일본 각지로부터 제품을 매입해 조선 각지에 판매함으로써 부산의 신발상(履物商)으로 그 이름을 알리게 되었다.

　　그 사이 1915년 점포를 변천정(辨天町) 1정목(丁目) 1번지로 옮겼다. 이후 1925년 현재의 장소에 신축해서 이전하는 동시에 초량공장을 확장하여 오늘에 이르렀다. 1934년 현재 공장은 일본과 조선을 아우러 보기 드물 정도의 큰 규모로 부산의 자랑거리 중 하나이다. 현 점주 후지사와 키치지로(藤澤吉次郎)는 고베(神戸)에 거주하고 동점(同店)은 전적으로 의제(義弟) 아키야마 요리오(秋山賴雄)가 경영하고 있다. 오늘의 발전은 그의 부단한 활동과 건실한 영업방침에 의한 것이다. 그는 독실한 기독교인으로 신자들 사이에서 존경받는 신사이다.

비후쿠야신발점_ 중구 광복로 입구 동양주차장 옆 브리즈번즈 광복점 자리에 있었다.

비후쿠야신발점(備福屋履物店)

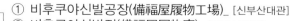

① 비후쿠야신발공장(備福屋履物工場)_ [신부산대관]
② 비후쿠야신발점(備福屋履物店)_ [신부산대관]

타하라 칸지(田原寬二)

원 적 시가현(滋賀縣) 포생군(蒲生郡) 옥서촌(玉緒村)
주 소 부산부(釜山府) 토성정(土城町) 3정목(丁目)
상 호 합자회사 피와코야(合資會社 ビワコ屋)
사 업 내외양주(內外洋酒) 직수입 및 자가양조(自家釀造)

타하라 칸지(田原寬二)는 1875년 2월 원적지에서 태어났다. 1886년 오사카(大阪)의 포목도매상 이나니시(稻西)합명회사에 들어가 점무(店務)를 보면서 시노노메(東雲)고등상업학교를 졸업하였다. 20세에 동(同) 회사 도쿄(東京)출장소 차석(次席) 겸 도쿄산매입(東京産買入)주임이 되고 23세 때는 본사(本社) 해외부 판매주임으로 일하였다. 그 후 25세 때 동(同) 회사를 원만히 나와 웅비를 획책(劃策)하다가 1904년 5월 조선으로 건너와 부산 남빈정(南濱町)에서 식량통조림과 양주도매상을 개점하였다. 당시 안동현(安東縣) 주재 압록강군(鴨綠江軍) 육군 제1병참부를 대상으로 대량의 통조림을 운송하였는데 교통의 불편과 많은 어려움을 극복하고 전부 납품하여 군대로부터 용감한 행동으로 칭찬받기도 하였다. 더구나 거액의 주문을 받아 일본에 조달하기 위해 귀국하는 도중 우연히 바다 한가운데 섬에서 대해전(大海戰)을 만났으나, 마침 승선한 배가 타유마루(大有丸)라는 작은 배였기 때문에 하늘의 도움으로 조난을 면하고 두 번째 주문품의 납입을 완료할 수 있었다. 이로 인해 의외의 보상을 받아 부산에 점포를 확장하고 다시 변천정(辨天町) 1정목(丁目)으로 이전하여 연액 45만~46만 원의 판매액을 올렸다. 시대의 흐름에 발맞추어 1925년 6월 양주의 수입과 자가양조로 전업한 이후 현재까지 영업을 계속하고 있다. 현재 세계 각국의 유명 양주 및 일본산 양주류를 직수입하는 한편 조선산 원료로 삼정포도주(蔘精ブドー酒)[613], 삼정백포도주(蔘精白ブドー酒), 금강산송실주(金剛山松實酒), 송엽정백포도주(松葉精白ブドー酒), 마늘인삼포도주(大蒜人蔘ブドー酒)의 다섯 종류를 양조하고 있다. 그런데 이들 5종은 그가 1916년 6월 이후 고안해서 만든 고민의 결정체로, 품질을 인정받아 각 박람회, 전선주류(全鮮酒類)대회와 품평회 등에서 많은 우등상을 수상하였다.

그는 사업을 취미로 여겨 항상 신제품의 고안에 몰두하고 서도(書道)와 수묵화(水墨畵), 휘호(揮毫), 서화(書畵), 골동품(骨董品) 등으로 여가 시간을 즐긴다. 사업이 몹시 바쁘기 때문에 토성정(土城町) 조장(組長), 토성정 위생위원 이외에는 공직계에 나아가지 않고 있다.

합자회사 피와코야_ 서구 토성동 경남중학교 옆 소문풀판사 자리에 있었다.

---

613) 진세이(蔘精)는 고려인삼엑기스를 뜻한다.

합자회사 피와코야(合資會社 ピワコ屋) 타하라 칸지(田原寬二)

① 합자회사 피와코야(合資會社 ピワコ屋)의 제품_ [신부산대관]
② 타하라 칸지(田原寬二)_ [신부산대관]
③ 타하라 칸지(田原寬二) 취미작(趣味作)_ [신부산대관]

치토세 키다키치(千歳定吉)

원　적　나가사키현(長崎縣) 엄원정(嚴原町) 국분(國分)
주　소　부산부(釜山府) 부평정(富平町) 1정목(丁目) 27번지
상　호　치토세쿠미(千歳組)
사　업　토목건축청부

치토세 키다키치(千歳定吉)는 일찍부터 토목건축업계의 인물로 1888년 부산부(釜山府) 본정(本町) 1정목(丁目)의 무역상 이소야마 군뻬이(磯山軍平)로부터 상관(商館) 건축을 부탁받아 처음 조선으로 건너왔다. 상관 건축을 통해 그의 기량과 수완이 곧바로 인정받게 되어 상업회의소[현재의 소방본부[614]] 건축을 청부받았다. 청일전쟁이 일어나자 그는 인부들의 우두머리로서 명령을 받들어 부산, 대구간의 군용전신(軍用電信)공사를 완성하였다. 이어서 철도 및 기타 관청의 지정청부인 자격으로 1895년부터 1896년에 걸쳐 영사관, 경찰서 등을 단독으로 증개축(增改築)함으로써 당시 부산의 건축계는 그의 독무대였다. 1892년경 발기인이었던 그는 미요시 토요사부로(三好豊三郎) 등과 도모하여 공생회(工生會)를 조직하고 회원 중에서 35명을 선발하여 의용소방조를 조직하였다. 무릇 이것이 부산소방조의 기원으로 그는 조두(組頭)로서 십 수 년간 진력을 다하였다[의용소방에서 공설소방조로 된 것은 이사관(理事館) 마쯔이 시게루(松井茂)[615] 때이다. 치토세 키다키치(千歳定吉)는 현 조두(組頭)인 고미야(小宮)가 올 때까지 근속하였다]. 공사(工事)방면에서는 1899년, 1900년경 마산 개항 당시 마산영사관, 경찰서 등을 건설하였고, 러일전쟁 때는 경부선의 부산 대전간 철도임시사무소를 단독으로 건축하였다. 그 후 동래고등보통학교, 진주자혜(晉州慈惠)병원, 전매국의 도내 각 군(郡) 지서(支署), 도내 간선도로 1, 2, 3구(區), 목도(牧島) 도로 등으로 사업이 한가할 틈이 없었으며 근래에는 타테이시제유(立石製油)공장[616] 및 매축을 완성하고 세관 수산제품검사소, 방어진(方魚津) 방파제 등 대공사 10개를 시공 중에 있다. 그는 공사를 맡으면 치토세쿠미(千歳組)의 명예를 더럽히지 않는 것을 제일 중요시했기 때문에 시종일관 손실은 안중에 두지 않고 건설을 해왔다. 이 때문에 부산의 가옥(家屋) 중에서 그의 손을 거친 것들은 고가(高價)로 매매된다. 1926년 서양인으로부터도 그의 기상(氣象)과 기술을 인정받아 고베(神戶)의 라이징선(ライジングサン)[617] 지점 건축을 의뢰받은 것은 곧 그의 덕(德)을 증명하는 일이 될 것이다.

올해 68세로 아직 원기 왕성하여 2명의 자식과 함께 사업에서 활약하면서 또 오랫동안 정내(町內)총대, 용두산신사(龍頭山神社) 우지코총대(氏子總代)[618] 등으로 근무하여 공로를 표창받았다.

치토세쿠미_ 중구 부평동 1가 27번지 부평시장 안 부영식육점이 입주한 건물 자리에 있었다.

---

614) 소방본부의 위치와 내용에 대해서는 본책 부산소방조(釜山消防組) 항목 참조.
615) 이사관(理事館) 마쯔이 시게루(松井茂)의 재임기간은 본책 부산의 발전에 공헌한 역대관인(歷代官人) 항목 참조.
616) 본책 타테이시제유(立石製油)공장 항목 참조.
617) 라이징선(Rising Sun)석유회사에 대해서는 본책 주(註) 465 참조.
618) 우지코소다이(氏子總代)는 본책 주(註) 499 참조.

치토세쿠미(千歲組) 치토세 키다키치(千歲定吉)

① 치토세 키다키치(千歲定吉) 저택(邸宅)_ [신부산대관]
② 치토세 키다키치(千歲定吉)_ [신부산대관]

하마노 스에마쯔(濱野末松)

원　적 사가현(佐賀縣) 좌하군(佐賀郡) 금립촌(金立村) 덕영(德永)
주　소 부산부(釜山府) 행정(幸町) 1정목(丁目) 37번지
상　호 수월당(水月堂)
사　업 제과(製菓)

　하마노 스에마쯔(濱野末松)는 1910년 3월 29일 원적지에서 태어났다. 16세 때 뜻을 세우고 제과기술 수업에 들어가 사가시(佐賀市)를 시작으로 나가사키(長崎)카스테라의 [619] 감추어진 비밀을 밝히기 위해 나가사키에서 수년간 수업하였다. 이후 계속해서 사세보(佐世保)와 하카다(博多)의 카스테라 제조업자 밑에서 수년간 애쓰고, 1929년 조선으로 건너와 경성과 평양의 일류상점에서 일본과자와 서양과자 일반에 대해 널리 연구하였다. 그 동안 수업에 소요된 세월을 합치면 약 10년, 오로지 몸과 마음을 다해 기술을 충분히 습득하였다. 3년 전 부산으로 와 현 위치에서 독립 제과포(製菓鋪)를 개업하였다. 현재 일본 전통과자(國粹菓子)의 고상한 맛이 양풍과자(洋風菓子)에 의해 위협받고 있는 상황에서 수월당(水月堂)은 특별히 전통과자의 고상한 맛을 알리는데 힘을 쏟고, 또 좋은 제품의 염가주의(廉價主義)와 서비스 본위, 이 두 가지를 점시(店是)로 해서 고객을 매료하고 있다.

　그는 올해 28세의 청년으로 공장종업원들과 함께 밤낮으로 재료 가공에 열심히 노력하고 다시 한 번 큰 미래를 위해 매진하고 있다. 일찍이 도쿄(東京)박람회에 카스테라와 생과자를 출품해 전국우등상을 받았다. 이것으로 볼 때 그의 기술을 인정해야 할 것이다.

수월당_ 중구 광복로 시티스팟 남쪽 골목안 창선동 1가 37번지의
원산면옥 자리에 있었다.

619) 16세기 포르투칼과 스페인의 선교사들에 의해 카스테라가 처음 나가사키에 전래되었다. 카스테라의 어원에 대해서는 스페인의 카스티야 왕국의 빵이었다는 데서 유래했다는 주장과 나가사키 현지민이 포르투칼 선교사가 주는 빵을 먹고 맛이 독특해서 "그것이 뭐냐고" 물었을 때, 선교사가 빵포장지에 그려져 있던 그림 캐슬(castle)에 대해 물은 줄 알고 "카스텔"이라고 대답한 것이 오늘날 카스테라의 어원이 되었다는 등 여러 가지 설이 있다. 나가사키 카스테라는 지금까지 나가사키를 대표하는 식품으로 그 명성을 유지하고 있다. 나가사키 카스테라는 부드러운 맛 때문에 재료 중에 우유가 들어가는 것으로 생각하기 쉬운데 정작 우유는 사용하지 않는다. 밀가루, 설탕, 물엿, 계란과 국내에는 없는 쌍목당(雙木糖)의 일종인 굵고 누런 설탕 자라메(粗目), 이 다섯 가지의 재료로서 나가사키 카스테라의 독특한 맛을 낸다.

수월당(水月堂) 하마노 스에마쯔(濱野末松) ① 수월당(水月堂)_ [신부산대관]
② 수월당(水月堂) 제품(製品)_ [신부산대관]

오카무라 시게루(岡村茂)

원   적 야마구치현(山口縣) 대진군(大津郡) 향기(鄕崎)
주   소 부산부(釜山府) 부평정(富平町) 2정목(丁目) 76번지[시장(市場) 내]
상   호 오카무라상점(岡村商店)
사   업 마른 식료품(乾物), 식료잡화 판매

　　오카무라 시게루(岡村茂)는 지금으로부터 17년 전, 부군(父君) 산스케(三助)를 따라서 부산에 왔다. 부군(父君)은 부평정(富平町)시장 내에 건물상(乾物商)을 개점하여 가족으로 하여금 업무를 맡도록 하고 본인은 야토지쿠미(八頭司組)에 들어갔다. 이어서 오이케상점(大池商店)에서 계속 근무를 하던 중, 시게루(茂)가 부산공립제1상업학교를[620] 졸업하자 점무(店務) 일체를 인계하기에 이른다. 젊은 나이에 오직 한 가지 순수한 일념으로 상품연구와 영업개선을 도모하는 한편, 각종 식료품잡화 일체를 취급하여 점포를 크게 확장하였다. 이에 해가 갈수록 성황을 이루어 바야흐로 조선 제일의 부평정시장 안에서 굴지의 대상점으로 이름이 알려져 가게 앞은 늘 고객들의 줄로 성황을 이룬다. 부군(父君)은 현재 오이케(大池) 경영의 유우센쿠미(郵船組)에서 조장(組長)으로 근무하고 있고 시게루(茂)는 점무(店務)에 정성을 쏟으며 또 한번의 비약을 꿈꾸고 있다. 운명은 미소로서 이 일가(一家)에 임하고 있다.
　　시게루(茂)는 올해 31세로 부평정청년단(富平町靑年團)의 간사를 맡아 그의 앞날이 희망차고 전망이 밝다. 1933년 상공회의소 주최로 열린 상점 앞 장식경기회(裝飾競技會)에서 우등상을 받은 것은 그의 신진(新進)하는 모습을 보여주는 것이다.

오카무라상점_ 중구 부평동 옛 부평정시장이었던 부평맨션 옆 우성멜라민 일대인 부평동 2가 76번지가 옛 오카무라상점이 있었던 곳이다.

620) 본책 부산제1공립상업학교 항목 참조.

오카무라상점(岡村商店) 오카무라 시게루(岡村茂)

① 오카무라상점(岡村商店) 점포(店鋪)의 일부(一部)_ [신부산대관]
② 오카무라상점(岡村商店) 진열창(陳列窓)_ [신부산대관]
③ 오카무라상점(岡村商店)의 진열품_ [신부산대관]
④ 점주(店主) 오카무라 시게루(岡村茂)_ [신부산대관]
⑤ 엄부(嚴父) 오카무라 산스케(岡村三助)_ [신부산대관]

무라카미 이쿠조(村上幾造)

원　적 야마구치현(山口縣) 웅모군(熊毛郡) 이보장촌(伊保庄村)
주　소 부산부(釜山府) 본정(本町) 3정목(丁目) 14번지
상　호 무라카미상점(村上商店)
사　업 면사포(綿絲布), 인견, 모직물, 판유리(板硝子), 석유, 성냥 도매업

　무라카미 이쿠조(村上幾造)는 1890년 5월 17일 선대(先代)와 함께 부산에 이주하여 본정(本町) 1정목(丁目)에서 조선인 상대로 직물잡화상을 개업하였다. 부자(父子)가 협력하여 판로개척에 나서 신용제일로서 거래를 하였다. 그 결과 조선인과 신뢰를 크게 넓혀 업무가 눈에 띄게 발전하였다. 이후 시대의 추이와 함께 점차 판로와 취급상품을 확장하고 1932년 9월에는 현 위치로 이전하였다. 현재 면사, 면포, 인견포, 모직물, 판유리, 석유, 성냥 등의 도매상으로 다년간 사업을 배양한 기반 위에서 견실한 거래를 하고 있다. 특히 판유리는 아사히가라스(旭硝子)회사의[621] 특약점으로 단연 우세를 점하는데, 유리 수요가(需要家)에게 봉사할 목적으로 동(同) 상점 앞에 유리공장부(硝子工場部)를 병설하였다. 이는 가공을 세분화하여 일반에게 편의를 제공하기 위한 것이다.

　올해 59세로 이전과 다름없이 튼튼하고 건강하다. '겉으로 드러나는 화려함을 버리고 내실을 추구한다(去華就實)'는 것을 신조로 매사에 서둘지 않고 사업의 견실하을 도모하고 있다.

무라카미상점_ 중구 동광동 3가 타워호텔 앞 삼성빌딩 자리에 있었다.

---

621) 아사히가라스(旭硝子, AGC)회사는 미쯔비시(三菱)그룹 계열사로 미쯔비시(三菱)그룹의 2대 총수인 이와사키 야노스케(岩崎弥之助)의 둘째 아들 이와사키 토시야(岩崎俊弥)가 1907년 설립한 회사이다. 100년이 넘는 역사를 가진 이 회사는 현재까지도 세계적 유리회사로 존속하고 있다.

무라카미상점(村上商店) 무라카미 이쿠조(村上幾造)

① 무라카미상점(村上商店) 점포(店鋪)_ [신부산대관]
② 무라카미상점(村上商店) 유리작업장(硝子作業場)_ [신부산대관]
③ 무라카미 이쿠조(村上幾造)_ [신부산대관]

야마무라 마사오(山村正夫)

원　적 히로시마시(廣島市) 인보정(仁保町)
주　소 부산부(釜山府) 대창정(大倉町) 3정목(丁目)
상　호 야마무라상점(山村商店)

　야마무라 마사오(山村正夫)는 1902년 조선으로 건너와 부군(父君)의 가업인 철물판매업에 종사하였다. 1915년 1월 선남(鮮南)은행 취체역과 1920년 3월 이토(伊藤)창고주식회사 취체역 등에 취임하였다. 계속해서 1921년 11월 부산신탁주식회사 대표취체역으로 취임한 이래 조선신탁업계의 선구자로서 신탁(信託)의 중요성을 알리고 업계 발전에 기여한 바가 많다. 조선 전역에 34개의 회사를 규합하고 마침내 무법규인 조선에 신탁법이 시행[1931년 8월][622] 되자, 부산신탁은 자본을 100만 원으로 증자하였다. 부산신탁은 1933년 12월 조선 전체 신탁회사통제에서 모범인 조선신탁주식회사와 합병하였다.[623] 그는 현재 동사(同社) 취체역의 지위에 있다. 한편 철물판매업과 올해 3월 만주국 투먼쓰(圖們市)에 진출해서 설립한 연초원매팔소(煙草元賣捌所)는[624] 친척(親戚)이 경영하도록 하고 그는 감독의 위치에 있다.

　올해 48세로 머릿속은 또 한 번의 비약을 모색할 생각으로 충만해 있다. 그는 늘 공공을 생각하기에 1918년 고향의 소학교에 어진영(御眞影) 봉안전(奉安殿)을 기증해 히로시마현(廣島縣) 지사(知事)로부터 표창을 받았다. 또 1927년 4월 부산부(釜山府)에 어진영(御眞影) 봉안고(奉安庫)를 기부해 부윤(府尹)으로부터 표창을 받았다. 올해 1월에는 조선나병(朝鮮癩病)예방위원으로 노력한 공적 때문에 조선총독으로부터 표창을 받았다. 1928년 4월 부산상공회의소 의원이 되어 금융부장으로 취임하였고, 1933년 12월 부산부(釜山府)산업조사위원으로 촉탁되어 오늘에 이르고 있다. 지난해에 맞이한 양자 니사쿠(仁策)는 현재 충청북도 경찰부 경무과장의 직책을 맡고 있다.

야마무라상점_ 야마무라상점은 중구 중앙동 부산역에서 원래 40계단으로 가는 도로 옆에 있었다. 이 일대가 1953년 11월 발생한 역전대화재로 소실된 이후 도로가 새로이 정비되어 정확한 위치를 확인하기 어렵다. 농협중앙회 중앙동지점 옆 지금의 삼보인쇄사가 입주해 있는 건물로 추정된다.

622) '조선신탁업령'은 1931년 8월이 아닌 1931년 6월 제정되었다. 제정과 함께 그해 9월 동(同) 시행규칙 및 부수법규가 공포되고 본문과 같이 그해 12월 1일부터 시행되었다. 이로써 영세한 회사는 사라지고 5개 회사만 남아서 영업을 할 수 있었는데 이 또한 1933년 1월에서 1934년 11월 사이 조선신탁주식회사로 모두 합병되면서 이후 신탁회사는 조선신탁주식회사만 남게 된다.
623) 부산신탁주식회사가 거대자본을 가진 조선신탁주식회사에 흡수된 것은 1933년 11월 30일이었다.
624) 모토우리사바키(元賣捌)는 생산자 또는 가공업자가 도매업자에게 물건을 파는 모토우리(元賣)와 상품을 팔아치우는 우리사바키(賣捌)의 합성어이다. 그리고 우리사바키쬬(賣捌所)와 우리사바기뎬(賣捌店)은 예를 들어 우표나 교과서 등과 같이 관공서 등으로부터 불하를 받은 물품이나 특정 상품을 판매할 수 있는 권한을 부여받은 지정상점을 뜻한다.

야마무라상점(山村商店) 야마무라 마사오(山村正夫)

① 야마무라상점(山村商店) 점포(店鋪)_ [신부산대관]
② 야마무라상점(山村商店) 진열장(陳列場)_ [신부산대관]
③ 야마무라 마사오(山村正夫)_ [신부산대관]

아케슈 카즈사부로(明主數三郎)

원 적 교토부(京都府) 구세군(久世郡) 어목촌(御牧村)
주 소 부산부(釜山府) 부평정(富平町) 4정목(丁目) 7번지
상 호 메이슈정육점(明主精肉店)
사 업 정육판매 및 대가업(貸家業)

아케슈 카즈사부로(明主數三郎)는 1902년 원적지에서 태어났다. 적령기가 되어 교토(京都) 보병 제38연대에 입영하기까지 고향에서 농업에 종사하였다. 제대 후 2년간 케이한(京阪)전기철도주식회사에[625] 입사하여 전등과(電燈課)에서 근무한 뒤 1927년 조선으로 건너왔다. 누이가 부평정(富平町)시장 내에서 경영하고 있던 정육점을 인수하여 사업을 잘 운영할 마음으로 정육점의 개선과 충실을 도모하며 열심히 고객에게 노력 봉사한 결과 사업은 해가 갈수록 번창해 갔다. 마침내 조선 전역에서 제일로 칭하는 대규모의 공설시장인 부평정시장 내에서 정육상(精肉商)으로 단연 두각을 발휘하여 '고기(肉)는 아케슈(明主)'라는 말이 생겨날 정도로 매일 저녁 부평정시장이 사람들로 붐빌 때 그 가게 앞은 고객들로 성황을 이룬다.

그는 올해 33세의 소장(少壯)으로 다수의 점원을 고용하여 가게 업무를 재치 있게 처리하고 또 대가업자(貸家業者)로서 재산을 운용하고 있다. 현재 부평정시장연합회 임원 외에 제국재향군인 부산분회 부평정부회(富平町部會)의 반장(班長)을 맡아 주위로부터 덕망을 얻고 있다.

아케슈정육점_ 중구 부평동 4가 대근하버빌아파트 뒷길 (주)케이엘코리아와 큐원대리점인 서진상사 사이에 있는 낮은 집이 그 자리이다.

625) 1906년 오사카(大阪)와 교토(京都)를 연결하는 철도망 건설을 위해 설립된 회사이다. 이 회사는 1903년 설립된 키나이(畿內)전기철도주식회사를 모태로 하는데 현재까지 존속하는 사철(私鐵)회사이다. 2008년 10월 현재 영업구간은 91.1km이다.

아케슈정육점(明主精肉店) 아케슈 카즈사부로(明主數三郞)

① 아케슈정육점(明主精肉店)_ [신부산대관]
② 아케슈 카즈사부로(明主數三郞) 저택(邸宅)_ [신부산대관]
③ 점주(店主) 아케슈 카즈사부로(明主數三郞)_ [신부산대관]
④ 아케슈 카즈사부로(明主數三郞) 누이와 장남(長男)_ [신부산대관]

마쯔이 에이타로(松井榮太郎)

원 적 나가사키현(長崎縣) 쓰시마(對馬) 엄원정(嚴原町)
주 소 부산부(釜山府) 대창정(大倉町) 2정목(丁目) 5번지
상 호 마쯔이여관(松井旅館)
사 업 여관 및 시계판매

　　마쯔이 에이타로(松井榮太郎)의 선대(先代)는 1875년 조선으로 건너와 부산에서 미곡상을 하면서 여관을 경영하였다. 또 한편으로 농사개량에 뜻을 두고서 경남 창녕군(昌寧郡) 영산면(靈山面)에 대농장을 경영하는 등 조선개발을 위해 노력하였다. 시정(始政) 후 총독부로부터 상장과 상배(賞杯)를 두 세 차례 받았다. 지금으로부터 10년 전, 선대가 타계한 후 당주(當主)로서 영업을 계승하고 1919년 새롭게 시계부를 설치해서 오늘에 이른다. 그 위치는 대창정(大倉町) 번화가 중심지인 우편본국(郵便本局)[626] 맞은편으로 그곳에 본점과 지점을 두었다. 부산에서 여관의 창시자로 2대에 걸쳐 오랜 단골손님을 확보해 여관업계에서 중요한 위치를 차지하고 있다. 그는 올해 55세로 아주 건강한 훈(勳) 8등(等)의 수훈자이다. 장남 타네오(種雄)는 이미 사랑하는 손자를 낳았다.

마쯔이여관_ 중구 중앙동 부산우체국 뒤 대청로변 사거리에 있는 부산상사 건물과 지엠피 건물이 위치한 곳에 있었다.

626) 본책 부산우편국(釜山郵便局) 항목 참조.

마쯔이여관(松井旅館) 마쯔이 에이타로(松井榮太郞)

① 마쯔이여관(松井旅館)_ [신부산대관]
② 마쯔이 에이타로(松井榮太郞)_ [신부산대관]

에비스 미츠오(戎滿雄)

원　적 오사카시(大阪市) 남구(南區) 만곡(鰻谷)
주　소 부산부(釜山府) 변천정(辨天町) 1정목(丁目)
사　업 에비스(戎)시계점, 부산호텔, 송도호텔

에비스 미츠오(戎滿雄)는 어머니 칸(かん)을 도와 부산부(釜山府) 대창정(大倉町)에서 큰 시계상(時計商)을 운영하여 조선 전역에 에비스(戎)시계점의 명성을 널리 알렸다. 1932년 부산에서 호텔경영의 필요성과 또 미래를 내다보는 안목으로 변천정(辨天町)의 오이케(大池)여관 자리를 매수하여 크게 개축하고 그해 12월 1일 부산호텔을 개업하였다. 부산철도호텔이 폐업하자 부산호텔은 완비된 방, 빈틈이 없는 서비스, 저렴한 숙박료를 흡족하게 여기는 많은 사람들로 매일 대성황을 이루고 있다. 더불어 에비스(戎)시계점도 변천정 큰 거리 부산호텔의 계단 아래에 대규모의 설비를 갖추고 부산에서 시계, 보석계의 왕좌를 차지하며 두터운 신뢰를 쌓고 있다. 한편 그는 부산의 명소로 잘 알려진 경승지(景勝地) 송도(松島)해수욕장 부근에 호텔이 없음을 한탄하고 사람들의 요구를 만족시켜줄 요량으로 부산에서 가장 경치 좋은 곳인 송도 동측 해안에 1933년 8월 송도호텔을 기공하여 1년이 지난 올해 8월 완성을 보았다. 조선 전역에서 자랑할 만한 곳으로서 설비의 충실을 토대로 해수욕객은 물론 세상살이의 여러 번잡함을 벗어나기 위해 숙박하는 사람들로 송도호텔은 항상 만원의 성황을 이루고 있다. 송도호텔이 환영받는 이유는 단지 설비의 완전함만이 아니다. 풍광이 매우 아름답고 앉은 채로 부산 전역의 절경을 바라볼 수 있으며, 특히 아침 햇빛을 받아 밝게 빛나는 바다의 아름다움과 멀리 빛이 사라지는 부산항의 밤 불빛을 바라보면 마음이 끌리는 사람이 많기 때문이다. 바야흐로 부산을 통과하는 여행객에 의해 송도호텔의 명성은 전국적으로 알려져 있다. 그의 연령은 이제 33세로 장래가 기대된다.

에비스시계점_ 중구 광복로 입구 농협중앙회 부산지점자리에 에비스시계점이 있었고 그 뒤편에 부산호텔이 위치하였다.

송도호텔

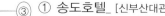

① 송도호텔_ [신부산대관]
② 에비스 미츠오(戎滿雄)_ [신부산대관]
③ 에비스 칸(戎かん) 여사(女史)_ [신부산대관]

나라 아라타메 오가와 요시조(奈良改め 小川好藏)

원 적 사이타마현(埼玉縣) 기타사이타마군(北埼玉郡) 미타카야(三田ケ谷)
주 소 부산부(釜山府) 서정(西町) 1정목(丁目) 9번지
사 업 부산극장 경영, 남선일보사주(南鮮日報社主)

나라 아라타메 오가와 요시조(奈良改め 小川好藏)는 1906년 10월 부산으로 와서 부산일보사(釜山日報社)에 입사하였다. 그가 1930년 9월까지 26년간 편집 혹은 영업 수뇌부로서 전(前) 사장 고(故) 아쿠타가와 반엔(芥川蕃淵)을 도와 일을 도모하고 분투하며 오늘날의 부산일보사가 있도록 공헌한 일은 반도(半島) 신문계에서 정평이 나 있다. 부산일보사를 퇴사한 후 남선일보사(南鮮日報社)를 매수하여 사장이 되었다. 그 후 사주(社主)로서 점차 속박 없는 생활을 하다가 여러 해 전부터 부산에 큰 규모의 극장을 건설하려는 오랜 바람의 실현계획을 세우고 작년에 아는 유지(有志)들을 설득하여 주식회사 조직에 착수하였다. 여기에 공감하는 사람들이 많고 일 또한 순조롭게 진행되어 마침내 올해 6월 남빈(南濱) 매립지 중 행정(幸町) 뒤편에 접한 좋은 위치에 공사비 10만 원을 들여 극장을 기공하였다. 11월 도쿄가부키자(東京歌舞伎座)의[627] 건축양식을 받아들여 아주 크고 훌륭한 새로운 장식의 극장을 지어 '부산극장(釜山劇場)'으로 명명하고, 마침내 화려하게 극장을 개관하여 흥행하고 있다. 일본의 일류극단들이 종래 부산에서 공연할 기회가 없어 좋은 극(劇)이 공연되지 못한 것에 민중이 다년간 유감으로 여겨 왔다. 이제 부산극장의 출현으로 유명극단을 맞이하여 친히 공연할 수 있게 된 것은 그가 부민(府民)에게 공헌한 점으로 기념해야 할 일이다.

올해 50세로 원만무애(圓滿無碍)한 그의 인격은 사람들이 좋아하는 바이다.

부산극장_ 중구 남포동 현재의 부산극장 자리에 있었다.

627) 도쿄도(東京都) 츄오쿠(中央區) 긴자(銀座) 4정목(四丁目)에 있는 가부키전용(歌舞伎專用) 극장이다. 1899년 개장된 이후 1921년 화재와 1923년 관동대지진, 1945년 폭격 등으로 소실되었다가 1951년 새롭게 건립되어 오늘날까지 일본을 대표하는 명실상부한 대표적 가부키극장이다. 수용인원은 2,017명으로 2002년 일본 등록유형문화재(登錄有形文化財)로 지정되었다. 도쿄가부키자(東京歌舞伎座)의 운영 주체인 쇼치쿠(松竹)주식회사에 대해서는 본책 주(註) 632 참조.

부산극장(釜山劇場)

① ②
①

① 부산극장(釜山劇場)_ [신부산대관]
② 대표자(代表者) 오가와 요시조(小川好藏)_ [신부산대관]

요시다 모토조(吉田元藏)

원　적 나가사키현(長崎縣) 남고래군(南高來郡) 북유마촌(北有馬村) 곡천(谷川)
주　소 부산부(釜山府) 행정(幸町) 1정목(丁目) 9번지
사　업 극장 태평관(太平館) 경영

　　요시다 모토조(吉田元藏)는 1865년 11월 오사카시(大阪市) 서구(西區) 인남통(靭南通) 4정목(丁目)에서 태어났다. 일찍부터 연극계에 투신하여 조선으로 건너오기 전, 키타큐슈(北九州)에 있는 와카마쯔아사히자(若松旭座)와 야하카아사히자(八幡旭座) 극장주(座主) 후지이(藤井)의 사무소에서 10년간 근무하였다. 1904년 부산으로 와서 사안교(思案橋)의 송정좌(松井座)[극장주 마쯔이 시마(松井シマ)], 행정(幸町)의 행좌(幸座)[극장주 하자마 후사타로(迫間房太郞)], 천단교(川端橋) 끝자락의 동양좌(東洋座)[현재의 가스회사[628] 소재지로서 뒤에 대묵좌(大黑座)로 개칭, 사가시타 모리토라(坂下森虎) 등이 전후 경영함], 부평정(富平町)의 부산좌(釜山座)[고(故) 오이케 츄스케(大池忠助), 고(故) 야마모토 쥰이치(山本純一), 나카무라 토시마쯔(中村俊松), 고도 진키치(五島甚吉) 등의 합명회사], 행정(幸町)의 보래관(寶來館)[극장주는 오노(小野), 뒤에 욱관(旭館)으로 되었는데 소실됨] 등에서 출입계(出入係) 또는 오칸조(大勘定)와[629] 같은 직위를 역임하였다. 특히 부산좌(釜山座)에서는 부산좌가 소실될 때까지 전후 15년간 근속한 공로가 있다. 한편 일본 방면으로 로비 활동을 전개해 부산역 앞에 활동사진관 국제관(國際館)[주식회사]을 창립하고 후에 이것을 극장으로 변경해서 경영하였는데 1927년 2월 화재로 소실되었다. 이와 함께 1923년 신축한 현재의 태평관(太平館)을 인수하여 오늘에 이른다.

　　그는 전 생애를 극장계에 바쳤으며 현재 71세의 노령에도 오히려 원기 왕성하다. 후계자로서 니이타가 후지(新高不二)가 인사(人事)를 맡고 야마모토 교타로(山本京太郞)가 영업전무로 그의 업무를 돕고 있다.

태평관_ 중구 광복동주민센터 옆 자하원한식당과 개미집이 있는 곳에 있었다. 태평관은 1943년 화재로 소실되었다고 한다.

---

628) 본책 조선가스전기주식회사(朝鮮瓦斯電氣株式會社) 항목 참조.
629) 원래 오칸조(大勘定)는 연말에 한 해를 결산하기 위해 가지고 있는 현금 모두를 계산하는 것을 말한다.

극장 태평관(太平館) 요시다 모토조(吉田元藏)

① 태평관(太平館)_ [신부산대관]
② 경영자(經營者) 요시다 모토조(吉田元藏)_ [신부산대관]

이와사키 타케지(岩崎武二)

원 적 이바라키현(茨城縣) 신치군(新治郡) 석강정(石岡町)
주 소 부산부(釜山府) 행정(幸町) 1정목(丁目) 16번지
상 호 이와사키상회(岩崎商會)
사 업 활동상설 보래관(寶來館)

이와사키 타케지(岩崎武二)는 1892년 원적지에서 태어났다. 1910년 이후 도쿄(東京)에서 급작스럽게 대두한 영화사업의 장래성을 간파하고 이 업계에 몸을 던져 충분한 경력을 쌓은 후, 1914년 조선척식(朝鮮拓植)을 목표로 경성을 거쳐 부산으로 왔다. 현재 보래관(寶來館)을 경영하면서 닛카쓰(日活)[630] 특약(特約)의 영화를 부산항을 가득 메우는 팬(fan)에게 제공함으로써 오늘의 성공을 거두고 있다.

'사업이 곧 생활이다(事業卽生活)'는 신조로 인물 수완에 있어서 이 업계 한편의 영웅이기도 하다.

보래관_ 중구 광복로 국민은행 광복점지점 자리에 있었다.

---

630) 닛카쓰(日活)주식회사는 현존하는 일본의 영화제작배급회사이다. 닛카쓰(日活)란 회사명은 창립 때의 명칭인 일본활동사진(日本活動寫眞)주식회사의 약칭이다. 이 회사는 1912년 일본 당국의 요청에 따라 4개의 영화사가 합병해서 창립된 것이다.

보래관(寶來館) 이와사키 타케지(岩崎武二)

① 보래관(寶來館)_ [신부산대관]
② 경영자(經營者) 이와사키 타케지(岩崎武二)_ [신부산대관]

만세이 미네지로(滿生峰次郎)

원 적 후쿠오카시(福岡市) 상어정(上魚町) 5번지
주 소 부산부(釜山府) 본정(本町) 1정목(丁目) 16번지
상 호 활동상설 상생관(相生館)

만세이 미네지로(滿生峰次郎)는 하가다(博多)의 토박이로서 올해 51세이며 혈기 왕성하다. 젊은 시절부터 영화사업에 관계하여 많은 지식을 쌓았다. 1927년 8월 10일 부산으로 와서 상생관(相生館)의[631] 경영에 착수하였는데 뛰어난 수완으로 계속되는 불황에도 불구하고 좋은 영업성적을 보이고 있다.

현재 쇼치쿠시네마(松竹キネマ)와[632] 제휴하여 영화를 상영하며 부산은좌(釜山銀座)의 요지에 위치한 이점을 살려 사업의 위세를 드러내고 있다.

상생관_ 중구 광복로 입구 한국투자증권 자리에 있었다.

631) 상생관(相生館)은 한국전쟁 당시 서울의 각 대학이 부산으로 피난온 상태에서 운영된 전시연합대학의 강의실로도 사용되었다.
632) 현재 일본영화, 가부키(歌舞伎), 연극, 애니메이션의 제작 및 배급을 담당하는 쇼치쿠(松竹)주식회사의 전신에 해당하는 쇼치쿠(松竹)합명회사는 1902년 설립되었다. 이 회사는 오타니 타케지로(大谷竹次郎, 1877~1969)와 뒤에 양자로 입양되는 쌍둥이 형 시라이 마쯔지로(白井松次郎, 1877~1951)가 공동으로 설립한 것이다. 오타니 타케지로(大谷竹次郎)는 1920년 쇼치쿠키네마(松竹キネマ)합명회사를 설립하고 이듬해 1921년 제국활동사진(帝國活動寫眞)주식회사와 통합하여 쇼치쿠키네마(松竹キネマ)주식회사로 개칭하였다. 현재의 사명(社名)인 쇼치쿠(松竹)주식회사는 1937년부터 사용하였는데 당시 사장은 오타니 타케지로이고 회장은 그의 형 시라이 마쯔지로였다. 쇼치쿠주식회사는 1945년 이전은 물론이고 현재까지 많은 극장을 운영하고 있다. 본책에서 언급된 도쿄가부키자(東京歌舞伎座, 본책 주(註) 450 참조) 역시 오타니 타케지로가 1914년 사장으로 취임하여 직영한 이래 현재까지 쇼치쿠(松竹)주식회사에서 운영한다.

상생관(相生館) 만세이 미네지로(滿生峰次郎)

① 상생관(相生館)_ [신부산대관]
② 경영자(經營者) 만세이 미네지로(滿生峰次郎)_ [신부산대관]

사쿠라바상회(櫻庭商會) 사쿠라바 후지오(櫻庭藤夫)

원 적 오이타현(大分縣) 벳부시(別府市)

주 소 부산부(釜山府) 남빈정(南濱町) 3정목(丁目) 3번지[2정목(丁目) 14]

상 호 활동상설 소화관(昭和館)

영 업 필름만선독점배급(フイルム滿鮮一手配給), 활동상설관경영(活動常設館經營), 경성일일신문이사(京城日日新聞理事)

사 업 영화사업

　　사쿠라바 후지오(櫻庭藤夫)는 1892년 2월 20일 홋카이도(北海道) 하코다테(函館)에서 태어났다. 1921년 4월 만가쯔(滿活)토지기업주식회사 부산영업소 지배인으로 부임해와서 2년 후 자신의 독립 경영으로 전환하였다. 1924년 7월 마키노(マキノ)영화회사와[633] 영화의 만선(滿鮮)독점배급 계약을 성사시켰다. 게다가 니치베이(日米)영화주식회사와 서양극필름(洋劇フイルム)의 특약을 맺어 조선과 만주에서 유일의 영화배급을 시작하였다. 더구나 최근 파라마운트대회사(パラマウント大會社)와 제휴하여 서양극특작품(西洋劇特作品)의 상영, 배급에 노력하고 있다. 그 직영관으로서 제일행관(第一幸館), 제이행관(第二幸館)[목도(牧島)], 그리고 비율대부관(步合貸付館)으로 경성중앙관(京城中央館), 평양키네마(平壤キネマ), 안동현전기관(安東縣電氣館) 등이 있다. 월극(月極)[634] 및 임시 대부계약관(貸付契約館)으로서 울산(蔚山) 방어진(方魚津)의 상반좌(常盤座),

행관_ 중구 남포동 구두골목에 있는 향촌노래연습장 건물 자리에 있었다.

대구(大邱)의 대송관(大松館), 대전의 대전관(大田館), 목포(木浦)의 희락관(喜樂館), 군산(群山)의 희소관(喜笑館), 이리의 이리좌(裡里座), 원산의 원산극장(元山劇場), 해주의 해주좌(海州座), 칭다오(靑島)의 낙락좌(樂樂座), 다롄(大連)의 제국관(帝國館), 푸순(撫順)의 보관(寶館) 등이 있다. 특별히 직영순업부(直營巡業部)로서 조선과 만주에 2대(二隊)을 갖고 있는데 각 순업자(巡業者)에 대한 대부(貸付)도 10여 명에 달한다. 더욱이 임시 출장영사(出張映寫)로서 부산호텔, 초량철도클럽, 각 신문사, 도청 외 각 관청, 각 회사를 단골 거래처로 하여 이전부터 조선과 만주에 그 이름을 알렸다.

　　그런데 마키노(マキノ)영화가 마키노 쇼조(牧野省三)의 비범한 수완에 의해 욱일승천(旭日昇天)의 기세로 일본은 물론 조선과 만주를 풍미하자, 다른 업자들은 일대 공황에 빠지게 되어 그 대책으로서 마키노(マキノ)회사를 상대로 닛카쓰(日活), 도아(東亞)[635], 데이키네(帝キネ)[636], 쇼치쿠(松竹)의 4개사가 연맹을 조직하였다. 그리고 이들 연맹이 맹렬하게 대항책을 강구하여 압박을 했음에도 불구하고, 마키노(マキノ)회사가 이에 굴하지 않고 선전하여 조선과 만주에서 오늘의 번성을 보게 된 것은 조선과 만주 일대에 배급권을 가진 사쿠라바(櫻庭)의 갸륵한 분투 때문이라고 해야 할 것이다. 현재 동(同) 상회는 마키노프로덕션(マキ

---

633) 마키노영화회사(マキノ映畫會社)는 마키노영화제작소를 지칭한다. 마키노(マキノ)는 일본 최초의 직업적 영화감독이면서 일본영화의 아버지로 불리는 마키노 쇼조(牧野省三, 1878~1929)를 말한다. 마키노는 1921년 닛카쓰(日活, 본책 주(註) 630 참조)로부터 독립해 그해 6월 마키노교육영화제작소(牧野敎育映畫製作所)를 설립하였다. 회사명에 '교육'을 넣은 것은 그의 영화가 청소년들에게 악영향을 미친다는 여론을 의식했기 때문이다. 마키노교육영화제작소는 1922년 명칭을 마키노영화제작소로 바꿨다. 1923년 관동대지진으로 영화제작의 어려움에 내몰린 또 다른 영화제작사 다이쇼가쓰에이(大正活映)주식회사로부터 유명 배우들이 참여하고 20세 전후의 젊은 스탭들이 자유로운 발상으로 제작한 리얼 영화 검극(劍戟)이 인기를 모았다. 그러나 이후 경영의 어려움에 빠져 도아키네마(東亞キネマ)주식회사(본책 주(註) 635)에 합병되었는데 마키노 쇼조는 1925년 다시 독립하여 마키노프로덕션(マキノプロダクション)을 설립했다. 마키노프로덕션은 1929년 마키노 쇼조가 심장마비로 죽은 후 그의 장남이면서 영화감독 겸 제작자로 활동하게 되는 마키노 마사히로(牧野雅弘, 1908~1993)가 떠맡게 된다. 하지만 부친으로부터 물려받은 빚으로 마키노프로덕션은 1931년 해산하였다. 마키노의 장남, 차남, 외손자 등이 영화감독 및 배우로 활동함으로써 마키노의 일족(マキノ一族)은 태평양전쟁 이전부터 전쟁이 끝난 그 이후 시기에 걸친 일본영화의 황금시대에 화려함을 더했다. 본문에 언급된 1924년 7월 마키노영화회사는 마키노영화제작소를 뜻한다.

634) 쯔키기메(月極)는 1개월을 단위로 계약 등을 결정하는 것을 말한다.

635) 도아키네마(東亞キネマ)주식회사는 1923년부터 1932년까지 많은 무성영화를 제작하고 배급한 회사이다. 효고현(兵庫縣) 니시노미야시(西宮市)와 교토부(京都府) 교토시(京都市)에 촬영소가 있었다. 이 회사는 일본영화의 아버지 마키노 쇼조(牧野省三)를 비롯해 일본영화의 여명기를 대표하는 많은 영화인을 배출하였다.

636) 데이고쿠키네마엔게이(帝國キネマ演藝)주식회사의 약칭이다. 이 회사는 1920년 오사카(大阪)에서 설립되어 1931년까지 존속한 영화제작사이다.

사쿠라바상회(櫻庭商會)와 직영(直營) 행관(幸館)

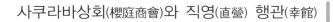

① 행관(幸館)_ [부산대관]
② 사쿠라바상회(櫻庭商會)_ [부산대관]
③ 점주(店主) 사쿠라바 후지오(櫻庭藤夫)_ [부산대관]

ノプロダクション)연합영화예술가협회, 니치베이(日米)영화주식회사, 도호(東邦)영화제작소⁶³⁷⁾, 도아키네마(東亞キネマ)주식회사 등의 각 프로덕션 특작(特作)영화와 특약을 맺어 경성(京城) 황금정(黃金町) 88, 안동현(安東縣) 시장통(市場通) 6의 4, 다롄(大連) 길야정(吉野町) 103 등의 각지에 출장소를 가지고 영화배급에 신속을 기하고 있다.

자신의 사업을 시작한 이래 상설관(常設館)을 경영하고 국내외 필름을 만주와 조선에 독점배급하여 만주와 조선 영화계의 발전에 기여한 바가 크다. 마침 직영관(直營館) 제일행관(第一幸館)이 1930년 1월 뜻하지 않게 화재로 소실되는 어려움을 겪었으나 불요불굴(不撓不屈)의 정신으로 다시금 영화계에 많은 열정을 쏟았다. 그리하여 1931년 12월 31일 수십만 원의 큰돈을 들여 조선과 만주에서 전례가 없는 철근콘크리트 3층 건물의 아주 크고 웅장한 영화의 전당을 건설하였다. 그리고 부민(府民)의 오랜 숙원사업의 실현을 계획하여 신흥파라마운트영화사, P.C.L토크영화회사, 독일우파사(UFA社) 등과 새 영화의 상영계약을 체결하고 국내외의 우수영화를 한곳에 모아 만주와 조선에 배급함으로써 반도영화계에서 누구도 따라올 수 없는 독보적인 지위를 차지하고 있다. 또한 그는 계속해서 마루젠고유(丸善鑛油)회사의⁶³⁸⁾ 제유(製油) 남선(南鮮)독점판매점, 야스카와전기(安川電機)주식회사⁶³⁹⁾ 남선(南鮮)총대리점, 동양생명보험주식회사대리점을 운영하여 이윤을 낳는 일에 계산이 빠를 뿐만 아니라, 조선민보(朝鮮民報) 부산지국장으로 신문계에도 진출하여 하는 일 치고 되지 않는 일이 없을 정도로 활약하는 모습을 보여주고 있다.

소화관_ 해방후 조선극장으로 불렸다가 1949년 동아극장으로 명칭이 바뀌었다. 중구 국제시장 아리랑거리 상징문 맞은편에 있는 동아데파트 자리에 있었다.

637) 도호에이카제작소(東邦映畵製作所)는 다이쇼(大正)말기 무성영화시대에 오사카(大阪)에 있었던 영화제작회사이다. 1925년 데이키네(帝キネ)의 중역이면서 고사키촬영소장(小阪撮影所長)이었던 타테이시 고마키치(立石駒吉)가 고사키촬영소를 폐쇄하고 고사키의 모든 종업을 해고한 뒤 다시 이 해고자들 중에서 선별해서 설립한 것이 도호에이카제작소이다. 그러나 모리배였던 타테이시(立石)는 경영에 대해 어떠한 비전도 갖고 있지 않았다. 그 결과 임금미지불로 제작소는 설립 2개월 만에 문을 닫았다.
638) 1907년 설립된 회사로 현재 코스모(コスモ)석유주식회사의 전신에 해당한다.
639) 1915년 합자회사 야스카와(安川)전기제작소로 출발하였다. 1920년 주식회사로 조직을 변경한 후 현재까지 영업활동을 하고 있다.

소화관(昭和館) 사쿠라바 후지오(櫻庭藤夫)

① 활동상설(活動常設) 소화관(昭和館)_ [신부산대관]
② 경영자(經營者) 사쿠라바 후지오(櫻庭藤夫)_ [신부산대관]

요정(料亭) 카모가와(加茂川)

주 소 부산부(釜山府) 남빈정(南濱町)

　요정 카모가와(加茂川)의 여주인 카사이 누이(笠井ぬい)는 부산의 유명 여성 가운데 한 명이다. 1878년 2월 10일 교토(京都) 상경구(上京區) 천본통(千本通) 이마테가와쿠다루(今出川下ル)에서 출생한 순수 교토(京都) 사람이다. 올해 49세로 사리를 분별할 줄 아는 나이이다. 젊은 시절 세상사의 이런저런 변화를 이겨내고 1911년 7월 9일 익숙하지 않은 여정을 따라 부산에 안착한 뒤 요정 나루토(鳴戶)에 고용되어 더부살이를 하였다. 이후 카사이 누이(笠井ぬい)는 재치 있는 천성을 발휘해 싹싹하고 매사에 손님을 귀하게 여겨 '나루토의 누이(ぬい)인지 누이(ぬい)의 나루토인지' 분간 못할 정도로 인기를 누렸다. 주인의 신용도 두터워 다수의 고용인을 지도하며 나루토의 큰일을 처리해 나간 것이 정확하게 10년, 주인 나루토(鳴戶)가 형편상 동래의 나루토[640] 경영에 전력을 다하게 되자 부산의 화류계에서 이름을 높인 요정 나루토(鳴戶)를 폐업하기에 이르렀다. 이때는 지배인격이었던 카사이 누이(笠井ぬい) 역시 상당한 재산을 모았던 시기로, 일대 비약을 꾀할 수 있었던 것은 무리가 아니었다. 이에 나루토를 인계받아 카모가와(加茂川)로[641] 명칭을 바꾸고 1920년 4월 1일 경사스럽게 독립해서 개업을 하게 되었다. 당시 매우 근면하여 실제로 많은 손님이 찾아와 크게 번창하였다. 신축해 낙성한 후 곧바로 폐점한 시게노야(重の家)의 큰 가옥을 떠맡아 일으켜 세울 수 있는 사람은 당연히 카모가와(加茂川)일 것이라는 소문이 사실로 입증되어 1924년 7월 7일 시게노야(重の家)를 인수해 이전하였다. 그 후 부산의 일류 요정 주인으로서 카사이 누이(笠井ぬい)가 알려지고 오랜 세월의 노력에 의해 도쿄(東京), 오사카(大阪)에서도 그녀의 성공을 이야기하게 되면서 신사들 사이에서 귀중한 보배로 여겨지고 있다.

---

640) 동래의 나루토는 동래 온천장에 있었던 '온천여관 나루토'(본책 온천여관 나루토(鳴戶) 항목 참조)를 지칭한다. 부산역 앞에 있던 나루토여관(鳴戶旅館)(본책 나루토여관(鳴戶旅館) 항목 참조)은 본점이고 '온천여관 나루토'는 지점이었다. 그러나 온천장 여관의 영업 성적이 좋아지면서 온천장 지점이 본점으로 되고 원래 본점은 지점으로 바뀌었다.

641) 카사이 누이(笠井ぬい)가 인수한 것은 여관업을 했던 나루토여관(鳴戶旅館)이 아니라 '요정 나루토(鳴戶)'이다. 카모가와(加茂川)의 명칭은 일본 여러 곳에서 발견된다. 그러나 카사이 누이(笠井ぬい)가 교토(京都) 출신인 점을 감안하면 교토(京都) 한 가운데를 흘러가는 하천 카모가와(鴨川, 加茂川)에서 차용한 것으로 판단된다. 참고로 식민지시기 조선의 한 젊은 지식인이 교토(京都)의 카모가와(鴨川) 천변에 서서 해질녘의 서정(敍情)을 읊은 시(詩)가 있다. 바로 정지용(鄭芝溶, 1902~1950)의 '압천(鴨川)'이다. 정지용은 28세 되던 1929년 교토(京都)의 도시샤(同志社)대학 영문학과를 졸업하고 귀국하여 그해 9월 휘문고보에서 교편을 잡았다.

요정(料亭) 카모가와(加茂川)

③ ① ① 카모가와(加茂川) 외관(外觀)_ [부산대관]
② ② 2층 실내(室內) 모습_ [부산대관]
③ 여장(女將) 카사이 누이(笠井ぬい)_ [부산대관]

요정 요시하나(料亭 よし花)

주　소 부산부(釜山府) 남빈정(南濱町) 1정목(丁目)

여장(女將) 오규 요시오(大給よしを)가 처음으로 항구 부산에 모습을 드러냈던 것은 1921년 9월이다. 이세(伊勢)에서[642] 태어나 나니와(浪華)에서[643] 성장하였기에 자연히 요정의 본고장인 오사카의 나니와에서 가르침을 받고 단련되었다. 25, 26세의 여성으로 성숙되고 세련된 나카이(仲居)의[644] 모습은 순식간에 화류계의 유명인 가운데 한 사람이 되게 하였다. 특히 5년 정도 카모가와(加茂川)[645]에 있을 때 '요시(よし)의 팬'이 매우 많아졌다. 그녀의 수완은 세인들로 하여금 머지않아 그녀가 무엇인가 할 것이라는 기대감을 갖게 하였는데, 예상한대로 1931년 멋있고 당당한 요시하나(よし花)를 개업하고 감탄할 정도의 일류 손님을 맞이하면서 놀랄 정도로 발전하였다. 새로이 객실을 증개축해서 현재 남빈(南濱) 근처에서는 실력자로 유명한 존재이다. 특히 동양 제일의 도진교(渡津橋)를[646] 조망할 수 있는 좋은 위치는 어느 집도 가질 수 없는 자랑거리 중 하나이다. 좋은 운세(運勢)는 더욱더 여주인의 편인 듯하다.

아직 올해 나이 41세로 요염한 색(色)과 그 자취가 깊으며 그녀의 능숙한 화술은 한층 더 단골손님을 매료시키고 있다.

---

642) 현재 미에현(三重縣) 지역에 존재했던 일본의 고대 옛 국명(國名)이다.
643) 나니와(浪華, 難波, 浪速, 浪花)는 오사카시(大阪市) 부근의 옛 명칭이다. 특히 우에마치다이치(上町台地)의 북부일대를 지칭한다.
644) 나카이(仲居)는 여관이나 요릿집 등에서 손님을 접대하거나 잔심부름을 하는 여성을 말한다.
645) 카사이 누이(笠井ぬい)가 운영한 요정 카모가와(加茂川)를 뜻한다. 본책 요정(料亭) 카ㅗ가와(加茂川) 항목 참조.
646) 부산대교(釜山大橋), 곧 영도다리를 의미한다.

요정(料亭) 요시하나(よし花)

① 요정(料亭) 요시하나(よし花)_ [신부산대관]
② 요정(料亭) 요시하나(よし花) 현관(玄關)_ [신부산대관]
③ 여장(女將) 오규 요시오(大給よしを)_ [신부산대관]
④ 오규 요시오(大給よしを)와 소녀(少女)
　　사진의 배경은 당시 부산대교_ [신부산대관]

요정(料亭) 미도파(美都巴)

　주　소　부산부(釜山府) 남빈정(南濱町)

　요정(料亭) 미도파(美都巴)는 부산 제일의 요정으로 조선 내에서는 물론이고 부산을 통과하는 여객들 사이에서도 그 이름이 알려져 있다. 전망이 좋은 객실과 손님에 대해 더할 나위 없이 정성을 다하는 접대는 멋있는 손님의 머릿속에 '미도파(美都巴)'의 이름이 잊혀 지지 않도록 하는 이유가 되었다. 100개의 다다미가 깔릴 정도의 큰 방은 부산에서는 미도파가 유일하다. 따라서 부산의 여러 관청, 은행, 회사 등의 연회는 반드시 미도파에서 열린다. 사정이 이렇다보니 미도파는 부산에서 중요한 존재이다.

　여장(女將) 쯔다 미쯔(津田ミツ)는 야마구치현(山口縣) 풍포군(豊浦郡) 소월정(小月町)에서 태어났다. 그녀는 처음 남빈(南濱)에서 요정 '화월(花月)'을 경영하였다. 그녀의 사업은 결국 행정(幸町) 해안변에서 끝까지 행운을 다하지 못했던 요정 미도파를 신축하고 그곳으로 이전하면서 점점 더 번창하였다. 하지만 예상하지 못한 화재로[647] 모든 것을 잃어버려 실의의 날을 보내다가 우연히 부산 제일의 요정 방천각(芳千閣)의 경영권이 두 번 모두 일본 내지(內地) 사람에게 넘어가게 되어 최후까지 부산의 명물이었던 방천각마저 잃어버릴 상황이 되었을 때, 그 자리를 물려받은 것이 쯔다 미쯔(津田ミツ)였다. 방천각은 몹시 큰 규모의 건물로 경영이 뜻대로 잘되지 않아 누구도 오늘날의 발전에까지 이끌 수가 없었다. 그런데 미쯔(ミツ)는 전망좋은 이 큰 집을 인수한 이후, 객실을 신축하고 점차 사업을 확장하여 결국 오늘날의 대요정으로 모든 것을 구현하였다. 카페 우비(ウービー)도 쯔다 미쯔(津田ミツ)가 경영하는데 미도파에 인접한 위치에 있는 현대적 카페이다. 우비도 미도파와 같은 업종인 카페 후안(フワン)[648]의 틈 사이에서 인기의 중심이 되어 예사롭지 않는 번영을 누리고 있다. 이처럼 뛰어난 경영 솜씨의 이면에는 미쯔(ミツ)의 숨은 평소의 노력이 충분히 보태어져 있다.

요정 미도파_ 중구 남포동 피프(BIFF)거리에 있는 옛 레츠미화당 자리에 있었다.

---

647) 1930년 11월 20일 오전 7시 30분, 2층에서 발화하여 1시간 만에 건물이 전소되었다. 다행히 옆 건물은 방화벽이 설치되어 있어서 피해를 입지는 않았다. 전소된 건물의 피해액은 당시로서 거금인 5만 5,000원이었다.
648) 스페니쉬(Spanish) 계열의 성씨 중 하나인 후안(Juan)의 일본식 표기이다.

요정(料亭) 미도파(美都巴)

① 요정(料亭) 미도파(美都巴)_ [신부산대관]
② 미도파(美都巴) 큰 방(房)의 일부(一部)_ [신부산대관]
③ 미도파(美都巴) 객실(客室)의 일부(一部)_ [신부산대관]

쿠마노 카메오(熊野龜雄)

원 적 야마구치현(山口縣) 후협군(厚狹郡) 만창촌(萬倉村)
주 소 부산부(釜山府) 행정(幸町) 1의 42
사 업 아카타마회관(赤玉會館)

쿠마노 카메오(熊野龜雄)는 카페 경영의 귀재이다. 아카타마(赤玉)회관은 확실히 밤의 천국인 부산항의 자랑이며 카페로서 제일이다. 점주(店主) 쿠마노 카메오(熊野龜雄)는 야마구치현(山口縣) 후협군(厚狹郡) 만창촌(萬倉村)에서 태어나 회사생활을 하는 가운데서도 늘 다른 날의 비약을 계획하였다. 1927년 기회를 얻어 자립을 꾀하고 일본에서 상업을 시작하였는데, 조선에서 카페사업이 유리함을 알고 1929년 4월 부산으로 와 현재의 장소에서 카페 아카타마(赤玉)회관을 창설하여 오늘에 이른다. 아카타마(赤玉)회관 개업 후 쿠마노(熊野)는 경영에 일신(一身)을 받치고 부단한 노력으로 철두철미하게 고객 중심으로 영업을 하였다. 이와 함께 항상 일본업계의 새로움을 받아들여 부산 카페계에서 첨단을 달리며 인기를 독차지하여 마침내 오늘의 번영을 이루게 되었다. 1932년 9월 18일 마산에 제1지점을 개설하고 계속해서 1932년 8월 통영지점을 설치하였다. 1934년 8월 15일에는 다시 대구지점을 설치하여 떠오르는 태양처럼 앞으로 힘차게 나아가 사람들이 경이의 눈으로 바라보게 하였다.

아카타마(赤玉)회관 부산총본점은 내용이 충실하고 또 아름다운 여급(女給)을 두고 있는 점에서 팬(fan)의 열광적 환영은 두말할 나위도 없다. 게다가 아름다운 여급 아가씨들의 마음으로부터 우러나는 봉사 역시 팬(fan)을 만족시키기에 충분하였다. 이 모두가 쿠마노(熊野)의 경영방침에서 기인하는 것은 물론이다. 대구지점은 역전 12칸(間) 도로에 있다. 원래 대구 제일의 요정 낙천(樂天)을 순(純) 카페식으로 크게 개조해서 개업한 것이다. 대구지점이 개설되자 대구지역 카페는 물론이고 요리업계에서도 대선풍을 일으켰던 일은 너무나도 잘 알려진 사실이다. 그 정도로 크기가 대규모였다. 쿠마노(熊野)의 약진은 단지 그것만이 아니었다. 1935년에는 현재의 본점 대개축을 계획하고 있다. 그 설계서는 이미 도쿄(東京)에 있는 전문가의 손에 의해 완성되어 있다. 공사비 약 6만 원에 철근콘크리트 3층 건물로, 4층은 납량(納凉) 또는 전망장이며 내부는 일본 카페 건축의 매력을 모아 놓아 건물이 완성되는 날에는 부산의 명물로 자랑하기에 충분할 것이다.

쿠마노(熊野)는 부인 외에 5명의 자녀를 두고 있다. 오늘날 쿠마노(熊野)의 성공은 부인의 내조에 힘입은 바가 크다. 종업원은 현재 본점과 지점을 합해 125명의 규모에 이른다.

아카타마회관_ 중구 광복로 국민은행 맞은편 로엠이 입주한 건물 자리에 있었다.

아카타마회관(赤玉會館)

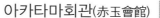

① 아카타마회관(赤玉會館) 부산총본점(釜山總本店)_ [신부산대관]
② 아카타마회관(赤玉會館) 마산지점(馬山支店)_ [신부산대관]
③ 아카타마회관(赤玉會館) 대구지점(大邱支店)_ [신부산대관]
④ 아카타마회관(赤玉會館) 통영지점(統營支店)_ [신부산대관]
⑤ 점주(店主) 쿠마노 카메오(熊野龜雄)_ [신부산대관]

미카도(ミカド)경영자 와다 나라사쿠(和田奈良作)

원 적 오사카시(大阪市) 서구(西區) 경정(京町) 굴상통(堀上通) 5정목(丁目) 43
주 소 부산부(釜山府) 행정(幸町) 1정목(丁目)
칭 호 미카도(ミカド)
직 업 식량품 도소매, 카페 경영
사 업 식량품 도소매, 식당 경영

부산 식료품계, 카페계에서 확고한 기초를 쌓은 미카도(ミカド)의 주인 와다 나라사쿠(和田奈良作)는 1878년 5월 1일 오사카(大阪)에서 출생하였다. 오카야마중학(岡山中學)에서 수학한 후 실업에 뜻을 품고 식량품점에 들어가 오로지 식량품 연구에 종사하였다. 21세에 독일인 헤르만 쿠라마(ヘルマンクラマ)를 따라 미국을 유람하고 구미의 식량품을 수년간 연구한 후 많은 수확을 얻고 조선으로 돌아왔다. 친한 벗의 권유로 고베(神戶)에서 알루미늄제품 상점을 경영하였다가 실패로 돌아가자 도쿄(東京)로 가서 여자수예학교(女子手藝學校) 아야노고지갓보(綾小路割烹)강습소의[649] 강사로 가정요리를 가르쳤는데 얼마 지나지 않아 그만두었다. 1908년 요리강습을 목적으로 조선으로 건너와 마산의 고천여관(古川旅館)에 여장을 풀었다. 때마침 마산에는 한국 황제가 잠시 머물고 있었는데, 이때 와다(和田)가 뽑혀 폐하(陛下)의 식사를 요리하고서 칭찬을 받아 반도 요리계에 이름을 알리게 되었다. 그 후 부산의 장로(長老) 고(故) 하기노 야자에몬(萩野彌左衛門)으로부터 초대받아 부산에 놀러 왔다가 1909년 매립신정(埋立新町)에 서양요리점을 개점하고 비범한 손재주를 인정받았다. 그러나 출자문제로 경영난에 휩싸여 어쩔 수 없이 점포를 닫고 1912년 진주로 가서 진주구락부(晋州俱樂部)를 만들었다. 이때 경무부장(警務部長) 마에다 노보리(前田昇)[후에 헌병사령관]의 조력으로 각계각층의 부인과 숙녀들에게 가정요리를 가르쳐 칭찬을 독차지하였다. 1915년 부산으로 돌아와 행정(幸町)의 한 모퉁이에 위치의 이점을 살려 식당 미카도(ミカド)를[650] 개업하였다. 이것이 그가 부산의 이 방면 업계에서 최고라고 칭하게 되는 제일보(第一步)로, 이후 성심성의껏 사업에 정력을 쏟았다. [이외에 식량품부(食糧品部)를 개설하고 그 경영이 나날이 발전하여 오늘날 반도의 이 업계에서 단연 두각을 나타내고 있다. 현재 새로운 상품 연구와 모범적 상품의 선택에 전력을 다해 160여 종의 일본 명산품(名産品)과 130여 종의 서양 식량품을 수집하였다. 게다가 조선 명산품의 제조에도 관심을 기울여 부산의 대표적 상점 및 카페로서 그 이름이 알려져 있다.] 이후 열심히 경영에 전력 질주해서 해가 갈수록 크게 성공하고 바야흐로 일본식과 서양식 식료품의 정수를 모아 두게 되자 가게 앞은 성시(成市)를 이루었다. 이밖에 식당, 끽다(喫茶)의 두 부서를 양 날개로 미카도(ミカド)를 고상(高尚)하게 운영해 세속에 물들지 않은 가게 분위기로 크게 인정받아 부산의 대표적 상점 및 끽다부(喫茶部)로서 그 명성이 알려져 있다.

미카도_ 중구 광복동 주민센터 옆 종각집 맞은편에 있는 화미주헤어 자리에 있었다.

---

649) 아야노고지(綾小路)는 일본의 성씨(姓氏) 중 하나이며, 또 교토(京都)에 있는 지명이기도 하다. 본문에서는 성씨를 지칭하는 듯하다. 갓보(割烹)는 보통 일본 요리를 의미한다.
650) 미카도(Mikado)는 두 가지 의미가 있다. 하나는 과거 일본 천황에 대한 칭호(御門, 帝)의 뜻이다. 다른 하나는 William S. Gilbert의 마지막 문학작품을 앨리스 B. 우드워드가 각색한 희가극 미카도(Mikado)이다. 희가극 미카도는 무대의 배경이 일본을 연상시켰던 만큼 1880년대 영국인들의 일본기호(日本嗜好)와 맞물려 1885년 영국 런던에서 처음 공연된 이래 오랫동안 풍자희극으로 대중의 사랑을 받았다. 보눈에서 후지의 명칭을 차용한 것 같다.

미카도

① 미카도(ミカド) 식료품부(食料品部)_ [신부산대관]
② 미카도(ミカド) 식당(食堂)의 일부(一部)_ [신부산대관]
③ 점주(店主) 와다 나라사쿠(和田奈良作)_ [신부산대관]
④ 미카도 식당(ミカド食堂) 전경(全景)_ [신부산대관]
⑤ 미카도 식당(ミカド食堂)의 일부(一部)_ [신부산대관]
⑥ 미카도 식당(ミカド食堂)의 식료품부(食料品部)_ [신부산대관]

야마모토 오토키치(山本音吉)

원 적 도쿠시마현(德島縣)
주 소 부산부(釜山府) 대청정(大廳町) 1정목(丁目) 조선은행(鮮銀) 뒷거리
상 호 정양헌(精養軒)

　부산에서 서양요리점 가운데 정양헌(精養軒)은 단연 돋보인다. 그것의 경영은 매우 수수하지만, 주인 야마모토(山本)가 특별한 마음으로 만든 요리는 부산의 미식가로 하여금 입맛을 다시게 한다. 그것이야말로 정양헌이 부산의 중류 이상 사람들 사이에서 당연히 환영받는 이유이다. 정양헌의 서양요리 맛이 진실로 미식가에게 환영받을 뿐 아니라 중국요리의 경우에도 본고장의 요리인을 모셔와서 독특한 맛을 내도록 했기 때문에 사람들의 미각을 즐겁게 하고 있다. 그리고 일본요리는 간단히 도쿄(東京), 오사카(大阪)의 맛을 느끼도록 특별하게 운영하고 있다. 이것이 곧 미식가들이 정양헌을 찾는 이유이다. 정양헌은 최근 아래층 홀을 완비하였으며 위층의 스페셜룸은 가족을 동반한 사람들과 상업상의 용무로 식사하는 사람들에게 대단히 환영받고 있다. 뿐만 아니라 위층 일본식의 큰 홀은 최근 야마모토(山本) 스스로가 계획하고 완성한 것으로, 대소 연회용에 이용되고 있어 각 방면으로부터 신청이 쇄도하고 있다. 정양헌의 여급(女給) 아가씨들은 모두 아름다운 숙녀로 소위 불만스러운 여급은 없으며, 성실한 서비스로 손님에게 봉사하기 때문에 가족을 데리고 온 손님들이 만족스러워 하고 있다.

　점주(店主) 야마모토 오토키치(山本音吉)는 올해 45세로 도쿠시마현(德島縣) 출신이다. 중후한 군자로서 동업자 사이에 신망이 있다. 부산서양요리업조합장으로 복잡한 임무를 2회에 걸쳐 맡고 있다. 1913년 조선철도국의 부름에 응하여 조선으로 건너와 조선호텔 요리부 주임으로서 특별한 마음가짐을 가지고 외부 손님이 많은 조선호텔 요리의 완성을 이룬 인물이다. 그 후 평양, 신의주, 금강산의 각 호텔에 전근하였으며 1923년 철도국을 사직하고 곧바로 부산으로 와서 현재의 장소에 개업하여 오늘에 이르렀다. 이러한 이력으로 정양헌 요리의 진가가 비로소 알려지게 되었다.

정양헌(精養軒)

① 정양헌(精養軒) 전경(全景)_ [신부산대관]
② 정양헌(精養軒) 홀(Hall)의 일부(一部)_ [신부산대관]
③ 일본식(日本式) 객실(客室)의 일부(一部)_ [신부산대관]
④ 야마모토 오토키치(山本音吉)_ [신부산대관]

여의(女醫) 센가이 고토(淺海琴) 여사

원　적 야마구치현(山口縣) 구가군(玖珂郡) 류정정(柳井町) 492번지
주　소 부산부(釜山府) 대청정(大廳町) 3정목(丁目) 2번지
직　업 산부인과 의사

　센가이 고토(淺海琴) 여사는 1880년 3월 15일 태어났다. 오사카(大阪)고등여학교를 졸업함과 동시에 산부인과 여의(女醫)가 되어서 세상에 공헌하려는 뜻을 품고 오사카사립 요시마스학사(吉益學舍)에 들어가 의학을 배웠다. 이후 다시 도쿄(東京)의학전문학교 사이세이학사(濟生學舍)를[651] 졸업하고 1899년 12월 히로시마(廣島)에서 개업하였다. 그러나 1901년 또다시 도쿄(東京)로 가서 오로지 산부인과를 현장에서 배우고 1902년 야마구치현(山口縣)에서 개원하였다. 이후 1904년 12월 부산으로 와서 병원을 연 이래 20여 년간 부산의 의료계에 공헌한 바가 크다.

센가이의원_ 중구 대청동 광일초등학교앞 매일빌딩 자리이다.

651) 일본 메이지(明治)시기 도쿄(東京)에 설립된 사립의학교(私立醫學校) 중 하나이다. 1876년 4월 9일 의학자 하세가와 타이(長谷川泰, 1842~1912)가 설립하여 1903년 8월 31일 폐교할 때까지 28년간 2만 1,000여 명의 남녀학생이 이곳에서 의술을 배웠으며 9,600여 명의 의사를 배출하였다. 현재 일본의과대학(日本醫科大學)의 전신에 해당한다.

여의사(女醫師) 센가이 고토의원(淺海醫院) | ① ② | ① 센가이의원(淺海醫院)_ [부산대관]
② 센가이 고토(淺海琴) 여사_ [부산대관]

의사(醫師) 스자구 히도츠(朱雀一)

원　적 후쿠오카현(福岡縣) 사도군(糸島郡) 파다강촌(波多江村) 대자판지(大字板持) 556
주　소 부산부(釜山府) 서정(西町) 4정목(丁目) 30

　스자구 히도츠(朱雀一)는 1876년 9월 13일 태어났다. 1900년 관립제5고등학교 의학부를 졸업하고 그 후 3년간 같은 의학부 학용병실(學用病室) 의원(醫員)으로 근무하였다. 1903년 8월 부산공립병원 의원으로 임명되었으며, 1905년 8월 구보(久保)병원으로 옮겨 근무하던 중 당시 부산이사청 이사관 고(故) 카메야마 리헤이타(龜山理平太)의 추천으로 1909년 한국경찰의(韓國警察醫)로 임명되었다. 이와 더불어 부산공립건강진단소장으로 촉탁되는 한편, 현주소에서 의원을 개업하여 오늘에 이르렀다. 그는 현재 경상남도 촉탁경찰의(囑託警察醫)로 부산경찰서와 부산수상경찰서 근무를 명령받아 녹정(綠町)건강진단소 촉탁소장의 직책에 있다. 법의학에 대한 조예가 특히 깊다.

스자구의원　국제시장 가방골목 안 목화혼수이불점 자리이다.

의사(醫師) 스자구 히도츠(朱雀一)

① 스자구의원(朱雀醫院) 자택_ [부산대관]
② 스자구 히도츠(朱雀一)_ [부산대관]

오사카상선주식회사 부산지점(大阪商船株式會社 釜山支店)

본　사 오사카시(大阪市) 북구(北區) 부도정(富島町) 64
자본금 1억 원
지　점 부산부(釜山府) 고도정(高島町)
연　혁 오사카상선주식회사는[652] 1884년 일본의 내해(內海)항로를 통일하고 창립되어서 조선과의 관계도 아주 밀접하다. 본 회사는 1890년 2월 26일 부산부(釜山府) 본정(本町) 1정목(丁目)[현재 부산상업은행 소재지]에 지점을 설치하고, 그해 7월 본사(本社)의 해외진출 제일보로 오사카부산선(大阪釜山線)을 개통해 시로가와마루(白川丸)[총톤수 562톤 19, 등록톤수 407톤 01]를 주 1회 왕복운행시켰다. 1891년에는 시나노가와마루(信濃川丸)[총톤수 707톤], 치쿠고가와마루(筑後川丸), 쿠마가와마루(球磨川丸) 등 700톤급의 선박을 이용해 오사카(大阪), 고베(神戶), 부산 사이를 8일 간격으로 운항하였다. 이후 1898년 4월 마이코마루(舞子丸)[1,073톤], 마이쯔루마루(舞鶴丸), 후타마루(二見丸) 등의 1,000톤급 선박을 이용해서 정부의 보조항로로 부산오사카선, 부산인천선에 배치하였는데 당시 조선의 연안항로는 거의 동사(同社)에서 독점하다시피 하였다. 그리고 1903년 새롭게 헤이죠마루(平壤丸), 케이죠마루(京城丸)[1,300톤급] 등의 새 선박을 조선연안항로에 배치하고 다시 기슈마루(義州丸), 안토마루(安東丸), 군잔마루(群山丸) 등 800톤급과 죠신(城津), 마산(馬山) 등 1,300톤급, 그리고 2,000톤급 카이죠마루(開城丸) 등의 새로운 배를 취항하였다. 이때는 실로 동사(同社)의 조선연안항로가 최고의 성황을 이룬 최전성기였다. 그 뒤 1909년 본정(本町)에 있는 지점을 현재의 고도정(高島町)으로 이전했는데 1912년 조선우선(朝鮮郵船)이 창립되자, 조선연안항로를 조선우선에 양도하고 종래까지의 최신식 선박건조 계획을 중지하면서 오로지 부산과 일본 사이의 항로만을 남기게 되었다. 오랫동안 부산과 일본 사이의 항로를 유지해 왔으나 1924년에 새롭게 일본과 북조선항로를 시작하고 3,500톤급의 타이난(臺南)과 타이츄(臺中)[653] 등의 우수 선박을 배치하여 조선의 동안(東岸)항로를 부활시켰다.

오사카상선주식회사가 1890년 조선항로를 시작한 이래 30년 하고도 8년 동안 발전한 발자취를 보면 조선 진출 당시의 선박수는 43척, 2만 4,000톤이었는데 1925년 중반에는 392척, 74만 1,946톤에 이르게 되었다. 현재 동사(同社)는 오사카마산선, 오사카원산선의 중간항인 부산을 기착지로 타이츄(臺中), 타이난(臺南) 등 대소 선박 수척을 기항(寄港)시키고 있다.

부산지점 설치 이래 우에키(植木), 오타니(大谷), 코다이라(小平), 이시자키(石崎) 등의 지점장 시대를 거쳐 1909년 하세바 겐시로(長谷場源四郞) 시대에 본정(本町) 1정목(丁目)에 있던 지점을 현재의 고도정(高島町)으로 이전하였다. 이후 후지야마(藤山), 코바야시(小林) 지점장을 거쳐 1924년 8월 1일 현재의 지점장 코마다 만지(駒田萬二)가 계승해 오늘에 이른다

현재 지점장 코마다 만지(駒田萬二)는 1883년 9월 2일 오카야마현(岡山縣) 상석정정(上石井町) 176번지에서 태어났다. 1908년 고베(神戶)고등상업학교를 졸업하고 곧바로 오사카상선주식회사에 입사하였다. 1912년부터 미국 타코마(Tacoma)지점에서 6년간 근무한 뒤 1917년 고베(神戶)지점으로 옮겼다. 이후 본사영업과 요코하마(橫浜)지점, 모지(門司)지점을 거쳐 1924년 8월 1일 부산지점장으로 임명되어 현재 그 직책을 맡고 있다.

오사카상선 부산지점_ 중구 중앙동 부산경남본부세관 옆에 있었으나 1979년 부산대교 건설공사로 도로에 편입되었다. 현재 사진은 세관삼거리 모습이다.

652) 1884년 5월 1일 창립된 오사카상선회사의 공식명칭은 유한회사 오사카상선회사였다. 이 회사는 1893년 12월 31일부터 1964년 3월 31일까지 사명(社名)을 오사카상선주식회사로 하였다. 1964년 4월 1일 미쯔이선박(三井船舶)주식회사와 합병한 이후 1999년 4월까지 오사카상선미쯔이(大阪商船三井)선박주식회사의 명칭을 사용하였다. 그 뒤 사명(社名)은 다시 주식회사 상선미쯔이(商船三井)로 변경되어 오늘에 이르고 있다.

653) 타이난마루(臺南丸, 3,176톤)와 타이츄마루(臺中丸, 3,358톤)는 자매선박으로 1897년 영국에서 건조된 화객선이다. 이들 선박은 1924년부터 1928년까지 고베(神戶)와 청진, 나진항 사이의 항로를 운행하였다.

오사카상선주식회사 부산지점(大阪商船株式會社 釜山支店)

① 오사카상선 부산지점(大阪商船 釜山支店)_ [부산대관]
② 사선(社船) 타이난마루(臺南丸)_ [부산대관]
③ 지점장 코마다 만지(駒田萬二)_ [부산대관]

부산회조주식회사(釜山回漕株式會社)

　　본　사 부산부(釜山府) 매립신정(埋立新町) 4번지
　　자본금 10만 원[절반은 납입]
　　영업종목 조선기선(朝鮮汽船) 전속회조업(專屬回漕業)[654]

　　본 회사는 1925년 2월 부산 부근의 연안항로를 통일하고 조선기선(朝鮮汽船)주식회사가 창립되자, 야마리(山利), 카네야(矩屋), 부통기선(釜統汽船), 오이케회조(大池回漕) 등의 각 선주들이 자신들의 전속회조점(專屬回漕店)을 하나의 주식조직 아래에 둘 계획을 세움에 따라 1925년 2월 창립하고 현재 견실한 발전을 보이고 있다.

　　중역은 사장 우에무라 큐자부로(植村久三郞). 상무취체역 나카무라 마쯔사부로(中村松三郞), 오노 이사무(大野勇). 취체역 요시하라 분타로(吉原文太郞), 후쿠시마 야이치료(福島彌市良), 타니모토 토라키치(谷本寅吉). 감사역 스노우찌 죠타로(須内常太郞), 니시가키 토시마사(西垣利正).

　　사장 우에무라 큐자부로(植村久三郞) 나가사키현(長崎縣) 일기군(壹岐郡) 향추촌(香椎村)에서 태어났다. 1894년 조선으로 건너와서 곧바로 조운업(漕運業)에 종사하였고 1907년에는 통관업(通關業)을 시작하였다. 1910년 오이케회조점(大池回漕店)에 들어가 1923년 동점(同店)을 주식조직으로 바꾸는 한편, 조우전속부(朝郵專屬部)를 분할하자 그 주임으로 선임되어 현재 그 직책을 맡고 있다. 오이케(大池)왕국의 간부로 중요한 위치를 차지하고 있으며 부산회조주식회사의 창립에 즈음해서 발탁되어 사장직에 취임하였다. 그의 나이 40세이다.

654) 회조업(回漕業)에 대해서는 본책 주(註) 137 참조.

부산회조주식회사(釜山回漕株式會社)

① ② | ① 부산회조주식회사(釜山回漕株式會社)_ [부산대관]
② 사장(社長) 우에무라 큐자부로(植村久三郞)_ [부산대관]

조선수산수출주식회사(朝鮮水産輸出株式會社)

　소　재 부산부(釜山府) 본정(本町) 1정목(丁目) 1번지
　자본금 100만 원[납입 40만 원]

　본 회사는 1918년 8월 15일 조선에서 거듭되는 수산업자의 발기에 의해 조선의 산업개발과 우리나라(我國)의 수출무역 진흥을 도모하고자 하는 취지로 설립되었다. 대외무역품인 수산가공원료의 양식, 어획 및 제조 그리고 위탁 판매, 저장, 수송에 관한 사업을 경영하려는 계획에 따라 현재 중국 및 남양(南洋)으로[655] 보내지는 모샘치통조림, 고등어 삶은 것, 홍합, 해삼 등의 제조와 더불어 잠수기(潛水器)어업, 어류의 냉장, 제빙(製氷) 등 여러 사업을 착실하게 경영해 소기의 목적을 달성하고 있다. 특히 본 회사에서 제조판매하는 수산물의 해외 수출고는 연액 45~46만 원을 헤아려 조선에서 특수한 사명을 지닌 회사로서 손꼽을 만한 위치에 있다.

　중　역 취체역사장 카시이 겐타로(香椎源太郎). 상무취체역 타케히사 스테키치(武久捨吉), 토미타 기사쿠(富田儀作), 야마나까 요시타로(山中芳太郎), 이토우 쇼노스케(伊藤庄之助). 감사역 이시타니 와까마쯔(石谷若松), 아라이 야이치로(荒井彌一郎), 오사와 토쥬로(大澤藤十郎), 니시지마 토메조(西島留藏). 지배인 닛타 카츠지로(新田勝二郎)

조선수산수출주식회사_ 옛 본정(本町) 1정목 1번지는 중구 중앙동 부산데파트가 있는 곳이다. 이곳은 원래 본정(本町)시장과 그 외곽으로 많은 점포들이 있는 곳이었다. 조선수산수출주식회사는 옛 본정시장 주변의 한 점포를 차지하였을 것으로 짐작되는데 정확한 위치는 알 수 없다. 현재의 부산데파트는 1968년 기공하여 이듬해 준공하였다.

655) 남양(南洋)에 대해서는 본책 주(註) 317 참조.

조선수산수출주식회사(朝鮮水産輸出株式會社)　　조선수산수출주식회사(朝鮮水産輸出株式會社) 전경(全景)_ [부산대관]

조선흥업주식회사 부산지점(朝鮮興業株式會社 釜山支店)

소　재 부산부(釜山府) 좌등정(佐藤町) 9번지
자본금 300만 원[납입 240만 원]
적립금과 이월금 115만 원
연　혁 본 회사는 1904년 9월 창립하여 도쿄(東京)에 본점을 두고 부산, 황주(黃州)에 지점을 그리고 목포, 삼랑진(三浪津), 경산(慶山), 대전에 관리소를 두었다. 동사(同社)의 영업은 주로 조선에서 농사경영이었으나 부산지점은 창고업과 부산수출우(釜山移出牛)검역소 계류(繫留) 축우의 사육관리 및 선박탑재의 업무, 그리고 창고업의 부대(附帶) 사업으로 미곡(米穀)위탁판매와 화재보험의 대변(代辯) 등을 맡아서 하고 있다. 조선 내의 본사(本社) 자산은 논밭 1만 5,000정보(町步), 택지 9만 7,000평, 건물 240여 채로, 그 평가액은 천수백 만 원에 달한다. 결산기를 연 1회[3월]로 정하고 주주배당은 17기(期) 연 1할 3푼, 18기(期) 이후 1할 8푼의 높은 배당을 유지해 왔으며 업적은 아주 양호하다.

중역은 취체역회장 오하시 신타로(大橋新太郎), 취체역 카마타 카쯔타로(鎌田勝太郎), 오다 유지(織田雄次), 오타카 유사쿠(尾高豊作), 취체역 겸 지배인 오야마 쇼헤이(大山昇平), 감사역 사사키 키요마로(佐佐木青麿), 니시무라 미치히코(西村道彦)이다. 상담역은 사사키 유노스케(佐佐木勇之助)를 추대하였다.

현(現) 부산지점 지배인 메구로 긴지(目黑銀次)는 1889년 11월 도쿄시(東京市)에서 출생하여 1905년 4월 동사(同社)에 입사하였다. 그 후 20여 년 동안 여러 곳의 관리소장 및 지점장을 거쳐 1925년 4월 부산지점 지배인으로 취임해 오늘에 이른다.

조선흥업주식회사 부산지점_ 중구 중앙동 중앙대로에서 연안여객터미널 진입도로 왼쪽 기쁨교회가 입주하여 있는 건물 블럭이 위치한 곳이다. 당시 조선미곡수출주식회사와 인접하여 있었을 것으로 추측된다.

부산지점 사무소 및 창고 소재지

창　고　명	전화번호	소　재　지
좌등정(佐藤町)창고	장(長) 341 1,057	좌등정(佐藤町) 9번지
북빈(北濱)창고	2,340	매립신정(埋立新町) 1번지
고도정(高島町)창고	1,073	고도정(高島町) 5번지
부산역전(釜山驛前)창고, 초량역전(草梁驛前)창고	734	장전정(藏前町) 3정목(丁目) 23번지
수출우(移出牛)검사소 구내 출장소	1,199	동래군(東萊郡) 서면(西面) 우암리(牛岩里)
지　점	장(長) 341 1,334 / 1,057	좌등정(佐藤町) 9번지 대청정(大廳町) 4정목(丁目) 68번지
지배인 자택	651	

조선흥업주식회사 부산지점
(朝鮮興業株式會社 釜山支店)　②　①
① 조선흥업주식회사 부산지점(朝鮮興業株式會社 釜山支店)_ [부산대관]
② 조선흥업회사 부산지점(朝鮮興業會社 釜山支店) 창고(倉庫)_ [부산대관]

부산미곡증권신탁주식회사(釜山米穀證券信託株式會社)

　주　소 부산부(釜山府) 대청정(大廳町) 1정목(丁目) 35번지

　자본금 300만 원[납입 75만 원]

　압　무 곡물 담보대부, 수출화물 환어음거래, 유가증권 담보대부, 곡물 위탁매매, 부산곡물시장 연취인(延取引)[656] 정산사무(精算事務), 화재해상보험의 대리업, 기타 신탁업무

　본 회사는 1921년 말경에 부산의 유력자를 망라하고 조선 전역에서 주주를 모집해서 1922년 4월 설립되었다. 그리고 이미 설립된 부산곡물신탁주식회사의 영업권을 계승하여 업무를 담당해 왔는데, 창립 후 재계 불황이 계속되면서 각지 신탁회사의 사업성과가 부진해서 해산되는 경우가 많았다. 그러나 본사(本社)는 비교적 견실한 영업방침으로 운영한 결과 매기(每期) 8주(朱)[657] 내지 4주(朱)의 배당을 이어가고 있다. 현재 불황에 적절히 대처해 회사의 기초를 공고히 하려고 노력하고 있다.

　본사(本社)는 그 업무의 성질상 재계의 흥망성쇠에 따라 영업성적이 좌우되는 것이 필연적이다. 특히 미곡수출물 환어음의 취급과 부산곡물시장 연취인고(延取引高)의 증감은 동사(同社)의 수입에 크게 관계가 있다. 오늘날과 같이 연시장(延市場)의 거래가 한산한 것이 가장 고통스러운 일이다. 즉 본사(本社)의 업적은 미곡 경기의 성쇠 여하에 달려 있다고 할 수 있을 것이다.

　현재 중역 취체역사장 오이케 츄스케(大池忠助). 취체역 하자마 후사타로(迫間房太郎), 카시이 겐타로(香椎源太郎), 사카다 분키치(坂田文吉), 이토 히게요시(伊藤祐義), 타나베 겐시로(田邊源四郎), 문상우(文尚宇), 키시마 신지(木島信治)[지배인을 겸함]. 감사역 야마노 슈이치(山野秀一), 이타니 기사부로(井谷義三郎), 코스기 킨하치(小杉謹八)

부산미곡증권신탁주식회사_ 중구 대청로 한국은행 맞은편 바오로 딸(서원) 자리이다.

---

656) 연취인(延取引)은 대금을 즉시 지불하지 않고 일정 기간을 두고서 결제하는 거래를 뜻한다.
657) 본책 주(註) 292 참조.

부산미곡증권신탁주식회사(釜山米穀證券信託株式會社) 부산미곡증권신탁주식회사(釜山米穀證券信託株式會社)_ [부산대관]

동양성냥주식회사 부산출장소(東洋燐寸株式會社 釜山出張所)

　　본　사 고베시(神戶市) 병고하택통(兵庫下澤通) 6정목(丁目) 2
　　출장소 부산부(釜山府) 매립신정(埋立新町)
　　연　혁 본 회사는 세이스이샤(淸燧社)와 료스이(良燧)합자회사를 병합해서 타키가와성냥(瀧川燐寸)주식회사로 명칭을 바꿨다가 1917년 다시 동양성냥(東洋燐寸)주식회사를 창립하고 타키가와성냥(瀧川燐寸)주식회사를 병합하였다.[658] 이후 일본 수출성냥의 품질향상과 가격 유지에 힘쓰는 한편, 중국에 자매회사인 칭다오성냥(靑島燐寸)주식회사와 수생화시공사(燧生火柴公司) 등을 설치하였다. 또한 조선 유일의 성냥제조회사인 조선성냥주식회사에 자본을 투자하고 부산, 안동현(安東縣), 상하이, 칭다오(靑島), 싱가포르에 출장소를 설치하여 판로의 확장을 꾀하였다. 이제 남북아메리카, 수에즈 동쪽의 각지에 견고한 기반을 구축하였으며, 그 수요자는 세계인구의 4분의 1에 해당하는 명실공이 동양 제일의 회사로서 초석을 구축하게 되었다.
　　현재 중역은 사장 타키가와 기사쿠(瀧川儀作)[659]. 전무 코가와 마스죠(古川倍造), 스즈키 이와지로(鈴木岩治郎), 타키가와 에이이치(瀧川英一), 쿠보타 헤이키치(窪田平吉), 쯔치야 쿠스쿠마(土屋楠熊), 오금당(吳錦堂)[660], 요시카와 준노스케(芳川筍之助) 등이다.
　　부산출장소 세이스이샤(淸燧社)의 출장점(出張店)으로 1908년 개설되어 조선에서 성냥 판매의 선구가 되었다. 이후 타키가와(瀧川)출장소로 되었다가 1917년 이래 동양성냥출장소로서 오늘에 이르렀다. 현 출장소장 우자와 쥬기치(鵜澤重吉)는 1886년 4월 지바현(千葉縣) 산무군(山武郡) 공평촌(公平村)에서 태어나 1908년 상하이(上海) 동아동문서원(東亞同文書院)을 졸업하였다. 1917년 동양성냥주식회사 부산출장소 주임으로 부산에 와서 예의주시하며 쌍록표(雙鹿票), 우록표(羽鹿票) 성냥의 판로 확장에 비범한 재능을 발휘해 조선에서의 성냥 수요의 9할을 본 회사가 납품할 수 있게 되었다. 그는 현재 인천의 조선성냥주식회사 감사로 성냥에 대한 조예가 유달리 깊은 사람이다.

658) 본문에서 언급한 동양성냥주식회사의 창립과정은 그 내용이 축약되어 있을 뿐만 아니라 문장의 주어가 잘못되었고 역사적 사실의 선후관계들도 다르게 기술되어 있다. 전후사정을 보면 다음과 같다. 세이스이샤(淸燧社)는 타키가와 벤조(瀧川辨三, 1851~1925)가 1880년 고베(神戶)에서 설립한 성냥제조회사로 1885년 일본 최초의 상표등록 1호 성냥인 '신시시(寢獅子)'를 생산했다. 료스이샤(良燧社)는 이즈미타 분시로(泉田文四郞)가 1886년 효고현(兵庫縣) 동출정(東出町)에서 창립한 성냥제조회사였다. 타키가와 벤조(瀧川辨三)는 1896년 이즈미타 분시로(泉田文四郞)가 사망하자 료스이샤(良燧社)를 인수했다. 이후 1916년 세이스이샤(淸燧社)와 료스이샤(良燧社)는 합병하여 타키가와성냥(瀧川燐寸)주식회사가 되었으며 이 회사는 1917년 스즈키상점(鈴木商店)의 성냥부(燐寸部)와 합병하여 동양성냥(東洋燐寸)주식회사로 출발하였다. 이로써 타키가와 벤조(瀧川辨三)는 '일본의 성냥왕'이 되었다. 그는 타키가와(瀧川)중학교를 설립했고 고베(神戶)상공회의소 회두(會頭) 및 귀족원 의원을 역임하였다. 따라서 본문에 있는 "동양성냥(東洋燐寸)주식회사를 창립하고 타키가와성냥(瀧川燐寸)주식회사를 병합하였다"는 내용은 잘못 고증된 부분이다.
659) 타키가와 기사쿠(瀧川儀作, 1874~1963)는 나라현(奈良縣) 출신으로 오사카(大阪)상업학교를 졸업하였다. 세이스이샤(淸燧社)의 설립자인 타키가와 벤조(瀧川辨三, 1851~1925)의 양자로 고베(神戶)상업회의소 회두(會頭)와 타키가와(瀧川)중학교 이사 및 귀족원 의원을 역임하였다.
660) 오금당(吳錦堂, 1855~1926)은 중국 절강성(浙江省) 영파부(寧波府) 자계현(慈溪縣) 사람으로 일본 고베(神戶)에서 활동한 화상(華商)이다. 그는 쑨원(孫文)의 혁명 활동을 적극 지원하여 국민당 고베(神戶)지부 부장을 맡았으며 신해혁명 이후 중화민국 남경정부에서 절강성군정부(浙江省軍政府) 재정수리(財政水利)고문을 역임하였다. 1913년 3월 쑨원이 고베를 방문했을 때 오금당의 쇼가이(松海)별장에서 중국인들의 환영오찬회가 개최되었다. 이런 연원으로 쇼가이(松海)별장은 1982년 9월 효고현(兵庫縣)에서 고베 화교총회로부터 기증받아 일본 유일의 쑨원기념관으로 조성되어 1984년 11월 12일 쑨원 탄신일에 일반인들에게 공개되었다. 1994년 3월 혼슈(本州)와 시코쿠(四國)를 잇는 아카시해협대교(明石海峽大橋)의 건설에 따라 기념관은 해체되어 원래 위치에서 서남쪽 200미터 떨어진 해변가에 2000년 4월 복원되었다.

동양성냥주식회사 부산출장소
(東洋燐寸株式會社 釜山出張所)

① 동양성냥주식회사 부산출장소(東洋燐寸株式會社 釜山出張所)_ [부산대관]
② 주임(主任) 우자와 쥬기치(鵜澤重吉)_ [부산대관]

조선잠수기어업주식회사(朝鮮潛水器漁業株式會社)

자본금 28만 5,000원[납입 21만 3,750원]

본 사 부산부(釜山府) 남빈정(南濱町)

영업과목 해삼, 홍합, 고등어, 패주(貝柱) 등의 어획제품 판매

연 혁 조선에 일본 잠수기 어업자들이 건너온 것은 1887년 무렵이다. 동업자(同業者)는 업무에 숱한 장애가 있었음에도 열심히 노력하여 해삼, 홍합, 고등어, 패주(貝柱) 등의 중국수출의 기초를 확립하였다. 1907년 6월 동업자들은 이사청(理事廳)의 인가를 얻어 조합을 조직하여 상호 이익의 보호와 어족의 번식 보호를 도모하는 한편 제품의 통일을 기해 품질 향상을 꾀하였다. 그 후 1923년까지 오로지 공동의 이익을 위해 증진하였다. 1923년 4월 자금 통합의 시급함을 통감하고 제2구(區) 동업자 모두가 조선잠수기어업주식회사를 설립해 이 업종의 발전을 도모하였다. 이듬해 1924년 6월 상하이(上海)항로가 개시되자마자 다른 회사보다 먼저 수산물의 중국 직거래 수출을 성사시켰다. 현재 연간 제품 매상고 40만 원, 어업용품 매상고 3만 수천 원에 이르는 성황을 보이고 있다.

현재 중역 취체역사장 야마나까 요시타로(山中芳太郎). 전무취체역 토요다 소쿠로(豊田惣九郎). 취체역 타니우 사부로(谷禹三郎), 이노마타 쿠마타로(猪股熊太郎), 유우 카쯔지로(柚友勝次郎). 감사역 야마모토 센키치(山本仙吉), 이토 토라사부로(伊藤寅三郎), 진노 카즈오(神野一男). 상담역 마스야 쵸타로(桝屋長太郎)

조선잠수기어업주식회사(朝鮮潛水器漁業株式會社)

② ①

① 조선잠수기어업주식회사(朝鮮潛水器漁業株式會社)_ [부산대관]
② 잠수기어업선(潛水器漁業船)_ [부산대관]

주식회사 부산빌딩(株式會社 釜山ビルデイング)

  주 소 부산부(釜山府) 남빈정(南濱町) 3정목(丁目) 4
  영업과목 코크스(コークス)[662] 및 증류수 제조판매, 대가(貸家), 식당, 목욕탕, 이발관 경영

  본 회사는 부산의 소장(少壯)실업가 수 명의 발기 아래 1925년 6월 창립되었다. 영업과목을 보면 모두 근세과학의 뛰어남을 활용하여 코크스 제조에 의한 여열(餘熱)을 능숙하게 이용해서 목욕탕용 열탕 및 실내 난방장치 그리고 증류수를 제조하고 있다. 본관은 남빈(南濱) 해안 경승지(景勝地)를 택해 석조 벽돌의 3층 건물[지하실 포함 4층]로 지었는데, 옥상정원에서는 남쪽으로 멀리 떨어져 있는 쓰시마(對馬島)를 연기 구름 속에서 볼 수 있고 가깝게는 부산 남항(南港)을 맘껏 조망할 수 있다. 고개를 돌리면 부산의 가장 중심지인 장수통(長手通)은[663] 물론이거니와 부산의 서부(西部) 시가(市街)가 한눈에 들어온다.

  본관 3층은 산뜻하고 세련된 서양식 객실이 여러 개 있으며, 2층은 크고 작은 홀에 모두 식당이 설치되어 있어 간단한 양식과 일식 요리는 일반 고객에게 호평이 나 있다. 1층은 대욕장(大浴場) 및 이발관으로 이용하고 욕탕에는 만병에 영험한 덴도쿠광천(天德鑛泉)을[664] 응용한 약탕을 설치해 입욕객이 날마다 쇄도하고 있다. 지하실은 조리실과 숙직실, 기타 여러 가지 용도로 이용하고 있다. 또한 동사(同社)에서 제조하는 코크스는 최신식의 가마를 써서 특별히 원료탄(原料炭)의 엄선과 기술에 주의를 기울여 주물용, 가정용 모두 수요자의 호평을 받으며 항상 제조에 박차를 가하고 있는 상태이다. 더구나 행정(幸町) 쪽의 전찻길에는 나무골조로 된 모르타르(mortar) 2층 연립주택의 근대적 셋집(貸家) 2호를 건축 중인데 올해 12월 준공할 예정이다.

  본 회사의 중역은 다음과 같다.

  취체역사장 고도 세이스케(五島誠助), 전무취체역 하타오 고이치(幡生悟一), 취체역 야마네 타키치(山根太吉), 요시자키 소이치(吉崎宗一), 오지마 요시스케(大島芳輔), 오이케 겐지(大池源二), 감사역 미키 코이치(三木孝一), 아사타니 나가스케(淺谷長輔)

주식회사 부산빌딩_ 중구 비프(BIFF)거리 부산극장 건너편에 있는 동아데파트 뒷 블럭에 해당된다. 당시 부산빌딩의 뒷블럭인 광복로에는 1931년 개관한 활동상설 극장 소화관이 있었는데 두 블럭으로 나뉘어진 건물이 지금처럼 동아데파트(옛 동아극장)로 한 블럭이 된 사연은 알 수 없다. 1938년 지도에는 두 건물이 한 블럭으로 되어 있다.

---

662) 코크스(cokes)는 점결탄(粘結炭), 아스팔트, 석유 등 탄소가 주성분인 물질을 가열하여 휘발 성분을 없앤 구멍 많은 고체 탄소연료이다. 불을 붙이기는 어려우나 발열량이 많고 연기가 없어서 가스 제조, 용광로나 주물 제조 등에 야금용(冶金用) 연료로 사용된다.
663) 나가테도리(長手通)에 대해서는 본책 주(註) 96 참조.
664) 덴도쿠광천(天德鑛泉)은 일본 나가노현(長野縣) 시오지리시(鹽尻市) 카타오카(片丘)에 있는 온천이다.

부산(釜山)빌딩

① 부산(釜山)빌딩_ [부산대관]
② 부산(釜山)빌딩 2층 식당(食堂)_ [부산대관]

목도신탁주식회사(牧島信託株式會社)

   소　재 부산부(釜山府) 영선정(瀛仙町) 1257
   자본금 10만 원[납입 4만 원]
   현재 중역 취체역사장 히가시 마쯔타로(東松太郎), 전무취체역 타케우치 오사무(竹內統), 취체역 히구치 토시하루(樋口利春), 에노모토 아츠미(榎本阿津美), 고자카 유이타로(小坂唯太郎), 쿠부시로 칸이치(久布白貫一), 나카무라 큐조(中村久藏), 감사역 시라이시 우마타로(白石馬太郎), 토이시 리키치(土石利吉), 미야모토 마고기(宮本孫義).
   연　혁 본 회사는 1924년 8월 창립되었는데 주주(株主)는 대부분 목도(牧島) 거주자로 현재 주주는 63명이다. 사업목적은 금융업, 대리업, 자금운용, 위탁인수, 차입금 기타 일반 채권의 보증 및 일반 신탁에 관한 업무를 하는데 있다. 1926년 11월 말 현재 대출금은 약 20만 원에 이르고 신탁금 약 10만 원, 적립금 약 1만 1,000원으로 사운(社運)이 가장 강고(强固)해져 도민(島民)의 경제계에 다대한 공헌을 하고 있다.

목도신탁주식회사_ 영도구 남항동 전차종점 옆 제3영도교회 아래에 있는 금성숯불갈비가 있는 곳이다.

목도신탁주식회사(牧島信託株式會社) 목도신탁주식회사(牧島信託株式會社)_ [부산대관]

부산연초원매팔주식회사(釜山煙草元賣捌株式會社)

소　재 부산부(釜山府) 좌등정(佐藤町) 14번지

창　립 1921년 6월 5일

자본금 30만 원

회사의 수뇌부 취체역사장 무라카미 이쿠조(村上幾藏). 취체역 야마타 소시치로(山田惣七郎), 히가시하라 카지로(東原嘉次郎), 토미하라 겐지(富原硏二). 감사역 야마니시 타케지로(山西武治郎), 아카사카 쇼이치(赤阪正一). 지배인 모시모토 후사키치(岸本房吉)

　예전에는 어떻든간에 근대 조선에서 일본제조담배의 수요를 불러일으킨 것은 1894~1895년의 청일전쟁 당시로, 조선 각지에 주둔했던 일본군대에 의해 널리 소개된 무라이(村井)상회의 히어로(hero)와 같은 제품은 궐련초의 대명사가 되었다는 견해가 있다. 그 후 제국정부의 담배전매제도가 실시되자 일본 및 조선 주재 연초업자들로 운영된 합명회사 한국연초조합과 일본연초수출(日本煙草輸出)주식회사 등이 정부의 특허를 얻어 조선에 대한 담배판매에 종사하였다. 그 후 두 회사가 합병해서 새롭게 동아연초(東亞煙草)회사를 조직하고 경성에 제조공장을 설치하였다. 조선에 있던 실업가들은 연초제조가 유망하다는 점에 착안하여 부산, 대구, 경성 등에서 담배제조를 시작하여 크고 작은 공장이 각지에 설치되었다.

　한편 영미연초(英美煙草)회사도[665] 조선에서 큰 세력을 가지고 트러스트를 조직해 일본담배에 대항하고 있었으나 결국 1914년 영미연초는 조선 밖으로 쫓겨나게 되었다. 그런데 부산이 갖는 지리적 이점 때문에 내외제품 모두 부산에서 먼저 우세한 지위를 구축할 필요가 있었다. 따라서 영업자 중에는 청일전쟁 당시부터 견고한 기반을 차지하는 자가 많았다. 또한 단체 판매기관으로서 경상연초조합(慶尙煙草組合)[1905년 창업]과 같이 가장 오랜 역사를 가진 기업도 있었다. 1921년 7월 조선연초전매제도의 실시에 즈음하여 재부(在釜) 연초업자들은 하나의 단체인 부산연초원매팔(釜山煙草元賣捌)회사를 설립하였다. 원매팔(元賣捌)의 지정을 받아서 부산부(釜山府) 및 동래, 울산, 양산, 김해의 각 군(郡)과 울릉도(鬱陵島) 등 1부(府) 4군(郡) 1도(島)에 걸친 판매구역에 연액 130만 원의 매상을 올려 조선 전역 62개의 많은 연초원매팔인(煙草元賣捌人) 중 2위를 차지한다.

부산연초원매팔주식회사_ 중구 중앙동 부산데파트 옆 중앙대로변에 있는 GS25시
편의점이 있는 곳이다.

---

665) 개항장을 통해 들어오기 시작한 수입담배와 성냥은 본문에서 언급했듯이 1894년 청일전쟁을 계기로 전국적으로 확산되는 양상을 보였다. 그 결과 일본인과 외국인은 인천과 부산 등지에 담배제조공장을 설립하고 치열한 경쟁을 벌였다. 이 과정에서 1904년 러일전쟁 이후 상하이(上海) 영미연초회사의 담배가 국내에 시판되고 이어서 1906년~1907년 무렵 국내 주요 도시에 담배판매점을 설치하게 되었다. 이후 영미연초회사가 1908년 인천에 담배공장을 운영하게 되자 일본정부와 조선에 있던 일본인 연초회사들은 1909년 경성동아연초회사를 설립하여 영미연초회사에 맞섰다. 연초공장은 작업공정상 많은 노동력을 필요로 했기 때문에 경성동아연초회사에서는 1920년대 조선인 노동자들의 파업이 계속적으로 발생하였다.

부산연초원매팔주식회사(釜山煙草元賣捌株式會社)

부산연초원매팔주식회사(釜山煙草元賣捌株式會社)_ [부산대관]

합명회사 이시가와정미소(合名會社 石川精米所)

소　재 부산부(釜山府) 안본정(岸本町) 5번지의 1
창　립 1909년 4월
자본금 5만 원[전액 납입]
적립금 2만 원

이시가와정미소(石川精米所)는 1909년 4월 부내(府內) 안본정(岸本町) 5번지의 1에 대지 214평의 공장을 설립하고 가스발동기 25마력, 미국 엔겔바르크정미기(エンゲルバルク精米機) 6대를 설치해 정미업을 시작하였다. 견실제일(堅實第一)과 고객 본위를 영업방침으로 했던 이시가와정미소의 신용은 곧 일본과 조선 각지에서 견고한 기반을 개척하기에 이른다. 그 후 1913년 6월 조직을 합명회사로 변경[사원 이시가와 신페이(石川眞平), 우에다 카츠지(上田勝治), 이시가와 칸이치(石川侃一) 등 3명]하는 한편 설비의 완전을 기하였다. 대량 생산수단으로 우선 25마력의 발동기를 50마력으로 바꾸고 재차 정찬기(精撰機)를 증설하여 현미 정찬(精撰)으로서 일본수출에 한층 박차를 가하게 되어 조선 쌀의 가격 향상에 지대한 공헌을 하였다. 이에 이시가와정미소 제조의 정백(精白)과 현미는 좋은 평판을 점점 더 많이 얻게 되었으며, 이에 정미소에서 특히 주의를 기울인 점은 원료미(原料米)의 선택이었다. 그 결과 정백 및 현미는 항상 품질이 일정하다고 할 정도로 고객의 신용을 얻었으며 다른 회사의 추종을 불허하는 경지를 개척하여 더 한층 회사의 초석을 공고히 하였다. 바야흐로 하루 12시간의 정미 능력은 4말(斗) 용량으로 450가마니가 되며 내외(內外)의 주문이 항상 쇄도하고 있다.

업무집행사원 이시가와 칸이치(石川侃一)는 1869년 1월 후쿠오카현(福岡縣) 사도군(糸島郡) 소부사촌(小富士村) 사산(寺山)에서 출생하였다. 1890년 11월 부산으로 건너와 친족(親族) 이시가와 신페이(石川眞平) 밑에 들어가서 미곡상에 종사하였는데, 1894년 청일전쟁이 일어나자 그는 통역병으로 종군하였다. 이후 전쟁이 끝나자 다시 부산으로 돌아와 현업에 복귀하여 1903년부터 부산정미소공장 주임으로 재직하였다. 1909년 이시가와정미소(石川精米所)의 창립과 함께 경영을 맡고, 그 후 부지런히 업무에 힘써 1913년 6월 합명회사 업무집행사원이 되었으며 현재 그 직책에 있다. 이후 1920년 부산상업회의소 의원으로 추대되었다가 1922년 임기 만료로 사직하고 오로지 사업에 정진하였다. 1924년 부산상업회의소 의원으로 다시 추천되어 현재 그 직위에 있다.

이시가와정미소_ 중구 중앙동 새광산병원 뒤편에 있는 중앙부동산이 입주해 있는 건물이 대략의 위치이다. 이 지역 일대가 1953년 11월 발생한 역전대화재 이후 도로 구획이 새롭게 정비되어 정확한 옛 위치를 가늠하기 어렵다.

합명회사 이시가와정미소(合名會社 石川精米所)

① 이시가와정미소(石川精米所)_ [부산대관]
② 이시가와 칸이치(石川侃一)_ [부산대관]

방천각(芳千閣)

본 점 부산부(釜山府) 남빈정(南濱町) 2정목(丁目) 22
지 점 대구, 도쿄(東京)

카나가와현(神奈川縣) 소현도축군(小縣都築郡) 전내촌(田奈村) 사람 아이하라 타니조(相原谷藏)는 1896년 조선으로 건너와 서정(西町)에서 천방(千芳)이라는 요리점을 개업했다. 이것이 방천각(芳千閣)의 기원으로 이후 세월과 함께 번영하였는데, 서정(西町)에서는 장소가 협소하게 느껴져 1912년 현재의 남빈정(南濱町)으로 이전하였다. 객실과 그 밖의 설비에 흠잡을 데 없는 부산의 일류 요정으로 그 명성이 알려졌다.

현재 아이하라(相原)는 대구에 제2 방천각(芳千閣)을 열어 대구의 일류 요정으로 그 이름을 알리고 있으며, 이외에 관동지진 이후 도쿄(東京)에 방천각(芳千閣)호텔을 설립하고 설비를 정비해 조선 관계의 숙박에 큰 편의를 제공하고 있다. 도쿄(東京) 지배인은 아이하라(相原)의 자식이 맡았으며 도쿄(東京)에서 손꼽을 만한 여관으로 그 명성이 소문나 있다. 부산 방천각(芳千閣) 지배인은 아이하라(相原)의 셋째 아들로, 그는 1900년 부산에서 태어났다. 이후 일본으로 갔다가 1924년 다시 조선으로 건너와서 오로지 방천각(芳千閣) 경영에 수완을 발휘하고 있다. 그는 현재 아들 하나를 낳아 단란한 일가를 이루고 있으며 야구와 수렵을 취미로 하고 있다.

방천각_ 중구 남포동 남포문고 뒤편 구두골목으로 불리우는 곳의 디지털 DVD영화관 자리이다.

방천각(芳千閣)　| 　방천각(芳千閣)_ [부산대관]

베니마고상점주(ベニマゴ商店主) 사카가미 마코노스스무(坂上孫之進)

원　적 야마구치현(山口縣) 시모노세키시(下關市) 부전정(富田町) 385
주　소 부산부(釜山府) 본정(本町) 2정목(丁目) 7번지
직　업 공채(公債), 주식(株式), 현물(現物) 매매

　사카가미 마코노스스무(坂上孫之進)는 1889년 7월 28일 시모노세키시(下關市)에서 태어났다. 성장한 뒤 시모노세키(下關), 오사카(大阪), 도쿄(東京) 등 각지의 주식계에 몸을 던져 파란만장한 삶을 경험하고 주식투기의 묘미와 주식점(株式店) 경영의 오묘함을 터득하게 되었다. 이에 스스로 주식점을 경영하려는 뜻을 품고 1919년 11월 조선의 수도인 경성에 머물면서 경성의 거래시장 및 경제계의 상황을 시찰하였다. 그리고 그해 12월 우선 고향으로 돌아갔다가 이듬해 1920년 9월 부산에서 개점할 목적으로 부산으로 와서 안본정(岸本町) 1번지에서 개업하였다.

　당시 부산에는 크고 작은 주식점(株式店)이 20여 점을 헤아렸는데, 비록 재계가 호황일 때라 하더라도 그 수가 너무 많다고 생각할 수 있었다. 그런데 그는 시종일관 장래의 큰 성공을 기대하고 견실함을 근본적 취지로, 또 고객에게 만족을 주는 것을 가게 운영의 방침으로 삼고 힘껏 경영하여 이 업계에서 활약을 시도하였다. 그 결과 고객이 예기치 않게 본 상점에 모여들어 수년이 지나지 않아 같은 업계의 선배를 앞질러 견실한 기반을 개척하게 되었다. 점포 또한 몹시 비좁아져 1924년 9월 본정(本町) 2정목(丁目)으로 이전하였다. 재계 불황의 시대에 상당한 업적을 올려 현재 부산 유일의 주식현물점(株式現物店)으로 이름을 알리게 되었다. 가정은 부인과 의형(義兄)을 포함해 3인으로 성격이 지극히 원만하며 나가우다(長唄)[666], 다도(茶道), 서화(書畵), 골동품에 취미를 가지고 있다.

베니마고상점(ベニマゴ商店)_ 중구 동광동 우리은행 옆에 있는 GS25 편의점 자리이다.

666) 본책 주(註) 394 참조.

2

34　635

. 사업(事業)과 인물(人物)

新篇 釜山大觀

베니마고상점(ベニマゴ商店)

① 베니마고상점(ベニマゴ商店) 응접실(應接室)_ [부산대관]
② 베니마고상점(ベニマゴ商店) 사무실(事務室)_ [부산대관]
③ 사카가미 마코노스스무(坂上孫之進)_ [부산대관]

토요다 후쿠타로(豊田福太郎)

원　적 나가사키현(長崎縣) 하현군(下縣郡) 엄원정(嚴原町)
주　소 부산부(釜山府) 매립신정(埋立新町) 16번지
직　업 곡물상, 비료상, 농경구상(農耕具商)

　　토요다 후쿠타로(豊田福太郎)는 1869년 5월 27일 쓰시마(對馬島)[667] 이즈하라쵸(嚴原町)에서 출생하였다. 일찍이 부산으로 건너와 오사카 무역상 하마다(濱田)상점의 부산지점에 들어가 지배인대리로 근무하였다. 그 후 동(同) 상점을 일한무역상사(日韓貿易商社)로 개칭하자 출자자의 한사람으로서 지배인 직무를 계속 맡았다. 그는 동사(同社)의 경영을 책임지고 부산, 인천 등에 지점을 개설하여 조선 전역의 상권을 개척했으며, 이후 대표자 오카자키(岡崎)가 일본으로 돌아가게 되자 동사(同社) 부산지점의 경영을 책임졌다. 그리고 얼마 뒤 부산지점을 토요다상점(豊田商店)으로 개칭하였는데, 1902년경의 일이다. 이보다 앞서 토요다(豊田)가 일한무역상사의 경영을 맡았을 때 오사카와의 무역은 동사(同社) 소유의 범선(帆船) 야요이마루(彌生丸) 등을 이용하여, 일본으로 갈 때는 쌀을 실었고 돌아오는 길에는 사누키(讚岐)의[668] 사카이데(坂出)로부터[669] 소금을 가득 실어 수입하는 등 항상 기선(機先)을 잡으며 사업에 전심전력을 다하였다. 게다가 사업을 개인경영으로 바꾼 뒤에도 시세(時勢)의 진운(進運)에 앞장서 영업품목을 확대하는 한편, 국외 상권의 확장에 힘쓰고 또 해산물 도매업을 겸영하면서 타이완(臺灣)소금을 수입하는 등 부단한 활동을 계속했기에 사업은 날로 발전하였다. 러일전쟁이 끝나자 조선 각지에 산재된 넓은 황무지의 개간에 착안하여 불모의 땅을 좋은 경작지로 만들기 위해 혼신의 노력을 하였다. 그러나 본래 조선의 땅에는 홍수가 빈번하여서 토요다(豊田)의 사업은 결국 큰 성과를 내지는 못하였다. 현재 김해군(金海郡) 진영(進永), 생림(生林), 가산(佳山) 등에 황무지를 소유하고서 큰 규모의 계획을 실행하려고 하고 있다. 그는 1906년경부터 동래 온천장의 장래를 내다보고 일찍부터 토지를 사들여 온천여관 봉래관(蓬萊館)을[670] 건축하였다. 그러나 당시는 아직 동래 부산 간에는 교통기관이 없고 일본인 온천 여객도 극히 소수이던 시대였다. 그리하여 채산을 무시하고 온천으로 병을 고치려는 사람들에게 편리를 제공하고자 십수 년간 이익을 크게 남기지 않는 경영을 하였다. 이런 일은 그와 같은 자산가가 아니면 해내기 힘든 일이었다. 이후 1909년 부산 유지(有志)들과 함께 경편철도회사(輕便鐵道會社)의 창립에 노력하여 동래의 발전에 공헌하였다. 이것이 곧 전철(電鐵)의 전신(前身)으로 그가 동래 온천장의 개척자로서 후세에 이름을 남기게 되는 이유가 되었다. 그런데 그가 동래 온천장을 경영했던 것은

토요다 후쿠타로 상점(豊田福太郎 商店)_
중구 중앙동 1가 중앙동주민센터 아래에 있는 한국전기안
전공사 자리이다.

단순히 토요다(豊田) 개인의 취미에 지나지 않았다. 일찍이 재부(在釜) 미곡상의 중진으로 미곡상조합(米穀商組合)의 창립과 거래방법의 개선에 공헌하였다. 이외에 다수의 점원을 지휘하다가도 가게에 모습을 나타내지 않을 때는 거류지회 의원으로 혹은 상업회의소 의원으로 공공을 위해 활동할 때로, 민간의 중심인물로서 시종 공평무사한 태도로 업무를 처리해 부민(府民)의 신뢰를 한 몸에 받으며 상업회의소 부회두(副會頭) 등의 요직에서 부산 발전에 공헌하였다. 그러나 다이쇼(大正)시대에 들어와 건강상의 이유로 모든 공직에서 사직하였으나, 건강을 회복하자마자 가업을 점원에게 맡기고 자녀의 교육을 위해 일가(一家) 모두를 도쿄(東京)로 이주시켜 여유로운 세월을 보내고 있다.[도쿄시(東京市) 적판구(赤阪區) 청산남정(靑山南町) 5의 36]

　　토요다상점(豊田商店)의 사업 본 상점은 전술한 바와 같이 부산에서 손꼽히는 점포로 처음에는 곡물무역과 함께 해산물, 소금 등을 취급하였다. 그러나 중반에 이르러 해산물과 소금 등의 겸영은 그만두고 종래의 방침을 변경하여 곡물의 위탁판매를 중심으로 하고, 사업을 고객 중심으로 바꿨으며 이어서 비료부를 설치하였다. 여기에 농기구의 판매도 함께 해 견실한 발전을 이룩해 왔다. 근래 농사개량의 진보가 현저한 점에 주목해 농구부(農具部)를 확장하고 최신식 농경구의 판매를 시작으로 일대 약진을 시도하고 있다. 특히 곡물부에서는 고객의 신용이 두터워 부산곡물시장에서 현물매상은 1, 2위를 점하고 매매를 합치면 3, 4위를 내려가지 않는 업적을 거두고 있다.

　　곡물부 미곡의 위탁판매를 중심으로 외래미(外來米), 만주 밤(栗), 기타 잡곡 모두를 취급하고 있다.
　　비료부 타키비료(多木肥料) 남선대리점(南鮮代理店), 일본질소비료(日本窒素肥料) 특약 판매점으로 기타 각종 비료를 판매하고 있다.
　　농구부 인터내쇼널석유발동기(インターナショナル石油發動機) 남선대리점(南鮮代理店), 후쿠오시키조선호도급기(福王式朝鮮號稻扱機) 조선독점판매점 등을 주된 것으로 하고 그밖에 여러 농구 일체를 취급하고 있다.

▌**667)** 원문에는 대주(對州)로 되어 있다.
▌**668)** 사누키(讚岐)는 현재 시고쿠(四國)의 카가와현(香川縣)에 해당한다.
▌**669)** 사카이데(坂出)는 카가와현(香川縣) 북부의 세토나이카이(瀬戸內海)에 접한 항구도시이다. 에도(江戸) 초기부터 염업(鹽業)의 마을로 알려졌는데 현재는 한노스쵸(番ノ洲町)를 중심으로 한 공업지대로 바뀌었다. 세토대교(瀬戸大橋)를 통해 혼슈(本州)의 오카야마현(岡山縣) 쿠라시키시(倉敷市) 코지마(兒島)와 연결되어 있다.
▌**670)** 본책 '온천여관 봉래관' 항목 참조.

토요다 후쿠타로상점(豊田福太郎商店)

토요다 후쿠타로상점(豊田福太郎商店)_ [부산대관]

오카무라 마사오(岡村正雄)

원   적 시즈오카현(靜岡縣) 지태군(志太郡) 풍전촌(豊田村) 소류진(小柳津) 451번지
영업소 부산부(釜山府) 고도정(高島町) 14번지
자   택 부산부(釜山府) 수정정(水晶町) 334번지
직   업 식량품, 잡화판매 및 자동차 경영

오카무라 마사오(岡村正雄)는 1863년 5월 20일 시즈오카현(靜岡縣)에서 출생하여 1904년 6월 경부철도회사의 초빙으로 조선으로 건너왔다. 경부철도가 관영(官營)으로 되자 철도부에서 계속 근무하였다. 이후 조선철도의 경영이 만주철도주식회사로 위임되자 만철(滿鐵)사원으로 근무하였다. 그는 1924년 7월 동사(同社) 부산파출소 주임과 철도성 부산파출소 주임이 되었다. 이후 사직하고 잔교식당(棧橋食堂)을 경영하기 시작하였다. 또한 만철(滿鐵)에서 운영하는 부산과 동래간의 자동차 경영을 위임받고 그대로 계속해서 철도성(鐵道省) 운영의 자동차 경영을 위임받아 오늘에 이르렀다.

부산잔교식당(釜山棧橋食堂) | 부산잔교식당(釜山棧橋食堂)_ [부산대관]

오하라 타메(小原爲)

원 적 교토부(京都府) 구세군(久世郡) 우치정(宇治町)
주 소 부산부(釜山府) 고도정(高島町) 14번지
직 업 토목건축청부업

　오하라 타메(小原爲)는 1873년 1월 24일 출생하였다. 현재 부내(府內) 수정정(水晶町)에 아주 크고 훌륭한 건물을 신축해서 거주지를 그곳으로 옮기고, 본업을 토목건축청부
으로 하면서 오로지 공공(公共) 방면에 힘써 부산 언론계의 실력자로 자타가 공인하고 있다. 젊어서 관직에 뜻이 있어 철도국에서 봉직(奉職)하였는데 1906년[671] 러일전쟁의
전운(戰雲)이 감돌자, 일본의 국운 진작에 앞장서 철도 감부(監部)의 일원으로 한국에 건너왔다. 그 후 철도관제가 수차례 개정되었지만 계속 요직에서 항상 기탄없이 직언함
으로써 일본의 철도행정에 공헌한 바가 있다. 1911년 사직하고 거처를 부산으로 옮겼다. 당시 조선가스전기(朝鮮瓦斯電氣)주식회사는 무타구치 모토가쿠(牟田口元學)가 사장
직을, 사토 미츠타카(佐藤潤象)가 상무직을 맡아 사무의 신장(伸張)에 노력하고 있을 시기로, 오하라(小原)가 한지(閑地)에 있는 것을 애석하게 여겨 그를 불러서 영업과장에
취임시켰다. 이것이 1912년의 일이다. 이후 1914년 부산진매축(釜山鎭埋築)주식회사[자본금 300만 원]가[672] 창립되고, 그 매축(埋築)공사를 인수한 가스회사(瓦電會社)가 그
것을 오하라(小原)의 개인 사업으로 넘겨주자 오하라는 회사를 퇴직하고 곧바로 부산진(釜山鎭)에 공무사업소(工務事業所)를 설치하였다. 이때 비로소 오하라(小原)는 토목건
축업자들과 한 식구가 되어 마침내 1917년에 무사히 공사를 완성하게 되었다. 그 후 계속해서 토목건축업에 종사하여 현재 남선(南鮮)토목건축협회의 전무이사로서 명성을 떨
치고 있다. 1918년 부산상업회의소 평의원에 당선되면서부터 매번 선거를 통해 중임되어 오늘에 이른다. 그 밖에 1924년 부산부협의회원(釜山府協議會員)에 당선된 이후 중
임하였으며, 1926년에는 부산부(釜山府)학교조합회 의원으로 당선되었다. 오늘날 그가 부산에서 공직자로 불철주야 노력하며 큰 공헌을 하고 있다는 것은 널리 알려진 사실
이다. 특히 교통운수에 관한 해박한 지식은 주도면밀한 두뇌의 움직임에 의한 것으로 적재적소에서 멈출 줄 모르는 그의 예리함을 보여준다. 전기요금의 가격인하 등에 그가
평생의 노력을 다한 데서 그의 인격을 알 수 있다.

오하라 타메(小原爲) 주택(住宅)_ 동구 수정 1동에 있는 요정(料亭) 정란각(貞蘭閣) 건물이었다.
2007년 근대문화유산 등록문화재 제330호로 지정되었다. 1993년 임권택 감독의 영화 '장군의 아들' 촬영장소
이기도 했다.

671) 러일전쟁은 1904~1905년 일어난 전쟁이다. 따라서 본문의 1906년은 오기(誤記)이다. 실제 오하라 타메(小原爲)는 1905년 11월 한국으로 건너와 육군철도감부(陸軍鐵道監部)에서 근무하였다.
672) 본책 부산진매축주식회사(釜山鎭埋築株式會社) 항목 참조.

토목건축청부업자(土木建築請負業者) 오하라 타메(小原爲)

① ②

① 오하라 타메(小原爲) 주택(住宅)_ [부산대관]
② 오하라 타메(小原爲)_ [부산대관]

오노 아와지(小野淡路)

원 적 와다현(和田縣) 하중성정(下中城町) 5번지
주 소 부산부(釜山府) 부평정(富平町) 4정목(丁目) 43번지
직 업 변호사

오노 아와지(小野淡路)는 1882년 12월 6일 태어났다. 1902년 3월 와다현(和田縣)에서 소학교 본과 정교원(正教員) 검정시험(檢定試驗)을 합격하고 그해 와다현(和田縣) 내에서 소학교 훈도(訓導)로 봉직하였다. 1905년 3월 러일전쟁에 소집되어 만주로 출정하였고 1906년 3월 개선(凱旋)하여 그 공에 의해 훈(勳) 8등(等)에 추서되었다. 이때부터 진로를 바꿔 사립도쿄중학교(私立東京中學校)에서 공부하고 1908년 3월 학교를 졸업하였다. 1909년 9월 제4고등학교(第四高等學校) 대학예과(大學豫科) 독일법과(獨逸法科)에 입학하였다. 그 후 1913년 9월 교토제국대학(京都帝國大學) 법과(法科)대학 독법과(獨法科)에 입학하여 1917년 학교를 졸업하였고, 그해 8월 조선은행에 들어가 경성본점에서 근무하였다. 이후 안동현(安東縣)지점, 다롄(大連), 펑텐(奉天) 각 지점에서 근무하였으며 1921년 북사할린(北樺太) 아항지점(亞港支店)[673] 지배인으로 발탁되었다. 1923년 9월 아항지점 지배인을 사임한 후 부산으로 와서 부산지방법원 변호사로 등록해 현재에 이르고 있다. 그의 고학역행(苦學力行)과 견인불발(堅忍不拔)의 의기(意氣)는 후진(後進)의 귀감으로 남에게 모범이 되기에 충분하다.

오노 아와지사무소_ 중구 부평동 4가 대근하버빌 뒷길에 있는 삼화익스프레스용달이 입주해 있는 건물 자리이다.

---

673) 아항(亞港)은 러시아 북사할린 서해안에 있는 항구도시 알렉산드롭스크사할린스키(Aleksandrovsk Sakhalinski)를 지칭한다. 석탄 채굴, 목재 채취, 어업 등이 발달하였고 현재 해양학연구소가 있다.

법학사(法學士) 오노 아와지(小野淡路)

① 오노 아와지(小野淡路) 사무소(事務所)_ [부산대관]
② 오노 아와지(小野淡路)_ [부산대관]

오노석탄상점(大野石炭商店)

소　　재 부산부(釜山府) 매립신정(埋立新町) 3번지
점　　주 오노 타메노스케(大野爲之助)
영업과목 석탄상 및 원염상(原鹽商)

오노석탄상점(大野石炭商店)은 부산 석탄상의 원조격인 쿠니야스상점(國安商店)과 홈링가상회(ホームリンガ商會)[674] 석탄부(石炭部)를 1914년 현재의 점주(店主)인 오노(大野)의 형(兄) 오노 마스타로(大野增太郎)가 승계해서 합자회사 오노석탄상점(大野石炭商店)이라는 상점명과 자본금 1만 원으로 개업하였다. 그런데 오노 마스타로(大野增太郎)는 1918년 영업상의 이유로 오사카(大阪)로 이주하고 그와 동시에 현재 점주(店主)인 오노 타메노스케(大野爲之助) 또한 모지(門司) 영업의 일체를 점원에게 양도하고는 부산으로 건너와 사업을 계승하고 개인경영으로 바꿔서 현재에 이르렀다. 오노 타메노스케(大野爲之助)는 동점(同店)의 경영을 맡자 적극적인 영업방침을 통해 점무(店務)에 정진하였다.

1923년 대구에 출장소를 설치하고 1925년 마산에서 마산제염소(馬山製鹽所)를 인수해 다른 한 사람과 합자조직으로 1만 5,000원의 자본금을 투자하여 이를 경영하고 있다. 오노석탄상점에서 취급하는 석탄의 판로는 조선 일대 및 중국 칭다오(靑島) 방면으로, 한해 취급고(取扱高)는 2만 5,000톤에 달한다. 메이지광업(明治鑛業)주식회사, 데이고쿠탄업(帝國炭業)주식회사, 키하라광업소(木原鑛業所) 등으로부터 양질의 석탄을 공급 받아 그것을 판매함으로써 조선의 석탄상으로 그 이름을 널리 알렸다. 뿐만 아니라 칭다오화성공사(靑島華盛公司)의 대리점으로 관동주염(關東州鹽),[675] 칭다오소금(靑島鹽) 등을 수입해 한해 만 톤을 조선 각지에 판매하여 원염상(原鹽商)으로서도 그 이름을 알렸다.

현재의 점주(店主) 오노 타메노스케(大野爲之助)는 1881년 8월 21일 모지시(門司市) 다이우모지(大宇門司) 1681번지에서 출생하였다.

오노석탄상점_ 중구 중앙동 중앙대로변에 있는 국민은행 옆 리치투어여행사가 있는 건물로 추정된다.

---

674) 본책 주(註) 576 참조.
675) 러일전쟁에서 승리한 일본은 러시아가 차지하고 있던 랴오둥(遼東) 반도의 다롄(大連) 및 뤼순(旅順) 지역을 간토슈(關東州)라고 불렀다. 이 지역의 행정기관은 설치 당시 관동도독부(關東都督府)였으나 1919년 이후에는 관동청(關東廳), 만주국이 성립된 1934년 이후에는 관동주청(關東州廳)이라고 불렀다.

오노석탄상점(大野石炭商店)

① 오노석탄상점(大野石炭商店)_ [부산대관]
② 오노 타메노스케(大野爲之助)_ [부산대관]

해산상(海産商) 가토 우타로(加藤宇太郎)

원　적 카가와현(香川縣) 타카마쯔시(高松市) 염옥정(鹽屋町)
주　소 부산부(釜山府) 남빈정(南濱町) 1정목(丁目) 21

　　가토 우타로(加藤宇太郎)는 1868년 2월 15일 태어났다. 성장해서는 일본에서 건물(乾物)과 해산물상(海産物商)을 하였으며 1905년 3월 중국 잉커우(營口)에서 사업을 경영하였다. 러일전쟁 때 제14사단의 연대 매점을 청부하여 전쟁 시작과 동시에 제14사단 공병대(工兵隊)의 용달(用達)상인이 되었으며, 그 후 다시 11사단의 어용(御用)상인이 되었다. 1910년 먼저 일본으로 귀환했다가 이듬해 1911년 3월 10일 부산으로 와 남빈(南濱)의 현주소에서 해산상(海産商)을 경영하고 쪄서 말린 멸치를 취급하였다. 그 뒤 1912년경부터 조선 김(海苔)을 취급해 현재 부산의 동업자 중에서 패권을 장악하고 조선은 물론 일본의 업계에도 그 이름을 알렸다. 1923년 가을 조선수산공진회(朝鮮水産共進會)에 김(海苔)을 출품하여 금패(金牌)를 받았고 1925년 건해태상조합(乾海苔商組合)으로부터 우승배(優勝盃)를 받았다.

가토상점_ 중구 남포동 구덕로변에 있는 영신천막이 위치한 곳이다.

해산상(海産商) 가토 우타로(加藤宇太郎)

② 가토 우타로(加藤宇太郎)_ [부산대관]
① 가토지점(加藤支店)_ [부산대관]

카와사키 시로(川崎四郎)

　원　적 토야마현(富山縣) 빙견군(氷見郡) 12정(町) 촌하구진려(村下久津呂)
　주　소 부산부(釜山府) 초량정(草梁町) 46번지
　직　업 농장경영

　카와사키 시로(川崎四郎)는 1874년 7월 10일 토야마현(富山縣)에서 태어났다. 1908년 한국 궁내부(宮內府) 토목기수(土木技手)로 조선에 건너왔으나 1909년 관직(官職)에서 물러나고 건축설계사가 되었다. 1917년 텐진(天津)토지건물주식회사 주임기사로서 근무하는 한편, 텐진거류민단(天津居留民團) 촉탁(囑託)으로 수년 동안 활동하였다. 그 후 다시 조선으로 와서 부산에 살 곳을 정하고 해운대에서 농장을 경영하여 오늘에 이른다.

　그는 1909년부터 일본 무도(武道)의 하나인 궁도(弓道)를 연구해 1922년 한시(範士)[676] 이치카와(市川)의[677] 면허를 얻고 다시 1925년 6월 인가를 받았다. 이후 궁도(弓道)에 정진해 국본사(國本社) 부산지부(釜山支部) 궁도부(弓道部)가 창립되자 그 간사로서 알선하고 진력한 바가 있다. 다년간 궁도의 발달에 공헌한 것이 감안되어 1926년 12월 1일 대일본무덕회(大日本武德會)로부터 궁도(弓道) 2단의 윤허를 받았다.

676) 현재 한시(範士)는 검도(劍道), 궁도(弓道), 유도(柔道) 등의 무도(武道)에서 부여하는 최고위(最高位)의 칭호이다. 정식으로는 검도한시(劍道範士), 궁도한시(弓道範士) 등과 같이 한시(範士) 앞에 취득한 무도(武道)의 명칭을 붙인다. 그리고 취득 칭호와 함께 단수(段數)를 표시하는 경우
677) 근대 일본의 궁수(弓手)로서 유명한 이치카와 토라시로(市川虎四郎, 1846~1925년)를 지칭한다.

카와사키 시로(川崎四郎) 　 카와사키 시로(川崎四郎)의 대궁(大弓)_ [부산대관]

요시카와 카메키치(吉川龜吉)

원 적 도쿄시(東京市) 지구(芝區) 애탕하정(愛宕下町) 3정목(丁目) 1번지
주 소 부산부(釜山府) 변천정(辨天町) 1정목(丁目) 2번지
직 업 문방구, 제지(諸紙) 도소매업

요시카와(吉川)는 1874년 11월 17일 도쿄시(東京市)에서 출생하였다. 1901년 10월 조선으로 건너와 현재의 위치에서 문방구와 종이도매업을 시작하였다. 이후 만 20년이 지난 오늘에야 부산에서 오래된 상점 가운데 대표상점으로 해를 거듭할수록 신용을 확대해 조선 전역에 그 이름을 날리며 대단히 번창하는 상세(商勢)를 자랑하고 있다. 엄격하고 근면, 성실한 요시카와는 항상 상점에서 점원을 지휘하며 크고 작은 것을 가리지 않고 고객 본위의 영업방침을 고수하는 것이 즐겁고 기쁘다.

도쿄(東京) 토박이로 부산도매상동맹회 창립 당시부터 상임평의원으로 진면목을 보여 회무(會務)의 발전에 크게 공헌하고 있다. 뿐만 아니라 정내(町內)의 중개자로서 계속 장수(長手)의[678] 번영에 기여하고 있다. 그는 하이쿠(俳句)에[679] 능하여 하이고(俳號)를[680] 춘포(春浦)라 하였는데, 조선 남부에서 이 분야의 중진(重鎭)이다.

요시카와문구점_ 중구 광복동 1가 천안곰탕 건너편 기업은행 블럭에 있었으나 은행의 확장으로 흡수되었다.

---

678) 부산부(釜山府)에서 제일 번화가였던 나카테도리(長手通, 본책 주(註) 96참조)를 말하는 것으로 현재의 광복동(光復洞)에 해당한다.
679) 일본 시문학의 일종으로 각 행마다 5, 7, 5 모두 17음으로 이루어진 정형시이다. 기본적으로 계절을 나타내는 단어인 키코(季語)를 넣고 한 곳에는 반드시 구(句)의 매듭을 짓는 키레지(切れ字)를 넣어야 한다. 하이쿠를 만드는 사람을 하이진(俳人)이라 한다.
680) 하이고(俳號)와 하이메이(俳名)는 하이카이(俳諧) 또는 하이쿠(俳句)를 만들 때 사용하는 호(號)이다. 현재 하이고(俳號)는 주로 하이쿠를 만드는 하이진(俳人)에 대한 애칭으로 사용하고 하이메이(俳名)는 가부키(歌舞伎) 공연자의 이명(異名)으로 사용하는 경우가 많다.

요시카와 카메키치(吉川龜吉) | 요시카와상점(吉川商店)_ [부산대관]

박문당(博文堂) 점주(店主) 요시다 이치지로(吉田市次郎)

원　　적 니가타현(新潟縣) 포원군(蒲原郡) 삼조정(三條町)
주　　소 부산부(釜山府) 대창정(大倉町) 5번지
직　　업 서적 및 교육품, 국정교과서 특약 판매

　　요시다 이치지로(吉田市次郎)는 1880년 11월 19일 출생으로 다년간 자작(子爵) 이시쿠로 쿄와타루(石黑況齊) 옹(翁)의 가르침을 받은 후 고향에서 면포상(綿布商)에 종사하였다. 1904년 11월, 25세에 단신으로 조선에 건너와 대구정(大邱町) 전약제사(田藥劑師)에 의탁해 신세를 졌다. 한 달 남짓 지난 이듬해 1905년 1월 가지고 있던 자본 48원으로 밀양(密陽) 남문 밖에서 작은 잡화매약점(雜貨賣藥店)을 개업하고 홀로 자취를 하면서 의술(扁鵲)을 익혔다. 그러나 이 같은 일은 평소 그가 품고 있던 뜻이 아니었다. 마침 통감부가 설치되던 해[1905년][681] 한국의 발전을 헤아려 서점이 전도유망하다고 생각하고, 그 즉시 이시쿠로(石黑) 자작(子爵)과 박문관(博文館) 주인 오하시 신타로(大橋新太郎)[682] 등의 지도를 받아 그해 4월 부산부 대청정(大廳町)에 박문당서점을 개점하였다.[서점명(書店名)은 오하시(大橋)의 명명(命名)에 의한 것이다]

　　1914년 현재의 땅을 매수해 점포를 신축하고 업무가 날로 번창하여 오늘에 이르렀다. 현재 서적, 교육품 이외에 국정교과서의 경상남북, 전라남북, 충청남북 6도의 특약 판매소로서 270여의 공립소학교 교과서 공급을 맡고 있다. 특히 경남 양산군(梁山郡) 용당리(龍塘里)에[683] 길비(吉備)라고 부르는 면적 16정보(町步)의 과수원을 경영해 그 생산품인 채소와 과일은 일본 한신(阪神), 간몬(關門), 히로시마(廣島)의 각 시장에 수출하고 복숭아, 매실, 배는 부산, 경성, 인천 등 각 도시에 보내고 있다.

　　취미는 독서, 문필, 요쿄구(謠曲)로[684] 술과 담배는 하지 않으며 고향에 있는 74세 아버지와 69세 어머니의 봉양에 힘쓰고 있다. 진종(眞宗)에 귀의하여 길비원(吉備園)에는 아마테라스스메오가미(天照皇大神), 이나리다이묘진(稻荷大明神)을 봉사(奉祠)한 이나리진자(稻荷神社)가 있고, 그 편액(扁額)이 같은 고향 출신인 스즈키 소로쿠(鈴木莊六)[685] 대장(大將)의 휘호(揮毫)로 되어 있어 변방의 땅에서 이채(異彩)를 발하고 있다.

박문당_ 중구 중앙동 부산우체국 후문 방향 가운데 있었으나 1953년 11월 발생한 역전대화재로 소실되고 1959년 부산우체국이 이전 신축되면서 옛터가 사라졌다.

---

681) 원문에는 '메이지(明治) 39년' 곧 1906년으로 되어 있다. 그러나 주지하듯이 일제가 통감부를 설치한 것은 을사늑약을 체결한 1905년이다.

682) 오하시 신타로(大橋新太郎, 1863~1944)는 니카타현(新潟縣)에서 태어났다. 1881년 부친 오하시 사헤이(大橋佐平, 1835~1901)와 『엣사마이니치신문(『越佐每日新聞』)을 발간하고 1887년 도쿄에서 박문관(博文館)을 개업하였다. 오하시 신타로는 『일본대가논집(日本大家論集)』의 성공 이후 많은 도서를 출판하여 업계에서 위치를 구축하였다. 1901년 일본 최초의 사립도서관인 오하시(大橋)도서관을 설립하고 1905년 도쿄상공회의소 부회두에 취임한 이후 재계에서도 활약하여 대일본맥주, 왕자제지, 미쯔이(三井)신탁 등 70여 개의 회사에 관여하였다. 1926년 귀족원의원에 뽑혔으며 1935년 일본공업구락부 이사장에 취임하였다. 박문관은 일본 최초의 종합잡지 『태양(太陽)』을 1895년 1월부터 1928년 2월까지 총 531책 간행하여 일본 대중들에게 많은 정보와 지식을 전달하는데 큰 공헌을 하였다. 1947년 문을 닫을 때까지 3,000여 점의 서적을 간행하였다. 현재는 『박문관일기(博文館日記)』 등을 간행하고 있는 박문관신사(博文館新社)와 농업관계서 등을 간행하고 있는 방계의 박문사(博友社)가 남아 있을 뿐이다.

683) 현재 양산시(梁山市) 원동면(院洞面) 용당동(龍塘洞)에 해당한다.

684) 본책 주(註) 291 참조.

685) 스즈키 소로쿠(鈴木莊六, 1865~1940)는 청일전쟁과 러일전쟁에 참전하고 1918년 육군중장을 거쳐 1923년 타이완(臺灣)군사령관, 1924년 육군대장으로 조선군사령관을 역임한 인물로 제4대 제국재향군인회장을 지냈다.

박문당(博文堂) 요시다 이치지로(吉田市次郎) | ② ① 박문당(博文堂)_ [부산대관]
① ② 요시다 이치지로(吉田市次郎)_ [부산대관]

요시오카 시게미(吉岡重實)

원 적 후쿠오카현(福岡縣) 조창군(朝倉郡) 궁야촌(宮野村)
주 소 부산부(釜山府) 이케노쵸(池の町) 2번지
직 업 회사원

　요시오카 시게미(吉岡重實)는 1891년 7월 15일 출생하였다. 1905년 10월 조선으로 건너와 오쿠라쿠미(大倉組)와 관련된 일한창고(日韓倉庫)주식회사에 입사하였고, 한국창고(韓國倉庫)와 조선흥업(朝鮮興業)에서도 계속 근무하였다. 1914년 오쿠라(大倉)[686] 남작(男爵) 집안 경영인 부산북빈매축지(釜山北濱埋築地)의 운영과 대정리(大整理)에 전력을 다하였다. 1926년 3월 매축지 완성을 기해 사임하자 오쿠라 남작은 요시오카의 공로를 표창해 감사장과 기념품, 금일봉을 증정하였다.

　그는 현재 합자회사 부산염업상회(釜山鹽業商會) 대표사원으로 경영을 맡고 있으며, 주식회사 국제관(國際館) 및 주식회사 성제약(星製藥) 큐슈총원매팔회사(九州總元賣捌會社)의 중역을 맡고 있다. 또한 부산부(釜山府)학교조합회 의원에 세 번 당선되어 부산의 학교행정에 공헌한 바가 있다. 이와 함께 부산부협의회원에 당선된 것이 두 번으로, 항상 온건한 주장을 정부에 개진하며 현재 그 직책을 맡고 있다. 패기만만한 그는 호시탐탐 보통선거 실시[687] 후 제1회 총선거에 출마하려는 계획을 갖고 있는데, 그의 선거구는 후쿠오카현(福岡縣) 제1구이다. 그가 가진 웅변 실력으로 가히 당선의 영광을 얻을 것으로 이야기된다. 그는 부산의 교외인 송도(松島)에 별장을 갖고서 항상 송도의 개발에 부심해 송도의 시설 확충을 제창하고 또 이를 널리 세상에 소개, 선전하여 오늘날의 발전을 이루는데 지대한 공헌을 하였다.

---

686) 오쿠라 기하치로(大倉喜八郞)에 대해서는 본책 주(註) 191 참조.
687) 일본에서 만 25세 성인남녀에게 선거권이 주어진 보통선거법은 1924년 6월 11일 중의원(衆議員)에서 통과되었다. 그러나 이후 귀족원의 반대에 부딪쳐 보통선거법은 개정을 거쳐 1925년 5월 5일 공포되었다. 보통선거법에 따른 첫 선거는 1928년 3월 제16회 중의원선거부터 시작되었다. 따라서 본문에서 '보통선거실시'는 보통선거권의 공포를 의미하는 것이다.

요시오카 시게미(吉岡重實)

① 요시오카 시게미(吉岡重實)의 송도별장(松島別莊)_ [부산대관]
② 요시오카 시게미(吉岡重實)_ [부산대관]

타케히사 스테키치(武久捨吉)

원　적 효고현(兵庫縣) 진명군(津名郡) 가옥정(假屋町)
주　소 부산부(釜山府) 본정(本町) 1정목(丁目) 31번지
직　업 무역상

　타케히사 스테키치(武久捨吉)는 1870년 6월 20일 효고현(兵庫縣) 가옥정(假屋町)에서 태어났다. 1895년 본인 소유의 범선으로 부산에 도항한 이래 3년간 조선 각지의 상업을 시찰하고 1898년 경상북도 영일군(迎日郡) 포항(浦項)에 살 곳을 정해 곡물, 해산물, 기타 도매업을 시작하였다. 1901년 면포류와 석유 등을 같이 판매하고 오로지 업무에 정진해 상당한 재산을 쌓았다. 이후 1905년 본 상점을 부산으로 이전하고 부산에 살면서 부산의 실업계에서 비범한 재능을 발휘하면서 업무가 날로 번성하자 1909년 부산상업회의소 특별의원으로 선출되었다.

　1910년 10월 동료와 합계 합자회사 담성상회(淡盛商會)를 창립해 스스로 업무집행사원이 되어서 종횡으로 수완을 발휘하였고 그해 다시 부산상업회의소 의원에 재선되었다. 1912년 7월 부산해산상조합장(釜山海産商組合長)에 선출되었으며, 1916년 6월 다시 부산상업회의소 평의원에 당선되어 상무위원(常務委員)을 맡고 1918년 부회두(副會頭)가 되었다. 이후 부산부협의회원, 경상남도 평의원 등에 선출되어서 현재 그 직책에 있으며, 또한 조선수산수출주식회사[688] 상무취체역, 일본경질도기(日本硬質陶器)주식회사[689] 취체역 등의 직책을 맡고 있다.

688) 본책 조선수산수출주식회사 항목 참조.
689) 본책 일본경질도기주식회사 항목 참조.

타케히사상점(武久商店) 타케히사 스테키치(武久捨吉) | 타케히사상점(武久商店)_ [부산대관]

나이토 하치조(内藤八藏)

　원　적 야마구치현(山口縣) 후협군(厚狹郡) 길전촌(吉田村) 길전정(吉田町)
　주　소 부산부(釜山府) 매립신정(埋立新町) 10번지
　직　업 설탕, 밀가루 도매 및 정미업

　나이토 하치조(内藤八藏)는 1883년 1월 20일 출생하였다. 1902년 중학교를 졸업하고 광산전문학교(鑛山專門學校)에서[690] 수학한 뒤 1904년 동(同) 학교를 졸업하였다. 1905년 상업에 종사하다가 1906년 4월 21일 부산으로 와서 설탕, 밀가루의 수출입 판매를 시작해 부산의 대표상점으로 일찍부터 이름을 알리게 되었다. 그는 다시 1922년 정미공장을 영정(榮町) 3정목(丁目)에 설치하고 현미와 백미의 수출에 힘써 미곡상(米穀商)으로서도 조선 각지에서 신용을 얻었다. 현재 부산상업회의소 평의원으로 있다.

나이토정미소(内藤精米所) 본점(本店)_ 중구 중앙동 부산우체국 뒤 사거리 부산데파트 방향 일방통행로에 있는 필 하모니레코드점 자리이다.

---

690) 1910년 3월 아키다현(秋田縣)에 설립된 아키다광산전문학교(秋田鑛山專門學校)로 판단된다. 이 학교는 1949년 아키다대학(秋田大學)으로 재편되어 현재에 이른다.

나이토정미소(內藤精米所) 나이토 하치조(內藤八藏)

① 나이토정미소(內藤精米所) 정미부(精米部)_ [부산대관]
② 나이토정미소(內藤精米所) 본점(本店)_ [부산대관]
③ 나이토 하치조(內藤八藏)_ [부산대관]

나카이 토라키치(中井寅吉)

원 적 시가현(滋賀縣) 팔번정(八幡町)

주 소 부산부(釜山府) 서정(西町) 1정목(丁目)

직 업 약제사(藥劑師), 약종상(藥種商)

나카이 토라키치(中井寅吉)는 1878년 1월 15일 태어나 1895년 교토약학교(京都藥學校)를 졸업한 이래 1900년까지 일본의 공,사립병원과 분석소(分析所)에서 약학 사무 및 연구에 5년 간 종사하였다. 1900년 12월 부산공립병원의 초빙으로 조선에 건너와 병원에서 8년간 근무한 후 1908년 사직하고 현주소에서 약종상을 개업해 현재에 이른다.

부산약종상조합장(釜山藥種商組合長)의 요직에 있었던 것이 10여 년, 1925년 퇴임하고 상담역이 되어 부산약종상조합으로부터 금잔(金杯) 하나를 공로표창 받았다. 부산학교조합회 의원으로 당선된 것 외에 항상 10년을 하루같이 정내(町內)의 지도자로서 원만화평(圓滿和平)을 기대하며 많은 공헌을 하고 있다.

나가이 구양당약국(歐羊堂藥局)_ 중구 신창동 1가 새부산타운 뒷길 신발가게 POPOPO 자리이다.

나카이구양당약국(中井歐洋堂藥局)

① 나카이구양당약국(中井歐洋堂藥局)_ [부산대관]
② 나카이 토라키치(中井寅吉)_ [부산대관]

변호사 법학사 무라카미 요시오미(村上義臣)

원   적 후쿠오카현(福岡縣) 종상군(宗像郡) 전도촌(田島村) 2389
주   소 부산부(釜山府) 대청정(大廳町) 1정목(丁目) 28

무라카미 요시오미(村上義臣)는 1889년 3월 31일 출생하여 후쿠오카현립수헌관(福岡縣立修獻館)을 졸업하였다. 구마모토제5고등학교(熊本第五高等學校)를 거쳐 교토제국대학(京都帝國大學) 법과부(法科部) 독일법과(獨逸法科)를 졸업하고, 고베(神戸)의 우치다기선(內田汽船)주식회사 인사과(人事課) 주임 겸 비서로 근무하였다. 1923년 동사(同社)를 사직함과 동시에 그해 3월 14일 조선으로 건너와 부산에서 변호사를 개업하여 오늘에 이른다.

그는 강도관(講道館)[691] 5단(段), 대일본무덕회(大日本武德會) 유도교사(柔道教師) 5단(段)으로서 반도(半島)의 유도계에서 활약하였다. 이외에 경상남도 경찰부 및 부산헌병분대 유도교사, 동화(東華)고등보통학교 강사, 부산경찰서 강사, 부산무덕회 간사로 이 분야에서 혼신의 노력을 다하였다.

변호사(辯護士) 무라카미 요시오시(村上義信)_ 중구 대청동 1가 옛 서라벌호텔 뒤 한길원색 자리이다.

---

691) 고도칸(講道館)은 카노 지고로(嘉納治五郎)가 유도(柔道)의 보급과 발전을 위해 1882년 창설한 유도(柔道) 연구기관 또는 지도기관으로 한국의 국기원(國技院)과 비슷한 것이다.

변호사(辯護士)·법학사(法學士) 무라카미 요시오미(村上義臣)

① 무라카미 요시오미(村上義臣) 사무소(事務所)_ [부산대관]
② 무라카미 요시오미(村上義臣)_ [부산대관]

쿠쯔나 미사오(忽那操)

원　적 요코하마시(橫濱市) 진사정(眞砂町) 1정목(丁目) 7번지
주　소 부산부(釜山府) 매립신정(埋立新町) 14번지[기계부(機械部)]
　　　 부산부(釜山府) 영정(榮町) 1정목(丁目)[자동차부(自動車部)]
직　업 기계 및 재료상

　쿠쯔나 미사오(忽那操)는 1895년 10월 13일 출생하였다. 1918년 게이오기쥬쿠(慶應義塾)대학 이재과(理財科)를 졸업하고 곧바로 도쿄(東京) 후루카와광업(古川鑛業)주식회사에 입사해 1921년 4월까지 만 3년간 동사(同社)에서 근무하였다. 1921년 6월부터 의부(義父) 오이케 츄스케(大池忠助)의 사업에 관계하여 오이케상점(大池商店) 수입부(輸入部), 기계부(機械部)에 들어간 후, 1925년 9월 동(同) 부서의 업무 일체를 계승해 독립하고 쿠쯔나상점(忽那商店)으로 개칭해서 오늘에 이른다.

　동(同)상점은 오로지 내외 기계제조업자의 대리점으로 여러 기계 및 재료의 수입, 판매에 종사하며 부산을 본점으로 하여 경성(京城) 및 대구(大邱)에 지점을 두고 있다. 오사카쿠보다철공소(大阪久保田鐵工所), 아카시키노시타철공소(明石木下鐵工所), 세일상회(Sale商會)주식회사, 닛스이(日瑞)무역주식회사 등의 각 대리점으로 쿠보다철공소(久保田鐵工所) 및 키노시타철공소(木下鐵工所), 후토전기제조(富土電氣製造)주식회사, 미국의 페어뱅크스모스회사(フエアバクス・モ-ス會社)[692], 스위스(瑞西)의 스위스(ス井ス)・로코모치브엔드머신(ロコモチ-ブエンドマシン)・욕쿠스(ウォ-クス), 스위스브라운보베리회사(瑞西ブラオンボベリ-會社), 스위스시마농구제작소(瑞西シマ-農具製作所) 등의 제품은 취급품 중에서 주된 것이다. 이밖에 여러 종류의 기계 및 재료의 대리특약판매를 하고 있다.

　현재 주식회사 오이케회조점(大池回漕店)과 조선아비산광업(朝鮮亞砒酸鑛業)주식회사의 취체역으로 있다.

---

692) Fairbanks-Morse회사는 1832년 미국인 발명가 사디아스 페어뱅크스(Thaddeus Fairbanks)가 운영한 철공소에서 출발하였다. 19세기 후반 펌프, 트랙터, 배관, 파이프 등을 제작하고 1920년대 이후 각종 엔진을 생산하여 제2차 세계대전 당시 미해군 잠수함은 페어뱅크스엔진을 사용하였다. 1945년 이후 각종 기관차의 생산에 주력하였으나 철도사업의 쇠퇴에 따라 1980년대 후반에 이르러 회사는 실질적으로 문을 닫게 된다.

쿠쯔나상점(忽那商店) 쿠쯔나 미사오(忽那操)

① 쿠쯔나상점(忽那商店) 본점(本店)_ [부산대관]
② 쿠쯔나상점(忽那商店) 자동차부(自動車部)_ [부산대관]
③ 쿠쯔나 미사오(忽那操)_ [부산대관]

쿠보다 고로(窪田梧樓)

원　적 아오모리현(靑森縣) 상북군(上北郡) 삼본목정(三本木町)
사무소 부산부(釜山府) 대청정(大廳町) 1정목(丁目) 47
자　택 부산부(釜山府) 수정정(水晶町) 1028
직　업 변호사

쿠보다 고로(窪田梧樓)는 1871년 12월 23일 옛(舊) 아이즈번(會津藩)의 번사(藩士) 집안에서 태어났다. 1896년 7월 메이지법률학교(明治法律學校)를 졸업하고 변호사시험에 합격, 일본에서 변호사를 개업하였다. 1901년 2월 26일 조선으로 건너와 이듬해 9월 부산에서 개업하고 줄곧 부산에 거주하였다. 1922년 4월 추천으로 부산변호사회장에 취임하여 현재 그 직책에 있다. 그 사이 1905년부터 민단(民團)이 폐지될 때[1914년 3월]까지 민단의원(民團議員)으로 선출되었고 1920년에는 추천으로 부협의회원(府協議會員)이 되어 1923년 임기만료로 물러났다.

그가 이렇게 부산에 거주한 것이 27년으로, 공적으로 사적으로 부산의 발전에 공헌한 공적이 적지 않다고 하겠다. 1910년 일한병합(日韓倂合)이 성립되자 1912년 8월 1일 한국병합기념장(韓國倂合記念章)을 수여받았다. 또한 1914년 3월 31일 민단(民團) 폐지와 함께 부산거류민단(釜山居留民團)[693] 의원 재직 중의 공로로 조선총독으로부터 은잔(銀盃) 1조(組)를 하사받고 또 부산거류민단(釜山居留民團)으로부터 은잔 1조와 금딱지 회중시계를 받아 그의 공적이 표창(表彰)되었다.

변호사(辯護士) 쿠보다고로((窪田梧樓)_ 중구 대청동 1가 한국은행 부산지점 뒤편에 있었으나 1965년 한국은행 부산지점 확장 공사로 흡수되었다.

693) 원문에는 부산거주민단(釜山居住民團)으로 되어 있으나 공식 명칭인 부산거류민단(釜山居留民團)으로 바로 잡았다.

변호사(辯護士) 쿠보다 고로(窪田梧樓)

① ② ① 쿠보다 고로(窪田梧樓) 저택(邸宅)_ [부산대관]
② 쿠보다 고로(窪田梧樓)_ [부산대관]

야마니시 타케지로(山西武治郎)

원 적 와카야마현(和歌山縣) 나하군(那賀郡) 분천청(粉川町)
주 소 부산부(釜山府) 대청정(大廳町) 3정목(丁目) 25
직 업 식량품도매상

야마니시 타케지로(山西武治郎)는 1880년 1월 13일 키슈(紀州)에서[694] 출생하였다. 고향에서 면플란넬(綿ネル)제조판매업을 하였으나 그다지 이득을 보지 못해서 1903년 제조판매업을 그만두고 용단을 내려 빈손인 채 부산으로 건너왔다. 주류판매업을 하는 하라다(原田)상점 부산지점[본점은 오사카(大阪)]에 들어가 동점(同店)에서 수년 동안 근무한 뒤 독립해서 식량품점을 부평정(富平町) 2정목(丁目)에 개점하여 열심히 경영에 임하였다. 그 결과 가게가 번창하면서 상점 앞이 협소하다고 느껴지자 1912년 현재의 대청정(大廳町) 3정목(丁目)에 상점을 신축해서 경영에 전력을 다해 견실한 기초를 마련하게 되었다. 1918년 2월 동(同) 상점을 동족(同族)의 합명회사로 고치고 본인이 대표사원이 되어 불철주야로 다수의 점원을 지휘감독하면서 영업의 발전을 도모하였다. 오늘날 부산의 대표적 상점으로 일본과 조선에 그 이름이 널리 알려져 있다.

주요 상품 동점(同店)의 취급상품은 거의 수백 종에 달하고 상품의 판로 또한 조선 각지에 미친다. 현재 중요 대리점과 특약점을 보면 다음과 같다. 반자이소주미림(萬歲燒酎味淋), 미츠야지루시소스(三ッ矢印ソース), 죠하나[스미]오리바코(娘花[壽美]折箱)의[695] 각 남선대리점(南鮮代理店), 벨벳트(ベルベット)비누대리점, 다이닛폰비루(大日本麥酒)주식회사[696], 하치지루시고잔(蜂印香鼠)포도주주식회사[697] 등의 각 특약점, 죠지루시스노모토(娘印酢の素) 남선(南鮮)독점특약점, 쥬오성냥(中央燐寸)주식회사의 원매팔(元賣捌)[698] 등 그 수가 20개에 달한다.

그는 현재까지 야마니시상점(山西商店)의 견실한 기반 확보에 노력한 것 외에 고향 키슈밀감(紀州蜜柑)의 판로 개척을 맡아 부산감귤판매조합(釜山柑橘販賣組合)을 조직하고 그 대표자가 되었다. 조선의 남부지역 감귤 판매총수의 7, 8할은 그가 대표하는 부산감귤판매조합에서 공급하는데 눈에 띄는 발전을 보이고 있다. 이 역시 그의 노력이 빚어낸 결과라고 해야 할 것이다.

야마니시합명회사(山西合名會社)_ 중구 대청로 국제시장 사거리에 있는 국민은행이 그곳이다.

---

694) 키슈(紀州)는 키이노쿠니(紀伊國)의 다른 이름이다. 현재 와카야마현(和歌山縣)과 미에현(三重縣) 남부지역에 해당한다.
695) 오리바코(折箱)는 얇은 판자나 판지 등을 접어서 만든 깊이가 깊지 않은 상자를 말한다.
696) 다이닛폰비루(大日本麥酒)주식회사는 1906년 9월 오사카비루(大阪麥酒), 닛폰비루(日本麥酒), 삿포로비루(札幌麥酒) 등이 합병하여 창립되었다. 합병 이후 시장점유율은 70%를 육박하였다. 제1차 세계대전 당시 독일이 점령하고 있던 중국 칭다오(靑島)를 일본이 점령하자 다이닛폰비루(大日本麥酒)주식회사 또한 독일인이 제조했던 칭다오(靑島)맥주를 인수하여 1945년 패전할 때까지 운영하였다. 다이닛폰비루(大日本麥酒)주식회사는 1930년대를 거치면서 일본의 여러 맥주회사를 병합하였다. 그러나 1945년 패전 후 미군정의 재벌해체 방침에 따라 아사히비루(朝日麥酒, 현재의 아사히비루[アサヒビール])와 닛폰비루(日本麥酒, 현재의 삿포로 홀딩스[サッポロホールディングス])로 분할되었다.
697) 메이지(明治)시대 일본에서 양조한 제1호 포도주 하치지루시고잔(蜂印香鼠)포도주를 생산한 회사이다. 하치지루시고잔(蜂印香鼠)포도주는 카미야 덴베에(神谷傳兵衛, 1856~1922)가 1886년 개발한 포도주이다. 이후 상품명을 하치포도주(ハチブドー酒)라고 했는데 그 명성과 함께 지금까지 일본인들 사이에서 애용되는 와인이다. 카미야 덴베에가 1903년 이바라키현(茨城縣) 우시쿠시(牛久市)에 건설한 일본 최초의 와인 양조장 샤트카미야(Chateau Kamiya)는 2008년 6월 일본의 중요문화재로 지정되었다.
698) 원매팔(元賣捌)에 대해서는 본책 주(註) 624 참조.

야마니시합명회사(山西合名會社)　｜　야마니시합명회사(山西合名會社)_ [부산대관]

야스다케 치요키치(安武千代吉)

원 적 구마모토시(熊本市) 경정(京町) 2정목(丁目) 19번지
주 소 부산부(釜山府) 대청정(大廳町) 1정목(丁目) 22번지
직 업 변호사

야스다케 치요키치(安武千代吉)는 1866년 10월 7일 구마모토시(熊本市)에서 태어났다. 도쿄(東京)로 가서 일영법률학(日英法律學)을 잉글랜드법률학교(英吉利法律學校)에서 배웠다[현재 쥬오대학(中央大學)의 전신]. 1891년 변호사시험에 합격한 뒤 1892년 법학사 출신 변호사 오카야마 켄키치(岡山兼吉)의 법률사무소에서 경험을 쌓았다. 이듬해 1893년 고향인 구마모토시로 돌아와 법률사무소를 열었으나, 1905년 러일전쟁이 끝날 무렵 느낀 바 있어 조선 시찰의 뜻을 품고 그 길에 올랐다. 이듬해 1906년 5월 거처를 부산에 마련하여 가족을 데리고 와서 영주(永住)할 곳으로 정하고 법률사무소를 개업하여 오늘에 이른다.

그는 고향에 머무는 동안 시회의원(市會議員), 현회의원(縣會議員)으로 추대되었고, 부산 거주 이후에는 민단의원(民團議員)으로 두 번 선출되었으며, 그리고 최초의 부협의회원(府協議會員)으로 임명되어 공공(公共)을 위해서 공헌하였다. 또한 부산변호사회 회장으로 선임되어 두 번 중임하였고 현재는 동회(同會)의 평의원이다. 그의 아들 토이치로(登一郎) 역시 아버지의 직업을 이어 받아 도쿄제국대(東京帝國大)를 졸업하고 변호사시험에 합격하여 현재 미국유학 중이다.

변호사(辯護士) 야스다케 치요키치(安武千代吉)_ 중구 대청동 서라벌호텔 뒤 남성여자고등학교 입구 모퉁이에 있는 개인주택이 그곳이다.

변호사(辯護士) 야스다케 치요키치(安武千代吉)

① 야스다케 치요키치(安武千代吉) 변호사사무소(辯護士事務所)_ [부산대관]
② 야스다케 치요키치(安武千代吉)_ [부산대관]

야마모토 리키치(山本利吉)

원　적 야마구치현(山口縣) 웅모군(熊毛郡) 삼정촌(三井村)
주　소 부산부(釜山府) 좌등정(佐藤町)
직　업 쌀·잡곡무역, 해산상(海産商)

　야마모토 리키치(山本利吉)는 1871년 9월 1일 야마구치현(山口縣)에서 태어났다. 1892년 맨손으로 부산에 와서 먼저 활어상(活魚商)을 경영하였는데 부지런해서 게으름을 알지 못했다. 그의 정력과 사업에 대한 강렬한 의기는 점점 큰 재산을 모으게 했다. 이와 더불어 해조(海藻)도매상을 겸영하고 분골쇄신의 활동을 계속해 활어상 대신 쌀잡곡상을 시작하였다. 그는 항상 견실함을 생업의 근본으로 삼아, 불로소득과 같은 것은 자기에게 맞지 않을 뿐만 아니라 타인에게도 피해를 준다고 여겨 일확천금을 노리는 사업에는 손을 대지 않고 항상 가족과 함께 하나하나 이루어 나갔다. 그리하여 그는 연안 교통의 불편을 통감하고 직접 조운업(漕運業)을 개시하여 자기 업무에서 이익을 추구함과 동시에, 다른 사람의 편리를 도모해 일찍부터 조선인과 거래를 하면서 공존공영(共存共榮)의 결실을 거두었다.

　그는 기회 있을 때마다 항상 여력을 갖고 희생적으로 다른 사람을 구제하고 원조하는 데 유의하였다. 그 결과 다른 사람의 추종을 불허하는 튼튼한 사업 기반을 조선 전역에서 다져 업무가 더욱더 번창하게 되었다. 그 사이 실로 30여 년간 큰 재산을 축적하여 부산의 대표적 실업가로 실력을 갖추었다. 특히 미곡상(米穀商)으로 일본은 물론 북미(北美)에도 그 이름을 알려 부산의 미곡상 중 수출과 수입량 및 현물시장 매매고에서 수위(首位)를 차지하기에 이르렀다. 더욱이 그는 해산상(海産商)으로도 업계에 이름을 알렸다. 그 뿐만 아니라 1915년, 1916년 경 대구의 외곽 동촌(東村)에 있던 총독부의 시험장을 양도받아 그곳에서 외국 수출을 염두한 한천(寒天)을 제조해 1년에 34만 원의 생산을 하였는데, 이것이 조선의 수출무역품이 되어 오늘에 이르렀다. 그가 경영하는 야마리회조점(山利回漕店)은 창업 이래 매우 순조롭게 발전하여 연안항로업자로서 두각을 드러내게 되었다. 1925년 2월 각 동업자의 합동 아래 조선기선(朝鮮汽船)주식회사가 창립되자, 이 회사에 자신의 사업을 넘겨 지금은 업무를 그만두었다. 현재 대주주의 한사람으로 조용히 노력하고 있으며, 그 밖에 부산수산주식회사(釜山水産株式會社) 감사역, 부산해조주식회사(釜山海藻株式會社) 취체역을 맡고 있다.

야마모토 리키치상점(山本利吉商店) | 야마모토 리키치상점(山本利吉商店)_ [부산대관]

마스나가 시치마쯔(增永市松)

원 적 히로시마현(廣島縣) 소외군(沼隈郡) 병정(柄町)
주 소 부산부(釜山府) 초장정(草場町) 2정목(丁目)
직 업 주조업(酒造業) 및 견직물·면직물 도매상

마스나가 시치마쯔(增永市松)는 1865년 6월 2일 태어났다. 1906년 4월 부산으로 건너와 변천정(辨天町)에서 견직물과 면직물 판매업을 시작하는 한편 주조업(酒造業)을 경영하였다. 그런데 조선에서 소주(燒酎)양조업이 유망하다는 것을 알고서 1925년 부평정(富平町)에 큰 소주제조공장을 신설하고 전국에서 비교할 수 없을 정도의 초(超)기욤식(ギョーム式)증류기를 설치해 1926년 여름 신제품 닛코소주(日光燒酎)를 조선과 만주의 각 시장에 판매하였다. 연생산액은 1만 석(石)으로 조선에서는 최대의 소주양조공장이다.

그가 부산으로 온 지는 이미 20년으로, 그 사이 부산상업회의소 평의원에 당선되었다. 아들 노보루(昇)는 와세다대학(早稻田大學) 학부(學部) 상과(商科)를 졸업하고 현재 가업에 힘쓰고 있다.

마스나가양조소(增永釀造所)_ 중구 부평동 2가 금성아파트 뒷길에 있는 매니아노래방 일대이다.

마스나가양조소(增永釀造所) 마스나가 시치마쯔(增永市松)

① 마스나가양조소(增永釀造所) 공장(工場) 모습_ [부산대관]
② 공장(工場)의 증류장치(蒸溜裝置)_ [부산대관]
③ 마스나가 시치마쯔(增永市松)_ [부산대관]

주식회사 마루다이고무공업소 부산지점(株式會社 丸大護謨工業所 釜山支店)

본   점 고베시(神戸市) 송야통(松野通) 2정목(丁目)
공   장 제1공장 [고베시(神戸市) 송야통(松野通) 2정목(丁目)]
        제2공장 [고베시(神戸市) 대교정(大橋町) 2정목(丁目)]
지   점 부산부(釜山府) 대창정(大倉町) 10번지
자본금 50만 원[납입 20만 원]

마루다이고무공업소(丸大護謨工業所)는 일본 고무공업계의 선각자 요네쿠라(米倉)[699] 등이 경영에 참여한 요네쿠라고무공업소(米倉護謨工業所)를 1926년 1월 주식조직으로 변경한 것으로, 그 제품의 우수성과 기술의 탁월함으로 고무신발업계에서 동양 제일의 명성을 쌓았다. 현재 부산지점 외 원산(元山) 본정(本町) 4정목(丁目)에 지점을 설치해 조선 내의 수요에 응하고, 일본 및 조선 각지에 50여 개의 특약점과 1,000여 개의 판매점을 운영하고 있다. 그 생산액은 연액 250만 족(足)으로 그 가격은 실로 300만 원에 달한다.

부산지점은 요네쿠라 세이자부로(米倉淸三郎)가 본 사업을 시작하고 1년 후인 1919년 12월, 조선에서 고무신(ゴム靴)의 수요가 무한하다는 것임을 통찰하고 활약의 제일보로서 부산 대창정(大倉町)에 지점을 설치한 것으로, 점원 십수 명을 고용하여 민첩하게 움직이기 시작했다. 이후 업계에 다수의 파란이 생겨 파탄하는 자가 속출하고 경영난에 빠진 회사가 적지 않았다. 이런 가운데서도 본 회사는 해를 거듭할수록 더욱 성황을 보여 1923년 마침내 점포가 협소하게 느껴지자 현재의 장소로 이전하고 판로의 개척에 노력하여 조선의 고무신업계에서 압도적인 큰 세력으로 성장하였다. 이후 1926년 1월 요네쿠라고무공업소(米倉ゴム工業所)의 조직을 주식조직으로 바꾸는 한편, 마루다이고무공업소(丸大ゴム工業所) 부산지점으로 개칭하여 오늘에 이른다.

전무취체역 요네쿠라 세이자부로(米倉淸三郎)는 고베시(神戸市) 산하정(山下町) 2정목(丁目) 사람으로 1899년 7월 27일 태어났다. 1918년 고무공업이 유망(有望)하다는 것을 꿰뚫고 20세에 업계에 들어갔다. 1919년 12월 조선에서 고무공업의 판로가 큰 것을 알고서 부산지점을 개설하고 민첩하게 움직여 드디어 오늘의 기초를 만들었다. 1926년 1월 종래의 개인 사업을 주식조직으로 변경하자 이 회사의 전무취체역에 취임하여 항상 부산지점을 본거지로 하며 동사(同社)의 사업을 양어깨에 짊어졌다. 동분서주하며 활동을 계속하여 안으로는 사원 20여 명, 직공 500여 명을 지휘하고 밖으로는 500여 개의 특약점과 1,000여 개의 판매점을 뜻대로 조종하면서 비범한 수완을 발휘하고 있다. 나이는 28세이지만 조선은 물론 고베(神戸)에서도 소장실업가로서 그 명성이 높다.

---

699) 요네쿠라 세이자부로(米倉淸三郎)는 현재 일본 스미토모카가쿠(住友化學)주식회사의 회장이면서 일본경제인연합회 회장인 요네쿠라 히로마사(米倉弘昌)의 종조부(從祖父)이다.

마루다이고무공업소 부산지점(丸大護謨工業所 釜山支店)

① 마루다이고무공업소 부산지점(丸大護謨工業所 釜山支店)_ [부산대관]
② 요네쿠라 세이자부로(米倉淸三郎)_ [부산대관]

마쯔야여관(松屋旅館)

주　소 부산부(釜山府) 매립신정(埋立新町) 39
관　주 오카 카메타로(岡龜太郎)
원　적 구마모토현(熊本縣) 우토군(宇土郡) 삼각항(三角港) 삼각정(三角町)

　오카 카메타로(岡龜太郎)는 1885년 7월 28일 구마모토(熊本) 미스미고(三角港)에서 태어났다. 1904년 8월 부산으로 건너와 변천정(辨天町) 1정목(丁目)에서 여관업을 시작하였다. 그 후 우수한 경영으로 여관의 신용을 얻고 1919년 4월 매립신정(埋立新町)[부산우편국 앞]으로 이전하였다. 현재 육군운수부, 경상남도청, 조선수산회, 기타 여러 관청의 지정 여관으로서 성실, 친절을 표어로 열심히 운영해 부산을 대표하는 여관으로 그 이름을 알리고 있다. 창업한 지 이미 22년으로 그가 경영에 임하는 모습의 일단(一端)을 짐작할 수 있다.

마쯔야여관(松屋旅館)_ 중구 중앙동 대교로 세관삼거리에 있는 삼성생명 건물 인근에 위치하였다.

마쯔야여관(松屋旅館)

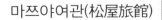 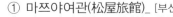

① 마쯔야여관(松屋旅館)_ [부산대관]
② 마쯔야여관(松屋旅館) 객실(客室)_ [부산대관]
③ 마쯔야여관(松屋旅館) 응접실(應接室)_ [부산대관]

부산쇄염공업소(釜山晒染工業所) 코바야시 이치로(小林一郎)

원　적 오카야마현(岡山縣) 입강정(笠岡町) 2892
주　소 부산부(釜山府) 영정(榮町) 3정목(丁目)
공　장 부산부(釜山府) 범일정(凡一町) 13번지

　　코바야시 이치로(小林一郎)는 1881년 11월 16일 태어났다. 1901년 3월 고베(神戶)상업학교를 졸업하고 미쯔이물산회사(三井物産會社)에 들어가 본점과 각 지점을 거쳐 1917년 11월 부산출장소 주임으로 부임하였다. 1920년 9월 조선방적주식회사(朝鮮紡績株式會社) 부산공장 설치와 함께 조선방적주식회사에 입사하여 부공장장으로 재직하였다. 1923년 9월 조선방적주식회사를 그만두고 부산에 살면서 이후 여러 가지 사업을 하였다. 그 동안 조선에서 표백염색공업이 발달해 있지 않음을 개탄하고 다년간 연구조사를 거듭한 결과, 동(同) 사업이 전도유망하다는 것을 깨달았다.
　　1926년 8월 부산진(釜山鎭)에서 용수가 풍부하고 수질이 양호한 좋은 장소를 발견하고 기술자로서 업계에 다년간 종사한 타조에 카메키치(田富龜吉)를 초빙하였다. 더불어 이곳에서 조직적인 표백염색공장의 신설에 착수하여 11월 3일 공장사용의 허가를 얻어 마침내 사업을 시작하였다. 그런데 사업 성적이 매우 양호하여 장래성이 있는 것으로 인정받기에 이르렀다.
　　현재의 사업 1. 면화, 면사, 면포 및 마포의 표백공업 2. 면사, 면포, 양말류의 염색 3. 탈지면(脫脂綿)의 제조 4. 양복류의 염색 등을 주된 사업으로 하고, 표백옥양목(晒金巾) 및 색깔 있는 옷감 등의 제조도 계획 중이다.
　　사무소 부산부(釜山府) 영정(榮町) 3정목(丁目) 4번지. 전화 1, 23. 경성진교(京城振橋) 13, 006번

부산표백염색공업소(釜山漂白染色工業所)

① 부산표백염색공업소(釜山漂白染色工業所)_ [부산대관]
② 코바야시 이치로(小林一郎)_ [부산대관]

쿠와지마 쵸지(桑島長次)

원　적 카가와현(香川縣) 능가군(綾歌郡) 서분촌(西分村)
주　소 부산부(釜山府) 초량정(草梁町)
직　업 비누, 타올, 물엿 제조판매

　　쿠와지마 쵸지(桑島長次)는 1887년 3월 12일 카가와현(香川縣)에서 태어났다. 1910년 9월 10일 부산으로 건너와 잡화상을 개업했는데, 비누 제조가 전망이 있다고 생각하여 1916년 고(故) 토요즈미 도쿠지로(豊泉德治郎), 히라노 소자부로(平野宗三郎), 야마가미 노부유키(山上信行), 토미하라 겐지(富原研二), 토도코로 타키치(戸所他吉) 등과 함께 자본금 5만 원의 주식회사 스마트상회(スマ-ト商會)를 설립하고 전무취체역이 되었다. 경영을 잘해 비누 이외에 타올과 물엿 두 종류를 추가하였다. 그리고 1920년 1월 새롭게 자본금 20만 원의 부산상공(釜山商工)주식회사 설립에 노력하여 스마트상회의 설비 모두와 권리를 매수하였다. 이후 사업하기를 5년, 결국 재계가 불황일 때인 1924년 9월 부산상공주식회사를 해산하고 익명조합(匿名組合)으로[700] 전환해서 전적으로 그것의 경영에 임하였다. 그리하여 조선 전역에 판로를 개척하고 제품에 대한 좋은 평판을 받아 오늘에 이른다.

부산상공사(釜山商工社) 쿠와지마 쵸지(桑島長次)

① 부산상공사(釜山商工社)_ [부산대관]
② 쿠와지마 쵸지(桑島長次)_ [부산대관]

후쿠다 마타베에상점 부산지점(福田又兵衛商店 釜山支店)

본　점 오사카시(大阪市) 주길구(住吉區) 천왕사(天王寺)
지　점 부산부(釜山府) 본정(本町) 3정목(丁目)
직　업 철물, 지금(地金)[701]도매상
연　혁 점주(店主) 후쿠다 마타베에(福田又兵衛)는 1867년 오사카(大阪)에서 태어났다. 선대(先代)는 재목상(材木商)을 운영하였는데, 1872년 5월 1일 철물상으로 전환하고 놋그릇, 쌀, 소가죽, 해산물 등의 판매업을 겸영하였다. 그 뒤 후랑평판(後浪平板), 정(釘), 잡광(雜鑛), 바늘, 철판 등의 도매전문으로 바꿔 오사카(大阪) 굴지의 거상(巨商)이 되었다. 현재 일본부(內地府)는 합명회사 후쿠다상점(福田商店)으로 칭하고 일본 일대, 사할린, 타이완(臺灣), 만주, 북중국을 판매구역으로 한다. 그리고 조선부(朝鮮府)는후쿠다 마타베에상점(福田又兵衛商店)으로 칭하고 개인경영 형태로서 경성, 부산, 군산지점을 관할한다.

부산지점 1888년 개설하였고 조선 남부지역 일대를 영업구역으로 정하였다. 조선내의 철물업자 및 토목건축업자에게 재료를 공급하여 이 방면에서 압도적인 우위를 차지한다.

지점장 오가와 이사무(小川勇)는 1893년 8월 6일 오사카시(大阪市) 서구(西區) 아파좌상통(阿波座上通) 2정목(丁目) 5번지에서 태어났다. 1910년 9월 12일 후쿠다(福田)본점에 들어간 이래 경성지점에서 근무하였으며 대구출장소장, 평양지점장을 역임하였다. 1923년 10월 부산지점장으로 내임하여 오늘에 이른다. 근속연수는 실로 17년이다.

---

701) 지금(地金)은 제품을 만들거나 세공하지 않은 황금 또는 화폐나 그릇 따위 금속 세공물의 재료가 되는 금속을 지칭한다. 도금할 때에 쓰는 금속을 뜻하기도 하는데 본문에서는 두 번째 혹은 세 번째의 의미로 사용된 듯하다.

후쿠다 마타베에상점 부산지점(福田又兵衛商店 釜山支店)

① 후쿠다상점 부산지점(福田商店 釜山支店)_ [부산대관]
② 후쿠다상점 오사카본점(福田商店 大阪本店)_ [부산대관]
③ 부산지점장(釜山支店長) 오가와 이사무(小川勇)_ [부산대관]

고토 우사부로(後藤卯三郞)

원 적 야마구치현(山口縣) 웅모군(熊毛郡) 마리부촌(麻里府村)
주 소 부산부(釜山府) 매립신정(埋立新町) 26
직 업 곡물무역상, 외미상(外米商), 비료상

고토 우사부로(後藤卯三郞)는 1857년 야마구치현(山口縣)에서 태어났다. 1890년 조선으로 건너와 군산 및 부산에서 미곡을 취급하였다. 이후 1899년 부산에 정착하고 점포를 북빈정(北濱町)[현재 본정(本町) 4정목(丁目)]에 마련해서 미곡상을 운영하였다. 근면, 성실로 오로지 업무에 노력한 결과 영업이 날로 발전하였다. 1907년 매립신정(埋立新町)으로 이전하고 현재 부산의 대표적 곡물상으로 그 이름이 알려졌다. 1922년 장남 헤이하치로(平八郞)에게 영업 일체를 맡기고 그는 감독에 임하고 있다.

동점(同店)은 경상남도 진영(進永), 하동(河東), 사천(泗川), 진교(辰橋), 노량진(露梁津)에 지점 출장소를 설치하여 나락(籾)과 콩을 매입하고 있다. 또한 경북, 충남북, 경기, 전남의 각 산지에 긴밀한 거래처를 갖고서 쌀, 콩의 매입과 함께 위탁을 받아 이를 한신(阪神), 도쿄(東京), 간몬(關門)의 큰 시장은 물론이고 일본 각지의 단골에게 대량으로 수출하고 있다. 특히 산지인 진영, 사천, 진교에는 현미찬공장(玄米撰工場)을 설치하고 돌을 골라낸 양질의 정찬미(精撰米)를 일본시장에 수출해 큰 신용을 얻고 있다. 또 외국쌀, 잡곡, 비료계에서도 중심이 되어 외국쌀을 직수입하는 동시에 비료를 선전하고 장려하는 데도 힘쓰고 있다. 최근에는 터빈식석발정찬기(タービン式石拔精撰機)의 제작과 판매를 하며 신시대의 상점경영법을 채용하여 가게가 나날이 번성하고 있다.

고토 우사부로상점(後藤卯三郞商店)_ 중구 중앙동 산업은행 밑 골목에 있는 이대감 한정식점 자리이다.

고토 우사부로상점(後藤卯三郎商店)

① ② ① 고토 우사부로상점(後藤卯三郎商店)_ [부산대관]
① ② 고토 헤이하치로(後藤平八郎)_ [부산대관]

코사카 타다타로(小坂唯太郎)

원　적 오카야마현(岡山縣) 적반군(赤磐郡) 서고월촌(西高月村) 자년좌(字年佐) 557
주　소 부산부(釜山府) 영선정(瀛仙町) 152
직　업 묘포(苗圃) 경영 및 묘목(苗木) 판매

　고메노나루키(米の生る木)의[702] 오카야마현(岡山縣)에서 1881년 12월 27일 태어난 코사카 타다타로(小坂唯太郎)는 씩씩하게 살아가는 농민 출신의 어대가(御大家)[703] 자식이었다. 젊은 나이에 일찍이 군농사연구회(郡農事硏究會) 간사로 시작해 부회장, 과일조합 평의원, 생산판매조합장 겸 전무이사를 역임하였고, 또 촌청년단장(村靑年團長)으로 공적인 일에 앞장섰다. 이미 젊었을 때 뜻을 계림(鷄林)에[704] 두고 수년간의 체험으로부터 얻은 농사개량을 조선 반도에 시도해 보고자 조선으로 건너왔던 것이 1909년이었다. 우선 부산에 살 곳을 정하고 종묘(種苗)가 장래에 유망(有望)할 것이라고 생각하여 계책을 세운 적이 있었다. 묘포(苗圃)를 설치하고 수급의 조절에 힘쓰는 한편, 식림(植林)장려에 따른 묘수(苗樹)공급 사업의 발전 가능성을 확신하고, 이후 일본으로부터 수입하여 널리 조선 전역에 판로를 확충할 요량으로 쉴 틈 없이 동분서주하며 활동을 계속하였다.

　1913년 부산과일조합 구장(區長)이 되고 1920년 조선 전역의 종묘조합(種苗組合) 평의원과 경남지부장이 되었다. 또한 1921년 부산학교조합회(釜山學校組合會) 의원에 당선되면서부터 매기(每期)마다 중임하다가 1926년의 총개선(總改選) 때 물러났다. 1926년 11월 부산부협의회원(釜山府協議會員)에 당선되었다. 사진은 그의 저택이다.

---

[702] 고메노나루키(米の生る木)는 원래 필리핀과 인도네시아에서 자라는 사고야자(Sago Palm)나무를 뜻한다. 이 나무의 원줄기에서 나오는 다량의 전분, 지방, 탄수화물 등을 물에 담그면 한참 후에 전분만 물에 가라앉는데 위에 뜬 맑은 물은 버리고 전분을 말리면 하얀 쌀 모양이 된다. 그러나 일본에서 고메노나루키(米の生る木)란 말은 에도(江戸)전기 오카야마번(岡山藩)의 다이묘(大名)였던 이케다 미츠마사(池田光政)가 선정(善政)을 베풀고 관개시설을 통해 논을 개발하여 백성들을 잘살게 한데 대해 농민들이 감사의 표시로 붙인 말이라고 한다. 지리적으로 오카야마(岡山)는 에도시대 최대의 상업도시인 오사카(大阪) 서쪽에 위치하여 농촌에서는 부업을 많이 하였고 상품유통이 발달하였다. 이런 오카야마(岡山)의 사회경제적 배경과 정서를 빗대어 "나는 비젠(備前)의 오카야마(岡山) 태생, 쌀이 열리는 나무를 아직 알지 못 한다"라는 역설적 표현의 민요가 생겨났던 것이다. 한편 오카야마현(岡山縣)의 특산품으로 볶은 메밀가루, 찹쌀가루, 콩가루, 보릿가루 등에 설탕과 물엿을 섞고 소금과 물을 조금 넣어 반죽한 다음 틀에 찍어 말린 과자로 고메노나루키(米生木)라는 것이 있다. 따라서 고메노나루키(米の生る木 혹은 米生木)라고 하면 오카야마를 상징적으로 표현하는 말임을 알 수 있다.

[703] 오오야(御大家)의 오(御)는 명사 앞에 붙어서 존경과 겸손을 뜻하는 관용적 어구이다. 오야(大家)는 오야(大屋)라고도 쓰며 야모리(家守), 야누시(家主)라고 불렀다. 에도(江戸)시대에 지주(地主) 혹은 가옥을 소유함으로써 공역(公役)의 권리와 의무가 부여되었던 이에모치((家持) 등을 대신해 지대(地代)나 집세 등을 징수하던 대리인 또는 마름을 뜻한다. 그들에게는 대개 지주(地主) 소유의 집 가운데 여러 벽으로 칸막이해서 다가구가 살 수 있게 한 나가야(長屋)의 별채와 같은 것이 주어졌다. 오야(大家)는 지대와 집세의 징수 외에 오인조(五人組)의 구성원으로서 공용(公用)이나 정용(町用)을 실시하였으며 타나니(店子) 즉, 세든 사람에 대해서는 마치 부모가 자식에 대해 책임과 권리를 갖는 것과 같은 지위에 있었다.

[704] 신라의 시조 중 한 사람인 김알지(金閼智)의 탄생설화와 관련된 계림(鷄林)으로 여기에서는 조선(朝鮮)을 뜻한다.

코사카 타다타로(小坂唯太郞)

① ② / ①

① 코사카 타다타로(小坂唯太郞) 주택_ [부산대관]
② 코사카 타다타로(小坂唯太郞)_ [부산대관]

텐마야(テンマ屋)[705] 점주(店主) 아사노 코타로(淺野幸太郎)

원 적 오사카시(大阪市) 북구(北區) 중도(中島) 7정목(丁目)
주 소 부산부(釜山府) 행정(幸町) 1정목(丁目) 30
직 업 일용잡화상

아사노 코타로(淺野幸太郎)는 1880년 10월 출생으로 1904년 25세에 처음 부산으로 와서 양식료품(洋食料品), 수입잡화(舶來雜貨), 시계(時計) 장사를 시작했다. 그러나 그의 이상(理想)과는 달리 상점이 문을 닫게 되었는데, 조선을 떠나는 것 또한 여의치 않아 남중국(南支那), 상하이(上海), 한커우(漢口) 등을 거쳐 다시 1909년 부산으로 와서 상업회의소(商業會議所)에서 직무를 보았다. 상업회의소에서 참고 기다리기를 10년, 개점할 시기가 되자 1916년 8월 일용잡화상을 개업하여 오늘에 이르렀다.

그 사이 각종 동업조합의 설립에 노력하였으며 현재 부산잡화상조합 부조합장, 부산도매상동맹회 상임간사, 부산실업청년회장, 일본연합화재보험협회 부산지방회장, 부산상업회의소 평의원 등의 공직을 맡아 부산상공업 발전에 공헌하는 바가 크다.

텐마야상점(天滿屋商店)_ 중구 창선동 창선파출소 뒤 종각집 건너편에 있는 TWENTY 21이 입주해 있는 건물 자리이다.

---

705) 텐마(テンマ) 혹은 텐만(テンマン)은 천만(天滿)의 일본음이다. 텐마·텐만(天滿)은 오사카시(大阪市) 북구(北區) 남동부의 지명으로 신사(神社) 텐마쿠(天滿宮)에서 유래하였다. 점주(店主) 아사노 코타로(淺野幸太郎)가 오사카(大阪) 출신이었던 관계로 상점명을 텐마야로 사용한 듯하다.

텐마야상점(天滿屋商店) | ① | ② ① 텐마야상점(天滿屋商店)_ [부산대관]
② 아사노 코타로(淺野幸太郎)_ [부산대관]

사카다 분키치(坂田文吉)

원 적 후쿠오카현(福岡縣) 팔녀군(八女郡) 상광천촌(上廣川村)
주 소 부산부(釜山府) 본정(本町) 3정목(丁目) 9번지
직 업 미곡상

　사카다 분키치(坂田文吉)는 1876년 5월 6일 태어났다. 1899년 도쿄고등사범학교(東京高等師範學校)에 입학하여 이과(理科)를 전공하고 1903년 4월 졸업하였다. 이후 교직에 있기를 1년 남짓, 이듬해 1904년 11월 사카타 요이치(坂田與市)의 양자로 가업을 계승하여 곡물수출과 수입업을 경영하였다. 이후 20여 년간 가업에 종사하는 한편, 부산의 각 공공사업에 공헌하며 부산의 발전에 노력하여 공적을 쌓았다. 그는 1906년 10월 이래 매기(每期)마다 부산거류민단회(釜山居留民團會) 의원으로 뽑혔으며, 1914년 민단(民團) 폐지와 부제(府制) 발포 이후 매기(每期)마다 부산부협의회원(釜山府協議會員)으로 선출되었다. 그 사이 또한 학교조합회 의원과 상업회의소 평의원으로 추대된 것이 여섯 번으로 부민(府民)의 신뢰가 특별히 돈독하였다. 특히 그가 조선의 미곡거래 개선에 공헌한 공적은 일본과 조선 업계에서 일찍부터 인정받았다.

　현재 부산곡물상조합 부조합장으로 곡물시장 경영에 임하여 조선 유일의 견실한 시장(市場)으로 그 기능을 발휘하고 있다. 그는 부산부협의회원, 부산상업회의소 평의원, 부산곡물상조합 부조합장 외에 부산제일금융조합장, 부산요업(釜山窯業)주식회사 취체역, 부산미곡증권신탁주식회사 취체역 등의 직책에 있으며 부산교육회 부회장, 부산체육협회장으로 청년의 지도와 장려에 대한 임무를 맡고 있다.

사카다 분키치_ 중구 동광동 3가 백산기념관 옆 선화랑표구사가 입주해 있는 건물 자리이다.

미곡상(米穀商) 사카다 분키치(坂田文吉) 상점(商店)

① 사카다 분키치(坂田文吉)의 상점(商店)_ [부산대관]
② 사카다 분키치(坂田文吉)_ [부산대관]

키노시타 모토지로(木下元次郎)

원 적 오카야마현(岡山縣) 도와군(都窪郡) 중장촌(中庄村) 327
주 소 부산부(釜山府) 대창정(大倉町) 10번지
직 업 토목건축청부업

키노시타 모토지로(木下元次郎)는 1876년 7월 25일 오카야마현(岡山縣)에서 태어났다. 1889년 오카야마현의 나카쇼무라심상(中庄村尋常)고등소학교를 졸업하고 1898년 타이완(臺灣)으로 건너가 오쿠라도보쿠쿠미(大倉土木組)의 직원으로 청부업에 3년간 종사하였다. 1901년 조선으로 건너와 조선 각지를 옮겨 가면서 토목건축청부업에 종사하다가 1908년부터 부산에 정착해서 독립적으로 동업(同業)을 개시한 세월이 18년이다. 그 사이 건축청부업에 노력하여 동업자 사이에서 두각을 나타내고 많은 신용을 얻었다.

1916년 6월 부산상업회의소 평의원에 선출된 후 다시 선출되어 그 직책에 있었는데 1920년 3월 임기만료와 함께 그만두었다. 1924년 4월 세 번째로 선출되어 평의원에 취임하였으며, 1926년 4월 네 번째 선출로 평의원으로서 또 상무위원을 맡아 오늘에 이르렀다. 그 사이 그는 1923년 조선의 남부지역 동업자를 규합하여 남선(南鮮)토목건축협회를 창립하고 회장으로 추대되어 현재 회장직을 맡고 있다. 그 외 부산자동차주식회사 취체역, 주식회사 국제관(國際館) 사장 등의 업무를 보고 있다. 현재 경상남도청사 및 부산역 앞에 건축 중인 부산공회당(釜山公會堂)은[706] 그가 청부를 맡아서 건축한 중요 건물이다.

키노시타쿠미(木下組) 키노시타 모토지로(木下元次郎)

① 키노시타쿠미(木下組)_ [부산대관]
② 키노시타 모토지로(木下元次郎)_ [부산대관]

미타무라 헤이타로(三田村平太郎)

원 적 이시가와현(石川縣) 가네자와시(金澤市) 장토병통(長土塀通) 62
주 소 부산부(釜山府) 대청정(大廳町) 2의 23
직 업 변호사

　미타무라 헤이타로(三田村平太郎)는 1880년 3월 1일 태어나 1907년 와세다(早稻田)대학 대학부(大學部) 법학과(法學科)를 졸업하였다. 1909년 사법관으로 취직이 되어 교토(京都)를 첫 시발지로 나가노(長野), 마쯔모토(松本)의 재판소를 거쳐 1914년 10월 조선으로 건너와 원산(元山), 경성(京城), 부산의 각 법원에서 여러 직위를 두루 역임하였다. 대구복심법원(大邱覆審法院) 부장판사를 마지막으로 1922년 사직하고 부산에서 변호사가 되었다.
　그는 온후하고 독실한 신사(紳士)이며, 또 다년간 정리(精理)가 투철한 명판관(名判官)으로 상하로부터 신뢰를 얻었다. 이제 그는 원숙한 수완으로 조선의 남부지역에서 제일의 권위자가 되었다. 민형사(民刑事)의 변호(辯護) 의뢰가 매우 많으며 그의 명성은 세상에 널리 알려져 있다.

변호사(辯護士) 미타무라사무소(三田村事務所)_ 중구 대청동 근대역사관 옆 영창피아노 건물 자리이다.

변호사(辯護士) 미타무라 헤이타로(三田村平太郎) | 미타무라 헤이타로(三田村平太郎) 사무소(事務所)_ [부산대관]

후쿠에이상회(福榮商會) 히라노 소자부로(平野宗三郞)

원 적 시즈오카현(靜岡縣) 빈명군(濱名郡) 북빈촌(北濱村) 귀포미(貴布彌) 33

주 소 부산부(釜山府) 영정(榮町) 2정목(丁目) 3번지

직 업 설탕, 곡물기름, 화장품, 각종 잡화, 주류, 통조림식량품 판매와 통조림 제조, 생명보험과 해상(海上)보험 대리업

히라노 소자부로(平野宗三郞)는 1878년 5월 25일 태어났다. 시즈오카중학(靜岡中學)을 졸업하고 요코하마노자키쿠미(橫濱野澤組)에 들어가 무역업에 종사하면서 주인의 신뢰를 얻었다. 1년이 지나 병역에 복무하던 중 러일전쟁에 종군하였다가 퇴역한 뒤, 1906년 8월 8일 조선으로 건너와 부산부(釜山府) 변천정(辨天町)에서 서양장신구, 잡화, 화장품 판매업을 경영하였다. 이후 1917년 현재의 도매업을 시작하였다. 소매부(小賣部)는 1926년 5월 폐쇄하고 오로지 현재의 도매업에 주력을 기울이고 있다.

그 사이 부산상업회의소 평의원에 당선된 일이 전후 3회에 이른다. 현재는 전심으로 가업에 정진하며 부산당분상(釜山糖粉商)조합장의 요직을 맡고 있다. 데이고쿠비루(帝國麥酒)주식회사, 아사히양조(朝日釀造)주식회사, 부산요업(釜山窯業)주식회사, 간몬요업(關門窯業)주식회사 등의 설립에 관여하고 취체역과 감사역에 취임하여 오늘에 이른다. 1926년 11월 부협의회원(府協議會員)으로 당선되었다.

후쿠에이상회(福榮商會) 히라노 소자부로(平野宗三郎)

① 후쿠에이상회(福榮商會)_ [부산대관]
② 히라노 소자부로(平野宗三郎)_ [부산대관]

히로나카 료이치(弘中良一)

원　적 야마구치현(山口縣) 웅모군(熊毛郡) 평생정(平生町)
주　소 부산부(釜山府) 영정(榮町) 2정목(丁目) 1번지
직　업 여러 기계상

　히로나카 료이치(弘中良一)는 1889년 1월 25일 시즈오카현(靜岡縣) 반전군(磐田郡) 입서촌(笠西村)에서 태어났다. 성장한 뒤 도쿄(東京)로 가서 오로지 기계 방면의 연구에 힘썼다. 1912년 11월 부산으로 건너와 금평정(琴平町)에서 전기기구 및 기타 여러 기계상을 경영하였다. 밤낮없이 업무에 매진했기 때문에 사업은 나날이 발전하여 상점이 협소하게 느껴지자 가게를 영정(榮町)의 현 영업소로 이전하였다. 우수한 기계류의 수입, 제작에 노력하여 사업이 번성한 결과, 1922년 5월 상점의 조직을 합자회사로 변경하였다.

　현재 발동기제조회사 조선총대리점, 토바타(戶畑)석유발동기·양수(揚水)펌프 조선대리점, 아폴로(アポロ)철공소대리점, 전매특허 내쇼날정미기(ナシヨナル精米機)대리점, 스도식정미맥기(須藤式精米麥機)대리점, 토모에상회(巴商會)제품대리점, 주식회사 히타치(日立)제작소특약점, 후쿠야마식인접기(福山式籾摺機)특약점 등으로 조선 전역에 판로의 확장을 도모하고 건실한 상점으로 큰 신용을 얻고 있다. 1926년 경성(京城) 남대문통(南大門通) 5정목(丁目)에 출장소를 설치하여 조선 전역으로 판로를 확장하게 되었다. 더구나 그는 1923년 6월 경주(慶州)의 유지(有志)와 협의하여 경주전기(慶州電氣)주식회사를 창립하고 사장이 되어 오늘에 이른다.

히로나카상회(弘中商會)_ 중구 중앙동 영주사거리에 있는 르노삼성자동차 중앙지점 자리이다.

합자회사(合資會社) 히로나카상회(弘中商會)

① 히로나카상회(弘中商會)_ [부산대관]
② 히로나카 료이치(弘中良一)_ [부산대관]

Ⅶ. 동래(東萊)와 해운대(海雲臺)

동래읍(東萊邑)

　　동래읍은 동래군의 중앙에 위치하고 있으며 동아시아의 관문인 부산의 교외로 전차, 기차, 자동차가 있어 교통기관의 완비는 타 지역과 비교할 수 없는 곳이다. 특히 부산과 동래 사이의 일등(一等)도로는 폭 15미터의 조선 유일의 포장도로로서 말 그대로 숫돌의 표면과 같이 탄탄하다. 부산진(釜山鎭)에서 18분, 부산본역 또는 잔교(棧橋)에서 25분이 걸린다. 유명한 대사찰 범어사(梵魚寺)가 있는 금정산(金井山)의 완만한 경사면에서 흐르는 동래천(東萊川)[707]을 끼고 형성되었다. 시가(市街)의 좌안(左岸)은 옛 동래읍내이고 우안(右岸)은 반도(半島) 유일의 조선의 벳부(別府)인[708] 동래온천장(東萊溫泉場)이다. 서북(西北)은 금정산을 등지고, 동남(東南)은 펼쳐져 있어 1리(里) 정도 가면 수영(水營)[709] 해안에 이른다. 기후는 극히 온화하여 일본 도쿄(東京)의 서쪽과 다르지 않은 낙원이다. 누가 뭐라고 해도 동래온천은 조선에서 제일 빨리 이용된 온천이기 때문에 자연히 여관과 그 외 설비도 빠짐없이 갖추어져 있어 온천은 동래의 대명사라고 말할 수 있다. 특히 부산의 교외(郊外)이기 때문에 부산의 연장임과 동시에 부산 역시 동래온천이 있는 까닭에 가치가 더해지는 것이라 할 수 있다.

온천사업의 공영통일(公營統一)과 대중적 시설

　　종래 온천의 굴착(掘鑿)을 개인에게 허락하였던 관계로 마구 파헤쳐지고 또 분규가 끊일 날이 없었다. 그 때문에 온천장의 발전이 저해되었던 것을 거울삼아 1932년 동래읍이 신정(新井)을 굴착한 이후, 그 폐단을 개선하여 온천장의 번영을 도모하기 위해 탕원(湯元)을 통일하고 동래읍(東萊邑)에서 경영하도록 하였다. 게다가 신온천정(新溫泉井)에서 나오는 용출량(湧出量)은 매우 풍부하고 온도 역시 70도 정도의 고온이기 때문에 2개의 읍영(邑營) 공중욕장(公衆浴場)을 시작으로 각 여관은 물론 일반 가정용으로까지 급탕(給湯)함으로 실로 탕(湯)의 마을과 같은 느낌을 주고 있다. 이에 동래온천은 하나의 신기원(新紀元)을 이루었다. 특히 머지않아 새로운 시가(市街) 계획이 실현되고, 또 조선가스전기(朝鮮瓦斯電氣)주식회사가 자체 경영의 전차를 활성화하기 위해 거액의 자본을 투자하여 온천장 일대에 유원지를 마련하고 그 안에 온천 풀을 비롯한 각종 대중적 시설을 갖추기로 되어 있어 일반의 편의는 클 것으로 예상된다. 따라서 부산은 기차와 기선을 갈아타는 장소이므로 일본에서 대륙으로 또 대륙에서 일본으로 향하는 여객이 갈아타는 시간을 이용해 여진(旅塵)을 씻어내기에 좋은 장소이다. 더구나 일본 벳부(別府), 아타미(熱海)[710] 등으로 여행하려는 사람은 시간과 경비는 물론이고 교통이 매우 편리하다는 점을 생각한다면 동래에서 요양하는 것이 어느 정도 유익할 것임은 자명한 이치이다.

호 구

　　동래읍의 호수는 일본인 조선인 외국인을 합쳐 3,500호이며 인구는 2만에 가깝다. 애초 동래는 삼한(三韓) 이전부터 일국(一國)을 이루어 장산국(萇山國) 또는 내산(萊山)이라 불렸다. 조선 제13대 명종(明宗)시대에 부사(府使)를 두었는데 동래는 외국사절의 내왕이 빈번한 관계로 조정(朝廷)은 능숙한 선비(士)로서 외교와 교통(交通)에 밝은 인재를 뽑아 부사(府使)로 임명하였다. 또 무관(武官)도 두어 유사시에 대비할 정도로 주요한 장소였다. 따라서 부근 일대에는 명승구적(名勝舊蹟)이 적지 않고 임진왜란 사적(事蹟)과 같은 유명한 곳도 있다.

---

707) 현재의 온천천(溫泉川)을 뜻한다.
708) 벳부시(別府市)는 오이타현(大分縣)의 동부해안 중앙에 위치하고 있다. 인구는 대략 12만 6천 명인데 일 년에 이곳을 찾는 관광객은 1,500만 명 정도로 온천의 수질과 용출량에서 일본 제일이다.
709) 조선시대 경상좌도수군절도사영(慶尙左道水軍節度使營), 곧 경상좌수영(慶尙左水營)이 있었던 데에서 현재의 행정지명인 수영(水營)의 명칭이 유래하였다. 수영성(水營城)의 일부가 오늘날까지 남아 있어 사적 공원으로 지정되어 있다. 250여 년의 전통을 갖고 있는 중요무형문화재 제43호인 수영야류(水營野流)를 전승하는 사단법인 수영고적민속예술보존협회를 비롯해 안용복(安龍福)장군의 사당 등이 성내(城內)에 있다.
710) 시즈오카현(靜岡縣) 아타미시(熱海市)에 있는 아타미(熱海)온천을 지칭한다. 일본의 3대 온천 중의 하나로 평가될 정도로 유명한 곳이다.

동래읍사무소(東萊邑事務所)

동래읍의 현재

일한병합(日韓併合) 후 얼마간의 변천을 거쳐 동래읍은 1931년 4월 1일 일본 정촌제(町村制)의 정(町)과 같이 자치기관으로 되어 오늘에 이르고 있다. 읍(邑)에 읍회(邑會)를 설치해 읍회의원(邑會議員)을 조직하고 동시에 읍장(邑長)을 두어 읍을 관할하고 읍을 대표하게 하였다. 1934년도 세출입 총예산액은 21만 956원으로 동래읍의 대체적 상황을 살필 수 있다. 즉 도로교통, 시구개정(市區改正), 상수도의 부설, 공설시장의 설치, 하천의 개수, 공원의 시설 등에 얼마만큼 노력을 쏟고 있는지 알 수 있다.

동래읍장(東萊邑長)의 경력(經歷)

동래읍장(東萊邑長)은[711] 엽은논어(葉隱論語)로[712] 유명한 사가나베시마한(佐賀鍋島藩) 출신으로 일본에서는 사가(佐賀), 우베노미야(宇部宮) 지방의 세무행정에 종사하였다. 1909년 구한국(舊韓國) 정부의 초빙에 응해 진남포(鎭南浦) 재무서장이 되었고, 총독 시정(市政) 때 평안남도(平安南道) 이재과장(理財課長), 평양부(平壤府) 내무과장(內務課長)으로 10년간 종사하였다. 1923년 진주(晋州)군수 및 동래(東萊)군수를 거쳐 1929년 퇴관하였다. 한 때 금강산(金剛山) 전기철도회사 참사(參事)로 실업계에 발을 디뎠으나 1932년 다시 동래읍장(東萊邑長)이 된 이후 동래 발전을 위해 최선의 노력을 쏟고 있다.

---

711) 이 당시 동래읍장은 야마시타 마사미치(山下正道)이다. 그는 1870년 출생하여 사가시(佐賀市) 아주미햐쿠타로(安住百太郎) 사숙(私塾)에서 한학(漢學)을 수학하고 메이지(明治)법률학교를 졸업한 인물로 원예와 궁도가 취미였다.

712) 하가쿠레(葉隱)는 에도(江戸) 중기 사무라이(武士)의 수양서 11권을 지칭하는 용어이다. 정식 명칭은 하가쿠레키키가키(葉隱聞書)이다. 사가나베시마한(佐賀鍋島藩) 번사(藩士) 야마모토 쓰네토모(山本常朝)의 담화를 다시로 쯔라모토(田代陳基)가 필록(筆錄)한 것이다. 1716년 출간되었으며 내용은 상무(尙武)사상으로 관철되어 있다.

사단법인 부산골프구락부(社團法人 釜山ゴルフ俱樂部)

주　소 동래군(東萊郡) 남면(南面) 재송리(裁松里)

대표회장 세키미즈 타케시(關水武)

　　1933년 10월 경남지사 와타나베 토요히코(渡邊豊日子)를 중심으로 골프(ゴルフ) 동호자들이 조직한 것이다. 골프장을 경승지(景勝地)인 동래군(東萊郡) 남면(南面) 재송리(裁松里)에[713] 설치하였는데, 7만 5,000평을 개척하고 모든 설비를 완성하여 조선 전역에서 자랑할 만한 골프장으로 알려져 있다. 현재 회원은 모두 부산의 일류 신사(紳士)들로 모집하였고 회원수는 135명이다.

　　회장은 경남지사 세키미즈 타케시(關水武)이며 전무이사는 부산수산회사 지배인 사이타 타니고로(稅田谷五郎)이다. 그 외 이사 및 감사는 다음과 같다.

　　테라지마 토쿠지쯔(寺島德實), 시라이시 진키치(白石甚吉), 하자마 카즈오(迫間一男), 후세지마 신쿠로(伏島信九郎), 타카야마 타시오레(高山慥爾), 히로세 히로시(廣瀬博), 야마노 슈이치(山野秀一), 사쿠마 곤지로(佐久間權次郎), 이나다 린타로(稲田林太郎)

---

713) 옛 수영비행장(현, 부산광역시 해운대구 센텀시티) 자리에 있었던 부산골프장은 1932년 9홀로 개장되었다. 부산골프장은 현존하는 일본의 골프장건설 전문회사 아다치(安達)건설주식회사의 전신인 아다치(安達)상회에서 건설하였다. 수영강을 끼고 좋은 풍광을 갖고 있던 부산골프장은 1940년 수영비행장이 조성되면서 사라졌다.

新編 釜山大觀

부산골프구락부(釜山ゴルフ俱樂部) ┃ 부산골프구락부(釜山ゴルフ俱樂部)_ [신부산대관]

범어사(梵魚寺)

주　소 동래군(東萊郡) 북면(北面)

　동래읍(東萊邑)에서 북으로 약 2리(里), 푸른 산봉우리가 길게 이어진 금정산(金井山)에 명찰 범어사(梵魚寺)가 있다. 범어사는 양산(梁山)의 통도사(通度寺), 합천(陜川)의 해인사(海印寺)와 함께 소위 조선 3대 사찰 중 하나이다. 지금으로부터 천년 전, 신라(新羅) 흥덕왕(興德王) 때[혹은 무열왕(武烈王)이라고도 함] 고승(高僧) 원효(元曉)가 세운 절이라고 한다. 전해지는 바에 의하면 왕의 꿈에 신인(神人)이 나타나 '나라의 남쪽에 한 산이 있는데 금정(金井)이라 한다. 산 정상에는 돌이 있고 높이가 50척(尺)이다. 그 돌 위에 우물물이 있어 그 색이 금빛과 같고 또 차고 넘쳐 마르지 않는다. 금빛 물고기가 그 속에서 유영(遊泳)하고 오색 향운(香雲)이 표면을 덮고 있다. 이것이 곧 범천(梵天)의 물고기이다' 라고 고(告)했다 한다. 이 까닭에 범어사(梵魚寺)라는 이름이 붙여졌다. 이 절이 전성기 때는 많은 땅을 가지고 있었으며 승려 수백 명을 관장하였다. 후세에 쇠퇴하였다가 다시 회복되어 옛날과 같지는 않더라도 현재 200여 명의 승려를 여전히 거느리고 있다. 사원에는 당우(堂宇)가 몇 개 있고 방은 수십 개에 달해 가람(伽藍)의 규모가 크며, 복도, 울타리, 정문 모두 거목을 사용해서 당시 웅장하고 화려한 아름다움을 생각게 한다. 경내는 노송(老松)이 들쑥날쑥하고 맑은 샘이 둘러싸 그윽함이 극에 달한다. 이 절은 일찍이 임진왜란으로 인해 아무것도 남지 않았으나 이후 재건되어 언제나 탐승(探勝)하는 사람들의 발걸음이 끊이질 않는다.

범어사_ 신라 문무왕 678년 의상대사가 창건한 사찰이다.

범어사(梵魚寺) ┃ 범어사(梵魚寺)_ [신부산대관]

통도사(通度寺)

소　재 양산군(梁山郡) 북면(北面)

경부선(京釜線) 물금역(勿禁驛)에서 양산읍(梁山邑)을 거쳐 동북(東北)으로 6리(里), 취서산(鷲棲山)[714] 남쪽 기슭에 있다. 당(唐)나라 정관(貞觀)[715] 20년 신라(新羅) 왕자 김자장(金慈藏)이 창건한 거찰(巨刹)로, 경내(境內) 주변이 수 리(里)에 이르고 절의 땅은 광활하며 청류(淸流)에 접해 있다. 수십 개의 당탑(堂塔)과 문루(門樓)의 규모가 매우 웅대하고 단청과 소나무의 푸르름이 어우러져 일대 경관을 이룬다. 절의 승려 수는 약 300명으로 절의 재산이 넉넉한 것을 알 수 있다. 울창한 숲을 빠져나온 맑은 물은 문외(門外)에 이르러 아래로 흘러내리는 폭포가 되어 산수배치(山水布置)의 절묘함은 말할 수 없을 정도이다. 옛 신라의 왕(王)이 이 물을 마시고 경주에서 수 리(里) 떨어진 곳으로 운반해 항상 마실 수 있도록 하였다고 전한다. 경외(境外)의 송림(松林)에서는 최근 송이(松茸)를 생산하고 있다. 그 향기가 일본(日本) 제일이다고 일컫는다. 부산에서 자동차를 타고 오는 탐승객(探勝客)이 늘어나고 있다.

통도사_ 한국을 대표하는 불보(佛寶)사찰로 신라 선덕여왕 재위 중인 647년 자장율사가 창건한 것으로 전해진다.

---

714) 일명 영취산(靈鷲山) 혹은 영축산(靈鷲山)이라고 부른다. 영남알프스의 한 축을 이루는데 통도사 주위의 현지인들은 영취산이란 명칭을 더 사용한다. 원래 영축산은 고대 인도 마갈타국(摩竭陀國)의 왕사성(王舍城) 북동쪽에 있는 산으로 석가여래가 법화경과 무량수경을 강(講)하였던 곳

715) 정관(貞觀)은 중국 당(唐)나라 황제 태종(太宗, 599~649) 때의 연호(年號)이다. 당 태종 이세민(李世民)의 치세를 흔히 '정관의 치'(貞觀之治, 627년~649년)라고 한다. 중국 역대 황제 중 최고의 성군으로 청나라의 강희제(康熙帝, 1662~1722)와 줄곧 비교된다. 본문의 정관(貞觀) 20년은 서기 646년이다.

통도사(通度寺) | 통도사(通度寺)_[신부산대관]

동래금강원(東萊金剛園)

소　재 부산부(釜山府) 외(外) 동래(東萊)

　　부산부(釜山府) 교외의 명읍(名邑) 동래 온천장 배후에 병풍처럼 우뚝 서 있는 연봉(連峰)의 금정산(金井山)은 산세의 변화가 다양하고 기암괴석을 품고 있어 '소금강(小金剛)'이란 이름을 가진다. 산의 정상에서는 멀리 일본해(日本海)를[716] 바라볼 수 있으며 경치가 매우 아름답다. 등산길도 설치되어 있어 부녀자도 쉽게 산 정상에 다다를 수 있다. 금정산 봉우리에서 협곡을 잇는 돌 리본의 높이가 20여 척(尺)이고 이것이 구불구불하게 이어져 있는 것이 6만 8,900척(尺)이라고 기재되어 있다. 뛰어난 경관을 가진 이곳은 옛날 금정산성지(金井山城址)로, 조선 19대 숙종(肅宗) 29년[717] 경상남도 감사(監司) 조태동(趙泰東)이 외성(外城)을 쌓고 강희(康熙) 46년[718] 동래부사(東萊府使) 한배하(韓配夏)가 중성(中城)을 쌓았으며 강희(康熙) 53년에는[719] 산성의 내부를 크게 수리하였다고 전한다. 성내(城內)에는 국청사(國淸寺), 해월사(海月寺) 등의 고찰(古刹)이 있었는데 그 일대의 폐허와 더불어 옛날을 생각하기에 충분하다.

　　금강원(金剛園)은 온천장의 병풍이다. 산 정상에서 넓은 바위와 여타의 뛰어난 경치를 굽어보다 보면 푸른 송림(松林)이 산 중턱 일대를 둘러싸고 있어 그 자체가 입체적인 공원의 정취를 풍긴다. 부산의 신상(紳商) 히가시하라 카지로(東原嘉次郞)가[720] 사재(私財)를 투자해서 토지를 매수하고 다시 수만 원을 더해 모든 설비를 한 후 온천장 손님의 산책지로 개방하였다. 공원 내에는 못, 폭포, 비석, 고대(古代)의 누문(樓門)이[721] 있고, 펼쳐진 조망과 주위의 풍광은 모두 즐길 만하여 봄에 벚나무를 시작으로 철쭉이 활짝 필 무렵부터 가을에 단풍이 질 때까지 공원을 찾는 사람이 끊이지 않는다.

　　경영자 히가시하라(東原)는 부산이 동아시아의 관문이라고 말하지만 정작 내외(內外)에서 부산을 통과하는 손님의 발을 묶어둘 만한 매력 있는 설비가 없는 것을 유감으로 여겨, 이곳 천연의 공원에 인공을 더해 동래온천과 함께 부산 교외의 유원지로 만들려는 생각을 가지고 있다. 따라서 부산부(釜山府) 또는 철도국이 장래 호텔을 경영하고자 할 경우, 그는 동(同) 유원지의 부지를 무상으로 제공하여 부산과 동래를 위하고자 한다는 열망을 전하고 있다. 이처럼 개인의 이익을 전혀 생각하지 않는 그의 공공심은 이런 사실을 아는 사람들을 감동시키고 있다.

내주축성비(萊州築城碑)_ 임진왜란으로 파괴된 동래읍성을 다시 쌓고 그것을 기념하기 위해 1735년(영조 11년) 건립한 비석이다. 금강공원에서 동래산성 남문으로 올라가는 길에 있다.

동래독진대아문(東萊獨鎭大衙門)_ 동래부사청(東萊府使廳)의 대문으로 원래 위치는 동래동헌(東萊東軒) 입구 앞쪽에 위치하였다. 현판에 새겨진 독진(獨鎭)의 뜻은 동래부의 군사권이 경상좌병영에서 독립되었음을 뜻한다. 금강공원에서 동래산성 남문으로 올라가는 길에 있다.

---

716) 우리의 동해(東海)를 지칭하는 일본식 표기이다.

717) 1703년에 해당한다.

718) 강희(康熙) 46년은 1707년이다.

719) 강희(康熙) 53년은 1714년이다.

720) 히가시하라 카지로(東原嘉次郞)는 1910~1920년대 전반기 부산연초대리점을 시작으로 통영, 진주 지역의 연초대리점 임원을 지냈다. 1920년대 중반부터 1930년대 중후반까지 가루설탕상인으로서 부산상공회의소 평의원, 부산서부자동차주식회사 대주주, 부산잡화상조합 평의원 등을 역임하고, 1936년 이후에는 남조선미유(南朝鮮米油)주식회사 이사 및 일동상공(日東商工)주식회사 이사로서 활동하였다. 그는 1940년 일본 천황의 황기(皇紀) 2600년을 기념하여 자신이 소유했던 2,000평의 동래금강원을 동래읍(東萊邑)에 기증하였다. 이후 금강원은 1964년 금강공원으로 지정되어 현재까지 시민들이 즐겨 찾는 공원으로 이용되고 있다. 금강공원에서 동래산성 남문까지 운행하는 케이블카의 출발지는 일제시기 신사(神社)가 있었던 곳이다.

721) 현재의 동래 동헌(東軒) 바로 앞에 있었던 동래독진대아문(東萊獨鎭大衙門)은 일제시기 동래읍내 시가지 조성과정에서 철거될 위기에 직면하였다. 그러나 1932년 10월 금강공원 안으로 옮겨지게 되는데 본문에서 말하는 '고대의 누문(樓門)'은 동래독진대아문을 지칭하는 것으로 판단된다.

동래(東萊) 금강원(金剛園)

① 동래 금강원(東萊 金剛園) 입구(入口)_ [신부산대관]
② 금정(金井)의 여울[瀧]_ [신부산대관]
③ 내주축성비(萊州築城碑)_ [신부산대관]
④ 청룡(靑龍)의 못[池]_ [신부산대관]
⑤ 기념탑(記念塔)_ [신부산대관]

온천여관 봉래관(溫泉旅館 蓬萊館)

소　재 동래(東萊) 온천장(溫泉場)

경영자 토요다 후쿠타로(豊田福太郎)

　온유향(溫柔鄕)[722] 동래를 방문하면, 그 입구인 동래천변(東萊川邊)에 무성한 나무와 포석(布石)의 묘(妙)를 한 곳에 모아놓은 듯 말로 다 할 수 없는 풍취(風趣)와 그 주변의 정자가 있는 이곳이 온천장의 개척을 주도했던 봉래관(蓬萊館)이다. 봉래관은 1907년 토요다 후쿠타로(豊田福太郎)가[723] 건축해 창업하였다. 당시 그 일대에는 일본인 거주자가 겨우 6호에 지나지 않았다. 동래온천의 이름은 봉래관의 출현으로 후세에 알려지게 되었다. 한편 1909년 12월 카메야마(龜山) 이사관(理事官) 시대에 경편철도(輕便鐵道)가[724] 부산 사이에 개통되었고 1915년에는 조선가스전기주식회사의[725] 전철(電鐵)로 대체되었다. 이듬해 1916년 가스회사가 대욕탕(大浴湯)을 경영하게 된 이후, 온천여관이 즐비하게 들어서 온천장은 부산 교외의 명소로 반도에서도 유명한 곳이 되었다. 봉래관도 이 사이 변화를 거듭해 현재 봉래관 주인이 직영(直營)하고 있다. 건물의 실내도 크게 고쳐 객실 40개실, 내탕(內湯) 14개소를 갖추고 30년 전의 취지로 돌아가 순수한 온천여관 본위로서 단체객, 장기 보양객(保養客) 등에게 할인제도도 만들어 주는 등 매우 대중화된 경영 모습을 띄게 되면서 사계절 원근(遠近) 각처로부터 많은 손님을 맞이하며 계속 번창하고 있다.

　관주(館主) 토요다 후쿠타로(豊田福太郎)는 원적지 도쿄(東京) 적판구(赤阪區) 청산(靑山) 사람이다. 1889년 부산으로 건너와서 다년간 무역상으로 일하였고, 이후 비료와 미곡상으로 많은 재산을 모았다. 부산실업가들의 고참으로 알려져 있으며 거류민단의원, 동래학교조합의원, 부산가스전기주식회사 창립 당시 중역, 부산일보사 중역 등의 이력이 있다. 나이가 들었으나 노익장(老益壯)으로 봉래관 경영에 몰두하고 있다.

봉래관_ 동래온천에 세워진 최초의 근대식 여관으로 농심호텔 자리에 있었다.

---

722) 온쥬쿄(溫柔鄕)는 유곽 또는 규방(閨房)이나 침실을 의미한다.
723) 본책 토요다 후쿠타로(豊田福太郎) 항목 참조.
724) 본책 주(註) 377 참조.
725) 본책 조선가스전기주식회사(朝鮮瓦斯電氣株式會社) 항목 참조.

온천여관(溫泉旅館) 봉래관(蓬萊館)

	①
③	②

① 봉래관(蓬萊館) 본관(本館)_ [신부산대관]
② 봉래관(蓬萊館) 정원(庭園)의 일부(一部)_ [신부산대관]
③ 봉래관(蓬萊館) 욕실(浴室)_ [신부산대관]

온천여관 동래관(溫泉旅館 東萊館)

주　소 동래온천(東萊溫泉)
경영자 고도 토라(五島トラ)

'동래의 호랑이 할머니'라는 이름은 동래온천 명물로 부산인사들 사이에서도 알려져 있다. 그녀가 자신의 반평생을 대충 말하더라도 하루는 걸린다고 말하는 것에는 본인의 자랑과 뽐냄이 있다. 그녀는 21세 때 고향 야마구치현(山口縣) 대포군(大浦郡) 선기금포정(仙崎今浦町)의 생가를 나와 조선으로 건너왔다. 오이케(大池)여관의 본점과 지점에서 가정부살이를 5년 정도하고 온천장으로 와서 봉래관(蓬萊館)에서 6년을 일하였다. 이렇게 10여 년 사이 손님의 심리와 여관경영의 요령을 잘 습득하고 마침내 봉래관을 연 1만 원의 사용료로 빌려 인수한 후 5년 동안 유감없이 여주인의 관록을 보였다. 1931년 7월 당시 보크친(ボクチン)호텔로 칭한 동래호텔 건물을 매수해서 개조하고, 다시 신관을 증축해 동래관(東萊館)이라 이름 짓고 열심히 경영해 오늘에 이르렀다. 동래관은 구관 10실, 신관 10실, 내탕(內湯) 4개소를 갖추어 한가하고 단출한 손님들에게 사랑을 받고 있다.

호랑이 할머니라고 하지만 올해 아직 54세로 장난기 있는 손님을 아이 다루듯하며 남자다운 적극적인 성격으로 여러 방면에 아는 사람들이 많다.

동래관_ 동래온천장 스파맨션 자리에 있었다.

온천여관(溫泉旅館) 동래관(東萊館)

① 동래관(東萊館) 현관(玄關)_ [신부산대관]
② 동래관(東萊館) 신관(新館) 및 정원(庭園)_ [신부산대관]
③ 동래관(東萊館) 신관(新館)의 조망(眺望)_ [신부산대관]
④ 점주(店主) 고도 토라(五島トラ)_ [신부산대관]

온천여관 와키여관(溫泉旅館 脇旅館)

소 재 동래(東萊) 온천장(溫泉場)
경영자 와키 미치히사(脇路久)

　동래 온천장 중앙부 아라이지점(荒井支店) 가까이에 깔끔한 가옥이 있는데, 이곳이 와키 미치히사(脇路久)가 여자의 힘으로 경영하는 와키여관(脇旅館)이다. 그녀는 오이타현(大分縣) 속견군(速見郡) 풍강정(豊岡町) 사람으로 지금으로부터 31년 전 남편과 함께 부산으로 왔다. 남빈(南濱)에서 활어상(生魚商)을 경영한 지 9년, 이후 부산역 앞에서 와키여관(脇旅館)을 약 10년간 경영해 기반을 굳히고 1916년 동래로 이전하여 현재의 여관을 세웠다. 이미 단골손님도 정해져 있고 신용도 두터워 해마다 번창하고 있다. 수년 전 남편과 사별해 눈앞이 깜깜했지만 당찬 그녀는 이후 다른 사람의 도움도 받지 않고 많은 고용인을 지휘하며 손님을 모시는 일로 관내를 꾸려 나가고 있다. 이것에 대해 동정하는 사람도 많아 고인이 생존했을 때보다 손님이 늘어나서 번창함을 보이고 있다. 설비는 객실 12실, 내탕(內湯) 3개소로 크고 훌륭하지는 않더라도 실내가 청결하고 정원의 풍취가 아담하다. 그리고 위층의 좋은 조망(眺望) 등은 이곳에 오기를 기다리는 단골손님들로부터 사랑받는 곳이 되었다.

와키여관_ 옛 목욕탕 골목 입구에 위치한 대성빌딩(온천 1동 215번지) 자리에 있었다.

온천여관(溫泉旅館) 와키여관(脇旅館)

① 와키여관(脇旅館) 현관(玄關)_ [신부산대관]
② 와키여관(脇旅館) 객실(客室)_ [신부산대관]

온천여관 나루토(溫泉旅館 鳴戸)

주　소 동래(東萊) 온천장(溫泉場)
경영자 나루토 쵸조(鳴戸長藏)

나루토 쵸조(鳴戸長藏)는 오사카시(大阪市) 서성구(西成區) 분빈정(粉濱町)에서 태어났다. 선대(先代) 스테마쯔(捨松)를 따라 45년 전 12세의 나이로 부산에 왔다. 선대가 남빈(南濱)에서 요정 나루토(鳴戸)를 경영하였는데, 남빈(南濱)의 큰 화재 때 이웃으로부터 번진 불로 화재를 입어 행정(幸町) 1정목(丁目)으로 이전하고 잇따라 부산역 앞에 철도지정 나루토여관을 개업하기까지 끊임없이 가업을 위해 노력하였다. 1914년 동래 온천장의 장래성을 관찰하여 온천여관 나루토를 온천장에 개업하고 본거지를 이전해서 전적으로 이를 경영하였다. 선대는 15년 전에 유명을 달리했는데, 부자(父子) 2대의 사업인 여관 나루토는 매년 발전을 거듭하여 온유향(溫柔鄉)의[726] 중심이 되었다. 집이 평온하고 조용하며 크고 훌륭해서 손님들을 유혹하고 있다.

1932년에는 다시 별관을 신축해 손님의 증가에 대비하였다. 본관과 별관의 객실은 22개, 욕탕은 5개로 방의 배치, 욕조의 청결, 정원의 수려함 등은 과연 글씨와 그림에 취미를 가진 나루토(鳴戸)의 설계에 의한 것으로 생각된다. 일을 하는 점원은 40여 명으로 찾아오는 손님이 많아 번성함이 극에 이르고 있다.

나루토 쵸조(鳴戸長藏)는 동래번영회장으로서 온천장의 발전을 위해 진력하고 있으며, 이외에 학교조합 관리자, 소방조두(消防組頭) 등의 공직을 맡아 안팎으로 매우 바쁘다.

온천여관 나루토(鳴戸)_ 온천 1동 182번지 유진투자증권 건물 뒤쪽에 있었던 것으로 짐작된다.

나루토여관(鳴戸旅館)　①　②　① 나루토여관(鳴戸旅館) 본점(本店)_ [신부산대관]
② 나루토여관(鳴戸旅館) 별관(別館)_ [신부산대관]

나루토여관(鳴戸旅館)

주　소 부산역전(釜山驛前)[안본정[岸本町] 2번지]
영　주(領主) 나카무라 야쿠(中村ヤク) 여사
원　적 오사카시(大阪市) 서구(西區) 아파좌중통(阿波座中通) 2의 7

　　나카무라 야쿠(中村ヤク) 여사는 1898년 10월 13일 부산으로 건너와 이후 30년 동안 모든 고초를 겪으면서 지치지 않고 부지런히 자금을 모아 요정 나루토(鳴戸)를 개업하였다.[727] 그 후 1909년 요정을 폐업하고 역전(驛前) 매립지에 여관을 개업한 이래 그 경영에 세심한 주의를 기울이며 고객의 신용을 넓혔다. 그리하여 부산의 일류 여관으로서 명성과 덕망 있는 신사들의 그 숙박 수를 헤아릴 수가 없다. 바야흐로 객실 24개로 실내에 손님을 위한 전화 설비를 마련하고 솔선해서 팁 폐지를 결행하여 손님 중심의 경영을 하였다. 또한 점원의 교양을 쌓는데 유의하여 큰 발전을 보게 되었다. 여주인의 현재 연령은 환갑이지만 젊은 사람을 능가할 정도로 정정한 채 경영에 임하고 있다. 여관의 발전은 단순히 위치의 유리함 탓으로만 돌릴 수는 없을 것이다.

나루토여관(鳴戸旅館)_ 중구 중앙동사거리에 있는 팔성관광 옆 새광산병원 자리이다.

727) 나루토여관 중구 중앙동사거리 새광산병원이 입주해 있는 건물 일대에 있었다. 나루토여관은 해방이후 국제호텔 건물로 사용되기도 했다.

나루토여관(鳴戸旅館)

① 나루토여관(鳴戸旅館)_ [부산대관]
② 나루토여관(鳴戸旅館) 객실(客室)_ [부산대관]

아라이여관(荒井旅館)

본 점 부산부(釜山府)[역전(驛前)] 영정(榮町) 1정목(丁目)
지 점 동래(東萊) 온천장(溫泉場)
관 주 아라이 시게키(荒井薰樹)

아라이 시게키(荒井薰樹)의 선대(先代) 고(故) 노부유키(信之)는 후쿠이현(福井縣)에서 태어났다. 하부타에(羽二重)[728] 제직장(製織場)을 경영하고 사업이 번성해져 생사계(生絲界)에 진출하여 후쿠이현(福井縣)견직물조합회 의장, 촌장, 촌회의원, 군회의원, 현회의원 등에 추대되어 공사(公事)에 임한 것이 약 15년이다. 이후 조선의 장래에 주목해 1905년 8월 조선으로 건너왔다. 부산에 온 즉시 여관업을 시작하는 한편, 1908년 4월 만선운수(滿鮮運輸)주식회사를 창립해 3년간 취체역지배인 등으로 뛰어난 기량을 발휘하였다. 이후 여관경영에 전념하고 부산여관조합장, 전선(全鮮)여관협회장, 부산부협의회원(釜山府協議會員), 후쿠이현인회장(福井縣人會長) 등에 추대되어 부산의 여관업계 지도자, 공직계의 유명인으로 아주 소중한 존재가 되었다.

여관업계의 개선과 향상에 공헌한 공적이 인정되어 총독의 추천에 의해 재단법인 생활개선회장 공작(公爵) 이토 이로쿠니(伊藤博邦)로부터 표창을 받았다. 그러나 7년 전 그의 죽음은 부산의 손실로서 애석한 일이었다. 시게키(薰樹)는 선대가 살아 있을 때부터 동래 아라이(荒井)지점을 맡아 경영하면서 그 영역을 넓혀 경성, 해운대 등에 지점을 설치했다. 부군(父君) 사후 부산본점을 계승한 키요시(淸)가 1933년 천수를 다하지 못하고 부군의 뒤를 따르자, 시게키(薰樹)는 부산, 동래의 본점과 지점 경영에 전심을 다했다. 본점은 역전 거리에 위치해 선대 이후 고객이 끊이질 않고, 동래지점 또한 온천장의 중앙부에서 그 풍취를 뽐내는 뛰어난 별장으로 주변의 손님을 모으고 있다.

아라이여관 본점_ 중구 중앙동 4가 우리은행과 흥국저축은행이 입주해 있는 건물자리에 있었다.

온천장 아라이여관_ 온천장 옛 곰장어골목 입구에 위치한 금호호텔 자리에 있었다.

728) 하부타에(羽二重)는 질 좋은 생사(生絲)로 짠 순백색(純白色)의 비단이다. 보통 평직(平織)이 씨실 1개와 같은 굵기의 날실 1개로 짜는데 반해 하부타에(羽二重)는 2개의 가는 날실로 짜기 때문에 부드럽고 가벼우며 광택이 있다. 일본옷의 안감용으로 최고급 옷감이며 예장(禮裝)에도 이용된다. 흔히 '비단의 좋음은 하부타에에서 시작해 하부타에에서 끝난다'라고 할 만큼 일본을 대표하는 견직물이다.

아라이여관(荒井旅館)

① 아라이여관(荒井旅館) 본점(本店)_ [신부산대관]
② 아라이여관(荒井旅館) 동래지점(東萊支店)_ [신부산대관]
③ 아라이여관(荒井旅館) 정원(庭園)의 일부_ [신부산대관]

온천여관 죠노이에(溫泉旅館 靜の家)

　　여주인 토모다 시즈(友田しづ)는 일본 여성미(女性美)의 중심지인 교토시(京都市) 사람이다. 1904년 러일전쟁 때 철없이 조선으로 건너와 와금굴(窩金窟)에서 기생으로 명성을 떨치게 되었다. 1916년 가스회사(瓦電會社)가[729] 동래온천 경영에 착수해 전철을 개통하자, 그녀는 부산 인사의 후원을 받아 현재의 장소에서 여관 요리업을 개업하였다. 객실은 깔끔한 간사이풍(關西風)의 풍취를 도입했다.

　　그녀는 여장(女將)의 기운으로 우아하고 매력이 넘쳐서 젊은 사람들까지 여주인의 훌륭한 훈도(薰陶)를 받는 접객의 묘미를 발휘하였다. 독특한 복어 요리가 온천 분위기와 어울리는 등 모든 조건을 갖춘 이래 20년 동안 사업이 계속 번창하였다. 최근 욕장(浴場)을 참신하게 개축해 더욱 손님에게 만족을 주고 있다. 그녀는 46세로 현재 아직 남아 있는 색향(色香)이 깊어 그녀의 젊은 시절을 생각나게 한다.

죠노에_ 온천1동 해동모텔 건너편 일식집 다미 자리에 있었다.

729) 본책 조선가스전기주식회사(朝鮮瓦斯電氣株式會社) 항목 참조.

온천여관(溫泉旅館) 죠노이에(靜の家)

① 죠노이에(靜の家) 현관(玄關)_ [신부산대관]
② 죠노이에(靜の家) 객실(客室)_ [신부산대관]
③ 죠노이에(靜の家) 정원(庭園)_ [신부산대관]
④ 죠노이에(靜の家) 욕실(浴室)_ [신부산대관]

해운대(海雲臺) 송도각(松濤閣)

소 재 동래군(東萊郡) 남면(南面) 중리(中里)

해운대온천은 이번 여름 동해남부선의 개통으로[730] 부산과 교통이 매우 편리해졌다. 또 온천 외에 해수욕장을 겸비하고 있어 교외 풍류지로서 한층 우수함을 인정받게 되었다. 여기에 편승해 새롭게 출현했던 것이 온천여관 송도각(松濤閣)이다. 송도각의 주인 오카노(岡野)는 여성으로 가고시마현(鹿兒島縣) 천변군(川邊郡) 천변정(川邊町) 사람이다. 1922년 부산으로 와서 변천정(辨天町) 1정목(丁目)에서 오카노여관(岡野旅館)을 개업해 단골손님의 인기를 얻었다. 마침내 해운대 진출의 계획을 이루어 해운대 해변의 좋은 땅을 받아서 지난 1933년 1월 수만 원을 투자해 대규모의 여관 건축에 착수한 결과, 올해 가을 공사가 완성되어 화려하게 개업하였다. 뒤쪽은 경사가 완만한 산기슭을 배경으로 하고 푸른 소나무와 흰 백사장의 굽은 해변을 앞에 두고 있다. 아득한 일본해(日本海)[731]의 푸른 물결이 눈에 가득 들어오고 그림과 같은 정취가 흘러넘친다.

일본식과 서양식 절충의 당당하고 새롭게 장식된 누각은 그림을 그린 듯한 경관을 이루고 있다. 내부의 설비는 양실, 일본실, 욕실, 식당부 등으로 갖추어져 있고, 특히 접객 서비스의 주도면밀함은 다년간 주인의 체험에 의한 것일 터이다.

온천의 천질(泉質) 조선총독부의 야마자와(山澤) 기사와 일본 전문학자의 분석감정에 의해, 염류천(鹽類泉)에 속하면서 다량의 라듐을 함유한 천질(泉質)의 우수성에서 조선 제일, 동양에서 2위, 세계적으로 4위의 감정서를 받아 치료상 단연 탁월함이 증명되었다. 온천의 품질과 경치의 빼어남은 일본 벳부(別府)온천장과 필적할 만하고 금후 동해선(東海線)의 연장 등 기타 조건에 따라 큰 발전을 이룰 것이다.

---

730) 본책 주(註) 484 참조.
731) 본책 주(註) 715 참조.

해운대온천(海雲臺溫泉)
송도각(松濤閣)

① 송도각(松濤閣) 전경(全景)_ [신부산대관]
② 송도각(松濤閣) 큰 객실(客室)_ [신부산대관]
③ 송도각(松濤閣) 죽실(竹室)_ [신부산대관]
④ 송도각(松濤閣) 욕실(浴室)_ [신부산대관]

사진으로 보는 부산변천사

신편 부산대관

부 록

지도로 보는 중구의 옛 지명

1903년 지도로 보는 중구(中區)의 옛 지명

지명 변천

- ■ 부평정(富平町) ⇨ 부평동(富平洞)
- ■ 서정(西町) 1, 2, 3, 4정목(丁目)
  - ⇨ 신창동(新昌洞) 1, 2, 3, 4가
- ■ 서정(西町) 5정목(丁目)
  - ⇨ 일부 대청동(大廳洞), 그외 신창동(新昌洞)
- ■ 행정(幸町) 1정목(丁目)
  - ⇨ 일부 광복동(光復洞), 그외 남포동(南浦洞)
- ■ 행정(幸町) 2, 3정목(丁目)
  - ⇨ 신창동(新昌洞)
- ■ 서산하정(西山下町) ⇨ 광복동(光復洞) 3가
- ■ 변천정(弁天町) ⇨ 광복동(光復洞)
- ■ 금평정(琴平町) ⇨ 광복동(光復洞)
- ■ 입강정(入江町)
  - ⇨ 광복동(光復洞) 1가, 남포동(南浦洞) 1가
- ■ 본정(本町) 1정목(丁目)
  - ⇨ 동광동(東光洞) 1가, 중앙동(中央洞) 7가
- ■ 본정(本町) 2, 3정목(丁目)
  - ⇨ 동광동(東光洞) 2, 3가
- ■ 북빈정(北濱町) 1, 2정목(丁目)
  - ⇨ 동광동(東光洞) 4가
- ■ 대청정(大廳町) ⇨ 대청동(大廳洞)

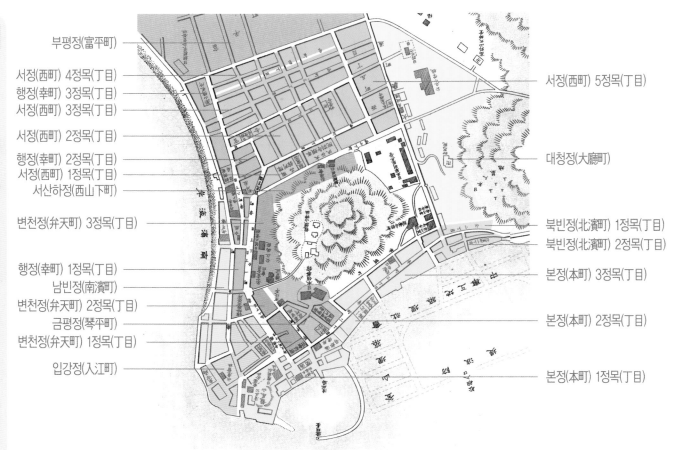

1907년 지도로 보는 중구(中區)의 옛 지명

지명 변천

1902년 시행한 북빈(北濱)매축 1차 공사가 완료되고, 2차 매축공사가 한창 진행 중인 시기로 오늘날 중앙동 1, 2, 3가 지역이 매축으로 생겨나면서 새로운 지명이 부여되었다. 용두산 동쪽의 상반정(常盤町)과 지금의 동대신동, 보수동, 부용동, 부민동, 초장동, 아미동 지역이 신시가지로 조성되면서 새 지명이 생겨났다.

- ◪ 경부정(京釜町) ➩ 중앙동(中央洞) 3가
- ◪ 안본정(岸本町) ➩ 중앙동(中央洞) 3가
- ◪ 중정(仲ノ町) ➩ 중앙동(中央洞) 3가
- ◪ 고도정(高島町) ➩ 중앙동(中央洞) 3가
- ◪ 대창정(大倉町) ➩ 중앙동(中央洞) 3가
- ◪ 매립신정(埋立新町) ➩ 중앙동(中央洞) 2가
- ◪ 좌등정(佐藤町) ➩ 중앙동(中央洞) 1가
- ◪ 지정(池ノ町) ➩ 중앙동(中央洞) 1가
- ◪ 신정(新町) ➩ 동대신동(東大新洞)
- ◪ 보수정(寶水町) ➩ 보수동(寶水洞)
- ◪ 중도정(中島町) ➩ 부용동(芙蓉洞)
- ◪ 부민정(富民町) ➩ 부민동(富民洞)
- ◪ 곡정(谷町) ➩ 아미동(峨嵋洞)
- ◪ 초장정(草場町) ➩ 초장정(草場町)
- ◪ 토성정(土城町) ➩ 토성동(土城洞)

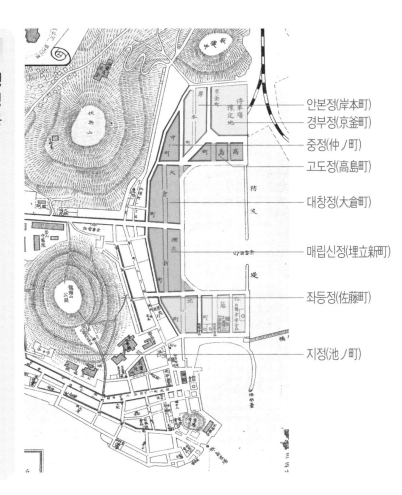

- 안본정(岸本町)
- 경부정(京釜町)
- 중정(仲ノ町)
- 고도정(高島町)
- 대창정(大倉町)
- 매립신정(埋立新町)
- 좌등정(佐藤町)
- 지정(池ノ町)

1916년 지도로 보는 중구(中區)의 옛 지명

지명 변천

세관설비공사, 쌍산착평공사, 제1기 해륙연락설비공사 등으로 지금의 중앙동 지역의 매축면적이 늘어나면서 1907년의 매축지에 부여된 지명들의 면적이 확대되고, 동고사정(東高沙町), 서고사정(西高沙町), 영정(榮町), 상생정(相生町), 장전정(藏箭町) 등 일부 새로운 지명이 생겨났다.

서정(西町)은 지금의 신창동(新昌洞), 대청정(大廳町)은 대청동(大廳洞), 본정(本町)은 동광동(東光洞)과 거의 같은 구획을 형성하게 되었다.

지금의 대청동 4가 광일초등학교 앞 부분이 복전정(福田町)으로 표기되어 있다. 이는 가톨릭센타 주변 일대가 당시 부산의 3대 일본인 재벌 중 한 사람이었던 후쿠다 마스효에(福田增兵衛)의 별장이 있었던 데서 유래한 것이다.

부평정(富平町)
서정(西町) 4정목(丁目)
서정(西町) 3정목(丁目)
행정(幸町) 2정목(丁目)

남빈정(南濱町) 3丁目
서정(西町) 2정목(丁目)
행정(幸町) 1정목(丁目)
서정(西町) 1정목(丁目)
변천정(辨天町) 3丁目
남빈정(南濱町) 2丁目
변천정(辨天町) 1丁目

행정(幸町) 1정목(丁目)
금평정(琴平町)
변천정(辨天町) 2丁目
남빈정(南濱町) 1丁目
본정(本町) 2정목(丁目)

본정(本町) 1정목(丁目)
지정(池町)
매립신정(埋立新町)
좌등정(佐藤町)

대청정(大廳町) 3정목(丁目)
복전정(福田町)
대청정(大廳町) 2정목(丁目)
대청정(大廳町) 4정목(丁目)
영주동(瀛州洞)
대청정(大廳町) 1정목(丁目)
본정(本町) 3정목(丁目)
본정(本町) 4정목(丁目)
대창정(大倉町)
중정(仲ノ町)
안본정(岸本町)
본정(本町) 5정목(丁目)
서고사정(西高沙町)
영정(榮町) 1정목(丁目)
영정(榮町) 2정목(丁目)
영정(榮町) 4정목(丁目)
영정(榮町) 3정목(丁目)
상생정(相生町) 2정목(丁目)
동고사정(東高沙町)
상생정(相生町) 1정목(丁目)
장전정(藏箭町)
고도정(高島町)

1936년 지도로 보는 중구(中區)의 옛 지명

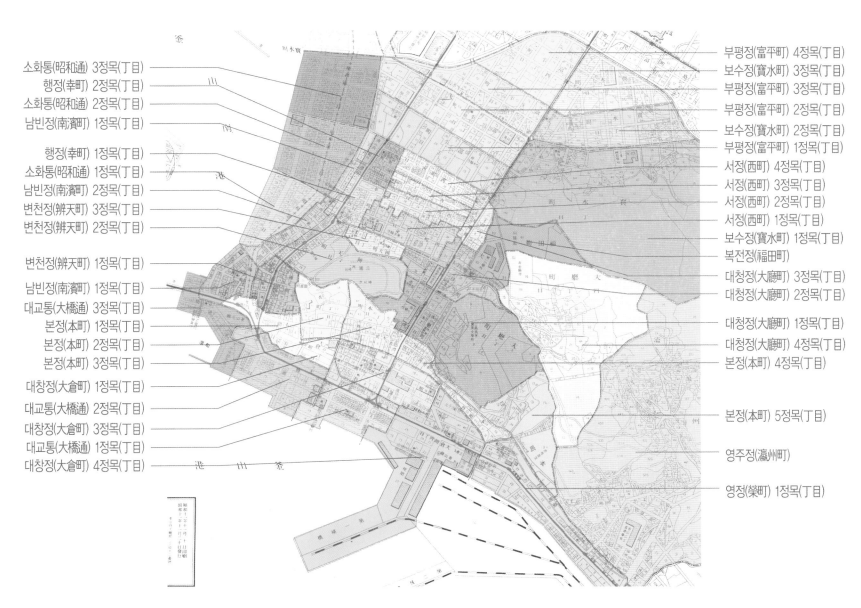

소화통(昭和通) 3정목(丁目)
행정(幸町) 2정목(丁目)
소화통(昭和通) 2정목(丁目)
남빈정(南濱町) 1정목(丁目)

행정(幸町) 1정목(丁目)
소화통(昭和通) 1정목(丁目)
남빈정(南濱町) 2정목(丁目)
변천정(辨天町) 3정목(丁目)
변천정(辨天町) 2정목(丁目)

변천정(辨天町) 1정목(丁目)

남빈정(南濱町) 1정목(丁目)
대교통(大橋通) 3정목(丁目)
본정(本町) 1정목(丁目)
본정(本町) 2정목(丁目)
본정(本町) 3정목(丁目)

대창정(大倉町) 1정목(丁目)
대교통(大橋通) 2정목(丁目)
대창정(大倉町) 3정목(丁目)
대교통(大橋通) 1정목(丁目)
대창정(大倉町) 4정목(丁目)

부평정(富平町) 4정목(丁目)
보수정(寶水町) 3정목(丁目)
부평정(富平町) 3정목(丁目)
부평정(富平町) 2정목(丁目)
보수정(寶水町) 2정목(丁目)
부평정(富平町) 1정목(丁目)
서정(西町) 4정목(丁目)
서정(西町) 3정목(丁目)
서정(西町) 2정목(丁目)
서정(西町) 1정목(丁目)
보수정(寶水町) 1정목(丁目)
복전정(福田町)
대청정(大廳町) 3정목(丁目)
대청정(大廳町) 2정목(丁目)
대청정(大廳町) 1정목(丁目)
대청정(大廳町) 4정목(丁目)
본정(本町) 4정목(丁目)

본정(本町) 5정목(丁目)

영주정(瀛州町)

영정(榮町) 1정목(丁目)

사진으로 보는 부산변천사

신편 **부산대관**

참고문헌

〈단행본〉

金義煥 著,『釜山近代都市形成史研究』, 研文出版社, 1973
金義煥 著,『釜山近代教育史』, 太和出版社, 1967
부산상공회의소,『釜山商議百年史』, 1982
부산본부세관,『釜山稅關百年』, 1984
부산광역시·부산대학교,『釜山古地圖』, 서전문화사, 2008
부산박물관,『사진엽서, 부산의 근대를 이야기하다』, 2007
尹錫範·洪性讚·禹大亨·金東昱 共著,『韓國近代金融史研究』, 世經社, 1996
손승철 엮음,『『海東諸國紀』의 세계』, 경인문화사, 2008
전봉관,『경성기담』, 살림, 2006
홍순권,『일제시기 재부산일본인사회 사회단체 조사보고』, 선인, 2005
홍순권,『일제시기 재부산일본인사회단체 주요인물 조사보고』, 선인, 2006
(주)동래관광호텔,『東萊溫川小誌』, 1991
森田福太郎,『釜山要覽』, 1912
釜山甲寅會,『日鮮通交史』, 1916
佐藤善雄,『釜山案內』, 1926
釜山府,『釜山府社會施設槪要』, 1927

〈논문〉

김동철, 「15세기 부산포왜관에서 한일 양국민의 교류와 생활」, 『지역과 역사』제22호, 부경역사연구소, 2008
김동철, 「기억과 표상으로서의 倭館, 津江兵庫 追慕碑의 건립과 古館公園의 조성」, 『韓國民族文化』31, 2008
김　승, 「개항 이후 1910년대 용두산신사와 용미산신사의 조성과 변화과정」, 『지역과 역사』제20호, 부경역사연구소, 2007
김　승, 「한말 부산거류 일본인의 상수도시설 확장공사와 그 의미」, 『韓國民族文化』34, 2009
차철욱, 「구포[경남]은행의 설립과 경영」, 『지역과 역사』9, 부경역사연구소, 2001
차철욱, 「1910년대 부산진 매축과 그 성격」, 『지역과 역사』20, 부경역사연구소, 2007
홍순권, 「1910-20년대 「부산부협의회」의 구성과 지방정치」, 『역사와경계』60, 부산경남사학회, 2006
홍순권, 「1930년대 부산부회의 의원 선거와 지방 정치세력」, 『지방사와 지방문화』제10권1호, 역사문화학회, 2007